KB038692

대화와 만남 그리고 비판의 교육철학

강선보 편저

집필진

강성훈 · 고미숙
문영선 · 신창호
심민수 · 심승환
우정길 · 이경자
이화식 · 장지원
정　훈 · 정윤경
조우진 · 최서윤

도서출판 원미사

머리말

“인간은 만남의 계기로 인해 비약적인 삶의 변화를 가져오게 되며, 이러한 변화를 통해 사람임(Menschsein)의 존재에서 사람됨(Menschwerden)의 존재로 변모하게 되는 것이다. 그런데 만남은 의도적이고 계획적으로 이루어지지 않는다. 결코 예측할 수 없는 운명적·돌발적 성격을 지니는 것이다. 따라서 '너'와 '나'는 은혜로 말미암아 만난다. 찾아서는 발견되지 않는다!”

출간된 지 20여년이나 지났지만, ‘만남’이라는 말을 떠올릴 때마다 가슴을 두근거리게 만드는 명저! 스승 강선보(姜善甫) 선생(先生)의 박사논문이자 대표저서인, 『마르틴 부버의 ‘만남’의 교육』에 언급된 문장이다.

사람의 인연은 참으로 묘하다. 특히, 학문의 장에서 만남은 엄청나게 은혜로운 일이다. 돌아보면, 처음 선생을 만났을 때는 정말 돌발적이고 운명적이었다. 선생과 더불어 했던 학문의 시공간 속에서, 잊을 수 없는 가르침이 있었고, 그것은 배움으로 성숙을 거듭한다.

나는 늘 간직하고 있다. 선생께서 평소 수시로 해 주던 말씀을.

“가정에서는 부모가 계시지만, 학문의 장에서 부모는 지도교수다!”

“나의 학문, 우리의 교육철학은 대대로 인간주의다!”

“학문의 벗들은 늘 함께 모여서 쉬지 않고 공부해야 한다. 스터디 그룹을 통해 학문이 보다 성숙해지기 때문이야.”

나는 이런 가르침을 후배들과 제자들에게 전수하려고 애쓰고 있다. 허나, 선생께서 베풀어주시던 사랑과 열정을 새겨보면, 그에 미치기에는 너무나 초라하다. 선생의 말씀은 내 학문의 존재 이유이고, 삶에 녹아들어야 하기에, 늘 마음에 간직하며 실천하려고 의지를 불태운다.

지난 해 어느 날, 선생께서 말씀하셨다.

“야, 나도 벌써 내년에 환갑(還甲)이다. 나이 육십이네. 그간 이런 저런 일에 바빠서 만나지 못했는데, 제자들 보고 싶다! 한번 모이자, 밥은 내가 사마!”

속으로 미안하고 죄송스런 마음이 들었다. 그래도 선배가 되어 후배들도 좀 챙기고, 석·박사 제자들이 모두 모이는 자리라도 자주 마련했어야 했는데. 정말이지, 제대로 마음을 쓰지 못해 상당히 자괴감에 빠졌다. 물론, 작년 여름 무렵에, 내년 초, 스승 회갑쯤에는 제자들 모두가 한번쯤 모여야겠다고 생각했다.

대학원에서 함께 공부할 때, 우리는 자주 만났다. 하지만, 학위취득 후에는 대부분 대학교수가 되어 전국적으로 흩어져 활동하였다. 그러다, 처음으로 스승을 모시고 모두 모이는 자리인데, 그냥 밥만 먹고 헤어지기에는 아쉬움이 있을 것 같았다. 사실, 제자가 스승 앞에 내놓을 게, 뭐 특별히 있으랴!

머리말

대학원 재학 때부터 그랬듯이, 나이가 아무리 들어도, 스승은 아직도 제자를 자식처럼 어루만진다. 개인적으로 대할 때는 언제나 다정하게 이름을 불러주신다. 밥값도 내지 못하게 하신다. 때로는 '제자들에게도 밥 살 기회를 한번 주시지'라는, 재미있는 푸념과 원망을 하면서도, 속으로는 스승이 참 고맙고 감사할 따름이다.

이런 스승에게, 그것도 회갑을 겸해 제자들과 함께 모이는 자리에서, 무얼 내 놓아야 하는가? 모두들 각자의 자리에서 열심히 교육하고 연구하고 봉사하고 있기는 하나, 제자가 물리적으로 보여줄 수 있는 건 저술뿐인데. 책을 발간하면, '회갑기념논문집'처럼 보일 수도 있고, 이런 일은 스승이 가장 싫어할 수도 있는데. 아, 고민이 겹겹이 쌓였다.

지난 해 말쯤, 선생께 미리 모임 날자 약속은 받아 두었다. 하지만 구체적 장소는 정하지 않았다. 모임 장소를 정하고, 고민을 거듭하다가, 선생 내외분을 모시고 부부 동반모임으로 하면 어떨지, 조심스럽게 선생께 여쭈었다. 아니나 다를까, 간단하게 문자 메시지가 왔다.

"그냥 너희들 보고 싶다. 오래 못 봐서. 내년쯤에는 부부동반해서 만나지 뭐!"

정말 평소 선생의 모습 그대로였다. 아무 말도 못하고, "예, 그렇게 하겠습니다."라는 답장만 보냈다. 그래, 스승의 말씀이 맞다. 나이 50이면 지천명(知天命)이라고 하는데, 그런 나이에 가까운 불초 제자는, 그 순간, 또 깨우침을 받았다.

그래도 우리 모두가 한 번도 함께 한 일이 없었던, '논문모음집' 출간은, 선생께는 비밀에 부치고 꾸준히 진행하였다. 가능한 한 선생의 학문 전통을 이을 수 있는 주제를 골라 담으려고 하였다. 그래야 선생께서 늘 사주셨던 따뜻한 밥 한 그릇에, 답례하는 게 아닐까 생각하면서.

논문을 보내준 여러 동학들에게 감사를 표한다. 특히, 그 중에서도 막내라는 이유로 원고수합과 정돈, 잔일을 맡아준 장지원 교수에게 고마움을 전한다.

스승님,

만남은 예측할 수 없는 운명적돌발적 성격을 지닙니다. '너'와 '나'는 은혜로 말미암아 만난다고 했습니다. 작지만, 제자들의 학덕(學德)을 선생님 회갑, 이순(耳順) 즈음에 올립니다.

감사합니다.
고맙습니다.
건강하세요.

2014. 2.
저자를 대표하여 신창호 올림

목 차

2부: 실천과 비판

1부
존재와의 대화

1. 플라톤 『제7서한』 사제동행의 의미
2. 존재에서 연역된 윤리학: 플라톤과 루소
3. 교육에서의 대화: 비트겐슈타인 후기이론의 관점
4. 마틴 부버: 대화철학과 대화교육학의 임계점에 관하여
5. 인간 본성(本性)의 교육적 의미에 대한 고찰

플라톤 『제7서한』 사제동행의 의미[1)]

장 지 원(경민대학교)

Ⅰ. 머리말

플라톤의 편지글 『제7서한』은 위작논란이 많은 플라톤의 편지글 중 진작으로 평가받는 작품이자, 그의 생애를 연구하는 중요한 자료로 활용되는 대화편이다. 『제7서한』에서는 그가 철학을 시작하게 된 계기, 인식론, 시라쿠사에서의 고초 등이 두루 담겨 있어 철학계를 중심으로 여러 연구가 진행되어 왔다. 또한 『제7서한』에는 시라쿠사의 왕자 디오니시오스를 교육하려 했던 플라톤의 노력과 경험이 담겨 있어 그 자체만으로도 교육철학자들의 연구 대상으로 손색이 없는 편지글이다. 또한 『제7서한』에 등장하는 철학자 및 국가에 대한 언급은 상당부분 『국가』를 중심으로 진행된 기존 연구를 보완하고 『국가』와 『법률』과의 관련성을 보다 분명히 하는데 기여할 수 있다는 점에서 연구의 필요성이 시급히 요구된다.

『제7서한』은 『국가』가 완성되고 약 20년 후에 저술된 편지글이다. 따라서 『제7서한』에서 교육에 대한 관점이 나타난다면 『국가』에 나타난 교육론과 비슷하거나 다른 교육론이 제시될 것을 예상할 수 있다. 『제7서한』이 다양한 내용들을 담고 있지만, 주요 내용이 디오니시오스와 겪은 경험을 담고 있는 만큼 교육에 대한 관점은 분명히 드러날 것으로 짐작된다. 또한 『국가』와 『제7서한』의 저술 시기가 적잖게 차이나고 플라톤이 『국가』를 통해 완성한 교육사상을 시라쿠사에서 실천하고자 했으나 결과적으로는 실패했던 만큼, 『국가』의 교육사상과는 다소 변화된 입장을 기대할 수도 있다.

본 연구는 『국가』 및 『법률』이라는 플라톤의 주요 저작 사이의 빈틈을 메우는 노력의 일환으로써 우선 『제7서한』에 나타난 플라톤의 교육론을 밝혀내는 데 초점을 맞추

---

1) 이 글은 「교육사상연구」 25권 2호(2011.8)에 게재된 논문을 일부 수정, 보완한 것이다.

고자 한다. 따라서 우선 『제7서한』의 이전에 저술된 『국가』를 기본틀로 하여 『제7서한』의 교육론을 밝힌 후 간략하게 『국가』와의 비교를 시도할 계획이다. 우선 『국가』의 도식에 바탕을 두고 시민교육과 철학자 교육으로 구분하여 연구를 진행할 것이며 시민들의 생활이 개인의 사적 영역과 공적 영역으로 구분되는 만큼 이 각각의 상황에서 나타나는 교육 개념을 구분지어 논의토록 하겠다. 마지막에서는 논의 결과를 종합 정리하고 『국가』와 짧게 비교한 후 이들이 어떤 맥락에서 교육적 의의를 지니는지 서술하고자 한다.

Ⅱ. 개인과 폴리스의 완성을 위한 생활방식의 개선

『국가』에서 플라톤이 목표로 한 것은 가장 훌륭한 폴리스의 완성과 훌륭한 개인의 양성이었다. 플라톤은 아테네의 개인주의 문화와 윤리적 상대주의 그리고 민주주의와 결합된 소송문화가 아테네의 힘과 영광의 원천이었던 공공정신과 준법정신을 침해하는 가장 근본적인 원인이라 생각했다(김비환, 2011: 29). 따라서 이를 극복하기 위해 『국가』는 대원칙으로 정의(dikaiosynē)를 설정하고, 그에 따라 본(paradeigma)이 되는 가장 훌륭한 국가(kallipolis)를 수립하였다. 그리고 훌륭한 국가를 지속적으로 유지해나가기 위해 공공성을 지닌 훌륭한 시민과[2] 국가의 통치자인 철학자를 길러내고자 하였다. 이 과정에서 그가 주목하는 것이 바로 생활방식(tropos)이었다. 플라톤은 폴리스의 완성을 위해 10살 이상 된 아이들을 시골로 보내 생활방식과 법률 안에서 양육(trophē)해야 한다고 말한다(Politeia, 540e-541a).[3]

여기서 플라톤은 교육과 생활방식의 중요성을 강조한다. 훌륭한 국가는 물론 실현가

---

2) 이 논문에서 사용하고 있는 시민은 고대 그리스의 시민을 가리키는 말이며, 현대적 의미의 시민과는 다소 차이가 있다. 고대 그리스의 시민은 여성과 어린이, 거류외국인, 및 노예가 배제된 집단이며, 민회에 참여하고, 전투와 공직을 수행하는 남성들을 뜻하는 용어이다. 시민의 역할에 대해서는 모세(Mosse, 1993)의 책을 참고할 것.

3) 본 대화편에서 플라톤의 원문 인용은 이제이북스에서 나온 플라톤의 대화편을 기본으로 하되 버넷(Burnet, 1907)의 *Platonis Opera*와 *Loeb Classical Library*에 등장하는 희랍어 원어를 토대로 하여 한국어 번역의 주요 용어들을 수정하고 통일하였다. 이제이북스에서 나온 『제7서한』에서는 ethos를 습관, 습벽 등 다양한 단어로 바꾸어 쓰고 있으나 단어상의 차이가 크지 않고 의미도 불분명해지는 것을 감안하여 모두 습관으로 번역하였다. 본 논문에서는 희랍어가 가지고 있는 언어유희의 특성이나 의미상 차이에 주목하기보다는 교육학적 시각에서 해당용어의 뜻과 한국어 표현을 일치시키는 데 초점을 맞췄다.

능성이 중요하지는 않으며 어디까지나 본으로서의 역할이 중요하다(Politeia, 472e). 그러나 본보기가 그 역할을 제대로 수행하기 위해서는, 그 본에 따른 생활을 위해서는 법률의 준수와 좋은 생활방식에 따른 양육이 이루어져야 한다는 입장이 전제되기 때문이다.

『국가』에서 나타난 좋은 생활방식에 대한 생각은 『제7서한』에서도 계속된다. 『제7서한』에서 플라톤은 청년시절 30인 과두정에 대해 회상하며 '30인의 과두들이 부정한 생활에서 정의로운 생활 방식으로 이끌어가면서 나라를 꾸릴 것'으로 기대했다고 말한다(Epistolai, 324c-d). 이후 30인 과두정의 악행과 실정으로 플라톤은 이들에게 크게 실망했지만 그의 회상은 그가 당시 생각했던 아테네 사회의 문제와 해결방안을 엿볼 수 있다. 플라톤이 디온을 높게 평가하고 디온의 조언을 받아들여 시라쿠사로 떠난 것도, 디온이 사치와 향락으로 유명했던 시칠리아 사람들과 다른 생활방식을 살기 원했기 때문이다(Epistolai, 327b). 생활방식에 대한 강조는 자신의 개인적인 경험에만 국한되지 않는다. 그는 병든 개인들을 개선하기 위해서는 우선 그들 각자의 생활방식을 바꿔놓아야 한다고 지적한다(Epistolai, 330d). 병든 정치가들은 자신들의 잘못된 사욕을 챙기기 위해 어떤 통치방식(tropos)이 가장 적절한지 자문을 요구하지만 사람다운 사람(anēr)이라면 조언해서는 안된다고 제한한다(Epistolai, 331e). 이처럼 플라톤이 생각했던 생활방식의 문제는 단순히 개인의 경험에 따른 문제가 아니라 훌륭한 개인과 공동체를 만들기 위해 선결되어야 하는 가치였다. 따라서 『제7서한』에서 생활방식은 단순한 덕목이 아니라 인간 및 폴리스의 개선을 요구하는 일종의 교육적 기능을 갖게 되는 것이다.

생활방식으로 번역한 트로포스(tropos)는 다양한 의미를 가진다. 일차적으로는 전환(turn), 지향(direction), 과정(course) 등을 가리키는 말이지만 가장 대표적인 의미는 어떤 것에 대한 방식(manner, way)이다. 때문에 사람에게 이 단어를 사용하게 되면 주로 생활방식과 습관, 습성을 뜻하고 시가(mousikē) 등에 대해서는 그것의 표현 방식을 가리킨다(Liddell & Scott, 1909: 718). 이런 측면에서 볼 때 트로포스에 대한 가장 적절한 설명은 '어떤 대상에 대한 적절한 방식'이며, 더 간명하게 말한다면 '어떻게(know-how)'에 대한 고민이라 할 수 있다. 따라서 『국가』와 『제7서한』에서 플라톤이 생활방식에 관심을 가지는 것은 생활방식이 '훌륭하고 이상적인 국가와 시민'을 만들 수 있을 것인가의 문제를 다루는 데 있어 적절하기 때문이다. 또한 트로포스는 단순히 방식 뿐 아니라 사람의 기질도 가리키다. 『국가』 8권에서는 '정체의 종류가 여럿이듯, 인간 기질(tropos)의 종류도 그만큼 많이 있다'는 부분이 대표적이다. 즉 인간에게 있어 트로포스는 사람의 기질이 생활방식을 통해서 형성되고 표현된다는 이중적 의미를 갖고 있다. 또한 사람의 기질과 생활방식은 『국가』 7권에 나타나듯 좋은 양육과 법률의 준수를 통해 가능해진다. 따라서 트로포스에 대한 플라톤의 관심은 그가 인간의 교육 문제에 대해 몰두하고 있음을 상징적으로 보여주는 대목이다.

『제7서한』에서는 이 트로포스가 적용되게 되는 부분을 크게 세 가지로 구분하여 확인할 수 있다. 서간문이라는 특성상 플라톤이 직접적으로 트로포스의 적용 범위에 대해서 언급하지는 않지만, 그가 『제7서한』에서 사용한 다양한 용어들을 간추려보면 사적인 영역인 가정과 공적인 영역인 폴리스에 걸쳐 있다. 시민들의 생활방식 개선을 통한 변화를 위해서는 사적인 생활에서는 좋은 습관의 형성이 필요하고 공적인 영역에서는 준법과 직분(epitēdeumata)의 충실한 수행이 요구된다. 이 과정을 통해서 충분한 자질을 가진 예비 수호자가 탄생하게 되며, 예비 수호자는 철학자와의 사제동행이라는 또 다른 생활방식을 통해 철학자로 성장하게 된다.

지금까지 『제7서한』에서 논의된 생활방식에 대한 강조는 『국가』에서 나타나는 생활방식에 대한 논의와는 적잖은 차이가 있다. 『국가』에서 생활방식은 정의(dikaiosynē)를 언급하기 위한 전(前)단계 과정에서 처음 나타난다. 『국가』 1권에서 케팔로스는 늙음이나 부유함이 문제가 아니라 어떤 생활방식으로 사느냐가 인생에 있어서 중요한 문제라고 말한다(Politeia, 328d-329d). 부유함은 단지 갚아야 할 것을 갚는 데 있어 유용할 뿐 쾌락의 추구는 행복한 삶으로 연결되지 않는다고 주장하면서 본격적으로 정의의 문제를 다루기 시작한다. 그러나 정의란 무엇인가(peri dikaiou)라는 부제목의 대화편답게 『국가』의 논의는 폴리스의 운영원리인 정의에 대한 문제, 특히 정의가 그 자체로 좋은 것인 동시에 그것이 주는 이익에 있어서도 좋은 것이라는 주장으로 정리된다(Politeia, 612b-e). 생활방식이나 생활방식을 구성하는 요소로 뒷장에서 논의될 습관에 대한 주장들은 다소 불분명하며, 직분(epitedeuma)은 『국가』 5권에서 정리되고 있긴 하지만 기존 통념에 대한 반박인 처자공유와 여성 통치자론을 설명하기 위한 과정에서 사용되고 있는 용어이다. 반면 『제7서한』은 디온의 친구들에게 보내는 서간문으로써 특정 주제를 탐구하기 위한 대화편은 아니며 플라톤이 자신의 체험과 이상국가에 대한 생각을 기술하는 과정에서 『국가』와는 달리 생활방식을 중요하게 생각하고 있다. 『국가』에서 수호자의 예비교육으로 시가와 체육 교육이 제기 되고 있지만, 『제7서한』에서는 구체적으로 습관, 습속, 습벽 등으로 번역되는 에토스(ethos)와 에피테데우마(epitedeuma)가 계속 등장하며 생활습관 개선이 지니는 교육적 의미가 보다 강조되고 있다.

Ⅲ. 개인의 완성을 위한 좋은 습관 형성

지금까지의 내용은 『제7서한』에서 생활방식(tropos)이 플라톤의 이전 저작에 비해 보다 중요한 의의를 지닌 개념이었음을 다룬 것이었다. 플라톤은 『제7서한』에서 종전보다 시민들의 삶을 더욱 강조함으로써, 사적인 측면에서는 개인 각자의 삶을 행복하게 만들고 공적인 측면에서는 시민들로 구성되어 있는 폴리스 전체를 훌륭하게 만들고자 했다. "나랏일이든 개인 생활이든 간에 모름지기 정의로운 것 모두는 철학을 통해 알아낼 수 있다(Epitstolai, 326a-b)"는 플라톤의 주장은 통치자인 철학자의 관심사가 공적인 영역과 사적인 영역 모두에 걸쳐 있어야 함을 주장하는 부분으로도 해석 가능하다. 폴리스를 움직이는 혼(psychē)이기도 한 시민 개개인이 행복해야만 폴리스가 행복해지기 때문이다.

여기서 말하는 개인 또는 사적 생활은 이디오테스(idiotes)의 번역으로 폴리스의 반대말이다(Liddell & Scott, 1909: 326). 사적 영역은 주로 가문과 가정을 뜻하게 되는데, 이 사적 공간에서는 남성과 여성의 역할이 구분되고 주인인 자유시민과 노예들이 그 역할을 구분하는 공간이다(Politika, 1252a-b). 특히 고대 도시는 개인의 집합체가 아닌 가족과 부족, 즉 사적 영역의 연합체였으며, 사적인 영역에 대해서는 도시가 간섭하지 않고 가장이 알아서 하는 형태가 일반적이었다(Coulanges, 1864: 174-176). 따라서 폴리스가 개입하지 않는 시민들의 사적영역에서는 자체적인 통치와 운영이 요구되는 데 여기에서 윤리적인 덕목, 구체적으로는 습관(ethos)이 요구되는 것이다.

사적 영역이라는 표현을 썼지만, 고대 시민들에게는 사적인 영역도 결코 그 규모가 작지 않았다. 도시에서는 노예들이 집안일을 담당했는데 아테네 시민 중 넉넉한 자들은 50여명의 노예를 다스렸고, 평범한 중산층들도 문지기, 요리사, 파이다고고스, 집사, 물레질 하는 하녀 등 약 10여명의 노예를 데리고 살았다. 주로 많은 집안일이 안주인의 관할 아래 이루어졌지만 최종 결정권은 남성에게 있었다또한 집안에서 이루어지는 다양한 분쟁과 시시비비를 가리는 일, 가족 및 노예들의 부정과 폭력 등에 대한 사형(私刑)의 권리 역시 남성들이 해야 할 일이었다. 가족구성원이 오늘날보다 훨씬 많고 가정 내에서 경제 활동을 직접 수행해야했던 고대사회에서 가장(家長)은 상당한 수준의 자기 절제 및 자기 수양과 정교한 가정 관리(oikonomia)를 할 줄 아는 생활방식, 즉 좋은 습관을 갖고 있어야 했다.

플라톤은 30인 정권에 대한 과거 경험을 통해 습관의 중요성을 절감하였다. 폴리스의 일을 집행하는 정치가들이 지금까지 전해온 법률을 제대로 지키지 않고 그들의 습관(ethos)이 잘못되었기 때문에 30인 정권은 그의 기대와 달리 제대로 기능하지 못했다(Epistolai, 325d). 물론 30인 정권의 몰락은 전적으로 그들의 책임만은 아니었다. 이미 당시 아테네는 선조들이 오랫동안 사용해온 습관(ethos)과 직분(epitedeuma)에 따라서 다스려지지도 않았고, 폴리스의 구성원 모두가 지켜야 할 관습(ethos)과 성문법 모두 지켜지지 않고 있었기 때문이다(Epistolai, 325c-d). 소크라테스의 죽음 이전 아테네 혼란기에 그가 겪었던 적절한 습관의 부재와 이로 인한 참상은 디오니시오스 2세와의 만남을 통해 다시 재현된다. 디오니시오스 2세는 플라톤의 생활방식과 습관에 익숙해졌음에도 불구하고 자기자신이 좋은 습관을 들이는 대신 플라톤의 관심을 끄는데 집착하였으며(Epistolai, 330a), 후에는 디온의 재산을 뺏고 용병의 월급을 깎으며 재산 획득에만 골몰하며, 폴리스의 행복이 아닌 사적인 이익만을 추구하였다(Epistolai, 345c-350b).

습관, 또는 관습으로 번역되는 단어 에토스는 그것이 가지고 있는 의미에서 분명히 드러나듯 원래는 '익숙해지다'라는 뜻인 에토(etho)의 명사형 단어이다. 즉 에토스는 버릇(habit), 습관 또는 관습(custom) 등 한 개인 또는 집단에서 일상적인 상황에서 자주 하는 행위를 뜻하는 말이다(Liddell & Scott, 1909: 195). 관습이라는 의미로 확장되게 되면 한 개인이 모여서 형성된 집단에서 수행하는 행위라는 의미를 가지게 된다. 아울러 에토스에는 일상적인 상황에서 자주 하는 행위이면서도 주로 사적세계에서 통용되며 명문화되거나 규범화되지 않은 것이라는 의미도 내포한다. 더 나아가 이 버릇과 습관을 통해서 형성되는 것을 가리켜 성품(ēthos)이라고 부르게 된다(Nomoi, 792c). 모든 성품은 습관(ethos)을 통해서 모든 사람들에게 가장 결정적으로 뿌리 내리게 되기 때문이다(Nomoi, 792e). 성품 즉 한 인간이 습관적으로 지속해 온 생활방식이 그 사람의 운명 또는 그 사람 운명의 수호신(daimōn)노릇을 한다는 헤라클레이토스의 단편은 이러한 희랍인들의 사고방식을 잘 보여준다(DK22B119).

플라톤이 『제7서한』에서 습관을 강조하는 것은 바로 이러한 이유에서이다. 개인의 사적 영역에 대해 미리 좋은 습관과 관습을 구축하고 평소에 이를 잘 실천하는 사람들은 훌륭하고 안정된 가정과 가문을 완성하게 되고 그 가족 구성원 역시 행복한 삶을 누리게 된다. 아울러 이 행복한 가족 구성원을 토대로 하여 도시에서 공적인 직분을 수행할 수 있는 자유시민이 양성되며 그 자유시민들 중에서 예비 철학자가 나타나는 것이 『제7서한』에 나타나는 플라톤의 체계인 것이다. 물론 플라톤이 궁극적으로 구상하는 것은 가장 훌륭하고 이상적인 국가의 완성이지만, 이상적인 정치체제와 철학자 통치가 이루어지는 동시에, 시민 개개인도 이상국가에서 행복한 생활을 누릴 수 있어야만 진정 행복한 국가가 되는 것이다. 『제7서한』에서 플라톤이 습관(ethos)을 강조하는 것도 개별적인 차원에서 욕구를 절제하고 진정한 이상 국가가 되기 위해서는 개인의 욕구를 다스리는 좋은 습관 형성이 필요했기 때문이다. 따라서 『제7서한』에 등장하는 시민들을 위한 첫 번째 교육활동은 행복한 사적 생활과 건전한 공적 활동의 토대를 위한 좋은 습관을 들이는 것이다.

시민 개개인의 습관 형성은 『국가』와 『법률』에 등장하는 시가와 체육 교육을 통해서 이루어지지만, 결국 시민 개개인이 끊임없는 노력을 통해서 달성되는 것이다. 습관을 위한 시민의 노력은 크게 두 가지 의미를 가진다. 첫 번째 의미는 관습, 즉 폴리스 내 가문과 부족의 조상들이 만들어왔던 관습의 유지와 준수이다. 가문과 집안마다 각기 다른 방식이 존재한다. 이 관습은 오랜 세월동안 조상들의 체험과 노력을 통해 완성되고 검증된 가치이다. 플라톤은 훌륭한 시민이 되기 위해서는 관습을 충실하게 준수하고 변경시키지 않아야 하며, 이를 통해 사적 세계에서의 교육이 가능하다고 보았다. 두 번째 의미는 습관, 즉 개인의 자발적인 노력을 통한 체화이다. 관습은 과거로부터 내려온 것이기 때문에 현재 상황과 일치하지 않을 수도, 시대에 맞지 않을 수도 있다. 이런 경우에 개인은 자신에게 익숙하지만, 관습에는 어긋나는 상황에서는 자신의 습관을 토대로 기존의 관습을 변형해야 한다. 이를 위해서는 개인은 충분한 덕성, 즉 지혜, 용기, 절제, 정의를 가지고 있어야 하며 올바른 생활방식에 따라 행동해야 한다. 이를 두루 갖춘 사람이 좋은 성품(ēthos)을 갖춘 인간인 것이다. 좋은 성품을 가진 훌륭한 인간이 바로 공적인 업무를 수행할 수 있는 자격을 갖춘 사람이자 사적 영역의 삶에 있어서는 완성된 덕목을 갖춘 인간인 셈이다. 마치 트로포스가 기질과 생활방식으로 번역되듯, 습관과 관습, 성품 등은 모두 에토스라는 동일한 뿌리에서 나왔음이 확인된다. 결론짓자면 『제7서한』에서 인간은 좋은 습관을 들임으로써 훌륭한 성품(ēthos)을 갖게 되고 인간다운 인간으로 완성되는 것이다.

Ⅳ. 공동체 완성을 위한 직분의 수행

시민의 사적 영역에서 좋은 습관과 관습에 따라 행동하는 것이 주 교육 목표였다면 공적 영역에서는 법률을 준수하고 자신의 직분(epitēdeuma)을 충실히 수행함으로써 폴리스에 기여하는 것이 『제7서한』에 등장한 교육 목표였다.

에피테데우마는 어떤 행위(pursuit, business)를 가리키는 말로 누군가가 관심을 두고 자신의 노력을 기울이는 일인, 취미, 취향, 직업 등으로도 번역 가능하다(Liddell & Scott, 1909: 263). 원래 이 단어는 고대 그리스의 자유인들이 자신의 '훌륭함'을 보이기 위해서 정치나 운동, 학문 활동 등에서 자신이 가진 기능의 탁월함을 입증하기 위한 활동이었다(김주일, 2007: 116). 그러나 『국가』와 『제7서한』에서 사용되는 문맥을 볼 때 이는 폴리스 내에서 구성원들이 담당해야하는 일종의 기능(ergon)을 뜻하는 것으로 해석할 수 있다. 즉 시민들이 맡으면서 폴리스에 기여하고 자신의 존재가치를 분명히 드러내는 활동이 바로 직분인 셈이다. 습관(ethos)과 법률(nomos)의 준수가 남녀 모두에게 해당하는 가치라면 직분은 폴리스의 공적 활동을 수행하는 시민 즉, 남성들을 대상으로 하는 가치이다. 물론 여성이 공적 활동에 참여하고 수호자가 될 수 있음을 지적한 『국가』에서는 "같은 성향, 즉 통치자의 자질을 가진 사람들이라면 같은 직분을 가져야 한다"고 주장하였다(Politeia, 454b-e).

에피테데우마는 물론 직분 외 다양한 의미를 가지고 있지만, 공적인 영역을 포함하는 덕목은 플라톤의 다른 저작과 『제7서한』에서 분명해진다. '라케스'에서는 공적인 영역에 나가게 될 젊은이들이 배워야 할 일을 가리키는 말로 사용된다(Laches, 180a). 『국가』 4권에서 플라톤은 [공적인 직분에서 파생된] "훌륭한 생활 습관(epitēdeumata)은 훌륭함으로, 나쁜 생활 습관은 나쁨으로 이어진다(Politeia, 444d)"고 주장하는데, 여기서 생활습관은 공적 영역에서 이루어지는 생활 습관을 포함하는 의미이다. 『국가』에서 인간의 훌륭함인 지혜, 용기, 절제, 정의는 모두 폴리스에서의 활동을 통해서만 완성되는 만큼 자신의 직분을 다하면서 좋은 생활 습관을 가질 때 폴리스의 시민이 훌륭해지기 때문이다. 『법률』에서는 군인들의 공동식사(syssitia)를 에피테데우마로 표현하는데 군사훈련이라는 공적 활동에서 수행해야 하는 활동으로 이해할 수 있다(Nomoi, 636b).

『제7서한』에서 플라톤은 시라쿠사의 방탕한 생활을 묘사하며 “그 어느 누구도 어렸을 적부터 몸에 밴 그러한 생활습관을 갖고 지혜롭게 된다는 것은 있을 수 없다(Epistolai, 326c)”고 말한다. 디오니시오스를 이상적인 철인통치자로 만들기 위한 공적인 목표를 갖고 시라쿠사에 도착한 플라톤에게 제공되는 생활습관은 용납할 수 없는 것이었다. 또 플라톤은 당시 아테네가 선조들이 오랫동안 사용해왔던 습관과 직분에 따라 다스려지지 않았기 때문에 국가가 제대로 운영되지 못했다고 진단한다(Epistolai, 325d). 공적 영역에서 제도에 따라 배분된 직분을 수행한 이들이 없기 때문에 아무리 철학자가 존재하더라도 그를 도와 나랏일을 제대로 다스릴 인재가 부족한 것이다. 따라서 『제7서한』에서 플라톤이 사용하고 있는 직분은 공적 활동의 수행을 뜻하며, 구체적으로는 철학자를 도와 공적인 업무를 수행해야 할 보조자를 길러내는 의미를 갖고 있다. 철학자를 도와 통치업무를 수행하는 사람들은 이미 사적 영역에서 관습을 준수하고 좋은 습관을 형성하여 훌륭한 품성을 갖춘 사람들이다. 이제 이들이 폴리스에서 맡아서 수행해야 할 공적 활동을 이행하는 것이 바로 직분의 수행이다. 협력적 교환관계를 전제로 성립된 공동체인 폴리스(Politeia, 371b) 내에서 시민들은 직분을 수행함으로써 자신의 역할을 다한다는 의미가 담겨있다. 폴리스의 시민들은 공적 영역에서 경제적 활동을 제외한 정치적, 군사적, 종교적 활동을 함께 수행하며 폴리스가 안정적으로 유지되도록 자발적으로 활동한다.

폴리스 내에서 진행되는 직분의 수행은 아래와 같은 교육적 의미를 지니고 있다. 우선 직분 수행의 가치는 단순히 업무를 수행하고 폴리스를 유지하는 차원을 넘어서는 활동이다. 폴리스 내에서 이루어지는 다양한 활동들을 통해 여러 관례, 관행과 같은 다양한 암묵지들이 생겨나게 되는데, 이를 잘 이행함으로써 시민들은 보다 적극적인 의미의 사회화과정을 겪게 된다. 자신 또는 타자의 직분 수행을 통해 생겨난 관행과 생활습관을 잘 수용함으로써 폴리스라는 사회에서 무리 없이 잘 살 수 있게 된다. 에피테데우마가 경우에 따라서는 관행으로 번역되는 것은(Nomoi, 636a-b), 에피테데우마에 폴리스에서 지금까지 공적 활동의 영역에서 형성되어온 관행을 준수하는 활동이란 뜻이 담겨있기 때문이다.

보다 더 큰 의미는 자신이 맡게 되는 '직분'을 충실히 수행함으로써 한 개인은 사적 영역과 공적 영역을 모두 포괄하는 완성된 시민으로 성장한다는 점이다. 『국가』 4권에서 분명히 드러나듯 폴리스의 구성원인 시민들이 자신을 완성하기 위해서는 반드시 공적영역에서의 경험과 활동이 필요하다. 『제7서한』에서도 지혜, 용기, 절제, 정의는 등장하는 인간의 주요 덕목이며(Epistolai, 336b), 이 개념은 사적인 생활을 통해서는 절반의 완성 밖에 이루어지지 못할 뿐 반드시 공적 활동을 통해서 실천되어야만 한다. 공적 영역에서 직분 수행을 통해 인간의 혼(psychē)에 들어있는 덕목을 실제로 구현함으로써 자신의 기능적 훌륭함과 도덕적 훌륭함을 두루 갖춘 훌륭한(aretē) 인간으로 완성되는 것이다.

3장과 4장에서 등장한 내용을 함께 정리하자면 『제7서한』에 나타난 시민 교육은 시민들이 보다 나은 생활방식을 습득하도록 하여 궁극적으로는 훌륭한 덕을 갖춘 시민으로 성장하도록 하는데 있다. 습관(ethos) 형성은 시민들에게는 적절하고 좋은 습관을 들이고 관습을 잘 따르게 하여 사적인 공간에서 욕구를 절제하고 자신들이 해야 하는 가장의 역할을 잘 수행하도록 하는 것을 목표로 한다. 직분(epitedeuma)의 수행은 공적인 영역에서 개인적인 기능(ergon)을 충실히 수행하며 동시에 그 활동에서 파생되는 다양한 암묵지와 비형식적 교육을 통해 사회화 과정을 거쳐 인간의 훌륭함(aretē)을 달성하는 시민 교육의 최종 단계이다. 궁극적으로 직분은 폴리스에서 이루어지는 다양한 활동들을 통해 시민들이 공동체 내에서 좋은 생활방식을 갖도록 하여 사적 영역과 공적 영역에서 완전한 시민으로 자리매김하도록 하는 기능을 한다.

V. 철학적 사제동행을 통한 훌륭한 지도자의 양성

지금까지의 논의는 플라톤이 『제7서한』에서 가장 훌륭한 국가와 그 구성원을 양성하려 했던 시도를 정리한 것이었다. 국가의 혼(psychē)인 개인이 좋은 생활방식을 가져야만 이상국가의 토대를 완성할 수 있다고 보았으며, 이를 위해 사적인 영역에서는 좋은 습관을 갖고, 공적 영역에서는 직분에 따른 공적인 업무 수행을 충실히 하도록

시민들을 이끌었다. 이 과정을 통해서 폴리스에서는 훌륭한 시민이 양성되며 『제7서한』에서 지향하는 교육의 일차적 목표에 도달한다. 그러나 이 과정만으로 이상국가가 완성되는 것은 아니다. 플라톤은 이미 『국가』에서 '철학자들이 나라를 다스리거나 최고 지도자이 철학을 해야만 나라와 인류 전체가 가장 훌륭해진다(Politeia, 473d)'고 지적하였고, 『제7서한』에서도 "올바르고 진실되게 철학하는 사람들이 권좌에 오르거나 권력자들이 철학을 하기 전에는 인류에게 재앙이 끊이지 않을 것"이라고 경고하였다(Epistolai, 326a). 플라톤의 최종 목적이 이상국가 건설에 있음을 감안한다면, 그의 교육론은 분명 시민의 양성에서 나아가 폴리스를 가장 훌륭하게 만들 수 있는 철학자 양성을 지향하고 있다.

플라톤이 고민하는 것은 철학자 교육의 대상과 방법이었다. 『국가』에서는 철학자다운 자질(physis)을 갖춘 사람들을 철학자로 양성한다고 기술한다(Politeia, 485a). 이 주장은 원론적인 입장이다. 반면 '제7서한은 왕이 존재하는 시라쿠사에서 플라톤이 자신의 이상을 적용하려 했던 경험이 나타난 저작이며 시라쿠사의 왕자 디오니시오스가 주 교육대상이다. 따라서 『제7서한』은 『국가』와 달리 방법에 초점을 맞추어 논의가 진행되며 대표적인 방법이 바로 교사와 학생의 사제동행(synousia)이다.[4)]

신우시아(synousia)는 순우리말로 하면 '함께함, 어울림'이란 뜻이다. 동사형태 신우시아조(synousiazo)는 원래 '성적(性的) 측면에서 다른 사람과 친해지다'라는 의미를 갖고 있다. 신우시아는 '다른 사람과 함께 하는 상태 또는 사회 속에서 다른 사람들과의 교류'를 뜻하는 말이며, 특히 어떤 사람이 교사와 어울리고 있는 것, 또는 그 교사의 수업에 참여하는 것을 가리키며 더 넓게는 교사와 학생 사이에 교류가 이루어지고 있는 집단을 일컫는다(Liddell & Scott, 1909, 679). 플라톤은 '정치가'에서 '문자를 배우는 집단'을 가리킬 때 신우시아를 사용하고 있으며, '프로타고라스'에서는 '교사와의 함께함'이라는 의미로 이 단어를 사용한다(Protagoras, 318d).

철학적 동행은 모든 사람들끼리 할 수 있는 활동이 결코 아니다. 어렸을 때 같이 자랐거나 혈연지간이더라도 사제동행은 불가능할 수 있다. 오히려 평소에 철학자인 교사와 가장 활발하게 논의해온 주변의 사람들이라면 동행이 가능하다. 이들은 철학자

---

4) 어원상으로는 두 본질(ousia)이 하나로 모인다(syn)는 의미이다. 연구자는 기존 철학계에서 사용된 '교유(交遊)' 또는 '함께함'이라는 번역어 대신(강철웅 외, 2009; 박종현, 2011) 교육학적 관점을 강조하여 (사제)동행으로 번역하였다. 맥락에 따라서 사제를 생략하고 '동행'으로 쓰거나 사제동행의 궁극적 목표는 철학자의 양성이라는 점을 강조하기 위해 '철학적 동행'으로 표현하기도 했다.

들과 충분히 친밀한 관계를 유지하고 있기 때문에 스승과 동행하는 데 별 어려움이 없으며, 동시에 이미 상당한 지적 수준을 갖추고 있어 철학을 탐구하기에 부족함이 없기 때문이다(Epistolai, 334b). 이미 철학적인 삶을 사는 스승은 사제동행을 통해 철학적 지식이 부족한 제자를 이끌어서 그 제자를 철학자로 성장시킨다. 동행의 과정을 통해 철학자인 스승과 예비철학자인 제자는 점차 진리를 향해 나아가는 동반자의 관계로 발전하며 이 과정 속에서 교학상장이 이루어진다. 스승인 교사는 자신이 알고 있는 철학을 충분히 다른 사람들에게 전달하는 철학자로서 사명을 다함으로써 자신의 성장과 성숙이 이루어지게 된다. 이는 마치 『국가』에 등장하는 동굴의 비유에서 철학자가 죽음의 위협에도 불구하고 다시 동굴로 돌아와 다른 사람들을 동굴 밖으로 끄집어내는 활동을 연상시킨다(Politeia, 540b). 또한 제자인 학생은 아직 미성숙한 상태에서 교사와의 끊임없는 교류와 배움을 통해서 이전보다 훨씬 더 나아진 상태로 거듭나게 되며 궁극적으로는 '철학자'로 성장한다. 이 사제동행을 통한 철학의 과정은 마치 영혼에서 불꽃이 튀듯 이루어지는 과정(Epistolai, 341a-b)이며 그 과정에서 꾸준한 동행 활동과 노력이 요구된다. 플라톤이 생각하는 사제동행의 기본은 교사와 학생이 함께 지내면서 철학에 대한 다양한 논의를 주고 받는 것이며, 철학적인 삶을 갈구하고 철학적인 생활방식을 체득하는 것이다. 이 과정을 통해서 학생은 배움을 통해 무지몽매한 상태에서 벗어나 진리를 깨우치게 되는 단계로 진입한다. 플라톤의 사제동행(synousia)은 동양적, 유가적 사제동행의 모습과 그 형태에서 다소 차이가 있을 수는 있겠지만, 그 근본원리는 동일하다.

여기서 주의해야할 것은 사제동행이라는 수준 높은 교육활동을 위해서는 적절한 단계를 밟아가야 한다는 사실이다. 어느 정도 기초적인 소양과 능력을 갖추고 공부하려는 의지를 갖춘 학생만이 스승과 함께 철학을 향한 여정에 나설 수 있는 것이다. 즉 『제7서한』에서 철학적 동행은 개인이 사적 영역에서 좋은 습관을 통해 스스로를 잘 다스리고 공적인 영역에서는 직분을 충실히 수행함으로써, 기능적 측면과 도덕적 측면에서의 훌륭함이 달성된 인간을 대상으로만 할 수 있는 행위이기 때문이다. 이는 '국가(Politeia)'에서 철학자 교육 이전에 먼저 시가와 체육을 익히고 군 복무 후 문법과 수사학을 터득한 후 산술, 천문, 기하, 화성학이라고 불리는 교육과정을 마친 후에야 문답법을 배우는 것과 유사하다.

그러나 『제7서한』에 묘사된 일련의 과정을 거치더라도 아직까지 스승과 제자의 관계는 친구처럼 동등하지는 않다. 예비 과정을 마치고 사제동행을 시작한 스승과 제자는 본격적으로 함께 지내면서[5] 철학에 대해 논의하지만, 아직 스승인 철학자와 제자인 예비 철학자 사이에는 엄연한 지적인 수준과 지혜의 측면에서 격차가 있기 때문이다. 따라서 사제동행의 관계에서 나타나는 가장 대표적인 활동은 제자가 깨달음, 즉 제자가 철학적인 삶에 대한 충분한 욕구를 갖게 하도록 지도하려는 스승의 노력이다(Epistolai, 330b). 그리고 그 노력은 때로는 호된 꾸짖음과 혹독한 노력으로 이어지기도 한다(Epistolai, 331b-d). 반면 폴리스를 사는 시민들이라고 하더라도 자신의 삶에 만족하면서 문제의식을 갖지 못한다면 플라톤은 이들에게 철학적 가르침을 제공하지 않는다. 근본적으로 교육과 사제동행은 그 필요성을 절감하는 사람들을 위한 행위이기 때문이다. 사제동행은 개인이 사적 영역에서 좋은 습관을 갖고 공적 영역에서는 자신이 제정한 법률과 직분을 충실히 수행하는 좋은 생활방식을 갖춘 자유인만이 수행할 수 있는 교육 활동이다.

사제동행은 개인들의 삶 뿐 아니라 국가 전체의 훌륭함을 위해 필수적인 덕목이다. 플라톤은 시라쿠사의 통치자 디오니시오스와 페르시아의 군주 다레이오스를 예를 들며 군주의 사제동행 연습을 강조한다. 디오니시오스는 시칠리아를 통일한 능력자였으나 자신이 믿을 수 있는 친구와 동지들을 결집시키는 철학적 동행에는 서툴렀다(Epistolai, 331e). 반면 다레이오스는 주변의 다른 현명한 사람들을 적절히 활용하고 법률에 따른 통치를 수행함으로써 페르시아를 더 강력한 국가로 키워낼 수 있었다. 디오니시오스와 다레이오스 모두 겉으로 보기에는 지혜로운 군주였지만 디오니시오스는 철학적 동행의 부족으로 사람들을 얻지 못하며 시칠리아의 통일을 완성하지 못했다. 반면 다레이오스는 자신 주변의 사람들을 철학자로 길러냈고 이들은 다레이오스 주변에서 그의 정책에 협력하면서 페르시아를 통일된 훌륭한 국가로 만들어냈다(Epistolai, 332c). 이러한 플라톤의 묘사는 진리를 탐구하는 철학의 과정은 개인의 성찰이 아닌 동반자들과의 동행(synousia)을 통해서 완성되는 것임을 의미하며, 동시에 국가와 개인의 궁극적인 훌륭함 역시 사제동행을 통해 완성됨을 시사한다(Epistolai, 332b-c).

철학자와 예비 철학자 사이에서 이루어지는 철학적 동행은 지혜롭고 현명하며 철학

---

5) 여기서 함께 지낸다는 말에는 아카데메이아와 같은 공간에서 숙식을 함께 하며 지낸다는 것을 뜻한다. 사제동행, 함께함, 집회라고 하는 συνουσία의 다양한 뜻에는 함께 생활한다는 의미가 강하게 담겨있다.

에 관심 있는 폴리스의 구성원들을 철학자로 길러낸다. 철학은 지혜에 대한 학문이다. 그리고 플라톤이 말하는 지혜는 오늘날 우리가 철학에 대해 가지는 인식과는 다르다. 플라톤에게 철학은 무엇이 가장 훌륭하고 올바르고 아름다운지에 대한 앎을 추구하는 학문이었다. 철학을 통해 사람들은 개인과 공동체 속에서 무엇이 가장 올바른 행위인지 인식(epistēmē)하게 된다. 여기서 인식은 단순히 이론적으로 알아차리는 지식의 습득이 아니라 그것을 실제 구현할 수 있는 실천력까지 전제하는 개념이다. 따라서 플라톤이 말하는 철학에 대한 인식은 가장 훌륭하고 올바른 삶에 대한 앎이며 철학을 매개로 친구가 된 사람들 사이에서는 가장 훌륭하고 좋은 상태(kalo k'agathia)를 추구할 수 있는 것이다. 그리고 이 가장 좋은 상태는 동행의 과정, 즉 어떤 주제 자체와 관련해서 오랫동안 함께 고민하고 공동생활을 통해 달성하게 되며 마치 튀는 불꽃에서 당겨진 불빛처럼 혼 안에 생겨나서 비로소 자기 자신을 스스로 길러내게 되는 것이다(Epistolai, 341d).

『제7서한』에 등장하는 사제동행은 『제7서한』 교육론의 마지막 단계이다. 사제동행은 교사와 학생의 수평적인 관계를 전제하고 둘의 공동탐구를 통한 완전한 철학자의 양성을 지향한다. 물론 교사는 늘 학생에게 잘해주지만은 않는다. 방황하거나 탐구의 필요성을 느끼지 못하는 학생들에게 때로는 호된 꾸짖음을 내리기도 한다. 하지만 이를 통해 교사가 의도하는 것은 예비 철학자인 학생이 끊임없이 진리를 향해 철저한 노력을 기울이도록 하는 것이다. 철학자와 예비철학자는 진리를 향해 공동 노력한다는 점에서는 근본적으로 수평적 존재이며 이는 마틴 부버의 표현을 빌리자면 교사와 학생이라는 두 대상의 본래적 성격은 근본적으로 나-너의 관계임을 의미한다(강선보, 2003). 또한 철학자 양성 교육은 고등교육이 지향해야 할 성격을 보여주고 있다. 고등교육은 근본적으로 교육의 최종 단계이며, 고등교육의 목적 역시 개인의 자아실현을 넘어 사회에서 자신의 책무를 충실히 수행하는 지혜로운 지도자, 즉 교육받은 지식인의 양성이다. 충분한 기초교육을 받은 인재 중 철학적 자질을 가진 인재들이 사회의 지도자로 성장하며 이들은 통치자이자 교육자로서 폴리스에서 지속적으로 자신의 의무를 다할 때만 가장 행복해지는 것이 철학자에 대한 플라톤의 기본 입장이기 때문이다(Politeia, 540b).

Ⅵ. 맺음말

『제7서한』에 등장하는 플라톤의 교육론은 크게 몇 가지 개념으로 요약되며 이 개념들은 시민교육에서 고등교육이라는 일관된 형태를 갖고 있다. 몇 가지 교육과 관련된 개념들에 초점을 맞추어 플라톤의 교육론을 정리하였으며, 대표적인 개념으로는 생활방식(tropos), 습관(ethos)화, 직분(epitēdeuma)의 수행, 사제동행(synousia)이 있다.

플라톤이 『제7서한』에서 지향하는 목표는 가장 훌륭하고 이상적인 폴리스를 만드는 정치체제를 구축하는 것이었고, 이를 통해 폴리스의 구성원인 개인도 훌륭하게 양성하는 것이었다. 이 과정에서 플라톤이 주목한 것이 생활방식(tropos)의 변화였다. 생활방식의 개선을 위해 등장하는 교육 방법이 바로 습관화와 직분의 수행이다. 기초 교육인 습관화는 『제7서한』에서 주장하는 일차적인 교육방식으로 사적 영역에서 습관화가 잘 이루어져 좋은 성품을 가질 때 공적 영역에서 훌륭한 활동을 기대할 수 있다. 직분(epitēdeuma)은 한 시민이 폴리스 내에서 담당하는 활동으로 직분을 충실히 수행함으로써 공적 영역에서 좋은 생활방식을 달성하게 된다. '직분' 개념을 통해 폴리스의 시민은 자신의 기능적 훌륭함과 도덕적 훌륭함을 완성한다. 이 과정을 통해 완성된 예비철학자들은 사제동행(synousia)을 통해 철학에 입문한다. 철학자와의 동행을 거쳐 철학에 입문한 사람들은 자신들의 지혜와 좋은 생활방식을 폴리스 전체에 구현하여 폴리스와 구성원이 가장 행복하도록 통치한다. 지금까지의 내용을 표로 정리한 후 『국가』와 비교하면 아래와 같다.

〈표 1〉 제7서한에 등장하는 플라톤의 교육론

교육 대상	시민 교육		철학자 교육
주요 개념	습관(ethos)	직분(epitēdeumata)	사제동행(synousia)
해당 영역	사적 영역	공적 영역	폴리스의 전 영역을 포괄
교육 단계	기초교육	중등교육	고등교육
생활 방식	좋은 생활방식의 함양		좋은 생활방식의 제시
『국가』와 비교	시가, 체육	철학자 예비교육	변증법 등 철학자 교육

결론적으로 『제7서한』에 나타난 교육론 연구를 통해 아래와 같은 교육적 의미를 도출할 수 있다.

첫째, 인간은 교육을 통해서만 완전해질 수 있다. 역동성과 변화가능성을 가진 인간은 국가를 움직이는 혼(psychē)과 같은 존재이며, 교육을 통해서만 인간과 폴리스는 가장 완벽해지고 행복해질 수 있다. 이는 인간의 교육가능성과 필요성을 환기시킨다는 점에서 의미가 있다.

둘째, 인간의 교육은 일정한 단계를 거쳐 이루어진다. 『제7서한』에서 교육은 우선 가장 기초교육인 좋은 습관 형성을 거쳐, 중등교육의 단계인 직분의 수행을 통해 시민교육이 완성된다. 이후 고등교육의 자질을 갖춘 예비철학자들은 사제동행을 통해 철학교육을 받게 된다.

셋째, 기초교육의 목적은 좋은 습관을 갖춘 품성을 갖춘 인간의 양성이다. 기초교육은 『국가』에서 시가와 체육교육에 해당하는 부분으로, 사적 세계에서 관습을 따르도록 하고 좋은 습관을 기르도록 하여 품성을 형성하는 데 그 의미가 있다.

넷째, 중등교육의 목적은 시민들이 자신들이 수행해야 하는 직분을 이행토록 하는 것이다. 시민들은 직분을 수행함으로써 교육의 주요 목적 중 하나인 시민 개개인은 사회화 과정을 거치게 된다. 동시에 시민들은 직분을 통해 자신들이 인간으로써 갖춰야 할 덕목을 실현함으로써 기능적 훌륭함과 도덕적 훌륭함을 함께 갖춘다.

다섯째, 고등교육의 목적은 사제동행을 통해 예비철학자를 완성된 철학자로 만드는 것이다. 사제동행은 교사와 학생이 실존적 본래적 관계를 형성하여 진리를 향해 나아가는 여정을 연상시키며, 고등교육이 수행해야 하는 목표와 역할을 환기시키는 의미가 있다.

여섯째, 『제7서한』에 나타난 교육론은 『국가』의 교육론과 비교하여 약간의 유사점과 차이점이 있다. 시민교육에서 발전하여 철학자 교육으로 연결되는 선형 구조는 『제7서한』과 『국가』 두 저작에서 모두 발견된다.

참고문헌

Burnet. I.(1907). *Platonis Opera.* Oxford: Oxford University Press.

Bury. R. G.(1929). *Plato. IX. Loeb Classics Library.* London: William Heinemann.

Cooper. J. M. & Hutchinson. D. S.(1997). *Plato: Complete Works.* Cambridge: Hackett Publishing Company.

Kirk. G. S., Raven. J. E. & Schofield. M.(1983). *The Presocratic Philosophers: a critical history with a selection of texts.* 김인곤 외 역(2005). **소크라테스 이전 철학자들의 단편 선집**. 서울: 아카넷.

Plato. *Epistolai.* 강철웅, 김주일, 이정호 역주.(2009). **편지들**. 서울: 이제이북스.

Plato. *Kriton.* 이기백 역주.(2009). **크리톤**. 서울: 이제이북스.

Plato. *Nomoi.* 박종현 역주.(2009). **법률**. 파주: 서광사.

Plato. *Politeia.* 박종현 역주.(2005). **국가**. 파주: 서광사.

Plato. *Politikos.* 김태경 역주.(2001). **정치가**. 서울: 한길사.

Plato. *Protagoras.* 박종현 역주.(2011). **프로타고라스**, 라케스, 메논. 파주: 서광사.

Aristotle. *Politika.* 천병희 역주.(2009). **정치학**. 서울: 숲.

Liddell. H. G. & Scott. R.(1909). *Liddell and Scott's Greek-English Lexicon.* Oxford: Clarendon Press.

Peters. F. E.(1967). *Greek Philosophical Terms.* NY: NewYork University Press.

Coulanges. N. F. de(1864). *La Cite Antique.* 김응종 역(2000). **고대도시**. 서울: 아카넷.

Flacelière. R.(1959). *La Vie quotidienne en Grèce au Siècle de Périclès.* 심현정 역(2003). **고대 그리스의 일상 생활**. 서울: 우물이 있는 집.

Mossē. C.(1993). *Le Citoyen dans la Grèce Antique.* 김덕희 역(2002). **고대 그리스의 시민**. 서울: 동문선.

강선보(2003). **마르틴 부버의 만남의 교육**. 서울: 양서원.

김비환(2011). **플라톤과 아리스토텔레스의 정치철학과 변증법적 법치주의**. 서울: 성균관 대학교 출판부.

존재에서 연역된 윤리학: 플라톤과 루소1)

강 성 훈(고려대학교)

I. 머리말

일찍이 루소 스스로뿐만 아니라 그에 대한 많은 연구자들은 그의 사유체계가 상호 모순없는 일관성을 확보하고 있음을 주장해 왔다. 이 같은 주장은 동시에 많은 반대에 부딪혀 왔는데, 아마도 그를 주장하는 연구들이 만족할 만한 근거들을 확보하고 있지 못하기 때문일 것이다. 특히 매우 형이상학적인 것으로 보이는 그의 윤리학적 명제들과 현실정치와 관련된 사유들 - 물론 이것도 고도로 일반화되어 있기는 하지만 - 간에는 상당한 간극이 존재하는 것처럼 보인다. 이는 개인에 대한 교육과 시민에 대한 교육에 관련된 루소 사유의 간극과 함께 그에 대한 많은 연구들이 해명하기 위해 노력해 왔던 가장 대표적인 난제일 것이다. 정치학의 영역에서 이 간극을 해명하는 - 일단 루소의 사유체계가 일관된 것이라는 전제하에 - 입장은 크게 두 가지로 변별된다. 하나는 윤리학과 정치학 중 어느 하나에 우위를 두고 그 측면에서 나머지를 해명하려는 시도이고, 다른 하나는 그의 정치학만을 학문적 사유로 인정함으로써 윤리학을 포함한 여타의 사유들을 그로부터 배제하는 방법을 통해 간극 자체를 무화시키는 시도이다. 전자의 입장은 교육학과 상당한 유대를 형성하고 있는데, 특히 블룸의 작업은 '이상적인 정치는 도덕 교육을 전제로 한다'는 루소 사유 전체에 대한 해석이 양 영역에서 강한 영향력을 행사하도록 하는데 주요한 역할을 한 바 있다. 본 연구자가 주목하는 것은 이와 같은 해석이 가지고 있는 이론적 약점과 관련된 것이다.

루소는 1743년 이후 약 1년 동안의 베네치아 대사 비서직을 수행하면서 당 정부의 결함들을 고찰하던 것을 계기로 하여 필생의 역작으로 생각했던 『정치제도론』을 구상

---

1) 이 글은 「교육철학연구」 33권 1호(2011.3)에 게재된 논문을 수정·보완한 것이다.

하게 된다. 그는 여기서 '최선의 정부'는 어떤 것이어야 하는가에 대해 고민하는데, 그가 정부의 형태에 대해 고민하는 이유는 "모든 국민은 결국 자기 정부의 성격이 만들어주는 대로 될 수밖에 없"(Les Confessions: 404)[2]기 때문이다. 달리 말하면 정치 혹은 정부의 성격이 최종적으로 "인류의 행복에 유익"(Les Confessions: 405)하기 때문에 그에 대해 사유하는 것이다. 그에 따르면 최선의 정부는 "보다 훌륭하며, 보다 재능 있고, 보다 현명하며, 보다 선한, 요컨대 그 의미를 최상으로 해석했을 때의 국민을 형성하기에 적합한 정부"(Les Confessions: 404-405)인데, 여기서 그가 행복한 인간의 조건으로서 도덕이라는 문제를 사유하고 있다는 것을 알 수 있다. 결국 루소의 사유는 '인간에게 행복이란 무엇이며 그것은 어떻게 확보될 수 있는가'에서 시작하여 그 조건인 '도덕이란 무엇인가'를 경유하는 것을 통해 '인간을 행복하게 하는 정치(체제)는 어떤 것인가'를 차례로 규명해가는 과정이라고 할 수 있겠다.

그런데 이에 대한 해석으로서 '인간을 행복하게 하는 이상적인 정치는 도덕 교육을 전제로 한다'는 테제는 곧바로 "'훌륭함(aretē)'[3]을 가르칠 수 있는가"라는 소크라테스적 질문을 연상시킨다. 물론 현대의 교육철학은 '교육'의 범위를 '지식교육'을 넘어서는 범위로 확장시킴으로써 이 질문에 대답해 왔으며, 블룸이 제시하는 '도덕 교육' 역시 그렇게 확장된 의미의 교육이다. 문제는 바로 여기서 발생하는데, 루소 자신은 '훌륭함'과 '교육'을 '훌륭함'과 '앎(지식)'의 관계로 환원하는 소크라테스/플라톤적 전통에 입각해있었던 것으로 보이기 때문이다. 이에 따라 발생하는 문제란, 우선 루소가 사용하는 '훌륭함' - 혹은 '선(la bonté)', '올바름' 등 - 이라는 개념이 현대의 윤리학(아울러 생활세계도 포함하여)에서의 의미와 전혀 다른 것이라는 점인 바, 그의 윤리학 자체가 기독교 및 당대 철학에 의해 형해화된 도덕 관념을 나름의 존재론 및 인식론을 통해 새로이

---

2) 이하 본문에서 언급된 루소저작의 원제목과 연구자 임의의 역서명은 다음과 같다.
Discours sur l'origine et les fondements de l'inégalité parmi les hommes: 『불평등기원론』
Discours sur l'Economie Politique: 『정치경제론』
Du Contrat Social: 『사회계약론』
Émile ou de l'éducation: 『에밀』
Lettres écrites de la montagne: 『산으로부터의 편지』
Les Confessions: 『고백』

3) 본 연구에서는 플라톤/루소의 to agathos/le bien-aretē/virtue-dikaiosynē/justice에 대한 번역어로 '선'/'덕'/'정의'가 아니라 '좋음(좋은 상태)'/'훌륭함(훌륭한 상태)'/'올바름(올바른 상태)'을 사용하고자 한다. 이는 박종현 선생의 노력에 영향을 받은 것으로 그와 같은 선생의 노력이 없었다면 본 연구는 불가능했을 것이다. 선생이 『국가』 번역의 개정증보판에 첨부한 이와 같은 노력의 변(박종현: 2004: 759-767)을 참고하라.

규명하는 작업이기 때문이다. 나아가 '교육' 역시 확장된 의미가 아닌 '지식 교육'에 국한된 것으로 사용하고 있다는 문제 역시 발견할 수 있을 텐데,[4] 그렇다면 루소의 윤리학과 정치학의 간극을 현대적 의미의 '도덕 교육'을 통해 메우려는 해결책은 의심의 여지가 있다고 하겠다. 환언하면 루소가 정치변혁이라는 문제에 대하여 '도덕 교육'이라는 해답을 제시하고 있다는 - 도덕 교육을 통해 건전한 시민을 양성하고 그 건전한 시민들이 새로운 사회를 구성할 것이라는 - 칸트-블룸적 해석은 재론되어야 한다는 말이다. 연구자는 기존의 연구(2010)에서 그와 같은 문제에 대한 루소의 해결책이 '종교'라는 정치적 이데올로기였음을 논증한 바 있는데, 본론에서도 재론하겠지만 이는 그것이 작동하는 동기에 대한 수혜자(인민)의 인식이 완전히 배제되어 있다는 점 - 작동의 시작점에서부터 종료된 이후에도 - 에서 현대의 '도덕 교육'이라는 개념에 수용되기는 힘들다.

본 연구는 전술한 첫 번째 문제점에 국한하여, 루소를 현대적인 도덕개념으로 해석하는 데서 발생하는 그의 윤리학의 형해화를 수정하고 윤리학과 정치학의 연속성을 규명하려는 목적을 가진다. 구체적으로는 나름의 존재론으로부터 연역되는 루소 특유의 윤리적 개념을 규명하기 위해 여기서 그가 모범으로 삼고 있는 소크라테스/플라톤의 작업을 우선 분석하여 유비시키고, 나아가 양자의 윤리학이 정치학으로 전환되는 원인을 규명하고자 한다. 이는 향후 루소를 연구하는데 있어서 교육이 그의 사유 속에서 차지하는 위상을 정확히 규명하는 초석이 될 것이다.

4) 이에 대해서는 연구자의 기존 연구(2010)를 참고할 수 있다.

Ⅱ. 본론

1. ‘있음’과 ‘좋음/훌륭함’

소크라테스와 플라톤[5]이 “‘좋음(to agathon, the goodness)’이란 무엇인가”[6]라는 문제에 천착했던 이유는 ‘좋음’을 행하는 것이 유일한 행복이라고 생각했기 때문이다(Zeller, 1971: 149). 이 전통적인 윤리학의 문제에 대한 그들의 사유가 익히 알려진 바대로 난해하게 전개되는 이유는 당대 그리스의 사유체계에 속에서 진행되고 있었던 모종의 변화를 반영하고 있기 때문이다.

호메로스 시대의 사유체계에서 ‘좋음’이란 인간에게 주어지는 직분과 관련하여 어떤 사람이 그 직분에 어울리는 자질을 가지고 있음(사실)과 동시에 그를 발휘하여 그 직분을 잘 수행하고 있음(평가)을 의미 - 첼러는 이 양자를 ‘질료적 의미’와 ‘도덕적 의미’라고 구분한 바 있다(Zeller, 1971: 149) - 하는 개념이었다. 즉, ‘좋은 왕이 전장에서 비겁한 모습을 보인다’는 것은 당대에는 논리적으로 성립되지 않는 진술이 된다.

> … 호메로스의 agathos의 용례는 많은 현대의 철학자들이 도덕의 특성이자 그로 인한 평가인 것으로서 생각해왔던 것과는 전혀 일치하지 않는다는 점이 매우 분명해진다. … 사실과 평가 사이의 논리적인 간극은 호메로스에게 있어서는 존재하지 않는다. 그러한 간극은 형성된 적이 결코 없었다. 혹은 그것이 있어야 한다는 근거가 분명하지 않다(MacIntyre, 2002: 6-7).

이를 통해 당대의 사회에 대한 두 가지 추측이 가능할 텐데, 당대 사회가 철저하게 기능을 중심으로 하여 구성되었을 것이라는 점과, 사회의 목적과 개인의 목적이 동일한 것으로 인식되고 있었을 것이라는 점이다. 이는 사실 왕을 중심으로 하는 계급구조

---

5) 플라톤 저작의 변화과정, 혹은 그의 저작 중 소크라테스의 사유와 플라톤 자신의 사유를 구분하려는 시도는 오랜 시간에 걸쳐 이루어져 왔다. 본 연구에서는 플라톤의 저작 중 *Prōtagoras, Menōn, Symposion, Politeia*를 인용 및 분석하고 있는데, 이 저작들이 논리적 연속성 및 일관성을 가지고 있다는 전제하에 논의를 진행하고자 한다. 이는 기존 연구성과들을 무시하려는 것이 아니라, 본문에서 진술되겠지만 본 연구의 주제에 관한한 그러한 전제가 무리없다고 판단되기 때문이다. 다만, *Politeia* 이전 저작의 화자는 소크라테스로, *Politeia*의 화자는 플라톤으로, 특히 완성된 형태의 존재론과 인식론에 대해서는 그 화자를 플라톤으로 상정하고 진술했음을 밝힌다.

6) 이하 본문에서 홑따옴표(‘ ’)는 주로 연구자 임의의 강조를 표현하는 데 사용하였으며, 겹따옴표(“ ”)는 전적으로 직접인용에 한정하여 사용하였음을 밝힌다.

로부터 비롯된 것으로, 계급구조를 기능에로의 환원을 통해 정당화하고, 아울러 개인의 안정을 계급으로 구성된 사회의 안정으로 환원함으로써 개인과 사회의 목적을 동일시하게 되는 효과가 발생한 것이다. 따라서 당대의 '좋음'은 각각의 직분에 따라 구체적인 유형이 다르겠지만, 그 개별적 '좋음들'의 추상으로서의 '좋음'을 '자기 다움', 혹은 '자기(존재의 본성)대로 있음'으로 규정해도 무리가 없을 것으로 보인다. 동시에 '나쁨'은 '자기답지 않음'을 의미하는 개념이었다.[7]

아울러 그것이 현대적인 '선(善)' - 아울러 '악(惡)' - 의 의미에 한정되지 않고 있었다는 것도 확인되는 바다.[8] 물론 당대에 현대의 '선악'과 유사한 인식 혹은 개념이 존재하지 않았던 것은 아니다. 종교적 세계관, 특히 오르페우스교의 교리에는 그와 같은 의미의 개념이 등장하고 있다. 그러나 여기서의 선악개념 역시 '존재'로부터 연역되는 것이긴 마찬가지다. 오르페우스교의 교리에서 티탄은 악의 근원인데 그것은 그들의 '패배'로 인한 것이다(김내균, 1996: 36-38). 싸움에서 승리한 제우스는 우주를 주관하게 되고 제우스의 의지가 곧 우주의 법칙이 되며 따라서 그것이 '좋은' - 동시에 '선한' - 것이 '된다'. 반대로 싸움에서 패한 존재의 의지는 그 자체로 나쁜 것이 아니라 우주의 법칙이 아닌 것이 '되고' 따라서 '좋은' 것이 아니기 때문에 나쁜 - 동시에 '악한' - 것이 '된다'. 신화 속에 등장하는 최고신(최고로 '좋은' 존재) 제우스는 현대의 도덕관념으로 용인되기 어려운 악행을 저지르지만 당시의 도덕체계에서는 그의 모든 행위는 '나쁜' 것이 될 수 없다. 그의 의지가 우주의 법칙이기 때문이다.

'좋음'에 대한 이와 같은 인식은 암흑기(기원전 1100-700년) 이후 도시국가 중심의 발전이 이루어지면서 변화를 겪게 된다. 계급구조의 정점이었던 왕권이 점차 쇠락해가면서 기능별 계급구조가 정당성을 상실하게 되고 최종적으로 사회와 개인의 목적이 동일화되는 인식도 점차 엷어져 간다. 이는 기존의 '좋음'의 의미를 규정하던 신화체계의 쇠락과 궤를 같이 하는 것이다. 이러한 환경에서 새로운 '좋음'의 담론으로 등장한 것이 밀레토스를 중심으로 형성된 자연학과 철학이다. 이 새로운 사유체계는 인간을 지배하는 것이 운명이나 초월적 존재의 의지가 아니라 우주의 정연한 법칙으로 간주하

7) 이에 대해서는 Stone의 연구(1988: 47-58)를 참고할 수 있다.
8) 네틀쉽은 이에 대해서 다음과 같은 단호한 어조로 말하고 있다.
"우리는 먼저 '좋은(good)'이라는 단어와 관련된 일상적인 도덕적 연상들, 예컨대 '좋은 사람(a good man)'이라는 표현에 달라붙어있는 연상들을 머릿속에서 떨쳐내야만 한다. To agathon이라는 단어는 어떠한 도덕적 특성과도 관련이 없다"(Nettleship, 1925: 218).

며, 이에 따라 신조차 이 법칙에 복종하는 존재로 묘사되기 시작한다. 이 법칙을 따르는 것이야 말로 '좋은' 것이며, "도덕질서와 자연질서는 동일한 것이다"(MacIntyre, 2002: 10).

하지만 '좋음'에 대한 이러한 인식은 바로 철학이라는 사유체계 속에서 도전에 직면하게 된다. 만일 도덕이 자연질서를 기준으로 규정되는 것이라면 '좋음'은 필연적으로 자연질서에 대한 인식을 전제해야만 한다. 그렇다면 그와 같은 인식은 어떻게 가능한가. 소피스트들의 윤리에 대한 침묵, 혹은 불일치가 이 질문에 대한 불가지론적 입장에서 비롯되었다는 것은 잘 알려진 바와 같다. 물론 점증하는 외부세계와의 접촉이 절대적이거나 보편적인 윤리의 존재를 의심하게 하는 동인이 되었겠지만(Guthrie, 1960: 69-70; Hamlyn, 1988: 42; MacIntyre, 2002: 10), 일반적인 차원에서 윤리적 상대주의라고 명명되는 그들의 입장을 결과했던 것은 바로 인식론상의 불가지론이라고 하지 않을 수 없다. 여기서 주목하고자 하는 것은 그들의 윤리학이 기존의 입장들로부터 완전히 구별되는 어떤 측면이다. '좋음'에 대한 신화적 세계관의 입장과 자연학적 입장은 하나의 공통점을 가지고 있다. 그 기준의 차이와 무관하게 두 입장은 '좋음'이란 '주어진 바대로 있는 것'이라는 인식을 공유하고 있었다. 그들 각각이 제시하는 기준으로서의 운명과 자연질서는 그 '주어진 바'를 지시하는 것이며 이러한 측면에서 그들의 윤리학은 보편성을 지향한다고 할 수 있다. 반면 소피스트들에게 있어서 그 '주어진 바'란 없거나 있다고 하더라도 알 수 없는 대상이다.[9] 따라서 도덕질서(nomos)와 자연질서(physis)는 일치할 수 없다.[10] 물론 자연질서로부터 분리된 도덕질서의 성격을 규정하는 데 있어서 소피스트들의 입장이 통일되었던 것은 아니다. 그럼에도 불구하고 그들 전체가 공유하고 있었던 입장, 즉 '존재(의 속성)'는 그 인식불가능성을 이유로 하여 가치(혹은 윤리)의 기준이 될 수 없다고 하는 입장이 그들에게 윤리학 전통에서의 변별적 지위를 부여한다고 할 수 있겠다. 그들에 의해 '좋음'은 '자기다움'이라는 의미를 상실하게 된다. 그와 더불어 '훌륭함', '올바름' 등의 도덕관념들이 확실한 존재론적 근거를 상실함으로써 세속화됨과 동시에 형해화된다.

---

9) 고르기아스의 "아무것도 없다. 있어도 알 수 없다. 알아도 알려줄 수 없다"(Guthrie, 1960: 68)는 경구.

10) 『국가』에서는 글라우콘을 통해 이와 같은 인식이 표현되는 바, 이에 대한 자세한 논의는 네틀쉽의 연구(Nettleship, 1925: 49-57)를 참조할 것. 혹은 이 문제에 대한 소피스트들의 전반적인 입장에 대해서는 햄린의 연구(Hamlyn, 1988: 42-45) 및 맥킨타이어의 연구(MacIntyre, 2002: 14-16)를 참고할 수 있다.

소피스트들에 대한 소크라테스의 도전은 윤리로부터 분리된 존재의 문제를 다시 윤리의 근거로 복권시키는 것을 목적으로 한다고 볼 수 있을 것이다. 플라톤이 보았을 때 소피스트들의 근본적인 문제는 존재론을 인식론에 종속시키는 것이었다. 우리의 앎은 항상 그 대상을 전제하지 않으면 안된다. 반대로 그 대상에 대한 규정은 우리의 앎과는 무관하게 이루어져야 한다. 알 수 없기 때문에 아무것도 존재하지 않는다는 테제는 이 관계의 전도(존재론의 인식론에의 종속)를 통해 획득된 것이므로 필연적으로 오류일 수밖에 없다. 플라톤의 입장에서 가장 합리적인 불가지론자는 칸트일 것임에 분명하다. 그는 물자체의 존재를 승인하고 있기 때문이다. 플라톤은 소피스트들에 의해 전도된 존재-인식의 관계를 다시 역전시키고 있다. 이데아는 우리의 인식뿐만 아니라 인간 존재 자체와도 독립적으로 존재하며 우리의 앎이야말로 그것의 성격에 따라 규정되어야 한다. 아울러 이데아야말로 유일한 존재자인 것을 부정할 수 없다면 그 모사에 불과한 비존재자들은 그에 준하여 행위하는 것 - 즉, 가능한 최대로 모방하는 것 - 이 윤리적으로 올바른 것이다.

아울러 소피스트 이전의 전통적인 입장과도 변별되는 소크라테스와 플라톤의 특징은 당위로 받아들여졌던 윤리와 존재의 관계를 논리적으로 설명하려 했다는 점에서 찾을 수 있을 듯하다. 물론 이와 같은 도전이 소크라테스에 의해서만 수행된 것은 아니었다. 사유대상과 지각대상으로의 존재에 대한 인식론적 분리를 통해 이에 대응하려 했던 데모크리토스(Zeller, 1971: 104)는 플라톤의 해결책을 일정정도로는 선취하고 있었다고 할 수 있다. 그러나 플라톤이 보았을 때 데모크리토스의 해결책은 그 자신의 존재론에 의해 불충분한 것이 되고 만다. 감각적 대상에 관련한 인식이 감각기관의 한계로 인해 불완전한 것일 수밖에 없다는 소피스트들의 입장을 플라톤 역시 수용하지 않을 수 없었기 때문이다. 즉, 감각적 대상을 '존재자'로 인정하게 되면 그 모든 존재자들을 아우르는 보편적 의미의 '좋음'은 개별 존재자들의 '좋음들'을 추상한 것이 될 텐데, 개별 존재자들의 '좋음들'을 인식할 수 없는 우리는 '좋음'에 대해서도 사유할 수 없게 된다. 결국 플라톤은 사유대상과 지각대상을 존재론적으로 분리 - 공간적 은유를 통해 - 시킬 수밖에 없었다. '좋음'은 '좋음들'의 추상이 아니라 사유대상 자체의 본질이며, 지각대상들은 그 '좋음'을 분유(methexis)하고 있는 것에 불과하다.

그렇다면 사유대상의 본질로서의 '좋음'이란 무엇인가. 플라톤은 이 문제를 '존재(있음)란 운동하지 않음이다'라는 존재론에 대한 파르메니데스의 대답을 통해 해결한다

(Field, 1969: 37-38). 사유대상으로서의 이데아들은 운동하지 않는다. 바꿔 말하면 이데아들이 '존재자'인 이유는 운동하지 않기 때문이다. 플라톤은 그 이데아들의 상태, 즉 '있는 것들이 계속해서 있는 상태(운동하지 않는 상태)'[11]를 '좋음'이라고 부르는 것이다. 이를 플라톤식의 비유를 통해 설명해볼 수도 있을 텐데, 책상의 이데아는 다양한 책상들에 관여(methexis)한다. 그렇다면 이데아들 역시 다양하므로 그것들이 참여하는 어떤 것 - 즉 이데아의 이데아(Idea of Idea) - 이 있다고 가정할 수 있다(Hare, 1982: 37). 아울러 이데아는 감각대상이 아니므로 추상 - 사유를 통한 - 이 허용되는데[12], 이데아들이 공통점이란 그것들이 있다고 하는 사실 이외에 생각할 수 없으므로 이데아들에 관여하는 그 존재는 '있음 자체'가 된다. 이데아의 이데아란 '있음 자체'이며 플라톤이 이를 '좋음의 이데아'라고 명명했다는 것은 잘 알려져 있는 바와 같다. 결과적으로 플라톤에게 있어서 '좋음'이란 '있음(운동하지 않음)'과 동일한 의미를 가지게 되며, '있음'이라는 최고 유일의 존재자에게 '좋음'이라는 긍정적 의미를 내포한 이름을 부여한 것이라고 할 수 있다. 이로부터 모든 다른 가치와 관련된 개념들도 해명이 가능할 텐데, '훌륭함(aretē, virtue)', '아름다움(kallos)' 등의 것들 역시 이 '있음'이라는 최고 존재자의 이름인 바, '있음'(이라는 이름)에는 가치가 배제되어 있으므로 그것을 포함하고 있는 일상언어로써 다른 이름을 삼은 것이다.[13] 결국 그것들의 의미는 모두 동일하며, 동시에 일상언어에서의 의미와는 달라지게 된다. 아래에서 다시 확인하겠지만, 플라톤의 대화편에 등장하는 지난한 개념규정의 과정은 가치와 관련된 이 일상언어들(소피스트들에 의해 세속화된)을 자신의 존재론에 부합하도록 의미수정을 가하는 과정이며, 따라서 이 모든 과정은 '있음'의 의미를 규정하지 않는 한 완료되지 않는다. '아름다움'을 예로 들어 본다면 소크라테스는 『향연』에서 이데아의 이데아를 "아름다운 어떤 놀라운 것"이라 칭하고 있는 바, "그것은 늘 있는 것이고, 생성되지도 소멸되지도 않고, 증가하지도 감소하지도 않는 것"(210e-211a)[14], 곧 '운동하지 않음(있음)'이라고 말하고 있다.

---

11) 물론 '있음'이라는 개념의 의미를 '운동하지 않음'으로 고정시키면 '계속해서'라는 수사는 불필요한 것이 된다. '운동하지 않는다'는 문장에 이미 '계속해서'라는 의미가 포함되어 있기 때문이다. 여기서는 '있는 것들이 있는 상태'라는 단순 동어반복을 피하기 위해 부득이하게 사용하였다. 플라톤의 "언제나 똑같은 방식으로 한결같은 상태로 있음"(*Politeia*: 479a-e)이라는 표현 역시 논리적으로는 같은 문제를 안고 있는 것이다.

12) 앞서 언급했듯이 플라톤의 철학체계에서 이데아의 이데아는 결코 이데아들의 추상이 아니다. 여기에서의 표현은 추상을 통해 사유될 수 있다는 가능성을 말하는 것일 뿐이다.

13) 헤어는 이와 같은 개념작업을 플라톤이 희랍어를 사용하면서 빠져들었던 언어적 오류로 평가하고 있다(Hare, 1960: 33).

결국 아름다움은 그 '있음'의 다른 이름인 바, '좋음', '훌륭함' 등도 모두 그와 같은 것이라 할 수 있다. 혹은 'kallos'가 '좋음', '훌륭함', '아름다움' 모두의 형용사로서 사용된다거나, 'agathos'가 '좋음'과 '훌륭함'의 형용사로 공히 사용된다는 것이 이를 방증하고 있다. 플라톤의 철학체계에서 이들은 결국 '있는(on)'이다.

이를 운동하는 존재자들[15]과 관련하여 생각해보자. 논리적으로 본다면 그것들이 '좋거나 훌륭하거나 아름다울' 수 있다는 것은 모순이다. 그것들은 '있을(운동하지 않을)' 수 없기 때문이다. 그럼에도 불구하고 그것들은 자신이 만들어진 대로 운동할 수는 있다. 그런데 그것들은 '있음'을 '모방'하여 만들어졌으므로 그들의 운동은 '있음'을 모방하여 이루어지고 있을 것임에 분명하다.[16] 플라톤은 이와 같이 어떤 것이 '주어진 바대로 운동하는 것'을 "그 특유의 훌륭함"(hē oikeia aretē, Politeia: 353c)[17]이라고 부른다. 그것은 절대적으로 좋거나 훌륭한 것은 아니지만 운동하는 존재자에게 있어서는 최상의 상태이다. 이 '주어진 바'가 운동에 관련된 것인 한 기능 혹은 능력을 의미하는 것이 명백하므로 이를 '능력대로의 운동'이라고도 부를 수도 있을 것이다.[18]

여기서 '나쁨(kakia)'과 '올바름(dikaiosynē, justice)'에 대한 플라톤 특유의 규정을 만날 수 있을 듯하다. 이는 인간에게만 관련된 것으로 보이는데, '올바름'은 '사람으로서의 훌륭함'이며(Politeia: 335c) '혼의 훌륭함'(Politeia: 353e)으로 규정된다. 따라서 일단 이는 혼을 가진 존재인 인간에게만 적용되는 것임을 알 수 있다. 플라톤이 인간의 혼을 구성하는 각 영역이 지성의 인도로 조화를 이루는 것을 '혼의 훌륭함'이라 규정했다는 것은 잘 알려진 봐와 같다. 즉, 그것은 인간이 '주어진 바대로 운동함'이외의 다른 것이 아니다. '나쁨'이란 '올바르지 않음', 즉 '주어진 바대로 운동하지 않음'이다. 그런데 인간 이외의 존재자들은 '수행할 수도 있고 아닐 수도 있는 기능'을 가지고 있지 않기 때문에 그 자체로서 주어진 바대로 운동하므로(정확하게 말하면 '주어진 바대로 운동하지 않을 수 없다') 결과적으로 나빠질 수도 없다. 반면 인간은 그와 같은 기능을 한 가지 가지고

---

14) 각주6)의 표현 역시 '아름다움'을 설명하기 위해 등장하는 것이다.

15) '존재'를 '운동하지 않음'으로 규정하고 있는 논의의 기조를 따를 때, '운동하는 존재'라는 말은 형용모순이 되겠지만 표현의 편의상 이 개념을 사용하였다.

16) "여기서 플라톤이 인간의 영혼을 근본적으로 하나의 모방물, 본성적으로 그리고 본능적으로 자신을 환경과 닮게 만드는 것으로 간주했다는 것을 기억하는 것이 중요하다. (중략) 인간은 본성적으로 모방하는 존재이다 (중략) 모든 모방은 실재(the real thing)가 되려는 경향을 가진다"(Nettleship, 1925: 101).

17) 사람의 경우 "사람으로서의 훌륭함"(anthrōpeia aretē, *Politeia*: 335c).

18) "그러니까 어떤 기능이 부여되어 있기도 한 각각의 것에는 '훌륭함' 또한 있다고 생각되지 않소?" (*Politeia*: 353b)

있다. 그것이 바로 지성이다. 지성이 제대로 운동하지 않는 것은 그 자체가 '주어진 바대로 운동하지 않는' 것(혼의 조화가 깨어지는 것은 이것의 결과일 뿐이다)이 '사람으로서의 나쁨'이자 존재자들이 범할 수 있는 유일한 '나쁨'이다. 좀 더 명확하게 표현한다면 그와 같은 '나쁨'이외에 다른 '나쁨'이란 없다.[19] "나쁨은 무지에서 온다"는 소크라테스의 윤리학적 원칙을 이를 통해 이해할 수 있을 텐데[20], 이는 현대의 윤리적인, 혹은 종교적인 선악과는 다른, 본 연구의 논리 및 표현에 따를 때 유일고유한 존재자로부터 연역되는 '나쁨'인 것이다.

플라톤의 이와 같은 작업, 즉 윤리학을 다시 존재론적으로 환원하려는 작업이 의도하는 바가 무엇일까. 그것은 결국 "'훌륭함'은 가르침을 통해 달성될 수 있다"라는 소피스트들의 도덕교육에 대한 반격이다.

2. '올바름'과 '앎'

앞서 논의한 대로 운동하는 존재들은 절대적인 훌륭함에는 도달할 수 없고 그를 모방한 '그 류에 있어서의 훌륭함'만을 달성할 수 있다는 것을 상기해보자. 여기서 소피스트와 소크라테스/플라톤이 궁구했던 문제가 다소 달라지게 됨을 알 수 있을 것이다. 즉 전자는 '인간을 어떻게 훌륭하게 만들 것인가'를, 후자는 '인간을 어떻게 올바르게 만들 것인가'를 고민했던 것일 텐데, 물론 양자는 그 상태의 달성에 '훌륭함에 대한 앎'을 전제하고 있다는 면에서는 여전히 같은 입장을 공유하고 있다.[21] 소피스트들은 이에 대해 '교육'이라는 방법을 제시한다. 이는 그들이 '훌륭함'을 일종의 지식이라고 생각했다는 것을 보여주고 있다. 반면 소크라테스와 플라톤은 "'훌륭함'은 가르칠 수 없다"는 입장을 고수한다. 그들 역시 '올바름'과 '앎'을 연관시켜 사유했다는 것은 명백하다. 양자의 차이는 무엇일까? 그것은 그들이 '앎'을 전혀 다르게 규정하고 있다는 데에 있다. 따라서 그들이 동일한 테제를 제시한다고 하더라도 - "'훌륭함'은 가르칠 수 있다" 혹은 "'훌륭함'은 가르칠 수 없다" 중 어느 한 쪽을 공히 선택한다고 하더라도

19) 논리적으로 본다면 '나쁨'이란 존재할 수 없다. '나쁨'은 '운동하는 존재자' 만이 이를 수 있는 상태인데, '운동하는 존재자'는 '존재하지 않는 자'이므로 그것이 저지르는 '나쁨' 역시 존재할 수 없는 것이다.

20) 그렇다고 '좋음'이 '지(앎)'에서 오는 것이 아님은 명백하다. 전술했다시피 그것은 인간의 인식 혹은 윤리로부터 독립적인 이데아 자체의 성격이다.

21) 소크라테스/플라톤의 경우 훌륭함이 무엇인지를 알아야 그것을 모방할(올바를) 수 있을 것으로 상정된다.

- 양자의 테제는 전혀 다른 의미를 가지게 되는 것이다. 플라톤에게 '훌륭함', '좋음' 등은 '앎'의 대상이지 '앎' 자체가 아니다. 아래에서 다시 살펴보겠지만, 물론 소크라테스는 "'훌륭함'은 지혜"(Menōn: 88d; 89a)라는 언급을 하고 있다. 하지만 이는 메논과의 대화에서 잠정적으로 주어진 가정일 뿐, 그에 대한 최종적인 결론은 아니다. 그의 존재론과 인식론이 완성형태로 제시되고 있는 『국가』에서는 이들이 '앎'과 '그 대상(to gnōston)'으로서 명확하게 구분되고 있다.

> 그러므로 인식되는 것들에 진리를 제공하고 인식하는 자에게 그 '힘'을 주는 것은 '좋음의 이데아'라고 선언하게. **이 이데아는 앎과 진리의 원인이지만, '인식되는 것'이라 생각하게나.** 반면에 이 둘이, 즉 인식과 진리가 마찬가지로 훌륭한 것들이기는 하지만, 이 이데아는 이것들과도 다르며 이것들보다 한결 더 훌륭한 것이라 믿는다면, 자넨 옳게 믿게 되는 걸세. 그러나 인식과 진리를, 마치 가시적 영역에 있어서의 빛과 시각을 태양과도 같은 것으로 간주하는 것은 옳지만, 태양으로 믿는 것은 옳지 않듯, 마찬가지로 여기에서도 이들 **둘을 '좋음'을 닮은 것으로 간주하는 것은 옳으나, 어느 쪽 것도 '좋음'이라 믿는 것은 옳지 않다네**(Politeia: 508e-509a - 인용자 강조).

즉, "'앎'은 '있는 것'에 관계하는"(Politeia: 478a) 것이지 그 자체가 '있음'이나 '있는 것'(즉 '좋음', '훌륭함' 등의 이데아)은 아니다. 전술했다시피 '앎'은 존재에 대해 이차적이며 윤리에 대해서는 수단에 지나지 않는다. 감각기관을 통한 지식이 '앎'이 아닌 것은 감각기관의 한계에 의한 것이기도 하지만, 이는 명시적으로 드러난 플라톤의 체계에서는 부차적인 문제일 뿐이며, 근본적으로는 감각기관이 대상으로 하고 있는 존재자들 자체의 성격 - 운동한다는, 따라서 존재하지 않는다는 - 때문이다. 그런데 우리는 존재자가 아닌 것, 즉 '없는 것'을 알 수는 없기 때문에, 그것을 대상으로 하는 '앎'은 그 자체 '앎'이 아니다. 플라톤이 이를 '옳지 않은 앎'이 아니라 '앎'과는 전혀 다른 수준의 것 - 즉, 의견(doxa) - 으로 분류하고 있다는 것은 잘 알려진 바와 같다. 여기서 만약 플라톤이 이 새로운 존재자, 정확히 말하면 유일한 존재자인 이데아를 인식할 수 없다고 결론지었다면, 그 역시 불가지론자가 되었을 것이고 그의 윤리학 또한 존재론으로부터 직접 연역될 수는 없었을 것이다.[22] 하지만 그는 '이성'이라고 하는 기관(혹은 능력)을

22) 이는 플라톤이 윤리적 상대주의자가 되었을 것이라는 말이 아니다. 존재에 대한 불가지론이 반드시 소피

통해 - 더 정확하게 말한다면 그를 통해 이데아를 인식한 자신을 근거로 - 그에 대한 인식이 가능하다는 것을 설명할 수 있었고 따라서 우리는 그 '앎'에 따라 행위함으로써 올바른 삶을 영위할 수 있는 가능성을 확보하게 된다.

그렇다면 그 '앎' 역시 '앎'인 이상 가르칠 수 있는 것이 아닐까? 그러나 이는 불가능하다. 플라톤에게 '앎'은 이성이 이데아를 '직관(直觀)'하는 것을 통해 획득되는 것이기 때문이다.[23] 앞서의 절에서 살펴보았던 것처럼 소크라테스와 플라톤의 철학에서 '좋음', '훌륭함', '아름다움' 등은 모두 '있음'을 기준으로 하여 규정된다. '이데아'들은 운동하지 않는다 - '존재'가 '운동하지 않음'을 의미하므로 이것 역시 동어반복이 되겠지만 - . 따라서 이데아들은 다른 것이 될 수 없다. 다른 것이 된다는 것은 하나의 운동이기 때문이다. 나아가 그것들은 다른 어떤 것으로 '대신'되어질 수도 없다. 그것이 가능하다면 복수의 이데아가 존재하게 되므로 이데아는 일자(一者)라는 원칙이 무너지게 된다.[24] 그렇다면 이데아들은 자신을 드러낼(present) 수는 있지만 표현될(represent) 수는 없는 것이 된다. 즉, 그것은 개념화 - 혹은 개념들의 논리적 조합으로서의 지식(앎)화 - 할 수 없는 것이다. 그것은 '통상적인 의미에서의 앎' - 개념들의 조합으로서의 '소피스트적 앎' - 의 대상이 아니기 때문이다. 인식과 관련된 플라톤의 '직관'이라는 은유는 감각기관을 통해 획득한 정보를 개념화하고 그것들을 논리적으로 조합하여 대상을 정의하는 전통적인 경험론적 인식론에 대한 반박 - 감각기관의 오류 가능성 및 개념화의 부적절성이라는 인식의 두 가지 장애를 이종(異種)의 기관(혹은 능력)인 이성의 작동('직관')을 통해 배제하는 - 일 텐데, 앞서 절에서의 이데아들에 대한 '규정들(definitions)'이 '정의'가 아니라 그 개념의 의미가 가질 수 있는 범위에 대한 '한정'에 불과한 것일 수밖에 없는 이유가 이것이다.[25] 좀 더 정확하게 말한다면 그것들은 정의될 수 없다.

그렇다면 개념을 사용하는 '한정' 역시 불가능하거나 필연적으로 오류일 수 밖에 없는 것이 아닐까. 이에 대해서는 그렇다고 하는 것이 합당하겠으나 하나의 예외적인

스트들과 같은 윤리적 상대주의로 귀결되는 것은 아니기 때문이다. 우리는 이를 칸트를 통해 알 수 있는데, 그의 윤리학이야말로 불가지론에서 출현하고 있기 때문이다.

23) "그렇다면 지식이란 바로 광경(sight)과 같은 것이다"(Althusser, 1965: 40).

24) 이데아가 일자라는 것은 각각의 운동하는 존재자들(예를 들어 '개들')에 대한 이데아(개의 이데아)가 하나라는 것이지 이데아가 오직 하나만 존재한다는 말이 아니다.

25) 플라톤은 "의미 규정"(horos), 이라는 용어를 사용하고 있는데(*Politeia*: 331d) 이에 대한 박종현의 주석(672)은 참고할 만하다.

경우를 허용할 수 있을 듯하다. 앞서의 규정들을 잘 살펴보면 그것들의 의미에 대한 한정이 모종의 것을 '지시(direction)'하고 있다는 것을 알 수 있는데, 그것이 바로 '있음'이다. 『프로타고라스』와 『메논』은 "'훌륭함'은 가르칠 수 있는가"라는 질문이 결국 모종의 것에 대한 인식과 관련된 문제라는 것을 보여주는 대화편들이다. 『프로타고라스』에서는 그 질문이 "'훌륭함'은 지식인가"의 문제와 동일하다는 것이 확인되며, 따라서 그에 대답하기 위해서는 '훌륭함' 자체를 알아야 한다는 것이 확인된다. 『메논』에서는 그렇다면 '훌륭함'이란 무엇인가에 대한 논의가 이어지지만 이 역시 『프로타고라스』에서의 합의 - "'훌륭함'이 가르쳐질 수 있는가라는 질문에 답하기 위해서는 '훌륭함'이 무엇인지 알아야 한다"는 - 를 다시 확인하는 것으로 끝나고 있다. 아마도 이 과정 중에 상대적으로나마 소크라테스가 확실히 제시하고 있는 것은 널리 알려진 '노예소년의 일화'를 통한 '앎'을 획득하는 방법 - 즉, 상기술 - 뿐으로, 훌륭함이 무엇인지는 결국 '알려주지 않는다'. 『국가』는 소크라테스의 이러한 망설임[26]의 이유를 "'올바름'이란 무엇인가"라는 질문을 해결해나가는 과정에서 밝혀주고 있는데, 결국 이 모든 질문들은 '있음'이 무엇인지를 해결하지 않는 한 대답될 수 없다는 것이다. 즉, 그 모든 윤리적 개념들의 의미는 '있음'을 지시하는 방식으로 규정되고 있다.

바로 이것이 중요할 텐데, 따라서 그 규정들은 정확하게 '있음'을 지시하는 한에서 절대적 오류는 아니지만, 그 '있음'이 '정의'될 수 있다는 한에서만 그러할 뿐이다. '있음'을 '운동하지 않는 것'으로 규정하는 것은 동어반복에 불과하며 이 역시 앞서 언급한 그 개념이 가질 수 있는 의미에 대한 한정에 다름 아니다. 그 내용은 알 수 있을지언정 진술될 수는 없는 것이다. 이와 같은 이유로 '훌륭함' 등에 대한 '앎'은 명시된 내용을 전달하는 소피스트적 가르침을 통해서는 가르칠 수 없다. 그렇다면 정작 "'훌륭함'은 가르칠 수 있는가"라는 질문에 대한 소크라테스 자신의 입장은 무엇일까?

3. '앎' 없는 '올바름'

문제는 다시 "어떻게 인간을 '올바르게' 살도록 할 것인가"라는 질문으로 환원된다. 소크라테스는 '가르침'이라는 방법을 포기하였을까, 고수하였을까. 만약 그가 그것을 고수하였다면 당연하게도 그 개념을 수정 - '앎'에 대해서 그렇게 했듯이 - 하였을

---

26) 이는 김상돈(2009)의 표현을 차용한 것인데, 본 연구의 논의를 따를 때 이는 '망설임'이 아니라 대화상대자들의 지적 성장에 대한 '기다림'으로 볼 수 있겠다.

것임을 예상할 수 있고, 사실상 그렇게 했다는 것을 우리는 잘 알고 있다. 그러나 이는 정답이 아니다. 왜냐하면 그와 같은 작업을 통해 얻어진 새로운 '교육'은 인간을 올바르게 만드는 작업의 일부에 불과하기 때문이다. 잘 알려진 바대로, 플라톤은 '교육(혹은 가르침)'을 명시된 지식의 전달이 아니라 '있음'을 직관하도록 안내하는 작업으로 규정한다. 이렇게 되면 제한적이나마 "'훌륭함'은 가르칠 수 있다"라고 말 할 수 있을 지도 모른다. 플라톤이 '있음'과 '좋음'의 의미를 일치시키는 한 가지 이유를 여기서 파악할 수 있을 텐데, 이는 아마도 그것을 '행위'로 연결시키기 위한 일종의 개념조작이라고 할 수도 있을 듯하다. 즉, 인간이 좋은 것을 행하지 않을 이유가 없으므로(Prōtagoras: 352a-358d), 그것이 무엇인지 알기만 한다면 바로 행위로 연결될 것이라는 결론이 '있음'을 '좋음'으로 규정하는 데서 자연스럽게 도출될 수 있다.[27] 따라서 문제는 어떻게 그것을 알 것인가인 바, 플라톤이 대부분의 사람들을 그것을 스스로 알 수도, 따라서 배울 수도 없는 자들로 분류하고 있다는 것은 잘 알려져 있다. 대부분의 인간들은 교육받을 능력이 없다. 따라서 그들을 '올바르게' 만들기 위해서는 모종의 다른 작업이 필요하다. 이를 위해 그는 자연철학의 발전 이후 점차 그 의미가 사라져 가던, 결정적으로는 소피스트들에 의해 교육의 영역으로부터 배제된 호메로스시대의 교육개념을 부활시킨다.[28] 이는 이해 이전의 믿음을 목적으로 한 교육, logos 이전의 Myth를 통한 양육(en mousikēi trophē, Politeia: 401d)이다. 플라톤은 이 두 가지 교육(paideia와 en mousikēi trophē)을 정체(politeia, political body)의 기능으로 보고 있는 바, 따라서 이 두 가지는 정체의 행위, 즉 정치를 구성하는 핵심적인 요소가 된다.[29] 플라톤이 이

---

27) 이러한 논리전개의 문제점에 대해서는 Hare의 연구(1982: 52-54)를 참고할 수 있다. 마스터스는 이 문제를 철학과 정치의 간극의 원인으로 보고 있는 데, 즉 앎을 얻은 자는 이데아를 관조하며 정치에는 관심을 두지 않을 것이라는 점이 *Politeia*를 "우스운 역설"로 만들고 있다는 지적이다(Masters, 1976: 100). 그러나 이는 '인간은 좋음을 행한다'라는 논리가 성립하지 않았을 때의 이야기로, 마스터스에 대한 플라톤 자신의 반박을 *Politeia* 7권에서 확인할 수 있다(519b-521a).

28) "플라톤이 당면한 상황은 새로운 교육(소피스트적 지식교육 - 인용자)과 구래의 교육이 (중략) 하나는 좋고 하나는 나쁜 것으로 서로 맞서고 있던 상황이 아니라, 그가 제시한 바대로 개혁이 된다면 좋은 결과를 가져올 두 교육이 실제로는 함께 나쁜 작용을 하고 있던 상황이었다"(Hare, 1982: 50).

29) 이에 대한 자세한 논의는 연구자의 기존 연구(2010)를 참고할 수 있는데, 그 중 여기서 필요하다고 판단되는 내용을 간단히 제시하면 다음과 같다. 고대 그리스의 전통 속에서 교육(paideia)은 양육을 완성하기 위한 행위로 간주되어 왔다. 정치체제의 존재와 인간의 존재를 분리시키지 않았던 고대 그리스의 사회적 인식 속에서 양육의 최종 목적은 정치체제가 요구하는 인간으로 만드는 것인 바, 교육은 생물학적 성인을 정치적 성인으로 만드는 행위로 간주되었던 것이다. 간단히 말한다면 교육은 정치 - 정치체제의 목적을 달성하기 위한 모든 행위 - 의 수단이거나 그를 구성하는 요소로서 인식되었다고 할 수 있겠다. 여기서 이성의 개발과 같은 것은 매우 부수적인 것으로 취급되는데, 그것이 정치체제가 요구하는 인간이 되는데 도움이 되는 한에서만 인정되며, 그렇지 않을 경우 - 방해가 될 경우 - 는 단호히

구래의 교육을 복권시키려고 하는 이유는 무엇일까. 그것은 앞서 언급했던 교육받을 수 없는 인간들의 현존 때문이다.

Menōn의 말미에서 "'훌륭함'은 가르쳐질 수 없음"에 동의한 메논은 소크라테스에게 "도대체 훌륭한 사람들이 없는 게 아닌지, 또는 훌륭한 사람들이 생기게 될 경우에, 그 생김의 방식은 무엇인지"(96d)[30]에 대한 질문을 던진다. 이에 대해 소크라테스는 앎에 의해 선도되지 않아도 사람들이 올바른 삶을 사는 경우를 설명한다. 즉, 인간들의 구체적인 행위에 관한한 행위를 발생시키는 환경에 대한 판단(doxa)이 참되다(alēthēs)면 그것이 비록 앎에는 미치지 못하다고 하더라도 사람들이 올바르게 행위하도록 인도할 수는 있다. 그렇다면 '참된 판단'은 어떻게 얻어지는 것일까. 소크라테스가 제시하

교육의 과정에서 배제되어야 하는 것이었기 때문이다. 믿음을 목적으로 하는 신화(myth) - 기존 연구에서 분석을 수행한 바 있는 '훌륭한 설화(Gennaion Pseudos)' - 가 교육의 수단이자 동시에 내용이었던 이유를 이를 통해 이해할 수 있을 것이다. 이러한 상황으로부터의 변화는 자연철학의 성립 및 발전과 관련하여 시작되며, 소피스트 시대에 이르게 되면 그와 같은 전통적인 교육은 적어도 지식인들 사이에서는 교육으로 인식되지 않게 된다. 플라톤이 이를 다시 복권시키려하는 이유는 어떠한 정치체제가 정당한 것인지를 알 수 없는 인민들에게는 그에 대한 '믿음'을 가지도록 할 수밖에 없기 때문이다. 그리하여 플라톤은 궁극적인 존재를 인식하게 하기 위한 이성개발 교육과 그것이 불가능한 사람들을 대상으로 하는 믿음을 위한 교육을 교육의 두 요소로 규정한다.

이상의 기존 연구내용을 부연하는데 *Nomoi*에서의 플라톤의 언급이 도움이 될 듯하다. 여기서 플라톤은 교육을 양육 중에서 "사람으로서의 훌륭함과 관련된", "곧 올바르게 다스릴 줄도 그리고 다스림을 받을 줄도 아는 완벽한 시민으로 되는 것에 대한 욕구와 사랑을 갖는 자로 만드는" 것만을 지시하는 행위로 한정한다(643e-644a). 이는 "쾌감과 좋아함, 고통과 싫어함"을 이성에 맞게 구별할 줄 알도록 하게 하는(653b), 즉 이성개발을 위한 행위에 다름 아니다. 그런데 이성의 개발이 불가능한 대부분의 사람들에게는 다른 조치가 필요할 텐데, 쾌감과 좋아함, 고통과 싫어함에 대한 올바른 판단의 결과를 "습관"이 되도록 하면 되는 것이다. 플라톤은 이를 교육의 두 번째 유형으로 규정하고 있다(653b-c). *Politeia*에서는 이 두 번째 유형의 교육으로 "시가'를 통한 교육" 만이 제시되고 있으나, *Nomoi*에서는 음주, 야간회의 등 좀 더 다양한 방법들에 관한 상세한 논의가 이어진다 - 이에 대한 자세한 논의는 장지원의 연구(2010)를 참고할 수 있다 - . 이는 전자의 저작이 주로 철인들에 대한 교육을 다루고 있는 반면 후자의 교육은 이성개발이 불가능한 대다수의 인민들에 대한 교육을 다루고 있기 때문일 것이다.

연구자는 기존의 동일한 연구에서 루소 철학에서 이와 같은 장치들에 해당하는 것이 사회계약 이전의 '종교'와 사회계약 이후의 '시민종교'이며, 플라톤과는 달리 루소는 이를 '교육'과 구별되는 영역으로 사고한다는 주장을 제기한 바 있다. 이를 '종교교육'이라는 형태로 '교육'개념 속에 수용하고자 하는 시도는 일견 가능성 있는 것으로 간주될 수도 있을 것이다. 그럼에도 불구하고 연구자는 이와 같은 수용의 불가능성에 주목할 수밖에 없는데, 과연 현대의 교육학이 그 행위의 의도자체에 대한 '이해'를 완전히 제거한 형태의 것을 '교육'이라는 개념으로 지시한다는 것이 가능할지 의문이기 때문이다. 혹은 그것을 '교육'으로 지시하는 것을 통해 얻을 수 있는 학문적 이익이 어떤 것이지 역시 의문이 아닐 수 없다. 굳이 그것을 교육개념 속에 수용하지 않더라도 루소의 사유는 고유의 의의를 상실할 이유가 없으며, 오히려 그와 같은 개념작업은 그가 종교를 교육과 구별하면서 규명하고자 하는 바 - 지고의 존재에 대한 인식능력이 없는 사람들을 사회계약으로 이끌고 그러한 방식으로 성립된 사회계약을 유지시키는 방법 - 를 무화시킬 소지가 있는 것으로 보인다. 아울러 그러한 루소의 사유가 '교육을 연구하는 학'으로서의 '교육학'의 위상에 어떤 손해를 끼치는지도 짐작하기 어렵다.

30) 여기서 메논이 말하는 훌륭함은 소크라테스/플라톤이 말하는 올바름이다.

는 한 가지 경우는 "신들린 상태에서"(enthousiōntes, Menōn: 99c) 획득되는 것이다. 하지만 이렇게 얻어진 판단은 그를 획득한 당사자도 그것이 무엇인지를 모르기 때문에 일회적인 것에 그치게 될 수밖에 없다. 그것이 지속적으로 획득되어 다른 사람들을 항상 올바른 길로 인도할 수 있다면 그것은 "신의 섭리"(Menōn: 100b)라고밖에는 설명할 수 없다. 결국 '참된 판단'을 지속성을 가지고 소유하기 위해서는 그 "원리를 추론"하여 이해해야만 하는데, 이는 곧 '참된 판단'을 '앎'으로 전환시키는 일이다(Menōn: 98a). 그런데 이러한 전환에는 두 가지 모순이 있다. 하나는 판단(doxa)과 앎의 연속성을 부정하는 소크라테스와 플라톤의 인식론에 비추어 볼 때 이는 비합리적인 가정이다. 다른 하나는 그러한 전환이 가능하다고 하더라도, 그러한 전환이 가능한 자는 앎을 획득할 능력이 있다는 것인데, 그렇다면 최초 앎보다 하위에 있는 '참된 판단'을 획득하기 위해 '신들린 상태'에 의존할 이유가 없게 된다는 것이다. 앎을 획득할 수 있는 사람이 자신의 지성을 판단들에 적용시키면 되기 때문이다. 플라톤이 여기서 보여주려하는 것은 무엇일까. 그는 다시 "'훌륭함'은 가르칠 수 없다"는 테제를 확인하려는 것일까. 물론 그러한 의도도 있겠으나 그보다는 가르치는 것을 통하지 않고서도, 즉 모든 사람이 '훌륭함'이 무엇인지를 알지 않더라도 올바를 수 있는 가능성을 모색하고 있다고 보는 것이 옳을 듯하다. 즉, 소수의 '안 자'들이 인민을 올바른 길로 인도함으로써 그들을 올바르도록 만드는 것이다.

잘 알려진 바와 같이 『국가』는 '올바름'이란 무엇인가를 탐구하면서 시작된다. 그러나 이 역시 모종의 것에 대한 앎이 필요하다는 묘사적 규정에 다다를 뿐이다(1-4권). 그리하여 '앎'이란 '있는 것'을 대상으로 한다는 것이 일단 확인되고(5권), 대중은 앎을 가질 수 없는데 그들은 그 대상의 존재자체를 이해하지도 믿지도 못하기 때문이라는 것이 증명되며(6권 초반, -494a)[31], 이전에 논의했던 모든 가치에 관한 개념들(올바름, 훌륭함, 아름다움 등)에 대한 앎이 '있음'에 대한 앎을 필요로 한다는 것이 비로소 표명된다(505a). 그리고 잘 알려진 선분의 비유를 통한 존재 자체에 대한 규정과 그에 대한 앎만이 유일한 앎이라는 플라톤의 존재론과 인식론이 전개된다. 뒤이어 7권에서는 동굴의 비유를 통해 그를 다시 확인함과 동시에, '있음'을 인식할 수 있는 자들은 필연적으로 정치에 임할 것이라는 점이 규명된다(519c-521b). 그러나 그들이 동굴로 돌아가 만나는

---

31) "인간이 **이해할 수 없을 뿐만 아니라 믿을 수도 없는** 비의들이 있는데, 그것들을 아이에게 가르치는 것은 일찍부터 거짓말하는 것을 가르치는 것 외에 무슨 이득이 있는지 나는 알지 못한다(『에밀』: 461 - 인용자 강조)."

대중은 '있음(좋음 자체, 훌륭함 자체, 아름다움 자체 등)'의 존재(있음)자체를 이해하거나 믿을 수 없는 사람들이다.

> '많은 아름다운 것' 아닌 '아름다운 것 자체'가, 또는 '많은 각각의 것'이 아닌 '각각의 것 자체'가 '있다'고 대중이 인정하거나 믿게 되는 게 가능하겠는가?
> …
> 대중이 '지혜를 사랑하게' 되는 것(철학자로 되는 것)은 불가능하이(493e-494a).

따라서 그들은 자신들이 왜 그것을 알아야 하는지도 알지 못하며(Hare, 1982: 51 참조), 결국 '주어진 바대로 운동하는 것'이 '올바른' 삶이라는 점을 '믿어야만' 한다. 이를 위해 수행되는 것이 앞서 언급했던 '시가를 통한 양육'이며32) 이를 통해 확보되는 것이 "'앎' 없는 '올바름'"(Scolnicov, 1988: 101)33)이다.

4. '좋음'과 '선'

여기서 곧바로 『사회계약론』이라는 루소의 기념비적 저작의 매우 모순된 구절을, "사회계약은 인민을 자유롭도록 강제한다"(『사회계약론』: 364)는 역설을 떠올릴 수 있을 듯하다. 이는 그가 충실한 플라톤의 후계자임을 보여주는 확실한 증거로 보인다. 기실 그의 『불평등기원론』은 플라톤의 윤리학에 대한 독해로도 읽을 수 있다. 그 논문의 1부는 인간에게 훌륭함이란 어떤 것인지에 대한 추론이다. 자연상태의 인간은 자연법칙에만 구속되는 존재다. 이는 그가 자연이 강제하는 생물학적 욕구 이외의 것을 가지고 있지 않다는 말이다. 따라서 그로부터 발생한 정념은 인간의 능력을 넘어서는 의지를 만들어내지 않으며, 결과적으로 자신에게 주어진 바대로 운동한다. 즉, 그는 플라톤이 말하는 '올바른 상태'에 있는 것이다. 루소는 이를 "자유로운 상태" 혹은 "좋은 상태(le bien)"라고 부른다. 그런데 협업의 출현과 함께 인간은 자신의 생물학적 욕구와는 무관한 욕망을 가지게 되고 그로 인한 정념은 자신의 능력을 넘어서는 의지를 갖도록 만든다. 이를 통해 인간은 나쁜 상태에 이르게 된다. 따라서 루소에게 좋음(le bine)과 나쁨(le mal)은 종교적인 선악(la bonté-la méchanceté)의 의미가 아니라 플라톤적인 '올

32) 이에 대해서는 연구자의 기존 연구(2010)를 참고할 수 있다.
33) 스콜니코프는 "앎 없는 훌륭함"이라고 표현하고 있으나 소크라테스/플라톤의 개념규정에 맞추어 본고에서는 "올바름"으로 고쳐 인용하였다.

바름'과 '나쁨'의 의미를 가지는 것이다.

> (루소에게 있어서 - 인용자) 악은 스토아주의가 불안한 마음이라고 부르는 것이며 우리가 소외- 정체성의 상실, 타인의 의견을 위한 삶, 단순한 식견 이상의 것에 대한 요구 - 라고 부르는 그것이다. 그것의 근원은 외부적이며 그것의 실체는 비본질적인 것에 대한 정념이다(Starobinski, 1971: 297).

그리하여 스타로뱅스키는 루소가 보여주는 자연상태에서 벗어나는 과정을 타락이 아니라 "글자 그대로의 전위(轉位, dislocation)" - 즉, 본래의 자리에서 이탈함 - 로 규정하며[34], 그를 통해 인간은 윤리적 존재가 되었다는 것이 루소의 윤리관이라고 설명한다(Starobinski, 1971: 293). 바꿔 말한다면 루소에게 있어서 윤리적 과제는 자유로운 상태를 회복하는 것이다. 이것은 어떻게 가능할까. 아마도 인간이 두 가지 대상에 대한 앎을 확보할 수 있다면 그것이 가능할 것이다. 첫 번째 대상은 자신의 능력이며 두 번째 대상은 '좋음'이다. 루소에게 첫 번째 대상은 인식가능한 것으로 나타난다. 문제는 두 번째 대상이다. 앞서 진술한 바와 같이 루소의 '좋음'은 플라톤의 '올바름'이다.[35] 따라서 '좋음'을 안다는 것은 '주어진 바대로 사는 것'이 좋다는 것을 안다는 의미일 텐데, 루소의 인식론은 종으로서의 인간 전체가 그와 같은 능력을 가질 수는 없음 - "우리들 중 아무도 존재(ce qui est)를 볼 수 없다"(『에밀』: 568-569) - 을 보여주고 있다.

루소의 전체저작을 살펴 볼 때, 『에밀』은 여러 가지 측면에서 독특하지만 특히 그의 존재론과 인식론을 살펴볼 수 있는 거의 유일한 저작이라는 의미에서도 특기할 만하다.[36] 그는 최초 자신의 사유의 출발점을 확정하는 작업을 수행한다. 이것이 매우 잘 알려져 있음과 동시에 그의 인식론을 단순한 경험론의 전통 속에 위치하게 만든 -

---

34) 레비-스트로스 역시 동일한 해석을 보여주고 있다.

"루소는 … 그 중간상태 - 완전한 자연상태와 정치권력이 형성된 사회상태의: 인용자 - 가 인간에게는 가장 **좋은** 것이라고 말했다. 그리고 오직 사건들의 어떤 불길한 전환만이 우리로 하여금 **그 상태를 떠나게** 할 수 있다는 것이었다"(Levi-Strauss, 1955: 703 - 인용자 강조).

35) 물론 신에 관한한은 '훌륭함'이다.

36) 본 연구에서 이를 살펴보기 위해 그 저작 속에 등장하는 「사보아 보좌신부의 신앙고백」을 주요한 분석대상으로 삼았다. 그런데 이 신앙고백이 과연 루소 자신의 사유인지는 논쟁적인 문제인데, 이에 대해서는 한준성의 연구(2008: 62-67) 및 마스터스의 연구(Masters, 1976: 54-58)를 참고할 수 있다. 연구자는 존재론 및 인식론에 관한한 그 신앙고백의 내용이 루소 자신의 것이라 판단하는데, 그곳에 표현된 존재론 및 인식론은 신앙고백 이전에 등장한 논의(*Emile*: 551-553)의 연장선에 있기 때문이다.

이것의 부당함이 곧 증명될 텐데 - "나는 존재하며 그것을 통해 영향을 받는 감관을 가지고 있다"(570)는 테제다.37) 그는 이 감관이 전달해준 정보로서 우선 실체의 두 가지 유형을 파악한다. 우선 우리가 감각을 거부할 수 없다는 것은 그 원인이 감관 외부에 있다는 것을 의미하며, 따라서 감각과 그 원인은 동일한 것이 아님이 분명하다. 루소는 우리의 감각을 불러일으키는 것, "감관에 영향을 미치는 모든 것을" '물질(matiére)'이라고 부른다(571). 이것이 실체의 첫 번째 유형이다. 그런데 우리 눈에 보이는 모든 것들은 운동하거나 정지하거나 한다. 따라서 운동과 정지 모두를 물질의 속성이라고 볼 수는 없으나, 운동은 "어떤 원인의 결과이며, 정지라는 것은 그 원인의 부재"이므로 "물질의 자연적인 상태는 정지상태"이다(573-574). 따라서 그 운동의 "제1원인인 어떤 의지"를 상정하지 않을 수 없다(576). 이것이 실체의 두 번째 유형이다. 우리는 추론을 통해 이 의지의 한 가지 속성을 알 수 있는데, 일단 "의지는 그것의 본성을 통해서가 아니라 행위를 통해서"(576) 우리에게 경험되며, 우리의 감관은 물질의 운동들이 어떤 질서를 가지고 있음을 확인한다. 따라서 바로 그 의지에 질서가 있음을 알 수 있으며 결과적으로 물질을 운동시키는 의지는 '지성(intelligence)'과 결합되어 있을 것이다(578). 지성과 의지, 그리고 그 의지를 실천할 수 있는 능력이 결합된 존재를 루소는 신이라고 부른다(581). 우주는 신의 의지에 따라 창조되고 운행되며, 개별적 존재자들은 신이 창조한 대로의 본성들을 가지고 있다.

이러한 루소의 존재론적 사유는 플라톤보다 아리스토텔레스의 그것과 유사하다는 것을 알 수 있다. 물론 아리스토텔레스의 신(부동의 동자)이 창조하는 존재가 아니라는 측면에서 양자는 차이를 보이지만, 경험가능한 대상들을 그 내부에 실체를 가진 '존재자들'로 인정한다는 측면에서는 입장을 같이하고 있다. 특히 '감각을 불러일으키는 외부존재로서의 물질'이라는 규정은 정통 유물론의 입장과 매우 유사하다. 이로 인해 양자는 인식론적 측면에서도 입장을 같이 하게 되는데, 일단 경험가능한 대상들이 '존재자들'이므로 그것은 '앎'의 대상이 되며 그럼에도 불구하고 인식의 궁극적 대상은 '신'이라는 점에서 그러하다. 나아가 경험가능한 대상들에 대한 앎이 '신'의 존재를 긍정하게 해주며 그에 대한 플라톤적 규정(묘사)이 가능하도록 해주지만, '신' 자체의

37) 루소에게 있어서 감각은 인식의 출발일 뿐 그 자체 인식이거나 인식의 재료인 것은 아니다. 인용된 문장을 "나는 느끼기 때문에 존재한다"라는 형태 - 데카르트의 코지토에 대한 반명제의 형태 - 로 해석하는 것은 명백한 오류일 텐데, 그는 분명히 존재를 감각의 근거로 내세우고 있지 감각을 존재증명의 근거로 삼지는 않고 있기 때문이다.

인식은 '직관'에 의한 것이라는 점에서도 의견의 일치를 보이고 있다 - 물론 이는 플라톤과도 합치되는 부분이다 -. 그럼에도 불구하고 루소는 정치학의 측면에서는 플라톤으로 회귀하는데 이를 존재론으로부터 연역되는 - "모든 '올바름'은 신으로부터 나오며, 신만이 그 원천이다"(『사회계약론』: 378) - 그의 윤리학을 통해 살펴보자.

앞서 언급했던 신의 세 속성은 그 결합을 통해 '선(la bonté)'이라는 또 하나의 속성을 만들어 낸다(581).[38] 즉, 루소에게 '선'이란 절대적 존재의 본원적 속성, 혹은 현대적인 도덕적 덕목과 같은 것이 아니라 다른 속성들의 결합으로부터 나오는 것이다. 이 선이 정확하게 어떤 것인지를 『에밀』과 『불평등기원론』의 내용을 참고하며 살펴보겠다. 인간 역시 신과 같이 지성과 능력, 그리고 의지를 가지고 있는 존재다. 그렇다면 무엇이 인간을 신으로부터 구별시키는가. 그것은 바로 육체라고 하는 일종의 물질이다. 신이 물질 일반에 작용하듯이, 인간의 정신은 인간의 육체에 작용한다. 하지만 원초적 인간의 정신은 지성이 전혀 개화되어있지 않기 때문에 인간은 전적으로 의지에 의존하여 행위한다. 아울러 이 의지는 전적으로 육체의 욕구가 만들어낸 정념의 지배를 받는다. 그럼에도 불구하고 인간의 삶은 안정적일 수 있는데, 그의 육체적 욕구가 자신의 생존과 관련되어 그로부터 발생한 정념이 자신의 능력을 벗어난 의지를 가지지 않도록 한다면 그것이 가능하다. 그의 의지는 전적으로 자신의 의지이다. 루소가 말하는 자연상태의 인간이 바로 이와 같은 상태에 있다. 그런데 앞서 언급했던 바대로 인간의 욕구가 자신에게 필요하지 않거나, 얻을 수 없는 대상으로 확장되면 그로부터 생겨난 정념은 인간의 의지를 능력 밖의 범위로 확장시키게 되고 이로 인해 의지와 능력의 균형이 무너지게 된다. 이 균형의 붕괴, "혼돈과 무질서"가 "나쁨(le mal)"이다(『에밀』: 583). 따라서 루소에게 있어서 '좋음(le bien)'은 '의지와 능력간의 질서'를 의미하며[39] '선(la bonté)'은 바로 '그 질서를 확보하려는 마음("질서를 낳는 질서에 대한 사랑")'이고, '올바름'은 '질서를 유지하려는 마음("질서를 유지하는 질서에 대한 사랑")'이다(589). 따라서 이 둘은 "분리될 수 없으며"(589)[40], 동시에 전적으로 인간적인 것이다. 왜냐하면 신은

---

38) "나는 그 신이라는 명사(nom)에 내가 모았던 지성의 관념과 능력이라는 관념과 의지라는 관념을, 그리고 그로부터 필연적으로 이어지는 선의 관념을 결합시키는 바일세"(『에밀』: 495).

39) 연구자는 이 대표적인 사례가 바로 저 유명한 『에밀』의 첫 문장 - Tout est *bien* sortant des mains de l'Auteur des choses(인용자 강조) - 이며, 따라서 이는 "신의 손에서 나올 때 모든 것은 '좋다'"로 번역하는 것이 타당함을 기존의 연구(2008a; 2008b)에서 확인한 바 있다. 굳이 부언하자면, '좋음'과 '선'의 이와 같은 구분은 루소의 전체 저작 속에서 일관되게 유지되는 바, 그를 독해하는 데 있어서나 번역하는 데 있어서 이를 일괄적으로 '선'으로 해석하는 것은 시급히 교정되어야 한다.

의지와 능력간의 질서를 깨뜨릴 수 없는 존재이기 때문이다. 신은 전능하므로 - 신의 능력은 무한하므로 - 그의 의지가 그의 능력을 넘어설 수는 없다. 그가 "좋은(bien) 것만을 원할 수 있는"(588-589) 이유가 이것이다.

> 고대인들은 지고의 신을 '최대의 선(Optimus Maximus)'이라고 불렀는데, 아주 옳게 말한 것이다. 하지만 그들이 '최고의 힘(Maximus Optimus)'이라고 불렀다면 아마도 더 정확한 것이었을 듯하다. 그의 선은 그의 능력에서 나오기 때문이다. 신은 전능하기 때문에 선하다(『에밀』: 589의 각주).

반대로 '선'과 '올바름'은 '나쁨'을 전제로 하는 것이므로 '나빠질 수 있는 존재'에게만 의미가 있다. "일체가 좋으면(bien)" '선'도 '올바름'도 있을 수 없고 따라서 "올바르지 않음도 있을 수 없다"(588). 이것이 바로 『불평등기원론』이 묘사하고 있는 도덕없는 자연인의 상태이며, 『에밀』의 첫 문장이 의미하는 신의 손에서 갓 출현한 만물의 상태인 것이다.

5. 강제된 자유 - '앎' 없는 '좋음'

그렇다면 인간은 어떻게 '좋음'을 확보할 수 있을까. 이는 어떻게 인간의 의지를 능력과 조화되는 범위로 조절할 것인가를 묻는 것과 같다. 혹은 의지는 정념에 의한 것이므로 생존에 불필요하거나 능력을 벗어난 대상을 원하지 않도록 통제할 것인가의 문제다. 플라톤과 마찬가지로 루소는 인간에게 '좋음'을 사랑하는 마음('올바름'과 '선')은 자연스러운 것으로 보고 있다. 애써 플라톤에게 '올바름'은 운동하는 존재자들에게 애초부터 주어져 있는 것이지만, 루소에게 그것은 '좋음'에서 벗어났을 때에 발생한다는 식으로 양자를 구분할 수도 있겠으나, 플라톤의 존재자는 애초 '좋음'에서 벗어나 있는 것이기 때문에 양자를 구별하는 것은 무의미할 것이다. '양심'이야말로 이 '올바름'과 '선'이 발생하는 기관 혹은 장소이다.[41] 직관 혹은 인식이 이성의 '기능'이라면 '선'과

40) 따라서 플라톤의 '올바름'은 둘 모두를 의미하는 것이다. 인간이 자신의 의지와 능력간의 질서를 만들고 유지한다는 것은 신에 대한 '모방'이다.

41) 마스터스의 경우, 양심을 '연민'이라고 하는 자연적 감정의 사회적 변전으로 이해하며 이 변전의 논리적 불가능을 루소철학의 모순 중 하나로 지적하고 있다(Masters, 1976: 81-89;95-98). 그러나 이는 명백한 오류인 바, 연민은 상상력에 의해 자신을 타인의 자리에 위치시키는 것을 통해 발생하는 '감정'인 반면, 양심은 이성에 준하는 특수한 기관 혹은 장소이다. 아울러 양심이 인간의 사회화와 밀접한 관련이 있는 것은 맞으나, 그 이유는 '나쁜' 상태에 있을 수 있을 때라야 비로소 그것이 작동하게 되기 때문이다.

'올바름'은 양심의 '기능'이라고 할 수 있겠다.[42] '좋음'과 '나쁨'을 경험하게 되었을 때 양심은 자연스럽게 작동한다. 인간이 '좋음'을 사랑하는 것은 자연스러운 일이기 때문이다.[43] 인간이 자연스럽게 그러한데 '나빠지는' 이유는 무엇인가'? 그것은 바로 그가 '신'이 어떤 존재인지를 모르기 때문이며, 따라서 '좋음' 자체가 무엇인지 모르고 최종적으로 "'선'이 무엇인지를 모르"(『사회계약론』: 380)기 때문이다. '양심'은 그것을 인식하는 지성의 작동을 고무하지만 직접 개발해줄 수는 없다. 이로써 최종적으로 루소가 말하는 '악(le méchanceté)'도 규정할 수 있을 듯하다. '좋음'이 무엇인지 모르기 때문에 '선'을 행할 수 없는('좋음'을 사랑할 수 없는) 상태가 루소에게 있어서 '악'이다. 이는 '좋음'을 알면 그를 행할 것이며, '나쁨'은 무지에서 오는 것(Prōtagoras: 352a-358d)이라는 소크라테스의 테제에 정확히 일치한다.

이상의 논의를 따를 때, 초월론적인 혹은 신학적인 루소의 존재론과 특히 『불평등기원론』과 『에밀』에서 보여지는 감각주의적이며 유물론적인 윤리학 사이의 간극은 논리적인 것이 아니라 그 실천 – 사람들을 '훌륭하게' 만드는 – 에 있다는 것이 확인된다. 루소가 1756년 에미르타쥬로 은거한 후 구상하고 있었던 저작 중에는 『감각의 윤리학(la morale sensitive)』 혹은 『현자의 유물론(le matérialisme du Sage)』이라는 제목으로 계획된 것이 있었다(『고백』: 409). 루소 스스로가 밝히고 있는 이 저작의 내용은 외부자극에 의해 형성되는 감정의 조절에 관한, 그리하여 정신을 도덕적으로 최상의 상태로 유지할 수 있는 방법에 관한 것이었다. 현실적인 이유들로 집필이 완료되지 못한 이 저작은 그 실패가 비단 현실적인 이유들로 인한 것은 아닌 듯 보인다. 루소가 말하는 그 방법이란 곧 수동적인 감정에 의한 오류를 "이성으로 구제하는" 것이었기 때문이다. 『현자의 유물론』이라는 그 저작의 제목 자체가 그와 같은 내용을 집약적으로 보여주고 있는 바, 그 방법은 절대적 존재를 인식할 수 있는 능력을 지닌 자에게만 소용이 있는 것이다. 그 가독성에 대한 루소의 최초의 기대는 그의 논리 안에서 좌절될 수밖에 없는 것으로, 절대적 존재를 이해할 수 없는 대부분의 인간들은 그 책의 내용도 이해할 수 없었을 것임에 분명하다.

본문에서 진술한 바와 같이 '나쁨'이 없다면 '좋음'을 인식해야할 필요가 없고 '좋음'의 근거로서의 '신'을 사랑할 이유도 없다.

42) "그 – 신: 인용자 – 는 나에게 좋음(le bien)을 사랑하도록 양심을, 이해하도록 이성을, 선택하도록 자유를 주지 않았는가?"(『에밀』: 605)

43) 앞서 '있음'을 '좋음'으로 해석하면서 플라톤이 의도했던 바를 루소는 '양심'이라는 구체적인 형태로 표현하고 있다고 할 수 있겠다.

이 문제는 플라톤이 마주했던 문제와 동일하다. 정념의 확대는 동시에 지성의 개화 및 발달 역시 초래했으므로, 만일 이 지성을 통해 신의 본성이 '좋음'이며 따라서 그를 모방하여 자신의 속성들을 조화시키는 것이 인간으로서의 '좋음'이라는 것을 알 수 있다면 '좋음'의 회복은 가능하다. 하지만 이 가능성은 또한 플라톤적인 이유로 부정된다. 우선, '신'을 직관하여 '선'을 실천할 수 있는 인간은 극히 적다. 그렇다면 그가 타인들에게 '신'을 가르쳐주면 되지 않을까? 하지만 그는 철인왕이 마주했던 난관을 그대로 마주하게 된다. 일단 '좋음'이라는 신적 속성에 대한 지식(플라톤의 '앎')은 가르칠 수 있는 것이 아니다. 루소는 이를 다음과 같이 우회적으로 표현하고 있다.

> 현자들이 속인에게 일상어 대신 자신의 말을 사용하려고 하면 그들은 이해받지 못할 것이다. 그런데 인민의 언어로는 표현할 수 없는 수천 가지의 관념들이 있다. 너무 일반적인 관점이나 너무 현실과 유리된 대상 역시 그들의 이해범위를 넘어서게 된다(『사회계약론』: 383).

플라톤을 살펴보면서 진술했다시피 '좋음'을 알아야 그에 대한 사랑('선'과 '올바름')이 무엇인지를 알게 되고 왜 그를 실천해야 하는지를 알게 되며 결정적으로는 왜 그것을 알아야 하는지도 알게 된다. 따라서 '좋음'을 모르면 그 이하의 것을 알 수 없다.44) 루소가 보았을 때 생 피에르 사제의 정치학이 좌초할 수밖에 없는 이유는 이 사실을 인식하지 못하고 "인간들을 … 자기와 같은 사람(현명한 사람)으로 만들려 했기 때문(『고백』: 422)"이었던 것이다.

---

44) 궁극적 존재에 대한 인간 인식능력의 부재를 부패한 사회의 제약에 의한 것으로 볼 수도 있다. 달리 말하면 그것은 인간의 본원적 한계라기보다 사회에 의해 강제된 현상형태라고 말할 수 있을 텐데, 이와 같은 가능성은 루소 자신에 의해 부정되는 것 같다. 우선 『사회계약론』에 등장하는 '시민종교'가 그와 같은 부정을 방증하고 있다. 이것은 변화된 사회에서도 궁극적 존재, 혹은 일반의지에 대한 인식능력이 결여된 인간들을 위해 기능하는 바, 따라서 그것의 존재 자체가 사회계약 이후에도 그와 같은 인간의 존재를 인정하고 있는 것이다. "제 6감, 거의 모든 사람들이 가지고 태어나지 못하는 도덕감"(『고백』: 547)이라는 진술은 보다 명시적으로 그와 같은 인식능력의 부재를 선언하는 것으로 보인다. 그런데 이 진술은 '모든 사람은 양심을 가지고 있다'라는 루소 자신의 생각과 충돌을 일으키고 있다. 그러나 루소가 말하는 도덕감을 양심이 아니라고 한다면 일단 충돌을 피할 수는 있을 것이다. 아울러 그것을 양심과 지성을 이어주는 또 하나의 기관 혹은 능력으로 상정한다면 문제는 해결된다. 그러나 이는 양심이 직접 지성을 자극한다는 그의 인간관에 위배되는 해결책이다. 또한 그렇다면 도덕감을 자극하는 것은 무엇인가라는 질문에 대해 또 하나의 기관을 만들어야만 하는 무한퇴행을 유발할 소지가 있다. 따라서 이 도덕감을 지성에 포함시킨다면, 즉 지적능력의 결여된 인간을 상정한다면 문제해결이 가능하다. 그럼에도 불구하고 루소가 본원적 인간의 지적능력에 대해 어떠한 입장을 취하고 있었는지의 문제는 이후 루소의 논의가 전개되는 과정에서 중요한 위치를 차지하지 않으므로 - 그것을 신뢰하지 않았다면 문제가 없고, 신뢰했다고 하더라도 사회가 그 성장을 저해할 것이므로 결과는 동일하다 - 본 연구에서는 이에 대한 자세한 논의는 생략하기로 한다.

루소는 결국 이 지점에서 "인민 전체를 현명한 사람들로 만들 수는 없으나, 인민 전체를 행복하게 하는"(『정치경제론』: 255) '정치'에로 자신의 관심을 전환시킨다. 이는 플라톤의 "앎 없는 '훌륭함'"에 대한 루소식 표현이다. 이를 이해할 때 아리스토텔레스와의 존재론 및 인식론상의 유사성에도 불구하고 루소의 정치학이 플라톤으로 회귀하는 것[45] 또한 이해할 수 있다. 철인왕에 준하는 법의 발견자[46]는 인민의 전체의지 중 '타인을 종속시키거나 타인에게 종속될 위험이 있는 의지'를 제거한 의지(강성훈, 2008b: 18), 곧 일반의지[47]를 찾아내고, 스스로의 능력으로는 그것이 무엇인지, 왜 그것만을 자신의 의지로 받아들여야 하는 지를 이해할 수도 믿을 수도 없는 인민들로 하여금 믿도록 - 정치적 이데올로기로서의 '종교'를 통해 - 만든다.[48] 이것이 '사회계약'이며 이를 통해 구성된 사회에서 인민은 누구의 의지에도 종속되지 않는 상태, 즉 자신의 의지가 자신의 능력을 벗어나지 않는 자유로운 상태를 회복하게 되는 것이다.

이로써 "인민을 자유롭도록 강제한다"(『사회계약론』: 364)는 역설로 표현되는 루소의 '사회적 자유'는 플라톤에게 있어서의 '앎 없이 훌륭한 상태'와 정확하게 일치한다는 것을 알 수 있음과 동시에, '자유'와 '강제'라는 두 개념이 그의 철학 속에서 형용모순을 일으키지 않는다는 것을 알 수 있다. 루소는 자신이 사용하는 '자유'라는 개념을

45) 이 지점에 관한 플라톤과 아리스토텔레스의 차이에 대해서는 Stone의 연구(1998: 37; 59-65)를 참고할 수 있다.

46) 'legislator'를 입법자가 아니라 법의 발견자로 번역한 이유에 대해서는 안젤-피어슨의 연구(Ansell-Pearson, 1996: 206-207) 및 마스터스의 연구(Masters, 1976: 358-361)를 참고할 수 있다. 여기서 한 가지 특기할 것이 있는데 플라톤에 대한 마스터스의 이해에 관한 것이다. 마스터스는 플라톤의 철인이 입법자(lawgiver)인 이유는 그가 이데아(에 대한 인식)에 준하여 법을 수립하기 때문인 것으로 보고 있다. 따라서 그에 대한 인민의 동의는 불필요한 것이 된다. 반면 루소의 법의 발견자가 제시하는 일반의지는 절대적 존재자에 대한 인식에서 나오는 것이 아니라 인민의 의지로부터 나오는 것이므로 - 즉, 진리가 아니므로 - 그에게는 그를 강제할 권한(입법권)이 없는 것이며 그것을 법으로 수립하기 위해서는 반드시 인민의 동의가 필요하다. 그러나 인민에게는 일반의지가 일반의지인지를 알 수 있는 능력이 없기 때문에 그를 믿도록 하는 수단으로서의 '종교'가 등장하게 된다. 반면 플라톤에게는 그와 같은 수단이 불필요하다는 것이 마스터스의 입장이다(1976: 362-363).
루소에 관한 마스터스의 해석은 상당한 정합성을 획득하고 있으나 플라톤에 대한 그의 해석은 오류라고 하지 않을 수 없을 듯하다. 왜냐하면 아무리 그것이 진리에 준하는 것이라 하더라도 법이 법으로서 기능하기 위해서는 인민의 동의가 필수적이기 때문이다. 앞서 각주25)에서 언급했다시피, 플라톤에게도 루소의 '종교'가 수행하는 기능을 가진 장치들이 존재하며, *Nomoi*라는 저작의 주제자체가 법이 무엇인지를 규명하는 것이라기보다 그것이 왜 법인지를 인식할 수 없는 인간들로 하여금 법으로 받아들이도록 하는 방법을 규명하는 것이다.

47) 이는 절대적 존재(이데아 혹은 신)를 대상으로 하지 않는다는 측면에서 진리는 아니며, 플라톤이 말하는 "참된 판단"에 가깝다. 하지만 이를 발견하기 위해서는 진리를 획득할 능력을 가지고 있어야 하기 때문에 법의 발견자는 정확하게 철인왕의 능력을 가지고 있어야 한다.

48) 이에 대해서는 연구자의 기존 연구(2010)를 참고할 수 있다.

'타인의 의지에 종속되지 않는 상태'[49]로 적시하고 있는 바, 전술했다시피 이는 '의지와 능력이 조화를 이루고 있는 상태' 즉 '좋음'과 동일한 것이다. 자연적 자유-사회적 자유-도덕적 자유는 그것의 논리적 현상형태들이다. 우선 자연적 자유란 자연상태의 인간에게 피할 수 없는 - 즉, 강제되는 - 존재유형이다. 루소가 그리고 있는 자연상태의 인간은 '독존'하는 존재자이므로 그에게는 자신을 종속시킬 의지를 가진 존재, 즉 타인이 없게 된다. 따라서 자신의 의도나 인식과는 무관하게 자유로울 수밖에 없는 것이다. 이를 '자연에 의한 자유의 강제'라고 불러도 좋을 듯하다. 그리고 도덕적 자유는 이와 대극을 이루고 있는데, 이는 좋은 상태에 이르려는 의도와 그것이 무엇인지에 대한 인식 - 전술했다시피 이는 '신'에 대한 인식을 요구한다 - 을 동시에 필요로 한다는 점에서 그렇다. 도덕적 자유는 자신의 의도와 인식을 통해 타인의 의지에 종속되지 않는 상태이기 때문이다. 사회적 자유는 자신의 의지에 따라서만 삶을 영위한다는 점에서 앞서의 두 자유와 일치한다. 사회계약에 의해 성립된 사회에서 구성원들이 복종하는 의지인 일반의지는 구성원 전체의 의지 중에서 타인을 종속시키거나 타인의 의지에 종속될 수 있는 의지를 제거한 것이기 때문이다. 이는 대부분의 사람들이 발견할 수 없는 것이므로 그것이 가능한 법의 발견자가 필요한 것일 텐데, 따라서 사회적 자유는 사람들이 좋은 상태에 도달하려는 의도를 요구한다는 면에서는 자연적 자유와 다르고 좋은 상태에 대한 인식을 필요로 하지 않는다는 면에서는 도덕적 자유와 구별된다. 물론 이 중 최상의 것은 그에 대한 인식을 수반한 도덕적 자유이겠지만, 이 모든 상태가 '자유'임은 부정할 수 없는 사실이다. 문제는 사회적 자유를 강제하는 그 사회를 인민 스스로가 만들어야 한다는 점인데, '신'을 모르고 따라서 '좋음'도 '올바름'도 모르는 인민은 그와 같은 사회를 구성해야할 필요 역시 인식하지 못한다. 이 난관을 '법의 발견자'라는 도덕적 자유가 가능한 일부의 도움 - 플라톤의 '훌륭한 설화'에 해당하는 특수한 성격의 '종교'를 통한 - 으로 돌파함으로써 차선인 사회적 자유를 누리도록 해야 한다는 것이 대다수 인민의 '자유'를 확보하는 문제에 대한 루소의 처방이다. 이는 철인의 지도를 통한 '앎 없는 훌륭함'을 확보하려는 플라톤의 처방에 다름 아닌 것이다.

---

49) 정확한 루소의 표현은 다음과 같다.

"자유는 우리의 의지를 타인의 의지에 종속되지 않도록 하는 것이며, 또한 타인의 의지를 우리의 의지에 종속되지 않도록 하는 것이다"(『산으로부터의 편지』 중 「여덟 번째 편지」: 841).

Ⅲ. 맺음말

이상의 논의를 플라톤과 루소의 동형성이라는 관점에서 정리해본다면 다음과 같을 것이다. 우선 양자의 사유는 인민의 행복을 확보하는 방법을 궁구하는 데서 출발한다. 이후 인민의 행복은 그들이 도덕적 행동을 할 때 확보된다는 지점을 경유하여 도덕적 행동이란 지고의 존재자로부터 연역된다는 결론에 다다른다. 다시 이를 출발점으로 하여 도덕적 행동의 실현은 지고의 존재자에 대한 '앎'을 통해 가능하다는 지점을 경유한 후, 그 '앎'은 극소수의 인간에게만 획득되는 것임과 동시에 가르칠 수도 없는 성격의 것이라는 난관에 공히 봉착하게 된다. 최종적으로 신화와 종교라는 이성 이외의 영역에 작동하는 역능을 그 난관을 해결하기 위한 처방으로 선택한다는 것이 양자의 동형성을 완성한다.

본 연구의 주제에 국한하여 좀 더 구체적으로 살펴보면, 플라톤의 윤리학이 당대 철학에 의해 세속화된 도덕적 개념들의 존재론적 재구성이라면, 루소의 윤리학은 당대 철학과 종교에 의해 형해화된 도덕적 개념들의 존재론적 재구성의 성격을 갖는 것이다. 양자는 자신의 시대의 사유가 도덕관념과 행동을 분리시키는 결과를 초래하고 있다는데 의견을 같이 했으며, 그를 극복하기 위해 독자적인 형이상학을 구축하고 도덕적 개념들을 그로 환원하고 있다. 여기서 플라톤의 '있음' - '훌륭함'과 '올바름(인간으로서의 훌륭함)'은 루소의 '신' - '좋음'에 일치하고 있다는 것이 확인된다. 나아가 양자는 바람직한 인간의 상태가 궁극적 대상에 대한 '인식(앎)'을 필요로 한다는데 동의하며, 그것이 불가능한 인간들을 위한 행위로서의 '정치'로 사유를 확장한다. 양자에게 교육은 이로써 이 '정치'를 구성하는 요소 혹은 그 목적을 달성하기 위한 수단으로서의 지위를 가지게 된다.

이상을 근거로 하여 연구자는 향후 루소 연구에 있어서 유념해야 할 것으로 보이는 몇 가지 지점들을 제시하고자 한다. 첫째, 그의 저작을 번역 혹은 이해하는 데 있어서 '좋음(le bine)'과 '선(la bonté)'의 구분을 명확하게 하지 않으면 안된다. 국내의 많은 연구자들과 번역자들이 이를 일괄적으로 '선'으로 번역하고 있는 경향이 강한데, 이는 루소의 철학을 단순한 도덕지침으로 축소시킬 소지가 있다. 일례로 - 본문 혹은 기존 연구에서 다루었지만 - 『에밀』의 첫 문장을 "신의 손에서 나올 때 모든 것은 선한데, 인간의 손에서 타락한다"로 해석하게 되면 그 저작의 이후 내용들이 '선'의 회복을 위한 과정들로 축소되어 이해될 위험이 있게 된다. 루소에게 있어서 '선'은 잃어버릴 수 있는 것이 아니다. 인간이 잃어버리는 것은 '좋음'이라는 '상태'다. 특히 영미권의 학자들의 2차 문헌을 연구하는데 있어서 이는 유념해야 할 텐데, '좋음'과 '선'을 'goodness'라는 한 단어로 표현하는 그들 언어의 특수성을 고려한다면 그와 같은 구분에 대한 강조는 과함이 될 수 없을 것이다. 둘째, 루소의 윤리학을 연구하는데 있어서 '선'이라는 개념을 현대 윤리학 - 특히 존재론으로부터 분리된 - 에서의 '선' 개념으로 이해해서는 안 될 것이다. 이는 현대 윤리학의 '선' 개념이 모종의 문제를 가지고 있다고 말하는 것이 아니라, 양자의 의미 차이를 강조하는 것이다. 절대적 존재와 관련해서만 규정될 수 있는 루소의 '선' 개념은 인간학적으로 규정되는 현대 윤리학의 '선' 개념과는 명백히 '다르다'. 학문 연구의 최우선 과제는 대상에 대한 정확한 이해에 있는 것인 바, 그 대상의 공과를 평가하는 있어서도 그것은 반드시 확보해야 할 근거임에 분명하다. 셋째, 루소의 윤리학에 대한 칸트적 독해는 재론이 필요하다. 루소는 분명 '자기입법'이라는 칸트적 도덕률의 발견자이지만, 그의 철학체계에서 그것은 판단의 출발점이지 최종적인 목적지가 아니다. '자기입법'이 불가능한 인간들에 대한 정치차원의 처방이야 말로 루소의 철학체계가 궁구하고자 하는 목적지인 것이다. 마지막으로 따라서 현대의 교육학, 특히 도덕교육에 관한 연구들 중 정치체제 혹은 주어진 사회의 변화를 기획하는데 있어서 도덕교육을 주요한 방법으로 사유하는 입장들은 루소를(아울러 플라톤을) 그 근거나 전범으로 제시하는 데 있어서 주의를 요하지 않으면 안될 것이다. 루소는 앞서의 이유로 인하여 정치체제의 변화 및 유지를 위한 방법으로서 특수한 형태의 '종교'를 제시하고 있기 때문이다. 물론 루소 자신이 이를 교육과 다른 것으로 구분하고 있다고 하더라도 현대 교육학이 이를 교육의 개념으로 수용할 수 있다면 문제는 없을 것이다. 하지만 루소의 종교가 그 존재이유 및 작동의 의도자체를 이해시킬 수 없다는 점 - 작동의 시작에서 뿐만 아니라 완료된 이후에도 - 을 고려한다면 과연 현대의 교육학이 그것을 교육의 한 형태로 수용할 수 있을지 의문이 아닐 수 없다. 이것 역시 도덕교육을 통한 사회변화의 기획 자체가 문제가 있다는 의미의 제언이 아니다. 오히려 그러한 사유와 루소에 대한 연구가 각각 독자적인 의의를 가지고 있다는 점을 강조하고자 하는 것이다.

참고문헌

○ 플라톤 저작

Prōtagoras & Menōn. 박종현 역(2010). **플라톤의 프로타고라스/라케스/메논**. 서울: 서광사.

Symposion. 강철웅 역(2010). **향연**. 서울: 이제이북스.

Politeia. 박종현 역(2009). **플라톤의 국가·정체**. 서울: 서광사.

Nomoi. 박종현 역(2009). **법률**. 서울: 서광사.

○ 루소 저작(Bibliothéque de la Pléiade. Gallimard. 1969)

Discours sur l'Economie Politique(1755): *Œuvres Complétes III*(**정치경제론**).

Du Contrat Social(1762): *Œuvres Complétes III*(**사회계약론**).

Émile ou de l'éducation(1762): *Œuvres Complétes IV*(**에밀**).

Lettres écrites de la montagne(1764): *Œuvres Complétes III*(**산으로부터의 편지**).

Les Confessions(1789): *Œuvres Complétes I*(**고백**).

○ 일반논문 및 단행본

강성훈(2008a). 루소의 『에밀』에 대한 재해석. 한국교육철학회. **교육철학**. 34. 5-30.

______(2008b). **루소에 대한 자연주의적 해석의 문제**. 박사학위논문. 고려대학교.

______(2010). 루소사상에서 정치적 이데올로기로서의 '종교': 플라톤과의 비교를 중심으로. 교육철학회. **교육철학**. 49. 1-24.

김내균(1996). **소크라테스 이전의 그리스 철학**. 서울: 교보문고.

김상돈(2009). "덕은 가르쳐질 수 있는가?"라는 물음의 도덕교육적 함의. 한국윤리교육학회. **윤리교육연구**. 20. 1-30.

장지원(2010). **『법률』에 나타난 플라톤의 교육론**. 박사학위논문. 고려대학교.

한준성(2008). **장 자크 루소의 정치사상에서 애국심과 시민종교**. 석사학위논문. 서울대학교.

Althusser, L.(1965). *Préface: Du "Capital" à la Philosophie de Marx*.

Althusser, L.(ed).(1968). *Lire le Capital 1*. Paris: François Maspero.

Brewster, B.(tr.).(1971). *Part 1: From Capital to Marx's Philosophy. Reading Capital*. London: NLB.

Ansell-Pearson, K.(1996). *Nietzche contra Rousseau: A study of Nietzche's moral and political thought*. Cambridge: Cambridge Uni. Press.

Field, G. C.(1969). *The Philosophy of Plato.* Oxford: Oxford Uni. Press. 양문흠 역(1986). 플라톤의 철학. 서울: 서광사.

Guthrie, W. K. C.(1960). *The Greek philosophers from Thales to Aristotle.* New York: Harper.

Hamlyn, D. W.(1988). *A History of Western Philosophy.* Pelican Books. 이창대·김광명 공역(1990). **서양철학사**. 서울: 이론과 실천.

Hare, R. M.(1982). *Plato.* Oxford: Oxford Uni. Press.

Lévi-Strauss, C.(1955). *Tristes tropiques.* Paris: Plon. 박옥줄 역(2004). **슬픈 열대**. 파주: 한길사.

MacIntyre, A.(2002). *A Short History of Ethics.* Indiana: Uni. of Notre Dame Press.

Masters, R. D.(1976). *The Poltical Philosophy of Rousseau.* Princeton & New Jersey: Princeton Uni. Press.

Nettleship, R. L.(1958). *Lectures on Republic of Plato.* London: Macmillan.

Scolnicov, S.(1988). *Plato's Metaphysics of Education.* London: Routledge.

Starobinski, J.(1971). *Jean-Jacques Rousseau: La transparence et l'obstacle.* Paris: Gallimard. Goldhammer, A.(tr).(1988). *Jean-Jacques Rousseau: transparency and obstruction.* Chicago & London: Uni. of Chicago Press.

Stone, I. F.(1988). *The Trial of Socrates.* New York: Anchor Books. 편상범·손병석 공역(1996). **소크라테스의 비밀**. 서울: 자작아카데미.

Zeller, E.(1971). *Grundriss der Geschichte der Griechischen Philosophie.* Aalen: Scientia Verlag. 이창대 역(1991). **희랍철학사**. 서울: 이론과 실천.

교육에서의 대화: 비트겐슈타인 후기이론의 관점[1)]

문 영 선(고려대학교)

Ⅰ. 머리말

탈권위주의화된 교육에서 대화의 중요성은 다시 주목받고 있다. 새로운 교육의 이념들은 윤리적인 측면에서는 현대사회의 인간 물상화에 대항하며 배려와 공동체성, 상호성을 지향하고 있고, 인식론적인 측면에서는 구성주의적 경향에 이끌리면서 교육방법으로서의 대화의 가능성을 염두에 두게 된다. 그러나 교육에서 대화의 중요성에 대한 인식이 확산되는 것이 반드시 대화(dialogue)를 통한 교육의 내실화 혹은 상호성을 전제로 한 대화의 확산과 일치하고 있는 것만은 아니다. 오히려 학교교육현장에서 '대화'는 강요된 주체성의 모습(佐藤学, 2006: 34)으로 혹은 역소외의 모습(서근원, 2007: 57)으로 나타나기도 한다. 이는 '대화를 가장한 일종의 독백(모놀로그, monologue)'으로 대화의 상호성을 위배하는 것이다.

이는 교육적 관계맺음에서 배려와 공동체성, 그리고 상호성이 견지될 수 있는 대화맺기의 가능성이 결코 쉬운 일이 아니라는 것을 의미하는 것일 수도 있다. 교육에서 대화와 대화적 관계에 관하여 우리는 부버, 프레이리, 하버마스 등 유수의 학자로부터 많은 의미 있는 견해를 가져올 수도 있다. 이들은 주체성의 신화에 대해 반기를 들며 인간의 관계성이 존재를 규명한다고 보는 관점에서 대화 철학 혹은 대화를 통한 교육의 가능성을 제시하였다. 이들은 대화의 가능성을 교육에서 지향해야 하는 지향점이나 공동체성 등 목적 지향적 행위, 문화를 포함하는 생활세계가 갖는 전제된 최소한의 공동 규약과 같이 대화에 참여하는 사람들이 기공유해야 하는 공통분모에 기댐으로 대화 철학의 이상적 관계와 모순 관계를 드러내고 있다(우정길, 2007a; 2007b).

---

1) 이 글은 「한국교육학연구」 16권 2호(2010.6)에 게재된 논문을 일부 수정, 보완한 것이다.

이에 반해 비트겐슈타인 후기철학의 통찰은 미리 합의된 공유된 기반에 기대지 않는 대화의 가능성을 고찰하여 교사-학생이라는 대등하지 않은 교육적 대화 관계에 시사점을 줄 수 있다. 비트겐슈타인은 언어와 언어가 갖는 의미의 속성과 한계들을 탐구하는 과정 속에서 대화의 의미와 대화가 가능할 수 있는 조건에 대해 보다 근본적인 사색을 추진하였다. 비트겐슈타인의 언어 이론은 대화 실천의 어려움이 대화에 관한 철학으로부터의 혼란에서 빚어진다는 관점을 도출해 낸다. 그 관점에서는 대화에 관한 철학들이 제시하는 이상적 유형의 대화가 실은 처음부터 공유지반을 갖는 동일자간의 대화 즉, 독아론이나 모놀로그를 상정하고 있기 때문에 이상적 타입과 대등하지 않은 대화적 관계인 실제와의 사이에서 괴리가 생겨나고, 결국 세계에 대한 잘못된 해석으로 실천이 오도될 수 있다는 결론이 나올 수 있다. 다시 말해, 교육에서의 대화가 어려운 이유에 대한 진단 내용과는 별도로 그러한 이념들이 가지고 있는 전제 자체가 대화를 저지하는 성격을 갖추고 있다는 비판이 비트겐슈타인의 후기 언어철학 관점 내에서 수행될 수 있다는 것이다.

기존의 대화철학이 상정하는 이상적 유형의 대화는 동질의 대화자를 상정한다. 최소한의 공유지반을 지닌 '또 다른 나와의 대화', 이는 공유지반과 관련된 한에서 '내가 견해를 말하고 내가 듣는 것'과 같은 것이다. 이에 비해 비트겐슈타인에게 대화란 마치 우리말을 모르는 외국인, 지적 장애인이나 어린아이처럼 나와는 전혀 다른 규칙을 준수하는 사람들 상호간에 이루어지는 것이다. 즉, 비트겐슈타인의 관점에서 기존의 대화철학들이 암묵적으로 가지고 있는 기존의 공동 목표나 공동체성, 최소한의 규약 공유가 의사소통의 전제조건이 되지 않는다. 그는 실제의 대화 상황에서 특히, 교육 상황에서 공유된 규칙이 무엇인지는 미리 확인되지 않고, 사용을 통해 드러나는 것이며, 이 기반은 지속적으로 변화한다고 이야기한다. 즉, 대화란 서로 다른 규칙을 준수하는 사람들 사이에서 일어나는 의미의 교환으로서 각각의 사용에 의해 규칙들이 만들어지고, 이 규칙은 고수되지 않고 변화한다는 것이다.

그러나 문제는 이들 사이의 의미 교환이 이루어질 때, 양자의 차이가 은폐될 수 있다는 점이다. 이상적 타입의 대화자를 상정하는 것은 대화자 상호 간의 의미차를 은폐함으로서 하나의 규칙이 작용하는 것처럼 보이게 한다. 대화자간의 사용하는 언어의 차이가 은폐된 이상적 유형의 대화, 즉 사실상의 모놀로그는 나에게 타당한 바가 남에게 타당한 바와 같다고 생각하게 한다(柄谷行人, 1986: 23). 이와 같은 유형의 독아론은 소통을 형식적인 것으로 만들고, 대화 안에서 대화쌍방을 소외시키게 된다.

교육에서의 대화가 강조되고 있음에도 불구하고 실제로는 상호성을 바탕으로 한 대화보다는 대화로 오인되는 독백이 실천되고 있는 것이 아닌가 하는 의문과 함께 비트겐슈타인의 후기 언어철학에 비추어 교육에서의 대화에 대해 다시 성찰해 보는 것이 이 글의 목적이다. 이는 그동안 공통 규칙을 전제하는 대화를 강조해왔던 여러 이념들의 진단과는 다른 종류의 진단을 내리고 교육에서의 대화와 관련된 새로운 대안의 가능성을 탐색해 보는 작업이 되기도 할 것이다. 그와 같은 목적을 위해, 이 글에서는 비트겐슈타인이 언어와 세계의 관계를 조망하기 위해 취한 극단의 회의의 자세가 갖는 의미와 그의 독창적인 언어 게임이론을 살펴보고, 이것이 교육에서의 대화에서 갖는 의미를 도출하려고 한다.

Ⅱ. 회의(懷疑)의 극한에서 선 대화

"대화를 통해서 인간은 의사소통할 수 있는가?" 내가 사용하는 단어의 의미는 상대방이 사용하는 단어의 의미와 동일할까? 비트겐슈타인은 대화의 전제가 되는 것으로서 의사소통이 갖는 확실성에 회의를 품는다. 내가 말하는 의미가 대화의 상대편에게도 같은 의미로 전달될 수 있는 가능성의 확고한 기반을 찾기 위해 확실성의 경계를 설정하려고 하였다. 이는 나의 인식과 타인의 인식이 갖는 객관성의 토대를 찾는 시도이기도 하다. 자신의 후기철학에서 비트겐슈타인은 전기의 『논리철학논고』에서 인정했던 확실성마저 해체시키면서 회의를 극한으로 밀어붙임으로서 언어적 의사소통이 갖는 한계를 탐구하였다. 비트겐슈타인의 전기 철학과 후기 철학을 관통하는 자세는 한 인간이 세계를 이해할 수 있는 확실성이 무엇인지에 관하여 끝없는 회의와 그 경계에 서려고 하는 정신이었다.

1. 사적 언어

비트겐슈타인의 전기 철학과 후기 철학의 변화를 일컫는 의미로서의 철학적 전회를 겪은 이후 그의 후기철학은 사적 언어에 관한 논증을 담고 있다. 이는 한 개인의 주관적 언어 사용이 올바르다는 공적 기준이 존재하지 않는다면 언어라고 부를 수 없다는 것으로 사적 언어는 언어가 아니라고 할 수 있다. 지시 대상이 오직 화자만 알 수 있는 내밀한 감각을 가리키는 사적 언어는 불가능하다는 것이다. 후기 철학에서는 전기철학에서 긍정했던 이상적 타입의 언어로서 논리, 수학의 명제들조차 보편적 의미, 확실성의 기반 위에 있지 않다고 생각하게 되었다.

비트겐슈타인의 후기 철학을 대표하는 저서로 간주되는『철학적 탐구』에서 다루어지는 수열의 예측 문제는 객관과 확실성의 세계에 강력한 의문을 제기하고 있다. 이와 같은 회의는 인간 의사소통이 불가능하다는 논증을 위해서 제시 되었는가? 비트겐슈타인의 회의는 어떠한 의미를 지니는가? 데카르트, 후설에 비견될 철저한 회의를 이해하기 위해 비트겐슈타인의 관심을 살펴볼 필요가 있다.

『철학적 탐구』에서 제기된 비트겐슈타인의 수열 규칙의 확실성과 타인의 고통에 관한 논제들은 인간의 의사소통이 원칙적으로 불가능하다는 회의의 극단에까지 밀어붙인다. 이에 비하여 흔히 철학적 전회라고 언급되는 것을 이루기 전의 저작은 정반대의 논리를 펴는 것처럼 보인다. 첫 저작인『논리철학논고』의 작업은 일상 언어의 모호함을 제거하기 위해 일상의 명제들을 단순한 요소명제들로 철저히 분석함으로서 유리처럼 투명한 이상언어를 구성하는 것이었다. 전기 저작과 후기저작의 연속성을 가지고 있다고 보는 학자들은 여기에『논리철학 논고』의 잘 알려진 마지막 문장 "말할 수 없는 것에 관해서는 침묵해야 한다(Wovon man nicht sprechen kann, darüber muss man schweigen)"를 놓치지 않고 살펴야 한다고 주장한다. 이와 함께 빈의 출판인 루트비히 폰 파커에게 원고를 보내며 쓴 편지에는『논리철학논고』의 2부가 핵심적이지만 말로 표현할 수 없는 윤리적 목적을 추종하고 있다고 쓰여 있다(Wuchterl, K. & Hübner, A., 1979: 111). 즉,『논리철학 논고』의 관심사는 말할 수 있는 것을 명료하게 하는 것과 동시에 이를 통해 말할 수 없는 세계를 온전하게 하는 것이었다고도 볼 수 있다. 후기 철학은 전기철학이 제시한 이상적 언어의 확실성에 대한 회의였다.

후기철학이 제시한 회의는 말할 수 있는 것, 요소 명제로 이루어진 명제들이 갖는 외부성을 발견하면서 생겨난다.[2] 명제를 명료하게 만들기 위해 만들어진 요소 명제들은 동어반복이 없는 한 일상 언어로부터 정의된다. 그렇지만 일상 언어 세계의 언어는 확실성의 근거를 갖고 있지 않다. 비트겐슈타인의 감각 E라는 언어 놀이는 그와 같은

2) 柄谷行人의『탐구』이상화된 언어 세계는 외부성과의 교류에 의해 확실성의 기반을 내놓게 된다.

사실을 보여준다. 객관적으로 '올바른 것'과 주관적으로 '올바르다고 믿는 것'은 다르다. 『철학적 탐구』에서 개인이 어떤 감각을 느낄 때마다 'E'라고 표시한다고 했을 때, 이 'E'는 다른 사람은 느낄 수 없는 사적인 감정이다. 그러나 다음번에 같은 감각을 느껴 'E'라고 표시했을 때 이것이 동일한 감각이라고 확인해 줄 수 있는 유일한 기준은 기억이다. 과연 이 기억이 객관적으로 올바르다고 확증해 줄 수 있는 것은 무엇일까? 언어가 지시하는 대상은 주관적 기억에 의해서만 같은 것이라는 확정성을 가질 수 있다. 이와 같이 언어바깥의 세계를 통해 언어가 한 가지 대상을 지시할 수 있는 확실성의 근거는 사라지게 된다.

2. 규칙따르기

감각 'E'의 사례가 감각에 관한 영역이라면, 좀 더 확실한 이상성을 가진 숫자의 예는 어떤지 살펴보자.

> (중략) 이제 우리는 학생으로 하여금 어떤 한 수열(가령 "+2")을 1000을 넘어서 한번 계속해 보도록 한다. - 그때 그는 다음과 같이 쓴다: 1000, 1004, 1008, 1012. 우리가 그에게 말한다: "봐라, 뭘 하고 있는 거야!" - 그는 우리를 이해하지 못한다. 우리는 말한다: "너는 둘을 더해야 한단 말이야: 봐라, 네가 수열을 어떻게 시작했는지!" - 그가 대답한다: "그래요! 이게 옳지 않은가요? 저는 제가 그렇게 해야 하는 거라고 생각했는데요."- 또는 그가 그 수열을 가리키면서 이렇게 말했다고 가정하자: "그렇지만 나는 같은 방식으로 계속해 나간 걸요!" - (중략) 즉 이 인간은 우리의 설명을 듣고서는 천성적으로, "1000까지는 매번 2를 더하고, 2000까지는 4를 더하고, 3000까지는 6을 더하라, 기타 등등"이라는 명령을 우리가 이해하는 것처럼 저 명령을 이해하고 있다고(『철학적 탐구』 § 185).[3]

학생에게 수열을 해보도록 한 사람은 1000 다음에 1002를 써야한다는 규칙을 어떻게 증거할 수 있을까? 처음부터 그렇게 하려고 의도했었다고 답한다면, 즉 규칙이 미리

3) 이하 인용되는 비트겐슈타인의 저서 Philosophische Untersuchungen(1953) 이영철 역. 비트겐슈타인 선집 4. 『철학적 탐구』는 번역된 저작명과 비트겐슈타인이 구분한 문단 번호로 표기한다. (예: 『철학적 탐구』 § 23.)

결정되어 있다고 말하려면 "단지 뜻하는 것만으로 현실을 선취할 수 있는 것처럼" 어떻게 이 표현이 사용되어야 하는가? 'x +2'의 공식을 따르는 것이라고 답한다면 이 공식이 정해진 것은 우리가 그것들을 사용하는 법을 배운 방식에 의해 기준이 된다고 답한다.

> 우리의 역설은 하나의 규칙이 어떠한 행위 방식도 확정할 수 없으리라는 것이었다. 왜냐하면 어떤 행위 방식도 그 규칙과 일치하게 만들어질 수 있기 때문에 …… (중략) 그렇기 때문에, '규칙을 따른다'는 것은 하나의 실천이다. 그리고 규칙을 따른다고 믿는 것은 규칙을 따르는 것이 아니다. 그리고 그렇기 때문에 우리들은 규칙을 '사적으로' 따를 수 없다. 그렇지 않다면, 규칙을 따른다고 믿는 것은 규칙을 따르는 것과 동일한 것일 터이기 때문이다(『철학적 탐구』 § 201 § 202).

솔 크립키[4]는 § 201을 통해 다음과 같이 생각한다. 혹시 x〈1000 일 때, 'x+2'를 따르고, 1000〈x〈2000 일 때, 'x+4'라는 공식을 따르고 있는 것은 아닐까? 어떤 수를 대입한다고 해도 규칙과 일치하게 만들 수 있다. 즉, 어떤 수도 규칙에 어긋나지 않는다는 것은 어떤 선택도 규칙에 맞지 않는다는 역설에 이르게 된다. 결국 규칙따르기는 불가능한 것이 아닌가라는 회의에 까지 도달하게 된다.

비트겐슈타인의 사적 언어와 사적 규칙 따르기에 대한 논증은 과연 언어 소통은 불가능한 것이 아닐까에 대한 극한의 회의에 서 있다. 여기에서 그가 살펴보려고 했던 것은 무엇일까? 회의의 극한에서 사적언어 소통불능성이라는 극단적 회의의 의미를 '가르치는' 측에서 보면 내가 말로 무엇인가를 '의미한다'고 해도 타자가 인정해주지 않는다면 의미는 성립하지 않는다는 것이라고 말한다(柄谷行人, 1986: 10-11). 비트겐슈타인의 사적 언어 논증은 타자의 인정 없이는 어떤 의미도 존재하지 않는다는 사실을 역으로 조명하고 있다. 비트겐슈타인의 철학은 의사소통의 가능성이 갖는 경계를 묻고 경계에서 바깥을 바라본다.

---

4) 잘 알려진 비트겐슈타인 해석자 크립키(Saul A. Kripke)는 비트겐슈타인의 『철학적탐구』의 독해로부터 §201을 사적언어에 대한 해석의 키워드로 삼는다. 이는 규칙의 사적 준수는 불가능하다는 논증을 담고 있는데 결과적으로 인간 소통의 불확실성으로 이어진다고 해석할 수 있다. 크립키의 해석은 이러한 의미에서 비트겐슈타인의 정석 해석으로 인정되기 보다는 크립키 자신의 독자적 논증으로 이해된다.

Ⅲ. 언어게임이론과 삶의 양식에 관한 고찰

일상의 언어 세계에서 의사소통은 어떻게 이루어지는 것일까? 사적 세계와 사적 세계 사이의 의미는 어떻게 교환되는가? 비트겐슈타인의 고찰대로 언어와 세계가 그것을 지칭하는 일대일 관계를 갖지 않는다면 각 명제들의 참과 거짓을 결합한 것들이 사실 세계와 일치한다는 증거가 없다면 의사소통은 불가능한 것인가? 우리 경험세계에서 일어나고 있는 분명한 의사소통의 증거들은 어떤 가능성에 의해서 만들어지는 것인가?

1. 사용으로서의 언어

의사소통을 설명하기 위해 비트겐슈타인은 언어의 의미가 사용에 의해 형성된다고 설명한다. 언어가 사용 이전에 체계를 지니고 있는 것이 아니라 사용을 통해 의미의 구획을 갖게 된다는 것이다. 건축가와 조수의 예는 언어의 사용이 단어의 뜻을 형성하는 사태를 잘 보여준다.

> … 어떤 건축가 A와 조수 B의 의사소통을 위해 쓰인다고 해두자. A는 건축용 석재들을 가지고 건물을 짓는다: 벽돌들, 기둥들, 석판들, 들보들이 있다. B는 그에게 그 석재들을 건네주어야 한다. 게다가 A가 그것들을 필요로 하는 순서에 따라서. 그 목적을 위해서 그들은 "벽돌", "기둥", "석판", "들보"란 낱말들로 이루어져 있는 어떤 한 단어를 사용한다. A가 그 낱말들을 외친다; -B는 이렇게 외치면 가져오도록 배운 석재를 가져간다(『철학적 탐구』 § 2).

여기서 "석판!"은 "석판 가져오시오!"와 동일하고, 가리키는 물건이 "석판"이라는 것을 지시하고 알려주는 뜻과는 다르다. 세계와 언어와의 관계를 탐구하며 언어의 구조와 사실 세계를 연결시키던 전기 철학에서 전환하여 비트겐슈타인은 언어의 의미가 삶의 형식에 따르는 사용에 의해서 결정된다는 점을 주목한다.

하나의 단어가 상이한 방식으로 사용되더라도 하나의 이름을 사용할 수 있는 근거는 무엇인가? 하나의 단어가 하나의 사실을 지시하지 않고, 한 언어를 사용하는 공동체가 하나의 규칙을 공유하지 않은 상황에서 한 단어는 여러 가지 상이한 방식으로 사용되더라도 각 사용에서 중첩된 의미를 찾을 수 있다. 이는 마치 부모 각각으로부터 각기 다른 부분을 이어받았으나 전체적인 유사성을 갖는 가족의 유사성과 같다. 상이한 사용들 사이에서 공통된 본질을 찾아 정의되는 것이 아니다.

A와 B 두 사람의 대화 상황에서 만일 A가 "갈색 책을 가져오시오!"라고 B에게 부탁한다면 B의 머릿속에서 어떻게 갈색이라는 상이 떠오를까? A의 머릿속 갈색이 어떤 것인지 B는 알 수 없다. 흔히 A의 머릿속에 떠오른 갈색이 동일하게 B의 머릿속으로 옮겨가야 한다고 생각한다(진중권, 2006: 356). 그러나 A가 떠올린 갈색과 B가 떠올린 갈색은 동일한 갈색이 아닐 것이다. 서로 동일한 상을 떠올리고 있지 않지만 갈색책은 무사히 A의 손으로 옮겨갈 수 있다. 갈색이라는 동일한 단어에 대하여 가진 상이 다르다 해도 중첩된 상이 생겨나면서 의사소통이 이루어진다.

2. 언어 게임이론

의사소통의 게임적 속성은 일상생활 대화의 특성을 잘 보여준다.

> 여기서 언어를 게임에 비유하는 것이 빛을 던져주지 않는가? 사람들이 풀밭에서 공놀이를 즐기는 경우를 쉽게 상상해볼 수 있다. 기존의 다양한 구기게임으로 시작해서 이들 게임을 끝까지 하지 않고 그 중간에 공을 맹목적으로 하늘 높이 던지고, 장난삼아 공을 가지고 서로 쫒고 쫒기며, 공을 상대에게 던진다. 그리고 이제 어떤 사람이 다음과 같이 말한다: 그들은 줄곧 공놀이를 하고 있으며, 공을 던질 때마다 일정한 규칙을 따르고 있다(『철학적 탐구』 § 83).

의사소통은 공놀이의 방식이 변화하는 것처럼 자발적인 동의에 의해서 규칙을 지켜가며 이루어진다. 스포츠 경기가 아닌 이러한 공놀이의 규칙들은 때때로 바뀌기도 하는데 수행한 모든 공놀이 규칙에 공통된 본질이 있어서 놀이를 즐길 수 있는 것이 아니다. 그때그때 공을 던지는 사람의 동작과 표정을 통해 공이 어떻게 갈 지를 짐작할 수 있고, 거기에 알맞은 맞대응으로 답할 수 있다.

아무리 원초적 언어게임이라도 그 자체로 이루어질 수 없고 다른 언어게임에 속하는 다른 표현들을 필요로 한다. 계속해서 변화하는 공놀이에서 보는 바와 같이 다음 공이 오는 속도와 규칙은 공을 잡고 있는 사람의 동작과 표정, 환경과의 조우에 의해 예상해 볼 수 있다. 미소와 끄덕거림과 같은 몸짓, 눈빛이 건축가와 조수, 공놀이의 참가자들이 함께 공유하는 삶의 형식 속에 존재하는 다른 언어게임들이다.

언어게임은 미리 합의되고 계획된 것에 의해서가 아니라 순간순간 합의되는 규칙에 따라 유지된다. 공던지기에서 다른 놀이로 전환될 때 상대방의 호응이 없다면 전환은 실패하고, 다시 재합의가 시도되거나 놀이가 종료된다.

3. 삶의 형식

이러한 언어게임은 삶의 형식에서 펼쳐진다. 삶의 형식은 언어적 표현이 의미를 획득하는 원천으로 제시된다[5]. 엘런 제닉과 스티븐 툴민에 의하면 삶의 형식이라는 개념은 지금에 와서는 지칭하기가 모호하지만 비트겐슈타인 당대 빈의 시민들에게 익숙한 용어로 별다른 설명 없이 사용되고 있었다. 따라서 '삶의 형식'은 당시의 시대적 배경과 저술의 다른 문단 해석과 맞추어 이해되어야 한다[6].

문종두는 비트겐슈타인의 '삶의 형식'에 대하여 "① 삶의 형식은 인간의 자연사로 이루어진다. ② 인간의 자연사는 회피할 수 없는 주어진 것이기에 자기-지시성을 갖는다. ③ 그러한 인간의 자연사로 이루어진 인간의 삶의 형식은 자기-지시성을 지닌다". 와 같은 성찰을 제시한다. 비트겐슈타인은 "언어게임이라는 용어는 언어를 말하는 것이 하나의 행위 혹은 삶의 형식의 부분이라는 사실"에 대해 언급한다. "삶의 형식"은 언어 게임이 펼쳐지는 장으로 표현된다.

비트겐슈타인의 '삶의 형식'은 인간의 자연사로 이루어진다는 점에서 이미 주어진 인간종적 특성을 말한다. 인간의 행위를 원숭이나 다른 동물들과 대비시킴으로써 인간종의 차이를 드러낸다는 점에서 인간의 유기체적 특성에 방점을 두고 있지 않다. 또한, 특정 사회나 사회성원들 사이의 일치가 아니라 인간들 사이의 일치라는 점에서 사회문화적 양상으로 해석될 수 없다. 삶의 형식은 변화하는 것이 아니라 고정된 것으로 사유와 행위를 가능하게 해주는 중심점으로 나타난다. 즉, 삶의 형식은 이미 주어진 것으로서 설명이나 정당화를 필요로 하지 않는다.

---

5) 그렇다고 인간들 사이의 일치가 어떤 것이 참되고 어떤 것이 거짓된 것인가를 결정한다고 우리가 말할 수 있는가? 참되고 거짓된 것은 인간이 말하는 것이다. 그리고 인간들은 자신들이 사용하는 언어 속에서 일치한다. 그것은 의견의 일치가 아니라 삶의 형식의 일치이다(『철학적 탐구』 § 341).

6) 이 글에서는 '삶의 형식'을 이승종, 문종두의 논문에서 삶의 형식에 관한 정리와 가라타니 고진의 논지에 따라 설명하고 있다는 점을 밝혀둔다.

언어 게임 이론에서 대화에 나선 화자는 같은 문법, 게임 규칙을 전제하지 않는다. 규범적 커뮤니케이션을 전제하지 않을 뿐 아니라 오히려 그것을 의심하는 곳에서 일어난다(柄谷行人, 1986; 송태욱: 82). 만일 두 화자가 같은 문법을 지니고 이야기하고 있다면 그것은 모놀로그에 불과하다. 두 사람이 이야기하고 있다하더라도 단독자의 대화인 것이다. 거기에는 어떠한 생성도 없고 자기 확인만이 있을 뿐이다. 대화는 다른 게임 규칙을 가진 자들 사이에 일어나는 것이다.

Ⅳ. 모놀로그의 교육

이 글에서는 이러한 비트겐슈타인의 후기 이론에 비추어 교육 현장에서의 대화가 수업진행자인 교사의 입장에서 진행되는 상호성이 없는 동일자간의 대화, 독백 형태로 수행된다는 점에 주목해보려고 한다. 학교에서 이루어지고 있는 국정 교육과정 운영과 과학적 수업설계는 수업의 대상으로 학생들을 일반화시켜 설정함으로써 교육과정 운영지침에 대한 세부적 의존도가 높을수록 과학적 수업설계가 세분화될수록 학생들의 말하기는 교사가 요구하는 정답맞추기 형태가 된다. 전문성이 높아지고, 계획의 세분화정도가 깊을수록 교육상황에서 학생들이 생각하고 참여하는 형태는 형식화된다. 사또 마나부(佐藤学)와 서근원의 교실관찰은 각각 허구화된 주체성과 소외라는 주제로 상호성이 없는 교실에서의 참여와 대화를 관찰해 내고 있다.

학교 교육 현장에서의 '대화'를 살펴보기 위해 선택한 글은 일본 전역을 돌며 수업을 관찰하는 사또 마나부와 교사경험을 바탕으로 반성적 학교관찰을 진행해온 서근원의 글이다. 일반적으로 교실에서 이상적 유형의 대화는 교사가 주도하는 수업의 흐름에서 수업이 허용하는 형식으로만 가능하다. 수업 과정에서 나온 견해에 아이들은 자유로이 반대를 표명할 수 있다. '반대'는 과거 권위주의 수업에서라면 물론 방해요인으로 제시되었겠지만 탈권위주의화된 수업의 진행에서는 전혀 거슬리는 요인이 아니다. 학생들의 발화는 수업이 제시한 대화형식 안에서만 가능하다. 대화는 수업 안에서 미리 계획된 수업 흐름이 제시하는 시점에서, 제시된 주제에 관련해서만 제시된다. 이와 같은 질서와 주어진 형식은 교사가 제시한 것으로 학생들의 반응에 따라 수정되는 상호성은 기술적 측면으로 극히 제한되어 있다. 다음을 진행하기 위한 확인절차에 불과하다.

여기 사또 마나부의 관찰은 교실에서 허용되는 이상적 유형의 대화가 학생들에게 갖는 의미를 보여준다.

사또 마나부는 자신의 수업 관찰에서 아이들의 발화가 수업의 조직화를 위해 조작된다고 보고한다. 다음의 인용문을 살펴보자.

> 대표적인 것 중의 하나가 손신호로 진행되는 수업이다. 손신호란 앞의 발언에 찬성할 때에는 보, 반대할 때에는 바위, 질문은 가위라는 사인을 손을 들어 나타내는 방식이다. … (중략) 손신호의 효용성을 알고 있는 교사는 '아이들의 의견을 일목요연하게 알 수 있으니 좋지 않은가' '아이들의 의견 분포를 바로 판별하여 지명할 수 있으며, 무엇보다도 아이들의 발언이 활발해 지는 현상을 볼 수 있다 (중략) 원래 손신호를 활용하는 교사는 사고와 의견의 발달은 확실하고 명석해야 한다는 완고한 신념을 지니고 있는 듯하다. 그렇기 때문에 처음부터 찬성, 반대, 질문이라는 입장을 명시하고 사고나 감정이나 발언을 요구하는 것이다(佐藤学, 2006: 32- 34).'

인용문에 따르면 아이들의 수업 내 말하기에는 정해진 유형이 있으며 이 형식에 맞추어 수업에 참여하게 된다. 이와 같은 교실에서 형식상의 학생발화는 많지만 학생들의 입장은 교사가 계획한 대로 수업을 운영하는 데에 전혀 변화를 줄 수 없다. 학생들은 교육과정과 교사가 예측한 그대로의 존재로만 받아들여지는 고착된 존재이다. 교사의 내성적 사고 하에서 그 시간에 학생 개인이 생각할 수 있다고 예측된 것은 주제에 관한 찬성과 반대뿐이다. 따라서 수업 설계는 학생들의 발화 형식을 손신호를 통한 찬성과 반대만으로 구성하게 된 것이다. 동일자간의 대화 안에서 색다른 대답이나 예측 하지 못한 반응은 무의미한 것 혹은 방해 행위로 해석된다.

수업을 관찰한 후 사또 마나부는 학생들에게 좀 더 '명석하게 말하고 크게 말해 달라고' 요구하는 대신 '애매모호한 사고나 모순, 갈등을 안고 있는 복잡한 감정'의 말 즉, '더듬거리는 말로서 자신을 이야기하면서 생각하는 아이'를 무시하지 않아야 한다고 말한다(佐藤学, 2006: 35). 이는 타자와의 관계를 구축하면서 배우는 행위에 있어서 더듬거리는 사고와 표현을 제시한다. 여기에서 '더듬거리는' 사고와 표현은 비트겐슈타인이 제시한 타자와의 대화와 상통한다. 비트겐슈타인의 논지에서 볼 때 타자란 나의 인식의 확실성을 무너뜨리는 사람이고, 따라서 타자와의 대화에서 의사소통이란 항상 예측할 수 없다. 즉, 타자와의 의사소통에서 더듬거림은 타자의 타자성을 인식하기 때문에 생기는 현상이다. 타자의 타자성을 마주하며 더듬거리지 않고 처음부터 명석하게 이야기할 수 있다면 그것은 타자성을 보고 있지 못하거나, 무시하고 있는 것이다. 더듬거리는 사고와 표현은 수업 안에서 마주해야할 귀한 대화의 실천인 것이다.

더듬거리기 대화를 수업에서 용인하지 못하는 교사의 욕구는 교실에서의 질서와 통제를 쉽게 달성하려는 것이다. 사또 마나부는 더듬거리기 수업을 위해 교사는 '재미가 없거나 무의미한 과제에 대해서 흥미를 보이지 않거나 활발하지 못한 아이들'을 자연스럽게 받아들여야 한다고 주장한다. 아이들은 아이들 자신을 수업 안에서 표현할 수 있는 자연스러움을 갖고, 역으로 교사는 아이들의 반응 속에서 역시 더듬거리는 것이 교육의 대화적 관계인 것이다.

서근원이 관찰한 교실풍경(서근원, 2007) 역시 교사가 '동일자간의 대화'를 대화의 모델로 봄으로써 교사-학생의 교육적 관계가 상호 소외의 관계화 되어 있다. 그는 '수업에서의 소외'에 관해 학생 소외와 교사의 소외를 병행시켜 봄으로서 수업에서의 교사와 학생의 교육적 관계, 대화적 관계를 시사한다. 먼저 그는 관찰한 수업에서 한 학생의 불참을 그 학생의 외면이 아니라 소외라는 측면에서 보고, 학생의 소외가 곧 교사의 소외라는 점을 지적함으로서 교사-학생 관계를 쌍방적 관계, 대화의 관계로 보고 있다. 이는 '사적 언어는 언어가 아니다'라는 비트겐슈타인의 논지에서 볼 때 학생이라는 타자에게 인정받지 않은 교사의 발화가 언어사용에서 의미를 획득하지 못한다는 점에서 대화 양자의 소외를 보여준다.

서근원이 관찰한 수업에서 교사 강수원은 수업설계에 열과 성을 다하고 학생의 흥미를 돋구기 위한 여러 가지 장치들을 수업에 배치한다. 그러나 수업이 잘되지 못한 이유에 관하여 도리어 '수업설계와 교수방법에서의 실패'라고 생각함으로서 허탈감을 느낀다. 서근원은 여기에서 교사의 소외를 포착한다. 학교 수업에서 일방적 소외가 없으며, 교사의 소외감은 구체적 학생의 행위를 포착하지 않은 채 더 나은 교수방법과 설계를 통해 나아지지 않는다는 것이다. 또한 전체 관찰안에서 교사의 발화는 현재 학생의 흥미와 수업설계에 관한 수업의 방법 측면에 집중되어 있다. 즉, 교사의 언어는 국정교육과정 운영의 충실한 전달자로 전달의 기술에 집중한 채 국정교육과정은 본질이나 선험적 진리처럼 의심되거나 훼손되지 않는다.

이러한 측면에서 수업 안의 대화에서 교사와 학생 모두 소외된 존재라고 할 수 있다. 국정교육과정의 기원 중 하나는 공교육 안에서 교육질의 평균을 보장하기 위한 방법으로 제시되었다. 즉, 국가 차원의 교육과정은 평등한 국민형성을 위해 보편적 국민 형성을 목적으로 하고 있기 때문에 학교교육에서 학생들이 갖는 개별성은 일반성으로 환원된다. 환원되지 않는 개별성은 가치 없는 것이거나 사라져야 할 요소로 이해된다. 수업에서 개별적 존재로서 학생의 발화 혹은 하품이나 피곤한 표정, 저랑 무슨 상관있나요 하는 무관심 같은 수많은 언어 게임들은 교사에게 의미 있는 발화로 받아들여 지지 않는다.

수업 방법의 효율성과 국정교육과정이 허용한 주제만이 교실에서 의미 있게 된다. 교육과 수업에 관한 일반적인 견해는 확실하고 객관적인 지식 체계가 존재하고, 지식 체계를 전달하는 일로 여겨진다. 따라서 국가 차원에서의 확고한 국정교육과정과 운영 방법이 정해지고 교사는 이의 효과적 전달자가 되도록 하고 있다. 교사 임용의 중요 잣대는 '국정 교육과정과 해설'에 관한 표준적 해석 능력이다. 국정교육과정으로 인해 교육과정에 대하여 의미 있는 발화자가 오직 국가뿐인 상황을 초래하게 되었다.

누구에게나 흥미롭고, 동연령이라면 누구의 발달에나 적합한 표준적 교육과정에는 적합하지 않은 사람이 아무도 없다. 역으로 여기에 적합한 사람도 아무도 없다. 표준적 인간이란 가상의 존재이기 때문이다.

V. 맺음말: 대화의 교육을 위한 제언

학교교육에서 대화적 관계가 어떻게 이루어질 수 있는가? 비트겐슈타인의 견지에서 어떠한 발화도 목숨을 건 도약을 통해 의미를 획득할 수 있다. 이상적 대화로 제시되는 대등한 관계에서의 우정은 나와 동일한 것으로 추측된 타자와의 가상적 관계일 뿐이다. 교사와 학생 관계 안에서 역시 교사-학생은 미리 공유된 기반을 전제로 하지 않는다. 이는 마치 아기를 키우는 어머니가 아기와 소통하는 것과 같다. 아기의 마음을 어머니는 읽어야 하고, 어머니의 행위를 아기가 받아주지 않는다면 그는 아기를 얼리고 달래 설득하거나 자신의 행위를 바꾸어야 한다. 자신에게만 의미 있는 언어란 불가능하기 때문에 아기 어머니는 아기에게 의미를 인정받기 위한 사투를 벌이게 되는 것이다. 우리는 이러한 어머니-아기 관계에서 어머니가 아기를 설득하기 때문에 권력자라고 하지 않는다. 아기 키우기를 상상해 보라. 특히, 아무런 공유지반이 없는 첫 삼 개월까지 관계를 포기하지 않는 한 부모는 권력자가 아니다. 비트겐슈타인은 대화의 관계를 이러한 것으로 보았다. 무엇을 공유하고 있는지 확인할 수 없는 사람간의 관계로, 의미가 공유되고 난 이후에야 공유된 삶의 형식이 드러나게 되는 것이다.

이러한 견지에서 교사-학생의 관계를 다시 살펴보자. 앞의 사례들에서 살펴보았듯이 교사에게 인정받지 못하는 형식화되지 않는 학생들의 말이나 행동은 의미 없는 것이 되고, 학생에게 인정받지 못한 교사의 발화는 교사의 소외를 이끈다. 사적 언어 불가능이라는 입장에서 나의 선언이나 혼잣말이라 해도 그 발화가 누군가에게 받아들여진다면 의미가 살아나고, 비로소 언어가 된다. 교육적 관계 안에서 교사와 학생이 서로에게 의미 있는 타자가 되려면 아기를 키우는 어머니가 그렇듯 교사는 학생들이 건네 오는 언어 게임의 새로운 규칙에 응전의 준비가 되어 있어야 한다.

교육적 대화에서 학생은 드러나지 않은 하나의 다른 세계이다. 그러나 교사인 내가 인식하는 학생은 나의 학창 시절, 교사로서의 경험 등이 빚어낸 가상의 존재이다. 대화 참여자들의 이와 같은 내성적(內省的) 판단을 피할 수 없는 일이다. 우리는 때로 이야기를 할수록 오해가 쌓이는 경험을 한다. 상대방의 내성적 판단이 나의 발화와 격차가 크고, 이야기의 진행이 상대방의 초기 판단 위에 계속 쌓일 때이다. 교사가 학생의 언어를 이해하기 위해서는 교사인 '나'의 인식의 끝, 경계에 서야만 한다. 교사인 나의 판단이 갖는 한계를 가늠함으로서 반성적으로 조정해야 하기 때문이다. 의미의 전달이라는 '생사의 도약'을 위해 학생의 발화가 나의 내성적 판단과 유사해지거나, 중첩될 수 있도록 교사는 나의 내성적 판단에 대한 지속적 반성의 태도를 지녀야 한다. 그리고 의미가 전달되었을 때에야 비로소 드러나는 것이 공동의 삶의 형식이다.

흔히 대화는 공동체의 친밀도를 높이고 공동체성을 높이기 위해 교육적 방법으로 사용된다. 그러나 미리 지시된 공동체성은 대화 안에서 타자성을 압박하는 동일자간의 대화, 독백을 유도하는 경향을 갖는다. 의사소통의 기반이 되는 공동의 삶의 형식, 공동체성은 소통 이후에 드러나게 된다. 정해진 시간과 공간 안에서 반드시 합의를 이루어야 한다는 압박은 대화적 관계를 압박하는 또 다른 족쇄가 될 것이다. 교육과정과 과학적 수업설계 안에서 형식적 합의의 구조 역시 동일자간의 대화 관계로서 타자성을 압박한다. 비트겐슈타인의 대화 이론에 따르면 대화로 형성되는 공동체성은 타자와의 대화를 통해 비로소 드러나는 것이다. 즉, 교사는 학생이 지닌 객관적 특성과 환경에 비추어 학생의 말에서 의미 있는 발화를 미리 알 수 있지 않다는 것이다. 대화 관계에서 교사는 한 마리 양을 찾기 위해 아흔 아홉 마리 양을 놓고 떠나는 예수처럼 공동체성의 압박에서 벗어나게 된다. 타자로서 학생이 주변과 어떤 관계를 맺고 소통하고 조응하고 있는지는 그의 발화와 행동으로서 드러난다. 즉, 교사는 대화의 관계를 갖기 위해 현재성에 집중해야 한다는 것이다.

비트겐슈타인의 표현을 빌어오자. "…생각하지 말고 보라!…"(『철학적 탐구』 § 66) 타자를 이해하기 위해 비트겐슈타인은 생각하기 전에 우선 보라고 권고한다. 즉, 타자로서의 학생이 자신을 드러낼 수 있도록, 나의 인식이 갖는 확실성을 흔들 수 있도록 그를 생각하기 이전에 보라고 말한다.

참고문헌

강사채(2006). 대화의 교육적 의미 - 하버마스와 구성주의를 중심으로. **교육의 이론과 실천 11**(2). 1-23.

고미숙(2005). **대화와 도덕교육. 대안적 도덕교육**. 서울: 교육과학사. 195-230.

김무길(2002). 듀이와 비트겐슈타인의 언어관: 교육적 시사. **교육철학** 28권. 1-28.

남경희(2005). **비트겐슈타인과 현대 철학의 언어적 전회**. 서울: 이화여자대학교 출판부.

문종두(2006). **초월적자연주의로 해명한 비트겐슈타인의 언어철학비판**. 연세대학교 박사학위논문.

서근원(2007). **수업에서의 소외와 실존**. 서울: 교육과학사.

심성보(2008). **대화의 기능과 교실의 대화적 공간으로의 변화. 민주화 이후의 공동체 교육**. 서울: 살림터. 338-365.

우정길(2007). 마틴 부버: 대화철학과 대화교육학의 임계점에 관하여. **교육철학** 40권. 139-161.

_____(2007). 의사소통적 상호주관성의 교육학적 수용가능성 검토- 마스켈라인(J. Masschelein)의 논의를 중심으로. **교육철학** 39권. 99-122.

진중권(2006). **비트겐슈타인의 언어철학. 청색책·갈색책**. 서울: 그린비. 333-364.

佐藤学(2000). *授業を変える学校が変わる…総合学習からカリキュラムの創造へ*. 東京;小学館. 손우정 역(2006). **수업이 바뀌면 학교가 바뀐다**. 에듀케어.

柄谷行人 (1986). *探究I*. 講談社. 송태욱 역(1998). **탐구1**. 서울: 새물결.

Janik, A. & Toulmin, S. E. (1996). *Wittgenstein's Vienna. Ivan R. Dee Publisher*. 석기용 역. 빈, 비트겐슈타인, **그 세기말의 풍경**. 서울: 이제이북스.

Wittgenstein, L.(1921). *Tractatus Logico-Philosophicus. London: Routledge & Kegan Paul*. 이영철 역(2006). **비트겐슈타인 선집 1. 논리-철학 논고**. 서울: 책세상.

_____(1953). *Philosophische Untersuchungen*. 이영철 역(2006). **비트겐슈타인 선집 4. 철학적 탐구**. 서울: 책세상.

_____(1958). *The Blue Book and Brown Book*. Oxford: Blackwell. 이영철 역(2006). **비트겐슈타인 선집 3. 청색 책·갈색 책**. 서울: 책세상.

마틴 부버: 대화철학과 대화교육학의 임계점에 관하여[1)]

우 정 길(경희대학교)

I. 머리말: 마틴 부버 - 관계의 발견

인간의 문제는 곧 '사이'의 문제이다. 심지어 단독자인 인간을 거론할 때조차 인간은 그 사이적 속성으로부터 추론된 단독자일 수밖에 없다. 인간이 단독자였던 역사는 사유와 상상의 산물이지 실재의 묘사가 아니기 때문이다. 그러므로 인간의 있음은 항상 함께 있음을 의미한다. 즉 "인간의 다른 이름은 관계이다"(Buber, 1962: 281참조). 그 관계가, 부버가 구분하여 제안하듯 "자연에 대한 것인지, 사람에 대한 것인지, 혹은 정신적 본질들에 대한 것인지"(Buber, 1979: 12f)와는 무관하게, 인간은 그 무엇과 항상 함께이다. 함께를 벗어난 혹은 관계와 무관한 인간은 공중을 표류하는 천사이거나 인간의 언어로는 규정할 수 없는 그 무엇이다. 그러므로 이는 학문적 고찰의 소재로 삼기가 불가능하거나 혹은 그 시작에서부터 허무가 내재된 사유활동일 수밖에 없다.

반추해보면, 위와 같은 존재론, 즉 있음에 대한 관계적 이해는 지극히 당연해 보인다. 즉 자명하다. 그러나 이 자명성을 이해의 바탕으로 삼고 보자면, 벨케의 "부버의 최대 기여는 그리고 부버만의 기여는 관계를 발견한 데 있다"(Belke, 1973: 315)라는 평가는 있음에 대한 우리의 자명한 일상적 이해를 오히려 낯설게, 즉 더 이상 자명하지 않은 것처럼 보이게 한다. 물론 벨케의 이러한 평가에는 약간의 냉소가 담겨 있다. 다시 말해, 부버의 학문적 기여는 "관계의 발견"에서 멎으며, 그 기여가 인간사이 관계, 특히 교육적 관계 해명에까지 적용될 수 있는지에 대해서는 회의적이라는 의미이기도 하다(Belke, 1973 참조).

---

1) 이 글은 「교육철학」제40호(2007.10)에 게재된 논문을 일부 수정, 보완한 것이다.

본고는 부버에 대한 벨케의 양면적 평가에 착안한다. 본고의 전개과정 중에 부분적으로 소개하게 되겠지만, 부버에 대한 이러한 상반된 평가는 비단 벨케만의 해석은 아니다. 부버가 아직 생존 중이던 1960년대 초반에 이미 부버철학의 교육학적 적용에 대한 비판적 지적은 있었으며, 오늘날까지도 이러한 관점은 부버 해석의 중요한 한 지류를 형성해 오고 있다. 본고의 관련범위 내에서만 대별하자면, 부버 대화철학의 교육학적 수용은 교육실용적 해석과 존재론적 해석으로 구분할 수 있다. 전자는 부버의 대화철학을 교육실천적 관점에서 독해한 후, 그 함의를 현대사회의 위기 극복을 위한 사상적 계기로 삼고자 하는 고찰방식이라 할 수 있다. 이 때 "위기"는 비단 현대사회의 전유현상이 아니라, 초시간적 초공간적 즉 보편적 성격을 띤다. 즉 부버의 시대에서 오늘날에 이르기까지의 인간적·사회적 위기가 공통의 혹은 보편의 양상을 띨 때, 부버의 진단과 처방이 지속적으로 그 실천적 힘을 발휘할 수 있기 때문이다. 이에 비해 후자는 부버의 대화철학의 존재론적 구조에 대한 검토를 통해 그 학문이론적 가능성과 한계를 가늠하려는 연구전통이라 할 수 있다. 이러한 고찰방식에서는 부버의 대화철학이 교육학에 대해 갖는 실천적 의미보다는, 부버의 대화철학이 대외적으로는 여타 철학이론들에 비해 갖는 새로움과 가능성이, 그리고 대내적으로는 부버철학의 기여점과 아울러 내적 모순과 한계의 계기들이 부각된다. 이에 따라 부버의 대화철학이 보여주는 이론적 의의에 못지않게 대화철학의 대화교육학으로의 전환가능성도 중요한 연구주제가 된다. 즉 부버의 대화교육학의 학문이론적 가능성과 한계의 탐구가 그 주된 관심사이다. 본고는 후자의 관점에 비중을 둔다. 즉 본고에서는 부버의 대화교육학이 갖는 교육실천적 의미를 도출하여 제안하기 보다는, 부버의 대화철학이 대화교육학과 이루는 임계점에 대한 고찰을 통해, 그 학문이론적 가능성과 한계를 보이는 것을 목적으로 한다.

우선 제 II장에서는「나와 너」(1923)를 중심으로 부버의 대화철학의 기본구조를 존재론적 관점에서 독해하고, 이를 바탕으로 혹은 이러한 관점을 연장하여 제 III장에서는 나-너 관계와 나-그것 관계의 질적 차이를 고찰한다. 제 IV장에서는 대화적 관계와 교육적 관계의 임계점 또는 대화교육학의 이론적 가능성의 시금석이라 할 수 있는 "포용"의 문제를 부버의 교육강연들을 중심으로 고찰해 본다. 특히 본고의 제 II, III장의 관점은 토이니센(M. Theunissen)의 부버 해석에 힘입은 바가 크다는 점을 미리 밝혀두며, 인용 또는 참조 시 그 출처를 명기하기로 한다.

Ⅱ. 대화철학 - "인간사이 존재론"

1923년에 처음 선을 보인 부버의 주저 「나와 너」는 사이 또는 관계에 대한 규정으로부터 출발하고 있다. 그러나 그의 시도는 분리된 개체들의 접합 또는 개인들의 총합인 집단으로부터 역유추된 개인들이 아니다. 그의 사유는 그 출발부터 이미 서로 연결되어있는 인간있음 양상의 해명을 추구한다. 어쩌면 "연결되어있음"(Buber, 1964: 22)이라는 표현조차 부버 사유의 극단성을 표현하기에 미흡할 정도로 부버의 인간학 이해는 라디칼하다. "연결"은 때로 분리를 전제로 하는 표현이기 때문이다. 그러나 부버의 "연결되어있음"은 분리가 가정되지 않은 개념이다. 처음부터 영원까지 사람과 사람은 서로 연결되어 있다. 그러므로 그는 우리의 일상 언어를 통째로 의문에 부치는 철학을 구사한다. 즉 그는 인간의 있음을 언어로 설명하되, 처음부터 다른 언어를 말한다. 그리고 이 '다른 언어'는 "일상적 의미에서의 언어보다는 훨씬 확장된 개념을 담고 있다"(Suter, 1990: 175참조).

> "세계는 사람에게, 사람의 두 겹 태도에 따라 두 겹이다. 사람의 이 태도는 그가 말하는 근원어의 두 겹에 따라 두 겹이다. 이 근원어들은 외말이 아니라 짝말이다. 그 하나는 나-너이다. 다른 하나는 나-그것이다.[…]이로써 나라는 사람도 두 겹이다. 왜냐하면 나-너의 나는 나-그것의 나와 다른 것이기 때문이다"(Buber, 1979: 9).

물론 여기서 '말, 근원어 나-너, 근원어 나-그것[2]' 등은 철학적 은유이다. 부버가 사용하고 있는 '말, 언어'는 일차적으로는 화용론과 무관하다. 여기서 나타나는 부버의 관심은 우리가 어떤 말을 하고 사는가 혹은 어떤 말을 하고 살아야 하는가라는 실용적·규범적 차원이라기보다는, 사람이 사람과 더불어 있는 양상의 해명 그 자체에 있다. 부버의 '언어'는 '있음, 특히 함께있음'의 대명사이다. "언어가 사람 속에 들어있는 것이 아니라, 사람이 언어 속에 서 있고, 그로부터 말을 한다. 모든 말과 모든 정신도 마찬가지이다. 정신은 내 속에 있는 것이 아니라 나와 너 사이에 있다"(Buber, 1979:

---

2) 본고에서는, 의미상 일반용례의 "나, 너, 그것, 사이, 관계, 만남"과 부버의 「나, 너, 그것, 사이, 관계, 만남」 사이에 혼란의 여지가 있을 경우를 제외하고, 꺾쇠표를 따로 사용하지 않음을 밝혀 둔다. 인용의 경우는 인용문의 용례에 따르기로 한다.

49). 이런 맥락에서 부버의 두 가지 근원어는 인간있음의 근본양상의 대별일 뿐, 우리가 발화할 수 있는 혹은 발화하는 어떤 것이 아니다. 그러므로 그의 대화철학은 그 지시범위가 일상적 대화에 국한되지 않는다. 부버의 대화철학은, 그가 직접 명명하고 있듯이, "인간사이 존재론"(Buber, 1962: 290)이다. 그는 말함과 있음을 동일시한다. "나임과 나말함은 하나이다. 나말함과 근원어 중 하나를 말함은 같은 것이다. 근원어를 말하는 사람은 말 속으로 들고, 그 속에 선다"(Buber, 1979: 10).

그러므로 세계에 대해 사람이 갖는 두 겹의 "태도" 역시 우리가 일상적 의미로 사용하는 "태도"와 정확히 상응하지는 않는다. "인간사이 존재론"의 구조를 기초하는 「나와 너」의 첫머리에 등장하는 "태도"는 있음의 양상에 대한 우리의 선택가능성이나 의지적 지향을 의미하는 것이 아니다. 부버의 "태도"는 사람이 세계에 마주하여 서 있는 모양새를 형상화한 표현이기 때문이다. 부버가 자신의 대화철학을 '인간사이 윤리학'이나 '인간사이 심리학' 또는 '인간사이 행위론'이 아니라 "인간사이 존재론"이라 명명하면서 그 존재론적 성격을 재차 강조한 점을 진지하게 반추해 보자면(Buber, 1965: 36; 강선보, 1994: 116참조), 부버의 "태도"는 "태"에 그 무게중심이 있다고 우리는 해석해 볼 수 있다. 나와 마주한 세계는, 그것이 나-너의 너이든 혹은 나-그것의 그것이든, 나에 의해 구성되는 어떤 것이 아니다. 나에 의해 구성되는 너나 그것을 논하는 순간, 우리는 부버의 "인간사이 존재론"의 극단적 가정, 즉 나-너의 나와 너, 나-그것의 나와 그것은 분리불가능한 것이라는 부버철학의 기본구조를 탈피하게 된다. 부버의 철학적 프로그램이 획기적임과 동시에 쉽게 오해되는 이유는, 부버가 자신의 철학적 출발점을 부버 이전의 선험철학적 전제인 일반주체의 영역에서 찾지 않는다는 데 있다(Theunissen, 1977: 244-252참조). 즉 그는 존재론적 사이 또는 사이존재론적 관계를 모든 철학적 전제에 우선시한다. 부버의 철학에서는 너로부터 분리된 나, 사이와 무관한 나는 없다. "너가 말해질 때는, 나-너의 나가 함께 말해진다. 그것이 말해질 때는 나-그것의 나가 함께 말해진다.[…]나 자체라는 것은 없다. 단지 근원어 나-너와 나-그것의 나가 있을 뿐이다."(Buber, 1979: 9f) "처음에", 나와 너가 따로 있는 것이 아니라, "관계가 있다"(Buber, 1979: 25, 36).

이로써 나와 마주한 세계의 고유성은, 나-너의 너이든 나-그것의 그것이든, 그 본래적 의미를 잃지 않을 기회를 획득하게 된다. 물론 부버는 그 본래적 의미가 무엇인지에 대해 적극적으로 해명하지는 않는다. 더 적확하게는, 부버의 입장에서는 이러한 해명을 감행할 필요가 없다. 나-너에서 분리된 나와 너, 나-그것에서 분리된 나와 그것이 아니라, 인간과 인간 '사이'에 그 해답이 있기 때문이다. 나-너와 나-그것을 말할 때 나가 함께 말해진다면, 이 때 너와 그것 역시 나와 함께 말해지고 있기 때문이다.

그러므로 부버의 대화철학적 존재론에서 말하는 이 즉 있는 이는 나 혼자가 아니다. 즉 대화철학적 구조에서는 말하는 이와 듣는 이가 따로 있지 않다. 말하는 이를 듣는 이로부터 구분하는 순간 우리는 부버철학에 대한 두 가지 오해를 범하게 된다. 즉 그의 대화철학을 화용론적·상호작용이론적 역할극으로 이해할 가능성이 그 하나이다. 부버의 대화철학은 말함과 들음이라는 역할의 교환도 아니고, 정보전달과 정보수신이라는 기계적 혹은 상징적 정보처리이론과도 무관하다. 부버의 대화는 사람과 사람이 대화적으로 또는 대화적 구조로 함께있다는, 그리고 그 함께있음의 양상은 분리된 개인과 개인을 연결해 주는 어떤 코드나 해석적 행위에 있는 것이 아니라 사람과 사람 '사이'에 있다는 주장을 철저히 고수하는 데서 그 의미가 포착된다. 부버의 대화는 인간의 함께있음의 양상을 표현하기 위한 은유이자, 이 함께있음 양상의 실체이기도 하다. 둘째, 부버의 대화철학은 행위하는 주체의 의사소통적 합리성을 통한 대칭적 관계의 수립도 아니다. 부버의 대화철학은 말하는 이의 말함의 능동성과 듣는 이의 들음의 수동성의 조합을 추구하지 않는다. 그리고 이를 통한 합의의 도출 또는 대화의 참여자들을 떠받쳐 주는 어떤 지평의 추구도 부버 철학의 기조와는 거리가 멀다. 부버의 대화철학은 대화참여자들 간의 관계가 동등구조인가 비동등구조인가, 대칭구조인가 비대칭구조인가, 그리고 그 관계가 합의지향적인가 차이지향적인가 등의 현대적 화두와는 일차적으로는 무관하다. 부버의 대화적 관계는 "말함과 말함, 즉 능동과 능동의 동시적 공존이다"(Theunissen, 1963/1964: 322; Reitemeyer, 1995: 444참조). 나말함은 곧 너말함을 의미하며, 나있음은 동시에 너있음을 의미한다. 부버에 따르면, 있음이 곧 말함이기에, 말하지 않는 나나 말하지 않는 너, 혹은 있지않은 나나 있지않은 너는 없다. 말함과 말하지않음 또는 있음과 있지않음의 변증법은 부버의 철학이 아니다[3].

말함과 말함, 있음과 있음이라는 능동-능동의 있음양상으로 인해 부버의 "만남"은 비로소 가능해진다[4]. 이때 만남은 너를 향한 나의 의지나 나를 향한 너의 의도와 무관

---

3) 이와 상반되는 해석, 즉 부버의 대화론을 변증법으로 이해하는 예는 Klafki, 1964: 344-377 참조.
4) 이삼열은 이를 "능동이면서 수동"이라고 표현한다. 그러나 본고의 맥락에서는 "능동-능동"의 관계와 "능동이면서 수동"인 관계 사이에 의미상의 차이는 없다. 중요한 것은 능동의 주체에서 수동의 객체로 향하는 방향성을 강조하는 윤리적 실천학으로 부버를 독해할 것인가 혹은 나와 너의 동근원성을 강조하는 존재론

하다. 만남은 나가 추구할 수 있는 어떤 것도, 너가 이룰 수 있는 어떤 것도 아니다. 만남은, 부버의 표현에 의하면, "은총"(Buber, 1979: 18, 154)이다. 그리고 이 "만남이 모든 실재적 삶이다"(Buber, 1979: 18). 은총은 기대하고 기다릴 수는 있지만, 계획하고 추구할 수 있는 성질의 것이 아니다. 이 은총은 나와 너 사이에서 발생되는 "섬광"(Buber, 1964: 69)과 같은 것이다. 그리고 그 "섬광의 순간"은 철저히 "사이"에서만 가능하다. 이 사이에서는 나가 너를 만나거나 너가 나를 만나는 것이 아니라 "우리가 우리를 만난다"(Theunissen, 1963/1964: 322). 부버의 나는 항상 너와 연결된 나이고, 너는 나와 함께인 경우에만 그 있음의 의미가 가능하기 때문이다. 부버가 만남의 "비매개성"(Buber, 1979: 18f)과 "완전한 상호성"(Buber, 1979: 23, 153)을 말할 때, 그는 나와 너의 개별적 노력, 즉 너를 향한 나의 그리고 나를 향한 너의 규범적·윤리적 행위를 요청하는 것이 아니다. 이런 맥락에서 "나는 너에게서야 그리고 너를 통해서야 나가 된다"(Buber, 1979: 18)라는 부버의 명제는 너에 대한 나의 혹은 그 반대반향의 행위의 요청이 아닌, 나와 너의 사이존재론적 동근원성의 표방이다. 즉, 나-너라는 사이 속에 있으므로 나는 비로소 나일 수 있다는, 그리고 그 역도 마찬가지로 성립가능하다는 의미로 이해되어야 한다. 이 때 나는 인식론적 또는 주체철학적 전통에서의 주체를 의미하는 것이 아니다. 인식이나 감각이나 사유라는 기능성의 나가 아니라, 있음 그 자체로서의 나이다.

이런 의미에서 부버의 철학은 기초존재론이다. 다만 이 기초존재론의 주된 관심이 개별존재가 아닌, 사이존재인 인간의 인간학적 해명에 있다는 데 부버철학의 장점과 기여가 있다. 부버의 나는 너를 구성하는 위치에 있지도 않거니와 너를 대상으로 삼을 수 있는 가능성으로부터도 처음부터 차단되어 있다. 분리가 전제되지 않은, 즉 "연결되어있는" 관계, 그리고 "은총"의 역학으로만 설명이 가능한 "우리의 우리와의 만남"에는 "너"가 도구화되고 대상화될 공간의 성립 자체가 이론적으로 가능하지 않다. 이런 의미에서 보자면 부버가 기획했던 "사이존재론"은 비목적론적이다. "참된 대화는 존재론적 영역이다.[…]참된 대화는 미리 계획할 수 없다"(Buber, 1962: 296). "은총의 만남"은

적 사이성을 강조할 것인가이다. 본고에서는 이러한 동근원성의 실체, 즉 나, 너 또는 나너사이 중 어떤 것이 더 근원적인가라는 질문은 연구범위에서 제외하고 있다. 이에 대해서는 이삼열의 연구결과만을 소개하기로 한다. "나와 너가 있기 이전에 이미 선천적으로 관계가 존재했다는 말인지, '너'라는 구체적 상대자가 나타나기 이전에 이미 나에게는 상대적으로 '너'가 있도록 되어 있다는 이야기인지는 분명하지 않다. 그러나 '관계'와 '사이'를 중요한 철학적 범주로 생각하는 부버는 상호성이라는 것이 인간의 실존에서 본질적으로 존재하는 것임을 강조하려고 했던 것 같다"(이삼열, 1992: 240).

그것 자체가 현상이고 목적이기 때문이다. 그리고 이 현상과 목적은 개별자인 내가 닿을 수 없는 영역에 자리하고 있기 때문이다. 오히려 "은총의 만남"이라는 현상을 통해 나와 너의 정체성이 구성되어 간다. 그리고 이 정체성 역시 만남 속에서만 확인되는 나-너의 정체성, 즉 근본어 나-너의 정체성이다. 이러한 사이정체성에서는 나와 너라는 분리된 개별자의 정체성이 용해되어 버린다[5]. 부버의 대화적 관계는 "서로에게"가 아니라 "서로함께"이다(Buber, 1962: 272[6]; Belke, 1973: 312).

---

5) 「대화적 원칙」(1962)의 출판 중에 부버가 첨부한, 빌러(A. v. Willer)의 편지 한 부분은 부버의 '사이'에 대한 관심과 그 라디칼함이 어느 정도인지를 잘 보여준다. 여기서 나와 너 사이에는 나의 반과 너의 반이 합해진 "사이인간"이 있다. 즉 나는 나이면서 사이인간이고, 너 역시 너임과 동시에 사이인간이다. "비젠하우스, 1877년 12월 27일. 제게는 인간사이에 대한 미신이 하나 있습니다. 우리 사이에는, 나도 아니고 너도 아닌 것이, 우리들 사이에서 생겨나서는, 내게 '너'라고 말하는 그리고 남에게는 내가 역시 '너'인, 그런 것 말입니다. 이런 식으로 모든 사람은 각자 상호적 이중이름의 인간사이성을 갖습니다. 그리고 우리들 각자가 매번 50%의 비중으로 참여되어 있는 수많은 인간사이성들은 하나도 똑같은 것이 없습니다. 생각하고, 느끼고, 말하는 사람, 그것이 바로 사이인간이고, 생각은 이 사이인간의 것입니다. 이것이 우리를 자유케 합니다." 빌러는 1879년의 한 편지에서 다시 한 번 자신이 "사이인간"이라 명명한 것을 설명한다. 요약하자면, A와 C 사이에 있는 B는 A와 C와의 관계를 통해서만 B의 의미를 획득한다는 것, 그리고 이러한 B는 A와 C가 D와 E로 그 환경이 바뀔 경우에는 더 이상 A와 C사이의 B와 동일한 것이 아니라는 것이다. 즉 B라는 사이인간의 특성은 관계에 철저히 의존적이며, 일회적이다(Buber, 1962: 298; Belke, 1973: 301). 빌러의 사이인간 개념을 부버가 자신의 대화철학에 여과 없이 도입하지는 않는다. 부버의 사이는 빌러의 "사이인간"처럼 관계지향적이고 초월적 특성을 띠긴 하지만, 빌러의 "사이인간"처럼 어떤 실체화된 개념은 아니다. 부버의 '사이'개념이 정의하기 어렵고 모호한 이유는, 필자가 이해하기로는, 이것이 빌러의 "사이인간"처럼 개별적·독립적 실체는 아니면서도, 마치 실재하는 것과 같은 기능을 부버 철학체계 내에서 수행하기 때문이다. 즉 의인화되지 않은 '사이'에게 이 '사이'의 참여자들에게보다 철학적 우선순위를 부여하거나 혹은 이 '사이'로 사이참여자들을 정체지우는 일 --사이인간이 아니라, 사이적 인간--이 나-중심적으로 사유하는 데 익숙해있는 우리에게 발상의 근본적 전환을 요구하기 때문이다.

6) 부버는 심지어 "집단적 서로함께"(das kollektive Miteinander)와 "개인적 서로에게"(das personhafte Zueinander)라고까지 구분하여 표현하기도 한다(Buber, 1962: 272). 사이에 대한 이러한 오해가능성과 관련하여: 부버가 "사이의 위기가 곧 인간의 위기이다"라고 말할 때, 그는 도덕의 부족이 아니라 도덕의 비사이성을 염두에 둔다. 즉 내가 너를 향해 인격과 도덕을 말한다면 --이런 경우를 부버는 "얄팍한 도덕설교"(280)라고 표현하는데--, 이는 "그래보임/드러나보임"(Schein)과 관계된 것으로서, "있음"(Sein: 277-280) 또는 "순수 인간사이 공간"(279)과 상반된다. 이런 맥락에서 보자면, 부버의 대화철학은 --덕목중심적 혹은 규범적-- 도덕철학이 아니라 오히려 탈도덕철학이라 할 수 있다(Belke, 1973: 319참조). 그리고 이 탈도덕철학의 중심에는 관계·사이가 있다.

Ⅲ. 나-너와 나-그것의 질적 차이

그러나 부버의 사이존재론은 너-너의 관계로만 구성되어 있지는 않다. 나-그것 관계는 나-너 관계와 더불어 사이세계를 이루는 중요한 구조물의 역할을 한다. 그러나 나-너 관계와 나-그것 관계의 구분은 그리 간단치 않다. 이는 부버 철학의 중점이 너와 그것을 마주한 나에 있지 않다는 데 가장 큰 이유가 있다. 즉 나와 마주한 이를 너 또는 그것으로 구분하는 기능을 수행할 수 있는 위치와 권능이 나에게 있는 경우, 이는, 앞서 고찰한 바대로, 부버의 사이철학이 근본적으로 지양하고자 했던 주체성의 철학으로의 회귀를 의미하기 때문이다. 즉 부버에게 있어서 나와 마주한 이를 너와 그것이라고 구분 짓는 기준은 나가 아니라 나-너 또는 나-그것의 사이성이다. 그러므로 나의 어떤 행위의도에 따라 나-너가 나-그것으로 전락한다거나 혹은 나-그것이 나-너로 승화된다는 방식의 이분법적 혹은 다분히 규범지향적인 이해는 부버의 근본어의 존재론적 의미에 대한 제한적 이해방식이다. 나-너인가 나-그것인가를 결정하는 것은 부버가 여러 차례 "대화적"이라고 표현한 "사이"이자 "만남" 그 자체이다.

그러나 이렇게만 이해하자면 나-그것 관계와 나-너 관계의 차이마저 용해되어 버리는 결과를 낳게 된다. 비인칭화될 또는 형이상학화될 우려 역시 없지 않은 "사이성"으로 자기연관, 타자연관 그리고 세계연관 모두가 환원되어버릴 경우, 제 철학행위 자체가 철학적 무정부주의로 기울 위험마저 배제할 수 없게 된다. 따라서 부버의 나-너와 나-그것이라는 두 겹의 사이성이 어떤 질적 차이를 띠는지를 고찰해 보는 것은, 어쩌면 부버철학의 근본구조의 이해를 위해서나 대화교육학적 사유의 전개를 위해서나 사실상 결정적인 의미를 지닌다고 볼 수 있다.

여기서 우리는 부버가 나-그것과 나-너의 질적 차이를 예시적으로 설명하고 있는 장면을 구체적으로 고찰할 필요가 있다. 「나와 너」의 제 1부에서 부버가 제시하는 예는 "나무의 고찰"이다.

> "나는 나무 한 그루를 고찰한다. 나는 이 나무를 이미지로 받아들일 수도 있다.〔…〕나는 그것을 움직임이라고 느낄 수도 있다.〔…〕나는 그것을〔…〕법칙의 표현일 뿐이라고 인식할 수도 있다.〔…〕나는 그것을 숫자로, 순수한 수식으로 증발시켜서 이를 영구화할 수도 있다. 이 모든 경우에 나무는 나의 대상으로

> 남게 되며, 그[나무]는 자기 자리와 기간과 방식과 속성을 갖는다. 그러나 이런 일, 즉 의지와 은총이 하나인 데로부터, 내가 나무를 고찰하면서, 나무와의 관계 속으로 들어가게 되는 일이 발생할 수도 있다. 이 때 그[나무]는 더 이상 그것이 아니다. 독점의 힘이 나를 사로잡은 것이다"(Buber, 1979: 13f.[ ]필자보충).

"너는 은총으로 나를 만난다. 찾아서 발견되는 것이 아니다"(Buber, 1979: 18)라고 말하는 부버와 "의지와 은총이 하나인 데로부터"라고 말하는 부버 사이에는 논리적 혼선이 있다. 즉 전자와는 달리, 나-그것이 나-너로 변하게 되는 그 어떤 순간의 저변에 나의 "의지"가 이미 작용중이라고 부버는 설명한다. 이 때 "의지"는 나-그것의 잔여물로 해석될 수 있다. 비록 부버가 "나는 나무를 대상화시킨다"라고 말하지 않고, "나무는 나의 대상으로 남는다" (Buber, 1979: 13)라고 표현한다 하더라도, 나무는 그 자체로 나의 "받아들임, 느낌, 인식, 수치를 통한 영구화"의 대상이 되어 있는 것이다. 이 때 나무는 "이미지나 움직임, 식물, 개체, 법칙 숫자" 등의 이름을 띤다. 그리고 그와 마주한 나 역시 그 나무 아닌 이름들, 즉 그것과 마주한 나로 서 있다. 그러므로 그것은 나의 작용에 의해 나-그것의 그것이고, 나는 이 그것에 의해서 나-그것의 나이게 된다.

그런데 교육학적 연관이 있어 보이는 부분은 오히려 그 다음 장면, 즉 나-그것이 나-너로 바뀌는 부분이다. 부버는 여기서 나의 수고와 노력을 말하지 않고 "독점(또는 배제)의 힘"을 말한다. 즉 나-그것의 잔여물인 "의지"가 지워진 곳에서야 "독점의 힘"이 발생하고, 이 "독점(배제)의 힘"에 의해 나와 나무가 동시에 나-너의 관계 속으로 진입하게 된다는 것이다. 이 때 나무는 이미지나 생각과 기분의 조형물이 아니다. 나무는 "나와 마주하여 몸으로 있고, 내가 그와 관련을 맺듯이 그도 나와 관련을 맺는다"(Buber, 1979: 14). 이 때 "내게 만나지는 것은 나무의 영혼이나 나무의 요정이 아닌, 나무 그 자체이다.[…]만남은 상호성이다"(Buber, 1979: 14).

여기서도 역시 부버는 "내가 나무 그 자체를 만난다" 대신 "내게 만나지는 것은…"이라는 표현을 사용한다. "독점의 힘"에 내맡겨진 나는 나-너의 나가 되고, 이와 동시에 나무는 그 자체로 나-너의 너가 된다. 나-그것이 나-너의 관계로 질적 변화를 이루는 과정에서 나는 사라진다. 나가 사라진 곳에서야 그것이 너로 바뀐다. 그래야 "독점의 힘"이 발휘되고, "만남의 은총"이 성취된다. 결과적으로 나-너는 나의 성취물이 아니다. 성취한다는 것, 부버의 표현을 빌자면, "경험"은 "너와 멀어짐"(Buber, 1979: 16)이다[7]. 내가 경험하기를 멈추는 지점에서 나는 내가 너라고 부르는 상대와의 관계, 즉 나-너 속에 있게 된다. 즉, 부버의 "경험" 개념을 확장하여 표현하자면, 탈경험이 바로 나-그것과 나-너의 임계점이다. 그리고 이 탈경험의 지점에서야 비로소 너는 "현재적인 것으로 실현된다(Buber, 1979: 17참조). 과거의 기억에 의존한 것도 아니며, 미래적 희망에 기인한 것도 아닌, 현재라는 초시간적 시간성 속에서만 나-너의 만남은 가능하다.

나무라는 사물 또는 비사람과의 관계에서는 나-그것 관계, 즉 "대상"이나 "경험"에 관해 말하기가 사람-사람의 관계에서보다 훨씬 수월하다. 사람에 비하여 나무는 상대적으로 정적이기 때문이다. 그러나 사람-사람 관계에서는 나-그것과 나-너의 임계점을 정하기가 거의 불가능하다. 일상에서 사람은 서로 관찰하고, 서로 경험한다. 즉 서로를 객체화함과 동시에 이 객체화하는 상대를 서로 제한한다[8]. "내가 내 있음의 감춰진 행위를 통해 객체화에게 넘지 못할 가로막을 칠 수 있다는 것은 인간의 특권이다"(Buber, 1962: 275). 즉, 사람은 완전히 객체화될 수 없다. 사람은 사물이 아니기 때문이기도 하거니와, 이 객체화 역시 상호성 역학의 산물이기 때문이다. 그러므로 부버가 말하는 "내 있음의 감춰진 행위"와 "인간의 특권"은 사람-사람 관계에서는 나-그것의 사실적 불가능성을 함의한다. 따라서 인간사이성의 나-그것과 나-너의 이분법은 단지 질적으로 압축된 철학적 은유일 뿐, 그 구분이 비인간(화)와 인간(화) 또는 비인격과 인격을 구분하는 규범적 기준과는 관련이 적다. "부버의 너와 그것은 인간성의 긍정과 인간성의 부정을 의미하는 것이 아니다"(Suter, 1990: 174참조). 이런 맥락에서 "근본어 나-너는 전 존재로만 말해질 수 있고, 근본어 나-그것은 전 존재로는 결코 말해질 수 없다"(Buber, 1979: 9, 16)라는 표현 역시 부버의 존재론적 사유에서 도출되는 논리적 귀결일 뿐, 이원론적 규범성의 요청과는 무관하다. 비인간화/인간화의 화(化)는 부버의 철학에서는 사이 속으로 용해된 행위주체를, 더 정확하게는, 행위주체의 규범적 행위 의도성을 다시 부활시키는 결과를 낳게 된다. 또한 "존재/본질"(Wesen)을 규범성을 띠는 "인격"으로 이해하게 되는 경우[9] 부버철학의 "비매개성"은 부버가 비판적 관점에서

---

7) 부버의 "경험"개념: 그의 경험은 "의도적·무의도적, 의식적·무의식적 대상화"를 의미한다. 그래서 부버는 "내가 너라고 말하는 그 사람을 나는 경험하지 않는다"(Buber, 1979: 16)라고 표현하게 된다.

8) "객체화함과 동시에 객체화하는 상대를 서로 제한함"과 관련: 부버가 제시하고 있는 예인 "열차 속에서 벌어지는 상호작용의 역학", 즉 "서로를 관찰하며 서로를 제한하는, 인간사이의 실재성 또는 접촉의 비밀"을 참조바람. 이런 맥락에서 "한 사람은 다른 사람에게 대상이다"라는 --부버의 표현으로는-- "많은 실존주의자들의 철학적 출발점"은 부버의 사이철학의 비판대상이 된다(Buber, 1962: 274-275).

"질서공리"(Buber, 1964: 66)나 "이념세계"(Buber, 1979: 20f), "당위"(Buber, 1962: 290) 혹은 "도덕설교"(Buber, 1962: 280) 등으로 명명한 것들로 인해 그 순수성을 잃게 된다. "모든 수단은 장애물이다. 모든 수단이 무너진 곳에서만 만남이 일어난다"(Buber, 1979: 19). 즉, 부버 대화철학의 대화는 수단이나 매개가 아니다. "인간의 있음 즉 함께있음 자체가 목적이자 만남의 본질이며"(Röhrig, 1964: 463), 이런 의미에서 무엇을 위한 대화나 어떤 목적을 위한 만남은 비매개성이라는 부버 대화철학의 기본전제를 벗어난다.

Ⅳ. 대화적 관계와 교육적 관계, 그리고 포용

"비매개성"과 "완전한 상호성"에 대한 부버의 철학적 신념을 진지하게 수용한다면, 그리고 "관계의 선험성"(Buber, 1979: 36)이 표방하는 근본존재론적 의미를 여과 없이 받아들인다면, 부버의 대화철학과 대화교육학은 서로 마찰을 빚게 되거나 또는 상당히 제한적인 의미에서만 논리 내적 연관성을 획득하게 된다. 본 장에서는 철학자이자 교육실천가이기도 했던 부버가 직접 행했던 강연들을 중심으로 대화철학과 대화교육학의 접점을 고찰해 본다.

교육이 무엇인가를 논하기에 앞서 무엇이 교육이 아닌가라는 질문에 대한 즉답에서부터 논의를 전개시켜 본다. 우선 부버는 "교육은 에로스가 아니다"(Buber, 1964: 27)라고 말한다. 여기서 에로스란 사랑을 의미하는 것이 아니다. 에로스는 "선택, 즉 기호에서 비롯되는 선택"이자, "인간을 즐기려 함"(Buber, 1964: 27)이라고 그는 규정한다. "에로스"의 교육은 상호적이지 않고 일방적이며, 따라서 대화적이지 않다. 대화적이지 않은 교육은 대화교육학의 범주에 들지 않는다. 또한 부버는 "교육은 권력의지가 아니다"(Buber, 1964: 26)라고 말한다. 권력의지는 에로스의 고전적 쌍둥이일 뿐, 그 비상호적 기본 속성은 사실상 동일하다. 즉 "전투적이고, 폭력적이며, 이용과 오용의 가능성

9) 표재명은 부버의 "mit dem Wesen"(Buber, 1979: 9)을 "존재를 기울여"라고 번역하고, 각주에 "본질을 다하여"라고 대안적 번역을 제안하고 있다. 그러나 그가 소개하고 있는 김천배의 번역 "전 인격을 기울여"는 규범적으로 채색된 번역일 가능성이 크다(Buber, M., Ich und Du: 표재명 옮김(1994). 「나와 너」. 서울: 문예출판사. p. 5). 이는 부버 자신이 성격(Charakter)과 개성(또는 인격, Persönlichkeit)이라는 용어를 나누어 사용하고 있을 뿐 아니라, 그 개념적 구분에 있어서도 민감하게 반응하고 있기 때문이다(Buber, 1964: 53ff). 참고로 남정길은 Persönlichkeit (Personality)를 "인격"으로 번역하고 있다(Buber, M (1968). Between Man and Man. London; 남정길 옮김(1991).「사람과 사람 사이」. 서울: 전망사. pp. 178ff).

에 노출되어 있다"(Buber, 1964: 26참조). 그렇다면 에로스나 권력의지가 아닌 교육, 즉 대화철학적 교육 또는 대화교육은 어떤 것인가? 이의 설명을 위해 부버는, 한 번은 1925년 하이델베르크 강연에서, 그리고 또 한 번은 1939년 텔아비브 강연에서 교사와 학생 사이의 만남의 가상현장을 예로 들어 보인다.

> "교사가 처음으로 교실에 들어섭니다. 이 때 그는 의자에 쪼그리고 앉아 있는 아이들, 이리저리 뒤엉켜 있는 아이들, 불량한 아이들과 양호한 아이들, 동물 같은 얼굴들, 추한 얼굴들과 고상한 얼굴들 - 무작위로 섞여 있는 아이들을 봅니다: 창조의 현재에도 그랬었던 것처럼. 시선, 교육자의 시선은 이들 모두를 받아들입니다"(Buber, 1964: 27f).

이어지는 대목에서 부버의 강조점은 "교육적 가치선택과 관련된 교사의 비적극성, 즉 소극성"이다. 교사는 창조의 현재와 흡사한 현장에 있게 되지만, 교사는 창조신이 아니라 "창조신의 대리인"이기 때문에, 자신의 "기호"표현 즉 "교육자 시선에[자기 스스로]이끌림"에 있어서 절제와 조심을 연마해야 한다. 즉 교육자는 "학생 모두의 거기-있음과 그렇게-있음이라는 결정적 사실성을 자신의[가치]위계적 인식보다 우선시하여야 한다." 교육자의 이러한 자질을 부버는 "교육자 특유의 겸손"이자 "고도의 금욕주의"라고 명명하고, 이를 "권력의지나 에로스"와는 다른 혹은 대조적인 개념으로 설정한다. 의사와 환자의 관계에서처럼, "지배하고 지배당하려는 또는 즐기고 즐겨지려는 욕망의 가능성 또는 위험성"은 부버의 교육개념과 거리가 멀다(Buber, 1964: 28f.[ ]필자 보충).

위 예와 흡사한 그러나 좀 더 구체적인 상황묘사를 우리는 1939년의 강연에서 발견하게 된다. 여기서도 마찬가지로 부버는, 자신의 독립적 교육이력상 처음으로 교실에 들어서는 한 젊은 교사의 관점에서 가상의 교실현장을 묘사한다.

> "한 젊은 교사가 정식교사로는 처음으로 교실에 들어섭니다.[…]학급의 모습이 눈앞에 펼쳐집니다. 인간세계의 복사본인 양, 그렇게 다양하고도 모순에 가득 찬, 그리고 부족해 보이기도 하는 학급의 모습 말입니다.[…]'여기 있는 이 아이들은 내가 선택한 것이 아니야. 나는 여기로 보내졌고, 이들의 모습 그대로를 받아들여야 해. 어쩌면 그들의 지금 이 순간의 모습이 아니라, 진정한 그들의

모습 즉 앞으로 되어질 수 있는 그 모습을 받아들여야 해. 하지만 이 아이들 속에 어떤 것이 들어있는지 어떻게 알 수 있지? 그리고 그게 모양을 갖추어 나가게 하려면 어떻게 해야 하지?' 그런데 아이들이 그리 호락하지만은 않습니다. 떠들고, 방해하고, 산만한 호기심으로 교사를 쳐다보기도 하지요. 이 때 벌써 교사는 이 방해꾼들을 저지하고 싶어지고, 질서의 원칙들을 제정하고 싶어지고, 품위 있는 행동습관을 익히도록 강제하고 싶어지고, 저 밑에서 교사의 의사와는 정 반대로 일어나는 모든 일들에 대하여 '안 돼'라고 말하고 싶어집니다. 즉 아래에서부터 시작하고 싶어지는 것이지요. 그런데 아래에서부터 시작하면, 어쩌면 위로는 결코 올라오지 못 하고 아래로만 내려가게 될지도 모릅니다. 그런데 이 때 한 얼굴이 교사의 시선에 들어옵니다. 그리 잘 생기거나 똑똑해 보이지는 않지만 아주 생생한 얼굴입니다. 생생한 얼굴의 우주가 되려 하는 무질서라고나 할까요. 그리고 교사는 이 얼굴에서 일반적인 호기심과는 어딘가 다른 하나의 질문을 읽습니다. "누구세요? 저와 관련된 어떤 것을 알고 계신가요? 저한테 뭔가를 주실 건가요? 그게 뭐죠?[…]젊은 교사는 이 얼굴에게 말을 겁니다.[…]지난 지리 시간에 무엇에 관해 얘기했었죠? 사해에 관해서였나요? 자, 그럼, 사해가 뭐지요?" 그런데 이 질문에는 아주 익숙하지만은 않은 어떤 것이 분명히 들어 있었습니다. 왜냐하면 이 학생의 대답이 일반적으로 학생들이 하는 대답과는 다르기 때문입니다. 이 학생은 대답하는 것이 아니라 이야기를 합니다. 몇 달 전 이 학생은 사해에 몇 시간 있었던 적이 있는데, 지금 그는 그 이야기를 하고 있는 것입니다. "마치 세계가 창조되기 하루 전날인 것 같은 느낌이었어요." 이 학생이 그 이야기를 하기로 처음 마음먹었다는 사실이 잘 드러납니다. 그 와중에 그의 얼굴이 변합니다. 이제는 아까처럼 그렇게 무질서한 얼굴이 아닙니다. 그리고 교실이 조용해 졌습니다. 모두가 귀를 기울입니다. 그리고 학급 전체가 이제 더 이상 무질서하지 않습니다. 무슨 일인가 일어난 것입니다. 이 젊은 교사는 위에서부터 시작한 것입니다"(Buber, 1964: 66f. 고딕체는 원문의 이탤릭체).

우선 여기서 부버가 "아래, 위"라고 표현하는 것이 정확히 무엇을 지칭하는 것인지는 분명치 않다. 맥락상 "아래"는, 때로 교사의 수업목표나 희망사항과는 상반되기도 하는 "학생 개개인의 거기-있음과 그렇게-있음이라는 사실성"으로, 그리고 "위"는 "교사나 사회가 당위적인 것으로 여기는 혹은 이미 이상적인 것으로 여겨진 질서체계"로 이해해 볼 수 있다. 교사가 혼란의 학생세계로 내려가서 "안 돼"라고 말하고 싶은 충동을 참는 것, 자신 속의 이 충동을 억누르고 태연하게 "위에서부터 시작하는 것", 그러나 이 "위 세계의 논리를 일반화하는 오류를 경계하는 것[10]"이 부버의 '위-아래 교육론'이다. 이 때 "아래"로 내려가고 싶은 충동을 멀리함은, 14년 전의 강연용어를 빌자면, "권력의지나 에로스의 경계"라고 해석해 볼 수 있다. 바로 이 지점이 "현대적 교육자의 위대함"(Buber, 1964: 27)의 시험대라고 부버는 말한다.

물론 부버의 이러한 위-아래 교육론은, 그의 근본어 구상과 마찬가지로, 이분법적이다. 그리고 이는 부버 사상이 터하고 있는 창조신화의 이분구도와 긴밀한 연관에 있다. 부버가 교사에게 "창조신의 대리인"의 이름을 부여하는 순간, 그의 교육론은 "어둠과 빛"(Buber, 1962: 28), "혼란과 질서"(Buber, 1964: 27, 66), "현재적 삶과 영원의 가치규범"(Buber, 1964: 72)이라는 두 세계를 수시로 넘나드는 수고를 감내할 운명에 처하게 된다. 그리고 한 시대와 문화의 교육활동이 목적으로 하는 이상적 인간상이 무엇인가와 무관하게 -- 부버의 예시처럼, 그것이 "그리스도이든, 신사이든 혹은 시민이든" -- 그 최종태는 "신의 형상"(Buber, 1964: 39)이나 "신의 얼굴"(Buber, 1964: 73)로 수렴될 수밖에 없는 태생적 한계 (또는 영원한 가능성)에 부버의 교육이론체계는 직면하게 되어 있다.

그러나 부버의 이분화된 질서체계는, 두 겹 근본어의 구조에서와 마찬가지로, 둘로 쪼개어져 병존하는 것이 아니라는 데 그 특이점이 있다. 즉 부버의 두 질서세계는, 나-너와 나-그것처럼, 혼존한다. 더 적확하게는, "두 겹임과 동시에 하나이다"(Buber, 1965: 28). 이러한 양상을 부버는 "문지방(또는, 중간지대)과 변신"으로 표현한다[11]. 이 편에서 저 편으로, 그리고 다시 그 반대의 방향으로 넘나드는 길목에서 어떤 변화가 발생하게 된다. 부버의 표현으로는, "사람이 이 넘나듦을 이루기 위해서는, 어떤 중요

---

10) "물론 이렇게 물을 수 있습니다. 과연 교육자가 '위에서부터 시작해도 되느냐'고, 즉 교육자가 이미 예외라 할 수 있는 위대한 성격에 대한 바램에서 시작해도 되느냐고 말입니다. 왜냐하면 교육자는 성격교육의 방법으로 다른 많은 사람들도 고려해야 하기 때문입니다. 저의 대답은 이렇습니다. 만약 그것이 다른 사람들에게는 적용할 수 없는 하나의 방법론이 될 것이라면, 교육자는 그리 하여서는 안 됩니다"(Buber, 1962: 70)

11) 나-너와 나-그것 사이의 이러한 현상을 강선보는 "연속적 반전" 또는 --벤더(Bender)를 인용하며-- "변증법적 교류" 또는 "합리적 모순율"이라고 표현한다(강선보, 1994: 114).

한 방식으로 그것이 이뤄져야 하고, 교육적인 것의 정수가 자기 속으로 수용되어야 한다"(Buber, 1964: 30). 즉 부버가 "기초적 경험"이라 칭하는 경험을 통해 "방향체계의 전환"이 이뤄져야 한다(Buber, 1964: 30). 그렇다면 이 "기초적 경험을 통한 방향체계의 전환", 즉 "상대편의 경험"은 어떤 것인가? "상대편의 경험"이 가장 선명히 드러나는 예로 부버는 "주먹다짐의 상황"을 들고 있다.

> "한 사람이 가만히 있는 다른 한 사람을 주먹으로 칩니다. 이 때 돌연히, 주먹으로 친 이가, 자기가 한 그 주먹다짐을 받는 일이 발생합니다. 자신이 한 바로 그 주먹다짐을. 가만히 있던 이가 받았던 그 주먹다짐을. 아주 짧은 한 순간동안, 그[주먹으로 친 이]는 이 공동의 상황을 상대편으로부터 경험합니다. 그 실재가 그에게 한 것입니다"(Buber, 1964: 30.[ ]필자보충).

여기서 보이는 부버의 "상대편의 경험"은 초주관적 특성을 띤다. 한 개인이 자신의 물리적 한계를 넘어 자신과 상대방의 물리적·심리적 유한성의 경계를 넘나드는 경험이 가능하다는 것이다. 이 때 부버의 시간은 물리적 시간 개념을 초월한다. "돌연히"(urplötzlich)는 영원의 순간, 즉 영원화된 시각이다(Buber, 1979: 40, 47참조). "아주 짧은 한 순간"은 "경험"의 과정이 아니라 "실현"의 시각이다. 상대방은 이 순간, 내 속에서 현재화되고 실현된다. 내가 상대방을 실현하기 위해서 주먹다짐을 하는 것이 아니라, 주먹다짐을 하는 순간, 내 의사와는 무관하게, 부버가 "옮겨듦(침투, Transfusion)"(Buber, 1979: 31)이라고 재차 명명하는 사건이 "발생"한다. 내가 나이면서 동시에 상대방이다가, 다시 나에게로 돌아오는 사건, 이것이 부버가 "상대편의 경험"이라고 부르는 사건이다. 이 때 "나이면서 동시에 상대방인 존재"가 나인지 혹은 상대방인지 혹은 나와 상대방을 모두 포함하는 제 3의 초존재나 혹은 심지어 어떤 전지적 관찰자인지는 분명치 않다12). 분명한 것 한 가지는, 나-너 관계의 가능성은 포용의 가능성과 동일한 것이라는 점이다. 이것이 교육학적으로 흥미로울 뿐 아니라 유의미한 이유는, 부버가 이 "상대편의 경험"을 "포용"이라고 부르기 때문에, 그리고 이 "포용"을 대화적 관계와 대화교육학의 핵심개념이라고 부버 자신이 주장할 뿐만 아니라 대화교육학에서 긍정

---

12) 강선보는 이를 "'사이'가 실존하면서 그들 두 개인을 초월하는 것으로부터 파악되어야 한다"(강선보, 1994: 115)라고 해석한다. 이러한 "초월적 사이실체론"은 "개인주의와 집단주의가 동시에 극복되는 장점"(115)과 동시에 사이·관계의 초월성 해명의 난점도 함께 갖는다. 아울러 본고 〈각주4〉"사이인간" 개념과 비교바람.

적으로 수용되어 왔기 때문이다.

부버는 포용을 "환상이 아닌, 존재의 현실성을 통한 파트너의 완전한 현재화"라고 정의한다. "상대편의 경험"은 단순한 상상력의 산물이나 생각의 유희가 아니라, 철저히 사실적인 존재경험이라는 것이다. "감정이입"이, 내가, 철저히 나로 있으면서, 내 관점에서 상대방의 입장이 되어보는, 그러나 내가 상대방이 될 수 없다는 주체의 한계를 확인하는 시도라면, "포용"은 "나의 구체성의 확장이고, 경험된 상황의 충만이며, 나와 상대방이 참여하고 있는 실재의 완전한 현재"(Buber, 1964: 31)를 의미한다. 즉 포용은 "한 사람이, 상대방과의 공동의 과정을, 상대방의 관점에서 경험하되, 이 현실 상황 속에서 자신의 행위감을 전혀 잃지 않음"(Buber, 1964: 32)을 의미한다. 이 때 나는 나이면서 동시에 상대방이다. 부버의 표현을 참조하자면, "나는 파트너를 이해하려는 의지적 노력을 하지 않으면서도, -- 주먹으로 친 이가, 어느 한 순간, 맞는 이의 입장에 포개어지듯이--, 공동의 경험과정 속에 참여된 상대방이 이해된다"(Buber, 1964: 32). 이러한 사태를 부버는 "대화적"이라 부르고, "교육적 관계 역시 순수 대화적인 관계"(Buber, 1964: 33)라고 규정한다.

V. 포용에 대한 질문

부버의 포용이론은 적어도 두 가지 문제에 직면하게 된다. 그 하나는 완전한 상호성의 관계, 순수 대화적 관계, 즉 포용의 관계와 교육적 영향관계의 관련성이다. 즉 교육은 완전한 상호성의 활동일 수 있는가?

앞서 부버가 제시했던 교실현장의 예에서 교육자는 선택을 감행하는 사람이 아니다. 교육자 역시 선택당한 즉 소명된 대리인일 뿐이다. 전지적 관찰자 시점의 부버가 읽어내는 교육자의 독백에서 이 점은 분명해진다. 즉, "이 아이들은 내가 선택한 것이 아니야. 나는 여기로 보내졌고, 나는 이들의 모습 그대로를 받아들여야 해"(Buber, 1964: 66). 여기서 부버의 일차적 관심은 보낸 이의 명령 또는 소명이나 교육자 자신의 기호의 실현에 있지 않다. 또한 한 교육사회적 공리의 강요나 기존의 관습체계의 강제 역시 부버에게는 교육실천적으로 그 가치가 적거나 때로 비판의 대상이 되기도 한다(Buber, 1964: 64ff). "공리는 제 삼자에게만, 그러니까 모두에게 유용하기도 하고 아무에게도 소용이 되지 않기도 한다"(Buber, 1964: 69). 부버의 교육자의 행위원칙은 당위가 아니라 "교육자 특유의 겸손"(Buber, 1964: 28)이다.

그럼에도 불구하고 교육자는 선택의 고충을 회피할 수 없다. 좀 더 적확하게는, 선택해야만 한다. 이를 부버는 "있음의 선택"이라고 표현한다. "어떤 특정한 있음의 선택, 당연히 그래야만 하는 어떤 '옳음'의 선택, 되어가는 인간과 마주하여 〔교육자가〕 지향해야 하는"(Buber, 1964: 56.〔 〕필자보충) 이라는 부버의 표현에서 우리는 부버의 철학적·교육학적 또는 교육철학적 고민을 읽게 된다[13]. 즉 그의 대화철학적 구상이 대화교육학과는 어떤 관련을 가질 수 있는지에 대한 근본적 회의의 단초를 우리는 확인할 수 있다. 그리고 이 난제를 부버는 포용의 이론을 강연하였던 1925년에 이미 충분히 인식하고 있었다.

> "교육이, 한 사람이라는 매개를 통한 세계의 선택을 통해 다른 한 사람에게 영향을 미치게 하는 것이라면, 자신을 통해 이것이 발생하게 되는, 더 정확하게는, 자신을 통해 이것이 발생하게 만드는 그 사람〔교육자 자신〕은 역설에 빠지게 됩니다"(Buber, 1964: 35.〔 〕필자보충).

여기서 부버의 고민은 분명하다. 교육은 매개성의 활동이고, 교사를 통한 선택의 과정이며, 따라서 일방향적이다. 물론 부버는 "교육자의 교육적 의지가 주관적 임의성이 될 수 있는 위험성을 경계"(Buber, 1964: 35, 26)하기를 추가적으로 주문하고 있다. 그러나 이런 위험성의 경계가 부버의 대화철학의 본래 구상이 아님도 분명하다. 어찌되었든 부버의 포용의 관계, 즉 교육적 관계는, 부버 자신이 밝히고 있듯이, 일방적이다.

> "포용은 상호적 관계일 수 없습니다. 그〔교육자〕는 아동의 교육됨을 경험하지만, 아동은 교육자의 교육함을 경험할 수 없습니다. 교육자는 공동의 상황의 양 쪽 끝에 서 있지만, 아동은 한 쪽에만 서 있습니다. 아동이 자신을 저 편으로 보내고 저 편에서부터 체험할 수 있게 되는 순간, 교육적 관계는 파열되거나 혹은 우정으로 변모하게 됩니다"(Buber, 1964: 37.〔 〕필자보충).

---

13) "세계(직)관과 전혀 무관하게 가르치는 일이 가능합니까? 그리고 가능하다손 치더라도, 그게 바람직합니까? 아닙니다. 그것은 가능하지 않을 뿐 아니라, 가능하다 하더라도 바람직하지 않습니다!"(Buber, 1964: 44)

여기서 부버는 자신의 "대화철학적 포용"을 대화교육학적으로, 즉 "일방적 포용"(Buber, 1964: 35)이라고 세분화한다. 그리고 이 "일방적 포용"이 순수 대화적 즉 완전한 상호적 포용이 되는 순간, 이는 더 이상 교육적 관계가 아니라 "우정의 관계"라고 말한다. 물론 "우정의 관계" 역시 부버의 분류에 따르면 "대화적 관계"이고, "일방적 포용"도 이에 속하기는 마찬가지이다.

그러나 여기서 우리는 부버의 대화철학의 대화교육학적 제한을 지적하지 않을 수 없다. 그의 사이존재론적 구상은 주체철학의 구조적 한계를 넘어서려는 시도였음이 분명하다. 그가 인간의 있음을 나나 너라는 개체에서 파악하지 않고, 그 시작에서부터, 나-너이든 나-그것이든, 인간과 인간이 존재론적으로 "연결되어있음"을 논의의 중심 소재로 삼는다는 점에서, 우리는 그의 대화철학이 추구하려는 바가 그리고 그 철학적 의의가 그 이전의 구상과는 근본적으로 다른 데 있다는 점을 확인할 수 있다. 그러나 부버가 「나와 너」에서 보여주었던 단일개념 즉 "완전한 상호성의 대화적 관계"를 이후의 교육강연들에서는 "상호적 포용과 일방적 포용 및 우정의 관계" 등의 세 가지로 세분화시키고 있다는 데서 우리는 부버의 대화철학이 대화교육학으로 변환되는 과정에서 발생되는 난점을 보게 된다(Buber, 1964: 34ff).
이에 더하여 부버는 1957년에 추가한 「나와 너」후론에서 자신의 대화철학이 더 이상 대화교육학과 평행을 이룰 수 없다는 점도 확인시켜 주고 있다.

> "[…]완전한 상호성은 서로 함께 삶에 내재된 것이 아니다. 이것은 은총으로서, 우리가 준비되어 있어야만 하지만, 그렇다고 그 성취가 보장된 것은 아니다. 그러나 관계의 특성에 따라 완전한 상호관계로 발전해서는 안 되는 나-너-관계도 더러 있다.[…]이러한 관계로 나는 다른 곳["교육적인 것에 대하여"]에서, 진정한 교육자와 학생의 관계를 지목한 적이 있다.[…]교육자는 내가 포용이라고 부르는 실현예술을 연마해야 한다. 이것은 물론 그가 학생 속에서도 나-너-관계를 일깨우는 일, 즉 학생도 마찬가지로 교육자를 바로 그 특정한 개인으로 여기고 긍정하느냐에 달려있지만, 그러나 만일 학생이 자기 쪽에서도 이러한 포용을 행한다면, 그리하여 공동의 상황에 있어서 교육자의 부분을 학생이 체험하게 된다면, 교육이라는 특수한 관계는 존립할 수 없다. 나-너-관계가 이제 끝나건 또는 우정이라는 전혀 다른 특징을 띠게 되건, 어떻든 그 결과 분명해지

는 것은, 교육이라는 특수한 관계에서는 완전한 상호성은 가능하지 않다는 점이다"(Buber, 1979: 154f.[ ]원주).

교육적 관계는 이제 "일방적 포용"이라는, 제한적 포용의 의미를 얻기에도 벅차다. 부버가 이해하는 교육적 관계는 그의 대화철학적 기획인 완전한 상호성과는 거리가 멀어진다. 즉 교육적 관계는, 비록 그것이 한시적이라 하더라도, 일방적이어야만 하고 또 일방적일 수밖에 없다(Tischner, 1985a: 183ff; 1985b: 470참조). "교육적 관계는 정신과 의사와 환자의 관계, 성직자와 신도의 관계와 다르지 않다"(Buber, 1979: 155f).[14] 이는 1925년 하이델베르크 연설에서 설파하였던 대화교육론("교육적 관계는 의사와 환자의 관계가 아니다!": Buber, 1964: 29)과는 정 반대의 선언이다. 그가 "교육자의 시선을 통한 있음의 선택"을 말할 때, 교수법과 관련하여 "한 번의 손가락 움직임과 묻는 듯한 시선"을 말할 때, 그리고 교육의 목표점과 관련하여 "허공의 한 방향을 향해 쫙 펴진 손가락"(Buber, 1964: 19, 39)을 말할 때, 우리는 그의 대화철학이 대화교육학적으로 전환되면서 발생될 수밖에 없는 교육실재의 추상화라는 방법론을 마주하게 된다. 그는 인간사이관계 일반을 당위와 무관한 것으로 기획하려 하지만, 그의 대화교육학은 불가피하게 "당위를 지향하게 되고"(Kurzweil, 1968: 425f), 이는 곧 "에로스나 권력의지" 또는 신의 섭리로의 불가피한 회귀에 마주하게 된다(Buber, 1964: 35f, 39f). 이 때 교육은 부버가 멀리하고자 하는 "프로파간다"(Buber, 1962: 287f)로 변색되거나 해명불가능의 신비영역으로 증발될 가능성이 짙다. "교육의, 정의불가능하지만 실제적인 방향성"(Buber, 1964: 39)을 그가 "하지않음의 함"(Buber, 1964: 36, 39)이라고 표현할 수밖에 없는 이유는, 한 편으로는 우리가 마주하고 있는 교육실재가 우리의 유한한 언어로는 해명이 가능하지 않다는 철학이론·교육학이론 일반의 한계 표현이기도 하거니와, 다른 한 편으로는 부버의 대화교육학이 내포하고 있는 이론적 제한점의 표출이기도 하다(Belke,

---

14) 이른바 "아동 또는 피교육자의 결핍이론"에 근거한 부버 해석의 예로 레거(Reger: 1966)를 들 수 있다. 여기서 강조되는 것은 아동의 존재론적·인간학적 불완전성, 나약함, 관계미숙성 등과 아울러 교육자의 소명의식, 신뢰와 준비성, 전달자 역할 등이다(230). 물론 이러한 부버해석은 부버 자신이 적극적으로 해명해내지 못한 철학과 교육학 상관의 논리적 모순 또는 비약에서 기인한 바가 크다. 그럼에도 불구하고 레거의 해석은 부버의 대화철학이 상정하고 있는 대화존재론적 구조를 간과함과 동시에 부버의 '대화'를 도구적·기능적으로만 파악한 전형적인 예이다. 이럴 경우 부버의 대화는 교육적 당위에 대한 윤리적 요청이라는 의미로 축소된다(229; 이에 관해서는 Brenzinka, 1963: 199참조). 이는 교육적 관계에 있어서 "도덕화의 교조주의적 원리를 거부"(233)하는 레거 자신의 논리와도 모순될 뿐 아니라, "교육적 당위"에 대한 부버의 비판과도 배치된다.

1973: 319ff참조). 다름의 수용, 타자의 근본적 다름 및 교육행위의 영향미침의도 사이에서 부버가 "각 개인에게 맞춰진 영향미침의도"(Buber, 1962: 36참조)라는, 사실상 해결책 아닌 해결책을 제시할 수밖에 없는 것도 같은 맥락이다. 부버의 표현대로, 교육자는 "교육자가 직면하는 타자의 타자성이라는 임계점 그리고 타자와 연결되어있음이라는 은총 사이에서"(Buber, 1964: 37) 포용이라는 "역설적 과제"(Buber, 1964: 36참조)를 수행해야하는 소명을 감수해야 한다는 것이 부버의 설명이다. 결국 그의 자기질문은 다음과 같이 압축될 수 있다. "관계가 교육하는가?"(Suter, 1990: 171) 아니면 "교육자가 교육하는가?" 대화철학자 부버는 아마도 전자를 긍정하고 싶어 하겠지만, 대화교육학자 부버는 후자를 긍정하게 된다.

우리가 부버의 대화교육학 관련 강의실에서 혹은 세미나 현장에서 경험하게 되는 모종의 최종적 갈증은 부버의 대화철학과 대화교육학 사이의 원론적 괴리에 기인한 바 크다고 필자는 이해한다. 이러한 괴리에 마주하여, 인간과 인간의 "역동적 사이성"(Buber, 1962: 284)의 모든 양상을 "종교의 영역으로 환원시키거나 또는 사유의 비약을 통해 해명하려는"(Kurzweil, 1968: 433) 부버의 방법론에 동의하지 않는 한, 그의 대화철학적 사상은 교육학적 반향을 제한적으로만 획득하게 되거나 또는 사이철학이 사이철학 고유의 장점과 기여를 잃고 주체철학으로 회귀되는 부작용을 낳게 된다. 즉 대화철학에서 영감을 얻은 대화교육학의 "실제적 한계"(Buber, 1964: 36)에 마주하여, 이 실제적 불가능성의 최초 발견자인 부버가 그리 하고 있듯이, "마치 가능한 기획인 것처럼"(Suter, 1990: 176; Buber, 1964: 21) 설정하고 그 실천적 함의를 "체계적·교정적으로 해석"(Grytzka, 1981: 63)해 나가는 경우, 우리는 한 편 이론과 실천의 괴리에 둔감해지는 위험을 감수해야 하며, 다른 한 편 부버의 대화교육학을 교육의 당위성이라는 보편명제의 실현을 위한 이른바 "태도-교육학"(Rödler, 1996: 1)으로 그 의미를 축소시키게 된다(Grytzka, 1981: 55참조). 교육은 나-그것의 관계를 나-너의 관계가 되도록 촉진시켜주는 행위이며, 여기서 나-너라는 완전한 상호성의 관계가 경험적으로는 가능하지 않다 하더라도, 교육자는 이러한 "태도"를 견지해야 한다는 "태도-교육학"적 구도는 어쩌면 부버의 대화철학적 존재론을 교육자의 규범윤리로 강조하여 독해한 결과이거나, 부버 스스로가 확증한 대화교육학의 한계를 간과한 결과이거나, 혹은 부버 대화철학의 교육적 의미를 "지나치게 낭만적으로 해석하려는 의도"(Brezinka, 1964: 200; Höltershinken, 1971: 121참조)의 산물일 수 있다. 이러한 태도지향적 해석은, "교육적으로 유의미한 것은 교육적 의도가 아니라 교육적 만남이다"(Buber, 1964: 58)라는 부버의 진술과도 정면으로 배치된다.

또한 "좋은 취지"(Brezinka, 1964: 200)에서나마 이뤄지는 부버교육학에 대한 낭만적 해석이 교육현실의 불만족 요소들을 대화적 태도를 통해 개선하겠다는 의지와 그 가능성에 대한 희망의 표현이라는 점은 재론의 여지가 없지만, 교육현실의 지나친 이론적 낭만화 경향 또는 해석자의 낭만적 해석 의도가 오히려 교육실재의 다양한 해석가능성의 제한으로 귀결될 수 있다는 것도 간과되어서는 안 될 점이다. 부버 대화철학의 대화교육학적 수용이 융성했던 1960년대에 브레징카가 "교육학이론의 낭만화하는 비합리주의 경향"에 대한 비판적 관점에서 굳이 부버의 대화교육학을 예로 들면서, 이른바 "교육학 이론의 사실주의적 전환"을 주장한 전례는 대화교육학이 예나 지금이나 지속적으로 대결하고 해명해 나가야 할 최대의 이론적 과제이다[15].

둘째, 이와 관련하여 혹은 이와 별개로, 부버의 교육현장이 상정하고 있는 초경험적 혹은 신비주의적 경향 역시 이론적 해명 또는 경험적 설명을 요하는 부분이다. 주먹다짐의 예를 통해 제안되었던 "상대편의 경험"의 초인성은 차치하더라도, 교실현장에서 무질서와 혼란의 얼굴들이 질서의 세계로 변모하는 "창조의 순간"(Buber, 1964: 28)에 "참 신의 대리인"(Buber, 1964: 28)인 교사가 무엇을 하는지 혹은 무엇을 하지 않는지, 그리고 교사가 무엇을 할 수 있으며 또한 무엇을 하지 말아야 하는지 등에 관한 설명과 안내가 결여된다면, 부버의 교실상황과 만남의 현상은 언제까지나 "소명"(Reger, 1966:

15) 부버의 대화교육학에 대한 브레징카의 비판은 이에서 한 층 더 나아가고 있다. 그는 이른바 사실주의적 관점에서 교육행위의 지향성 구도를 철저히 옹호하는 가운데, 부버의 대화교육학의 한계를 지적하면서, 부버의 대화교육학도 결국 "두 사람 사이에서 이뤄지는 일반적인 도덕화 사례"(1963: 199)라고 규정한다. 그가 보기에 부버의 대화교육학은 "분명 추상적인, 전형적으로 관념적인 구조물"(1963: 199)을 추구하지만, 그 현실적 함의와 실천적 가능성은 대화교육학의 본래 목적에 부합하지 못 하므로, 결국 부버식의 교육철학은 "유사철학"(1963: 200)에 불과하다고까지 그는 말하고 있다. 브레징카의 사실주의적 비판의 함의에 일면 동의하면서도, 그가 제안하는 교육학 연구의 출발점 즉 "교육적 실재"와 "경험" 역시 주관적 구성시도와 무관한 것이 아니라는 점 역시 지적하지 않을 수 없다. 즉, 그의 교육적 실재와 경험 역시, 수학화된 물리적 객관의 영역이 아니라, 주관의 인식적·심리적·경험적 구성의 산물일 수밖에 없으므로, 그가 주장하는 경험연구 역시 교육실재의 유사객관화된 주관적 관념성의 표출이라는 관점으로부터 결코 자유로울 수 없다는 점이 간과되어서는 안 된다. 부버의 대화교육학을 향한 브레징카의 냉소대로 "모두가 모두를 항상 교육한다"(1963: 193)라는 명제가 교육학 이론형성이라는 측면에서 생산적이지 않은 관점이라면, "교육적 실재"를 추구하는 그의 관점 역시 이른 바 "경험연구"를 통해서는 끝내 해명불가능한 정초주의적 관점이다. 즉 우리는 교육적 관계의 낭만주의적 관념화(부버)와 교육적 실재의 유사객관적 정초주의(브레징카) 사이의 이론적 긴장의 문제에 직면한 것이다. 전자에서는 대화적 관계 속으로 용해된 행위주체의 해명이 절실하고, 후자에서는 이른바 "교육실재"의 실재성 해명이 불가피하다.

229f)과 “운명”(Buber, 1964: 67)에 내맡겨져야 하는 “비밀의 현장”(Buber, 1964: 72)으로만 남을 것이기 때문이다[16]. 비록 이러한 신비적 현상, 즉 의도적 교육행위의 시작과 끝으로는 해명이 불가능한 인간사이의 역동성, 심지어 그 초시간적이고 실존적인 변화의 현상이 교육일상의 한 부분이라 하더라도(Caselmann, 1974: 118참조), 이를 초이론의 영역에 내맡겨 둘 수만은 없는 것 역시 현대 교육학이론에게 부여된 과제라는 점 역시 재론의 여지가 없다. 이러한 초이론적 현상을 “유사신학”(Theunissen, 1963/1964: 328)으로 표현하든, “신비주의적 요소”나 “하시디즘의 영향”(Kurzweil, 1968: 428f)으로 표현하든, 혹은 “종교정초주의적으로 환원된 만남교육의 가능성”(Höltershinken, 1971: 134)으로 표현하든, 부버의 대화교육학이 나름의 교육철학적 의의를 획득하고 실천적 함의를 지속적으로 주장해 나갈 수 있기 위해서는 --혹은, 적어도 브레징카식의 극단적 비판에 대답할 수 있기 위해서라도-- 이 부분에 대한 구체적인 해명의 노력이 이루어질 필요가 있다.[17]

VI. 맺음말: “대화교육학은 태도만으로 충분한가?”

부버를 통해 그리고 부버와 함께 우리가 발견 또는 재발견하게 되는 것은 바로 사이의 영역이다. 사람과 사람이 더불어 있는 양상을 (재)발견한다는 것이 철학에게는 그것 자체로 하나의 의미이자 종착점이 될 수 있지만, 교육학은 여기에 안주할 수가 없다. 때로 철학의 종착점이 교육학에게는 출발점이 되기 때문이다[18]. 흥미로운 것은, 철학

16) 여기서 필자가 교사중심적 질문만 열거하는 것은 다분히 의도적이다. 부버의 교실현장묘사는 철저히 교사중심적이다. 그의 관심은 교사의 포용행위를 통한 학생의 드라마틱한 실존적 변화에 있다. 즉 학생과의 대화적 관계 가운데 혹은 상호작용 중에 교사 자신에게 발생하게 되는 실존적 변화의 과정을 --비록 그것 역시 분명 교육일상의 한 부분이라 할지라도-- 부버는 고려의 대상에 포함시키지 않고 있다. 만약 부버가, 학생이 의도하지는 않았지만 대화적 관계를 통해 발생하게 되는 교사의 실존내적 변화를 언급하였다면, 부버가 교육적 관계가 아니라고 정의하는 “우정의 관계” 역시 교육적 관계의 일부로 해석할 수 있는 가능성이 생겼을 것이라고 필자는 생각한다. 동일한 견해로는 Caselmann, 1974: 118참조 바람.

17) 부버의 “포용론”에 관한 보다 심화된 논의와 대안적 검토는 Woo, 2012를 참조할 것.

18) 이삼열의 경우 부버의 대화철학에 대해 “대화의 윤리학을 암시한다”(1992: 245) 혹은 “선천적이며 절대적인 윤리와 가치를 주장하면서도 그 구체적 인식과 실천을 ‘나와 너’의 구체적 관계에서 생기는 책임윤리와 대화적 삶에 기초를 둔 경험주의를 수반하고 있다고 볼 수 있겠다”(1992: 247. 고딕체는 필자강조)라면서, 부버 대화철학의 실천윤리적 성격을 에둘러만 표현한다. 그러나 “대화적 삶과 책임윤리”라는 글의 소단원에서 그가 내리는 결론 혹은 상정하는 대전제는 “그러나 부버는 여기서 분명한 기준을 제시

자 부버가 도착한 곳과 교육이론가·교육실천가 부버가 출발한 곳이 완벽히 상응되고 있지는 않다는 점이다. 재차 강조하건데, 이는 해석의 문제이기 이전에, 부버의 철학사상·교육사상 내부의 논리연관의 문제, 더 적확하게 표현하자면, 논리비연관과 논리비약의 문제이다. 이것이 "부버라는 한 철학자의 실패인지 혹은 철학 일반이 더 이상 진행해 나갈 수 없는 임계점인지에 대한 논의"(Theunissen, 1963/1964: 323)가 가능하다면, 교육학 역시 자신의 출발점을 확인하는 과정에서 이러한 논의들을 적극적으로 고려하는 것이 유의미하다.

서론에서 언급되었던 벨케의 평가, 즉 "부버의 최대 기여는 그리고 부버만의 기여는 관계성을 발견한 데 있다"(Belke, 1973: 315)라는 진술은 부버 대화철학의 교육학적 수용에 두 가지 함의를 갖는다. 그 첫째는, 부버가 자신의 사상을 통해 대결하고 쇄신하고자 하였던 부버 이전의 철학적 경향에 대한 비판적 검토의 필요성이다. 부버의 인간사이 존재론이 시사하는 바에 따르면, 자신의 이 비판적 검토의 대상은 인간과 인간 "사이"를 철학함의 최우선 주제로 다루지 않는 이전의 제 철학적 경향들이다. 그것이 "보편주체의 철학 또는 의식일반의 철학인 관념주의"가 되었든, "주체성을 통한 세계구성론이라는 의미의 선험철학"이 되었든(Theunissen, 1977: 243-277: Schorb, 1958: 81f), 혹은 "개혁교육학 전반이 전제하고 추구하였던 자아-일원주의"(Caselmann, 1974: 110)가 되었든, 부버의 사이철학은 이들을 상대로 인간있음의 새로운 사실성의 차원을 열어 보이고 있는 것이다. 그리고 이 새로운 존재론은 "대화적 관계"로 수렴된다. 둘째, 그러나 이러한 새로운 존재론, 즉 사이존재론의 개시가 대화교육학의 성공을 자동적으로 보장해주는 것은 아니다. 부버 자신이 확증하고 있는 바대로, 대화적 관계는 교육적 관계와 동의어가 될 수 없다. 포용은 상호적이지만, 교육적 포용은 일방적이기 때문이다. 그러므로 교육적 관계의 관점에서 보자면, 대화적 관계는 교육적 관계가 나아갈

하지 않는다"(1992: 243)이다. 토이니센 역시 부버철학의 모호함을 부버철학의 한계이자 특성으로 본다. 그가 부버의 사이존재론을 "부정 존재론"(Theunissen, 1963/1964)이라고 명명하는 이유 역시 부버가 주장은 하지만 해명해내지는 못 하고 있는 본질질문에 기인한다. 즉 그가 보기에 부버는 나-너 관계를 주장하기 위해 나-그것 관계라는 동근원적 그림자를 동원해야만 하고, 나-너 관계를 설득시키기 위해 나-영원한너 관계를 다시 상정해야하며, 사이를 이해시키기 위해 사이의 사이(영원한 사이)를 동원해야만 한다는 것이다. 결국 신의 있음을 명증해낼 수 없는 논리적·언어적·인간적 한계에 마주하여 신의 있지않음을 부정하는 방법으로 신의 있음을 간접적으로만 밝히려 했던 이른바 '부정신학'의 이름에 유비시켜, 토이니센이 부버의 대화철학에 이런 이름을 부여한 것은 합당하다고 여겨진다. 철학자이자 교육이론·실천가이기도 했던 부버에게서 드러나듯이, 철학의 한계가 때로는 교육학의 과제가 되는 것이다.

수 있을 혹은 나아가야 할 지향점이지(Belke, 1973: 329참조), 그 실현을 보장해 주지는 않는다.

이런 맥락에서 뢰들러의 "대화교육학은 태도만으로 충분한가?"(Rödler, 1996: 1)라는 질문은 부버의 대화교육학 의의설정을 위한 중요한 이정표가 된다. 긍정의 대답을 하게 되는 경우, 부버의 대화교육학의 가장 큰 기여이자 장점인 "사이와 관계의 발견"의 의의는 표현 그대로 "발견"에 국한되며, 부버의 대화교육학이 여타의 교육학 이론의 주체중심주의·지향성중심주의에 대해 갖는 긍정적 차이가 희석되는 결과를 낳게 된다. 또한 부정의 대답을 하게 되는 경우, 우리는 대화철학과 대화교육학 사이의 임계점을, 역설적이게도, 부버와는 달리 설정하거나 혹은 부버의 대화철학 자체를 이념지향적·규범지향적으로 해석해 내어야 하는 부담을 감수해야 한다.

부버의 철학은 분명, 파버(W. Faber)의 표현대로, 모종의 "메세지 성격"(1974: 21f)[19]을 띤다. 정치적 전체주의와 폭력적 인종차별주의를 몸으로 살아내어야 했던 한 사상가의 외침에는 오늘날의 우리가 마음을 열고 귀 기울임직한 실천적 목소리가 들어 있으리라. 필자는 그의 메시지를, 다소 교조주의적인 파버의 해석과는 달리 혹은 그보다 좀 더 보편화된 방식으로, '대화적 관계 속에 사람과 사람이 이미 연결되어있음'이라는 현상적 사태에 대한 성찰 및 그 의미의 실천적 구현이라고 이해하려 한다. 그러나 부버의 이러한 철학적 "메세지"를 하나의 교육학 이론으로 어떻게 정립하고 정교화시켜 나갈 것인가는 반 세기 전 부버 자신에게뿐 아니라 오늘날의 우리들에게도 결코 그 해법이 쉽지 않은 과제로 남는다.

---

19) 파버는 부버 철학의 철학적·교육학적 "메시지"를 "신의 형상과 마주한 인간이 이웃에 대한 책임 가운데 신의 형상을 구현해 나가는 일"이라고 해석하고 있다(Faber, 1974: 21f).

참고문헌

강선보 (1994). **「만남의 교육」**. 서울: 양서원.

이삼열 (1992). 마틴부버에서 본 대화의 철학. **「대화의 철학」**. 서울: 서광사. 227-258.

Belke, F. (1963). *Dialogischer und pädagogischer Bezug in Martin Bubers Konzeptionen des Relationalen.* In: Kluge, N. (Hrsg.) (1973). *Das pädagogische Verhältnis.* Darmstadt: WBG. 284-329.

Brezinka, W. (1964). *Die Pädagogik und die erzieherische Wirklichkeit.* In: Röhrs, H. (Hrsg.) (1964). *Erziehungswissenschaft und Erziehungswirklichkeit.* Frankfurt/M.: Akademische Verlaggesellschaft. 192-220.

Buber, M. (1962). *Elemente der Zwischenmenschlichen.* In: Buber, M. (1962). *Das Dialogische Prinzip.* Heidelberg: Lambert Schneider. 269-298.

Buber, M. (1964). *Reden über Erziehung.* 8. Aufl.. Heidelberg: Lambert Schneider.; 우정길 옮김(2010). **「교육강연집」**. 서울: 지식을 만드는 지식.

Buber, M. (1965). *Urdistanz und Beziehung.* 3. Aufl.. Heidelberg: Lambert Schneider.

Buber, M. (1979). *Ich und Du. 10. Aufl..* Heidelberg: Lambert Schneider.

Caselmann, C. (1974). *Martin Buber als Erzieher.* In: Gerner, B. (Hrsg.)(1974). *Martin Buber. Pädagogische Interpretationen zu seinem Werk.* München: Ehrenwirth. 110-124.

Faber, W. (1974). *Martin Buber über Erziehung.* In: Gerner, B. (Hrsg.)(1974). *Martin Buber. Pädagogische Interpretationen zu seinem Werk.* München: Ehrenwirth. 10-23.

Grytzka, U. (1981). *Die gegenwärtige Rezeption Martin Bubers in der Pädagogik.* In: *Zeitschrift für Pädagogik* 27. 53-64.

Höltershinken, D. (1971). *Religiöse Erziehung bei Martin Buber.* In: *Vierteljahrschrift für wissenschaftliche Pädagogik* 47. 121-139.

Klafki, W. (1964). *Dialogik und Dialektik in dergegenwärtigen Erziehungswissenschaft.* In: Kluge, N. (1973): *Das pädagogische Verhältnis.* Darmstadt: WBG. 344-377.

Kurzweil, Z. E. (1968). *Martin Bubers Erziehungslehre und die Moderne.* In: Kluge, N. (Hrsg.) (1973). *Das pädagogische Verhältnis.* Darmstadt: WBG. 418-436.

Reger, A. (1966). *Der unterrichtliche Dialog. Zu einer Didaktik im Geiste Martin Bubers.* In: *Pädagogische Welt* 20. 226-234.

Reitermeyer, U. (1995). *Dialogisches Prinzip und pädagogische Begegnung.* In: *Vierteljahrschrift für wissenschaftliche Pädagogik* 71. 442-454.

Rödler, P. (1996). *Martin Buber: Anachronismus oder neue Chance für die Pädagogik?* In: Vierheilig, J., Lanwer-Koppelin, W. (Hrsg.) (1996): *Martin Buber: Anachronismus oder neue Chance für die Pädagogik?* Butzbach-Griedel: AFRA. 1-5.

Röhrig, P. (1964). *Der Begriff der Verantwortung bei Martin Buber.* In: Eckert, W.P., Ehrlich, E. L. (Hrsg.) (1964). *Judenhass - Schuld der Christen?!* Essen: Hans Driewer. 457-478.

Schorb, A. O. (1958). *Erzogenes Ich und Erziehndes Du.* Stuttgart: Ernst Klett.

Suter, A. (1990). *'Beziehung erzieht' - Zum erzieherischen Verhältnis bei Buber.* In: *Pädagogische Rundschau* 44. 171-180.

Theunissen, M. (1963/1964). *Bubers negative Ontologie des Zwischen.* In: *Philosophisches Jahrbuch.* 319-330.

Thnenissen, M. (1977). *Der Andere.* Berlin/Newyork: Walter de Gryter.

Tischner, W. (1985a). *Der Dialog als grundlegendes Prinzip der Erziehung.* Frankfurt/M.: Peter Lang.

Tischner, W. (1985b). *Das dialogische Prinzip in der Erziehung und die Entwicklungsstufen der kindlichen Aktivität.* In: *Pädagogische Rundschau,* 39. 469-489.

Woo, J.-G. (2012). *'Inclusion' in Martin Buber's Dialogue Pedagogy.* In: *Zeitschrift für Erziehungswissenschaft 15*, 829-845.

인간 본성(本性)의 교육적 의미에 대한 고찰

- 합리성, 자연성, 본래성의 통합적 관점에서 -[1]

심 승 환(안양대학교)

Ⅰ. 머리말

교육은 인간이 인간을 위해 하는 행위이다. 따라서 교육의 목적과 내용과 방법은 인간에 대한 충분한 이해를 기본으로 구상되어야 한다. 인간이란 무엇인가? 이 질문은 인류의 역사 이래 가장 근본적인 질문이었고 동서고금의 철학 사상에서 가장 중심적인 주제였다. 물론 포스트모던 사회로 접어들면서 불확실성, 변화, 다양성 등이 강조되면서 근본적이고 항구적인 주장에 대하여 많은 비판이 제기되었으나, 인간이 스스로의 존재에 대한 의문을 품고 탐구하는 그 자체는 여전히 지속되고 있다. 인간이란 무엇이라고 간략 명료하게 정의내릴 수 없다고 하더라도 다양한 방식으로 인간의 속성을 접근할 수 있고, 심지어는 인간에 대한 불가지론(不可知論)의 주장일지라도 그 이유를 제시하기 위해서는 인간에 대한 탐구가 선행되어야 할 것이다.

인간에 대한 탐구는 어떠한 외재적인 필요성 이전에 인간 스스로의 본연적 호기심, 탐구욕에서 비롯된다. 인간이 세상을 살아갈 때 마주하는 것은 다양한 대상, 사물, 타인 이전에 - 혹은 그와 더불어 - 자기 자신이다. 각 개인은 자신의 성격과 외모에서부터 시작하여 '나는 누구인가?' '나는 어디에서 왔는가?' '나의 특성은 무엇인가?' '나는 왜 존재하는가?' 등의 좀 더 깊은 질문에까지 관심을 가진다. 특히 자아에 대한 호기심이 왕성한 청소년기에 이러한 관심은 자연스럽게 나타난다. 개인의 정체성, 특성에 대한 관심은 조금 더 나아가면 여러 사람들이 함께 가지는 속성, 인간의 본성에 대한 관심으로 연장된다. 나와 너, 우리가 인간으로서 함께 공유하는 어떤 지혜, 감정, 의지

---

1) 이 글은 「교육철학연구」 34권 2호(2012.6)에 게재된 논문을 일부 수정, 보완한 것이다.

는 없을까? 아마 이것은 인간이 서로 관계를 형성하고 공동체 혹은 사회를 이루고 사는 한 서로의 상호작용에 있어 자연스럽고 필연적인 질문일 것이다.

인간에 대한 탐구는 이러한 본연적 호기심의 발로 이외에 인간이 삶을 올바르게 혹은 잘 살아가기 위해 필요하다. 우리가 차를 잘 관리하려면 차에 대하여 잘 알아야 할 것이고 생명체인 식물이나 애완동물을 잘 키우려면 그것을 잘 알아야 할 것이다. 이와 유사하게 인간이 자신이 어떠한 존재인지 알지 못한다면 자기에게 무엇이 필요한지, 무엇을 추구하여야 하는지, 어떻게 행동하는 것이 자기에게 좋은지를 알 수 없게 된다. 나아가 인간이 관계를 형성하고 공동체를 이루어 살 때 인간으로서 공유하는 속성 혹은 본성에 대한 이해는 상호작용과 공감대 형성, 나아가 공동 목적의 추구에 필수적인 자원이 될 것이다. 갑이라는 존재가 A를 필요로 하며, 을이라는 존재도 A를 필요로 하며, 병이라는 존재도 A를 필요로 한다면 우리는 그들을 위해 A를 하여야 할 것이다. 즉 인간 이해는 개개인이 아니라 함께 사는 인간으로서 함께 필요로 하며 추구하여야 할 바를 알고 무엇이 우리에게 공통적으로 좋은 방법일지를 알게 하는 원천이 될 것이다.

교육은 인간이 인간을 가르치고 배우는 행위이다. 가르치고 배우는 목적은 인간을 지적, 정서적, 의지적, 신체적으로 더욱 올바르고 좋으며 아름다운 상태로 변화·성장시키는 것이다. 이를 위해서는 인간이 어떠한 상태이며 무엇이 필요하며 무엇을 바라는지를 알아야 한다. 갑은 A를 필요로 하는데 B를 주면 좋은 상태로의 변화는 기대할 수 없다. 또한 갑은 A를 추구하는데 B를 강요한다면 이것은 설사 B를 주입했다 하더라도 갑이 본연적으로 추구하는 가치 실현과는 거리가 멀 것이다. 만약 어떤 자동차의 타이어가 펑크가 났는데 오일만 간다고 제 구실을 할 것인가? 그 자동차의 본래 용도는 화물용인데 경주를 하라고 한다면 어떻겠는가? 이런 경우에서 자동차를 좋게, 아름답게 만들기 위해서는 그 자동차가 사고나 다른 이유로 훼손되지 않은, 본래 공장에서 만들어졌을 때의, 원형의 모습을 알아야 된다. 생물도 마찬가지로 꽃이 만개하여 가장 아름다운 것처럼 건강하게 장성한 상태를 알아야 그것을 모본으로 잘 키우고 보살필 수 있다. 이와 유사하게 인간이 인간으로서 가장 아름답고 훌륭하게 되려면 인간이 왜곡되거나 훼손되지 않은 본연의 상태, 부족하지 않게 그 본래적 총체를 완전히 드러낸 모습을 알아야 할 것이다. 이것을 많은 학자들은 인간의 본성(本性, nature) 및 본래성(本來性, authenticity)이라 칭하여 탐구하였다.[2)]

그런데 문제는 무엇인가? 인간의 자연적 성향으로서 또한 필연적인 요구로서 인간 이해가 중요함에도 불구하고 현대 사회에 들어오면서 '인간이란 무엇인가?', '나라는 존재는 누구인가?'와 같은 질문과 탐구가 점점 쇠퇴하고 사라져간다는 것이다. 인간이 어떤 존재며 무엇을 추구하여야 할지 그 의미와 목적에 대한 탐구는 어떻게 하면 주어진 목표를 효율적으로 달성시키느냐의 당면한 과제수행에 의해 가려진다. 성인들은 국가와 기업에서 요구하는 생산성 향상에 목숨을 걸고 아이들은 시험성적(좋게 말하면 학업성취도)에 목숨을 거는 상황에서 자기 존재에 대한 탐구는 있을 자리가 없다. 바로 이것이 현실이다. 한국뿐만이 아니라, 아직도 원시적인 생활을 영위하는 일부 지역을 제외하곤 거의 세계적인 현실이다.

교육 현장은 어떠한가? 유치원에서부터 대학교육에 이르기까지 교사와 학생은 자신에 대하여, 인간에 대하여 성찰하는 것이 아니라, 어떻게 하면 주어진 과제를 효과적으로 수행하게 하느냐, 성적을 올리느냐, 강의평가 점수를 올리느냐에 혈안이 되어 있다. 이것은 아마 근본적으로 교육 당국과 기업들이 그러한 미시적 생산성, 효율성 향상에 초점을 맞추어 운영되기 때문일 것이다. 인간이란 무엇인가의 문제가 과연 알 수 있는 것인가, 알 수 없다면 왜 알 수 없는가에 대한 심도 있는 탐구를 하기도 전에 사람들은 이것을 뜬구름 잡는 한가한 질문으로 치부해 버린다. 교육학, 교육철학 분야에서도 근래에는 이러한 근본적 질문을 다루는 연구는 흔치 않다. 문제를 해결하느냐, 하지 않느냐 보다 더 중요한 것은 그 문제가 필연적으로 중요한가이다. 인간의 삶과 인간

---

2) 인간의 본성(nature)과 본래성(authenticity)은 동일 개념은 아니다. 본성은 인간이 본디부터 지닌 고유한 성질을 의미하며 본래성은 근원의, 진실한, 주된 성질, 행위자 스스로의 결의에 의한 행동 성향을 뜻한다(본래성의 개념에 대해서는 본고의 Ⅳ장 1절을 참조 바람). 전자는 여러 학문분야와 철학 사상에서 두루 다뤄진 개념인데 비해 후자는 주로 실존주의 철학에서 다루어졌다(그러나 authenticity를 어원적으로 볼 때 꼭 실존주의의 고유한 개념은 아님). 본성은 생멸의 순환을 가진 자연법칙과 같이 본래의 것으로 돌아가는 법칙성이 있다. 본성관에 따를 때 인간도 본래 가지고 있는 성질로 돌아가야 하는 필연적 규범성을 가진다. 이것은 인간 행위의 도덕적, 윤리적 규범성으로도 연결된다. 이것은 본래적인 것에 대비되는 후천적이고 인위적인 것, 문화(culture)와 대비된다(자연 혹은 본성과 문화의 이분법에 대한 데리다의 비판은 여기서 다루지 않겠다). 이러한 본성의 의미는 본래성이 어떤 부차적으로 생성된 것이 아닌 근원에서 직접적으로 비롯된 의미로 볼 때, 본래성과 상당 부분 연결된다. 양자는 어원, 사전적 의미, 사상적 맥락 모두에서 중요한 연결성을 지닌다. 이것이 양자를 동일한 의미로 바꾸어 사용되어도 좋다는 것은 아니나 양자가 인간의 본래적인 성향, 마땅히 추구해야 하는 바람직한 성품을 논의할 때 중요하게 연결된다는 점을 연구자는 강조하고 싶다. 특히, 본래성을 단지 실존주의 철학의 진실성, 결의 등에만 한정하지 않고 'authentikos'라는 어원, 근원의 라는 의미로 본다면 본성과 상통한다. 본고에서 인간 본성을 합리성, 자연성, 본래성의 세 가지 성향으로 나누었을 때의 본래성은 주로 실존주의의 주장에 의거한 협의의 '본래성' 개념이나, 서론이나 결론에서 연구자가 사용하는 '본래성' 개념은 인간의 근원적인 성향이자 마땅히 추구하고 회복하여야 할 성품 즉, 인간 본성에 상응하는 광의의 개념임을 독자들은 주지해주길 바란다.

교육에서 인간 존재에 대한 탐구가 없어진다면 어떻게 될 것인가? 그것이 이미 충분히 다루어져서 더 이상 다룰 필요가 없는가? 인간은 동물과 같이 보상과 처벌을 통해 강화시킬 수 있는 존재라는 이런 연구로 충분한가? 문제는 우리가, 특히 인간 교육에 관심을 두는 사람들이, 인간 존재에 대한 근본적 고민을 중단하는 순간, 전술하였듯이 무엇이 진정 필요한지, 무엇을 추구하고 어떻게 하는 것이 좋은 것인지를 알지 못한 채, 단지 무엇이 주어지든 그것을 달성하는 것에만 몰두하는 기계가 될 것이라는 점이다.

바로 이 연구의 분명한 필요성은 이러한 근본적 문제 인식에 있다. 본 연구는 이러한 문제 인식을 바탕으로 동서고금의 주요한 철학 및 종교 사상 중에서 인간을 이해하는 데 - 특히 교육과 관련하여 - 핵심적이고 중요한 것들을 중심으로 크게 세 가지 유형으로 나누어 접근하고자 하였다. 첫째는 인간의 지성(知性) 또는 합리성(rationality)에 초점을 둔 유형이고, 둘째는 정(情)의 차원 혹은 자연성(naturalness)에 초점을 둔 유형이며, 셋째는 의지의 차원 및 본래성(authenticity)에 초점을 둔 유형이다. 첫째 유형은 플라톤(Plato), 칸트(I. Kant), 자유교육론의 주장을 고찰하였고 둘째는 유학(특히 孔子와 孟子)과 루소(J.J. Rousseau)를, 셋째는 실존주의 및 테일러(C. Taylor)의 주장을 고찰하였다. 인간 성향은 이 외에도 실천(활동성), 예술성, 사회성 등 다양하게 볼 수 있으나[3] 연구자는 위의 세 차원이 인간의 다양한 성향들을 특징적으로 대표하면서 포섭하는 가장 포괄적이고 중요한 인간 성향이며, 이 상이한 세 차원을 함께 고찰할 때 인간의 본래적인 완전한 모습을 충분하게 이해할 수 있다고 본다.[4] 인간은 지성, 감성, 의지를 복합적으로 소유하고 있으며 지성은 어떠한 사태에 대하여 이유와 근거를 논리적으로 구명하는 합리성과 상통하며, 감성은 어떤 상황에 처하여 내면에서 발로하는 정서, 태생적인 자연성과 연결되며, 의지는 세태에 따라가고 안주하는 성향과는 반대되는 자신이 스스로 고유하게 내리는 결의의 차원 곧 본래성과 연결된다. 지, 정, 의가 인간 행위의 근간이 되는 세 가지 중심축이라고 한다면 이 세 가지 축이 작동하는 방식, 유형을

3) 예컨대 슈프랑거(Spranger, 1928)는 인간의 성향에서 비롯된 특징적인 유형을 이론적, 경제적, 미적, 사회적, 정치적, 종교적인 여섯 가지 유형으로 보았다.

4) 인간의 본성과 성향은 같은 개념은 아니다. 성향(性向; inclination)은 어떠한 성질에 따라 추구하는 행위의 방향성을 뜻한다. 따라서 인간의 성향은 인간의 타고난 성질인 본성에 의거한다. 만약 인간의 본성이 지성 혹은 합리성이라면 그 성향은 지적이고 합리적인 행위의 방향성을 드러낼 것이다. 인간의 본성이 감성이라면 그 성향은 감정과 감수성에 따른 행동 특성을 보일 것이다. 만약 인간 본성이 지·정·의의 통합성이라면 그 성향도 세 가지가 통합된 행동 특성을 보일 것이다. 본고는 인간의 성향들이 합리성, 자연성, 본래성으로 드러나며 이들은 인간 안에서 공존하며 또한 이들이 온전히 조화롭게 되어야 본래적인 인간 성품(전인성)을 이룰 수 있음을 주장하고자 한다.

설명하는, 인간의 중심 되는 삼대 성향을 합리성, 자연성, 본래성이라 하겠다. 각 유형에 관한 많은 사상 및 사상가들이 있으나 연구자는 위의 사상 및 사상가들이 각 유형을 대표할만한 심도 있는, 특히 교육과 관련하여 충분한 설명과 함의를 주는 것이라 판단하여 이같이 선택하여 고찰하였다. 인간의 세 차원의 성향인 합리성, 자연성, 본래성의 종합적 고찰을 통하여 인간의 본성 및 본래성을 성찰하고 이것이 인간의 교육에 어떠한 의미를 시사하는지를 논의하는 것이 이 연구의 목적이다. 결론 부분에서 연구자는 합리성(知), 자연성(情), 본래성(意)의 긴장 및 갈등관계, 나아가 이들이 어떻게 조화될 수 있는지를 논의하면서 통합적 차원의 전인 교육의 의미와 이상을 재조명하고자 하였다.

그동안의 본성 및 본래성에 대한 연구들은 플라톤, 루소, 맹자, 순자, 실존주의 등 하나의 사조나 사상가를 중심으로 단편적으로 이루어져 왔다. 전통철학이나 종교 사상에서 주로 다룬 '본성'이란 개념과 실존주의(니체, 하이데거 등)에서 주로 다룬 '본래성'의 개념을 함께 다룬 연구도 거의 없었다. 인간의 성향은 다양하게 볼 수 있지만 그것이 인간이란 존재 안에 함께 있다면 연구 방법도 다양한 차원의 접근을 함께 고찰하고 이를 종합적으로 살펴보아야 할 것이다. 한 쪽에 치우쳐 바라본다면 온전한 인간의 모습을 파악하기란 힘들 것이다. 바로 이러한 이유로 다양한 사상들을 함께 다루게 된 것이다.[5] 이 연구는 동서고금의 주요 사상을 함께 고찰하며 인간의 합리성, 자연성, 본래성을 교육과 관련하여 통합적으로 다루었다는 점에서 기존 연구들과 구별되는 독창적 의의를 갖는다고 본다. 이하 본론에서는 각 차원의 주요 주장들을 차례로 살펴보겠다.[6]

---

5) 연구자는 인간 본성에 대한 연구뿐만 아니라 인간을 다루는 교육에 관련된 연구들이 이러한 비교·종합의 통합적 접근을 취해야 한다고 본다. 교육의 근본을 다루는 교육철학에서 이러한 접근을 선도하여야 함에도 그간의 연구에서 보면 어떠한 주제나 담론을 중심으로 다양한 사상, 철학사조, 사상가 등을 비교하고 종합하는 연구는 적었고 이러한 방식은 깊이가 얕다는 선입관이 많이 작용하였다고 본다. 인간과 교육이 다양한 차원의 통합적 실체라면, 그 접근도 앞으로 다양한 차원의 통합적 접근들이 많이 활성화되어야 한다고 본다. 인간과 교육에 대한 연구는 독일의 교육학계에서 활발한 성과를 보였다. 철학뿐만 아니라 심리학, 의학 등 타 학문의 성과들을 종합하여 통합과학적 인간학의 관점에서 인간을 조명하려고 시도한 플리트너(Flitner)나 인간의 다양한 상황과 활동들을 철학적, 현상학적으로 탐구하고 이를 교육적으로 해석하며 철학적 인간학, 인간학적 교육학의 장을 연 볼르노(Bollnow) 등은 인간 이해와 교육학에 획기적인 기초를 쌓았다고 본다(정혜영, 2005 참조). 본고는 이와는 조금 다른 측면에서 동서고금의 철학 사상에서 주목한 인간의 세 차원, 합리성, 자연성, 본래성을 인간 교육과의 연결 속에서 종합적으로 다루고자 한다.

6) 본고의 특징을 독자들과의 소통을 위해 간략히 소개하고자 한다. 본고는 한가지 주제를 가지고 다양한 사상들을 다루기에 그 논리적 맥락을 유지하기 위해 중요한 쟁점이 되는 논의들을 각주에 싣고 본고의

Ⅱ. 합리성(知)의 차원에서 본 인간과 교육

1. 플라톤의 이성 중심의 인간

지성 혹은 이성[7]의 차원에서 인간 존재를 주목하였던 철학적 전통은 플라톤에서부터 시작된다. 물론 그 이전에도 인간에게 동물과 구별되는 고급의 지적 능력이 있음은 많은 사람들이 인지하고 있었을 것이다. 그러나 인간의 이성 혹은 지성의 중요성과 의미를 처음으로 체계적·이론적으로 고찰한 사람은 바로 플라톤이다. 모든 사물은 각자의 고유하고 본질적인 성향을 지닌다. 모든 꿀벌은 나름대로 다르지만 꿀벌을 다른 곤충이 아닌 꿀벌이도록 하는 그 무엇이 있다(Plato, 1953a, Meno: 72). 의자를 의자이게 하고 탁자를 탁자이게 하는 그것, 곧 장인이 애초에 그것을 만들 때 의도한 그 사물에 관한 아이디어가 있다(Plato, 1953c, The Republic: 596). 마찬가지로 사람 각자는 나름대로 다 다르지만 사람을 사람이도록 하는 그 무엇이 있다. 바로 그 무엇이 사물과 인간의 본성이며 이것은 플라톤의 용어로 하면 이데아(eidos; idea)이다. 이러한 이데아, 본성은 시간과 공간에 따라 사람에 따라 달리 인식되는 것이 아니라 객관성, 불변성, 항구성, 보편성을 지닌다. 시간과 공간을 초월하여 사람을 사람이게 하는 그 무엇은 무엇인가? 플라톤은 인간은 크게 영혼과 육체로 이루어진다고 본다. 물리적인 혹은 가시적인 세계에 속하는 육체는 변화무쌍하지만 정신적이고 형이상학적인 세계에 속하는 영혼은 영원하고 불변한다. 영혼은 이미 인간이 태어나기 전부터 지니고 있고 이것은 곧 인간에 내재되어 수학 또는 기하학과 같은 어려운 학문적 원리도 추론하여

핵심인 종합적 논의를 결론에서 다루었다. 물론 중간에 사상들 간의 연결 및 비교 논의가 있으나 결론에 중요한 종합논의가 집중되어 있다. 따라서 독자들은 결론을 특별히 주목해주시고 반드시 각주까지 꼼꼼히 읽어 주셨으면 좋겠다. 연구자가 보기에 중요한 개념어, 어구를 이탤릭체로 표시하였다.

7) 지성(intellect)과 이성(reason)은 엄밀하게 보면 다르다. 지성은 주로 감각기관에 의하여 들어온 정보를 개념으로 만드는 지적 능력을 의미하나, 이성은 사태의 이유를 탐구하며 진위나 선악을 식별하여 판단하는 능력을 의미한다. 즉, 지성이 '그것이 무엇인가?'라는 질문에 대한 응답을 추구한다면 이성은 주로 '그것은 왜 그러한가?'의 질문에 대한 응답을 추구한다. 그러나 넓은 의미에서 지성은 단지 개념을 아는 것이 아니라 그 개념에 이르는 합리적 추론과정 및 그 개념을 통한 합리적 판단까지 포함한다고 보면, 이성의 영역까지 포괄한다고 볼 수 있다. 이성 역시 넓은 의미에서 보면 추론 또는 판단 이전의 또는 그 과정상의 개념정립까지 포함하기에 지성을 포함한다고 볼 수 있다. 이렇게 광의로 볼 때, 양자는 그 영역이 크게 벗어나지 않는다. 한편, 합리성(rationality)은 이성에 의한 분별력을 의미하나 광의로는 어떤 생각이 정당한 이유를 가지고 있음을 의미한다. 이렇게 볼 때, 광의의 합리성은 이유를 탐구하며 올바른 판단을 추구하는 이성과 크게 다르지 않다고 본다. 이러한 이유로 본고에서는 이성, 합리성, 지성을 큰 구분 없이 같은 범주로 사용한다.

이해할 수 있는 지적, 합리적 능력을 가능케 한다(Plato, 1953a, Meno: 82c-85d에서 아무런 기초 지식도 없는 노예소년이 기하학의 원리를 이해하는 과정 참조). 바로 이 영혼, 좀 더 구체적으로 좁혀 이야기하면 지성과 합리성이 곧 인간의 가장 근본적이고 중요한 속성, 보편적이고 항구적인 속성인 본성이라 볼 수 있다.[8)]

인간의 합리성, 지성은 왜 중요한가? 플라톤에 따르면, 인간(넓은 의미의 영혼)은 좀 더 세분하면 세 가지 부분으로 이루어진다. 가장 저층에 감각적 욕망(appetite)이 위치한다. 이것은 신체적인 욕구를 비롯해 물질에 대한 욕망을 포함한다. 생리적 욕구와 같은 생존에 기본적으로 필요한 것들이 적절한 선에서 충족되면 좋겠으나, 해롭고 불필요한 욕망들이 정도를 넘어 인간을 지배하게 되면 인간이란 생명체를 파멸로 이끌게 된다(Nettleship, 1953; 김안중 역 1989: 32). 인간을 구성하는 두 번째 부분은 의지(thymos; spirit or will)이며 이것은 욕망의 위, 신체적인 부위에 비유하면 가슴에 위치한다. 이것이 적절히 조절될 때 '용기' 있는 사람이 되지만 정도를 지나쳐 통제되지 못할 때 광기와 잔인성으로 발전하게 된다. 이것은 좋지 않은 것에 대해 혐오감을 느끼고 불의한 일에 대하여 의분(義憤)을 느끼는 긍정적인 측면을 가지나, 한편으로 적절히 통제되지 못할 때 야심, 경쟁심, 권력욕, 명예욕, 공격성 등으로 표출될 수도 있는 양날의 검이다. 마지막으로 인간을 구성하는 최상위의, 머리에 해당하는 부분은 이성(reason)이다. 이성은 올바르고 선한 것이 무엇인가를 확실한 이유와 근거에 의하여 생각하도록 하여 합리적인 판단과 조화로운 행위를 이끌게 하는 것이다. 이것은 부적절한 충동과 욕심을 적절히 제어하여 인간의 조화로운 상태를 이끈다. 이성을 통해 인간은 알콜 중독을 막고 권력욕을 억제할 수 있다. 인간은 마치 두 마리 말이 끄는 마차와 같다. 여기서 한 마리 말은 욕망에 해당하고 다른 말은 의지에 해당하며 마부는 이성으로 욕망과 의지를 적절한 선에서(中庸 혹은 harmony를 이루도록) 통솔한다(Plato, 1953b, Phaedrus: 253-254). 이 중에 의지는 욕망이 지나쳤을 때 혐오감이나 의분을 느끼게 하여 욕망을 통제하고 이성의 협력자, 수호자로 기능하나 의지 자체가 지나친 야망, 공격성으로 도를 지나칠 때 오로지 이성만이 이를 올바로 통제할 수 있다는 점에서 이성은 인간을

---

8) 보다 정확히 표현하면 플라톤이 육체라고 하여 본성이 아니라고 한 것은 아니다. 영혼과 육체 모두 인간 본성을 구성하는 요소이나 영혼이 높은 차원의(보다 근본적인 차원의) 인간 본성이라면 육체는 낮은 차원의 본성이라고 할 수 있다. 학자들에 따라서는 넓은 의미의 영혼에 육체적인 부분까지 포함시켜 이해하는 학자도 있다(예컨대, R. L. Nettleship). 플라톤뿐만 아니라 이하에서 논의하는 어떠한 학자나 사상도 극단적으로 어느 한 요소만이 인간 본성이라고 단정 짓지는 않는다. 다만 그 중에 무엇을 더욱 중요하게, 근본적으로 보느냐 하는 것에 본고는 초점을 두겠다.

올바르고 선한 상태, 가장 조화롭고 행복한 상태로 이끄는 최상위의 가장 중요한 요소라 할 수 있다.9)

그렇다면 이성이 지배하는 조화로운 인간은 어떻게 될 수 있는가? 그것은 개인 내적으로는 욕망과 의지를 이성이 통솔하는 것이고 인간 사회로서는 지혜로운 사람이 욕망과 의지가 앞서는 사람들을 다스리도록 하는 것인데 이러한 상태를 실현하는 것은 적절한 교육을 통해 가능하다. 바로 여기서 인간 본성과 교육의 연결이 이루어진다. 교육은 합리적이고 지적인 사람이 되도록, 즉 인간이 보다 참다운 상태, 올바르고 아름다운 상태를 실현하기 위해서는 반드시 적절한 교육이 필요하다는 것이다. 교육은 인간의 참다운 본성 실현의 필수 조건인 것이다.

플라톤은 인간은 배움을 가능하게 하는 볼 수 있는 능력(faculty)을 가지고 있으므로, 교육은 지식을 주입하는 것이 아니고 타고난 지적 능력을 바탕으로, 감각경험에 의존한 변화하는 이미지에 좌우되지 않고 불변의 실재, 나아가 영원한 근원인 선의 이데아를 성찰하도록 방향 전환시켜야 한다고 주장한다. 이 변화를 가장 쉽고 효과적으로 이끄는 역할이 바로 가르침이다(Plato, 1953c, The Republic: 518c-d). 선분의 비유(The Republic VI)와 동굴의 비유(Plato, 1953c, The Republic: 514-516)를 통해 플라톤은 인간이 이미지, 실제 사물, 수학적 추론, 제일원리를 각각 상상, 믿음, 이해, 순수이성에 의해 인식하는 단계 및 과정을 설명한다. 상상이나 믿음은 감각경험에 의존하는 가시계(visible world)에 속하고 이해와 순수이성은 지성을 사용하는 가지계(intellectual world)에 속한다. 중요한 점은 플라톤의 인식론(교육론)이 존재론(본성론)과 밀접하게 연결된다는 점이다. 즉, 주관에 의하여 변화하는 인식의 단계는 육체와 감각적 욕망에 좌우되는 형이하학적(물리적) 존재에 상응하고, 합리적 지성에 의하여 불변의 실재와 이데아를 사유하는 인식의 단계는 영혼과 이성에 의해 주도되는 형이상학적(정신적) 존재에 상응한다. 즉, 플라톤은 인간이 자기 자신 안에 있는 합리적 본성, 지성을 일깨워 사물과

9) "그가 지배를 받아야만 한다고 우리가 말하는 것은 (…) 신적이며 분별 있는 것에 의해서 지배받는 것이 모두를 위해 낫기 때문일세."(The Republic 590d). "사실 올바름(…)은 외적인 자기 일의 수행과 관련된 것이 아니라, 내적인 자기 일의 수행, 즉 참된 자기 자신, 그리고 참된 자신의 일과 관련된 것일세. 자기 안에 있는 각각의 것이 남의 일을 하는 일이 없도록, 또한 혼의 각 부류가 서로를 참견하는 일도 없도록 하는 반면, 참된 의미에서 자신의 것인 것들을 잘 조절하고, 스스로 자신을 지배하며 통솔하고, 또한 자기 자신과 화목함으로써 이들 세 부분을 마치 영락없는 음계의 세 음정(…)처럼 전체적으로 조화시키네. 또한 혹시 이들 사이의 것들로서 다른 어떤 것들이 있게라도 되면, 이들마저도 모두 함께 결합시켜서는, 여럿인 상태에서 벗어나 완전히 하나인 절제 있고 조화된 사람으로 되네. 이렇게 되고서야 그는 행동을 하네."(Plato, 1953c, The Republic 443d-e).

세계의 본성, 객관적이고 보편적인 실재를 사유하도록 인도되는 것이야말로 인간 개인 및 인간 공동체의 아름다움(탁월함)이나 정의를 실현할 수 있는 길이라 본 것이다. 인간이 깨달아야 할 것은 붉은 장미나 하얀 앵무새가 아름답다는 것이 아니라 그러한 주관에 따라 달리 보이는 아름다움의 예들에 공통된 근본 성질, 관점에 따라 변하지 않는 아름다움을 아름답게 만드는 근본 원인이다(Rosen, 2005: 255). 그런데 그 인식의 단계, 교육의 과정은 점진적이고 사람에 따라 상이하다.10) 플라톤이 이상적으로 본 교육의 완성, 궁극적 목적은 모든 것의 근원, 영원불변한 진리인 선의 이데아를 사유하고 깨닫는 단계이지만 여기에 이르는 것은 '동굴의 비유'에 따를 때 왜곡된 감각경험에 사로잡힌 가장 낮은 단계에서부터 모형과 사물을 통해 추론하고 원리를 지성에 의하여 이해하여 가는 점진적인 과정에 의하여 가능하다. Meno의 대화 과정을 보면 덕이란 가르칠 수 있는가의 문제에서부터 시작하여 꿀벌의 예를 통해 주관성과 객관성의 문제, 이를 통해 과연 남녀노소 모든 인간과 연관되는 덕이란 있는가의 문제를 논의함을 통해 절제와 정의와 같은 보편적인 덕이 존재함을 추론하여 낸다. 이러한 대화 과정은 끊임없이 원인들을 묻고 추론하며 이해하는 합리적 사유과정으로 잠자던 인간의 지성을 불러일으켜 인간과 세계의 불변하는 객관적 본성(眞善美)을 깨닫도록 하는 것이다.

---

10) 플라톤은 교육의 단계에서 사람의 성향과 능력에 따라, 곧 생산자가 될 사람, 수호자가 될 사람, 통치자가 될 사람의 교육과정을 구분하여 본다. 음악, 문학, 체육 등의 교육은 모두가 공통적으로 배워야 하나 수학, 기하학, 천문학 같은 교과는 그보다 상위의 지적 능력을 가진 자들에게만, 변증법(철학)은 추론적 이해능력이 있는 자들에게만 허용된다. 이렇게 볼 때, 플라톤이 추구하는 최상위의 인간 상태, 혹은 합리적인 지적 능력을 온전히 구현하는 인간상은 오직 소수 엘리트 집단에만 한정된다고 볼 수 있다. 이때 두 가지 문제가 발생한다. 첫째, 합리성 혹은 지성을 모든 인간의 본성으로 보는 것이 과연 가능한가? 둘째, 플라톤이 최상위의 상태라 본 이성의 지도가 만약 소수집단에 한정되는 이상이라면 과연 그것을 모든 인간의 본성과 관련하여 논의할 수 있겠는가? 첫째 문제는 정도의 차이는 있으나 어느 누구도(예: 메논의 노예소년의 경우) 이성은 가지고 있기에 인간의 본성이라고 대답할 수 있겠다. 그러나 이성 외의 다른 부분들(의지나 감정적 부분)이 더욱 우세한 인간들이 더 많기에 플라톤의 설명이 설득력을 가지려면 이러한 인간들도 어떻게 이상적인 상태인 이성에 의해 조화롭게 지도되는 상태로 될 수 있을지를 충분히 해명해야 할 것이다. 그러나 플라톤은 인간 계층에 대한 분명한 구분에 의하여 교육수준에 엄연한 한계를 설정하기에 그러한 저층의 인간들도 이성에 입각한 인간의 본연적 아름다움(탁월성)에 이를 수 있는가 하는 점에 충분한 설명을 주지 못한다. 달리 말하면 인간의 가장 아름다운 본성의 실현은 오직 소수 엘리트만이 가능한가라는 문제이다. 다른 사람들은 그러한 최상위의 본성을 실현한 철인통치자의 통치를 수동적으로 받음으로써 본성 실현이 가능한 것인가? 모든 사람이 각자의 수준에 맞게(이성, 의지, 감정 등의 비중) 사는 것 - 생산자는 절제, 수호자는 용기, 통치자는 지혜의 발현 - 이 본성 실현이라면 본성은 계급화되어 있는가? 가장 아름다운 본성의 실현은 극소수 철인통치자만이 아니라 모든 인간이 가능하다고 보아야 진정한 인간 본성이라 할 수 있지 않겠는가? 인간 본성 및 이의 실현은 모든 인간에게 공통적이고 근본적인 것이라면 그것의 차별화, 계급화는 논리적인 모순 아닌가? 이것이 연구자가 보는 플라톤 본성론 및 교육론의 한계이며 이하의 장에서 다른 사상들을 고찰함을 통해 이에 대한 대안을 볼 것이다.

원인들에 대한 추론된 이해를 가진 사람은 이것이 견고하고 참다운 지식이 되어 이를 내면에 지속적으로 간직하게 되며 그에 따라 행하게 된다(Plato, 1953a, Meno: 97-98). 정리하자면, 플라톤은 인간이 최상의 본성인 이성의 지도하에 다른 부분들이 아름답게 조화를 이룬 상태야 말로 가장 이상적인 상태이며, 여기에 도달하는 것은 교육의 과정, 즉 감각경험을 넘어서 합리적 추론능력을 일깨워 이를 통해 세계(인간 자신을 포함)의 영원한 근원, 불변의 객관적 본성을 깨닫는 과정을 통하여 가능하다고 본다.

2. 칸트, 자유교육론의 관점

플라톤의 이성을 중심으로 하는 인간관은 칸트 및 합리주의 사상에 의하여 계승되었다. 칸트는 인간의 자유와 도덕적 책임에 대해 확고한 신념을 가지고 인간은 자유롭고 이성적인, 도덕적 판단을 내릴 수 있는 존재로 보았다. 칸트는 각자의 성향에 의해 지배되는 것이 아니라 이성에 의해 타당하게 입법된 법칙에 입각하여 행동하는 인간만이 타율적 구속 -중독과 이기적 욕망 등 -에서 벗어나 참다운 자유를 누릴 수 있다고 보았다. 칸트는 『도덕형이상학원론』에서 자신의 욕망 실현을 위해 행동하는 가언 명법과 욕망과는 무관히 마땅히 옳은 바를 행하는 정언 명법을 구분하며 후자가 바로 이유에 따라 행동하는 이성적 존재, 자유로운 존재라고 본다. 그런데 칸트가 볼 때, 인간은 내면에 잠재된 이성의 능력 외에도 타고난 동물적 본능 및 방종의 강한 성향을 가지고 있기에 이를 위해 어릴 때부터의 올바른 훈육 과정이 필요하다.

> 인간은 태어날 때부터 모든 것을 자기 마음대로 하고자 하는 방종으로서의 자유를 매우 사랑하는 강한 성벽, 곧 마음의 습관을 가지고 있다. 따라서 인간이 태어나서 모든 것을 자기 마음대로 그리고 자기 마음이 쏠리는 대로 하고자 하는 방종으로서의 자유에 오랫동안 습관적으로 익숙해진다면, 인간은 모든 일들을 제쳐두고 이러한 방종으로서의 자유를 찾아서 누리는 데 온 정신과 온몸을 바칠 것이다. 바로 이러한 이유 때문에 훈육은 어려서부터 이루어져야 한다. (…) 문명화되지 않은 나라의 사람들에게서 관찰되는 것은 루소와 다른 사상가들이 주장하는바 자율로서의 진정한 자유를 추구하는 인간의 고상한 성벽이 아니라, 일정한 동물적 야만성이다. 이것은 다시 말해서 인간이 자기의 인간적 속성을 충분히 계발시키지 못한 상태를 뜻한다. 따라서 인간은 이성의 명령에

복종하는 일에 어린 시절부터 자기 자신을 익숙하게 만들어야 한다(Kant, Ueber Paedagogik: 442).

위의 인용문에서 보듯, 칸트는 인간적 속성의 계발 - 곧, 이성의 명령에 복종 - 을 위해 훈육이 필요하다고 본다. 훈육은 인간의 동물적 속성을 인간적 속성으로 변화시킨다. 칸트가 볼 때 동물과 인간의 차이는 동물은 본능에 따라 살지만 인간은 자신의 이성을 필요로 하는 존재라는 점이다. 동물은 신에 의해 주어진 본능과 환경에 따라 살지만 인간은 자신의 행위 계획을 스스로 만드는 존재이다(Kant, Ueber Paedagogik: 441). 즉, 칸트가 보는 인간성의 핵심은 이성과 자율성(autonomy)이다. 이러한 이성과 자율성을 충분히 구현하려면 일차적으로 동물적 본능을 억제하는 소극적인 방책, 훈육이 필요하고 다음으로 조야한 마음 상태를 문화화하고 지적 능력을 계발하는 적극적인 방책, 지식 교육이 필요하다.11)

칸트의 철학은 이후 정치적으로는 롤즈(J. Rawls) 등의 자유주의 사상으로, 교육과 관련해서는 피터스(R.S. Peters)나 허스트(P. Hirst)로 대표되는 자유교육(liberal education)의 주장으로 계승되었다. 양자 모두 그 근간에는 주관적, 이기적 요구에서 벗어나 객관적이고 합리적인 이성 및 자율성을 추구하는 칸트의 인간관이 있다. 자유교육론자들은 좋은 삶은 합리성을 추구하는 삶이며 교육의 목적은 합리적 마음을 계발하는 데 있다고 본다. 이 목적의 실현은 삶의 형식을 반영하는 지식의 형식에의 입문을 통하여 가능하다(유재봉, 2002: 25).

피터스는 교육이란 개념이 성립하기 위해서는 규범적 준거, 인지적 준거, 과정적 준거를 충족하여야 한다고 본다. 첫째, 교육의 규범적 준거는 내재적으로 가치 있는 것이 전달되어야 함을 의미한다. 이것은 돈벌이를 목적으로 소매치기 기술을 습득시키는 일과 구분된다. 교육은 사람 내부에 있는 잠재능력의 발달, 지력과 인격의 발달,

---

11) 플라톤과 칸트의 인간을 보는 관점에는 차이점도 존재한다. 플라톤이 이데아를 주장하며 사물자체의 본질에 초점을 둔 반면, 칸트는 사물세계를 인식하는 인간의 오성능력에 주목하였다. 이는 플라톤의 관점이 인간의 불변의 숭고한 영혼(순수이성)이 불멸·영존하며 이것에 입각할 때 선(善)이 실현된다는 다소 종교적인 특징을 지닌데 비해, 칸트의 관점은 불변의 어떠한 본성보다는, 어떠한 사태나 상황에 처하여 인간의 오성과 이성에 의해 마땅히 해야 할 바를 분별하는 실제적인 특징을 지닌다(플라톤에 비교하였을 때). 그런데 플라톤의 궁극적인 단계인 '선의 이데아', 순수한 이성의 발현은 동굴의 비유에 따를 때 과정상으로 이루어진다. 플라톤이 소수가 아닌 많은 사람들에게 진정 강조하고자 한 것은 연구자가 해석자의 시각으로 보건대 바로 이유에 입각한 합리적인 사고과정이지, 궁극적 단계(완성된 철인통치자)가 아니다. 바로 이러한 시각에서 연구자는 플라톤의 인간관과 철학은 칸트의 인간관, 도덕철학과 상통하는 점이 더 크다고 본다.

도덕적 책임감의 발달 등 교육받는 사람이 더 좋은 사람이 되도록 내재적으로 가치 있는 활동을 의미한다(Peters, 1966; 이홍우·조영태 역, 2008: 27). 둘째, 교육의 인지적 준거는 교육받은 사람이 지식과 개념구조를 가지고 분절적인 정보들이 어떻게 연관·조직될 수 있는지에 관한 종합적 사고의 능력과 아울러, 사물이 왜 그러한지의 이유에 대한 이해 능력을 소유함을 의미한다. 이것은 시험에 정답을 쓰는 단편적 지식의 집적 상태가 아니라 예컨대 역사적 지식을 가지고 있다면 그것을 통해 현재 주변의 세계와 사태에 대해 역사적 안목으로 볼 수 있음을 의미한다. 또한 과학적 지식을 가지고 있다면 그것을 통해 과학적 사고의 방법, 즉 가정을 뒷받침하는 증거는 무엇인지, 무엇이 올바른 증거가 되는지에 대해 생각할 수 있어야 한다(Peters, 1966; 이홍우·조영태 역, 2008: 33-34). 셋째, 교육의 과정적 준거는 교육이 도덕적으로 온당한 방식으로 수행되어야 함을 의미한다. 이것은 아무 의식 없이 외부에서 주입되는 것이 아니라 학습자가 교육의 과정에서 배움에 대한 의식 - 무엇을 배우며 어떤 목적을 추구하는지 - 을 가지고 자율적으로 참여하는 방식을 말한다. 이것은 학습자들의 *이성을 인정*하고 그들이 스스로 이유를 생각하며 평가하고 판단하도록 하는 것을 뜻한다. 교육은 지식, 기술, 행동양식을 가르침과 함께 그 근저에 있는 근거까지 이해할 수 있도록 해야 한다. 학습자들은 교화되거나 강제되거나 명령 받아서는 안되고 *인간으로서* 존중되어야 한다(Peters, 1966; 이홍우·조영태 역, 2008: 48-54). 피터스의 이러한 세 가지 교육의 준거는 모두 *교육받은 사람*은 어떠한가의 기준과 관련된다. 교육받은 사람은 이성에 근거하여 배운 지식을 통해 이유를 합리적으로 사고하며 종합적인 안목을 갖춘 사람이다. 이렇게 볼 때, 피터스의 자유교육론도 플라톤, 칸트와 맥을 같이 하여 인간의 이성을 핵심적으로 보며 이를 바탕으로 합리적인 사고능력의 성취를 추구한다고 볼 수 있다.

문제는 합리주의와 자유교육론에 따를 때 과연 인간의 아름다운 본원적인, 본래적인 모습을 충분히 실현시킬 수 있느냐는 것이다. 여기에는 다양한 비판이 가능하겠으나 가장 중요한 것은 첫째, 개인의 의지적, 정서적 고유성의 실현 문제이고 둘째, 타인 및 공동체와의 소통을 통한 인간성의 실현 문제이다. 허스트(P. Hirst, 1974)는 마음의 발달과 지식의 획득이 논리적으로 관련되며, *지식의 형식을 가르침으로써 인간의 보다 완전한 의미의 마음* 곧, 합리적 마음이 계발될 수 있다고 보았다. 지식의 형식은 인류의 지성이 전승되고 축적된 학문인 수학, 물리학, 인문학, 역사, 종교, 문학, 순수예술, 철학 등에 내포되어 있고 학습자들에게 이것들을 가르칠 때 그들은 인간의 보다 완전한 의미의 마음, 합리적 마음을 습득할 수 있다고 주장한다.12) 이러한 주장은 니체를 비롯한 실존주의적 관점에서 볼 때 심각한 오류이다. 즉, 실존주의적 관점에서 볼 때, 인간이 본래적인 삶(authentic life)을 실현하기 위해서는 지식을 습득하는 것이 아니라, 인간 개개인이 다양한 삶의 경험, 특히 어려운 문제, 심각한 갈등상황 등에 직접 대면하여 그 상황을 철저히 해석하고 본인의 갈 길을 스스로 선택하고 행동하여야만 된다. 지식 및 학문은 삶의 상황 속에서 우리 자신과 우리의 신념에 대해 중립적이기 때문에 우리의 본래적 삶과는 무관하다(Cooper, 1983: 50-53). 오직 자기 스스로 자기 삶의 상황에서 자기가 누구인가, 자신이 직면한 이 상황의 의미는 무엇인가, 무엇을 선택하고 추구하여야 할 것인가 등을 깊이 고뇌하고 결단함을 통해 인간은 본래성을 찾을 수 있는 것이다. 이것은 인간의 본래적 삶이 일반적(혹은 객관적)이고 중립적인 합리적 잣대로는 결코 실현될 수 없고 각각의 *고유함*을 충분히 이해하고 성찰하며 발현시켰을 때 가능하다는 근본적 도전이라 볼 수 있다.

조금 다른 각도에서 이 문제를 보면 동양적, 특히 원시 유학의 전통에서 접근할 수 있다. 공자(孔子)와 맹자(孟子) 등의 가르침에 따르면, 서구 주류적 전통 - 곧, 플라톤, 칸트 등의 사상 전통 - 이 보는 바와 같이 합리적 지성이 인간에게 있어 핵심적이고 본원적인 것이 아니라, 사람에 대한 측은한 마음(仁), 악에 대하여 분개하는 마음(義)과 같은 인간 내면의 본성(本性)이 올바르고 선한 인간(君子)이 되는 근간이다. 이것들은 머릿속에서 추상적으로, 모든 상황과 모든 사람에게 객관적으로 사유하여 낼 수 있는 것이 아니라 각각의 특수한 상황에서 - 예컨대 질병으로 고생하는 아이를 볼 때, 서민들을 착취하는 탐관오리를 볼 때 등 - 각 개인이 내면으로부터 자연히 발로하는 선한 정서(仁과 義의 마음)를 통해 실현된다. 바로 이러한 반론에 대하여 다음 장에서 상술하겠다.

그런데 한편으로 합리성에 대한 비판은 그것이 실제적으로 - 인간의 역사에서 - 볼 때 가부장제, 전체주의 등을 옹호하게 되었고 여성, 소외계층의 다양한 삶과 목소리를 억압하는 수단이 되었다는 점이다. 이것은 플라톤이 보았던 논리적인 사유를 통해

12) 이러한 주장은 근래 미국교육에서 특히 강조되는 비판적 사고(critical thinking)와 관련하여 교과중심적 특정론자(J. McPeck 등)의 주장과 상통한다. 맥펙(1981)은 시겔(H. Siegel) 등의 일반론자들에 반대하여 비판적인 사고는 공허하고 일반적인 어떤 사고기술을 가르치는 것이 아니라 반드시 특정한 내용(특히 교과)에 담긴 사고를 학습함으로써 가능하다고 본다. 비판적 사고와 교육론에 대한 자세한 논의는 심승환(2008b)을 참고하길 바란다.

객관적인 진리와 선을 도달할 수 있다는 가정이 잘못이라는 주장이다. 인간이 추구하여야 할 방향과 목적은, 내면의 사유가 아니라 다양한 사람들의 다양한 소리를 서로 소통함을 통해 알 수 있고 실현할 수 있다는 것이다. 버뷸러스(N. Burbulus, 1991)는 이러한 점을 지적하며 합리성이 아닌 합당성(reasonableness) - 객관적으로 옳은 것이 아닌 소통을 통해 보다 좋은 것을 추구함 -을 주장한다. 또한 이것은 인간의 본래성과 정체성이 타인과의 소통을 통해 자신과 공동체의 가치를 인식함으로써 성취된다는 테일러(C. Taylor)의 주장과도 관련된다. 이점을 다음 장에서 상술하겠다.

Ⅲ. 자연성(情)13)의 차원에서 본 인간과 교육

1. 공자와 맹자의 仁義의 자연적 情

인간에게 타고나면서, 자연적으로 있는 어떤 성품이 있는가? 공자(孔子)는 사람의 어진 마음(仁)과 같은 것은 모든 인간에게 공통적으로 있는 자연적 성품이라고 보았다. 그는 "모든 사람의 성품은 서로 비슷하지만 습관에 따라 서로 차이가 난다."고 하였다

13) 본고에서 이와 관련하여 논의하는 감성(感性, sensibility), 감수성(感受性), 감정(感情, emotion), 정(情) 등에 대하여 개념 정리가 필요하다. 감성은 협의로는 감각 기관이 외계로부터 자극을 받아 감각·지각을 생기게 하는 능력 또는 자극에 대하여 반응하는 민감성을 뜻하나 좀 더 넓은 의미로는 이성(理性)에 상응하여 감각과 미적 상상력을 통하여 대상을 주관적으로 느끼고 표현하는 능력을 포괄한다. 감수성(感受性)은 영어로는 'sensibility'로 감성과 같은 의미로, 18세기 문학 영역에서부터 주로 사용된 용어로서 타인의 고락에 대한 연민과 동정, 자연이나 예술의 미와 숭고에 대한 강렬한 정서적 반응 등을 포괄한다. 감정은 어떤 현상이나 일에 대하여 일어나는 마음이나 느끼는 기분을 뜻한다. 감성이나 감수성은 이 감정의 작용에 근거한다. 그러나 감정 자체는 인간의 심리 작용이며, 감성은 이를 바탕으로 한 타인에 대한 공감의 능력, 미적 상상력으로서 양자가 같은 의미는 아니다. 한편, 정(情)은 주로 중국과 한국, 특히 유학과 관련되어 인간의 마음의 작용 및 발현을 의미한다. 유학자들은 성(性)은 심(心)의 체(體)이고 정(情)은 심(心)의 용(用)으로, 마음이 사물에 응해서 밖으로 발하는 것이라 본다. 특히 정(情)은 한국인의 마음을 표현하는 단어로 많이 쓰였고, '정답다' '정겹다' 등에서 보는 것과 같이 사람 간의 따뜻한 마음을 표현한다. 타인이나 사물(자연)에 대하여 느끼는 동정심, 미적·정서적 반응을 감(수)성이라 본다면 동양적 의미의 정(情)도 이와 같은 맥락으로 볼 수 있다. 자연성(自然性)은 인위성에 대응하여 자연 그대로의, 자연스러운 성질을 의미하는데 영어로는 'naturalness'가 가장 근접한 용어라고 본다. 이성이나 감성에 비해 자연성은 인간의 본성 측면에서 철학적으로 깊이 있게 다루어지지는 않았다. 연구자는 루소와 공자, 맹자의 사상을 통하여 자연성을 후천적 인위성에 대응하여, 인간의 타고난 마음의 성향이자 완전한 인간으로서의 성품으로서, 자신에게로 향한 진실된 마음인 자기애, 충(忠), 그리고 사람이나 사태를 마주할 때 내면에서 자연스럽게 우러나오는 동정심, 서(恕)를 포괄하는 개념으로 정의한다. 이렇게 자연성을 볼 때, 인간 마음의 작용으로서 정이나 감성과 거의 유사한 맥락으로 간주할 수 있고, 이 시각에서 앞으로 이 용어들을 엄밀한 구분 없이 유사한 맥락에서 함께 사용하겠다.

(논어: 양화).[14] 공자에 따르면, 모든 사람은 인간으로서의 근본 성품인 '仁'을 공유하며, 이것은 곧 "사람이 서로 사랑하는 것"을 의미한다(중용: 20; 맹자: 고자 상 11; 논어: 안연 22).[15] 사람을 사랑하는 '仁'은 후천적인 학습이나 깨달음, 사유의 과정을 통해 획득되기 이전에 이미 사람으로서 누구나 느끼는 자연적 정서에 기초한다. 그것은 '仁'이 곧 부모 자식 간에, 형제 자매간의 사랑에 기초하기 때문이다(논어: 학이 2).[16] 공자는 가족 안에서 자연적으로 발생하는 이 인간의 근본적인 사랑과 믿음의 '情'을 이웃 사람들에게 확대하여 내 자식처럼 어린아이를 보살피고 형제처럼 친구를 믿으며 내 부모처럼 노인을 공경하며, 나아가 온 인류를 자신의 형제처럼 여기는 확산적 사랑에 이르는 것이 인간이 추구하여야 하는 최고의 덕이라 보았다(논어: 공야장 25; 맹자: 양혜왕 상; 논어: 안연 5).[17]

이러한 공자의 인간관은 칸트의 의무론적 관점과 대비된다. 칸트는 인간 개인이 자신이 하고자 하는 성향과 상관없이 마땅히 해야만 하는 도덕법칙에 따라야 하며 이것의 근간은 바로 합리적 이성이라고 보았다. 반면, 공자의 '仁'은 자기로부터 자연적으로 나오는 마음을 미루어 타인에게 미루어 적용하는 '서(恕)'의 원리에 의해 이루어진다. 이것은 곧 "내가 서고자 하는 마음을 미루어 타인을 세워주고 내가 달성하고자 하는 마음을 미루어 타인도 달성하도록 해주는 마음"이다(논어: 옹야 28).[18] 부정적인 측면에서 보면 "내가 하기 싫어하는 것을 남에게 가하지 않는 것"이다(논어: 안연 2).[19] 바로 가장 가까운 자기 자신의 자연적 감정에 바탕을 두어 타인을 사랑하는 것이 '仁'의 방법이고 이것이 되었을 때 널리 인간을 사랑할 수 있는 것이다. 공자가 인간으로서 진정으로 추구한 최고의 인간상은 합리적으로 생각하여 정의를 구현하는 인간이 아니라, 도(道)를 자연적인 마음으로 느껴 그것을 좋아하며 자연적으로 즐겨 행하는 단계이다(논어: 옹야 6).[20] 이것은 일평생 배움을 추구한 공자가 인격적인 완성 단계에서 스스로를 "마음이 하고자 하는 대로 행하나 도에 어긋남이 없다."고 평한 것과 일맥상통한

---

14) 子曰, 性相近也, 習相遠也.

15) 仁者人也; 孟子曰, 仁, 人心也; 樊遲問仁, 子曰, 愛人.

16) 孝悌也者, 其爲仁之本與.

17) 老子安之, 朋友信之, 少者懷之; 老吾老, 以及人之老, 幼吾幼, 以及人之幼; 君子敬而無失, 與人恭而有禮, 四海之內, 皆兄弟也.

18) 夫仁者, 己欲立而立人, 己欲達而達人.

19) 己所不欲, 勿施於人.

20) 子曰, 知之者, 不如好之者, 好之者, 不如樂之者.

다(논어: 위정 4).[21]

그러나 모든 사람이 '仁'의 자연적 본성을 타고났고 내면의 자연적 본성에 따라 자연스럽게 행하는 것이 인간의 상태라면, 인간은 교육이나 어떠한 외부적 조치 혹은 노력이 없어도 완전하고 선한 인간상을 자연히 구현할 수 있는 것이 아닌가? 공자는 '仁'을 자연히 행하는 성인(聖人)이 되려면 반드시 '仁'을 알고 이를 의지적으로 행하는 군자(君子)의 단계나 과정을 거쳐야 한다고 본다.[22] 제자 안연이 '仁'을 묻자, 공자는 "자기를 극복하여 예(禮)로 돌아가야 하며, 예가 아니면 보거나 듣거나 말하거나 행동하지 않아야 함"을 가르쳤다(논어: 안연 1).[23] '예(禮)'란 우주의 지극한 이치(天理)이며 인간사의 도리로서 모든 행위의 준칙이며, 그 근본은 인간의 지극한 마음이다. 예의 근본을 물었을 때, 공자는 사치하기 보다는 검소하고 상례에서 형식보다는 슬퍼하는 마음이 있어야 함을 강조하였다(논어: 팔일 4).[24] 사람의 근본은 선하더라도 살아가면서 환경의 영향에 따라 개인의 욕심(私慾)이 발생하고 이것이 선한 본성을 가리게 되는 것이다. 이것은 곧 전술한 사람의 본성은 같으나 습관에 따라 차이가 생긴다는 설명과 상통한다. 이 때 본래적인 착한 심성을 회복하는 것이 바로 극기복례(克己復禮)의 과정인 것이다. 여기서 중요한 표현은 *돌아가는*(復) 행위이다. 어떻게 돌아갈 수 있는가? 공자는 詩와 書를 자주 인용하며 가르쳤다. 즉, 한편으로는 인간의 선한 마음이 묘사된 시와 선한 행위가 교훈으로서 집적된 역사를 널리 배움으로써(博聞), 다른 한편으로는 자신의 마음을 잘 살펴 진중하고 성실하게 하여(敬) 자신을 닦고 단속하며(修己; 約禮) 타인을 사랑하고 보살핌으로써(安人) 가능하다. 즉, 예를 통해 선한 마음을 회복하는 길은 무엇보다도 자신

21) 七十而從心所欲不踰矩.

22) 이명기(1987: 62-63)는 仁이 인간의 이성, 감정, 의지를 포괄하는 것이며 특히 지(知)는 사물의 이치, 옳고 그름, 선과 악을 구별하는 지혜로서 仁을 아는 조건(이성적 측면)이고, 용(勇)은 자신의 마음을 돌아보아 두려움 없이 행하는 신념으로서 仁을 행하는 조건(의지적 측면)으로 보았다. 그런데 이같이 볼 때 감정의 부분이 빠져있다. 공자 사상을 깊이 헤아려 볼 때, 사물의 이치를 아는 것도 그 근본은 자신의 마음(惻隱之心, 羞惡之心, 愛)을 아는 것이 근본이요, 실행하는 의지의 근본도 자신의 마음을 미루어 하는 것(忠恕)이다. 그리고 인간이 이루어야 할 최고의 단계(성인)는 바로 그러한 마음이 물 흐르듯이 자연히 일어나 행하는 것이다. 유학이 말하는 인간의 자연적 마음을 심리학적 '감정'과 동일시하기는 힘들지만 인간이 자연적으로 느끼는 기뻐하고 슬퍼하고 좋아하고 싫어하는 이 마음은 이성, 의지보다는 감정에 가장 가깝고 이 감정은 유학 특히, 공자와 맹자의 관점에서 볼 때 이성과 의지를 포괄하는 그 상위의 가장 근본적이고 또한 완전한(이상적인) 인간의 본성이라고 할 수 있겠다. 물론 여기서의 감정은 단순한 좋고 싫음 보다는 仁義의 근간이 되는 지극한 마음을 의미한다. 연구자는 인간의 본성을 후대의 본연지성(本然之性)과 기질지성(氣質之性) 혹은 사단과 칠정(四端七情)의 구분론에 입각하기 보다는 선진유학 특히 공자와 맹자의 관점에서 양자를 포괄한 인간의 자연적·본래적 '情'으로 간주한다.

23) 顔淵問仁, 子曰, 克己復禮爲仁 … 非禮勿視, 非禮勿聽, 非禮勿言, 非禮勿動.

24) 禮, 與其奢也, 寧儉, 喪, 與其易也, 寧戚.

내면에 있는 마음을 살피는 것이 기본이요, 나아가 인간들의(역사와 공동체, 타인들이 보여주는) 선한 마음을 알며, 이러한 선한 마음을 타인과의 관계에서 직접 실천하는 것이다.

맹자(孟子)도 인간에 대하여 공자와 유사한 관점을 가지고 있었다. 맹자는 인간의 본성이 식욕과 성욕이라고 주장하는 고자(告子)에 반대하여 인간은 생리적 본능만을 추구하는 금수와 달리 상대의 처지를 살펴 차마 하지(해치지) 못하는 선한 동기인 '不忍人之心'을 누구나 본래부터 가지고 있다고 주장하였다. 맹자는 "사람들은 누구나 갑자기 어린아이가 우물로 들어가려는 것을 보면 모두 깜짝 놀라 불쌍히 여기는 마음이 일어난다."고 하였다(맹자: 공손추장구 상 6).[25] 이러한 마음은 남녀노소, 신분, 지위를 막론하고 누구나가 일어나는 인간의 공통적인 마음이고 그것을 통해 어떠한 친분이나 명예를 구하려는 외부의 조건적·수단적인 동기가 아니라 내부에서 자연적·본래적으로 발동한다는 점에서 인간 본성이라 할 수 있다. 그러나 현실에서 악한 사람들이 여러 가지 악행과 범죄를 일삼는 예를 보면 어떻게 인간 본성을 선하다고 할 수 있겠는가? 인간의 선한 본성은 약육강식, 이권쟁탈이 난무하는 현실에서 악한 환경에 의하여 봉쇄되거나 위축된다. 맹자는 우산의 나무를 비유로 들면서 원래 산에 나무들이 많았으나 이 산이 큰 나라의 교외에 위치하여 날마다 도끼로 나무들을 베어내고 밤사이 자라난 싹들을 소와 양을 방목하여 뜯어먹게 하니 민둥산이 되듯이, 사람도 본래 仁義의 선한 마음을 가지고 있으나 낮의 소행으로 말미암아 그 선한 기운을 잃고 금수와 같이 된다고 설명한다(맹자: 고자 상 8).[26] '큰 나라의 교외'는 인간의 선한 본성을 가로막는 환경적 요인이다. 대체로 발달된 복잡한 사회일수록 권력과 부를 위한 암투, 부정부패, 사기와 폭력 등의 사회악들이 번창한다. 바로 이러한 환경을 '큰 나라의 교외'로 볼 수 있다. 이러한 환경에 자라나는 세대가 노출되면 기성세대의 이기주의, 사기, 폭력, 부정부패, 배신, 타락과 방종 등을 보며 자신도 모르게 그 태도를 닮아가며 원래 있던 순수하고 선한 마음을 망각하게 된다. 만약 선한 마음을 다시 회복하지 못한다면 그러한 개인과 사회의 악을 극복하지 못하게 될 것이다. 맹자는 배움이란 바로 그 잃어버렸던 '仁義'의

25) 今人乍見孺子將入於井, 皆有怵惕惻隱之心. 오늘날의 상황에서도 어린아이가 차가 달리는 도로로 뛰어들려 하면 이와 유사한 마음을 남녀노소 누구나가 느낄 것이다.

26) 孟子曰, 牛山之木, 嘗美矣, 以其郊於大國也, 斧斤伐之, 可以爲美乎, 是其日夜之所息, 雨露之所潤, 非無萌蘖之生焉, 牛羊, 又從而牧之, 是以, 若彼濯濯也, 人見其濯濯也, 以爲未嘗有材焉, 此豈山之性也哉, 雖存乎人者, 豈無仁義之心哉, 其所以放其良心者, 亦猶斧斤之於木也, 旦旦而伐之, 可以爲美乎, 其日夜之所息, 平旦之氣, 其好惡, 與人相近也者幾希, 則其旦晝之所爲有梏亡之矣, 梏之反覆, 則其夜氣不足以存, 夜氣不足以存, 則其違禽獸, 不遠矣, 人見其禽獸也, 而以爲未嘗有才焉者, 是豈人之情也哉.

선한 마음을 다시 찾는 것이라 하였다(맹자: 고자 상 11).[27] 이것이 바로 교육의 필요성이다. 그런데 사람들이 악한 환경에 의하여 선한 본성이 가려졌다고 해도 그것이 완전히 없어진 것은 아니다. 측은히 여기는 마음과 악을 싫어하는 마음은 여전히 내면에 잔존하여 있고 이것은 잘 기른다면 다시 회복하고 자라날 수 있다. 바로 여기에 교육의 가능성이 있다(심승환, 2008a: 10).

2. 루소의 자기애(amour de soi)와 자연성

공자와 맹자가 인간의 자연적 情으로서 본성을 보았다면 루소(J. J. Rousseau)도 인간의 본성을 이와 유사한 성격으로 보았다. 루소는 "조물주가 처음에 만물을 창조할 때는 모든 것이 선이었으나 인간의 손이 닿으면서 모든 것이 타락한다."고 주장한다(Rousseau, 1762; 권응호 역, 2000: 7). 인간의 모든 인위적인 것이 자연을 파괴하고 인간 속에 내재된 자연적인 속성을 없애면서 인간 사회의 각종 문제가 발생한다. 그는 자신의 필요에 따라 자신을 위해 사는 자연인과 인위적인 요소에 의해 타율적으로 사는 문명인을 구분한다. 자연인은 자신의 생존을 위해 살며 평온과 여유를 가지는 반면, 문명인은 늘 불안정하고 여유가 없다. 문명인은 다른 사람의 이목을 의식한다. 자연적인 인간은 문명화된 인간으로 바뀌면서 자신의 처지를 타인과 비교하게 되고 여기서 소유욕, 명예욕, 지배욕 등이 생긴다. 바로 이것을 루소는 '이기심(amour propre)'으로 본다. 이것은 진정으로 자기를 위하는 사랑(amour de soi)이 아닌 타인과의 비교의식 속에서 타율적으로 가지게 되는 욕심이다. 바로 이러한 이기심이 모든 도덕적인 타락과 불평등 곧, 부자와 빈자, 강자와 약자 속에서의 인간 소외현상이 발생하게 되는 근원이 된다(Rousseau, 1992). 인류가 자연의 순수함으로부터 문명화의 과정을 통해 타락한 과정은 곧 어린이가 본래의 순수함을 가지고 있다가 성장과정에서 사회의 인위적 문화와 제도에 의해 타락하는 과정과 유사하다. 성인들은 사회 속에서 인위성이 가미되어 본성이 왜곡되고 변질된 반면, 어린이는 비교적 자연상태에서 자신의 본성을 순수하게 유지하였기 때문에 선하게 계발될 소지가 많다. 이것은 곧 전문가에 의해 체계화된 지식과 정보, 사회적 규범을 전수하는 제도화된 교육, 인위적인 교육에 대한 도전으로 볼 수 있다(주영흠, 1995: 153). 그렇다고 루소가 교육 자체를 부정한 것은 아니다. 루소는

---

27) 孟子曰, 仁, 人心也, 義, 人路也, 舍其路而不由, 放其心而不知求, 哀哉 ... 學問之道, 無他, 求其放心而已矣.

인간은 교육에 의해 완성되며 교육의 목표는 자연성을 회복하는 것이라고 보았다(Rousseau, 1762: 8-9). 교육은 인간의 능력과 기관의 내적인 발달을 가능하게 하는 자연의 교육, 이 발달을 이용하는 방법을 가르쳐주는 인간의 교육, 인간에게 영향을 미치는 갖가지 사물을 통한 경험에 의해 배우는 사물의 교육의 조화에 의해 이루어진다. 교육이 남을 위한 교육이 아닌 자신을 위한 교육, 곧 자신의 자연성 회복의 교육을 지향할 때 위의 세 가지 교육이 서로 모순되지 않고 하나로 조화되고 바로 이 때 인간은 원만한 삶을 살아가게 된다.28)

자연성이 인간의 본성이며 교육을 통해 인간이 지향해야 할 완전하고 선한 이상이라면 과연 자연 또는 자연성이란 무엇인가? 루소는 "인간의 타고난 감수성이 편견에 의해 왜곡되지 않은 상태"를 자연이라 정의한다(Rousseau, 1762: 9). 감수성은 인간이 자연적으로 느끼는 쾌락과 고통의 자기보존적 본능에 기초한다. 사람은 자연 및 사물과의 직접적이고 감각적인 접촉에서 필연적 요구를 느낀다. 배고픔, 먹고 싶은 감정, 아름다운 느낌, 무서움, 아픔, 시원함, 차가움, 뜨거움 등의 자연적 느낌은 오직 인간의 필연적 요구를 반영한다. 반면에, 사람이 사람을 지배하고 싶은(자신의 욕심대로 종속시키고 싶은) 감정은 이러한 자연적이고 필연적인 요구와 상반된다. 유아들이 배고파서 우는 것은 자연적인 것이나 울어서 어른을 자신의 요구에 굴복시키려하는 것은 이미 인위적인 것에 해당된다. 사자가 자신의 힘을 쓰는 것은 자신의 생존을 위한 것이나, 인간은 타인을 굴복시키려고 힘을 쓴다. 굴복당하는 자는 지배자의 의지에 종속되고 굴복시키는 자는 피지배자의 복종에 종속된다. 바로 이같이 자신을 위한 자율적이며 주도적인

---

28) 박주병(2011)은 루소의『에밀』에 나타난 '자연'을 목적론적 개념으로 보고 자연과 사회의 대립을 조화시키고 연결하는 신적인 질서로 이해한다. 루소는 한편으로는 타락한 문명을 비판하고 자연의 순수함으로 복귀할 것을 주장하나, 다른 한편으로는 문명사회, 국가의 법적 질서를 따를 것을 주장한다. 위 연구는 사보아보좌신부의 신앙고백을 고찰하면서 전자와 후자를 조화·연결시키는 이상적이고 조화로운 질서로서 '자연'을 본다. 그런데 결론부분에서 연구자는 이러한 자연을 "우리 마음의 조화로운 질서, 합리성"이라고 규정한다(Ibid, 73). 그러나 자연을 합리성(rationality)으로 규정하기에는 무리가 있다고 본다. 합리성이란 사태의 원인과 이유, 근거의 적절성을 평가하고 추론하는 이성(reason)의 작용이다. 이것은 감수성이 주관적인데 비해 사태를 떨어져서 평가하기에 객관적이며 중립적이다. 그런데 루소의 '자연'은 이러한 이성의 작용뿐만이 아니라 이성이 작동하게 하는 근원인 감각경험 및 이를 통한 감수성, 상상력의 작용을 포함한다. 오히려 루소의 전 저작을 종합적으로 볼 때 후자인 감각경험, 감수성, 상상력 곧 감성의 작용이 더욱 근원적인 것으로 볼 수 있다. 그것은 곧 자연(nature)의 순수한 조화로움이 문명사회의 질서(법적체계)의 근원, 모델인 것과 마찬가지이다. 김영래(2008: 18)도 루소가 자아정체성을 형성함에 있어 이성보다 감성을 중시하였다고 본다. 본고의 입장은 루소의 이상적인 인간 상태를 '자연성'으로 보며, 이것은 곧 감성과 이성을 통합한 것, 좀 더 정확히 말하자면, 감수성을 바탕으로 합리성을 통섭하는 인간의 가장 조화롭고 이상적인 상태, 곧 교육의 이상으로 본다.

상태와 상반되는, 타인에게 의식이 향하며 타인에 의해 주도되는 상태, 타율적인 상태가 인위적인 것이요 편견이다.

이러한 인위성과 타율성의 편견에 의해 왜곡되지 않고 본연의 자연성을 지키는 가장 기본적인 방법은 유아기로부터 철저하게 자연의 질서를 따르는 감각교육이다. 자연적인 감각, 욕구를 인정하고 의도적으로 통제하지 않으며 자연의 벌과 보상에 따라 욕구를 해소하고 감각을 경험하도록 지켜야 한다. 바로 이러한 소극적 감각교육이야말로 교육의 시작이요 일생을 통해 지속되어야 할 가장 근본적인 교육이다(김상섭, 2009: 166-167). 그런데 인간이 자기보존의 본능에만 충실하게 살면 과연 이 사회 속에서 행복한 상태, 바람직한 상태를 구현할 수 있는가? 루소는 자연 및 사물을 통해 느끼는 인간의 감수성은 소극적인 것에서부터 적극적인 것으로 연결된다고 보았다. 진정으로 나의 필요를 위해 사는 사람, 진정으로 자기를 사랑하는(amour de soi) 사람은 이를 확장시켜 진정으로 타인을 위하는 도덕적인 감수성으로 발전시킬 수 있다. 자기애의 자연적 감정은 '동정심'과 연결되어 있다. 자기를 위한 교육이 타인을 위하는 것과 일치될 때 인간은 비로소 진정한 행복, 완전한 모습을 찾게 된다(Rousseau, 1762: 12).

그렇다면 교육적으로 볼 때 좀 더 구체적으로, 어떻게 이 도덕적 감수성 - 자기애를 타인과 사회에 대한 사랑으로 확장시키는 - 을 발달시킬 수 있는가? 대체로 교육은 자라나는 세대, 아동기, 청소년기를 주 대상으로 본다면 루소의 관점을 적용할 때 이 시기에 가장 중요한 것은 감성을 바탕으로 한 이성적 성찰, 곧 감각적 경험을 상상력을 매개로 합리적 추론과 연결시키는 연습이다.[29] 루소는 『로빈슨크루소』를 교육용 도서로 추천하면서 자연 상태에서 오직 자기를 위하여 편견 없이 스스로 판단하는 자를 교육적 모델로 보았다. 현실 상황에서 학습자 개인이 오직 자연만을 매개로 학습한다는 것은 불가능하다. 그러나 루소의 관점을 현실에 적용할 때 그 요점은 자연 및 사물을 학습자 개인이 직접 경험을 통해 느끼도록 하는 것이 모든 교육의 기본이라는 점이다. 이것이 중요한 이유는 이를 통해 인간이 타인의 시각에 의해 왜곡되지 않고 가장이

29) 김현주(2009)는 도덕적 상상력으로서 루소의 '공감각'에 주목하며 오감을 지적인 사고와 연결시키는 공감각 내지 상상력을 교육적으로 고찰하였다. 공감각은 개별 감각들을 통합하고 체계화하며 상상력은 주어지지 않은 것, 눈앞에 없는 것을 인간의 관심과 의식에 의해 재구성하고 창조하게 한다. 이러한 관점은 본고의 관점, 루소의 감성을 바탕으로 이성을 통섭하는 상태인 '자연성'의 개념을 교육적 측면에서 지지한다. 즉, 교육적 이상인 자연성을 성취하기 위해, 일차적으로 자연 및 사물을 보고 느끼는 것이 기본이요, 그 현재적 느낌을 바탕으로 시공간적인 확장·적용을 모색하여 인간 사회의 구체적 상황에서 보다 조화로운 행위를 유도하는 지혜를 발달시키는 것이 이차적인 교육이 되어야 할 것이다.

나 가식 없이 자기 스스로의 감수성을 발달시킬 수 있기 때문이다. 그런데 교육은 인간이 다양한 사회 상황 속에서 현명하게 대처할 수 있도록 성장하게 하는 목표를 지향하므로, 현재적 상황에 대한 느낌에서 멈추지 않고 이를 시공간적으로 확장시킬 수 있는 유추적 능력의 개발이 필요하다. 루소에 의하면, 인간은 청소년기 - 정확히는 열여섯살 - 가 되면 괴로움이 무엇인지 알게 된다. 이 때 감각의 발달과 함께 상상력이 작용하면서 비로소 타인들 속에서 자기를 느끼기 시작한다. 타인의 눈물에 감동하고 타인이 당하는 고통에 괴로움을 함께 느낀다. 학습자는 죽어가는 동물이 고통받는 모습을 보면서 함께 고통을 느낀다. 교육자는 자연의 질서 속에서 느끼며 생성되는 학습자의 이 감수성과 동정심을 발달시켜 사회적 인간관계로 연장시키도록 자극할 수 있어야 한다(Rousseau, 1762: 218-219). 이러한 과정을 통해 학습자가 사회에서 무엇이 올바르며 좋은 길인지를 판단하는 근원은 추상적인 사변이 아니라 자기애의 감수성이라는 점이 루소의 특징적인 인간관이며 교육관이다.

이러한 루소의 자기애의 인간관은 앞서 본 공자와 맹자의 '仁義之心'의 인간관과 많은 부분 상통한다. 첫째, 양자는 무엇보다도 인간의 가장 근본적인 성향을 이성보다는 감성으로 보고 감성이 이성까지 포괄하는 보다 완전한 이상으로 본다는 점에서 일치한다. 孔孟의 '측은지심'이나 루소의 '자기애'는 무엇이 마땅히 올바른가를 객관적으로, 중립적으로 사변하여서 나오는 것이 아닌, 자연적으로 느끼는 마음에서 비롯된다. 그러나 '仁'은 옳고 그름을 분별하는 행위의 준칙인 知를 포함하며 '자기애'를 바탕으로 한 확장된 자연성은 사회적으로 마땅히 좇아야 할 도덕적 합리성을 포함한다. 둘째, 孔孟이 추구한 仁義의 본래적 인간성의 회복이나 루소가 추구한 자기애나 자연성의 회복은 모두 자기에 대한 진실되고 깊은 성찰에서 비롯된다는 점이다. 자기의 진심을 살피고(忠) 자기의 마음을 미루어 타인에게 대함(恕)이 仁을 이루는 방법적 원리라면, 루소의 자연성도 자연, 사물, 인간에 대하여서 인간 스스로 내면에 느끼는 진정 자기에게로 향한 자기보존의 순수한 감정을 바탕으로 이를 타인에게 확장시키는 과정에 의하여 달성할 수 있다.

그런데 인간의 본성이 과연 정서나 감성인지 혹은 그것이 가장 근본적이고 상위의 것인지, 완전한 인간으로서 추구하여야 할 가장 이상적인 상태의 핵심인지, 우리는 더 종합적이고 깊은 논의를 필요로 한다. II장에서 플라톤과 자유교육론의 주장에서 보았듯, 이성이 보다 근본적이고 합리성의 개발이 인간의 완전한 상태를 위해 더욱 필요한 것이 아닌가? 혹은 이성이나 감성이 아닌 의지가 인간의 더욱 근본적이고 중요한 성질이며, 인간은 자기 스스로를 관찰하기 보다는 관계와 소통을 통하여 참다운 인간으로 되는 것이 아닌가? 이하에서 먼저 의지적 차원의 인간을 살펴본 후 더욱 종합적인 논의를 해보겠다.

Ⅳ. 본래성(意)의 차원에서 본 인간과 교육

1. 실존주의의 결의성과 힘을 향한 의지

인간의 본성은 이성이나 감성 이외에 다른 측면은 없는가? 인간을 탐구한 많은 사상가들은 인간을 논할 때 대개 知·情·意의 복합체로 보았다. 이렇게 볼 때, 지적이고 합리적인 본성, 감성적이고 자연적인 본성 외에 마지막으로 의지(will)에 초점을 맞춘 인간관을 고찰할 필요가 있다. 이 마지막 유형은 본래적인 인간, 본래성(本來性; authenticity)의 개념과 밀접한 관련이 있다. 무엇이 본래적이며, 무엇이 비본래적인가? 영어 'authenticity'는 헬라어 'authentikos'에서 왔고 이는 근원의(original), 진실한(genuine), 주된(principal)의 의미를 가지며 자기(self)를 뜻하는 'autos'와 행위자(doer)를 뜻하는 'hentes'가 합쳐진 단어이기도 하다. 'authenticity'의 한글번역어인 본래성(本來性)은 '뿌리 혹은 근원'에서 '온' 성질의 뜻을 지닌다. 우선 단어의 뜻을 볼 때 '본래적인' 것은 근원적이며, 진실하고, 주된 것이며 자기가 스스로 행위하는 것을 뜻하는 반면, '비본래적인' 것은 파생적이며, 허위적이며, 종속된 것이며 타인에 의해 움직이며, 근원에서 직접 온 것이 아닌 부차적으로, 간접적으로 온 성질을 뜻한다.

본래성(authenticity)은 대체로 샤르트르, 니체, 하이데거 등의 실존주의 철학자들이 주장한 개념이다. 이것은 산업사회의 대중화와 인간 소외의 배경 속에서 인간 개인이 참다운 존재가 되기 위해서 자신의 고유한 결단과 선택, 그리고 책임이 필요함을 드러내는 개념이다. 샤르트르(Sartre, 1957: 65)에 의하면 본래성이란 나쁜 신념에 의해 타락한 존재의 자기회복으로서, 지속적으로 새롭게 스스로 거부하거나 선택하는 힘을 의미한다. 이것은 자신의 의지가 대중의 관습, 여론, 심지어는 자기 자신의 구태의연한 기존의 생각에 의해 좌우되지 않는 상태를 뜻한다. 하이데거(Heidegger, 2001)에 의하면 인간의 비본래성(퇴락)은 대중의 평균적인 이해에 종속됨으로써 야기된다. 인간의 현존재는 사람들이 일상적으로 하는 이야기, 잡담(혹은 빈말; Gerede)에 의해 지배된다. 잡담을 통해 현존재는 이해하며 해석하게 된다. 잡담에서는 해당 주제를 직접적으로 깊이 살피기보다는 피상적으로, 상식선에서 전달되어지는 것에만 초점을 맞추게 된다. 따라서 개개인은 그 내용의 뿌리에서부터 파고들어 자신이 직접 살피지 못하기에 해당 내용(대상)과 관계하지 못할 뿐 아니라, 평균적이고 상식적인 수준에서 전달된 것만 수용하기에 모두가 동일한 의견을 갖게 된다. 이러한 전달 속에서 고유한(본래의) 것은 은폐되고 세계 내의 여러 관계들은 진정성을 잃고 단절되게 된다(Heidegger, 2001: 214-217).

퇴락의 두 번째 요소는 호기심(die Neugier)이다. 호기심은 일상적으로 무엇인가를 보려는 욕구이다. 현존재는 계속해서 주변을 둘러본다. 이 호기심은 보이는 것의 존재 속으로 깊이 파고들려 하는 것이 아니라, 그저 외견, 피상적인 모습에만 이끌린다. 이때 현존재는 자기에게 가까운 것, 친근한 것 - 곧, 자기 자신과 자기가 가장 근거리에서 친숙하게 마주 대하는 존재 - 에서 떠나 멀리 있는 것을 보려고 한다. 호기심은 현존재로 하여금 한가지를 깊이 포착하고 이해하려 들지 않고, '기분전환'을 위해 지속적으로 새로운 어떤 것을 찾게끔 한다. 이러한 과정으로 말미암아 현존재는 자기가 지금 처한 이곳에 머물지 못하고('거처상실') 끊임없이 근원을 상실해 가게 된다. 잡담은 대중적인 관심사를 끌려고 하기에 호기심을 더욱 부채질하며 호기심은 잡담의 화제를 제공한다(Heidegger, 2001: 218-220). 오늘날 시청률을 의식한 대중매체와 그러한 가십과 유행에 종속되는 대중들은 이러한 예로 볼 수 있다.

퇴락의 세 번째 요소는 애매성(Zweideutigkeit)이다. 잡답과 호기심은 사람들로 하여금 흥미에 사로잡혀 피상적인 전달에 주목하게 함으로써, 대상에 대해 누구나 무엇이든 말할 수 있게 하여 무엇이 진정한 것인지 알 수 없게 만든다. 사람들은 일상적 잡담이나 호기심을 통한 바라봄을 통해 대상을 진정으로 이해한 것처럼 보이나 실상은 그렇지 못하다. 사람들은 소문에 의존하고 서로간의 기대치를 예상하며 무엇이 진실한지, 진정성을 담고 있는지 등을 생각하지 않는다(Heidegger, 2001: 221-222).

인간은 이와 같이 잡담, 호기심, 애매성을 통해 자기와 주변 존재들로부터 뿌리가 뽑힌 채 비본래적인 상태가 된다. 이러한 비본래적인 상태를 극복하고 본래적인 상태로 되려면 무엇이 필요한가? 하이데거는 이것을 '죽음'에서 찾는다. 죽음은 현존재의 "가장 고유하고 몰교섭적인 가능성"이다(Heidegger, 2001: 321). 죽음이 눈앞에 닥칠 때,

그것은 그 누구도 아닌 자기 자신이 떠맡아야만 한다. 죽음을 자신이 마주할 때 다른 누구와의 교섭에 신경 쓰지 못하고 오직 자신의 고유한 존재에 전적으로 마음을 쓰게 된다. 잡담, 호기심, 애매성에서 보였던 피상적인 관심이나 가식은 죽음 앞에서 없어진다. 죽음에 대한 선험을 통해 삶의 유한성을 자각하고 인간은 자기가 그동안 일상성과 평균성에 매몰되어서 상실되었음을 깨닫고 진정하고 고유한 자기를 발견하는 계기가 된다.

그러나 죽음은 실제 경험하는 것은 아니므로 일상의 현존재가 본래성을 찾기 위해 충분하지 않다. 이러한 절박한 인식이 실존적으로 개인에게 와 닿고 확실한 전환점이 되기 위해서는 '양심'과 '결의'가 필요하다. 양심은 "호소하는 소리"로서 현존재로 하여금 스스로 고유한 자신이 되도록, 또한 그것이 자신의 책임임을 내면에서 불러일으킨다(Heidegger, 2001: 347). 양심은 자신이 일상의 평안함 속에 안주하면서, 다른 사람의 방식과 관습을 의식 없이 추종하면서, 깊이 없이 이리 저리로 정처 없이 옮겨 다니면서, 그러면서 내심 알지 못하는 불안함에 휩싸여 있는 자신을 철저히 보게 한다. 그리고 그 불안의 핵심에는 바로 밖으로 떠돌기만 했지 자기 자신이 없었음을 자각하게 한다. 이를 통해 대중 속에 매몰된 자신이 아닌 진짜 고유한 자기, 먼 데가 아닌 지금 여기에 있는 자기로 되돌아와야만 한다는 양심의 소리를 듣고 수용하도록 하는 내면의 "양심을 지니려는 의지"가 발동한다. 바로 이 의지가 "결의성"이다. 자기 자신으로 존재하기 위한 실존적인 결단과 선택이 바로 결의성인 것이다(Heidegger, 2001: 348). 바로 여기에서 우리는 실존주의에서 보는 인간 본래성의 특징이 이성이나 감성이 아닌, 제 3의 성질 곧 '의지'임을 알 수 있다. 인간이 본래적으로 되는 것은 합리적으로 사유함을 통해서도 아니요, 자연적으로 발로하는 내면의 감정도 아니요, 그 핵심에는 비본래적으로 살 것인지 아니면 본래적인 자기를 다시 찾을 것인지의 기로에서 절박하게 선택하고 결단하게 하는 주체, 곧 '의지'가 있는 것이다. 이 양심의 소리는 칸트가 말하는 법정으로서의 양심과 구분된다. 즉, 법정으로서의 양심은 무엇이 올바른가를 변론을 통하여 마땅히 옳은 것을 합리적으로 밝히고 따르는 것을 뜻한다면, 하이데거가 보는 양심은 소리내어 말하는 이야기의 성질이 것이 아니라, "일깨워주는 것, 충격적인 계기, 단속적으로 흔들어 깨우는 것"을 의미한다(Heidegger, 2001: 350).[30] 자신이

30) 하이데거는 양심을 오성, 의지, 감정 등 인간 심리의 어느 한 측면으로 보는 것이 한계가 있음을 지적한다(Heidegger, 1927: 350). 그러나 양심 자체는 오성, 의지, 감정 등의 어느 한부분이 아니고 복합된 것일지라도, 그 양심에 부응하느냐, 그렇지 않느냐는 것은 분명히 선택과 결단, 곧 의지의 차원이다.

그래서는 안된다고 일깨우며 그것에 응답하여 결단하고 행하도록 움직이는 주체, 곧 의지가 인간을 본래적으로 만드는 핵심이다. 마치 40년을 산 수리가 높은 산에 올라 비둔해진 자신의 발톱과 깃털을 스스로 모두 뽑고 새롭게 태어나 다시 30여년을 살듯이, 일상의 평안함 속에 안주하느냐, 아니면 죽음을 마주하듯이 절박하게 진정한 자기를 다시 찾을 것이냐의 결단과 선택이 인간의 본래성을 결정짓는 것이다.

니체도 인간 본래성에 대해 하이데거와 유사한 관점을 가진다. "너의 양심이 무엇을 말하는가? 너는 너 자신이 되어야 한다."(Nietzsche, 1974: 270). 양심이 호소하는 진정한 자아는 무엇인가? 그것은 어떻게 찾는가? 니체는 본질상 불변적인 형이상학적 자아관을 비판한다. 자아는 사람의 내면 깊숙이 숨어 있고 그것을 성찰함으로써 알 수 있는 그 무엇이 아니다. 그것은 우리가 일상적으로 마주하는 자신을 넘어선 존재이다. 진정한 자아는 앞으로 되어갈 존재로서 "새롭고, 고유하며, 비교불가능하고, 자기 스스로를 창조하는 존재이다."(Nietzsche, 1974: 235). 즉, 진정한 자아, 본래적 자아는 기존의 것, 범인들의 방식에 대한 일상적 추종을 극복하여야 하며, 스스로 자기만의 고유한 것을 창조해야 한다.31)

본래성은 인간의 교육과 어떠한 연관을 가지는가? 니체는 현대의 자유교육(liberal education)이 인간을 비본래적으로 만든다고 비판한다. 자유교육은 젊은이들을 다양한 학문에 내재된 지식과 절차들로 입문시키는 것을 주요 목표로 삼는다. 그런데 이러한 교육은 인간이 삶을 *살아가도록* 돕는 데 실패한다. 본래적인 삶(authentic life)을 살아가도록 하는 것은 지혜(wisdom)이지 학문이 아니다. 이 지혜는 자신의 상황을 깨닫고 자신의 신념과 가치관을 자기의 고유한 것으로 만드는 데서 비롯된다. 그런데 지식 위주의 교육은 자신의 상황 이해에 도움을 주지 못하고 자신이 직면하는 신념이나 가치관이 자신의 삶에 어떠한 관련이 있는지를 성찰하도록 돕지 못한다(Cooper, 1983: 49-50).

자유교육은 인간 마음의 발달을 위해서는 합리성, 객관성, 비판적 인식 등이 필요하며 이는 체계화된 학문을 통한 증거, 준거, 탐구의 절차 등을 익힘으로써 가능하다고

---

31) 니체와 하이데거 사상은 모두 서구 형이상학에 대하여 비판하며, 근대의 니힐리즘, 대중성에 의한 몰개성화를 비판하였다는 점에서 유사하다. *그러나 하이데거는 니힐리즘을 극복하기 위한 니체의 초인 개념을 비판하며 존재자들에 있어서 인간이 갖는 무조건적* 우위를 주장한다고 지적한다. 하이데거는 이러한 점을 데카르트적인 근대 형이상학의 연장이요, 오히려 그 정점이라고 본다. 이러한 하이데거의 니체 비판이 정당한지는 별도의 논의를 요하나, 양자의 초점이 일견 다름은 분명하다. 그러나 그러한 차이에도 불구하고 하이데거가 '결의'의 부분을 강조한 면을 고려한다면 대중에 매몰된 진정한 자아의 발견, 그 자아의 주체적 결단과 의지의 부분에서 양자가 공유하는 부분이 더 크다고 본다. 특히 인간 교육에 대한 시사점에 관하여 본다면 양자의 차이보다는 공유점이 더욱 중요하다고 본다.

본다. 물론 피터스와 같은 자유교육론자도 지식의 가치는 전인성(wholeness), 자아실현 등과 연결된다고 본다. 피터스(R.S. Peters)는 지식은 인간 삶에 필요한 신념, 태도, 반응과 밀접히 연결되며(1977: 55) 교육은 생동력없는 관념들(inert ideas)의 집적이 아닌, 어떻게 살아야 하는가, 인간 삶의 조건에 적용되는 것이어야 한다고 주장한다(1981: 34). 그러나 이 주장은 삶의 가르침 자체에 초점을 두기 보다는, 삶을 위하여 다양한 정보들을 구조화할 지식의 형식 곧, 핵심적인 개념의 틀을 습득하는 데 초점이 있다(Cooper, 1983: 51). 니체가 볼 때 객관적인 지식은 인간 삶에 본질적인 삶의 상황에 대한 이해와 무관하고 단지 집적된 생각들과 이론들로 안내할 뿐이다.

> 사람은 가장 심각하고 어려운 문제들에 휩싸여서 무엇이 옳은 길인가를 고민할 때 철학적인 경이로움에 도달한다. 오직 이 때만이 깊고 숭고한 교육(Bildung)이 성장한다. … 특별히 젊은 날 질풍노도의 시기에 거의 모든 개인적인 문제가 일상적인 동시에, 영원하고 경이로운 문제로서 비추어지면서 해석과 이해가 요구될 때 비로소 이러한 교육이 이루어진다(Nietzsche, 1964: 5).

많은 학문에 담긴 지식들과 그 지식에 도달하는 방식의 탐구는 분명히 삶을 살아가는 일반적인 배경지식이 될 수 있다. 그러나 그 지식 또는 합리적 사고의 방식 자체는 일반적이고 중립적일뿐, 지금의 나의 고유한 삶의 상황에서 *내 자신의 고유한* 삶을 대하는 지혜가 될 수는 없다. 내 상황이 어떤가를 깊이 성찰하고 여기서 어떠한 길로 나아가야 하느냐는 선택과 결단은 그러한 중립적인 지식과 사고가 가져다주는 것이 아니다.[32] 사랑, 박해, 가난, 죽음과 같은 인간의 상황은 단순한 상태가 아니라 그에 대한 태도와 선택 행위가 요구된다. 상황에 대한 이해는 바로 어떠한 태도나 행동의 선택과 연결되며 이 선택은 가치관 정립을 통해 이루어진다. 니체의 관점에 따를 때, 교육이 추구하여야 할 가장 중요한 것은 바로 이 가치관 정립이다(Cooper, 1983: 55).

니체의 관점에서 철학은 자유교육이 추구하는 객관적인 지식이 아닌, 가치를 탐구하고 의미를 성찰하기에 바로 젊은이들의 교육에서 중심이 되어야 한다. 가치관을 가지

32) 니체는 당시 김나지움의 고전교육에서 현재 자기 삶의 의미와 무관하게 문학적 지식의 축적에만 몰두하는 것을 비판하였다. "고대의 영웅이나 비극의 주인공들이 지금 여기 있는 나와 나의 감정에 무엇이며 무슨 의미가 있는지는 비단 학생만의 문제가 아니라 선생에게도 마찬가지의 문제이다. 이 의미 발견의 길을 교육해야 하는데 그렇지 못한 것은 지금의 김나지움에서는 장님이 장님을 가르치기 때문이다."(윤병태, 2011: 127).

려면 우선 의미에 대한 이해가 필요하다. 니체의 의미 이해는 '사랑'이나 '죽음' 같은 단어의 개념 분석이 아니다. 죽음에 대한 다양한 배경지식과 개념에 대한 논리적 사유 및 정의가 죽음의 의미 이해를 주는 것이 아니다. 죽음이라는 상황에는 '죽음은 필연적인 것인가, 아니면 비극인가?', '죽음은 나의 활동 및 업적과 어떤 관련이 있는가?', '나는 내일 당장 죽을 것처럼 절박하게 살아야 하는가, 아니면 죽음을 잊고 살아야 하는가?'와 같은 수많은 질문들이 엮여 있다. 만약 자유교육론에 의한다면, 죽음에 대해 체계적으로 배운(입문한) 사람이 보다 현명한 죽음에 대한 태도, 이해가 생겨야 하는데 실상은 그렇지 않다. 의사가 일반인보다 죽음에 대한 의식에서 더 전문가라 할 수 있는가?

객관적인 지식과 절차들은 삶의 의미 이해와 무관할 뿐 아니라 심지어 위협이 될 수 있다. 학습자들이 이것들에 익숙해질 때 그들은 습관적으로 그것에 따르게 되며 다른 방식으로 생각하지 못하게 된다. 정통으로 여겨지는 지식 체계와 지식에 접근하는 방식 및 절차들에 입문(익숙해짐)할 때 학습자들은 자기 - 나아가 타인의 - 삶의 고유한 문제들을 자기 자신의 고유한 눈으로 창의적으로 해석하는 힘이 약화된다.

그렇다면 니체의 관점에 따를 때 인간 교육은 어떻게 해야 하는가? 인간 교육은 인간의 본성에서 비롯되는데 니체의 관점에서 인간 본성의 중심에는 의지(will)가 있다. 본래 열등한 동물인 인간은 다른 동물과 달리 스스로를 극복할 강한 의지(will)를 가지고 있다. 인간은 결정되지 않은 존재로 무엇인가로 되어가는 과정에 있다. 인간은 동물과 초인 사이에 있는 존재로 무엇으로 될 것이냐는 스스로의 의지에 달려 있다. 위대한 인간인 초인이 되기 위해선 무엇보다 군중 심리에서 떠나 철저히 자신만의 강인한 의지를 지니고 있어야 한다.

> (모든 인간은) 위대함에 도달할 수 있는 능력이 있으나 우리 가운데 대부분의 사람들은 그것으로부터 깊이 분리되어 있다. … 가장 포괄적인 인간은 홀로 가고, 무리본능을 갖지 않으며, 그로 하여금 많은 변화를 갖게 하며 지칠 줄 모르고 삶의 새로운 심연으로 들어가게 하는 억제할 수 없는 의지를 가지고 있다. … 반쯤 야만적인 동물로부터 하나의 소크라테스와 같은 인간이 되도록 하는 데는 커다란 내적 훈육이나 혹독함이 있어야 한다(Nietzsche, 1988: 529).

대중 속에서 세태에 따라 평범하게 살지 않고, 초점을 자기에게 들여와 혹독한 자기 극복, 변화에의 의지를 가질 때 바로 인간은 초인, 참 인간, 본래적인 인간으로 될 수 있다. 그런데 니체는 이러한 자기극복의 힘을 자연에서 찾는다. 청년의 훈육에서 가장 중요한 일은 자연을 대하는 천진성과 직접성을 훼손하지 말고 자연과 사태를 대하는 살아있는 경험을 하는 것이다(양대종, 2011: 126). 자연과 사물을 이미 이론화되고 도식화된 개념으로 설명하고 주입하려고 하면 학습자의 생동하는 힘(자연성)이 말살된다. 이러한 간접적인 - 2차적으로 걸러진 - 방식이 아닌 사물을 직접 대하여 사태의 본질을 자기 스스로 파악하게 하는 힘을 길러야 한다. 생동하는 힘의 근원은 바로 청년 자신 안에 있다. 죽은 개념들, 현재와 관련 없는 먼 지나간 역사 이야기에서 탈피하여 살아있는, 생동하는 힘을 회복하게 하는 것은 청년 안의 '활력'이다. 이 활력은 구태의연한 학적체계에 물들지 않고 이에 반기를 드는 비역사성과 초역사성을 지닌다. 전자는 밖의 것들을 잊고 오직 그 자신의 생명력과 개성에 시야를 고정하는 힘이요, 후자는 현존재에 내재하는 영원성과 동일성의 의미를 인식하는 힘이다(윤병태, 2011: 146-147).

인간이 자기 안의 물들지 않은 자연성을 찾아야 하며 사물을 직접적으로 경험해야 한다는 이러한 주장은 루소의 자연성 내지 감성 교육관과 어떻게 다른가? 루소의 자연은 인위적인 것과 반대되는 순수함으로서, 회복되어야 할 본원이지만 동시에 우주의 가장 조화롭고 이상적인 상태, 인간(사회)이 궁극적으로 가야 할 종착점(이상)이다. 반면에 니체가 보는 자연성은 회복되어야 할, 궁극적으로 추구하여야 할 완결체가 아닌, 지속적으로 극복해나가고 창조해나가는 과정상의 힘(에너지) - 힘을 향한 의지(will to power) - 이다. 니체가 자기내면에서 발견하라고 한 것은 그 힘이지 완결된 어떤 이상이 아니다. 타락하기 이전의 '仁義之心', 곧 천리와 일치하는 본연의 선한 마음으로 복귀하는 것 - 克己復禮(근본의 예) - 과는 달리 니체, 실존주의의 본래성(의지)은 단순한 복귀가 아닌, 세태에 안주하려는 것과의 전쟁, 동물로 하강할 것인지 초인으로 상승할 것인지의 치열한 전쟁과 같은 힘겨운 극복, 끊임없는 극복의 과정이다. 여기서는 내면의 자연적인 느낌이 중요한 것이 아니라, 이것이냐 저것이냐의 절박한 상황에서의 강한 결단, 자기를 추진하는 실천력이 중요한 것이다.

사물과의 교섭에서 볼 때, 루소는 보고 느끼는 그대로(자연적 감정에 충실함), 즉 감각과 감성에 의존하는 교육에 주목하지만, 니체나 하이데거의 관점에서 보면, 모든 간접적인 것들을 극복하고 오직 사물 그 자체에 *몰입하려는 강한 의지*가 중요하다. 즉, 실존주의의 관점에서 볼 때 우리가 사물을 대할 때는 이미 기존의 상식, 외부적인 개입

등에 의해 직접적 관계를 차단하는 것으로부터 상당한 방해를 받고 있고, 이를 극복하고 사물을 직접적으로 대하기 위해선 단순히 자연적인 느낌에 의존하는 것을 넘어서 그 대상에만 몰입하여 끈기 있게 포착하려는 의도적인, 강한 결단과 이를 추진하는 힘이 필요하다.

하이데거, 니체를 통해 본래성이 대중의 일상성에서 탈피하여 자신의 고유한 것을 찾기 위한 결단과 의지이며, 본래성을 위한 교육은 객관적 지식체계나 합리적 사고방식, 감성에 따르는 것이 아닌 홀로 진정한 자기를 찾고자 하는, 자기를 지속적으로 극복하고 창조하려는 강인한 의지를 키우는 것이 핵심임을 알았다. 그런데 과연 본래성에 이러한 고독한, 자기 스스로의 의지만이 작용하는 것일까? 다음 절에서 테일러(Taylor)를 통해 조금 다른 차원의 본래성을 살펴보겠다.

2. 테일러의 관계성

테일러는 현대인의 상실감을 병리 상태로서 보며 세 가지 문제를 지적한다. 첫째는 개인주의이다. 현대인들은 자신만의 삶의 방식을 추종하면서 전통 사회가 가졌던 상위의 가치체계를 상실하였다. 이것은 목적과 의미의 상실, 사회에 대한 무관심 등을 가져왔다. 둘째는 도구적 이성의 만연이다. 현대인들은 주어진 목적에 대해 어떻게 효율적으로 그것을 달성하느냐에 주력한다. 기술과 시장체제에 의해 가속화되는 이 경향은 모든 것을 주어진 목적을 수행하기 위한 수단으로 만들고, 평가와 판단은 목적이 무엇이냐의 것과는 별도로, 결과를 얼마나 많이 산출하느냐의 계량적 분석에 의존하게 된다. 셋째는 개인주의와 도구적 이성에 의해 초래되는 정치적 삶이다. 시장체제와 관료제의 영향 하에 정치적 자유와 참여는 제한되고 시민으로서의 인간의 존엄성이 위협받게 된다. 이러한 세 가지 문제에 따라 현대의 인간은 의미의 상실, 목적의 상실, 자유의 상실을 경험하게 된다(Taylor, 1991: 1-10).

그런데 자신만의 삶의 방식을 추종하려는 현대인의 개인주의의 이면에는 자기 자신에게 진실하자(being true to oneself)는 본래성의 도덕적 이상이 깔려 있다. 그리고 이것은 중립성을 추구하는 자유주의와도 연결된다. 즉, 좋은 삶은 각 개인이 자기만의 방식으로 추구하는 바인데 만약 정부나 어떤 상위 체제가 이를 간섭 - 어느 일방의 노선을 취함 - 한다면 공정하지 못하다는 것이다. 그런데 과연 개인이 오직 자아의 소리, 자기의 방식에만 진실하고 자기 이외의 방식에는 무관심하다면 문제가 없는가? 어떤 삶의 방식이든 다 좋고 그것들 간에는 선과 악, 어떤 위계가 없는가?(Taylor, 1991: 17-19) 테일러의 입장은 이러한 문제의식과 함께 본래성 자체는 중요한 인간의 도덕적 이상이나 그것을 오직 자기 충실로만 해석할 때 곧, 과거, 시민의식, 연대, 자연환경 등 자기와 관계된 많은 것들이 무시된다면 안된다는 것이다. 특히, 현대 산업기술사회의 실제에서 볼 때 본래성의 이상이 도구적 이성과 맞물릴 때 다양한 관계들이 오직 물리적 충족을 위한 수단으로 실제 기능할 위험이 있다.

테일러는 이러한 문제의식을 가지고 본래성을 다른 차원에서 규정하고자 한다. 본래성이 무엇인가는 인간 삶의 본질에서부터 나온다. 테일러가 보는 인간 삶의 본질은 대화적 성격(dialogical character)이다.[33] 인간은 자신에게 중요한 타자(significant others)와의 풍부한 언어적 상호작용 - 예술, 몸짓, 사랑 등 광의에서 - 을 통해 자신을 이해하고 자신의 정체성을 규정하며 온전한 인간이 된다. 우리는 중요한 타자가 우리를 인정하는(recognize) 것과 교류하며, 때로는 그것과 갈등하며, 우리의 정체성을 형성해간다. 우리가 삶에서 가장 귀하게 여기는 것은 우리가 사랑하는 사람들과의 공유된 기쁨 속에서 형성된다. 정체성이란 근본적으로 우리가 누구이며 어디에서 왔는가를 나타내며 이것은 우리가 바라고 가치를 평가하는 배경(기준)이 된다. 우리가 가장 귀하게 여기는 것이 내가 사랑하는 사람과의 관계를 통해서 도달 가능할 때 바로 이 관계 자체가 자신의 정체성 속에 스며든 것이다(Taylor, 1991: 33-34). 테일러의 이러한 관점은 상당한 설득력을 가진다. 즉, 사랑, 신뢰, 정직, 관용, 우정, 명예, 열정, 인내 등 개인이 자신의 삶에서 숭고하게 여기는 가치는 개인이 무인도나 동굴 안에서 홀로 사유하여 낸 것이 아니라, 우리가 어릴 적부터 가족, 친구, 이웃, 선생님, 선배, 직장동료 등 우리에게 중요한 타자들과의 상호작용을 통하여 형성된 것이다. 심지어 종교적 수행자나 홀로 작업하는 예술가라 할지라도 신이나 그 작품 자체와 상호작용하면서 자신의 가치와 정체성을 찾는 것이다.

정체성은 타자와의 관계뿐만 아니라 타자와의 차이를 드러낸다. 그런데 그것이 단지 자기가 느끼는 대로의 선택 - 선호도 - 이 될 때는 차이의 가치와 중요성이 상실된다.

---

33) 부버(M. Buber)도 인간의 본래성을 관계(relationship)에서 찾는다. 그에 따르면 인간의 본래적 실존은 관계에서 실현된다. 인간이 나-그것의 간접적 대응방식에서 벗어나 나-너의 직접적 관계로 되고자 지속적으로 노력하는 한 인간의 실존은 본래적이다. 그러나 나-그것의 태도가 관계의 직접성을 막을 때 인간의 삶은 비본래적으로 된다(Buber, 1965: 14-15 in introduction). 관계는 개방성, 직접성, 상호성, 현존성을 갖는 반면, 나-그것의 대응방식은 주체가 대상을 분석하고 이용하면서 상대의 고유성을 무시하게 된다(Buber, 1965: 14).

자신이 A를 선택하였다면 A만 바라볼 것이 아니라 A와 다른 B의 의미와 가치를 진지하게 고민하고 비교해 보아야 한다. 정체성과 본래성이 성립되기 위해서는 반드시 의미의 지평(horizons of significance)이 있어야 한다. 선택 간에 중요성의 차이가 없는 한, 자기선택은 음식메뉴 고르듯 사소한 것으로 되고 인간의 온전함, 본래성을 구현하는 도덕적 이상이 될 수 없다. 사소하지 않은, 진정으로 중요한 나의 정체성을 정립하기 위해선, 내가 존재하는 배경이 되는 역사, 자연의 요구, 동료 인간의 요구, 시민으로서의 의무, 신의 계시 등을 진중하게 고려해야만 한다(Taylor, 1991: 38-40).

우리는 우리에게 중요한 타자들의 이러한 다양한 소리들을 진지하게 경청하고 그것과 소통하며, 때로는 그것에 대항하여 우리의 정체성을 만들어 나간다. 남성과 여성이 동등한 가치를 가진다면 단지 다르기 때문만이 아니라, 한편으로는 양자가 공유하는 보편성이 존재하며 다른 한편으로는 일방이 갖지 못하는, 타방을 보완해줄 수 있는 그 무엇이 존재하기 때문이다. 바로 내가 나로서, 진정한, 고유한 가치를 지닌 본래적인 내가 되려면 중요한 타자들을 바라보고 소통하여야 한다. 그러나 그 소통이 가십 나누기처럼 흘러가는, 진지하게 포착되지 않는, 피상적인 잡담이 되어서는 안된다. 타방에 대하여 전존재를 걸고, 진지하게, 직접적으로 마주해야 한다. 바로 이때 진정한 관계가 성립되고 자신의 고유한 가치와 차이를 자각할 수 있다. 이러한 관계의 본래성을 만드는 가장 중요한 것은 *진지하게 상대방과 마주하려는 나의 의지*이다. 개인주의, 도구적 이성이 지배하는 현대사회에서 인간이 진지하게 타방을 바라보기 위해선 강한 결단과 추진력이 필요하다. 부버의 관점에서도 나-그것의 간접적이고 수단적인 대응방식에서 나-너의 직접적이고 목적적인 관계로 가기 위해선 인간의 치열한 의지가 필요하다. 바로 이러한 이유로 관계로서의 본래성에서도 인간 의지의 중요함을 알 수 있다.

V. 맺음말: 통합성(全人)의 차원에서 본 인간과 교육

지금까지 인간의 본성을 합리성(知), 자연성(情), 본래성(意)의 차원에서 나누어 살펴보았다. 간단히 핵심을 요약하자면, 첫째, 합리성의 관점은 먼저 플라톤에 의하면, 이성이 인간의 객관적이고 보편적인 성질로서 감정과 의지를 적절하고 조화롭게 통솔하는 최상위의 요소로 본다. 개인 내적으로나 인간 사회에서 이성이 통솔하려면, 타고난 지적 능력을 바탕으로 변화하는 감각경험에 의존하지 말고 이유와 원칙에 의하여 불변의 실재를 사유하도록 인도되어야 한다. 칸트도 같은 맥락에서 인간은 이성적인 판단을 내릴 수 있는 존재이고, 이성에 의한 합당한 법칙에 의거하여 행위하는 인간만이 참다운(자유로운) 인간으로 본다. 그러나 인간은 어린 시절 동물적 본능(방종)을 가지므로 이를 훈육을 통해 이성의 명령에 복종할 수 있도록 해야 하며 좀 더 커서는 지적 능력을 계발하기 위한 지식 교육이 필요하다고 하였다. 자유교육론은 이러한 이성 중심의 인간관에 근거하여 인간의 좋은 삶은 합리성을 추구하는 삶이며 교육은 합리적 마음의 계발을 목적으로 해야 한다고 본다. 이를 위해서 학습자는 인간 삶의 형식을 반영한 지식의 형식에 입문하여야 하고, 이유를 합리적으로 사고하여 종합적인 안목을 갖춘 사람이 되도록 교육받아야 한다.

둘째, 자연성의 관점은, 먼저 공자와 맹자에 의하면, 모든 인간은 惻隱之心, 羞惡之心과 같은 자연적으로 선한 마음의 뿌리를 가지고 있으며 이것은 사람과 사람 간에 특히 부모 자식 간, 형제자매 간, 친구 간에 자연히 느끼는 사랑과 믿음의 정서에서 볼 수 있다. 이러한 자연적 선의 정서를 먼저 자기 자신으로부터 진실하게 살펴(忠) 이를 바탕으로 타인에게 미치도록(恕) 하는 것이 인간성 실현의 요체이다. 문제는 인간의 선한 본성을 가로막는 환경에 의해 사욕이 증가하고 본래의 선성을 잊게 되는데, 이를 다시 회복하게 하는 것이 교육의 목적이다. 그리고 그 교육의 방법은 먼저 자신의 선한 마음을 조용히 살피고 타인의 마음을 공감하며 선한 행동을 함으로써 가능하다. 루소도 이와 같은 맥락에서, 타락한 문명의 영향에 의해 인위적이고 타율적으로 사는 인간에 대비하여, 순수하게 자연의 감정에 충실한 인간, 곧 자기보존본능(자기애)에 따라 자율적으로 행동하는 인간을 이상으로 보았다. 이러한 자연성을 회복하는 것이 인간 교육의 목표이며 이는 어릴 적부터 지속적으로 철저히 자연의 질서를 따르며, 자연에서 직접 보고 느끼며, 의도적 통제 없이 자신의 자연스러운 필요에만 충실히 따르는 소극적 감각교육, 감성교육에 의해 달성가능하다. 자연에서 느끼는 감수성을 사회로 연장하는 데는 공감적 능력이 요구된다. 타인의 괴로움을 함께 느끼는 연민, 동정심은 이미 인간의 자연적 감정으로 자기애와 함께 내재한다. 바로 이것을 바탕으로 사회적 도덕성으로 발달시킬 때 - 자기애와 이타심이 일치할 때 - 인간의 완전한 모습을 이룰 수 있다.

셋째, 본래성의 관점은, 먼저 실존주의에 의하면, 인간은 대중의 일상적이고 평균적인 이해에서 벗어나 자기의 진정한 고유한 모습을 찾을 때 본래적이 된다. 일상적인 인간은 잡담과 호기심에 의해 진정한 자기의 뿌리에서부터 뽑혀 피상적으로 이리저리 이끌려 다닌다. 이러한 비본래적인 상태에서 벗어나 본래적인 상태로 되려면 가장 고유하고 몰교섭적인 가능성인 죽음을 선험하여야 한다. 죽음을 통하여 유한성을 깨닫고 그 누구와의 교섭도 아닌 오직 자기 자신에 전념하게 된다. 비현실적인 죽음이 실제적인 전환점으로 되려면 대중 속에 매몰된 자신이 아닌 진정 고유한 자기로 되돌아와야 한다는 양심의 소리에 응답하여 결단하는 결의성이 필요하다. 양심과 결의는 추상적인 사변도, 자연적인 감정도 아닌, 흔들어 깨우고 절박하게 결단하는 의지의 작용이다. 이 의지는 또한 일상에 안주하려는, 동물로 추락하려는 자아를 붙잡아 지속적으로 상승시키고 새롭게 창조하는 힘을 향한 의지이다. 이러한 의지를 불러일으키는 교육은 객관적 지식, 지식의 형식, 합리적 사고방식을 배워서 되는 것이 아니라, 가장 심각한 상황에 직면하여, 나는 누구이며 어떻게 살아야 할지를 절박하게 고민하고 결단할 때 이루어진다. 이 교육은 지식의 전달이 아닌, 직접적이고 살아있는 경험, 자기가 스스로 사태의 본질을 꿰뚫을 수 있는 힘을 키우는 것이 관건이요, 이 힘의 근원은 인간 자신 안에 있다. 본래성은 또한 관계를 통하여 성취된다. 인간 삶의 본질은 관계이며 우리는 중요한 타자와의 상호작용을 통해 자신을 이해하고 정체성을 규정하며 온전한 인간이 된다. 정체성은 내 마음대로 나의 방식을 따른다고 형성되는 것이 아니라 타자들의 소리를 듣고 그 의미와 중요성을 진지하게 고려할 때 형성된다. 이 때 중요한 것은 진지하게 타방을 대하는 자신의 의지이다.

우리는 서론에서 인간이 개인적으로나 사회적으로 보다 좋은 상태를 실현하려면 자신이 누구인지를 알아야 한다는 필요성과, 현실에서 이 근본적 탐구가 부족하다는 문제의식에서 출발하였다. 특히 인간 교육의 현실에서 주어진 과제, 시험, 평가, 목표에 대한 기능적 경주로 말미암아 인간이 무엇이며 무엇을 필요로 하며 무엇을 추구해야 하는지의 교육의 근본 문제를 도외시하게 되었다는 문제점을 지적하였다. 인간을 세 차원으로 나누어 살펴본 바, 그렇다면 과연 인간의 본성은 무엇인가? 과연 인간은 합리성, 자연성, 본래성을 가지고 있는가? 그 셋 중에 무엇이 가장 근본적인 것인가? 혹은 온전한 인간, 참다운 인간, 좋은 인간이 되기 위해서는 - 육성하기 위해서는 - 셋 중에 무엇이 가장 중요한가?

이러한 질문들에 대답하기 위해서는 먼저 세 차원의 관계를 좀 더 면밀히 고찰할 필요가 있다. 과연 인간의 이성과 감성은 어떠한 관계인가? 플라톤, 칸트 등이 지적한 바에 따르면 이성은 욕망 혹은 동물적 본능을 통제, 억제하는 기능을 하며 바로 이것은 합리적 인간, 완전한 인간이 되는 필수적인 과정이다. 인간을 느끼는 대로 마음먹은 대로 놔두면 욕망과 동물적 본능으로 타락하기에 마땅히 옳은 길을 안내하는 이성이 이것을 통제해야 한다는 주장이다. 물론 플라톤도 필요하고 좋은 감정(혹은 욕망)을 인정한다. 그러나 이것은 늘 오류와 지나침의 위험이 있기에 반드시 *더 우월한 이성의 통제*를 받아야 한다고 본다. 그런데 루소는 어떠한 인위적인 것으로 의도하거나 억제하지 말고, 자연적 감정에 충실히 따를 것을 주장하며 이것은 비단 아동기의 교육에서뿐만 아니라 일평생의 지침이 되어야 한다고 한다. 그가 근본이자 이상으로 본 것은 이성이 아니라 인간의 자연성, *'자기애'와 '동정심'*이다. 공자와 맹자도 사람의 근본 마음이 선하며(측은지심과 같이) 바로 이 마음을 살피고 공감하여 행동하라고 하였다.

그렇다면 무엇이 옳은 것인가? 이성의 특징은 객관적이고 중립적인 반면, 감성의 특징은 주관적이며 참여적이다. 즉, 어떤 사태에 처하여 이성은 '그것이 무엇인가, 왜 그러한가, 무엇이 옳은 것인가?'를 묻는다면, 감성은 '나는 이것이 좋다 혹은 싫다.'를 이미 말하고 있다. 좀 더 쉽게 이야기하면, 이성은 *떨어져서* 보고 있고 감성은 이미 *그것에 붙어서* 느끼고 있다. 이렇게 볼 때, 우리는 누구나 인간이면 정도의 차이는 있으나 양자의 특징을 함께 가지고 있고, 그들 중 무엇이 옳고 그른지, 무엇이 중요하고 덜 중요한지를 판단하는 것은 *사람과 상황과 사안에 따라* 결정될 문제이다. 국가정책과 예산을 정하는데 감성이 주가 되거나, 남녀 간의 순수한 사랑을 나누는데 이성에 따른다든지 해서는 안될 것이다. 그런데 이 양자 중 어느 한쪽이 지배적일 경우 다른 쪽은 힘을 잃게 된다. 이성이 지나치게(모든 경우에) 앞서는 경우나, 감성이 지나치게 앞서는 경우 다른 한쪽의 작용과 발달을 막게 된다. 특히 이 점에 주목하여 우리가 인간을 교육함에 개개인의 특수성에 따라 양자 간에 균형을 맞추어야 할 것이다. 학생들 가운데는 자신의 감정대로 물불을 안 가리고 하거나, 뜨거운 감성이 필요함에도 감성이 메말라 있고 냉철하게 이것저것 따지기만 하는 경우가 있다. 전자의 경우 한 걸음 *떨어져서* 과연 자신의 감정대로 행동하는 것이 이 상황에서 적절한지, 그 행동(선택)의 이유는 무엇이며 그것은 과연 적절한지를 냉철히 판단하는 비판적·합리적 사고의 훈련이 필요하다. 후자의 경우, 무엇보다도 자기의(또한 타인의) 감정에 *가까이* 다가가는 연습이 필요하다. 즉, 우선 자신의 감정(슬픔, 기쁨, 사랑, 미움 등)을 충분히 들여다보고 이를 솔직하게 표현해보는 연습, 이어 타인의 감정이 어떤지 함께 이야기하고 나누며 공감하는 연습, 이러한 과정을 통한 감수성 개발 교육이 무엇보다도 필요하다. 이성과 감성의 교육에 있어서 무엇을 중점에 두어야 하는가는 이같이 학습자와 상황에 따라야 한다.

그런데 중요한 점은 많은 경우, 인간의 이성과 감성은 함께, *동시에 연결되어서* 작용한다는 점이다. 우리가 어떤 심각한 사건이나 문제에 직면하였을 때, 어떤 분노와 연민 등을 느끼는 동시에, '과연 이것이 왜 일어났고 어떻게 하는 것이 옳은 것인가?'를 생각하게 된다. 학생들이 자기 친구가 폭력에 의해 당하는 것을 본다면, '연민'과 '의분'을 느끼는 동시에 이 상황에서 과연 어떤 행동이 가장 올바른 것인가를 생각하게 된다. 물론 후술하겠지만 여기에는 그 사태를 그냥 보고(느끼고 생각은 하지만) 있을 것인가, 적절한 행동을 실제로 실행할 것인가 하는 결단과 이를 추진하는 *의지*도 함께 작용할 것이다. 즉, 많은 경우에 인간의 이성, 감성, 의지는 동시에 작용하며 합리성, 자연성, 본래성이 동시에 요구된다. 그런데 만약 이러한 경우에 한 가지라도 결여된다면 인간의 올바르고 선한 성품, 인간으로서의 온전한 인격을 드러내는 데는 실패할 것이다.[34]

이렇게 볼 때, 인간의 온전함을 발현시키기 위한 교육도 합리성, 자연성, 본래성을 함께 조장하는 방향이 되어야 할 것이다. 인류의 역사를 볼 때 위대한 인류의 스승들, 공자나 예수는 이미 이러한 교육을 이론이 아니라 몸소 실천하여 보여주었다. 공자는

---

34) 인간의 의지는 자제력과 관련되는데 의지를 이 자제력(통제)의 차원에서 보는 전통이 플라톤에 뿌리를 둔 합리주의 전통, 자유교육론 관점이다. 즉, 여기서는 의지를 이성의 협조자, 옳지 못한 것, 특히 감정을 자제하고 통제하는 힘으로 본다. 그러나 의지는 단순히 감정을 통제하는 수단이 아닌, 자기만의 고유한 선택과 결단이다. 만약 외부의 무엇에 의해 끌려 다니는 것이라면 의지라 할 수 없다. 의지는 이렇게 본래성을 띄는데 이러한 의미의 본래성은 한편으로 자율성(autonomy)과 관련이 깊다. 자율성은 스스로의 합리적인 사고과정을 통한 판단이 그 핵심인데 이러한 맥락에서 이는 주로 합리주의, 자유교육론의 전통과 연관된다. 그러나 이러한 자율성의 전통에는 실존주의에서 강조하는 진정한 자아를 찾고자 하는 강한 의지는 결여되어 있다. 만약 이 부분이 보완된다면 보다 완전한 의미의 인간성을 구현할 수 있을 것이다.

인(仁)을 가르치기 위해 무엇보다 제자들과 함께 살며 여행하였다. 제자들과 함께 산 이유가 무엇이었을까? 제자들은 『論語』에서 스승 공자의 슬픔, 기쁨, 사랑, 분노 등의 모든 감정과 모든 생각과 말과 행동들을 기록하고 있으며 이것들이 가르침이 아닌 것이 없다고 하였다. 공자가 제자들과 함께 살면서 보여준 그것이 곧 공자가 가르치고자 했던 '인(仁)'이었다. 사랑하는 제자 안연이 죽었을 때 "하늘이 나를 버리는구나!"하며 통곡하며, 전쟁터에서 머리를 산발한 채 제자들을 찾아 헤매던 공자의 모습이 곧 인(仁)이다. 제자들이 수많은 경우에 다양한 질문들을 했을 때 제자들과 문답하며 역사와 시를 돌아보며 무엇이 올바른 길인가를 치밀하게 생각하던 이성적인 공자의 모습이 곧 인(仁)이다. 늙어 죽을 때까지 그 누구보다 인(仁)을 이루고자 끊임없이 치열하게 고민하고 배우고자 한 의지, 세태에 휘말리지 않고 의(義)를 지키고자 한 의지, 혼자 있을 때 더욱 인(仁)을 행하고자 한 의지, 니체가 말하는 초인의 모습을 그대로 보여준 그 의지가 곧 인(仁)이다. 예수가 제자들과 함께 살며 보여준 사랑(agape) 역시 제자들에게 지, 정, 의가 함께하는 완전한 사랑을 가르치기 위함이었다. 성전에서 비둘기를 판매하던 상인들에게 '의분'을 보이고 제자들의 발을 한 명씩 씻기는 예수의 모습, 『복음서』에서 서기관, 바리새인 등의 질문에 무엇이 올바른 것인지를 논리적으로 응답하던 모습, 자신의 소명인 십자가를 거부하지 않고 감당한 의지, 유대인으로서 당시 유대인의 세태와 관습을 타파하고 새로운 율법인 사랑을 전파하는 강한 의지가 제자들에게 보여주고 가르친 지, 정, 의가 함께한 사랑이었고 제자들도 성경에서 보이는 베드로와 요한 등의 모습을 보건대 그러한 온전한 사랑을 배웠다(Shim, 2006).

공자와 예수가 제자들에게 보여준 인(仁)과 사랑(agape)의 가장 직접적인 모습은 뜨거운 감성이었으나, 그 감성을 더욱 깊게 하고 온전히 드러내도록 도운 것은 이성과 의지였다. '측은지심'으로서의 인(仁)이 인간의 역사와 시를 통해 지적으로 확장되고, 다양한 사태에 처하여 무엇이 옳은지를 판단함을 통해 사유의 깊이가 더하며, 실제 삶에서 치열하게 자신을 성찰하고 극기(克己)하고자 하는 배움과 실천의 의지를 통해, 그 실상이 온전히 드러나며 완성되는 것이다. 이론적으로 탐구하고 설명한 '사랑'과 '정의'의 개념을 생생한 삶의 다양한 현장에서 느끼고 실천하였을 때 그 개념은 더욱 깊이 있고 폭넓어 진다. 공자와 예수가 보여준 가르침은 인간의 합리성은 반드시 자연성과 본래성의 동반 작용 속에서 충분히 성장하고 온전히 발현될 수 있음을 시사한다. 즉, 인(仁)이나 아가페와 같은 그들의 가르침의 핵심개념이 무엇인지에 대한 논리적 탐구와 지식

(합리성)은 반드시 사람과 사람 사이에서 실제로 내면으로부터 자연스럽게 발로하는 어진 마음, 뜨거운 사랑의 감성(자연성)과, 과연 무슨 길을 자신이 선택하고 가야 할지에 대한 진정성을 가진 치열한 결의(본래성)가 뒷받침되어야만 한다. 마찬가지로 자연성은 반드시 합리성과 본래성의 동반 작용 속에서, 본래성은 합리성과 자연성의 동반 작용 속에서 성장하고 온전히 발현될 수 있다. 이렇게 인간의 온전한 모습을 발현시키고자 하는 전인교육은 합리성, 자연성, 본래성의 *각 차원이 필연적으로 다른 두 차원을 동반해야만* 이루어질 수 있다. 스승인 공자와 예수의 온전히 성숙된 인격이 곧 이러한 모범을 보여준다. 지·정·의가 함께 작용하며 서로가 서로를 조장하는 바로 이것이 참다운 인간성의 본질, 곧 전인(全人)이요, 교육이 추구해야 하는 최고의 이상인 것이다.35)

연구자는 한국의 교육현실에서 특별히 본래성(의지)의 차원에 주목하고자 한다. 그 이유는 하이데거가 지적한 '퇴락'의 문제가 줄어들거나 해소되기는커녕 지금 더욱 증대되고, 연구자가 보기에 가장 심각한 문제라고 판단하기 때문이다. 연구자는 독자들의 양해를 구하고 여기서 '나'의 내러티브를 잠시 소개하고자 한다. 나는 대학에서는 대학생들을 가르치며, 교회에서는 중고생들을 가르치면서 이 학생들에게 *'진지함'의 상실*을 뼈저리게 실감하고 있다. 다른 동료교수나 교사들의 이야기를 들어봐도 비슷한 견해이다. 강의평가를 의식하여 그들의 비위를 맞추고자 가십거리들을 빠르게 화제전환하며 수업하면 그들은 좋아한다. 스마트폰, 카톡을 이용하여 넘겨보고 가벼운 말장

---

35) 전인(全人, whole person)과 전인교육은 많은 학자들이 논의하였다. 그런데 현대의 학자들이 이를 논의하기 훨씬 이전에 이미 코메니우스(J.A. Comenius)는 『대교수학』이나 『범교육학』에서 기독교적 인간관에 의하여 인간의 전인성과 이것의 체계적인 발현을 위한 교육론을 저술하였다. 그는 "모든 사람은 그들 각자 인간 본성의 완성으로 이끌어져야 한다."고 주장하며, 그 이유는 하나님이 태초에 하나님의 완전한 형상을 따라 인간을 만들었기에 인간은 하나님을 닮은 완전한 성품을 본성상 가지고 있고, 또한 그러한 창조의 목적을 구현하기 위해선 반드시 그러한 모습으로 성화되어야 하기 때문이라고 본다(Comenius, Pampaedia Allerziehung II/정일웅 역, 2005: 23-25). 그는 이러한 전제 하에, 플라톤처럼 인간들 사이에 어떤 위계가 있다고 보지 않고, 모든 인간은 하나님의 완전한 형상으로 닮아 완전하게 될 수 있고 또한 그 누구도 이 과정에서 제외되서는 안된다는 범교육의 신념을 확고히 가지고 있었다. 그는 인간이 완전한 인간이 될 수 있는, 완전한 교육이 가능한 근거로서, 세상에 담겨 있는 모든 것들을 지각할 수 있는 감관(Sinne), 그 과정을 관찰할 수 있는 이성(Verstand), 믿음이 되는 증거들을 알리는 모든 것들을 받아들일 수 있는 믿음(Glauben)의 세 가지 보조수단이 인간에게 있다고 본다(Comenius, Pampaedia Allerziehung II/정일웅 역, 2005: 30-37). 바로 감관, 이성, 믿음은 본고에서 보는 감성(情), 이성(知), 의지(意)와 연관되며 이러한 측면에서 본고의 전인관과 전인교육관을 지지한다고 볼 수 있다. 믿음은 받아들이는 차원인데 의지가 양심의 소리에 부응하느냐 하는 결의로 본다면 그 맥락은 유사하다고 본다. 그러나, 코메니우스는 합리성, 자연성, 본래성이 과연 어떠한 관계이며 현대와 같은 '진지함의 상실' 시대에 세 차원을 어떻게 조화시켜 교육을 접근해야 할지에 대한 본고의 논의와는 차이가 있다.

난을 주고받는 그들이 진지하게 오랫동안 무엇을 성찰하고자 하면 싫어한다. 바로 이것이 현실이다. 만약 이러한 논문을 교육철학자가 아닌 우리 학생들이 읽는다면 과연 몇 페이지를 읽을까? 뿌리를 내리려 들지 않는다. 그러면서 그들을 상담해보면 일상과 유행, 타인을 지나치게 의식하는 가운데 그 안에 불안함이 숨어 있다. 루소가 주장하는 자기를 위해 사는 자기애의 사람, 니체가 이야기하는 대중의 세태를 벗어나 홀로 자신을 만들어가는 사람과는 거리가 멀다. 감각에 의해, 보이는 것에 의존하지 말고 이유와 원인을 추궁하며 근본적이고 항구적인 진리 혹은 선(善)을 탐구하라고 한 플라톤과는 더더욱 거리가 있다. 이것은 표면적으로는 본래성의 심각한 결핍이지만, 이러한 사태를 자세히 들여다보면 자연성, 합리성의 동반적 부족 혹은 결여 상태이기도 하다. 이렇게 합리성, 자연성, 본래성 모두 심각하게 결핍되어 있는데도 교육은 시험성적과 취업이라는 표면적이고 수단적인 목표만을 추구하고 있고 배우는 자뿐만 아니라 가르치는 자도 오직 이 근시안적인 목표에 혈안이 되어 있다.

무엇부터 바뀌어야 하는가? 연구자는 이 교육철학의 논문을 통해 구체적인 제도적 개선방안을 논하는 것은 무리라고 본다. 여기서 제시하는 것은 바로 정책의 근간이 되는 논의일 것이다. 연구자는 무엇보다도 바로 이 진지함의 회복, 진지함의 훈련, 즉 본래성을 키우는 것이 현 상황에서는 가장 중요하며 이것은 합리성과 자연성의 회복, 성장에도 매우 긍정적으로 영향을 줄 것이라 본다. 이를 위해서는 현재 방대한 교육과정을 조금 단순화시키고 학습자들이 한 가지에 집중하여 자신이 직접 그것을 지속적으로 탐구하도록 교육환경을 개선하여야 한다. 대학생들도 현재 어떤 과제들을 자신이 스스로 깊이 있게 탐구하는 훈련이 안되어 있어서, 교수가 쉽게 전달해주는 것을 좋아하지, 그러한 과제를 어려워하고 싫어한다. 탐구는 *'나'를 성찰*하는 것으로부터 시작하여야 한다. 자신의 모습과 감정, 생각들을 그리고 묘사하게 하고 이야기하게 하는 쉬운 것으로부터, 죽음체험(입관체험)과 같은 실존적 체험, '나는 누구인가'에 대한 에세이 쓰기 등을 바탕으로 자신의 기존 의식을 깊이 들여다보고 결의를 다지는 교육과정들을 도입할 필요가 있다. 이러한 교육과정을 통해 타인의 의식, 일상성에 안주하려던 자신에서 벗어나 철저히 자기 홀로 자기를 깊이 들여다보는 훈련이 되어야 한다. 이와 함께, 타인을 진지하게 마주하는 훈련이 병행되어야 한다. 자신의 문제, 상대방의 문제, 혹은 하나의 주제를 가지고 일대일로(집단이 아닌 반드시 일대일이 필요함) 깊이 있게 대화하는 훈련, 대화에서 상대의 이야기를 경청하며 상대의 생각과 감정까지 그 뿌리까지 인내심을 가지고 깊이 있게 들여다보며 공감하는 훈련, 자신과의 차이를 발견하고 그 차이의 중요성에 대해 깊이 있게 성찰하는 훈련이 필요하다.[36] 바로 이러한 훈련을 통해 나와, 타인과, 하나의 대상에 진지하게 몰입하여 탐구하는 자세가 키워질 때 합리성, 자연성, 본래성이 함께 자라날 수 있을 것이다.

그런데, 이러한 진지한 성찰은 학습자들의 자연적 욕구에 위배되는 것이 아닌가? 학습자들이 보고 느끼는 그러한 감각적인 교육을 원하고 또한 그것이 좋은 것 아닌가? 그것을 거슬려 지나치게 진지하게 탐구하는 것은 인간의 자연성 함양에 역행하는 것은 아닌가? 우리가 루소나 공맹(孔孟)을 통해 보았듯 진정한 자연성은 자기가 진정 무엇을 원하는지, 자기의 본연의 마음이 무엇인지를 제대로 들여다보아야 한다. 그저 재미있는 동영상이나 보는 것이 감성 교육이 아니다. 자기가 누구인지를 깊이 들여다보고 타인을 마주 대하여 깊이 공감하는 훈련은 본래성을 함양하는 동시에 자기애와 동정심, 측은지심을 키우는 교육이 될 것이다. 다만 유아기, 아동기에서는 이러한 훈련을 하되 특별히 감각 교육을 최대한 활용하는 방안을 모색하여야 할 것이다.

36) 듀이는 인간의 본성을 천부적인 것이나 개인적인 창조물로 보기 보다는 사회적으로 형성된다고 본다. 아동은 소통적 본능, 구성적 본능, 탐구적 본능, 예술적 본능을 가지고 있는데 이것들은 홀로 발달하지 않고 반드시 사회적인 자극과 공급에 의해 발달한다고 본다(이준수, 2009: 246-247).

참고문헌

『論語』.
『孟子』.
『中庸』.
김상섭(2009). **현대인의 교사 루소**. 서울: 학지사.
김영래(2008). 교육원리로서의 자기보존: 루소 교육관의 현대적 재음미. 『**교육의 이론과 실천**』. 13(1). 1-23.
김현주(2009). 도덕적 상상력으로서 루소의 '공감각'. 『**초등교육연구**』 22(3). 137-157.
박주병(2011). 에밀에 나타난 목적론적 자연개념의 교육학적 시사. 『**교육철학연구**』 33(1). 57-77.
심승환(2008a). 맹자 사상을 통해 본 배움의 의미. 『**교육문제연구**』 31. 1-22.
심승환(2008b). 비판적 사고를 통한 배움의 의미. 『**교육철학연구**』41. 165-203.
양대종(2011). 교육적 욕망의 진위에 대하여: 니체의 교육론과 민주주의 비판을 중심으로. 『**철학연구**』 44. 97-139.
유재봉(2002). 『**현대교육철학 탐구**』. 서울: 교육과학사.
윤병태(2011). 초기 니체의 청년교육론. 『**니체연구**』 19. 115-153.
이준수(2009). 듀이의 학생의 본성에 대한 이해와 교육. 『**교육철학**』 39. 243-265.
정혜영(2005). 『**교육인간학**』. 서울: 학지사.
주영흠(1995). 『**서양교육사상사**』. 서울: 양서원.
Buber, M.(1965). *Between Man and Man*. NY: Macmillan, 1965.
Burbules, N.(1991). Rationality and reasonableness: A discussion of Harvey Siegel's relativism refuted and educating reason," *Educational Theory*, 41(2). 235-252.
Comenius, J.A. *Pampaedia Allerziehung*. 정일웅 역(2005). 『**범교육학**』. 서울: 그리심.
Cooper. D.(1983). *Authenticity and Learning*. London: Routledge and Kegan Paul.
Heidegger, M.(1927). *Sein und Zeit*. 전양범 역(2001). 서울: 동서문화사.
Hirst, P.(1965). *Liberal Education and The Nature of Knowledge*. London: Routledge & Kegan Paul
Kant, I. *Grundlegung zur Metaphysik der Sitten*. 이규호 역.(1974). 서울: 박영사.
Kant, I. *Ueber Paedagogik*. 조관성 역.(2007). 서울: 철학과 현실.
McPeck, J.(1981). *Critical Thinking and Education*. New York: St. Martin's Press.

Nettleship, R.L.(1935). *The Theory of Education in Plato's 'Republic'*. 김안중 역(1989). 『**플라톤의 교육론**』. 서울: 서광사.

Nietzsche, F.(1964). "On the future of our educational institutions", *The Complete Works of Friedrich Nietzsche*. O. Levy(ed.). NY: Russell & Russell.

Nietzsche, F.(1974). *The dawn of day: The complete works of Friedrich Nietzsche*. NY: Gordon Press.

Nietzsche, F.(1988). Nachgelassene Fragmente Mai-Juli 1885, 35(25), *Kritische Studienausgabe 11 in 15 Bänden*. München: G. Colli u.a.(Hrsg.).

Peters, R.S.(1966). *Ethics and Education*. 이홍우·조영태 역.(2008). **윤리학과 교육**. 서울: 교육과학사.

Peters, R.S.(1977). *Education and the Education of Teachers*. NY: Routledge.

Peters, R.S.(1981). *Essays on Educators*. NY: HarperCollins.

Plato. *Meno*. B. Jowett(trans.).(1953a). London: Oxford.

Plato. *Phaedrus*. B. Jowett(trans.).(1953b). London: Oxford.

Plato. *The Republic*. B. Jowett(trans.).(1953c). London: Oxford.

Rosen, S.(2005). *Plato's Republic: A Study*. New Haven: Yale University.

Rousseau, J. J.(1762). *Emile*. 권응호 역(2000). 서울: 홍신문화사.

Rousseau, J. J.(1992). *Discourse on the Origins of Inequality, The collected writings of Rousseau, vol. 3*, R. D. Masters and C. Kelley(ed.). London: University Press of England.

Sartre, J. P.(1957). *Being and Nothingness*. Barnes, H.(trans.). NY: Methuen.

Shim, S. H.(2006). *Two Model Teachers: Jesus and Confucius*. PA: Xlibris Corp.

Spranger, E.(1928). *Types of men: The psychology and ethics of personality*. NY: Niemeyer Publisher.

Taylor, C.(1991). *The Ethics of Authenticity*. MA: Harvard University Press.

2부
실천과 비판

1. 정체성 교육의 새로운 접근: 서사적 정체성 교육
2. 한국 발도르프학교 교육의 의미와 실천에 관한 문화기술적 연구
3. 교실공간은 자율적 주체성 형성의 장으로 가능할 수 있을까: 가타리와 프레네의 만남
4. 지속가능발전교육: '발전' 비판과 대안을 위한 렌즈
5. 생태학적 관점에서의 현대기술론과 인간교육에 관한 비판적 고찰
6. 비판적 시각 문해교육: 비판적 교육학의 입장

정체성 교육의 새로운 접근: 서사적 정체성 교육[1)]

고 미 숙(한남대학교)

Ⅰ. 머리말

우리는 왜 지금 정체성 논의를 해야 하는가? 정체성은 간략히 말하면 "나는 누구인가"(Taylor, 1992 : 33)이다. 전통적인 사회에서 내가 누구인가라는 물음은 나의 위치, 지위에 의해서 결정되곤 하였다. Levitt & Nass(1994 : 237)가 지적하였듯이, 전통적인 사회에서 모든 개인은 사회적 지위에 의해서 자신의 정체성을 고려하였고, 그런 의미에서, 정체성은 이미 주어진 것이었으며, 각각의 인간은 오로지 하나의 정체성만을 갖는 것으로 받아들여졌다. 그리하여 전통적인 사회에서는 정체성이 크게 문제가 되지 않았다. 또한 근대적인 의미에서 정체성은 개인의 수준에서 볼 때, 행위자에게 타고난 자기성(personhood)의 '중핵'으로 여겨졌고, 이러한 중핵은 유동적이고 조작할 수 있는 것이라기보다는 깊숙하게 뿌리박힌 정초가 되는 특성으로 생각되었다(Bendle, 2002 : 5). 정체성은 자기 내부에 흔들리지 않는 중핵이며 고정되고 불변하는 것으로 여겨졌던 것이다.

그러나 이와 같은 정체성의 개념은 포스트모더니즘이나 사이버공간의 상황을 고려해볼 때, 적합하지 않은 것처럼 보인다. 포스트모더니즘에서는 정체성을 '본질'(essence)로 고려하는 것이 아니라, 파편화되고 다양하고 유동적이며 일시적인 것으로서, 그리고 전적으로 담론의 산물로서 고려한다(Bendle, 2002 : 5). 그리하여 포스트모더니즘은 기존의 정체성의 의미를 정면으로 공격한다. 또한 포스트모더니즘의 정체성에 대한 관점은 사이버공간에서 자명하게 드러난다. 채팅이나 머드게임을 할 때, 우리는 사이버공간에서 현실세계와 아주 다른 자신의 정체성을 만들 수 있다. 인터넷 시대의

1) 이 글은 「한국교육」 30권 1호(2003.4)에 게재된 논문을 일부 수정, 보완한 것이다.

도래로, 이제 자신의 정체성이 단순히 주어지는 것이 아니라 자신이 선택하는 문제이며, 단일한 정체성이 아니라 다양한 정체성을 창조하는 것이 가능해진 것이다.

이와 같이 포스트모더니즘이나 사이버공간에서의 정체성을 고려해볼 때, 정체성은 이제 안정된 것이 아니라 불안정한 것으로 여겨지고 있고, 정체성의 위기에 대한 의식도 고조되고 있다. 이순형(2002 : 7)이 가상공간에서의 정체성과 실공간에서의 정체성의 일치를 통해 네티즌들의 자아정체성 검사를 한 결과를 보면, 학생집단은 응답자의 절반이상이 정체성 혼미유형에 해당하는 것으로 나타났다. 또한 청소년 4명 중 1명이 사이버중독 증상을 보이고 있다는 조사결과도 있듯이(한겨레신문, 2003년 3월 11일자), 정체성 혼란의 문제는 보다 가속화될 전망이다. 사이버공간에서의 '나'와 현실세계에서의 '나' 사이에서 겪게 되는 혼란은 사회적인 문제를 비일비재하게 일으키고 있다.

이런 상황 속에서 과연 우리는 정체성을 어떻게 이해해야 하는 것인가? 전통적 관점에서와 같이, 정체성을 일종의 본질적이고 불변하는 것으로 보고, 우리의 참 자아를 찾도록 해야 하는 것인가? 아니면 포스트모더니즘이나 사이버공간에서의 정체성처럼, 정체성을 유동적이고 다양하고 변하는 것으로 보아야 하는가? 아니면 이러한 관점을 통괄하는 새로운 의미에서의 정체성에 대한 개념이 필요한 것은 아닌가? 새로운 의미에서의 정체성을 제시한다면, 이러한 정체성은 어떻게 교육시켜야 하는가? 학교가 정체성 교육과 관련하여 해야 할 위치와 역할은 무엇인가?

Erikson이 "정체감이 없이는 살아있다는 느낌은 없다"(Erikson, 1968 : 130)라고 말한 것처럼, 정체성은 인간에게 있어 매우 중요한 요인이다. 내가 누구인가는 나의 삶과 직접 관련된다. 그런데 현재 정체성과 관련된 연구는 주로 교육심리학과 상담심리학에서 다루어지고 있는데, 정체성과 다른 변인간의 관계를 연구하거나 정체성 발달에서의 변화를 조사하는데 초점을 둔다. 정체성 개념을 어떤 식으로 이해할 것인가에 따라서 정체성 교육이 달라짐에도 불구하고, 정체성 개념을 탐색하거나 정체성 교육을 어떻게 할 것인지에 대한 논의는 거의 이루어지지 못하고 있다.

따라서 본 연구에서는 정체성의 개념을 탐구하고, 정체성 교육은 어떻게 해야 할 것인가를 논하고자 한다. 본 논문은 정체성의 개념을 탐구하기 위해서 먼저, 전통적 관점과 최근의 관점을 논한 뒤, 이러한 관점에 대한 대안으로서 정체성의 통합적 관점, 즉 '서사적 정체성'(narrative identity)의 개념을 제시하게 될 것이다. 또한 정체성 교육에 대한 전통적 관점의 대안으로서 '서사적 정체성 교육'을 탐구하고자 한다.

Ⅱ. 정체성의 개념

본 장에서는 정체성 교육에 대한 논의에 앞서 정체성의 개념을 크게 두 가지, 즉 전통적 관점과 최근의 관점으로 구분하고, 이러한 관점을 각각 비판적으로 논의한 뒤, 통합적 관점을 제시하게 될 것이다. 이와 같이 정체성의 개념을 두 가지로 구분하는 것은 Sarup(1996 : 14)의 구분에 의존하는 것이다. 전통적 관점에서는 정체성을 한 인간의 내재적인 속성으로 보고 일관적이고 통일되고 고정된 정체성을 주장한 반면, 보다 최근의 관점은 정체성이 만들어지고 구성되며 과정 중에 있다고 주장한다.

1. 전통적 관점

정체성이라는 단어 identity는 라틴어 identitas로부터 파생된 것으로서, 이것은 차이(difference)보다는 동일성(sameness)을 언급하는 것이었다. 적어도 계몽주의 이래로 정체성은 그 자아를 구분짓고, 그를 독특한 것으로 만드는 것을 의미하기 위해서 받아들여져 왔다(Christensen & Cheney, 1994 : 224). 과연 모든 다른 사람과 나 자신을 구분해주는 독특한 것은 무엇이며, 이런 나를 나 자신과 동일하게 만드는 것은 무엇인가? 계몽주의는 실체(substance)의 개념을 지지하였는데, 그것은 동일한 것으로 남아 있는 것이며, 시간에 걸쳐서 사물이 겪는 변화가 무엇이든지 간에 사물에 연속성을 제공하는 것이었다(Polkinghorne, 1988 : 146-147). 실체는 시간에 따라 어떤 사물이 외관상으로 변한다고 해도 변하지 않는 속성을 말하는 것이다. 그리하여 정체성의 문제는 이러한 실체(substance)를 이해하는 것으로 인식되었던 것이다. 시간에 걸쳐서, 즉, 과거, 현재, 미래에도 나를 하나의 동일한 인간으로 만드는 것은 무엇인가? 이러한 문제에 대한 철학적 논의는 크게 신체적인 기준, 심리적인 기준, 혼합된 관점으로 이루어져왔다.[2)]

---

2) 정체성에 대한 철학적인 논쟁은 기본적으로 인간에게 개성을 부여하고 인간을 자기자신과 동일한 것으로 만드는 것(Polkinghorne, 1988 : 147)이 무엇인가를 연구하는데 놓여져 왔다. 이에는 크게 세 가지 입장을 지적해볼 수 있다(Garrett, 1998 : 305-314). 우선 신체적인 기준에 따르면, 시간에 걸친 한 인간의 정체성은 몸이든 뇌이든지 간에, 신체적인 연속성 관계를 획득하는데 있다. 시간 t1에서 A라는 인간이 t2에서의 B라는 인간과 동일하다는 것은 A와 B가 동일한 몸을 갖고 있을 경우에만 해당된다는 것이다. 그러나 이러한 기준도 반론이 제기될 수 있는데, 예컨대, 뇌 이식의 경우를 들 수 있다. 생체공학의 발달로 A라는 사람의 뇌에 실리콘으로 만들어진 뇌를 이식한다고 하면, 그럼에도 불구하고, 동일한 믿음, 성격, 기억을 가지고 있다고 하면, 그 사람은 동일한 뇌를 갖고 있지 않기 때문에, 다른 사람으로 인정되어야 하는가? 또한 장기나 심장 등을 기증 받았다고 하면, 그것은 나인가 그렇지 않은가? 또 다른 하나는 심리적인 기준으로서, 시간에 걸친 인간의 정체성은 심리적인 연속성의 관계를 획득하는데 있다. 예컨대, 믿

또한 이러한 관점들은 자신의 정체성을 제공하는 것이 신체이든 기억이든지 간에, 동일한 것으로 남는 것으로서 실체의 개념을 지지한다.

전통적 관점은 개인의 정체성을 불변하는 자아의 관점, 즉 개인을 구성하는 내적이고 자기 동일적인 본질의 관점에서 이해하려고 한다. 자아가 동일시되는 주요한 기준으로서 적합한 것은 연속성(continuity)의 감각, 즉 연속적인 동일성에 대한 나의 감각에 의해서 내가 나라는 것을 안다는 것이다(Gergen, 2000 : 133). Erikson의 정체성의 의미 역시, 이와 같은 연속성의 의미에서 이해하려고 한다. Erikson에게 개인적 정체성은 시·공 속에서 우리 존재의 자기 동일성(selfsameness)과 연속성의 지각이며, 타인들이 우리의 동일성과 연속성을 인정한다는 사실에 대한 지각을 말한다(Erikson, 1968 : 50). 즉, 그에게 정체성의 의미는 동일성과 연속성의 주관적인 감각으로 이해된다.

전통적 관점에서의 정체성은 실체, 동일성, 연속성의 관점에서 이해되었을 뿐만 아니라 본질(essence)로서, 어떤 것이 실제로 존재하는 것(what a thing really is)으로서 고려되었다(Christensen & Cheney, 1994 : 226). 자기 자신을 그 자신이 되도록 하는 근본적인 성질, 본질이 존재한다는 것이고, 이러한 본질은 발견될 수 있는 것으로 이해된다. 이러한 본질주의적인 관점에서의 정체성은 로고스 중심적인 담론, Descartes식의 합리론, 서양의 모더니티와 같은 맥락에서 이해될 수 있다(Larrain, 2000 : 163).

근대철학의 근간을 이루고 있는 Descartes는 개인적인 정체성이 정신적 실체 혹은 각 개인의 자아에서 발견될 수 있다고 보았다(Polkinghorne, 1988 : 148). 그의 이러한 관점은 기본적으로 마음과 몸이 분리될 수 있는 것으로 보는데 근거한다. 물론 그는 마음과 몸이 서로 관련되어 있다는 것을 지적하고는 있지만, 그 양자를 서로 다른 실체로 간주한다. 그가 주장한 철학의 제1원리, 즉 "나는 생각한다. 그러므로 나는 존재한

음, 성격, 기본적인 욕망, 기억 등에서 A와 B가 동일한 심리적인 특성을 갖는다고 할 때, 동일한 인간이라고 할 수 있다는 것이다. 하지만 이것 역시 생체공학의 발달로 인해서 뇌 이식을 하여 어떤 사람이 살아남았기는 하지만, 심리적인 연속성이 비정상적이어서 완전히 다른 사람이 되었다고 해보자. 그렇다고 하면, 그는 뇌 이식 하기전의 인간과 동일한 인간인가 그렇지 않은가? 또한 어떤 사람이 교통사고를 당해서, 교통사고 이전의 기억을 하나도 기억하지 못한다고 하면, 그 사람은 이전의 사람이 아니라고 말할 수 있는가? 이와 같이 정체성의 기준을 몸에 둘 것인가 아니면 심리적인 기준에 둘 것인가는 지금도 논의되고 있는 문제이기는 하지만, 어느 하나만을 주장하게 될 때, 문제를 남기게 된다. 그리하여 제시된 관점은 이 두 가지 관점을 혼합하는 관점이다. 개인적인 정체성은 신체적이고 심리적인 관계에 의해서 이해되어야 한다는 것이다. 정체성에 대한 이러한 세 가지 관점은 결국 인간을 무엇으로 볼 것인가, 즉 인간존재를 신체에 의해서 규정할 것인지, 심리에 의해서 규정할 것인지, 아니면, 이 양자를 다 포괄해야 할 것인가의 문제와도 연관되어 있다. 그러나 물론 Garrett(1998 : 307)가 지적한 바와 같이, 정체성에 대한 이러한 세 가지 관점은 시간에 걸쳐 동일한 인간이 된다는 것이(신체적인 연속성, 심리적인 연속성) 무엇인지를 명기할 수는 있겠으나, 누구인가라는 물음은 여전히 남게 된다.

다"(Descartes, 김형효 역, 1995 : 77)는 사고하는 동안 인간이 존재하게 된다는 것이다. 그리하여 자아는 필연적으로 마음이나 영혼과 관련된 것으로 이해된다. 육체로부터 벗어난 자아만이 본질적인 자아이고, 몸의 불확실성에 의해서 흔들리지 않는 참된 자아가 되는 것이다.

이와 같은 근대철학은 이후에 살펴볼 포스트모더니즘으로부터 신랄한 비판을 받게 된다. 포스트모더니즘은 서양의 철학이 '현전(現前)[3]의 형이상학'(the mataphysics of presence)에 근거하고 있다고 비판한다. Derrida에 따르면, 서양의 형이상학적인 전통에서 기초, 원리, 중심과 관련된 모든 용어들, 예컨대, 본질, 실존, 실체, 주체, 초월성, 의식, 신, 인간 등이 불변의 현전을 지시한다는 것이다(Derrida, 남수인 역, 2001 : 441). 현전의 형이상학은 본질적인 것과 비본질적인 것을 구분짓고, 이러한 구분 속에서 본질적인 것은 영원히 존재하는 것으로 여기게 된다. 형이상학적인 전통은 이분법, 예컨대, 마음/몸, 남성/여성, 선/악, 빛/어둠, 주체/객체, 문화/자연, 진리/허위, 정신/육체, 말/글 등의 이분법 속에서, 전자를 후자보다 중시하고, 후자를 이차적이고 부차적인 것으로 고려한다. 이러한 형이상학적 전통에 따르면, 인간에게 있어서도 참된 자아의 본질, 실체가 현전한다고 보는 것이다.

이와 같은 현전의 형이상학은 Young이 지적한 것처럼, 사물을 통일시키고, 총체화하려는 경향이 있는데, 정체성의 논리도 자아-동일적인 통일로서의 주체, 인간의 관점에서 이해하려고 한다. Descartes를 시작으로, 근대철학은 의식의 통일에 몰두하게 되었고, 주체를 통일로서 상상하게 된다. 따라서 Young은 현전의 형이상학이 차이를 억압하거나 부정한다고 주장한다. 총체화하고, 통일시키려는 과정이 특수한 것들을 배제한다는 것이다. 그리하여 현전의 형이상학은 주체 내에서의 차이와 주체와 주체간의 차이를 부정하게 된다(Young, 1990 : 303-305).

따라서 전통적 관점에서 정체성이란 자기 동일적이고, 본질적이며, 불변하고, 고정된 실체로 간주된다. 그리하여 우리는 이러한 실체, 본질을 발견할 수 있다는 것이다. 정체성이란 안정적인 것으로 고려된다. 하지만 이러한 전통적 관점의 주장은 자기동일성에 초점을 두고 총체화하고 통일시키려는 경향 속에서 다양성, 차이, 몸 등을 소홀히

---

3) Derrida는 의심의 여지없이 절대적으로 확실한 의미 혹은 형상적 본질이 언어의 매개없이 의식에 직접적으로 현전(現前)한다는 것을 반대한다. 그는 의미가 지금(現) 여기에(前) 현현되는 고정된 중심이 있다는 것을 비판하는 것이다(전경갑, 1998 : 140-145).

취급하는 결과를 낳게 된다. 또한 정체성 형성은 타자를 소홀히 한 채 단순히 한 개인의 문제로 취급된다.

2. 최근의 관점

정체성에 대한 전통적 관점과 달리, 최근의 관점은 정체성을 다원적이고 유동적이며 다양한 것으로 인식한다. 이러한 입장에 서 있는 것은 포스트모더니즘이다. 포스트모더니즘은 하나의 일목 요연한 이론체계로 정리되는 것을 거부한다고 볼 수 있다. 그러나 J. F. Lyotard, J. Derrida, M. Foucault, J. Lacan 등 포스트모더니스트는 대서사에 대한 거부, 총체적 진리에 대한 거부, 현전의 형이상학에 대한 거부, 로고스중심주의·음성중심주의 거부, 주체와 이성이 지식/권력 관계의 구성물에 지나지 않음을 밝히고 있다. 포스트모더니즘은 일반적이고 보편적인 것을 거부하고 특수성, 맥락성, 상황성을 인정한다. 하나의 획일화된 사유체계나 가치체계, 절대적 진리가 있다는 것을 거부하며, 다원성을 강조한다. 그리하여 다양성과 차이가 동질성에 기초한 공통성보다도 가치롭게 여겨진다. 포스트모더니즘은 동일성의 논리를 비판한다(Burbules, 강선보·고미숙 역, 2011: 29-31; Powell & Longino, 2001 : 203).

이러한 포스트모더니즘의 특징은 정체성을 바라보는 시각에서도 마찬가지로 나타난다. 포스트모더니즘이 반정초주의를 표방하기 때문에, 정체성 역시 본질, 실체로서 고려되지 않는다. 포스트모더니즘에서는 본질이나 실체를 거부한다. 또한 포스트모더니즘이 객관적이고 보편적이며 절대적인 진리가 있다는 것을 거부하는 것과 마찬가지로, 정체성의 개념 역시 참된 자아가 고정된 실체로 존재한다고 생각하지 않는다. 포스트모더니즘에서는 자아와 주관성이 더 이상 통일되고 일관적인 것으로 간주되는 것이 아니라 탈중심화된 것이다. Derrida는 본래적이고 자기 현전적이며 중심적인 주체의 개념을 해체하는 것에 관심이 있다. 포스트모던 접근에서 중심적인 주체는 당연히 존재하거나 미리 형성된 것이 아니라 언어의 의미체계와 담론에 의해서 만들어진 문화적인 구성물인 것이다(Usher & Edwards, 1996 : 16-146).

포스트모더니즘의 이러한 특징을 Derrida를 통해서 살펴보기로 하자. 그는 이전에 지적한 현전의 형이상학을 해체하기 위해서 차이(différence)를 변형시켜 차연(différance)이라는 용어를 만들어낸다. 이것은 différer란 동사가 지닌 두 가지 의미, 즉 '다르게 하다'(차이)와 '미루다'(연기)를 하나로 결합시켜 놓은 것으로, 공간적 구별 작용과 시간적 구별 작용을 하나로 표현한 용어이다(양운덕, 1996 : 353-354). 현전의 형이상학은 의미가 현전하는 것으로 보았다. 그런데, Derrida는 기표(signifiant)와 기의(signifié)의 결합으로 의미작용이 이루어지는데, 기표의 기의는 다른 기표와의 차이에 의해서 존재하게 된다고 말한다. 예컨대, 사랑이라는 기표는 그것이 미움, 질투, 우정, 결혼, 행복 등의 기표와 다른 것이기 때문에 기의를 갖는다. 그런데 문제는 기의를 확정할 다른 기표와의 차이 비교는 끝이 없다는 것이다. 그리하여 기의를 결코 확정할 수 없게 되고, 즉 시간적으로 연기되면서, 어떤 기의도 고정된 내용을 갖지 못한다는 것이다(양운덕, 1996 : 349-354). 이와 마찬가지로 자기 동일성으로서의 자아의 의미 역시 타자와의 차이에 의해서 규정되는데, 무수한 타자들과의 비교가 끝이 나야 자아의 의미가 확정된다. 하지만 자아의 의미를 확정할 차이들의 비교는 끝이 없게 된다. 그리하여 Usher & Edwards(1996 : 146)가 지적하듯이, "계몽주의적인 의미에서 본래적인 자아는 없지만 문자 그대로, 허구적인 자아, 즉 무수한 의미를 가질 수 있는 자아"가 존재하게 된다. 통일되고 일관적이며 중심적인 자아는 이제 존재하지 않으며, 자기 동일성 역시 차이를 전제하며, 차이를 통해서만 가능해 진다.

Foucault는 『감시와 처벌』에서, 주체가 지식-권력 관계의 구성물에 지나지 않는다고 주장한다. 그는 개인이라는 것이 규율로 명명되는 권력의 특유한 기술에 의해서 만들어진다고 본다(Foucault, 오생근 역, 1994 : 57, 288). 따라서 Foucault는 모더니즘에서의 합리적이고 자율적인 주체에 대해 비판한다. 그에게 순수한 주체는 허구이며, 주체는 지식-권력 관계 속에서 만들어지는 것으로 본다.

전통적 관점에서의 정체성에 대한 관점이 본질주의자라고 한다면, 포스트모더니즘에서의 정체성은 구성주의자의 입장을 취하게 된다. 본질적인 자아에 대한 믿음을 거절하기 때문에, 이제 개인적인 정체성은 관계 속에서 창조되고 재창조되는 것으로 고려된다. 자아는 더 이상 그 자체로 본질로 재정의되는 것이 아니라 관계적인 것이다. 자아는 다양한 상황에서 구성되고 재구성되는 것이다(Gergen, 2000 : 146-147). 전통적 관점에서와 같이 정체성이 실체로서 인정된다고 하면, 관계가 무수히 많아진다고 해도, 우리의 정체성은 바뀌지 않을 것이다. 하지만, 포스트모던 관점에서와 같이 정체성이 고정된 실체로서 인정되기보다 사회적인 관계에 의해서 구성되고 재구성되는 것이라고 하면, 자아는 다양하고 유동적인 것으로 간주된다. 또한 이러한 다양한 자아간에 어떤 통일된 관점이 있다기보다는 서로 모순적이고 이질적일 수 있다.

이와 같은 포스트모더니즘의 정체성이 분명하게 드러나는 장은 바로 사이버공간이다. 사이버공간은 시간적·공간적·육체적인 제약으로부터 벗어나기 때문에 전통적 정체성과는 다른 접근을 유발시킨다. 현실세계에서는 정체성이 몸에 기초를 두었다고 한다면, 사이버공간에서는 이러한 정체성으로부터 자유롭다. 이제 내 자신이 누구인가라는 것은 바로 나 자신의 욕구, 욕망에 기인하는 것처럼 보인다. 가상공간에서는 내가 나 자신을 어떻게 표현하는가에 따라서 '나'라는 사람이 무수히 다른 인간이 될 수 있다. 이것은 특히 머드(MUDs : Multiple User Dimensions 또는 Dungeons)를 통해서 쉽게 설명될 수 있다. 머드에서 우리는 많은 인물들(characters)의 역할을 동시에 할 수 있다. 나 개인의 기호와 선택에 의해서 나는 다양한 역할을 할 수 있고, 이것은 결국 나의 정체성이 된다. 어느 머드에서는 나는 경찰관이 되고, 다른 머드에서는 주술사가 되고, 또 다른 머드에서는 킬러가 될 수 있다. 이것은 단지 머리 속에서만 이루어지는 상상이 아니다. 내가 만일 주술사일 경우에, 다른 플레이어들이 나를 주술사로 간주하고, 나 역시도 주술사로 생각하며, 그리고 나와 타자들간에 의사소통이 이루어지는 것이다. 한 플레이어는 "당신은 당신이 되길 원하는 모든 사람이 될 수 있다. 당신은 당신이 원한다면 당신자신을 완벽하게 재정의할 수 있다"(Turkle, 1995 : 184)라고 말한다. 사이버공간에서 우리 자신이 만들어내는 다양한 정체성간에 일관성이나 지속성은 없는 것처럼 보인다. 우리의 욕망에 의해서 우리는 다양한 자아를 만들어낼 뿐이다. 그리하여 사이버공간에서의 정체성은 전통적 관점에서처럼, 일관적이고, 고정된 정체성과는 반대된다. Turkle(1995)이 지적하듯이, 인터넷 시대의 도래와 더불어 통일되고 중심적인 자아라기 보다는 다양하고 탈중심적이며 분산적이고 유동적인 자아의 구성이 가능해지게 되었다.

> 머드들은 차이, 다양성, 이질성, 파편화를 함의한다. 이러한 정체성의 경험은 '동일성'을 의미하는 'idem'이라는 단어의 라틴어 어원과 모순된다. 그러나 이러한 모순은 가상세계를 넘어서 점차 우리의 삶의 조건을 정의한다. … 정말로 모든 머드 행위의 전개는 확고하게 포스트모던 상황에서 일어난다. … 정체성에 대한 전통적 개념은 이러한 가상적인 경험이 적극적으로 파괴하는 본래성(authenticity)의 개념과 관련되어왔다. 각각의 플레이어가 많은 캐릭터를 창조하고 많은 게임에 참여할 수 있을 때, 자아는 탈중심적이고 무한히 다양해진다.

때로는 이러한 경험이 자기지식과 개인적인 성장을 촉진할 수 있지만 때로는 그렇지 않다(Turkle, 1995 : 185).

전통적 정체성의 정의와 달리, 사이버공간에서는 내적이고 진정한 자아의 개념이 의문시된다. 내가 사이버공간에서 다양한 역할을 하고, 다양한 나 자신을 구상할 수 있듯이, 나는 어떤 하나의 고정된 자아가 아니라 다양한 자아가 될 수 있다. 이와 같은 정체성은 다원적(다중) 정체성, 복합정체성이라는 용어로 표현되기도 한다. 현실공간에서의 정체성이 단일한 모습을 띠는 것과는 달리, 사이버공간에서는 다양한 자아가 가능하다는 점에서 복합적이고, 다원적이라는 것이다(이재현, 2000 : 157-161; 황상민, 2000 : 86-91).

사이버공간에서의 이러한 다원적 정체성이 갖는 장점은 다양한 자기자신을 재창조할 수 있는 가능성을 갖게 된다는 것이다. 사이버공간이 자신의 정체성을 시험하고 반성할 수 있는 장, 자신의 정체성을 새롭게 구성할 수 있는 장이 될 수 있다. 하지만 사이버공간에서의 정체성이 긍정적인 측면을 지니려면, 우선 사이버공간에서의 이러한 정체성을 어떻게 이해해야 할 것인가의 문제가 남아있다. 이것은 전통적 관점에서의 정체성 개념으로 해결되지 않는다. 따라서 가상세계에서의 정체성과 현실세계에서의 정체성을 전체적으로 이해할 수 있도록 하는 정체성의 개념과 정체성 교육이 요구되는 것이다.

3. 통합적 관점

지금까지 전통적 관점과 최근의 관점에서의 정체성에 대해서 살펴보았다. 전통적 관점에서는 정체성을 고정적이고, 통일되고, 안정적이며, 불변하는 실체로서 간주하는 반면, 최근의 관점으로 제시하였던 포스트모더니즘이나 사이버공간에서의 정체성은 단일한 정체성보다는 다원적이고, 다양하며, 유동적이고, 탈중심적인 정체성을 지적한다. 이러한 두 가지 관점은 서로 상반된다. 과연 우리는 정체성을 어떻게 이해해야 하는 것일까? McAdams(1997)는 “자아가 다양하고 유동적이며, 영원히 변하며, 끊임없이 움직이고 있다는 개념에는 상당한 진리가 있으며,…그럼에도 불구하고, 자아가 어느 정도의 통일과 일관성을 보유한다는 가능성을 버리지 말아야 한다”(1997 : 47-48)라고 지적한다. 필자 역시 전통적 관점과 최근의 관점은 나름대로 각기 장점 및 단점을 갖고 있다고 생각한다. 본 논문은 양자의 관점 중에서 어느 한 가지 관점을 취하기보다는 양자의 관점을 통합하고자 한다. 즉, 전통적 관점에서처럼, 연속성과 통일을 강조하면서도, 최근의 관점이 지적하는 과정, 차이, 다양성, 구성, 관계를 강조하는 정체성의 개념을 고려한다. 또한 정체성의 도덕적인 측면 역시 중시한다. 정체성의 통합적 관점은 다음과 같은 특징을 갖는다.

첫째, 정체성의 개념은 차이를 제거하지 않으면서 유동적이고 다양한 자아를 통일시킨다. 전통적 관점에서는 총체성을 강조하는데 있어 차이를 배제하는 결과를 낳게 되었고, 포스트모더니즘에서는 차이를 강조하는 속에서 공통성을 소홀히 다루었다. 만일 한 개인에게서 그 각각의 자아가 서로 분리된 채 동시에 존재하게 된다면, 그것은 다중인격증(MPD, multiple personality disorder)이 될 것이다. 한 인간내에 존재하는 다양한 인간간에 어떤 관련성이 없다고 하면, 그 인간은 어떻게 삶을 살아나갈 것인가? 본 논문에서 주장하는 정체성의 개념은 자아의 부분들이 각기 분리된 채로 존재하는 것을 지지하는 것이 아니다. 필자는 포스트모더니즘이 주장하듯이, 다양한 자아를 인정하지만, 이것만큼이나, 다양한 자아의 통일 역시 중요하다고 본다.

둘째, 자아 정체성은 사물의 동일성을 언급하는 방식으로 단지 시간에 걸친 연속성을 언급하는 것이 아니라 성찰적 자각을 전제로 한다(Giddens, 1991: 52-53). 정체성의 통합적 관점은 단지 다양한 자아들의 나열이 아닌, 자아에 일관성과 통일성을 부여한다. 어떻게 다양한 자아를 통일시킬 수 있는가? 그것은 다양한 자아들에 대한 반성과 해석을 통해서이다. Giddens는 자아 정체성이 개인에 의해 소유된 독특한 특성이 아니라고 주장한다. 그런 점에서, 그는 정체성에 대한 전통적 관점을 비판한다고 할 수 있다. 하지만, 그는 정체성이 시간과 공간에 걸친 연속성을 여전히 전제한다고 본다. 기든스에게, 연속성은 행위자에 의해 성찰적으로 해석된 연속성이다. 그리하여 자아 정체성은 자신의 전기에 의해 성찰적으로 이해된 자아이다(Giddens, 1991: 52-53). 이러한 기든스의 주장처럼, 정체성은 변하면서도 연속성을 유지하고, 개인 자신의 성찰적 자각에 의해서 이해되고 해석된 자아이다.

셋째, 정체성은 서사에 의해서 구성된다. Sarup(1996: 15)이 지적한 것처럼, 누군가 우리의 정체성에 대해 묻게 될 때, 우리는 우리의 삶 이야기에 대해 생각하게 되고, 그리하여 서사가 요청된다. 왜냐하면 "우리는 서사에 의해 우리자신의 삶을 이해하고, 우리는 모두 우리의 삶을 서사로 살기 때문이다"(MacIntyre, 1984: 212). 우리는 우리자신의 삶에 대한 이야기를 말하면서, 우리의 정체성을 구성하게 되고, 이런 이야기에 의해서 우리의 정체성을 지속적으로 재구성하게 된다는 것이다. 삶 이야기를 말할 때, 우리는 우리에게 일어난 모든 것을 정확하게 나열하는 것이 아니다. 우리는 어떤 이야기는 부각시키고, 또 어떤 이야기는 배제한다. 이러한 발췌된 이야기를 하는 과정 속에서, 우리는 자신이 누구인가를 형성하게 된다. 또한 서사는 자신의 삶의 이야기들을 개별적인 사실들로 만들어 놓는 것이 아니라, 그들간에 줄거리를 만들고 통일시키고, 반성하는 역할을 한다. 그럼으로써 우리의 삶에 의미를 만들게 된다. 그리하여 기든스는 "한 인간의 정체성은 특정한 서사를 지속하는 능력에 있다"(Giddens, 1991: 54)라고 주장한 것이다. 우리는 성찰에 의해 자신의 지속적인 이야기를 생산해내고, 이런 과정을 통해서 정체성을 형성하게 된다.

넷째, 정체성은 시간을 통한 변화이고, 과정(process)으로서 고려되어야 한다(Lindgren & Wåhlin, 2001: 375). 정체성이 고정된 것이 아니라 유동적인 것이라면, 이것은 시간에 따라서 지속적인 변화를 인정하는 것이다. 정체성은 어느 한 순간에 완성되는 것이 아니라 과정 중에 있다. 정체성을 서사와 연결짓는 것 역시 정체성의 과정 지향적인 개념을 강력하게 제안하는 것이다. Christensen & Cheney(1994: 230)에 의하면, 정체성의 과정 지향적인 개념은 동일성과 차이, 영구성 대 변화를 유기적으로 연관짓는 진행중인 과정으로서의 정체성을 제안하는 것이다.

다섯째, 정체성은 자아와 타자의 관계를 토대로 형성한다. 전통적 관점에서는 본래적인 자아가 마치 실체로 내 안에 있는 것처럼 보았다. 데카르트식의 자아는 의식적이고 사고하는 자아이며, 자아를 구성하는데 있어 타자의 중요성은 소홀히 취급된다. 참된 자아가 바로 내 안에 존재한다고 보기 때문이다. 그리하여 참된 자아를 찾는 것이 바로 인간의 삶의 과제가 된다. 하지만 정체성은 최근의 관점에서 지적하듯이, 항상 우리가 아닌 것, 즉 타자와 관련되어 있다. 정체성은 차이 안에서, 차이를 통해서만이 상상될 수 있는 것이다(Sarup, 1996: 47). 내가 아닌 타자와의 관계를 통해서 '내가 누구인가?'는 끊임없이 재정의된다.

여섯째, 정체성에서 인간의 몸의 중요성을 인식한다. 사이버공간에서는 정체성을 구성하는데 있어 몸의 역할을 거의 고려하지 않는다. 하지만 몸과 정체성과의 관계는 오랜 전통을 갖고 있다. 우리는 몸을 통해서 타인에게 보일 수 있을 뿐만 아니라 타인이 누구인지를 확인하게 된다. 또한 신체적인 외모는 특히 개인적인 정체성보다도 사회적인 정체성을 나타내는 것으로 여겨져 왔다. 의상과 사회적 정체성은 확실히 분리된 것이 아니라 성, 계급적 위치, 직업적 지위를 표시하는 장치로 남아있다(Giddens, 1991: 99). 몸과 정체성과의 관계를 강조하는 것은 단지 사회적 정체성을 부각시키기 위한 것이 아니다. 이제 몸은 자신의 정체성에 의해서 구성되고 재구성되며 재정의되는 것이다. 몸을 통한 남성과 여성의 구분조차 이젠 고정된 것이 아니라(예컨대, 트랜스젠더) 개인의 선택에 의해서 변할 수 있는 것으로 간주되고 있다. 우리는 정체성에 의해서 우리의 몸을 구성할 수도 있지만, 우리의 몸 자체가 우리의 정체성을 알려주는 방식이기도 한다. 몸은 나 자신의 정체성의 일부분이 된다. 내가 누구인가는 나의 몸과 몸의 경험에 의해서 영향을 받기 마련이다. 우리는 몸을 통해서 세계를 경험하게 되며, 우리의 삶이란 몸의 행위로 이루어진 것이다. 그렇기 때문에 몸은 '누구인가?'(정체성)라는 문제에서 중요한 위치를 차지한다.

Ⅲ. 정체성 교육의 새로운 접근: 서사적 정체성 교육

과연 정체성을 교육시킨다는 것은 무엇을 의미하는가? 전통적 관점이든, 통합적 관점이든지 간에 정체성이란 '누구인가?'에 대한 물음이라고 할 수 있다. 그렇지만 그 물음은 다양하게 대답될 수 있다. 본 장에서는 전통적 관점에서의 정체성 교육을 비판하고, 통합적 관점에서의 정체성 교육으로 서사적 정체성 교육을 제시해보고자 한다. 최근의 관점으로서의 정체성 교육에 대해서 따로 구분해서 살펴보지 않는 이유는 현 학교교육이 포스트모더니즘이나 사이버공간을 고려한 정체성 교육에 초점을 둔다고 생각하지 않기 때문이다.

1. 전통적 관점에서의 정체성 교육에 대한 비판

전통적 관점에서의 정체성은 참된 자아가 자신 안에 내재하고 있다고 간주하며, 정체성 교육 역시 학생들에게 이러한 참된 자아, 변하지 않는 고정된 본질·실체를 발견하도록 하는 교육을 뜻한다. 전통적 관점에서 정체성 교육을 행하는 것은 무엇이 문제인가?

첫째, 전통적 관점에서의 정체성 교육은 자아 중심적인 정체성을 강조한다는데 문제가 있다. 정체성은 전적으로 인간 내부로부터 나오는 것으로 말해질 수 없다(Lindgren & Wåhlin, 2001 : 359). 만일 인간이 자기 자신 안에 변하지 않는 '나임'의 실체를 발견하는 것으로 정체성을 고려한다면, 타인들과의 관계는 소홀히 취급될 것이다. 그리하여 전통적 관점에서 정체성을 잘 확립했다고 여겨지는 사람은 자율적이고 독립적인 사람이 될 수는 있으나, 타인과의 관계에 의해서 자신의 정체성이 형성된다는 점, 즉 '나임'은 나와 다른 타자를 통해서 그 독특함이 만들어진다는 것을 경시할 수 있다. 그리하여 전통적 관점에서의 인간상은 타자와의 공동존재가 아닌 자기중심적인 인간이 될 수 있다.

둘째, 전통적 관점에서와 같이 참된 자아가 존재한다고 여김으로써, 그런 참된 자아와는 다른 자기 자신의 모습에 대해서는 억압하게 된다는 점이다. 전통적 관점은 유일한 진리, 객관적인 진리를 지지하듯이, 한 인간에게도 참된 자아라는 고정된 상을 두고서, 거기에 맞추어 살도록 할 수 있다. 또한 참된 자아라는 것이 합리적이고 객관적이고 자율적인 인간을 말한다면, 그렇지 못한 다양한 자아, 즉 비합리적이고 감성적인 자아는 억압당할 것이다. 이것은 결국 타인과의 관계에도 영향을 미치게 되는데, 예컨대, 자기자신과 다른 사람, 다른 민족에 대해서는 관용할 수 없는 인간을 낳게 한다는 점이다.

셋째, 전통적 관점은 정체성을 도덕적인 관점에서 고려하도록 하는데 한계가 있다. 그리하여 타자를 배려하는 인간을 낳지 못할 수 있다. '내가 누구인가?'라는 것은 나 혼자만의 힘으로, 나 혼자만의 사색으로 얻어지는 것이 아니라 타자의 도움이 없이는 불가능하다. 타자에게 정체성을 형성하도록 돕는 것은 나이고, 나는 타자에 의해서 정체성을 형성하는 과정 중에 있다. 그리하여 우리는 서로를 배려하고 책임져야 하는 입장에 처해있는 것이다.

넷째, 지금까지는 개인적인 정체성을 주로 말했지만, 전통적 관점에서의 정체성 교육은 단순히, 성, 계급, 인종, 직업 등, 사회적인 조건에 의해서 자신의 정체성을 형성하도록 강요할 수 있다. 성을 예로 들면, 신체에 의한 성을 한 개인의 정체성으로 강요할 수 있다. 여성으로 태어난 사람은 여성의 정체성을, 남성으로 태어난 사람은 남성의 정체성을 강요할 수 있다. 그렇지 않을 경우 한 개인을 정체성 혼미의 상태에 빠진 인간으로, 그리하여 문제아로 인식할 우려가 있다. 이것은 민족 정체성에도 마찬가지이다. 사회적 위치나 조건은 우리의 정체성을 형성하는 요소가 될 수 있지만, 그것이

전부는 아니다. 아버지, 남편, 회사원, 아들 등과 같은 조건을 아무리 제시한다고 해도 그것이 과연 나인가 하는 문제는 제기될 수 있다.

2. 통합적 관점에서의 정체성 교육

전통적 관점에서는 자율적이고 합리적인 참된 자아, 실체를 발견하는데 초점이 주어졌다고 하면, 통합적 관점에서의 정체성은 차이, 다양성을 인정하면서도 일관성과 통일을 고려하고, 또한 타자를 자신의 정체성 형성에 필수적인 것으로 보며, 타자와의 관계를 중시하게 된다. 그렇기 때문에, 정체성 형성은 윤리적인 문제로 간주된다. 통합적 관점에서의 정체성이란 자신의 존재를 타자와의 관계 속에서 정의하고, 재정의해 나가는 끊임없는 과정으로 인식되며, 정체성 교육 역시 이와 같은 정체성을 형성하도록 돕는 것을 뜻한다. 통합적 관점을 지지하는 이론으로서, Ricoeur의 서사적 정체성을 들 수 있다.

가. 서사적 정체성의 정의

우선적으로 Ricoeur가 통합적 관점을 나타낸다고 볼 수 있는 것은 그가 정체성의 개념을 두 가지로 구분한데 있다. 즉, 하나는 동일성(sameness)으로서의 정체성이고 (라틴어 idem), 다른 하나는 자기성(selfhood)으로서의 정체성(라틴어 ipse)이다. 정체성은 이러한 두 가지 사이의 변증법으로 고려된다.[4] 물론 정체성에 대한 논의는 주로 전자에만 초점을 두어왔다고 볼 수 있다. 그러나 그는 정체성을 이 양자로 구분하고, 그들간의 변증법적인 관계를 고려함으로써, 정체성이 동일성만이 아니라 변화, 이질성, 타자를 포함시킬 수 있는 여지를 마련하게 된다.

먼저 동일성으로서의 정체성에 대해서 살펴보기로 하자. 그에게 동일성은 관계, 관계들의 관계에 대한 개념이다. 우리가 상식적으로 생각하듯이, 동일하다는 것은 무엇

4) 그에게 동일성으로서의 정체성과 자기성으로서의 정체성 사이에 변증법적인 관계가 명백하게 나타나는 것은 성격(character)이다. 그에게 성격은 한 인간이 인정되는 일련의 지속적인 성향이며, 동일한 것이 되는 것으로서 인간 개인의 재동일시를 허용하는 일련의 독특한 특성이라고 말한다. 성격은 동일성으로서의 정체성에 속하지만, 그러나 우리가 성격에 대한 태도를 지속할 수 있고, 그것을 보존하고 강화하고 수정할 수 있다는 자각은 자기성으로서의 정체성과 관련을 나타낸다. 성격은 동일성(idem)이 되고 있는 자기(ipse)이다(Ricoeur, 1992 : 119-121; Vessey, http://www.beloit.edu/~philorel/faculty/davidvessy/DVRicoeur.html).

과 무엇의 동일성으로서 설명할 수 있다. 그는 이것을 크게 네 가지로 나누어 설명한다(Ricoeur, 1991a : 189-190; Ricoeur, 1992 : 116-125). 즉, 다수가 아니라 하나이자 유일한 것이라는 수적인 동일성, 극단적인 유사성으로 인해서 서로 대체될 수 있다는 질적인 동일성, 시간을 통한 변화에도 불구하고 첫째 단계와 마지막 단계간에 발달상에 있어 중단되지 않은 연속성, 다양성에 반대되는 것으로서 시간 속에서의 영구성(permanence in time)이다(Ricoeur, 1992 : 2). 동일성으로서의 정체성은 전통적인 의미에서의 정체성과도 일맥상통한다고 하겠다.

그러나 Ricoeur는 동일성으로서의 정체성 이외에 자기성으로서의 정체성을 지적한다. 자기성으로서의 정체성은 '누구'의 문제와 관련되어 있다. 누가 이것을 하였는가? 즉, 어떤 행위를 어떤 행위자에게 돌리는 것이며, 이러한 귀속은 도덕적인 평가가 포함된다. Vessey에 따르면, 동일성으로서의 정체성은 '내가 누구인가?'라는 문제에 대답하는데 있어 지침을 제공하지 못한다. 그 문제에 대답하는 것은 자기성으로서의 정체성(ipse-identity, selfhood)이다. 이것은 영구적인 어떤 것에 의존하지 않는다. 즉 시간에 걸쳐 자아를 갖는다는 것이 동일한 무엇인가를 필요로 하는 것은 아니다(Vessey, http : //www.beloit.edu/~philorel/faculty/davidvessy/DVRicoeur.html). 따라서 자기성으로서의 정체성은 인성의 어떤 불변하는 중핵에 관한 주장을 함의하는 것이 아니다(Ricoeur, 1992 : 2). 이것은 정체성에 대한 최근의 관점과 유사하다고 하겠다.

그에게 자기성으로서의 정체성은 타자와의 도덕적인 관계가 개입된다. 그는 자기성으로서의 정체성으로 약속 지키기를 제시한다. 약속을 지킨다는 것은 자기-항상성(self-constancy)[5]을 표현한다. 약속을 지키겠다는 것은 나의 욕망이 변화되고, 나의 견해나 성향이 변할지라도, 내가 끝까지 그 약속을 고수할 것이라는 것이다. 즉 나는 타자가 나에게 한 신뢰에 응답할 것이라는 점이다(Ricoeur, 1992 : 124). 자신의 약속을 지키는데 있어서 자신의 자아를 유지하려는 자기-항상성은 타자와 관련되어 있다. 자신의 약속을 지키지 않는다는 것은 타자의 기대를 배신하는 것이다. 타자는 내가 나의 약속을 지킬 것을 기대한다고 나에게 말하며, 그 때 나는 당신이 나에게 기대할 수

---

5) 소광희는 Heidegger의 『존재와 시간』에서 자기-상주성이라고 번역하고 있다. Heidegger에게, 현존재는 실존함으로써만 자신의 자기가 되는데, 이와 같이 부단하게 자신의 자기(본래적인 자기)가 된다는 것을 자기 항상성(자기-상주성, self-constancy)으로 설명하고 있다. Heidegger에게, 자기-항상성은 주체의 자기 동일성의 유지라기 보다는 선구적 결의성, 자기의 실존성, 본래적인 자기가 되는 것을 뜻한다(Heidegger, 소광희 역, 1995 : 450).

있다고 응답한다. 그렇기 때문에 자기-항상성은 단순히 사물을 보존한다거나 지속시킨다는 의미가 아니다(Ricoeur, 1992 : 267-268). 자기-항상성은 타인이 자기자신을 의지하고 있기 때문에 자신이 한 말에 책임을 지는 것이고, "내가 여기에 있다"고 실존적으로 응답함으로써 자기가 되는 것이다. 또한 Ricoeur는 자기성을 타자와 함께 고통을 겪는 것으로서(suffering-with the other) 이해하기를 원한다(Venema, 2000 : 156). 그에게 고통을 겪는다는 것은 단지 신체적인 고통, 심지어는 정신적인 고통으로 정의되는 것이 아니라 행위할 능력, 행위할 수 있는 존재로 환원된다. 행위할 수 있는 존재란 누군가의 고통을 공유하려는 마음을 갖고 공감하고 동정하는 자아가 된다는 것이다(Ricoeur, 1992 : 190). 그런 점에서 Ricoeur에게 자기성으로서의 정체성은 윤리적인 개념이 내포되어 있는 것이며, 실존적인 의미가 부여된 것이다.

또한 Ricoeur는 자기성은 동일성이 아니라고 주장한다(Ricoeur, 1992 : 116). 자기성으로서의 정체성이 동일성이 아니라면, 그것은 그 반대인 '다른', '반대의', '별개의', '역의', '동등하지 않은' 등과 관련된 것이다. 그는 타자성과 자기성을 짝짓는다. 그는 우리자신의 자기성은 우리가 타자없이는 생각될 수 없을 정도로 타자성을 함의한다고 주장한다(Ricoeur, 1992 : 3). 하지만 그에게 타자성은 다른 인간의 타자성으로 환원될 수 있는 것이 아니다. 우리는 타자성하면, 내가 아닌 타자의 타자성만을 생각하지만, Ricoeur에게는 그렇지 않다. 자아에도 동일성만이 아니라 타자성이 있다. 자기성은 타자의 다의성과 관련하여 다의성을 갖게 된다. 그런 의미에서 그는 타자성의 다의적인 성격을 지적한다(Ricoeur, 1992 : 317).

Ricoeur는 자아와 세계-내-존재는 기본적으로 상호관계가 있다고 본다. 세계가 없이는 자아가 없고, 자아가 없이는 세계도 없다. 본질적으로 자아는 세계를 향해 열려있고, 자아는 세계에 대해 모든 것이 나와 관련된 것으로 이해한다(Ricoeur, 1992 : 311-314). 이와 같이 자아와 타자, 세계가 관련되어 있기 때문에, 바로 거기로부터 윤리적인 문제가 나오게 된다. Ricoeur에게 나 자신과 타자는 동등한 대상이다. 우리는 나 자신처럼 타자를 존중해야 하고, 타자를 존중하듯 나 자신을 존중해야 한다. 자기존중은 타자없이는 경험될 수 없는 것이다(Ricoeur, 1992 : 180). 그리하여 그는 "자아(self)를 말한다는 것은 나 자신(myself)을 말하는 것이 아니다"(Ricoeur, 1992 : 180)라고 지적한다. 즉 자아라는 말에는 이미 타자성이 포함되어 있다. 그리하여 그는 '나 자신'이라는 표현을 쓴 것이 아니라 '자아'라는 표현을 쓴 것이다. 나는 타자와의 차이에 의해서,

또한 타자의 도움으로, 나 자신으로서의 정체성을 갖게 된다. 나의 존재는 타자의 존재와 결부되어 있고, 나 자신의 자기성은 바로 타자에게 마음을 쓰고 있는 양심을 불러일으키는 자기가 된다는 것이다.

그렇다면, Ricoeur에게 정체성과 서사는 어떤 관련성이 있는가? Ricoeur에 따르면, 개인이나 집단의 정체성을 진술한다는 것은 '누가 이것을 하였는가?', '누가 그 행위자이며, 저자인가?'라는 질문에 대답하는 것이다. 즉 정체성은 '누구'의 문제와 관련되어 있다. 그런데, 누구인가라는 문제에 대답한다는 것은 단지 어떤 사람의 이름을 대는 것으로 대답될 수 있는 문제가 아니다. Sarup(1996 : 15)은 우리의 정체성은 무엇이 일어났는가와 분리되지 않는다고 주장한다. 우리가 우리자신에 대해 말하게 될 때 우리는 무엇이 일어났는가와 우리가 무엇을 하였는가를 강조하는 경향이 있다는 것이다. 이것은 달리 말하자면, Ricoeur의 말처럼, '누구'라는 문제에 대답한다는 것은 삶의 이야기를 말하는 것이다. 말해진 이야기는 누구의 행위에 대해 말하는 것이다. 이야기를 말한다는 것은 누가, 무엇을, 어떻게, 하였는가를 말하는 것이다(Ricoeur, 1990 : 246; Ricoeur, 1992 : 146). 그럼 점에서 볼 때, '누구'의 정체성은 서사(narrative)를 통해서 존재하게 된다. 서사는 시간적이고 인과적인 관계를 고려하여 사건들과 경험들을 열거하는 이야기 말하기와 이야기이다(고미숙, 2002 : 7).

그리하여 Ricoeur에게, 정체성은 서사적 정체성6)이 이 된다. 서사적 정체성의 개념은 어떤 사람이 불변하는 실체인 자아에 의지할 필요없이 인생행로의 변화에도 불구하고 동일한 사람으로 어떻게 남아있는지를 이해하도록 해준다. 그 통일은 서사의 통일인 것이다(Verhesschen, 2003: 455). 서사적 정체성은 자신이 누구인가, 자신의 삶의 이야기를 말하고 다시 말하는 과정 속에서 형성되는 정체성이다. Ricoeur에 따르면, 우리의 삶의 이야기는 하나의 문학작품과 유사하며, 우리는 이야기를 말하는 자, 즉 서사자이자, 우리자신의 이야기의 주인공이 된다(Ricoeur, 1991b : 32). 게다가 우리는 그 자신의 삶의 독자이며 작가가 되는 것 같다. 삶의 이야기는 주체가 그 자신에 대해 말하는 진실한 이야기 혹은 허구의 이야기로 재배열된다(Ricoeur, 1990 : 246). 우

6) Ricoeur(1990 : 246)는 *Time and Narrative 3*에서 자기-항상성으로 구성되는 서사적 정체성이 한 평생의 결합 속에서 변화, 변하기 쉬움을 포함한다고 주장한다. 그는 idem과 ipse사이의 차이는 형식적인 정체성과 서사적 정체성사이의 차이에 지나지 않는다고 주장한다. 그에게 자기성으로서의 정체성은 서사적 정체성으로 보인다. 그러나 그는 *Oneself as Another*(1992 : 166)에서 서사적 정체성은 동일성으로서의 정체성과 자기성으로서의 정체성을 조화시킨 것이라고 주장한다. 이런 점에서 그의 논의에 모순점이 있다.

리가 우리의 삶의 이야기를 말한다고 할지라도, 그 이야기가 모두 사실인 것은 아니다. 왜냐하면 우리는 일어났던 사건을 기억에 의해서 말할 뿐만 아니라, 일어난 모든 것을 말하는 것이 아닌 우리에게 중요하다고 보는 것을 플롯을 짜면서 말하기 때문이다. 우리는 우리의 삶에 의미를 부여하는 방향으로 이야기를 선정하게 된다. 이런 점에서 Bruner(1987 : 11-32)는 서사는 구성주의적인 접근을 띈다고 주장한다. 이야기는 일어났던 것에 대한 기록으로서 간주되기보다는 우리의 경험에 대한 지속적인 해석과 재해석으로 간주되는 것이 더 낫다는 것이다. 그리하여 자신의 삶에 대한 이야기, 거기에는 자신의 행위와 자신의 느낌, 의도, 생각, 믿음 등이 들어있는데, 우리는 그 이야기를 말하는 과정에서 자신의 정체성을 구성하고 재구성하게 된다. 자기 자신의 삶을 어떻게 해석하는가 하는 것은 단지 이야기를 나누는 것으로 끝나는 것이 아니라 현재와 미래의 삶의 방향을 바꾸도록 하는데 도움을 줄 수 있다.

Ricoeur가 서사적 정체성을 강조한 것은 서사와 주체, 자아의 특성에 대한 그의 관점에 기인한다. 서사적 정체성은 부조화적인 조화를 가능하게 하는 것이다. 그에게 주체성(subjectivity)은 "일관적이지 않은 일련의 사건들도 아니고 불변하는 실체도 아니다"(Ricoeur, 1991b : 32). 주체성에 대한 그의 입장은 변화를 인정하면서도, 그 변화간의 일관성 역시 고려한다. 서사도 이와 마찬가지이다. 서사는 개별적인 사건들과 경험들을 플롯을 통해 하나의 전체적인 이야기로 만든다. 그럼으로써 그 이야기를 일관적이고 통일된 이야기로 만든다. 물론 그 이야기에는 분열과 부조화가 내재되어 있는 것이다. 서사적 정체성이 비록 시간의 개념 속에서 부조화적인 조화를 가능하게 하지만, 안정적이고 한결같은 정체성을 지지한다는 것은 아니다. 그것은 동일한 사건에 대해서 상이한 플롯을 짜는 것이 가능할 뿐만 아니라 이러한 이야기에는 역사와 허구가 결합되기 때문이다. 이와 같은 서사의 허구적인 요소가 서사적 정체성을 불안정한 것으로 만들게 된다(Ricoeur, 1990 : 248-249).

또한 서사는 시간적이다. 왜냐하면 서사는 과거, 현재와 미래의 사건을 서사적인 전체로 배열하기 때문이다. 서사적 정체성은 과정 중에 있는 것이며, 끝나지 않은 것이고, 에피소드가 일어남에 따라서 지속적으로 만들어지고 다시 만들어지는 것이다(Ezzy, 1998 : 245-247). 서사적 정체성은 자신의 삶의 이야기를 말함으로써 끊임없이 다시 구성되고 재구성된다. 이러한 서사적 정체성은 어느 정체성이 자신의 진정한 자아라는 것을 말하는 것이 아니다. 우리는 지속적으로 자신의 삶의 이야기를 해석하고 재해석함으로써, 자신이 누구인가를 만들어가고 있는 것이다.

그런데 이러한 에피소드는 나 자신만으로 가능한 것이 아니다. 서사적 정체성은 타인들과의 상호작용을 통한 정체성이다. Vessey의 주장처럼, 우리는 타인들의 이야기의 주체이며, 타인들은 우리의 이야기의 주체이다. 타인들은 우리의 이야기의 저자이며, 우리는 타인들의 이야기의 저자이다(Vessey, http://www.beloit.edu/~philorel/faculty/davidvessy/DVRicoeur.html). 서사에는 자신과 타인의 이야기가 얽혀있다. 우리의 삶에 대한 이야기에는 타인, 사회, 문화의 이야기가 포함된다. 서사적 정체성은 자아 내부에 고정된 실체를 발견하는 문제가 아니라 서사가 타자와의 관계의 이야기이기 때문에, 우리의 정체성은 타자와의 관계에 의해서 지속적으로 만들어지고 있는 중이다. 또한 자신의 삶의 이야기를 말하는 데는 청중이 있기 마련이다. 나의 삶 이야기에 대한 해석은 나 아닌 타자에 의해서 달라진다. 그리하여 나의 정체성은 단지 나의 것이 아니며, 우리는 자신의 정체성만이 아니라 타자의 정체성에 책임이 있다.

이와 같이 서사적 정체성은 통합적 관점으로서, 정체성의 유동성과 다양성을 인정하면서도 통일성을 고려하고, 사실의 이야기와 허구의 이야기가 서로 결합되어 있고, 자아와 타자가 결합되어 있으며, 말과 실천이 결합된 과정으로서의 정체성이다.

나. 서사적 정체성을 위한 교육적 실천

지금까지 정체성에 대한 통합적 관점으로서 Ricoeur의 서사적 정체성을 살펴보았다. 서사적 정체성은 삶 이야기를 말함으로써 정체성을 형성하는 것이다. 서사적 정체성 교육은 차이와 다양성과 통일을 중시하는 교육, 자아와 타자의 상호관련성을 중시하는 교육, 끊임없이 자아를 성찰하는 속에서 타자와 더불어 자신을 재구성하는 과정중시의 교육, 서사적인 사고능력을 길러주는 교육, 우리 각자의 삶의 의미와 해석이 중시되는 교육, 실천을 중시하는 교육으로의 이행이다. 이제 서사적 정체성 교육을 하기 위해서 학교교육에 대한 제언을 살펴보기로 한다.

1) 학교교육의 방향

학교교육은 서사적 정체성을 위한 교육의 조건을 마련할 수 있어야 하다.[7] 교육에서

---

7) 물론 필자 역시 서사적 정체성을 가르친다는 것이 그리 쉽지 않은 일이라는 것을 잘 알고 있다. LaBoskey & Lyons는 서사적 실천이 다음과 같은 어려움을 갖는다고 지적한다. 첫째, 교사든 학생이든지 간에 자신

중요한 것은 인간의 삶이고, 학교는 '내가 누구인가?'라는 정체성을 형성하는 중요한 장이다. 학교는 지금까지 학생들의 삶이나 정체성에 대해서는 소홀히 다루어왔다. 물론 이 말은 정체성과 관련된 교육을 하나도 하지 않았다는 말이 아니다. 현재 학교에서 정체성 교육은 정체성을 가르치기 위한 시간이 따로 마련되어 있다기보다는 담임 교사에 의해서, 혹은 상담교사에 의해서, 혹은 교과전담교사에 의해서 부분적으로 이루어진다. 정체성 교육을 행하는 데는 특히 도덕과 교사가 적합한 것처럼 여겨지고 있다. 정체성 교육과 관련하여 문제가 되는 것은 정체성 교육을 소홀히 하는 것만이 아니라 전통적 관점에서 정체성 교육을 하는 것 역시 문제이다. 그렇다면, 서사적 정체성 교육을 위해서 학교는 어떻게 해야 하는가?

우선적으로, 학교는 자아를 가르치는 장소로서의 역할을 주요한 업무로 인식할 수 있어야 한다. 예전에는 종단적인 면에서 다양한 자아를 경험하기도 하였지만, 이제 우리는 사이버공간에서와 같이 동일한 시간에도 다양한 자아를 경험할 수 있다. 이와 같은 다양한 자아 속에서 내 자신이 누구인지를 갈등하고 있는 학생들에게 학교는 자아를 가르치는 교육의 장으로서의 역할을 해야 한다. 또한 자아를 가르친다는 것은 특정한 자아를 학생에게 강요하고 받아들이도록 하는 것이 아니다. 다양한 자아 중에서 어느 하나의 자아를 참된 자아로 인정하고 다른 자아를 억압하도록 가르치는 것이 아니라는 점이다. 또한 학생들에게 정체성 형성은 지속적인 과정이라는 것을 인식시킬 필요가 있다. 그리하여 현재의 삶만이 아니라 과거의 삶, 미래의 삶 역시, 자신의 삶의 일부로서 볼 수 있도록 하는 안목을 길러줄 필요가 있다. 그러기 위해서 학교는 교사가 자신의 삶의 이야기를 말할 수 있고, 학생들도 자신의 삶을 말할 수 있는 장이어야 한다.

둘째, 서사적 정체성을 가르친다는 것은 학생 자신이 타인과의 관계 속에서 자아를

의 삶의 경험들을 이야기한다는 것은 어려움을 수반하게 되고, 개인 자신에게 상처를 줄 수 있다. 자신의 삶의 경험이 힘겨운 것일 경우에는 더욱 그럴 것이다. 둘째, 학생들이 서사적 정체성을 형성하고 재형성하도록 하는데는 서사적 실천이 지속적으로 이루어져야 하고, 이를 지지하는 환경이 요구된다. 그러나 현재와 같은 대규모적인 학교교육과 학생들간에 비우호적인 환경은 이러한 서사적 실천을 유지하는 것을 어렵게 만든다. 셋째, 수업시간에 삶의 이야기, 서사를 말하는데는 시간이 많이 걸린다. 학생들이 서사를 구성하고 서사에 반응하며 관계를 형성하는데 많은 시간이 걸린다는 것이다. 넷째, 학생이나 교사가 말하는 모든 이야기가 좋은 이야기인 것은 아니다. 때로는 엘리트주의적이고 성차별적이고 인종차별적인 이야기가 포함될 수도 있다. 이럴 경우에 그 이야기에 질문을 제기할 수 있는 풍토가 마련되어야 한다(LaBoskey & Lyons, 2002 : 194-196 참조). 이와 같은 어려움들을 우리가 인식하고, 이를 해결하기 위한 방향으로 노력한다면, 서사적 정체성을 위한 교육은 가능하리라 본다.

반성하고 해석할 수 있는 능력, 서사를 통해서 다양한 자아를 해석할 수 있는 능력, 정체성 형성은 모든 사람이 평생에 걸쳐 서사를 통해 이루어 나가야 하는 문제이다. Bruner(1996 : 42)는 "우리가 정체성을 구성할 수 있는 것은 서사적인 양식에서뿐이다" 라고 지적한다. 서사적인 양식은 인간의 의도와 행위, 변화와 결과를 다루며, 시간과 공간 속에 경험을 위치 지우려고 하며, 좋은 이야기, 흥미를 끄는 드라마, 믿을 수 있는 역사적인 설명을 이끈다(Bruner, 1986 : 12-13). 서사적 정체성을 위한 교육은 도덕성을 함양시키는 교육이기도 하다. 학생들은 자신의 삶의 서사를 말하고 타인의 이야기를 듣는 동안에, 자신과 타인을 이해하게 되는데, 이와 같은 과정은 앞으로의 미래의 삶에 영향을 미치게 된다. 또한 정체성이 동일성에만 근거한 것이 아니라 차이를 통해서 가능하다고 할 때, 우리는 나의 정체성이 타인의 존재로 인해서 가능하다는 것을 인식해야 한다.

셋째, 서사적 정체성 교육을 하기 위해서는 기존의 교사와 학생의 역할 또한 변해야 한다. 전통적 관점에서는 교사의 주 업무가 학생들에게 지식을 가르치는데 초점이 주어졌다면, 이제, 서사적 정체성 교육에서의 교사는 지식 전달자로서의 역할을 넘어서 학생들에게 자아를 가르치는 자로서의 역할이 부각된다. 교사는 학생의 이야기, 학생의 정체성의 공저자가 되고, 이는 학생도 마찬가지이다. 교사와 학생은 서로 협력적인 관계, 상호적인 관계를 맺는 자가 된다. 그리하여 서사적 정체성 교육을 위한 교사의 역할은 자신의 삶의 이야기를 말하는 자이며, 경청하는 자이고, 학생들에게도 자신의 삶의 이야기를 말하는 능력을 길러주는 자이다. 교사는 학생들의 이야기를 들음으로써 학생의 경험, 생각, 감정, 환경 등을 알 수 있게 된다. 또한 교사는 교실이 이야기를 말하는 것이 가능하고 안전한 장소라는 것을 학생들이 느낄 수 있도록 해주어야 하며, 학생을 보살피는 자가 되어야 한다. 학생들이 자아에 대한 다양한 이야기를 하게 될 때, 교사는 자신이 올바르다고 생각하는 자아를 학생들에게 강요하지 말아야 한다. 학생들이 스스로 그러한 다양한 자아에 대해 숙고하고, 해석할 수 있도록 도와주어야 한다. 교사는 대화에 들어갈 수 있는 자이어야 하며, 대화의 기술을 습득한 자이어야 한다. 교사와 마찬가지로 학생도 서사적인 탐구자가 되어야 한다. 학생은 교사가 주는 지식을 수동적으로 받는 자라기보다는 서사적으로 사고하는 능력을 배우는 자여야 한다. 이와 같은 능력은 삶의 이야기를 쓰고 말하고 다른 사람의 이야기를 경청하는 과정 속에서 얻어지는 능력이다. 따라서 교사와 학생은 자신의 삶의 이야기를 하는 과정 속에서 자신의 정체성을 형성하는 공동 참여자가 된다.

2) 교육내용 및 교육방법

서사적 정체성 교육을 하기 위해서 학교교육은 '나는 누구인가?'라는 자신의 삶의 이야기를 기본적으로 말할 수 있는 장이어야 한다. 물론 교사가 자신의 삶의 경험을 말할 수도 있고, 학생이 자신의 삶의 경험을 말할 수도 있다. 후자의 방식이 현 학교교육에서 사용하기가 보다 용이하겠지만, 전자 역시 교실에서 사용하는 것이 가능하다. 교사가 자발적으로 말한 이야기는 아이들이 관계를 맺도록 하고, 교실내에서 공유된 의미와 문화를 창조하도록 한다. 교사들은 그들 자신의 경험으로부터 학습한 교훈을 학생들과 공유함으로써 학생들이 그들 자신, 친구, 가족, 세계에 대해서 보다 깊이있게 생각하도록 할 수 있다(Cardwell, 2002 : 85). Cardwell(2002 : 84)이 지적한 바와 같이, 교사의 사적인 이야기와 교육적인 자원으로서 학생들에게 해줄 수 있는 이야기간에 경계를 유지하는 것이 문제이다. 교사는 학생들에게 자신의 경험을 지나치게 노출하지도 않고, 과중한 짐을 부과시키지도 않으면서, '우리'라는 경험을 공유할 수 있게 해야 한다.

자신의 삶의 경험을 말하는 방식으로는 대화를 사용할 수도 있다. 고미숙(2002 : 8)은 서사적 대화가 기본적으로 두 명의 대화참여자들간에 자신들의 삶의 경험들을 이야기하는 대화라고 지적하고 있다. 서사적 대화는 대화참여자들이 자신의 삶의 경험을 상호적으로 말하고 경청하고 응답함으로써 그들 자신의 관점이 변화되고 자신의 삶에 변화를 동반하는 대화라는 것이다. 그 이외에 Giddens가 자아정체성의 중심에 있다고 지적한 자서전과 일기쓰기를 사용할 수 있다. 그는 자서전과 일기쓰기가 자신이 생산한 해석적 자기역사라고 주장한다(Giddens, 1991 : 76).

학생들에게 서사적 정체성 교육을 하기 위한 방식으로서 Richert가 교사들을 대상으로 삶의 경험을 쓰게 한 방법을 들어보기로 하자. 첫째 단계는 서사 혹은 이야기를 쓰게 하는 것이다. 학생들에게 주의를 할 것을 요청하면서, 학생들이 쓸 수 있는 다양한 주제들을 제시해볼 수 있다. 예컨대, 학교에서의 삶 이야기를 쓸 수도 있는데, 이때 학생들은 무엇이 일어났고, 누구에게, 언제, 어떻게, 왜 일어났는지를 자세하게 쓰게 된다. 학교에서의 삶과 관련하여 자신의 경험을 기억하여 쓰게 되는데, 이런 이야기에는 사고, 행위와 정서가 다 내포되어 있다. 둘째 단계는 서사를 읽고 반성하는 것이다.

일어났던 회화를 기억하고, 사건의 일부분인 감정에 대해서 회고하고, 누가 무엇을 했고, 누가 무엇을 말했는지를 기억하는 것이 학생들에게 자신의 학교에서의 삶에 대해 반성하도록 하는 글쓰기 과정의 일부분이다. 셋째 단계는 친구들과 쓴 것을 토론하는 것이다. 이때 안전과 신뢰를 확립하는 것이 본질이다(Richert, 2002 : 49-62). 물론 친구들과 이야기를 공유한다는 것은 매우 어려울지도 모른다. 학생들간에 서로의 삶의 경험을 공유하도록 하는 것은 한편으로는 학생들의 마음에 상처를 줄 수도 있으나 그것이 민감한 사항이 아니라면, 학생들간에 이해와 신뢰를 갖도록 할 수 있다. 학생들은 아주 다양하고 이질적인 이야기들을 듣게 되고 그런 이야기들을 통해 자기 자신과 타자를 이해할 수 있게 되며, 자신의 삶을 반성할 기회를 갖게 된다.

또한 이전에 지적한 사이버공간에서의 정체성 교육을 위해서 우리가 사용할 수 있는 방법으로서 남성, 여성, 노인 등 사이버공간에서 내가 했던 다양한 역할을 타인에게 말하거나 쓰고, 이것을 함께 이야기하도록 하는 것이다. 물론 이때, 실제 사람들, 남성, 여성, 노인, 어린이 등 다양한 사람들의 이야기를 직접 들을 수 있는 기회를 갖게 된다면 더욱 좋을 것이다. 물론 학생들은 이러한 이야기를 듣는데 있어서 어떤 일관성을 찾지 못할 수도 있고, 상이한 사람들간의 모순과 그 사람들과 자신과의 모순을 느낄 수도 있다. 다양한 타자들을 만나게 됨으로써, 학생들은 다양한 자아를 경험할 기회를 갖게 될 것이다. 우리의 학교교육의 문제는 사이버공간에서의 자아와 실세계에서의 자아, 자신의 삶에 대해서 성찰적으로 해석해볼 수 있는 시간을 갖지 못한다는데 있다. 학교는 다양한 자아를 시도해볼 수 있는 장이 되어야 한다. 그러나 이때, 그러한 다양한 자아들의 나열로 그칠 것이 아니라, 학생들은 다양한 자아를 서사를 통해서 해석하는 것이 필요하다. 학교교육에서는 자신이 누구인가를 탐구해볼 기회가 주어져야 한다.

Ⅳ. 맺음말

본 논문에서는 정체성의 개념을 전통적 관점과 최근의 관점으로 구분하여 설명한 뒤, 이들을 종합하는 통합적인 접근으로서 서사적 정체성을 제안하였다. 기존의 관점에서는 정체성을 동일성의 입장에서 고려하여 불변하는 실체로서 이해한 반면에, 최근의 관점으로서 포스트모더니즘이나 사이버공간에서는 정체성을 고정된 것이 아니라 다양하고 유동적이며 이질적인 것으로 간주하였다. 본 논문은 Ricoeur의 서사적 정체성이 이러한 양자의 관점을 통합시킨다고 보았다. 서사적 정체성은 자신의 삶을 이야기하는 과정 속에서 형성되는 정체성이다. 서사적 정체성은 최근의 관점에서와 같이 유동적이고 다양한 자아를 인정하면서도 전통적 관점에서처럼 통일성을 인정하고, 차이와 타자를 배제하는 것이 아니라 자아와 타자의 관계, 사회적인 맥락을 고려하는 정체성이다. 서사적 정체성 교육을 한다는 것은 어느 특정 교사, 예컨대, 상담교사, 담임교사의 몫으로 남겨질 수 없다. 국어시간, 사회시간, 영어시간 등 다양한 교과시간에도 활용될 수 있다. 이제 서사적 정체성 교육이 갖는 시사점을 제시하면서 마무리를 할까 한다.

첫째, 서사적 정체성 교육은 학생들에게 삶의 의미를 깨닫도록 할뿐만 아니라 삶을 변화시켜 줄 것이다. 학교에서 배우는 교과들은 학생들의 삶에 직접적인 영향을 미치지 못할 때가 많다. 하지만 자신의 삶을 이야기하는 과정 속에서 정체성을 형성한다는 것은 현재의 삶뿐만 아니라 미래의 삶을 바꾸도록 하는 데 기여한다. 나를 어떻게 인식하는가, 내 삶에 의미를 어떻게 부여할 것인가 하는 것은 나의 삶과 나의 실천적인 행위와도 연관되는 문제이다. 어떻게 말하는가 하는 것은 어떻게 살 것인가에 영향을 미친다.

둘째, 서사적 정체성 교육은 현재 많이 제기되고 있는 도덕교육의 문제를 해결하는 데에도 역할을 할 것이다. 서사적 정체성은 자기 중심적인 정체성에 초점을 두는 것이 아니라 타자와의 관계를 고려한 정체성이라는 점에서, 정체성 형성이 도덕교육과도 연관지을 수 있다는 장점을 갖는다. 한 개인의 정체성 형성은 개인만의 문제가 아니며, 이미 우리는 타자의 정체성 형성에 동참하고 있는 중이다. 우리가 정체성을 자기 혼자 결정할 수 있는 문제로 볼 것이 아니라 타자에게 부분적으로 달려있는 것으로 인식한다면, 정체성 교육은 도덕교육이자 공동체교육이 될 것이다. 정체성 교육은 나와 타자가 서로간에 자아를 끊임없이 재정의할 수 있도록 도와주는 교육이다. 이 때 우리의 삶은 서로 함께 변해갈 것이다.

셋째, 서사적 정체성 교육은 교사와 학생만이 아니라 모든 사람들에게 적용해볼 수 있다. 자신의 삶을 서사적으로 말하고 사고하고 해석하는 능력을 길러준다면, 정체성에 대한 자기 주도적인 학습이 가능해질 것이다. 단지 학교교육에서 학생들에게 정체성을 형성하도록 하는 데만 도움을 주는 것이 아니라 일반인들에게도 자신의 정체성을 형성하도록 하는데 기여할 것이다. 그리하여 서사적 정체성 교육은 인간간의 관계를 변화시키고, 사람들이 서로를 이해하고, 서로의 삶에 동참할 수 있는 인간이 되도록 할 것이다.

참고문헌

고미숙(2002). 인간교육을 위한 서사적 대화모형 연구. **교육문제연구**. 16. 1-29.

양운덕(1998). 자크 데리다. 박정호·양운덕·이봉재·조광제 편. **현대 철학의 흐름**. 서울 : 동녘. 342-398.

이순형(2002). 사이버공간과 실공간에서의 자아 정체의 불일치. **대한가정학회지**. 40(4). 59-71.

이재현(2001). **인터넷과 사이버사회**. 서울 : 커뮤니케이션북스.

전경갑(1998). **현대와 탈현대의 사회사상**. 서울 : 한길사.

한겨레신문 2003. 3. 11일자. 기사 : 청소년 4명중 1명 사이버중독.

황상민(2000). **사이버공간에 또 다른 내가 있다**. 서울 : 김영사.

Bendle, Mervyn(2002). The crisis of 'identity' in high modernity. *British Journal of Sociology*. 53(1). 1-18.

Bruner, Jerome(1986). *Actual minds, possible worlds*. Cambridge : Harvard University Press.

Bruner, Jerome(1987). Life as narrative. *Social Research*. 54(1). 11-32.

Bruner, Jerome(1996). *The culture of education*. Cambridge : Harvard University Press.

Burbules, Nicholas(1993). *Dialogue in teaching*. 강선보·고미숙 역(2011). **대화와 교육**. 파주: 교육과학사.

Cardwell, Nancy(2002). Teaching through relationships and stories. In Nona Lyons & Vicki LaBoskey(Eds.). *Narrative inquiry in practice*. NY : Teachers College press. 76-86.

Christensen, Lars Thøger, & Cheney, George(1994). Articulating identity in an organizational age. In Stanley Deetz(Ed.), *Communication yearbook 17*. Thousand Oaks: SAGE Publications. 222-235.

Derrida, Jacques(2001). 남수인 역. **글쓰기와 차이**. 서울 : 동문선.

Descartes, René(1995). 김형효 역. **방법서설/성찰/정념론 외**. 서울 : 삼성출판사.

Erikson, Erik(1968). *Identity*. New York : W. W. Norton & Company, Inc.

Ezzy, Douglas(1998). Theorizing narrative identity : symbolic interactionism and hermeneutics. *The Sociological Quarterly*. 39(2). 239-252.

Foucault, Michel(1997). 오생근 역. **감시와 처벌**. 서울 : 나남출판.

Garrett, Brian(1998). Personal identity. In Edward Craig(Ed.). *Routledge encyclopedia of philosophy 7*. London : Routledge. 305-314.

Gergen, Kenneth(2000). *The saturated self.* New York : Basic Books.

Giddens, Anthony(1991). *Modernity and self-identity.* Cambridge : Polity Press.

Heidegger, Martin(1998). 소광희 역. **존재와 시간**. 서울 : 경문사.

Larrain, Jorge(2000). *Identity and modernity in Latin America.* Cambridge : Polity Press.

LaBoskey, Vicki Kubler, & Lyons, Nona(2002). In conclusion. In Nona Lyons & Vicki Kubler LaBoskey(Eds.). *Narrative inquiry in practice.* New York : Teachers College Press. 189-199.

Levitt, Barbara & Nass, Clifford(1994). Organizational narratives and the person/identity distinction. In Stanley Deetz(Ed.). *Communication yearbook 17.* Thousand Oaks : SAGE Publications. 236-246.

Lindgren, Monica, & Wåhlin, Nils(2001). Identity construction among boundary-crossing Individuals. *Scandinavian Journal of Management.* 17. 357-377.

MacIntyre, Alasdair(1984). *After virtue.* Notre Dame : University of Notre Dame Press.

McAdams, Dan(1997). The case for unity in the (post)modern self. In Richard Ashmore & Lee Jussim(Eds.). *Self and identity.* New York : Oxford University Press. 46-78.

Polkinghorne, Donald(1988). *Narrative knowledge and the human sciences.* Albany : State University of New York Press.

Powell, Jason L., & Longino, Jr., Charles F.(2001). Towards the postmodernization of aging. *Journal of Aging and Identity.* 6(4). 199-207.

Richert, Anna E.(2002). Narratives that teach. In Nona Lyons & Vicki LaBoskey(Eds.). *Narrative inquiry in practice.* New York : Teachers College Press. 48-62.

Ricoeur, Paul(1990). *Time and narrative 3.* Translated by Kathleen Blamey and David Pellauer. Chicago : The University of Chicago Press.

Ricoeur, Paul(1991a). Narrative Identity. In David Wood(Ed.). *On Paul Ricoeur.* London : Routledge. 188-199.

Ricoeur, Paul(1991b). Life in quest of narrative. In David Wood(Ed.). *On Paul Ricoeur.* London : Routledge. 20-33.

Ricoeur, Paul(1992). *Oneself as another.* Translated by Kathleen Blamey. Chicago : The University of Chicago Press.

Sarup, Madan(1996). *Identity, culture and the postmodernism.* Athens : The University of Georgia Press.

Taylor, Charles(1992). *Multiculturalism and "the politics of recognition".* Princeton : Princeton University Press.

Turkle, Sherry(1995). *Life on the screen.* New York : A Touchstone Book.

Usher, Robin, & Edwards, Richard(1996). *Postmodernism and education.* New York : Routledge.

Venema, Henry(2000). *Identifying selfhood.* Albany : State University of New York Press.

Verhesschen, Piet(2003). 'The poem's invitation': Ricoeur's concept of mimesis and its consequences for narrative educational research. *Journal of Philosophy of Education.* 37(3). 449-465.

Vessey, David. http://www.beloit.edu/philorel/faculty/davidvessy/DVRicoeur.html

Young, Iris Marion(1990). The ideal of community and the politics of difference. In Linda J. Nicholson(Ed.). *Feminism/postmodernism.* New York: Routledge. 300-323.

한국 발도르프학교 교육의 의미와 실천에 관한 문화기술적 연구[1)]

정 윤 경(전주교육대학교)

Ⅰ. 머리말

현재 한국에서는 새로운 학교문화에 대한 열망이 증가하고 있다. 이것은 현재 이루어지고 있는 한국의 제도권 학교문화에 대한 불만의 표출일 것이다. 보다 나은 교육에 대한 요구와 열망은 특정 시기에 국한하는 것이 아니고 항상 존재했지만, 이러한 열망은 교육문제에 대한 문제의식과 이것을 해결하기 위한 모색이 두드러졌던 시기에는 더욱 부각되어 표출되었다.

'대안교육' 또는 '대안학교'라는 말 역시 새로운 교육과 그것을 실천할 수 있는 새로운 학교문화를 추구하면서 나온 말이다. 대안교육이나 대안학교라는 용어는 처음부터 명확하게 이념적으로 다듬어져서 사용된 것이 아니라, 기존 학교교육에 대한 비판에 대응하여 새로운 학교문화를 모색하기 위한 다양한 실천을 아우르는 말로 사용되기 시작한 것이다. 한국의 대안교육에 대한 관심으로 여러 형태의 새로운 학교 교육이 시도되고 있다. 그 중 하나로 외국의 발도르프학교에 대한 관심도 지속적으로 이어져 오다가 마침내 한국에서 발도르프학교를 모델로 한 학교들이 생겨나기 시작했다.

발도르프교육은 1994년 스위스 제네바에서 열린 유네스코 제44차 세계교육장관회의 때에 21세기 개혁교육의 모델로 선정되었고, 따라서 1994년과 1995년에는 전 유럽과 북미, 남미에서 순회 전시회와 세미나들이 개최되었다. 한국에서는 '한국 슈타이너 교육예술 협회' 주관으로 1996년 9월 한 달 동안 독일 문화원 전시실에서 전시되었으며 개막일에는 독일문화원과 강남대학의 후원으로 국제심포지엄이 개최되었다. 이

---

1) 이 글은 「교육철학」 48집(2010.4)에 게재된 논문을 일부 수정, 보완한 것이다.

것이 국내에서 발도르프교육이 본격적으로 소개되고 알려지는 계기가 되었다(http://www.waldorf.or.kr).

발도르프학교 수는 구체적으로 2009년 현재 독일에 213개, 독일을 제외한 유럽에 471개, 전 세계적으로는 997개에 이르고 있다(http://www.waldorfschule.info/). 이와 같이 학교 수가 급증하는 것은 발도르프학교 교육이 현재의 지배적인 학교문화의 문제점을 극복하고 새로운 교육문화를 창출하고 있기 때문일 것이다.

한국에서 발도르프교육이 알려지기 시작하면서 공부모임이 생기고, 마침내 발도르프 교육철학을 지향하는 대안적인 학교가 설립되어 운영되고 있다. 이들 학교 수는 공교육 시스템 속의 전체 학교 수에 비하면 극히 소수에 불과하지만, 분명히 주류 교육의 흐름과는 다른 학교문화를 지향하며 교육을 하고 있다. 그런데 아직 한국 발도르프 학교교육에 대해서는 거의 알려지지 않은 실정이다. 그 현장에 참여하는 교사, 학부모, 학생들, 그리고 발도르프 교육에 관심이 있는 사람들에게만 알려지고 있다.

집단적인 삶이 있는 곳에는 그 특유의 문화가 있다. 일종의 집단적 생활공간으로서 학교에는 학교문화가 있다. 따라서 우리는 학교문화를 통해서 학교를 알 수 있고 학교를 개선할 수 있다(조용환, 1999: 345).

그렇다면, 한국에서 처음 시도되고 있는 발도르프학교에서는 어떤 교육이 이루어지고 있을까? 그것은 한국의 일반적인 학교에서의 교육과는 어떻게 다른가? 이 학교에서 생각하는 교육의 의미는 무엇인가? 본 연구는 이러한 관심을 가지고 한국에서 시작된 발도르프학교에서 교육이 어떻게 실천되고 있는지, 그 의미가 무엇인지를 분석하는 것을 목적으로 한다.

문화로서 학교를 바라보는 것은 우리에게 학교의 역동적인 특성을 인식하게 해준다. 학교는 단순한 기관이나 제도가 아니라, 살아있는 유기체로서 무제한적인 가능성을 갖는 인간의 창조물이다(Henry, 1993: 19). 학교문화를 보겠다는 것은 이와 같이 학교를 문화로서 이해한다는 것을 전제한다. 그런데 '학교문화'는 너무 광범위한 말이다. 학교문화는 문화의 의미를 어떻게 보느냐에 따라 달라질 수 있는데 크게 종합적 정의, 인지적 체계로 보는 입장, 공유된 상징과 의미체계로 보는 입장으로 대별해 볼 수 있다.

먼저 타일러(Tylor)의 종합적인 문화개념에 의존하여 학교문화란 '학교집단 구성원에게 학습되고 공유되고 전달되는 문화의 복합체'라고 볼 수 있으며, 둘째, 문화를 공유된 인지체계로 보는 굿이너프(Goodenough)에 의존하여 '학교문화는 학교 구성원들이 공유하고 있는 그들의 삶과 행동을 이끌어가는 지각체계 내지 인지 방식'이라고 볼 수 있으며, 셋째, 문화를 구성원들이 공유한 의미로 보는 기어츠(Geetz)에 의존하여 '학교문화는 학교 구성원에 의하여 이해된 규범, 가치, 신념, 의식, 관습, 전통, 그리고 습성을 포함하는 역사적으로 전수된 의미의 유형'이라고 볼 수 있다(이정선, 2005: 2-3).

본고는 학교문화 개념을 분석하는 것이 연구 목적이 아니므로, 여러 개념 중 학교 구성원들이 공유하는 인식체계나 의미체계 정도로 다소 느슨하게 이해하고자 한다. 즉, 본 연구의 주된 관심은 한국에서 처음 생긴 발도르프학교에서 어떤 일이 벌어지고 있는지, 현지인들의 언어와 행동을 관찰하고 그 속에서 그들이 공유하고 있는 가치나 신념, 의미 체계를 분석하는 데 목적이 있다.

오늘날 한국의 교육은 '경쟁', '성공 이데올로기'가 두드러지게 나타난다. 교육이나 공부의 의미가 쉽게 '학력'이나 '대학진학'과 같은 말로 이해되기도 하는 것을 쉽게 볼 수 있다. 이러한 현실 속에서 공교육 시스템 바깥에서 시작되고 있는 발도르프학교에서의 '교육'의 의미를 살펴보는 것은 의미있는 일이라고 생각된다. 특정 학교에서 공유되고 있는 교육의 의미를 보기 위해서는 학교에서 이루어지는 모든 것을 관찰할 수 있다. 그러나 학교 활동 중 가장 주된 활동은 다름 아닌 수업일 것이다. 수업을 한마디로 정의할 순 없으나, 광범위한 정의로 "학교 현장에서 일상적으로 이루어지는 교육 활동의 총체"라고 할 수 있다.

헤르바르트(Herbart)는 '교육'과 '수업'을 분리하여 보지 않는다. 그는 교육의 핵심을 수업이라고 보고, 교육이 목적으로 하는 것과 수업의 목적이 동일하다고 보면서 '교육적 수업'에 주관심을 기울인다(김창환, 1998: 45). 이와 같이 수업과 교육은 불가분의 관계에 있다. 따라서 한국 발도르프 학교문화 중 구성원이 공유하는 '교육'의 의미를 보기 위해서는 수업의 특징도 함께 볼 필요가 있을 것이다. 요컨대, 본고에서는 발도르프학교 교육의 의미와 교육 실천에 관해 살펴볼 것이다.

이상의 연구목적을 위해 우선 판단을 절제하면서 현장의 목소리에 귀 기울일 필요가 있다. 이를 위해 본 연구는 주로 참여관찰과 면담을 통해 문화기술적 연구를 하였다. 연구를 위한 자료 수집은 2009년 7월부터 2010년 4월 사이에 노랑학교를 6회 방문(7월 9일/9월9일/10월 14일/11월 14일: 바자회/1월 9일: 8학년 마침식/2010년 3월 4일)하여 수업과 학교 주요 행사를 참여관찰하고, 교사, 학부모, 학생들과 면담을 통해 이루어졌다.

수업을 참여관찰하는 데는 적지 않은 어려움이 있었다. 학교 측에서 연구자에게 요청하기를 일체의 매체(예를 들어 카메라, 비디오, 녹음기 등)없이 참관한다는 조건하에 참관을 허락하였다. 따라서 눈으로 보고 현장에서 손으로 기록한 것에 전적으로 의존할 수밖에 없었다. 수업 관찰한 내용을 기록해서 가져와 그것을 타이핑하여 분석 자료를 만들었다. 수업은 방학(7월9일)과 행사일(바자회와 8학년 마침식)을 제외하고 총 3회 관찰하였다. 수업을 포함한 학교 교육 실천 모두를 분석 대상으로 삼기는 했지만, 수업을 기술하는 데 있어서는 하루 수업을 중심으로 하였다. 왜냐하면 수업의 일관된 흐름과 맥락을 최대한 있는 그대로 보여주고자 했기 때문이다. 하루 전체 수업(오전 주기수업과 오후 수업)을 기록한 분량은 대략 A4용지 8매 정도의 분량이 된다.

면담은 학교방문 첫 날부터 이루어졌다. 첫날 방문은 연구 허락을 받기 위해 간 것이다. 교무실에서 노랑학교 외부협력교사(외부와 관련된 일체의 업무를 대표로 책임지는 교사)와 5-6명의 교사가 모인 자리에서 연구의 의도를 설명하고 연구 허락을 요청했다. 그러나 연구 허락은 바로 이루어지지 않고, 전체 교사회의를 거쳐야 한다고 했다. 아직 허락 여부가 결정되지 않은 상황이었으나, 교무실에서 그 자리에 모인 교사들과 집단면담을 할 수 있었다. 질문 내용은 주로 발도르프학교와 인연을 맺게 된 동기, 발도르프교육 고유의 특성이나 의미에 관한 것이었으나, 이것에 국한하지 않고 자유롭게 교사들과 면담을 하였다. 그 후 이메일로 연구 허가를 받은 후, 약속하고 학교를 관찰하기 위한 방문이 이루어졌다. 학교방문은 주로 수업과 학교행사를 보기 위한 것이었다. 면담은 수업을 참여관찰 한 후, 당일 교무실에서 이루어졌다. 별도의 공간이 아닌 교사들이 모인 교무실에서 면담을 하다 보니 자연스럽게 교무실에 모인 교사들과 함께하는 집단면담의 형태가 주가 되었다. 그러나 별도로 외부협력교사와의 개별면담, 그리고 참여관찰한 수업에 대해 추가적인 질문을 하기 위해서는 수업을 한 교사와의 심층면담도 병행되었다. 이외에 연구 종료 시점에 추가적인 질문을 하기 위해 전화통화와 메일을 주고받고, 그 내용을 기록해 두었다. 면담 내용은 노랑학교 교육의 목적, 발도르프학교에서 가르치게 된 동기, 그리고 참관한 수업에서 의문이 든 교사의 행위의 의도와 목적 등에 관한 것이었다. 면담 내용은 녹음기로 녹음한 후, 그 내용을 전사하여 분석 자료로 삼았다. 면담 형식은 반구조화된 면담 형식으로 대강 질문할 내용을 만들어 갔지만, 면담 진행은 교사가 자유롭게 자신의 의견을 말하는 방식이었다.

면담 대상은 교사, 학부모, 학생들이었다. 이외에 노랑학교 교사는 아니지만 다른 지역 발도르프학교 교사 2명과의 면담도 병행하였다. 현재 한국의 발도르프학교들 간에는 교사들이 서로 만나 협력 방안을 구축하고 있다. 따라서 노랑학교 교사들의 답변 중 좀 더 분명히 할 필요가 있는 점에 대해 다른 지역 발도르프학교 교사와의 면담을 병행한 것이다. 교사들과의 면담회수는 학교방문일에 이루어진 집단면담과 개별면담, 전문가회의에서 외부협력교사와의 심층면담을 합쳐 총 7회 이루어졌다.

학부모 면담은 학부모가 학교행사에 참여하는 바자회와 8학년 마침식에 이루어졌다. 학부모와의 면담은 주로 발도르프학교에 취학시킨 동기나 이유, 교육에서 가장 중시하는 점, 교육의 목적과 의미에 관해 묻는 것을 주요 내용으로 하였다.

학교 구성원인 교사, 학부모와의 면담을 통해 그들이 생각하는 교육의 의미와 교육에서 중시하는 가치를 알 수 있었다. 그러나 학생과의 면담은 많은 어려움이 있었다. 먼저 수업이 이루어지는 날 면담을 진행하기는 힘들었다. 학생들에게 노랑학교식의 수업이나 각자가 생각하는 '교육'의 의미를 직접 묻고 그들의 답을 통해 그들의 생각을 알기란 쉽지 않았다. 아직 어린 학생들이어서 면담을 힘들어했을 뿐만 아니라, 노랑학교 교사들이 아직 어린 학생에게 직접적인 질문을 하는 것에 대한 우려를 나타냈기 때문이다. 따라서 학생과의 면담은 8학년 마침식에 8학년 학생들 14명을 대상으로 1회 이루어졌다. 그러나 1회 면담 내용으로 학생들의 교육에 대한 생각을 읽기는 힘들었다. 이와 같은 현실적인 제약으로 본 연구는 노랑학교 구성원들 중 학생들이 생각하는 교육의 의미를 분석하지 못한 한계점을 갖는다. 면담 이외에 학교문화에 대한 이해를 돕기 위해 현장 산물(노랑학교 홍보 자료, 학교생활보고서, 학생 수업 결과물 등) 분석을 병행하였다.

자료 분석은 3회 관찰한 수업과 그 외 학교행사를 기록한 내용을 읽어가면서 공통적으로 나타나는 수업 전개상의 특징과 흐름을 추출하여 분류하였다. 이 때, 연구자가 생각하기에 특히 일반 학교와 차이나는 점에 초점을 맞추면서 연구 관심을 좁혀 나가고 특징을 몇 가지로 범주화하였다. 이 과정에서 생기는 의문을 해결하기 위해 교사와의 면담을 해나가면서 수집된 자료를 수정하고, 보완하여 연구 내용을 분류하고 정리하였다. 교사와 학부모와 면담을 통해 그들이 생각하는 노랑학교 교육의 목적과 의미에 관해서도 몇 가지 범주로 분류하였다.

이와 같이 주된 연구 자료인 수업 관찰 기록을 타이핑한 자료와 교사, 학부모와의 면담 내용을 녹음해서 전사한 자료를 토대로 일차적으로 수업 특성과 교육의 의미를 몇 가지 항목으로 분류하고, 그것을 토대로 최종적으로 노랑학교 수업의 특징과 교육의 의미에 관한 주제들을 생성해 냈다. 이러한 분석 내용의 타당성과 신뢰성을 검증하기 위해 연구 기간 중간에 전문가회의를 하였다. 전문가회의에 노랑학교 외부협력교사가 참석하였고, 그와의 심층면담을 통하여 그간 연구자가 보고 정리한 내용을 중간 점검하였다. 이외에 연구 종료 시점에는 연구자가 정리한 글을 노랑학교 교사들에게 읽게 함으로써 연구 내용을 공유하였다. 이상의 연구 자료를 제공해 준 주요 면담자의 인적 사항은 다음과 같다.

〈표 1〉 주요 면담자의 인적 사항

성명(가명)	성별	나이(교육경력)	주요 특징
강혜숙 선생님	여	48(발도르프학교 6년)	뉴질랜드 유학 후, 자녀가 한국 학교교육에 적응하는 것을 힘들어하면서 발도르프교육에 관심을 갖게 됨
김기태 선생님	남	32(공립학교 7년, 발도르프학교 2년)	초등학교근무 중 병역거부(평화주의)로 감옥생활. 이후 본인의 교육철학에 부합하는 노랑학교에 근무
이은미 선생님	여	44(발도르프학교 6년)	아동문학 공부하다가 발도르프교육 연수. 이후 노랑학교 근무
이은주 선생님	여	40(발도르프학교 8년)	영어학원 강사로 근무하던 중 발도르프교육 알게 되어 뉴질랜드 유학 후 노랑학교 근무
김준호 선생님	남	46(발도르프학교 6년)	* 노랑학교 대외협력 교사 * 사설학원과 주말학교를 운영하다가 발도르프교육을 알게 되어 독일 유학 후 노랑학교 근무
정지숙 선생님	여	38(공립학교 10년, 발도르프학교 3개월)	공립학교 교사 10년 근무하다가 발도르프교육을 하고 싶어서 사표 후 노랑학교 근무

3. 연구 대상

본 연구 대상은 공식적으로 발도르프학교 교육철학을 지향하는 한국의 발도르프학교이다. 한국에서 발도르프 교육철학을 지향하는 학교는 푸른숲학교, 동림자유학교, 사과나무학교, 과천자유학교 등이 있다. 연구대상으로 선정한 학교는 노랑발도르프학교(이하 노랑학교: 가명)이다. 노랑학교를 연구대상으로 선정한 것은 노랑학교가 현재 한국에서 발도르프 교육을 실천하고 있는 학교 중 가장 오래된 학교로서, 6개 학년 이상을 볼 수 있다고 생각했기 때문이다. 어느 발도르프학교의 경우는 3개 학년만 있기 때문에 그런 학교를 볼 경우, 발도르프 고유의 문화인지, 소규모 학교의 문화적 특징인지 구분하기 어렵다고 생각되었다. 또한 노랑학교는 세계발도르프학교 협회로부터 '발도르프학교'로 인정을 받은 학교이다.

노랑발도르프학교는 2002년 3월 3일 여섯 가족(학생은 1학년 5명)과 한명의 교사로 시작한다. 이듬해부터 매년 새로운 학년을 더해 2010년 현재에는 10학년까지 있다. 앞으로 초중등과정을 통합한 12학년을 계획하고 있다(http://www.gcfreeschool.kr).

노랑학교가 문을 연 것은 2002년이나, 그 시작은 일찍이 1998년 발도르프 공부모임에서라고 할 수 있다. 90년대 후반부터 한국에서 대안교육에 대한 관심이 증대된 속에서 외국의 발도르프학교에 대한 워크숍이 있었고, 발도르프학교에 대한 관심에서 공부를 하다가 마침내 2001년 2월 발도르프학교 설립을 발의하고 학교모임을 준비한다. 교사 1명으로 시작한 학교가 차차 영어, 수공예, 중국어, 음악 수업을 시작해 간다. 그렇게 해를 거듭하면서 새로운 학년이 생겨나고 마침내 2009년 2월 8학년 마침식을 하고, 그 학년이 9학년 상급과정(12명)을 시작한다. 2010년 올해로 2번째 8학년 마침식을 하게 되고, 10학년까지 있는 학교가 된다. 현재 교사는 28명(방과후교사 2인 + 휴직교사 1인 포함), 교직원 2명, 학생은 216명이다(2010년 4월 19일 현재).

Ⅱ. 노랑학교의 수업

노랑학교의 하루는 대략 ① 교사모임, ② 오전 주기수업(1,2교시 통합), ③ 3, 4교시, ④ 점심시간, ⑤ 오후수업(5, 6교시)으로 이루어진다. 주기수업에 해당하는 교과는 보통 국어, 수학, 과학, 사회, 역사 등의 교과이고, 그 이외 영어, 외국어, 수공예, 목공예, 수채화, 오이리트미 교과는 그 이외 시간과 오후에 이루어진다. 본고에서 스케치한 수업은 노랑학교의 오전 주기수업 중 2학년 수업(신화와 성인 이야기: 우리말 우리글에 해당/2009년 9월 9일 참관)을 토대로 하였다. 수업 중 주기수업만을 보고자 하는 것은 주기수업이 발도르프학교의 특징적인 수업이라고 생각하기 때문이다. 수업의 특징을 분석하기 위해서는 우선 수업에 대한 객관적 기술이 필요할 것이다. 수업의 일관된 흐름을 이해하기 위해, 수업 스케치는 참여관찰한 수업들 중 하루의 수업을 중심으로 하였다.

1. 수업 환경과 교사모임

교실 문 앞에는 나이테가 보이게 나무 단면을 자른 것 위에 학년이 씌여 있다(학년별 한 학급). 교실 문을 열고 들어서자 정면으로 칠판이 보인다. 칠판 위 중앙엔 일반적으로 학교 교실에 늘 있는 것이 보이지 않는다. 보통 교실 중앙엔 태극기가 있고, 그 옆으로 학교 교훈과 급훈이 걸려 있다. 그런데 노랑학교 교실엔 태극기, 교훈이나 급훈도 걸려 있지 않다. 대신 다른 그림 액자가 걸려있고, 교실 뒷면엔 아이들의 작품과 시간표가 걸려 있다.

교실 벽과 커텐은 학년 마다 색이 다르다. 2학년 교실은 연한 살구색이 칠해진 벽, 진한 분홍색 커튼이 쳐 있고, 7학년 교실은 연두색 벽에 하늘색 커튼이 쳐져 있다.

교탁 이외에 작고 낮은 탁자가 놓여있고, 그 위엔 천과 꽃으로 장식되어 있다. 또, 그 낮은 탁자 앞에 더 작고 낮은 탁자가 있고 그 위에 촛불을 켤 수 있게 해 놓았다.

수업시작 전 학교의 하루는 교사모임으로 시작된다. 교사 한명이 8시가 되자 교무실 바깥에 매달린 종을 치면서 '교사모임'을 알린다. 종소리를 듣고 모인 교사들이 가운데 테이블을 두고 둘러섰다. 교사 전체가 모이지는 않고, 한 7-8명 명 쯤의 교사가 모였다. 한 교사가 성냥으로 연꽃 모양 초를 켜고 슈타이너의 『영혼의 달력』[2] 중 한 편을 읽는다. 두 번을 읽고 나서 서로 둘러선 채 손을 잡고 서로 "좋은 하루 되세요" 인사를 건넨다. 읽은 내용은 다음과 같다.

빛,
높은 우주 안에서, 영혼으로 힘차게
흐르려 하는 그 빛 안에서,
우주 사고의 확신으로 드러나소서.
영혼의 수수께끼를 풀어내면서
그 광채의 힘을 모아
인간의 심장에 사랑을 일깨우면서

2) '영혼의 달력'은 슈타이너가 1년을 1주일 단위로 해당하는 시를 적은 것을 모아놓은 것이다.

2. 수업 스케치

교사모임 이후 바로 주기수업이 시작된다. 주기수업은 아침 8시 20분에 시작해 10시까지 지속되는 수업이다. 1시간 40분간 이루어지는 수업은 크게 ① 아이들 맞기 ② 아침을 여는 시 ③ 몸 풀기 ④ 교사의 이야기로 진행되는 본격적인 수업 ⑤ 각자의 것으로 소화하기 ⑥ 수업 마치기로 나누어 볼 수 있다.

가. 아이들 맞기와 아침을 여는 시

오전 주기수업 역시 하루를 시작하는 시를 외우면서 시작하고 있다. 참관한 2학년 주기수업의 과목은 '성인 이야기'이다.

종소리와 함께 교실에 들어온 선생님은 모두 아이들을 다시 복도 밖으로 늘어서게 한다. 모두 복도에 나와서 두 줄로 선다. 그때서야 교사는 교실 문에 서서 아이들 한명 한명을 악수해주고, 머리도 쓰다듬어 주면서 한 명 씩 한 명씩 맞아들인다. 교사는 이런 의례를 통해 하루 수업을 시작하고 있다. 이후에 교사는 반 전체를 향해 인사한다.

교사: 사랑하는 노랑학교 2학년! 안녕하세요.
학생들: 사랑하는 노랑학교 강혜숙 선생님! 안녕하세요.

인사가 끝나고 교실 앞 코너에 놓인 테이블 위에 초를 켜고, 아침의 시를 낭독한다.

아침을 여는 시 (루돌프 슈타이너)

해에서 나오는 사랑의 빛이
나에게 하루를 밝혀줍니다.
내 혼에 들어있는 영의 힘이
온몸에 힘을 줍니다.
빛나는 해의 광채 속에서
오 하느님
당신을 우러러 봅니다.
당신이 나의 혼에

자비롭게 심어 준 사람의 힘으로
나는 일할 수 있고
또 많은 것을 배우고자 합니다.
당신에게서 빛과 힘이 나오고
당신에게로 사랑과 감사가 흘러갑니다.

나. 몸 풀기

아침의 시 낭송과 개별시 외우기가 끝나자 바로 교사가 먼저 '오른쪽으로 두 스텝, 왼쪽으로 두 스텝' 하면서 '언니하고 오빠하고 고추밭에 고추따고 …'를 선창한다. 이어서 서로 짝이 되어 '숲속의 매미'를 부르면서 손놀이를 한다.

이번에는 원을 안과 밖으로 두 줄 만들어 섰다. 안의 원이 돌면서 5단을 외우기 시작한다. 오일은 오, 오이 십, 오삼십오….(14단까지 외운다.) 이번엔 바깥 원을 이룬 아이들이 오십사는 70, 오십삼은 65, 위에서 아래로 내림차순으로 다시 외우기 시작한다. 다음은 6단, 그리고 7단.

이번엔 교사가 공 하나를 들고 한 명씩 아이들에게 던지면서 "팔일은?" 하면 학생들은 다시 공을 선생님께 던지면서 답을 말한다. 다음에는 공 없이 빈손으로 아주 작은 무엇인가를 조심스레 쥐고 던지는 시늉을 하면서 8단을 외우고, 아이들은 그것을 받는 시늉을 하고 다시 던지면서 답을 말한다.

율동을 통해 구구단을 외우느라 교실 안은 다소 소란스러워졌다. 구구단 외우기가 끝나자 교사가 "어제 재미있는 일이 있어서 나눌 친구 있어요?"라고 묻자, 학생들 여러 명이 손을 든다. 어제 친구가 놀러 와서 재미있게 놀았다는 이야기, 할아버지와 장기를 두었다는 이야기가 이어진다. 교사는 다시 '장기도 둘 줄 알아요?' 묻고 다른 학생들 역시 '누가 이겼어?'라고 꼬리에 꼬리를 무는 질문이 이어진다. 중간 중간 수업의 흐름을 방해하는 아이들도 없지 않아 있다. 선생님이 그때마다 호명을 하기도 하고, 그 아이들을 뒤돌아 벽을 보고 서있게 하기도 한다.

다시 수업은 다른 국면으로 접어든다. 어느새 구구단 외우기에서 어제 있었던 일 이야기 하기를 지나 선생님이 선창하는 동요를 학생들 모두 따라 부른다. '이 아인 정말 신비한 아이야' 하는 내용의 노래이다. 수업이 끝나고 물으니 선생님께서 자작한 내용에 음을 붙인 것이라고 한다.

9시. 8시 20분부터 대략 40분이 지났으니 일반 초등학교 교실이라면 수업을 마칠 시간이다. 그런데 이제 시작이다. 교사는 '책상을 옮겨요. 조용히 조용히 옮겨요'하는 내용에 음을 붙여서 읊조린다. 학생들은 벽에 늘어서 있던 책상과 걸상을 배치하고 선생님을 향해 앞을 보고 모두 앉는다. 수업을 본격적으로 할 모양이다 생각했다. 그런데 이번엔 선생님이 리코더를 꺼내 불기 시작한다. 아이들도 모두 꺼내면서 "'견우직녀'해요" 하며 특정 곡을 요청한다. 이 연주가 끝나자, 교사가 바로 질문을 한다. 피리 연주는 소란스러운 교실 분위기를 가라앉히는 효과가 있다.

다. 교사의 이야기로 진행되는 수업

9시 15분. 한 시간이 지나서야 교사는 놋그릇을 막대로 치면서 본격적인 수업을 알린다.

교　사: 다 같이 하루를 엽시다.

학생들: 오늘은 2009년 9월 9일 수요일입니다.

교　사: 어 9가 3번이나 나오는 날이네. 자, 오늘 '생일시'3)에 해당하는 사람 나오세요.

학생 두 명이 칠판 앞으로 나와 자신의 생일시를 외운다. 나머지 반 학생들도 알고 있는지 앉아서 따라 외우기도 한다.

생일시 외우기가 끝나고, 교사의 지시에 따라 모두 일어선다. 칠판위에 이미 적혀 있는 시와 내용을 발음에 주의하며 반 전체가 따라 읽는다.

칠판은 크게 세 부분으로 나뉘어 있다. 왼쪽에는 보살님이 그려져 있다. 가운데는 월명스님의 자작시 한편이 씌여 있고, 오른쪽에는 월명스님에 관한 이야기가 적혀 있는데, 여러 가지 색 분필로 적혀 있다. 나중에 교사에게 물으니 품사별로 색을 구분해 적은 것이라고 한다. 가운데 적힌 시 내용은 다음과 같다.

오늘 이렇게 산화의
노래를 부르며

3) 교사가 반 학생들 한 명 한 명에게 지어준 시라고 한다. 날마다 몇 명의 생일시를 정해놓고 반 학생들 전체가 외운다.

뿌린 꽃아 너는
곧은 마음의 명을 따라
미륵보살님을 모시어라.

오른편에 적힌 내용은 다음과 같다.

스님은 하루 종일 태양을 향해
노래를 불렀고 왕고 신하들도
…(연구자가 중략)
그래서 부처님께서(원래 칠판에 완결되지 않고 이와 같이 적혀있음)

라. 자기 것으로 소화하기

위의 내용을 몇 번 읽은 후 교사는 공책을 꺼내서 써보자고 제안한다.

9시 30분. 아이들은 저마다 공책을 꺼내 색연필로 칠판에 적힌 내용을 보고 적는다. 이제까지 활동하느라 시끌시끌했던 아이들이 조용히 적는 것에 집중하고 있다. 적고 있는 중에 한 학생이 질문을 한다.

학 생: 선생님. 그런데 내용이 끝나지 않고 중간에 쓰다 말았어요.
교 사: 내일 수업에 이어서 할꺼야.

아이들이 쓰는 동안 교사는 '또박또박 씁시다' 말하면서 돌아다니신다. 이어서 교사는 "오늘 생일시를 쓸게요. 다 쓴 사람은 생일시도 씁시다."

학생들은 "어! 승준이 시다." 하면서 계속해서 쓰기를 한다. 교사는 쓰기를 마치고, 어떤 곡을 리코더로 연주하기 시작한다.

마. 수업 마치기

10시. "자. 이제 그만하자. 피리 한 번 부는 동안 책상위를 치우자." 선생님은 칠판 위를 롤 스크린으로 내려 덮는다.

수업 마침 종이 울리고, 아이들은 손을 씻고 들어온다. 그 사이에 교사는 "짧은 이야기 하나 하고 마칠게."라고 말한다.

아씨시의 성프란체스코 성인 이야기를 하면서 아까 배운 '월명스님'처럼 자연과 동물과 이야기 할 수 있었음을 언급한다. 이야기들 들으면서 학생들은 벽에 걸린 프란체스코 벽화를 가리키며, "바로 저 사람이야"라고 말한다.

2학년 수업에서는 특별히 수업을 마칠 때 낭송하는 것이 없지만, 3학년 경우 수업을 마칠 때에 교실 가운데 빙 둘러서서 가슴에 손을 얹고 다음과 같이 마침 인사를 한다.

3학년: 오늘 하루도 최선을 다했습니다.
최선을 다했다면 배운 것이 우리 안에 남아 지혜가 되고, 사랑이 되고,
힘이 될 것입니다.

8학년의 경우 좀 더 긴, 그리고 어려운 내용의 마침 시를 낭송한다.

이것은 고귀한 진실입니다. 절망에서 희망을 바라보게 하는.
실천하라, 그 진실을.
바른 생각 깊이 스며 바른 꿈 꾸게 하고
…
지식의 힘이 모두를 위한 지혜의 힘이 되게 하는 고귀한 진실입니다.

Ⅲ. 노랑학교 수업의 특징

본 장에서는 앞에서 기술한 수업을 중심으로 노랑학교 수업의 특징을 분석하면 다음과 같다.

1. 산만해 보이는 수업, 또 다른 의미의 체계와 통일성을 찾아서

시외우기, 몸짓으로 숫자 익히기, 노래, 리코더 연주 등을 하다 보니 어느새 지루할 새도 없이 100분(8시 20분-10시)의 수업이 흘렀다. 수업에서 교사가 시도한 여러 가지 활동들의 의도가 궁금했다. 참관한 수업을 하고 있는 교사는 수업의 목적이나 도달점을 무엇이라고 볼까?

가. 하루 수업의 목표를 따로 떼어 제시하지 않는다.

연구자: 오늘(9월9일, 2학년 성인이야기) 수업을 통해 선생님은 무엇을 하고자 하셨는지요?

강혜숙 교사: 오늘 수업의 주제는 월명스님 이야기예요. 이 시기 아이들은 우화를 통해 본능적이고 본성적인 모습을 만나요. 그 상대 지점에 해당하는 것이 성인이야기예요. 아이들에게 수업목표를 설명하진 않았으나, 이야기를 통해 아이들은 '도덕', '경외심 같은 것을 느끼게 되지요. 월명스님 이야기에서는 '자연, 우주'의 한 부분인 '겸손', '사랑' 이런 주제들을 아이들이 가져가도록 했습니다. … 아이들은 두 주 동안 노래와 율동, 시, 역할극을 통해 스스로 월명스님 속으로 깊이 들어가는 체험을 하게 되요. 그렇게 지혜로운 사람이 되고자 하는 한줄기 빛이 아이들 몸 어느 구석엔가 비추다가 어느 때인가 밖으로 나오게 될 것임을 생각하며 한 수업이지요.

연구자: 오늘(3월4일, 7학년 기하학 수업) 수업을 통해 선생님은 무엇을 하고자 하셨는지요?

이은미 교사: 예, 아이들이 도구를 사용해서 정확하게 형태들을 그릴 수 있는 것이요. 결국 형태그리기 수업의 연결인데요. 기하란 결국 세상의 형태를 다루는 것이고, 세상의 형태는 우리가 1학년 때부터 배웠듯이 직선과 곡선으로 이루어졌는데 이것들이 어떻게 관계를 맺는가에 따라서 다양한 형태들이 나온다는 것. 그래서 조금 더 명료한 사고를 요구하는 이 때 맨손으로 할 때는 얼추 감으로 이뤄졌지만 도구를 사용하여 형태를 그리는 거예요.

하루 수업의 목표에 대해 강혜숙 교사는 '도덕'과 '경외심'을 갖게 하는 것이라는 매우 큰 교육 목적을 답하고 있다. 한편, 이은미 교사는 비교적 간명하게 '도구를 사용해 형태그리기'라고 답하지만, 역시 이 수업은 저학년의 형태그리기 수업의 연장선상에서 이해해야 함을 강조하고 있다. 이와 같이 노랑학교 수업은 하루 단위 수업의 목표 역시 전체 교육과의 관련성 속에서 이해되고 있고, 따라서 하루 수업의 목표 역시 전체 교육이라는 점에서 이야기되는 광범위하고 포괄적인 목적이 거론된다. 따라서 특정한 하루 수업의 목표를 따로 떼어 제시하지 않는다. 이와 같이 특정한 하루 수업목표를 제시하는 것이 힘든 점에 대해 전문가 회의에서 외부협력교사인 김준호 교사에게 질문을 하였다.

연구자: 그렇다면 특정한 하루의 수업 목표를 뽑아내기가 쉽지 않겠네요?

김준호 교사: 2-3일 리듬을 함께 이해를 하면 좋아요. 보통 모든 수업에서 2-3일 리듬을 생각하고 있어요. 먼저 아이들한테 이야기를 들려주고 제시를 해 주어요.(①들려주기) 그래서 아이들은 어떤 첨삭없이 그 이야기를 받아가요. 그래서 그 이야기를 들려주는 화법이나 이런 것도 상당히 중요하게 생각을 합니다. 그리고 하룻밤을 자요. 하룻밤을 자는 것은 중요한 의미가 있거든요. 하룻밤을 자고 다음날 와서 떠올리는 작업을 해요.(②떠올리기) 예를 들어 "어제 선생님이 월명스님 이야기를 들려주었는데, 누가 한 번 그 이야기를 떠올려볼래?" 라고 아이들한테 물어보면, 다시 한 번 떠올려 보는 거예요. 이때 첫 날 들은 이야기가 그냥 들었다고 한다면, 두 번째 떠올렸을 때는 자기의 어떤 의식이나 느낌으로 가져가요. 그리고 그것을 각자 노트에 그림으로 그려요. 그림을 그리고 나서 경우에 따라서는 이튿날에 그림도 그리고 글을 쓰기도 해요. 아니면 이튿날에 그림을 그리고 셋째 날 정리를 하게 되요. 그러니까 보통 한 주제를 2-3일 정도 계속 합니다. 세 번째 마지막 요소는 이것을 변화 내지는 발전의 형태로 추구해요.(③변화, 발전) 이야기 수업은 좀 덜 분명한데 과학실험에서는 이 단계가 아주 명확하게 나타나요.…

위 대답을 한 김준호 교사는 참관했던 수업을 한 교사는 아니다. 그러나 해당 수업(9월9일 참관한 성인 이야기 수업)에 대해 잘 알고 있다. 그 역시 2학년 과정을 가르쳤었고, 그 학생들과 함께 학년을 올라가 현재 5학년 담임이기 때문이다. 또한 교사들이 함께 교육과정계획과 수업에 대해 연수를 하고 있어서 다른 교사의 수업 내용과 흐름에 대해서도 알고 있다. 그의 이야기에 따르면, 노랑학교 수업은 한 주제가 2주 정도의 주기 동안 지속되고 그 주제 역시 짧게 2, 3일간의 리듬을 갖고 이해해야 된다.

이은주 교사 역시 노랑학교에서는 수업 구성상 하루 단위로 수업목표를 제시하지 않는다고 말한다.

이은주 교사: 예. 아이들에게 수업목표를 보여주지 않아요. 특히 저학년에서는 더 그런 것 같아요.
그러니까 수업의 구성 자체가 보셨다시피 활동을 하고 본 수업으로 들어가고 그 다음에 교사의 이야기 또는 아이들한테 들려줄 수 있는 나이 또래에 맞는 이야기. 이런 식으로 진행이 되요. 사실 교과목표라면 저희들이 학기 초에 '신학기 준비 세미나'4)에서 발표하고 공유해요.

노랑학교는 수업을 교과를 가르치는 그 자체가 목적이라기보다는 인간을 기르는 교육이라는 큰 목적을 위한 수단으로 간주한다. 따라서 단위 수업의 목표 역시 '인간의 발달'이라는 광범위하고 포괄적인 목적을 염두에 두고 있다. 이러한 수업에 대한 노랑학교의 기본 입장을 보면 다음과 같다.

제대로 된 교육은 인간 전존재의 발달이어야 합니다. 교과를 가르치는 수업은 바로 이러한 목적을 위한 수단이지 교육이라는 목적 자체는 아닙니다. 교육을 통해 우리는 지적으로뿐만 아니라 감성적으로도 발달해야 합니다. 더욱이 교육은 열정, 내적인 유연성, 영혼에 대한 양식까지 길러줄 수 있어야 합니다(노랑학교 홍보물, 2009: 12).

나. 교사들의 협력으로 만들어지는 교육과정과 수업의 체계

보통 일반학교에서는 칠판 한쪽에 수업목표가 제시되어 있고, 하루 단위 수업에서 그것을 마치는 것을 목적으로 수업이 진행된다. 그러나 노랑학교 수업에서는 명시적 목표를 제시하지 않는다. 수업 목표 제시 없이 100분 동안 그것도 다양한 활동이 함께 이루어지는 주기수업에 대한 첫인상은 산만하고 체계와 통일성이 없어 보인다. 그렇다면 노랑학교에서는 수업의 체계와 통일성은 어디서 찾는 것일까?

연구자: 단위시간에 수업목표를 제시하지 않고도 수업의 통일성이나 체계를 가질 수 있는지요?

강혜숙 교사(2학년 수업 참관 후 교사들과의 집단 면담): 학기 시작 전 '계획 연수'와 학기 마친 후 이루어지는 '평가 연수'를 통해 교사들은 해당 학년에 무엇을

4) 신학기 준비 세미나를 다른 교사는 '계획 연수'라는 용어를 사용하기도 한다.

가르칠지, 가르쳤는지에 대해 공유해요. 이와 같은 것을 통해 교사들이 큰 범주를 가지고 있으니까 교사들은 그 교과를 왜 가르치는지, 어떻게 가르치는지에 대하여 잘 알고 있다고 봐요.

강혜숙 교사에 의하면, 교사 자신이 수업 전후 '계획연수'와 '평가 연수'를 통해 교육과정의 체계와 수업의 체계를 잘 알고 있다고 보고 있다.

이은주 교사: 몇 학년에서 무엇을 해야 되고 어떻게 하는 것이 구체적으로 명료하게 정해져 있지는 않지만 개괄적인 아우트라인은 있어요. 예를 들어 1학년에서는 글자를 도입해서 아이들이 쓰는 것, 읽는 것에 대한 기본 준비를 한다든 것 등. 이런 것을 교사들이 다년간 경험을 바탕으로 해본 결과, 이런 방식이 좋은 것 같다 하는 식으로 정해요. 아래 학년들은 오히려 윗 학년들의 경험을 바탕으로 체계가 잡혀가고 있는 중이고, 윗 학년들은 아직도 많이 만들어가고 있다고 보시면 될 것 같아요. 그래서 교과목표가 없는듯하나 없는 것이 아니지요.

연구자: 교육과정을 정하는 기본 틀이 있다면, 그것은 무엇인가요?

이은미 교사: 아이들의 발달단계와 기존의 발도르프학교 교육과정 자료들이 기본 틀이라고 할 수 있어요. 그런데 노랑학교 8년을 넘어서면서 '국어'와 '역사' 교과의 경우는 외국의 것을 그대로 모방하는 수준을 극복하고 있어요. … 슈타이너의 발달단계에 따른 교육은 실제로 아이들을 가르치면서 확인 작업이 되기도 하고, 잘 맞지 않는 것을 발견하면 교사들간에 서로 나누어 시정해요. 또한 학년별 교사모임이 있어서 가르치는 아이들과 수업분위기에 대해 교사들이 공유해요.

노랑학교에는 국가에서 정해진 교육과정이 따로 없고, 수업은 교사들이 교육과정의 내용을 선정하고 조직하는 연간교육과정계획에 따라 결정된다. 이때 기본 틀이 되는 것은 아이들의 발달단계와 외국의 발도르프학교 교육과정이라고 한다. 즉 이것을 원리로 하여 노랑학교 교사들이 교육과정과 수업을 계획한다. 그리고 이것을 한 학기 시작 전의 계획연수와 학기 마친 후에 이루어지는 평가연수에서 교사들간에 공유하고 조정하는 작업을 거친다는 것이다. 결국, 노랑학교 교육과정과 수업의 체계는 교사들의 협력이라고 할 수 있다. 이 점에 대해 노랑학교 교사가 아닌 다른 지역 발도르프학교 교사는 어떻게 생각하는지 살펴보면 다음과 같다.

> 연구자: 발도르프학교에는 교육과정을 운영하는 데 있어서 국가에서 정한 기준이 없습니다. 그렇다면 발도르프학교에서 교육과정의 체계에 해당하는 것이 있는지요?
>
> 부산 지역 발도르프학교 이진우 교사: 발도르프 교육 안에 국가 교육과정에서처럼 체계가 잘 잡혀있다면, 그것은 바람직한 일이라고 생각해요. 그런데 국가교육과정도 그것이 좋은 체계라고 판단하는 것, 그것은 바로 교사라고 봐요. 발도르프학교에서의 체계라고 하는 것은 교사 자신이 스스로 만들어야 하는 것이기 때문에, 이미 누군가가 잘 만들어놓은 것을 빌려서 할 수가 있다면 굉장한 도움이지요. … 흔히 발도르프 학교에 교과서가 없는 것이 특징이라고 하는 얘기는 어떻게 보면 참 민망한 얘깁니다. 교과서가 없는 것이 아니라 모든 것이 다 교과서이지요. … 반드시 써야 된다는 명령이 포함되어 있는 것을 특징으로 한다면, 그런 뜻에서의 교과서는 없습니다. 마찬가지로 국가 교육과정의 잘 잡힌 시스템도 이것대로 해야 된다 하는 차원의 시스템이라면 별로 바람직하지 않다고 생각해요. 하지만 개개인이 전부 다 시스템을 만들어 잘 구축한다는 것은 엄청난 부담이기 때문에 누군가가 그런 것들을 잘 만들어 놓는다면 그것은 엄청난 서포트가 된다고 생각해요. … 그래서 그런 시스템이 발도르프 교육에 없다는 것은 별로 자랑할 것은 아니라고 봐요.

이진우 교사의 말대로 교육과정을 운영하는 데 있어서 체계가 있고 통일성이 있다는 것은 큰 장점이다. 그러나 정해진 체계가 강제적이라면, 그것은 오히려 교사의 수업을 방해할 수 있다는 것이다. 노랑학교에서는 교사가 연간 수업계획을 작성하고 그것에 따라 수업을 한다. 이때 교육과정을 조직하는 데 도움이 되는 것은 그동안 발도르프학교 교육의 역사 100여 년 동안 교사들이 해온 노력의 결과들이라고 한다.

또, 흔히 발도르프학교 특징으로 언급되는 '교과서가 없다'라는 말 역시 정확한 말은 아님을 알 수 있다. 다만 반드시 가르쳐야 하는 강제성을 띤 정해진 교과서가 없을 뿐이고, 무수히 많은 자료들을 텍스트 삼아 수업 계획을 세우고 내용으로 선정해 가르치고 있다는 이야기이다. 이것은 현재 국가교육과정에서도 7차 교육과정 이후 교사의 교육과정의 재구성을 권장하면서 더 풍부한 수업을 할 것을 요구하는 것과도 맥을 같이하는 것으로 보인다.

이와 같이 본다면, 노랑학교 수업의 첫인상이 산만해 보이고 체계가 없어 보이는 것은 기존의 수업에 관한 틀로 보기 때문이라고 반성해볼 수 있다. 즉, 국가 수준의 체계화된 교육과정에 따라 수업이 조직되고, 수업 역시 단위 수업의 목표가 명시적으로 제시되는 식의 수업 말이다. 그러나 노랑학교에서는 이와는 다른 의미의 체계와 통일성을 교사가 구성해간다고 볼 수 있다. 이러한 체계와 통일성은 정해진 하나의 국가수준의 교육과정이라는 통일성 대신 교사들의 주관과 창의성에 의해 창조되어 교사들간에 주관을 공유해가고 고쳐가면서 갖게 되는 다른 의미의 체계이자 통일성이라고 볼 수 있을 것이다.

그러나 한편, 아무것도 정해진 것이 없는 데서 교육과정을 선정하고 조직하며 어떻게 가르칠 것인가 까지 교사가 전적으로 책임져야 한다면, 그것은 교사에게 너무 많은 부담을 지우는 것이 된다. 즉, 교육의 질이 전적으로 교사에게 의존하는 문제점이 남는다. 이러한 점에 대해 노랑학교 교사들은 어떻게 생각하고 있을까?

노랑학교에 와서 가르치면서 실제로 초임교사가 그러한 어려움에 직면한 적은 없었는지, 그러한 어려움을 어떻게 해결하는지에 대해서 물었다. 이에 대해 노랑학교 교사는 첫째, 양성과정의 철저한 준비, 둘째, 계획연수와 평가연수, 셋째, 동료장학과 멘토 시스템을 해결책이라고 말한다.

김준호 교사: 전형적으로 얘기를 하자면 교사 양성과정을 통해서 인간에 대한 이해 그리고 발달과정에 대한 이해 그리고 교사라는 존재는 학교를 어떻게 꾸려가고 운영해 나아갈 것인가에 대한 생각들을 같이 나누게 되구요. … 예를 들어 양성 과정을 마치고 온 교사는 기본적으로 실력을 가지고 온다고 생각하고 1학년부터 자기 수업 준비를 해 나가는데 있어서 1학년 수업에 필요한 요소가 뭔지를 스스로 묻고 연구하고 탐구하고 자료를 찾아봐요. 그것에 관해서 선배교사들의 자료를 참고하면서 자기 수업을 준비하구요. 우리학교에서는 '계획연수'에서 자기가 계획한 것을 발표해요. 그러면 나머지 교사들이 같이 제안을 하게 되요…. 그 다음에 학기가 끝난 후, '평가연수'가 있어요. 그래서 방학 동안은 계획연수와 평가연수가

계속 이어져요. 평가연수를 하게 되면 한 학기 동안 내지는 일 년 동안 뭘 했는지 쭉 발표를 해요. 발표를 하다보면 '아 이 선생님이 이런 창의적인 일들을 해냈구나!' 라는 것도 있고, 또 '조금 아쉬운 부분이 있는 것 같다' 식으로 ….

이것 이외에 '동료장학'이 있어요. 우리 학교에서 교사들이 서로 수업을 돌아가면서 참관을 해줘요. 그래서 모니터링도 해주고 상의하면서 '이런 것도 좋다' 자기가 배우기도 하고 또 상대방에게 조언을 해주기도 해요. 다음으로 '멘토 시스템'이 있어요. 아직은 우리나라에 8년을 다 마쳐본 경험 있는 교사가 없기 때문에 멘토는 주로 독일이나 호주 발도르프 선생님을 오랫동안 하셨던 분이 주기적으로 방문을 하셨어요. 와서 수업을 참관해주시고 도움을 주는 형태예요.

교사들간의 연수, 동료들간의 수업 평가, 멘토 등 이상의 방법은 결국 노랑학교 교사들간의 협력을 뜻한다. 노랑학교 교사들은 이러한 방법으로 교사에게 가해지는 과중한 부담을 해결할 수 있다고 답한다. 이러한 문제 이외에도 노랑학교에서는 학교에서 일어나는 모든 문제를 교사회의를 통해 해결하고 있다. 교장이 따로 없기 때문에 교육과정과 수업에 관한 일 이외에 학교 운영에 관한 모든 일들도 교사회의를 통해 이루어진다. 따라서 교육과정과 수업에 관한 문제 역시 '교사연수'를 통해 교사들간의 토론과 협력으로 해결할 수 있다고 말한다. 이에 연구자는 바로 그 '교사연수'에 참여하여 관찰할 수 있게 해달라고 요청했다. 노랑학교 외부협력교사는 외부자의 참석 여부 역시 교사회의를 거쳐야 한다고 답했고, 교사회의 결과 노랑학교 측에서 허락하지 않아서 교육과정을 계획하고 평가하는 연수에는 결국 직접 참여관찰할 수 없었다.

그런데 노랑학교 교사들은 이와 같은 방법으로 교사가 직면한 부담감을 해결할 수 있다고 말하지만, 현실적으로 교사준비에는 많은 어려움이 있는 것으로 보인다. 따라서 교사준비와 관련된 문제가 발도르프학교 교사들간의 연대 모임에서도 주요하게 토의되었다.

다음은 발도르프학교들간의 연대를 위해 모인 좌담회에서 연수 시스템을 만들고, 신참 교사들을 위한 매뉴얼 제작을 제안하는 교사의 이야기이다(슈타이너교육예술연구소, 2009: 9).

교사 연수를 받았는데도 실제 수업을 어떻게 준비하고 실행해야 할지 막막할 때가 많아요. 경험이 부족한 교사들을 실질적으로 지원해줄 수 있는 연수나 시스템이 필요해요. 발도르프학교들끼리 학년 간 또 학과간 연구 모임을 통해 신참 교사들이 꼭 알아야 할 점들에 대한 매뉴얼을 개발할 수 있었으면 좋겠어요.

이상에서 노랑학교 교육과정과 수업의 체계는 전적으로 교사들의 협력에 의해 이루어진다는 것을 보았다. 이를 통해 또 다른 의미의 체계와 통일성을 구성해 갈 수 있는 점이 노랑학교 수업의 특징이라고 할 수 있다. 그런데 바로 이 점이 노랑학교가 해결해야 할 당면 과제를 말하기도 한다. 실제로 노랑학교를 포함한 여러 한국의 발도르프학교 교사들은 교육과정계획과 수업에 대한 부담을 교사가 어떻게 해결해 가느냐 하는 점을 문제로 인식하고 있다. 따라서 발도르프학교들간의 연대 모임에서 공동의 연수 개발이나 교사를 지원할 수 있는 시스템에 대한 요구가 나오는 것이다.

2. 교육과정계획의 원리- 인간 발달에 대한 이해

이상에서 노랑학교 수업은 하루 단위 수업으로 나누기 힘들고, 전체 교육과정계획 속에서 이해되어야 하는 점을 강조하고 있다. 참여관찰한 7학년 담임 교사에게 연간 교육과정계획에 관해 물었다.

연구자: 그렇다면 올 1년 동안 7학년 수업의 전체 계획(연간 교육과정 계획)을 말씀해 주실 수 있는지요?

이은미 교사: 예, 슈타이너는 7학년 시기를 아스트랄(astral)체[5]가 탄생하는 시기라고 얘기를 하잖아요. 이제 아이들은 자신만의 감정을 경험하게 되면서 그걸 막 표현하죠. 그래서 그걸 굉장히 혼란스러워하기도 하고 권위에 도전하고자 자기 목소리를 막 높이기도 하고…. 그러면서도 아이들한테 필요한 것이 그 맥락에서 수업도 어떤 자신한테 익숙했던 바운더리를 넘어서서 미지에 대한 탐험, 발견, 동경 등이라고 봐요. 그래서 그런 것들을

5) 슈타이너에 의하면 인간은 신체(물질체)만이 아니라, 에테르체, 아스트랄체, 자아라는 네 가지 구성체를 갖는다. 이 구성체들은 각각 출생 때, 7세, 14세, 21세 즈음 막을 빠져나와 인간을 새롭게 탄생시킨다. 아스트랄체는 14세 즈음 탄생하는 구성체로서 인간의 충동, 본능, 욕망 등 넓은 의미의 감정을 일으킨다 (정윤경, 2004: 86-90 참조).

주제로 어떤 사람들이 겪는 여러 가지 고비나 위험들을 어떻게 극복하는지, 그러면서 자기의 상태 또한 어떠해야 하는지에 관한 상을 갖는 것 같아요. 제가 이해하기에 7학년 아이들의 발달 특징을 그와 같다고 보면, 이 특징이 모든 과목에 나름대로 유기적으로 연관을 가지고 투영이 되서 수업이 이루어져요. 그래서 7학년때 수업은 기하, 국어, 수학, 역사, 지리, 건강, 영양학, 화학, 천문학, 물리학 아홉 개에요. … 추상적인 사고를 시작할 수 있는 이 시기에 특히 제가 '기하'를 먼저 시작한 이유는 사실은 4학년 때까지는 형태그리기를 계속하고, 5학년 때부터는 기하를 염두에 두고 도구없이 맨 손으로 기하를 하거든요.

연구자: 맨손으로 기하학이요?

이은미 교사: 그러니까 기하학적인 어떤 규칙을 가진 형태들을 도구없이 그려보는 거예요.

연구자: 과목명이 기하인가요, 형태그리기인가요?

이은미 교사: '형태 그리기'죠. '맨손 기하'라고도 해요. 그리고 6학년 때 비로소 도구가 도입이 되는데 제가 지난 6학년 때 주수가 잘 안 맞아서 못했어요. 그래서 7학년 기하하고 연결 지으면서 두 학년의 것을 소화하려고 지금 학기 초에 잡았어요. 도구가 들어가는 것을.

연구자: 6학년 때 기하학을 안했다면 2학기 때만 안 한 것인가요?

이은미 교사: 기하가 보통 1년 동안 3주 내지 4주 동안 한 번 하는 것이에요. 6학년 때 3주정도 해야 되는 데 못해서 제가 7학년 내용과 연결 지으려고 7학년 처음에 시작했어요.

연간교육과정계획에 관해 묻자 교사는 제일 먼저 해당 학년 아이들의 발달 단계부터 설명하기 시작한다. 이러한 대답은 노랑학교 연간교육과정계획이 해당 학년 학생들의 발달 단계에 관한 이해에 바탕을 두고 있음을 말해준다. 즉, 노랑학교 교육과정은 교사들의 협력으로 만들어지지만, 교육과정의 기본 원리는 인간 발달에 대한 이해이다.

연구자: 교육과정을 정하는 기본 틀이 있을텐데 그것은 무엇인가요?

이은미 교사: 아이들의 발달단계와 기존의 발도르프학교 교육과정 자료들이 기본 틀이라고 할 수 있어요.…

이때 인간의 발달 단계에 대한 이해는 바로 발도르프학교를 처음 세운 슈타이너의 인간학에 기초한 것이다. 교사는 자연스럽게 슈타이너의 인간 이해 방식인 아스트랄체의 탄생을 7학년 즈음 아이들의 특징으로 설명한다.

정해진 교육과정이 없고, 정해진 교과서도 없기 때문에 전적으로 교육과정과 수업의 체계는 교사에게 달려있다고 할 수 있다. 그러나 이것은 교사가 자의적으로 교육과정을 선정하고 조직한다는 의미는 아니다. 분명히 교육과정계획을 세울 때 기본 원칙이자 원리가 있다. 그것은 인간에 대한 이해, 좀 더 정확하게 말하면 인간 발달에 대한 이해라고 한다. 따라서 교사들은 이와 같은 인간의 발달 단계에 대한 이해를 중요하게 생각한다.

공립학교 교사 경력을 지닌 정지숙 교사는 다음과 같이 교사에게 인간의 발달에 대한 이해가 중요함을 강조한다.

정지숙 교사: … 그러니까 의사보다도 훨씬 더 사실은 아이들을 직접 많이 만나고 자기 고민이 있고 아이들의 발달단계에 대해서 정말 정확하게 마음으로 느끼고 돌아볼 수 있은 다음에야 교사를 잘 할 수 있는건대, 교대를 졸업하고 와서 공립학교에 있으면서 너무나 많은 것들을 내가 새로 배워야 한다는 사실이 놀라웠어요.

요컨대, 노랑학교에서는 수업을 인간의 교육을 위해 교과를 가르치는 수단으로 간주하며, 따라서 수업은 인간의 발달에 대한 이해에 기초한다.

이러한 점을 잘 보여주듯이, 슈타이너가 1919년 최초의 발도르프학교를 세우고 교사교육을 한 교사교육 내용 역시 다름 아닌 인간에 대한 이해를 위한 인간학이었다. 최초 교사교육을 위한 강연 내용이 슈타이너의 저작 Study of Man이고, 그것이 우리말로 『교육의 기초로서의 일반인간학』으로 번역되어 있다(정윤경, 2004: 156참조).

3. 평가 – '노랑학교에는 시험이 없다?!.'

교육에서 평가는 중요한 비중을 차지한다. 교육평가란 교육과정 및 수업에 의해 교육목표가 어느 정도 도달되었는가를 밝히는 과정으로 없어서는 안 되는 필수적인 과정이다. 문제는 오늘날 교육에서 협의의 평가 개념에 해당하는 시험이 교육의 목적과 내용 전반을 뒤흔든다는 점이다. 특히 전국 단위 학력평가 실시 이후, 학교교육의 모습은 교육청 단위에서 벌어지는 일제고사 대비 시·군 단위 학력평가, 학교 단위 학력평가, 학급 단위 학력평가 등 평가를 하기 위해 교육을 하는 것인지 교육에 필요해서 평가를 하는 것인지 혼란스럽다. 말 그대로 꼬리가 몸통을 흔드는 형국이다.

흔히 알려지기로 '발도르프학교에는 시험이 없다'. 노랑학교에서는 평가를 어떻게 하고 있는지 궁금하다.

김준호 교사: 일단은 가장 간단한 방식으로는 과목별로 그 나름대로 정한 교사의 목표에 따라서 다양한 방식의 인지라든지 또는 그것에 대한 소화했는지의 여부를 어떤 방식으로든 하지요. 저희는 그것을 포괄적으로 '평가'라고 해요. 경우에 따라서는 형태도 같은 쪽지시험이나 그런 것을 봐요.

연구자: 그런 시험을 보기도 하나 보죠?

김준호 교사: 예. 그런데 아직 저학년 경우에는 힘들구요. 보통 3, 4학년 이후부터는 쓰기를 하니까 단어 시험이라든지 이런 것들은 쪽지시험 형태로 하고 있구요. … 평가를 통해서 평가 결과와 과정을 어떻게 우리가 생각하고 다루느냐 하는 것이 관건인 것 같아요. 그래서 잘 알려진 것과 같이 평가한 결과를 알려주는 성적표의 형태는 그 아이들의 총체적인 활동에 대한 감상부터 시작해서 아이들이 어느 정도 성취했는지 또 그 성취를 통해서 아이들이 어떠한 긍지와 자부심을 얻게 됐는지 이런 것들에 주로 목표를 맞춰서 아이들과 부모님들에게 알려주는 식이예요. 그리고 성적시나 생일시의 형태로 아이들에 적합한 시를 만들어줘요. 그러면 1년 정도 동안 아이들이 아침마다 자기 순서가 되면 자기 시를 읽기도 해요. 그것 말고도 내부적으로 과목별로 테스트가 있어요. 그것은 결과물이 아이들한테 보여지는 것이 아니라, 학생들과 교사의 수업의 과정 속에서 완급을 조절한다든지 아니면 그것에 대한 방식을 조금 컨트롤한다든지 하는 방식으로 사용되어 아이들이 배운 것을 소화할 수 있도록 돕는 역할을 하고 있어요.

이은주 교사: 다양한 방식이 있는 것 같애요. 3학년, 2학년 때까지는 거의 교사의 판서, 칠판 글씨를 따라 쓰거든요. 그런데 3학년 2학기 정도 되면 자기 글쓰기를 서서히 아이들한테 해보게 유도하기도 하고, 교사와 아이들과 일기장을 교환해요. 받침글자가 틀리지만 그냥 아이들이 내적으로 자기 생각을 표현할 수 있는 일을 계속 만들어 주는 것 같애요. 이것을 통해서 알게 모르게 살짝 살짝 글씨를 고쳐주기도 하고 그런 작업들을 통해서 아이들한테 글씨를 익혀줘요. 수학문제 같은 경우에도 '시험'이다 해서 하는 것이 아니라, 쪽지를 내어주고 '오늘은 여기에다 문제를 풀어봐라'. 아이들이 푼 것을 보고 교사들은 '얘들이 어디까지 와 있구나'하는 식으로 가늠을 하죠. 이런 식으로 속도를 조절하기도 하고, 도움이 필요한 아이들을 파악하기도 하고…

이렇게 보면 노랑학교에는 오늘날 학교에서 말하는 방식의 시험은 없다. 그러나 다양한 방식의 평가는 이루어지고 있었다. 학생들에 대한 평가를 종합한 것으로 성적표 대신 '노랑학교 학교생활보고서'라는 이름의 문서가 있다. 이것은 말 그대로 한 학생의 1년 동안의 생활을 보고하는 문서이다. 교사가 가르친 교과별로 교과에 대한 간단한 설명을 하고 그 밑에 해당 학생이 그 교과에서 보인 성취 내용을 글 또는 시의 형태로 적고 있다. 다른 사람과 비교할 수 있는 형태의 시험[6]이 없기 때문에 시험 성적을 수치화해서 나타내는 것 자체가 불가능하다. 그 예를 보면 [그림 1-1]과 같다.

---

6) 노랑학교에 시험 자체가 없다고는 할 수 없다. 교사들은 학생들이 배운 내용을 아는지 확인하기 위해 받아쓰기, 수학에서의 쪽지시험 등을 활용한다고 한다. 교사들은 '평가결과'를 어떻게 생각하느냐가 중요하다고 말한다. 점수를 알려주는 방식이 아니라, 아이들의 총체적 활동과 성취에 대한 것을 알려주는 것이 중요하다는 것이다.

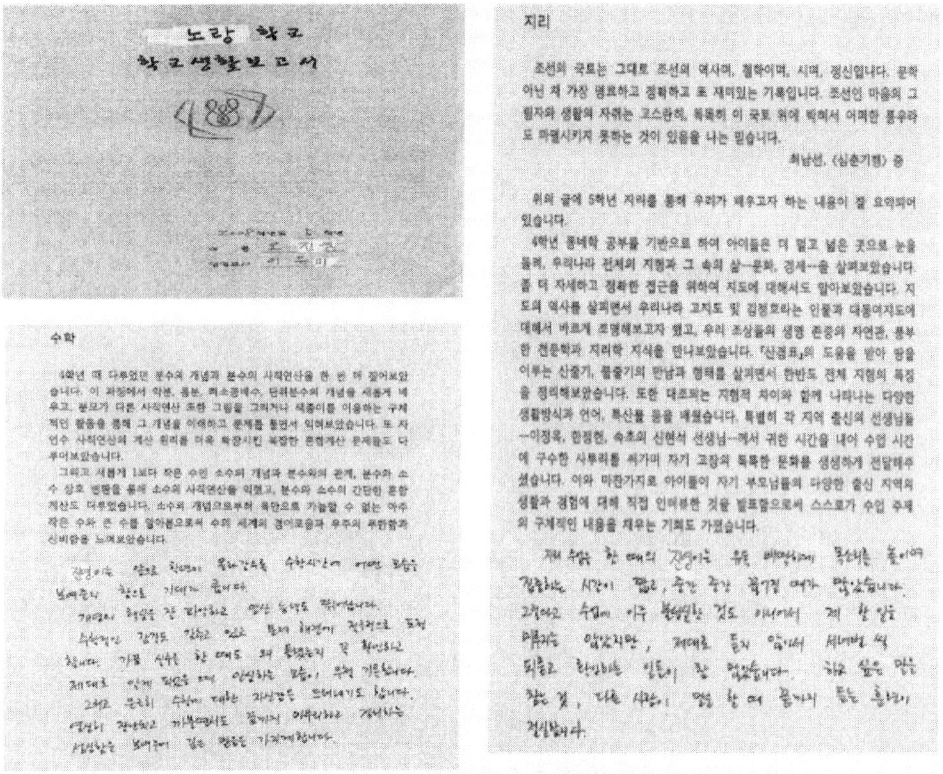

노랑 학교
학교생활보고서

수학

4학년 때 다루었던 분수의 개념과 분수의 사칙연산을 한 번 더 짚어보았습니다. 이 과정에서 약분, 통분, 최소공배수, 단위분수의 개념을 새롭게 배우고, 분모가 다른 사칙연산 조한 그림을 그리거나 색종이를 이용하는 구체적인 활동을 통해 그 개념을 이해하고 문제를 풀면서 익혀보았습니다. 또 자연수 사칙연산의 계산 원리를 더욱 확장시킨 복잡한 혼합계산 문제들도 다루어보았습니다.

그리고 새롭게 1보다 작은 수인 소수의 개념과 분수와의 관계, 분수와 소수 상호 변환을 통해 소수의 사칙연산을 익혔고, 분수와 소수의 간단한 혼합계산도 다루었습니다. 소수의 개념으로부터 육안으로 가늠할 수 없는 아주 작은 수와 큰 수를 알아봄으로써 수의 세계의 경이로움과 우주의 무한함과 신비함을 느껴보았습니다.

지리

조선의 국토는 그대로 조선의 역사며, 철학이며, 시며, 정신입니다. 문학 아닌 채 가장 명료하고 정확하고 또 재미있는 기록입니다. 조선인 마음의 그림자와 생활의 자취는 고스란히 똑똑히 이 국토 위에 박혀서 어떠한 풍우라도 마멸시키지 못하는 것이 있음을 나는 믿습니다.

최남선, 〈심춘기행〉 중

위의 글에 5학년 지리를 통해 우리가 배우고자 하는 내용이 잘 요약되어 있습니다.

4학년 풍물학 공부를 기반으로 하여 아이들은 더 멀고 넓은 곳으로 눈을 돌려, 우리나라 전체의 지형과 그 속의 삶—문화, 경제—을 살펴보았습니다. 좀 더 자세하고 정확한 접근을 위하여 지도에 대해서도 알아보았습니다. 지도의 역사를 살피면서 우리나라 고지도 및 김정호라는 인물과 대동여지도에 대해서 바르게 조명해보고자 했고, 우리 조상들의 생명 존중의 자연관, 풍부한 천문학과 지리학 지식을 만나보았습니다. 『산경표』의 도움을 받아 땅을 이루는 산줄기, 물줄기의 만남과 형태를 살피면서 한반도 전체 지형의 특징을 정리해보았습니다. 또한 대조되는 지형적 차이와 함께 나타나는 다양한 생활방식과 언어, 특산물 등을 배웠습니다. 특별히 각 지역 출신의 선생님들—이정옥, 한정현, 속초의 신현석 선생님—께서 귀한 시간을 내어 수업 시간에 구수한 사투리를 써가며 자기 고장의 독특한 문화를 생생하게 전달해주셨습니다. 이와 마찬가지로 아이들이 자기 부모님들의 다양한 출신 지역의 생활과 경험에 대해 직접 인터뷰한 것을 발표함으로써 스스로가 수업 주제의 구체적인 내용을 채우는 기회도 가졌습니다.

〔그림 1-1〕노랑학교 학교생활보고서

Ⅳ. 노랑학교 교육의 의미

1. '지혜'가 되고 '사랑'이 되고 '힘'이 되는 교육

보통 한국에서 교육이나 공부는 지식을 배우고, 그 과정에서 남과 경쟁하며, 최종적으로는 좋은 직업을 위한 수단으로 간주되는 풍토이다. 이런 교육문화가 일반화된 것에 비해 노랑학교에서는 교육의 의미를 어떻게 보고 있을까?

가. 지식이 아니라 '지혜'를

"오늘 하루도 최선을 다했습니다. 최선을 다했다면 배운 것이 우리 안에 남아 지혜가 되고, 사랑이 되고, 힘이 될 것입니다."

노랑학교 3학년 하루 수업을 마치면서 교사와 학생들이 원으로 둘러서서 외우던 내용이다. 보통 "차렷. 경례."로 하루 일과를 마치는 것과는 달랐다. 더욱이 배운 것이 '지혜'가 되고 '사랑'이 되고 '힘'이 된다는 것을 말하고 있다.

노랑학교 수업에서 눈에 띄는 특징의 하나는 오전 수업이 주요 과목들을 3주에서 4주에 걸쳐 매일 아침 100분간 주기수업을 하는 것이다. 이러한 수업 방식에 대해 학교자료에서는 다음과 같이 설명한다. 즉, 사람의 배움의 과정에 대한 이해가 다르기에 수업의 배치에 대해서도 차이를 낸다고 말한다.

> … 지식은 암기이고 기억이며, 많은 지식을 축적해 가는 것이 배움의 과정이라면, 이 기억된 지식들이 망각 속으로 사라지지 않게 하는 것이 학교 학습의 주요 원리가 됩니다. … 반면, 지식이 단순히 지적인 산물이 아니라, 우리가 겪은 경험의 총화이고 정수라면 지적인 암기로 배워지는 것이 아니라, 지적인 인식에서 출발하여 사람의 고유한 생각 속에 흡수되고, 그러한 생각들이 행동으로 표현될 때 지혜로서 그 사람 자신의 것으로 통합된다고 하는 대답 속에서 세워진 수업 배치가 발도르프학교의 수업 시간표가 됩니다(노랑학교 팜플렛).

여기에 나타난 바에 의하면, 지적 인식에서 출발하여 사람의 생각 속에 흡수되고, 그것이 행동으로 표현되는 것을 지혜라고 본다. 그리고 노랑학교 교육은 단순히 지적 인식에 국한하는 지식보다는 통합적 지혜가 되는 교육을 추구한다.

나. 영혼 안에 '사랑'과 '힘'을 일깨우는 교육

노랑학교에서는 하루 수업 시작 전의 교사모임이나 수업 시작할 때 시를 외운다. 이 시 내용을 보면 영혼 안에 사랑과 힘을 일깨운다는 점을 강조한다.

빛,
높은 우주 안에서, 영혼으로 힘차게
흐르려 하는 그 빛 안에서,
우주 사고의 확신으로 드러나소서.
영혼의 수수께끼를 풀어내면서
그 광채의 힘을 모아
인간의 심장에 사랑을 일깨우면서.

이것은 수업 시작 전 아침 교사모임에서 하루를 시작하며 낭송하던 슈타이너의 시이다. 다음은 수업 시작 전 교사와 학생들이 함께 외우던 시 내용의 일부이다.

해에서 나오는 사랑의 빛이
나에게 하루를 밝혀줍니다.
내 혼에 들어있는 영의 힘이
온몸에 힘을 줍니다.
빛나는 해의 광채 속에서 …

위의 두 시 내용은 모두 인간 안의 보이지 않는 힘과 사랑을 일깨우는 내용을 담고 있다. 그 힘은 우주와 연관된 것으로 학습자와 교사의 영혼의 힘과 관련되어 있는 것이다. 이러한 내용의 시를 외울 때 함께 이루어진 것은 마치 의식을 치르듯이 촛불을 켜고 시를 외운 것이었다. '왜 시를 낭송하고, 촛불을 켜고 하는 것일까?' 그 의도에 대해 노랑학교 교사의 이야기를 들어보자.

이은미 교사: 수업은 늘 관성적으로 치르는 일을 넘어선 '의식'같은 의미가 있어요. 아이들이 외우는 '아침의 시'에 담겨있는 내용처럼 아이들이 제대로 되어가는 사람으로 성장하기 위해 세상의 비의(祕意)를 하나씩 배우고,

그 배움을 통해서 잘 살아갈 수 있도록, 즉 배우는 사람으로서의 태도와 보이지 않는 큰 힘들이 함께 하기를 기도하는 행위라고 볼 수 있어요.

노랑학교에서는 인간 안에 내재한 보이지 않는 부분에 대한 교육을 중요하게 생각하고 있다. 의식을 치르듯이 수업을 시작하고, 시를 외우는 것은 기도와도 같은 것이라고 노랑학교 교사는 설명한다. 이것은 모두 슈타이너가 인간의 영혼-정신적 영역의 교육의 중요성을 역설한 것이 구체화된 것으로 보인다.

노랑학교 교사 중 공립학교 교사교육기관인 교육대학을 졸업한 경력을 지닌 교사는 그 보이지 않는 힘을 '정신성'이라고 표현하기도 한다.

연구자: 노랑학교는 발도르프교육철학을 지향한다고 하는데, 다른 학교에 비해 노랑학교 교육의 고유성은 무엇이라고 생각하세요?

김기태 교사: 예, 먼저 드는 생각은 시스템 즉, 국가주의, 자본주의, 더 나아가서 군사주의에 포획되지 않았다는 것이구요. 지금 소위 공교육이라고 하는 것은 제도화되면서 진정성을 찾기 힘들지 않나 하는 생각이 들어요. 현장에 나가는 젊은 선생님들이 많이 좌절하는 부분도 '이것은 아이들을 위한 교육이 아니라, 체제 자체를 위한 것이구나' 라는 생각을 많이 하게 될 텐데요. 반면, 발도르프 교육이 갖는 의미는 저한테는 교육 본질에 대해서 추구할 수 있고, 고민할 수 있으며, 아이들 본연에 대해서도 더 깊이 이해하고 노력할 수 있는 점인 것 같아요. 일반학교도 똑같이 교육에 대해서 고민하고 아이들에 대해서 알아나가는 과정이어야 할 텐데 공교육에서 저는 많이 힘들었어요.… 여기 노랑학교에서 제가 느낀 것은 '그런 토대가 되어있구나' 하는 점이예요. 바로 '정신성'뿐만 아니라 팀웍도….

2. 자유를 향한 교육

노랑학교 교사들과 집단 면담을 통해 노랑학교가 추구하는 것에 대해 물었다. 가장 먼저 말을 한 교사가 '자유', '자유인이 되는 것'이라고 답을 한다.

강혜숙 교사: 좀 추상적일 수 있는데 제 개인적으로는 노랑학교 교육의 목적은 자유인이 되는 거에요.

연구자: 자유인이요?

강혜숙 교사: 그걸 설명하기에는 제가 이제 여물지를 않았기 때문에 어떻게 지금 이 자리에서 알기 쉽게 설명 드리기는 좀 어려운데요. 예를 들어 도에 대한 책을 봐도 그렇잖아요. 진정한 교사는 아무것도 하지 않는 교사. 그리고 훌륭한 교사는 존경받는 교사 뭐 이런 식으로… 사실은 이제 자유인이라는게 내가 의도적으로 뭘 하지 않아도 내가 그냥 존재하고 내가 의도적으로 뭘 하지 않아도 아이들이 잘 자라서 자기 길을 찾아갈 수 있게 하는 것. 그러한 것들을 제가 아이들과 만나면서 조금씩 배워가는 걸 보면서 제 최종적인 목표가 진정한 자유인이 되는 것이라고 봐요.

강혜숙 교사의 이야기를 듣던 다른 교사도 동의하면서 다음과 같이 자유의 의미를 구체화한다.

이은주 교사: 저희들이 지금 만나는 아이들은 분명히 교사와 아이들간에 서로가 해결해 줘야될 과제들이 있다고 믿고 있어요. 그래서 바라건대, 이 교육을 통해서 교사도 성장하고 아이들도 성장하고 그리고 이제 정말로 애들이 자신들이 가지고 온 것을 꽃 피울 수 있게 도와주고 싶고 안내해주고 싶은 욕심이 있는데…. 때로는 조금 전에 얘기 하셨지만 아무것도 안하는 교사가 진짜 훌륭한 교산데 너무 많이 하는 것은 아닐까 이런 우려를 하기도 해요.

이 교사 역시 노랑학교 교육의 목적을 '자유'라고 하는 데 동의하면서, 교사도 성장하고 학생도 성장해가는 것이라고 설명을 덧붙인다. 그러나 역시 자유의 의미는 분명하지 않다. 노랑학교가 공식적으로 지향하는 교육철학은 발도르프학교 교육철학이다. 1919년 설립된 최초의 발도르프학교의 공식 명칭은 '자유 발도르프학교'이다. 따라서 노랑학교 교사들은 '자유'를 노랑학교 교육의 최종적 목적으로 답하는 데 주저하지 않는다. 하지만 교사들 각자는 다양한 의미의 자유를 말하고 있다.

이에 이번에는 다른 지역 발도르프학교 교사에게 발도르프 교육철학을 지향하는 학교 교육의 목적에 대해 질문을 해보았다. 그런데 그 교사 역시 가장 먼저 자신이 재직

하는 학교 교육의 목적을 '자유'라고 말한다. 그런데 이들 교사는 보다 구체적인 내용으로 자유를 설명한다.

부산지역 발도르프학교 한수진 교사: 슈타이너가 '교육의 목적이 뭔가?' '우리가 왜 아이들을 가르치는가?' 묻고 이에 슈타이너가 '잘 숨쉬고 잘 자게하는 것'이라고 이야기해요. 참 중요한 일인 것 같아요. 우리가 어른이 되어서도 마음이 안 좋으면 숨이 잘 안쉬어지고 마음이 너무 좋아도 잠도 잘 안오고 그러잖아요. 그런데 숨쉬고 자는 것에서부터 모든 것이 내 의지도 내 감정도 내 건강도 내 에테르체도 모든 것이 영향을 받는다고 생각이 들어요. 그러니까 학교 안에서의 모든 생활과 수업 활동(교사가 하는 이야기를 듣고 또 자기가 말하고 하는 하나의 생활자체가)의 목적은 잘 호흡하고 잘 자는 것 같아요. … 그게 사는 지혜인 것 같고, 그런 것이 실현되는 생활을 함으로써 굉장히 자유로운 사람이 될 수 있겠다는 생각이 들어요.

이 대답을 듣고 있던 같은 학교 이진우 교사는 다음과 같이 자유의 의미를 보충한다.

부산지역 이진우 교사: 보충하자면, 이런 여러 가지 지식이나 경험, 그리고 감성적인 풍요로움과 이런 것들을 통해 결국에는 자신이 지구상에 가지고 온 과업을 성취하는 것이지요. 극복하고 발전해야 할 자기 존재에의 과업. … 더 구체적으로 보면, 의지와 감성과 지식. 이것들을 최대한 튼튼하고 풍요롭고 명료하게 해서 보통 사람들이 말하는 '성공' 뿐만 아니라, 이 땅에 내려온 과업을 튼튼하고 생명력있게 해 나갈 수 있는 사람으로 되는 것. … 그 중 하나가 한선생님이 말한 '잘 자고 잘 호흡하는' 것이죠.… 예를 들어 대학입시나 회사에 응시를 하는 것들은 자기가 모든 인간을 만나고 잘 먹고 살고 이 세상을 영위해 나가는 데에 필요한 기쁨이고, 도전이기 때문에 그런 것을 잘하기 위한 것들도 자기 과업에 얼마든지 포함되는데, 오늘날 교육은 거기에만(대학입시, 취직: 연구자가 첨가) 매달리고 있다고 생각해요.

노랑학교가 자유, 자유인을 추구하는 교육을 한다고 할 때, 그 의미는 세분해서 보면, 먼저 교사와 학생 모두 함께 성장해 간다는 점을 전제한다. 또, 자유는 잘 자고 잘 숨쉬는, 즉 건강한 신체와 에테르체를 갖는 것에서부터 나아가 지구상에 가져온 자기과업을 성취하는 것까지 포함하고 있음을 알 수 있다. 그런데 이진우 교사는 오늘날 우리 교육이 자기 과업을 성취하는 것을 대학진학과 취직에만 국한시키는 풍조라고 비판한다.

3. 자기 과업을 찾아 이루어가는 과정

자유에 관한 의미를 구체화하는 중에 교사들을 지구상에 가져온 각자의 자기 과업을 찾아 이루어 가도록 도와주는 것이 교육이라고 설명한다. 노랑학교 학부모와의 면담에서 학부모들 역시 교육이 궁극적으로 아이들로 하여금 '자기과업을 찾아가는 것'이라는 점을 강조한다.

이은주 교사: 아이들은 분명히 자신들의 몫을 가지고 와요, 교사도 자기 나름의 어떤 태스크를 가지고 오는데 저희들이 지금 만나는 아이들은 분명히 교사와 아이들간에 서로가 해결해 줘야 될 과제들이 있다고 믿고 있어요. 그래서 바라건대, 이 교육을 통해서 교사도 성장하고 아이들도 성장하고 그리고 이제 정말로 애들이 자신들이 가지고 온 것을 꽃 피울 수 있게 도와주고 싶고 안내해주고 싶은 욕심이 있는데 …

이은미 교사: … 12년 과정을 통해서 아이들한테 바라고자 하는 것은 자신이 좋아하는 것을 찾아서 자기가 정말 삶의 주인이 되어서 펼쳐 보일 수 있는 그런 힘들을 애들한테 주려고 하는 거잖아요? 그렇다면, 아이들이 만날 세상에 대해서는 열려있어야 한다고 생각해요.

노랑학교 학부모들 역시 교육에서 아이들이 각자 자기 고유의 몫을 찾아가는 것을 중요하게 생각하고 있었다.

연구자: 아이 교육에서 중요하게 생각하는 것은 무엇입니까?

5학년(남) 엄마(노랑학교 입학위원): 학교라는 사회에서 잘 배우고 살아가는 것, 배움을 즐겁게 해나가는 것, 자기 인생을 바라보며, 구성원과 함께 긍정적으로 자라나는 것이라고 봐요.

6학년(남), 7학년(남) 엄마(노랑학교가 아닌 다른 발도르프학교 교사): 자기 자신이 할 일이 무엇인지 깨달아가는 것이요.

독일어 'Erziehung'은 문자 그대로 풀어쓰면 '완성을 위해서 특정한 성격을 끌어내다'가 된다. 그렇다면 과연 무엇의 성격을 끌어내는 것인가? 바로 인간이 지니는 그의 고유한 성격이다. 죽음과 새로운 출생 사이에 긴 시간 동안 정신세계에서 발달해 왔던 인간의 정신-영혼이 물질 세계의 신체-에테르체를 통해서 그 자신에 걸맞게 이끌어 내어지도록 협력하는 일이 바로 교육이다(최혜경, 2009: 17).

이러한 슈타이너의 인간 이해에 기초한 인간의 교육에 관한 관점이 노랑학교 교사와 학부모들에게는 공유되고 있었다. 따라서 외부에서 미리 정해 놓은 목표를 도달하기 위한 교육이 아니라, 태어나면서 가져온, 아직 아무도 잘 알지 못하는 그 무엇, '힘'이라고 할 수도 있고, '자기 고유의 과업'이라고 할 수도 있는 것을 찾아 그것을 이루어가게 도와주는 것이 교육이라고 본다. 이런 교육관이 가장 잘 보이는 것이 노랑학교의 성적표에 해당하는 것과 8학년 프로젝트 수업이다.

8학년 프로젝트 수업은 8학년이 기본 과정 졸업을 준비하면서 실시하는 개인 프로젝트이다. 각자 자신의 관심 분야에서 주제를 선택해서 1년 동안 주제에 관해 집중 연구를 한다. 아이들은 멘토를 정해 연구에 도움을 받는다(노랑학교 홍보물, 2009: 24). 멘토는 학생이 선택한 주제에 따라 노랑학교 교사들이 맡는다. 결국 학생들이 졸업을 하면서 작품을 만드는 것이다. 그 결과물은 졸업 전에 발표회를 통해 전교생 앞에서 발표하고, 결과물은 책으로 엮어 마침식에 나누어 갖는다. 2009년 8학년을 마치는 학생들의 프로젝트는 해당 학년 학생 14명이 참여했다. 그 내용이나 결과물은 각각 다른 내용, 다른 방식이다.[7] 이와 같이 수업의 과제 역시 개별적으로 선택한 주제를 공부해가는 것이었다. 이러한 프로젝트 수업은 노랑학교 학생들도 교육이란 각자가 자기의 관심에 따라 선택한 주제를 공부해가는 과정이라고 이해하고 있는 점을 잘 보여준다. 그 결과물 중 두 학생의 것의 차례와 내용의 일부를 보면 [그림 1-2]와 같다.

7) 5학년 소식지에 5학년생들이 8학년 프로젝트 수업에 대해 기사를 쓴 내용에 따르면, 2009년 8학년 프로젝트 주제들은 ① 한옥 ② 자연물로 천연염색 ③ 옛이야기 '반쪽이' 대본 쓰고 중국어로 번역 ④ 풍경 사진 찍기 ⑤ 탑과 탑의 구조 조사 등 광범위한 주제들이 다양하다(2009년 5학년 소식지. "오! 자유"에서 발췌).

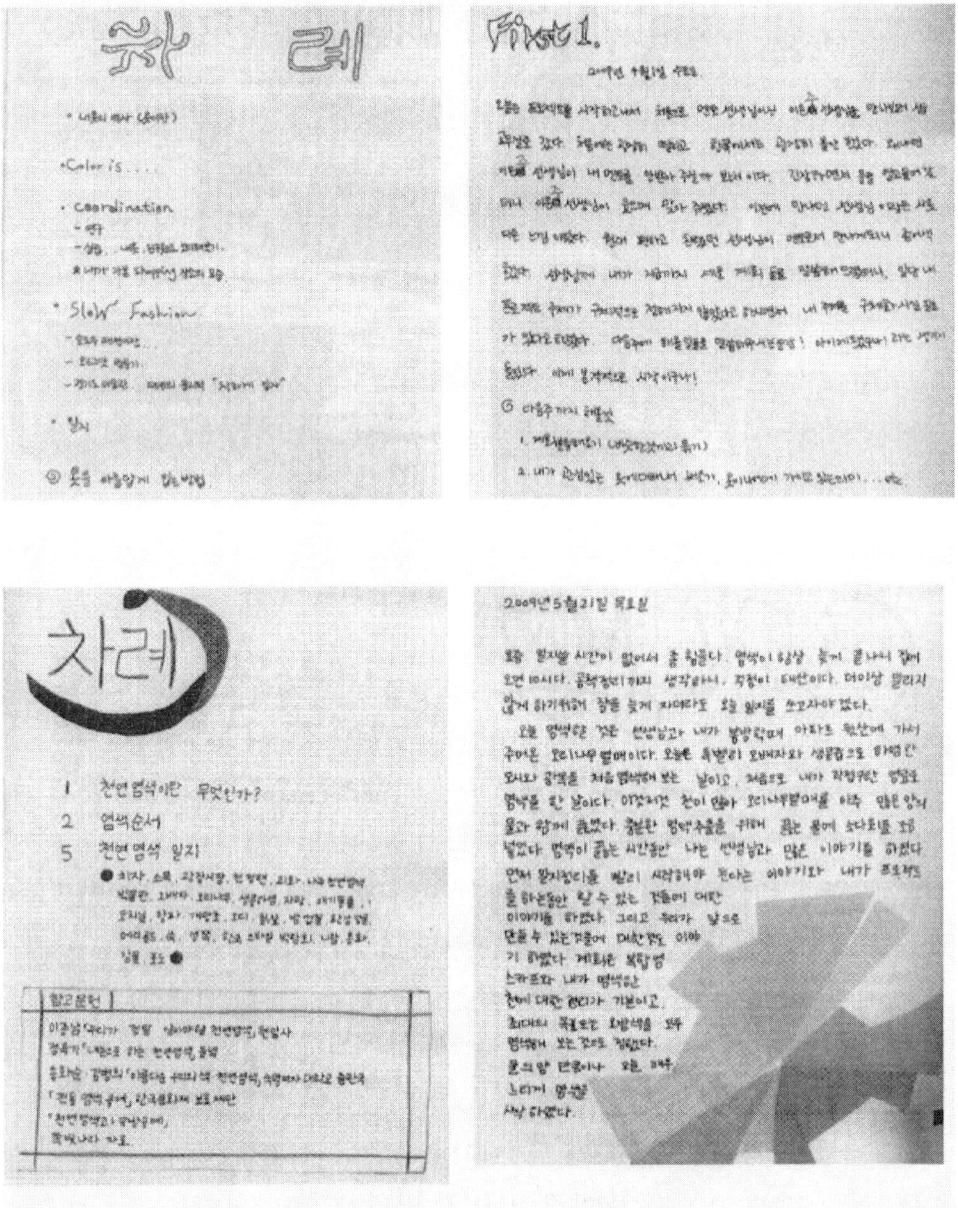

〔그림 1-2〕 8학년 프로젝트 결과물

이러한 졸업 작품은 모두 다른 사람과의 비교 자체가 불가능하다. 노랑학교에서는 교육을 자기 고유의 과업을 찾아 이루어가는 것이라고 보기 때문에 과제나 평가 역시 그러한 교육의 의미에 맞추어져 있다.

4. '대학', '학력' 그까짓

우리나라에서 교육에 대한 관심은 자연스럽게 '학력', '경쟁'이라는 말과 함께 이해된다. 이러한 풍토는 강창동(1993)의 지적처럼 전통적 유교사회에서는 자녀를 위한 교육이 중시되었고, 신분사회에서 능력본위 사회로 이동함에 따라 교육의 중요성이 부각되면서 학력경쟁은 본격화되었다. 이러한 교육 풍토를 반영하듯 김영찬(1997: 244)은 한국 초등학교 수업문화의 특징으로 '성공과 실패의 명시적 가시화', '사회적 인정과 오명', '자아의 상실과 집합의 출현'으로 설명한 바 있다. 더욱이 한국은 오늘날 한국 교육 현실에서 경쟁의 긍정적 가치에 대한 재인식과 더불어 수월성에 대한 추구는 하나의 상식처럼 되어가고 있다(이윤미, 2008: 25). 이와 같이 한국의 교육은 자기 자신의 고유의 과업을 찾아가는 것을 도와주기 보다는 이미 정해진 기성의 목표를 향해 서로 경쟁하는 구도가 지배적이다.

이두휴(2008: 161)에 따르면, 한국의 학부모들은 학벌주의, 고착화된 대학서열체제에 대해 비판적 태도를 보이지만, 이에 저항하기보다는 이러한 경쟁의 대열에 편입되어가면서 자녀의 교육적·사회적 성공을 위해 치열한 경쟁에 참여하고 있다. 이러한 학부모들의 문화에 비해 노랑학교 학부모들은 다른 의미의 교육에 대해 말하고 있다.

연구자: 어떻게 발도르프학교에 보내게 되었나요?

6학년(남), 7학년(남) 엄마(노랑학교가 아닌 다른 발도르프학교 교사): 유치원부터 발도르프를 다녔어요. 어른이 되서 살아보니, 학창시절의 '학력'이 전부가 아니더라구요. 보다 중요한 것은 '어떻게 배우느냐'가 더 중요한 것 같아요. 발도르프교육은 자기가 가지고 태어난 것을 버리지 않고 갖고 공부할 수 있게 하는 것 같아요.

연구자: 어떻게 발도르프학교에 보내게 되었나요?

4학년(남), 6학년(여) 엄마: 일반 학교에서 추구하는 교육이 맘에 안 들었어요. 일반 학교에서 추구하는 교육은 경쟁위주 교육, 지식위주 교육이잖아요. 그래서 큰아이 3학년 때부터 작은 아이는 1학년 때부터 여기에 다녔어요. 2년간 고민을 하다가 학업스트레스, 늦게까지 막 숙제하고 공부하는 것을 보면서 고민하다가 이 학교에 오게 되었어요.

이러한 학부모의 반응은 좀 놀랍다. 대학진학, 학력에 대한 걱정은커녕 오히려 그러한 '학력'의 가치가 절대적이지 않다고 말하며 '지식위주', '경쟁위주' 교육에 대해 비판하면서 노랑학교를 선택했다고 말한다.

따라서 '혹시 일반학교와는 좀 다른 모습의 노랑학교에 아이들을 보내면서 갈등이나 고민 같은 것은 없는지?' 보다 직접적인 질문을 해보기로 했다.

연구자: 소위 대안학교에 아이를 보내면서 걱정은 없나요?

4(남), 6(여) 아버지: 우리나라 사회가 많은 인맥들로 이루어져 있는데, 이 학교를 졸업하면 인맥이 적을 수밖에 없다는 문제점이 있구요, 둘째, '학습의 수준이 일반학교에 비해 낮을 수밖에 없는'이라고 일반인들이 생각하는 것이요. 그러나 와서 보니 진도나 그런 것은 중요하다고 생각하지 않고요, 배우면서 그 안에서 배움에 깊이 들어갈 수 있다고 생각해요.

이상의 아버지는 교육의 사회적 효과인 인맥 형성에 관한 것과 대안학교의 학력 수준이 낮을 것이라는 일반적인 오해가 걱정이라고 밝힌다. 그러나 두 번째 걱정은 실제로 노랑학교에 다니면서 배움이 깊어질 수 있다고 생각하면서 괜한 걱정이었다고 말한다.

연구자: 소위 대안학교에 아이를 보내면서 걱정은 없나요?

5학년(남)의 엄마(노랑학교 입학위원): 별로 없어요. 이 학교 부모님들 대부분이 대학을 나왔는데, 대학을 별로 의미없다고 생각해요. 아이가 대학을 가야겠다고 생각하게 되면 준비해서 갈 수 있을 것이라고 생각해요.

5. 현실적 요구와 걱정을 넘어서

희망이란..
본래 있다고도 할 수 없고, 없다고도 할 수 없다.
그것은 마치 땅 위의 길과 같은 것이다.
본래 땅 위에는 길이 없었다.
걸어가는 사람이 많아지면,
그것이 곧 길이 되는 것이다.
〈노신의 '고향' 중에서〉

이상에서 노랑학교 교사와 학부모들이 생각하는 공부나 교육의 의미는 결국 노랑학교가 추구하고자 하는 교육적 이상이다. 그러나 노랑학교 역시 고립된 섬이 아니라 한국 사회 안에 존재하는 한, 한국의 교육현실과 무관할 수는 없을 것이다. 아래 글에서 나타나듯이 노랑학교는 교육적 이상과 한국의 교육현실 사이에서 고민하면서 새로운 학교문화를 만들어내고자 한다.

> 경쟁위주 교육현실에서 제기되는 과제가 우리 내에서도 자유롭지 못하며 실제적으로 끊임없이 경험하면서 구체적 내용을 만들어가야 하는 과제 앞에 있다고 봅니다. 아이들 미래의 삶을 준비하는 과정에서 학력이란 무엇이며 어떤 내용이어야 하는가. 사회에서 주체로 선다는 것은 무엇을 의미하는가 등등의 논의가 이루어지고 있습니다. 이런 과정을 통해 발도르프의 정신이 우리 안에 깃들어 한국적 모색이라는 새 길을 열어갈 것입니다(노랑학교 홍보물, 2009: 11).

노랑학교 역시 이러한 교육 현실과 추구하는 교육적 이상 사이에서 노랑학교가 나아가야 방향을 모색해야 할 것이 노랑학교의 과제라고 말한다. 그런데 어떻게 한국의 교육 현실 속에서 지배적인 학교문화에서와는 다른 교육의 의미를 추구할 수 있을까?

면담을 토대로 살펴보면, 첫째, 노랑학교 설립배경에서 알 수 있듯이, 노랑학교 학부모들은 이미 한국의 지배적인 교육에 고민하던 학부모들이 주축이 되었다. 둘째, 학부모들과의 면담과 교사와의 면담 속에서 나타나듯이, 노랑학교는 추구하는 바를 학부모-교사 모임을 통해 공유해감으로써 노랑학교 고유의 교육의 의미를 추구해간다고 할 수 있다.

먼저 노랑학교 설립과정에서 이미 교육에 문제의식을 갖고 있는 학부모들이 주축이 되었다는 설명을 보면 다음과 같다.

> 김준호 교사: …처음에 학부모님들이 주축이 되어서 학교 설립을 준비했어요. 학부모님 중에는 공동 육아나 대안학교에 대한 시각을 갖고 추구하셨던 분들이 많이 합류했고, 그 과정에서 우리 학교와 결합을 하면서 전입 전후에 노랑학교 교육에 대한 오리엔테이션을 해달라고 했어요. 왜냐면 대안학교마다 시각이 다르잖아요. … 발도르프학교가 생각하는 교육적인 방안에 대해서 함께 공부를 해나가고, 또, 학부모 교육이 절실했죠. 그래서

> 학부모 교육에 대한 시스템도 저희가 잡아나갔죠. 기본적으로는 한 달에 한번 학년모임 저희는 보통 반모임이라고 하는데 이 모임을 통해서 교과 과정에 대한 이해라든지 학교운영에 대한 이해라든지 …

이와 같이 지배적인 교육 현실과 다른 교육을 추구할 수 있는 것은 결국 학부모모임, 교사모임 등을 통해 학교 구성원들이 함께 바람직한 교육적 이상에 관해 고민하면서 바람직한 교육적 이상을 공유해감으로써 가능한 것으로 보인다.

> 연구자: 소위 대안학교에 아이를 보내면서 걱정은 없나요?
>
> 4학년(남) 엄마(계속해서 인터뷰를 거절하다 마지못해 응함): 걱정은 많다. 그런데 뜻을 같이 하는 사람들과 공부하면서 고민이 줄고 있어요….

노랑학교 학부모가 된지 얼마 안된 학부모인 이 엄마는 걱정은 많이 있지만, 뜻을 같이 하는 사람들과 공부하면서 고민이 줄고 있다고 말한다. 즉, 학부모모임, 학부모-교사모임을 통해 노랑학교가 추구하는 학교문화를 공유해가고 있음을 알 수 있다. 노랑학교 교사의 이야기는 이러한 점을 더 확실하게 보여준다.

> 연구자: 담임교사가 반 학부모들 모임을 주관하는 것인가요?
>
> 김준호 교사: 그렇죠. 이것도 정착되기까지는 한 3년 이상 걸렸어요. 왜냐면 그 전에는 학부모님들이 반 모임을 주관하셨어요. 그랬는데 발도르프 교육에 대한 이해를 위해서 우리가 같이 공부해나가면서 교육과정에 대한 이해를 하고, 또 교사가 그것을 추구해나가는 과정에 대해서 팀웍을 맞춰나가기 위해서는 당연히 교사가 이것을 주도해나가는 것이 맞다는 점에 합의하고 정착시켜 나가는데 한 3년여가 걸렸죠. 지금은 한 달에 한 번씩 학부모를 위한 세미나도 정착이 되었구요. 때론 외부 인사를 초청하기도 하고, 경우에 따라서는 교사들이 교육과정발표를 하기도 하고 … 한 달에 한번 꼴로 학부모교육도 이루어지구요. 또 각 소모임들도 있죠.

노랑학교 교사와 학부모들은 많은 사람들이 걷는 길이 아니고, 자신들이 옳다고 생각하는 길을 걷고 있다. 이 과정에서 두려움이나 불안이 아주 없어 보이지는 않았다. '대학 그까짓'하면서 교육의 의미를 대학진학이나 학력신장으로 보지는 않는다. 그러나 한국의 지배적 교육현실 속에서 왜 두려움이나 걱정이 없겠는가? 따라서 이들은 끊임없이 바람직한 학력의 의미, 가고자 하는 교육적 이상에 대해 고민하고 공부해가면서 바람직한 교육에 대한 상을 만들어가고 있는 중이다.

V. 맺음말

본 연구는 일반학교와는 다른 학교에는 일반학교에서와는 다른 특유의 학교문화가 있을 것이라는 기대에서 시작하였다. 연구대상인 노랑학교는 발도르프교육철학을 지향하는 학교로 일종의 대안학교라고 볼 수 있다. 노랑학교의 학교문화 중 주로 수업의 특징과 교육의 의미를 분석한 결과를 보면 다음과 같다.

먼저 노랑학교 수업은 수업 구성상 하루 단위로 수업목표를 제시하지 않는다. 노랑학교는 수업을 교과를 가르치는 그 자체가 목적이라기보다는 인간을 기르는 교육이라는 큰 목적을 위한 수단으로 이해한다. 따라서 단위 수업의 목표 역시 '인간의 발달'이라는 광범위하고 포괄적인 목적을 염두에 두고 있으면서 따로 하루 단위 수업 목표를 제시하지 않는다. 명시적 수업목표 제시가 없을 뿐만 아니라, 국가 수준에서 정해진 교육과정의 체계가 따로 없으며, 교사들의 협력에 의해 연간교육과정계획이 수립된다. 이와 같이 정해진 하나의 체계가 없는 대신 노랑학교에서는 교사들이 서로 협력하여 또 다른 의미의 교육과정과 수업의 체계와 통일성을 구성해간다고 볼 수 있다. 교육과정계획의 원리가 되는 것은 인간 발달에 대한 이해이다. 또한 이런 수업이 이루어지는 노랑학교에는 오늘날 학교에서 말하는 방식의 시험은 없다. 대신 다양한 방식의 평가가 이루어지는데 이것은 수업의 완급을 조절하고 학생들의 배움에 도와주기 위한 것이라고 한다.

서근원(2003: 195)은 교사들이 새로운 수업기법과 통제기법을 찾기 위해 연수장을 떠도는 대신 수업에서 가르쳐야 할 것이 무엇이고, 그것을 왜 가르쳐야 하는지, 자신이 현재 담당하고 있는 학생의 수준이나 실태가 어떠한지, 자신의 생각이 적절한지 등을 늘 반추하는 교사가 많아진다면 공유된 주관을 바탕으로 국가 수준의 교육과정의 통일성이 아니라도 또 다른 의미의 통일된 교육과정이 자리잡을 수 있는 가능성이 있음을 역설한다.

바로 노랑학교의 수업의 특징은 서근원의 지적처럼 국가수준의 교육과정이 줄 수 있는 통일성과는 다른 의미의 체계와 통일성을 찾는 것이 가능함을 보여준다. 또한 이런 특징은 수업을 틀에 박힌 수업이 아니라 학생들의 발달 단계에 맞추어 수업을 할 수 있고, 더욱 풍부한 자료를 동원해 교사가 수업을 할 수 있게 한다. 반면, 교사에게 너무 많은 부담이 주어진다는 문제점이 남는다. 노랑학교 교사는 이 문제를 교사들 간의 협력으로 해결한다고 설명하지만, 현실적으로 이 점은 노랑학교의 당면 과제라고 생각된다.

이러한 수업을 하는 노랑학교에서 교육의 의미는 첫째, '지혜'가 되고 '사랑'이 되고 '힘'이 되는 교육이다. 노랑학교 교육은 단순히 지적 인식에 국한하는 지식보다는 통합적 지혜가 되는 교육을 추구하는 점을 강조한다. 또한 교육의 의미로 영혼 안에 사랑과 힘을 일깨운다는 점을 강조한다. 이것은 아이들 내면의 보이지 않는 것을 일깨우는 것으로 교육은 마치 의식을 치르듯이, 또는 기도와도 같은 의미로 이해되고 있다. 이것을 어떤 교사는 '정신성'이라는 말로도 표현한다. 둘째, 노랑학교 교사들은 교육의 궁극적 의미로 자유를 말한다. 추상적인 자유의 의미를 좀 더 구체화해보면, 먼저 교사와 학생 모두 함께 성장해 간다는 점을 전제한다. 또한 잘 자고 잘 숨쉬는, 즉 건강한 신체와 에테르체를 갖는 것에서부터 나아가 지구상에 가져온 자기과업을 성취하는 것까지 포함하고 있음을 알 수 있다. 셋째, 노랑학교 교사와 학부모들은 교육의 의미로 자기과업을 찾아가는 것이라는 점을 강조한다. 넷째, 한국의 많은 학부모들과 달리, 교육의 의미를 '대학진학'이나 '학력'으로 바로 연결짓지 않고 있다. 노랑학교 구성원들은 교육적 이상과 경쟁위주의 한국의 현실적 요구 사이에서 고민하면서, 새로운 학교문화를 모색해가고 있는 중이다.

이와 같은 노랑학교의 수업과 교육의 의미는 한국의 지배적인 학교문화와는 분명히 다르다. 우리나라 교육에 대한 문제를 논의하다가 '입시위주의 교육'이라는 지점에 이르게 되면, 거기에서 더 이상 논의가 진전되지 않음을 볼 때가 많다. 마치 '대학 입시'라는 것은 교육문제에 있어서 블랙홀과도 같이 모든 것을 그곳으로 빨아들이는 경향이 있다. 이러한 상황과 달리 노랑학교에서의 수업과 교육은 지식을 넘어 지혜를 이야기하고, 또 경쟁이 아닌 사랑이 되는 교육을 지향한다. 이와 같은 노랑학교의 학교문화는 아주 작은 시작이지만, 또 다른 학교문화와 교육의 의미 지평을 넓혀 줄 수 있을 것으로 기대된다.

참고문헌

강창동(1993). **한국 학력주의의 사회사적 연구**. 박사학위 논문. 고려대학교.

김영찬(1995). 학교문화의 개념과 연구과제. **교육이론**. 9(1): 1-10.

김영천(1997). **네 학교 이야기: 한국 초등학교의 교실생활과 수업**. 서울: 문음사.

김창환(1998). 헤르바르트의 교육의 개념: 수업. **연세교육연구**. 11(1): 29-47.

노랑학교 8학년 프로젝트 결과물.

노랑학교 출판부(2009). 노랑학교 홍보물.

노랑학교 홍보 팜플렛.

노랑학교 5학년 소식지(2009). "오! 자유."

노랑학교 학교생활보고서.(2008년 5학년, 담임교사 이은미)

서근원(2007). **수업을 왜 하지?** 서울: 우리교육.

이두휴(2008). 자녀교육지원 활동에 나타난 학부모 문화 연구. **교육사회학연구**. 18(3): 135-165.

이윤미(2008). 교육담론으로서 '경쟁'을 사유하다. **우리교육** 2008. 8월호: 20-25.

이정선(2005). 학교발전의 필요조건으로서의 학교문화와 변화전략. **지방교육경영**, vol. 9: 32-46.

이혜숙(2007). 교육학에서 질적 연구: 학교현장 참여 관찰. **교육비평**. 23: 214-227.

정윤경(2004). **발도르프 교육학**. 서울: 학지사.

조용환(1999). **질적 기술, 분석, 해석. 질적 연구: 방법과 사례**. 서울: 교육과학사.

조용환(1999). **질적 연구와 양적 연구. 질적 연구: 방법과 사례**. 서울: 교육과학사.

조용환(1999). **학교장의 삶과 일: 교장의 눈으로 본 학교문화. 질적 연구: 방법과 사례.** 서울: 교육과학사.

최혜경(2009). 슈타이너 교육예술연구소. 편. **거듭나기**. vol. 1(1): 16-21.

Henry, E. Mary(1993). *School Cultures: Universes of Meaning in Private Schools*. New Jersey: Ablex Publishing Co.

http://www.waldorf.or.kr

http://www.waldorfschule.info/

http://www.gcfreeschool.kr

교실공간은 자율적 주체성 형성의 장으로 가능할 수 있을까: 가타리와 프레네의 만남[1)]

정 훈(대구대학교)

Ⅰ. 머리말

오늘날의 제도화된 학교의 탄생을 불러온 근대 공교육제도는 본질적으로 대중교육(mass education)과 국가의 제도적 지원이라는 두 개의 요소가 결합되어 발전된 것으로, 국민의 인간적 자각에서 비롯한 배우려는 권리의 주장과 절대주의적 국가의 '신민'(臣民)을 양성하려는 국가의 요구라는 서로 모순되는 두 요구의 통일에서 생긴 측면이 크다(김정환·강선보, 2006: 121). 시민혁명을 근대 공교육제도의 중요한 발생 원인으로 설명한 경우가 전자의 주장과 관련되며, 국민국가의 탄생과 산업혁명 이후 국가가 필요로 하는 유형화된 '국민'과 '산업노동자'를 양성하려는 목적을 주요 발생 원인으로 설명한 경우가 신민 양성이라는 국가의 요구와 관련된다. 특히 국가가 필요로 하는 유형화된 '국민'과 '산업노동자'를 양성하려는 목적은 자연스럽게 학교를 '규율훈련장치'로 운영하게 해 온 주된 이유가 되었다. 유형화된 국민과 노동자를 양성하기 위한 근대 공교육제도 아래서 학교는 학생들을 통제하고 질서를 유지하면서 통제된 구조와 활동을 통해 학생들에게 규율을 가르쳐왔다. 즉 학급을 단위로 한 일괄수업, 교실·복도·운동장 등 기능별 공간 배치와 시간표에 따라 틀에 짜인 규칙적 활동, 시험과 경쟁을 통한 평가와 서열화 등을 도입하여 학교를 규율훈련장치로서 그 내부를 조직하고 구조화해 왔다. 그 장치를 매개로 학교는 학생들의 행동·태도·성향·기능을 훈련하고 감시하며 평가하고 서열을 매김으로써 질서를 유지하며 학생들에게 일정한 신체기법과 가치 지향을 심어주고 국가사회의 유능한 일원으로 키우는 장치의 기능을 해왔다(후지다 히데노리, 1999: 85-86).

---

1) 이 글은 「교육철학」 제49집(2013.4)에 게재된 논문을 일부 수정·보완한 것이다.

이처럼 제도화된 학교를 통한 국가(혹은 지배체제)의 특권화는 규율훈련장치를 통해 주체적이고 창조적이며 자율적인 개인보다는 신민화된 특성의 개인을 양성해온 측면이 있다. 현재의 자본주의 역시 연령이나 성별에 관계없이 최대한의 인원을 동원하려고 한다. 아이들은 될 수 있는 한 빨리 권력의 다양한 코드를 해독하게, 즉 그들은 상당히 어린 시기부터 산업사회에서 작동되는 기호 체계 총체를 어느 정도 독해할 수 있도록 만들어지기를 요청받는다(Guattari, 1977: 204). 한편으로 학교는 아이들을 지배적인 권력관계에 적응시키고 모델화함으로써, 노동력의 '집단적 설비(équipement)의 기능'을 부과하는데 일치협력하고 있다(Guattari, 1977: 197). 또한 현 교육의 시장화 정책은 국가수준 학업성취도 평가 같은 표준화 시험과 그 성취결과를 중심으로 한 책무와 감사(監査)의 문화를 조성하고 있다. 이 조건 아래서 학생들은 시장에서의 승리(또는 동료 친구와의 성적경쟁에서의 승리)를 자아의 이상으로 간주하며, 시장적·경쟁적 주체성으로 신민화될 가능성이 더 높아지고 있다.

이 상황에서 우리는 시장적·경쟁적 주체성으로 아이들을 조건화하는 제도적 공간인 학교에서 과연 그에 맞서는 자율적 주체성의 형성 역시 가능할 수 있는지의 문제를 살펴볼 필요가 있다. "교육(학)은 주체를 개념화하는 것이 아니라 교육 공동체 안에서 주체가 생성될 수 있게 해야 한다."는 말(Goodley, 2007: 322에서 재인용)처럼, 이는 자율적 주체성 형성의 장으로서 교실공간의 가능성을 탐색해보는 것이다.

이를 위해 본 연구는 가타리(Félix Guattari, 1930~1992)의 주체성 형성론과 그 이론의 구현체로서 집합적 작업에 기초한 프레네(Célestin Freinet, 1896~1966) 교실이 지닌 가능성을 탐색하고자 한다. 주체성 문제를 중심 문제로 사유했던 가타리의 주체성 형성론은 그가 주체성 결정론에만 의존하지 않고 그것을 '생산'의 관점에서 고찰하고, 구조주의적 주체성 결정론과 주체성 생산 사이에서 균형을 요구하고 있다는 점에서 주목할 만하다. 아울러 프레네는 가타리의 교육에 대한 생각에 가장 큰 영향을 끼친 인물로 그의 작업은 교실에 기반한 행위들이 어떻게 실천으로 옮겨질 수 있는지를 분명하게 제시한 것으로 평가된다(Evans, Cook and Griffiths, 2008: 338). 연구자는 이 두 인물에 대한 연결점을 탐색함으로써 교실 공간에서 자율적이고 창조적인 주체성 형성이 어떻게 가능할 수 있는지를 제시해보고자 한다.

Ⅱ. 가타리의 주체성 형성론

1. 새로운 주체성[2] 형성에 대한 요구

가타리는 오늘날의 현대자본주의가 이미 모든 지구표면을 식민지화 했고 지구상의 어떤 인간 활동도 피해갈 수 없는 것을 향하는 경향이 있기 때문에 현대자본주의를 '통합된 세계자본주의'로 정의한다(Guattari, 1980: 266). 그에게 이 통합된 세계자본주의는 주로 상품의 생산이 아니라 오히려 주체성의 생산과 관계가 있는 것으로 이해된다(Grange, 2005: 38). 즉 "통합된 세계자본주의의 본질적 생산은 재현의 영역일 뿐만 아니라, 행동·감수성·인식·기억·사회관계·성관계·상상적 환영 등과 관련하는 모델화의 영역이다(Guattari & Rolnik, 2007: 49)." 이러한 자본주의는 세 가지 유형의 주체성을 만들어내고 그것들을 자신을 위해 봉사하도록 만든다. 즉 첫 번째로 봉급생활자 계급에 일치하는 계열적 주체성, 다음으로 '보장없는' 방대한 대중에 일치하는 주체성, 그리고 세 번째로 지배 계층에 일치하는 엘리트적인 주체성이다(Guattari, 1989: 48). 통합된 세계자본주의 아래서 아이들 역시 될 수 있는 한 빨리 지배적 권력관계에 적응되고 모델화된다.

> 지금 자본주의는 연령이나 성별에 관계없이 최대한의 인원을 동원하려고 하며, 따라서 어린이는 될 수 있는 한 빨리 권력의 다양한 코드를 해독해야 한다 [……] 어린이들은 상당히 어린 시기부터 산업사회에서 작동되는 기호 체계 총체를 어느 정도 독해할 수 있도록 만들어져야 한다(Guattari, 1977: 204).

결국 통합된 세계자본주의에 의해 생산되는 주체성은 특이성(singularité)에 대한 모든 인식을 고갈시킨다. 그것은 죽음, 고통, 고독, 침묵 또는 코스모스와의 관계, 시간

---

2) 가타리는 주체 문제를 주체성 문제로 중심 이동할 것을 제기한다. 전통적으로 주체는 개인화의 궁극적 본질로, 세계의 텅 빈 반성 이전의(pré-réflexive) 순수한 파악[이해]으로, 감각과 표현의 중심핵으로, 의식상태의 통합자로 인식되어왔다. 흔히 근대적인 이성적 주체로 설정되는 이러한 주체 개념에 대해서, 가타리는 주체성이라는 개념으로 오히려 지향성이라는 창안적 층위를 강조한다(Guattari, 1992: 38). 아울러 그는 주체성을 잠정적으로 다음과 같이 정의한다. "현 단계에서 가장 포괄적인 것으로서 제기하고 싶은 주체성에 대한 잠정적인 정의(규정)는, '개인적 그리고/혹은 집단적인 층위들이 그 자체 주체적인 타자성과 인접한 혹은 한정하는 관계에 있는 자기 준거적인 실존적 영토(Territoire)로서 등장할 수 있도록 하는 조건들 전체'이다(Guattari, 1992: 19)." 이 실존적 영토는 "어떤 중심점을 가진 기존의 질서체계로부터 단절을 통한 자기성장적인=자기준거적인 자기산출(autopoïétique)"에 의해서 확립된다(윤수종, 2009: 64).

과의 관계와 같은 실존의 본질적인 차원들을 알지 못하는 주체성이다(Guattari & Rolnik, 2007: 71).

그럼에도 가타리는 물질적이고 정치적인 요구를 넘어서, 주체성생산을 개인적이고 집단적으로 재전유하려는 열망이 생겨나고 있음에 주목한다. 다양한 자율운동들과 소수자운동들을 통해 특이한 주체성들이 등장하고 있다는 것이다(윤수종, 2009: 222). 가타리는 기존의 변혁이론이 지배권력 및 지배장치의 파괴과정과 대체장치들의 건설에 초점을 맞추고 있다면, 새로운 변혁이론은 바로 이러한 주체성생산 문제에 집중해야 한다고 말한다(윤수종, 2009: 221). 새로운 사회운동들을 특징짓는 것은 주체성을 계열화하는 통합된 현대자본주의의 일반적인 과정에 반대하는 저항뿐만 아니라, 독창적이고 특이한 주체화 양식들, 주체적인 특이화과정들을 생산하려는 시도에 나서는 것이다(Guattari & Rolnik, 2007: 75). 그가 후기 사상으로 강조했던 생태학의 함축적 의미 역시 자본주의 권력 구성체와 주체성 전체에 문제를 제기하는 것이었다(Guattari, 1989: 37). 가타리는 환경·사회·정신의 세 가지 생태학을 접합하여 사고하면서 자신의 궁극적인 핵심주제인 '주체성생산'의 문제로 나아갔다.

> 자본과 인간 활동 사이의 관계에 대한 새로운 '여건'이라는 맥락에서 생태적 페미니즘, 반인종차별적인 자각이 주체성생산- 즉 새로운 생산적 배치의 근원에 존재하는 비신체적 가치체계와 관련한 인식·문화·감수성, 그리고 사교성의 생산- 양식을 신속히 주요한 목표로 삼기를 기대하자(Guattari, 1989: 33).

이에 우리가 '어떻게 주체성을 생산하고 포획하고 풍부화하고, 돌연변이적인 가치체계와 양립할 수 있는 방식으로 끊임없이 재발명해가는지, 주체성의 재특이화를 위해 어떻게 해야 하는지'는 그의 중요한 화두로 자리 잡게 된다.

> 이 20세기말을 암울하게 만드는 안개와 독가스 속에서 주체성 문제가 중심 문제로 다시 등장하고 있다. 주체성은 더 이상 공기나 물처럼 자연적으로 주어지는 것이 아니다. 어떻게 주체성을 생산하고 포획하고 풍부화하고, 이제 돌연변이적인 가치체계와 양립할 수 있는 방식으로 끊임없이 재발명해가는가? 주체성의 해방, 즉 주체성의 재특이화를 위해서 어떻게 해야 하는가? 정신분석, 제도분석, 영화, 문학, 시, 새로운 교육법, 도시계획과 건축, 이 모든 분과가 윤곽

을 드러내는 야만주의, 정신적 내부 파열, 카오스모즈적 경련의 시련을 막고, 그것들을 풍요롭고 보다 큰 즐거움으로, 그리고 그 모든 것이 지닌 아주 좋은 감촉을 느낄 수 있는 희망으로 변화키기 위해서 자신들의 창조성을 결합시켜야 할 것이다(Guattari, 1992: 174-175).

주체성생산에 주목한 가타리의 주체성 형성론은 그가 주체성 결정론에만 의존하지 않고 주체성을 '생산'의 관점에서 고찰한다는 점에서 현재 그 의미가 평가된다. 가타리(Guattari, 1992: 9)가 지적하는 바처럼, 주체성을 그것의 생산이라는 각도에서 고찰하는 것은 물질적 하부구조-이데올로기적 상부구조라는 전통적인 이항적 결정체계로 돌아가는 것을 의미하지 않는다. 주체성을 만들어내는 다양한 기호적 작용영역은 완전히 고정된 명령-복종의 위계관계를 가지고 있지 않다. 가타리는 주식시세의 예를 들어 그것이 여론의 변화에 민감하다는 사실에서 우리가 경제적 기호화가 집단적인 심리적 요인에 의존하게 되는 일도 일어날 수 있음을 확인할 수 있다고 말한다. 아울러 그는 "정신에 연관된 모든 것을 언어학적인 기표의 통제 아래 두려는 것은 구조주의 흐름 쪽에서 범한 중대한 오류였다(Guattari, 1992: 14)!"고 진단하며, 구조주의적 주체성 결정론과 주체성생산 간의 균형을 요구한다.

주체성은 정신분석의 정신 발생적 단계들이나 무의식의 '수학소(matheme)'를 통해서뿐만 아니라 인간적이라고 규정할 수 없는 거대한 사회 기계들, 대중 매체 기계들, 언어 기계들 안에서도 생산된다. 탈근대적인 사회적 포기 속에서 허둥거리지 않기 위해서, 분명 무시할 수 없는 구조주의적 발견들과 그것들의 실용적인 응용 사이에 어떤 균형을 찾을 필요가 있다(Guattari, 1992: 20).

가타리가 실천하고자했던 자율적 주체성생산은 더 이상 예속화가 아니라 주체화이며, 특이화와 집합적 언표형위배치의 새로운 구성을 향한다. 변형, 되기(생성, devenir)의 문제인 것이다(윤수종, 2009: 261). 즉 "자본주의적 주체화를 거부하는 다르게 되기이다(Guattari & Rolnik, 2007: 78)." 이는 고정된 주체는 존재하지 않다고 보면서, 근대적으로 형성된 주체 대신에 욕망의 탈주선을 따르면서 주어진 상태나 질서에 머무는 것이 아닌 끊임없이 분열·생성·접속하는 주체인 소수적 주체를 내세웠던 들뢰즈와 함께한 공동연구물의 논지(김겸섭, 2002: 223)이기도 하다. 이에 가타리(Guattari, 1992: 17)는 우리가 즉자적인 것으로서 주어진 정체성과 마주하고 있는 것이 아니라, 자율성의 실현 과정들이나 자기 생산 과정들과 마주하고 있다고 말한다.

그러면 그가 말하는 주체성생산이 구체적으로 의미하는 바가 무엇인지를 살펴보자.

2. 집합적 주체성

가타리는 제도적 정신요법3)의 흐름 속에서 정신병원에서 실천(진료)을 해나가면서 새로운 주체성을 탐색하려고 했다(윤수종, 2009: 83). 즉 그는 주체집단의 특성을 지니는 주체성 생산에 관심을 가졌으며, 그 집단적 주체성이 제도와의 관련성 속에서 고유한 (집단)환상을 통해 형성된다고 파악하였다(윤수종, 2009: 89). 가타리는 집합적 주체성이야말로 "모든 개인적 주체성이 출현하기 위한 절대적 조건을 형성한다(Bogue, 1989: 141에서 재인용)"고 주장한다. 가타리에게 혁명적인 행동은 이미 수립되어 있는 사회적 코드들과 지배구조를 깨뜨리는 '집합적 주체성'을 형성해나가는 일로 규정된다(윤수종, 2009: 42; Bogue, 1989: 143). 그는 "주체성생산이라는 문제를 권력이 배열한 '주체화의 집합적 시설(설비)'들 속에서 이질발생적으로 만들어나가는 문제로 포착해나간다(윤수종, 2009: 59)." 그의 논의는 제도들 속에서 형성되는 주체성을 다르게 만들기로, 즉 되기(생성)을 향해 나아간다. 예컨대 『분자혁명』에 실린 글 「어린이, 부랑자, 동성애자 되기」와 「여성 되기」에서 그는 질서를 횡단하면서 형성되는 새로운 주체성의 가능성과 새로운 조직방식을 찾아냈다(윤수종, 2009: 49).

이에 집단 안의 작동 방식이 주체집단을 지향하는가 아니면 예속집단을 지향하는가는 중요한 문제이다(윤수종, 2009: 87). "오직 주체집단만이 기호적 흐름에 작용하고, 의미작용을 파괴하며, 언어를 다른 욕망에로 열고, 색다른 현실을 창조할 수 있다(Guattari, 1977: 68)." 그에게 주체집단은 자기 자신의 행동을 통제하려고 노력하고 자신의 대상을 분명히 하며 자기 자신의 해명 수단을 만들 수 있는 집단이다. 이에 자기 자신의 구조를 만들어낼 수 있어 자기 자신의 직접적 이해를 넘어서 세상에 열려있게 된다. 주체집단은 또한 자신이 어떤 진술을 한다고 말할 수 있으며, 다른 집단들에 대해서 열린 존재이기 때문에 그 속에서 사람은 끝없는 문제, 긴장감, 내부투쟁, 분열

3) 제도적 정신요법(psychoteraphie institutionnelle)은 개인의 정신질환을 개인적 측면이 아니라, 인간의 제도 전체- 제도의 공표된 목적, 그리고 다양한 유형의 개인, 사회적 기능, 규범 등에 관한 제도의 규정-와의 관련 속에서 파악하고, 그 관련 부분에 개재하는 다양한 제도들을 개조해나가면서 치유하려는 정신요법이다(Guattari, 1972: 162; 윤수종, 2009: 340).

의 위험 등에 놓아나 티격태격하게 된다. 다른 집단들과의 대화나 상호 간섭은 주체집단이 수용하는 목적에 적합한 것이다(Guattari, 1972: 103-104; 윤수종, 2009: 86-87). 주체집단은 대신 말한다고 주장할 수 있는 위임받은 개인에 체현되어 있지 않으며, 주체집단은 우선 잠정적인 전체화(totalization)에 기반을 두고 자신의 행동의 전개에서 진실한 어떤 것을 생산하는 활동하려는 의도이며, 또한 주체집단은 개념들을 생산하는 이론가가 아니다. 주체집단은 의미작용이 아니라 기표를 생산하며, 당 또는 노선이 아니라 제도 및 제도화[4]를 생산한다(Guattari, 1972: 280). 반면 예속집단은 외부에서 자신들의 법칙을 받아들이는 집단으로, 내부의 법을 수용함으로써 스스로를 구축하려는 다른 집단(주체집단)들과 구분된다(Guattari, 1972: 86). "주체집단은 집단 안의 다양한 재조직화에 상응하는 내부 주체화 과정과 연관된 과도기적 환상을 통해서, 지배적인 집단환상 속에 끌려들어가 스스로 예속집단으로 변형되는 것을 피할 수 있다(윤수종, 2009: 92)." 이러한 주체집단의 작동방식과 관련하여 가타리가 제시한 중요 개념이 횡단성(transversalité)이다. 횡단성은 수직성 및 수평선에 대립되며, 다른 말로 사물과 사람이 자신들을 발견하는 상황에서 할 수 있는 한 최선으로 어울리는 상태를 횡단성이라고 말할 수 있다(같은 책, 96-97). 횡단성은 상이한 수준들 사이에서 그리고 무엇보다도 상이한 의미 속에서 최대한의 소통이 있을 때 이루어지는 경향이 있다(Guattari, 1972: 146). 주체집단은 바로 이것을 향해 작동한다. 가타리의 가설은 제도의 다양한 수준에서 다양한 무의식적 횡단성계수들을 변화시킬 수 있다는 것이다(윤수종, 2009: 99).

> 주체성은 횡단적인 축을 통해 환경 세계와 커다란 사회적·제도적 배치 속에 동시에 설립되며, 그것과 대칭적으로 개인의 가장 친밀한(은밀한) 부문에 주재하고 있는 환상과 풍경 속에도 설립된다. 어떤 특수한 영역 속에서 일정 정도의 창조적인 자율성을 획득(재정복)하는 것은 다른 영역들에서 다른 것들을 획득할 수 있게 해준다(Guattari, 1989: 57-58).

---

4) 1950년대와 1960년대 프랑스에서 형용사 '제도적(institutional)'은 매우 논쟁적인 단어였다. 당시, '제도(institution)'라는 단어는 '구축된', '고정된', 시민들이 어찌할 수 없는 어떤 것을 뜻했다. 그러나 우리, 토스켈 그리고 가타리에게 '제도(institution)'라는 단어는 그와 완전히 정반대의 의미였다. 그들에게 '제도(Institutions)'는 과정이고, 창조적 현상이고, 의미생성의 활동이나 지원이었다. 하나의 '제도'는 대상이 아니라 '제도화된(instituted)'이라는 개념과 정반대였다. 제도주의자들(institutionalists)에게 '제도'의 개념은 개인 외부에 있는 사회적 불변요소(invariant)로 기술되지 않는다. 그것의 내용은 한편으로는 개인들, 집단들, 조직들과 다른 한편으로는 현존하는 사회적 규범들 사이의 관련성에 관한 것이다(Pesce, 2011: 1146).

이러한 탐색 속에서 가타리는 궁극적으로 '분석집단', 즉 주체집단의 성격을 지니면서 서로 연결될 수 있는 집단에 의해 생산되는 새로운 주체성을 탐구하고자했다(윤수종, 2009: 101).

> '우리는 모두 소집단이다'라는 가타리의 명제는 새로운 주체성에 대한 탐구를 잘 보여준다. 이 집단적 주체성은 자아 혹은 초자아의 재구성을 성급하게 추구하여 하나의 전체성 속에 스스로를 가두는 것이 아니라, 분할증식이 가능하며 상통하고 또 항상 취소도 가능한 몇 개의 집단에 퍼져 있는 것이다. 하나의 집단이 올바른 집단인가 하는 판단 기준은, 그 집단이 '정말 다른 집단들에 열려 있기 때문에' 그 존재가 무의미·사멸·분열의 가능성에 끊임없이 직면하고 있는가 하는 것이다. 소집단의 무한한 증식! 소집단의 증식을 통한 국제적 네트워크(Réseau), 이것이 가타리의 정신의학적 대안이자 조직론적 대안이다(윤수종, 2009: 104).

3. 예술적 방식으로 생산되는 주체성

가타리는 주체성이 이질적인 것들 사이를 횡단하면서 복잡하게 얽혀든 과정 속에서 특이화되고 다르게 되는 것에 또한 주목한다(윤수종, 2009: 224). 따라서 새로운 표현 소재와의 대면만이 아니라 개인-집단-기계 사이의 복수적 교환들이라는 주체화의 복합체(complexion)들을 구성하는 것이 중요하다. 이러한 복합체들은 확실히 사람에게 자신들의 실존적 신체성을 재조성하고, 반복적인 궁지들에서 벗어나고, 스스로 재특이화할 수 있는 다양한 가능성을 부여한다. 구조적 콤플렉스들 속에 결정화된 주체성의 '이미 거기의' 차원들에서가 아니라 하나의 창조에서 진전하며, 그 자체가 일종의 미학적 패러다임과 관련되는 전이의 접목들은 바로 이와 같이 작동한다(Guattari, 1992: 16-17). 이는 n가지 차원의 복잡성 속에서 등장하는 주체성에 주목하는 것이다(윤수종, 2009: 222).

이처럼 복잡성 속에서 이질발생적으로 생산되는 가타리의 주체성은 과학적 방식이 아닌 예술적 방식으로 생산되는 것이 그 특징이다. 가타리는 자기준거(auto-référence)에 기초한 이질발생과 재특이화의 지속적인 과정을 '윤리-미학적 패러다임'이라고 하면서, 개인들이 타자에 대해서 연대함과 동시에 타자와 점점 다른 존재로 되어가야

함을 이야기한다(윤수종, 2009: 63). 사람들은 어떤 예술가가 자신이 다루는 팔레트에서 새로운 형식들을 창조하는 것과 같은 방식으로 새로운 주체화의 양태들을 창조할 수 있다는 것이다(Guattari, 1992: 17).

> 주체성이 그런 이질적인 것의 카오스모즈적[5] 경련 속에서 형성되는 것이고 변형과정 속에 있다고 생각하는 것이다. 달리 말하면 주체형성은 여러 가지 풍경 속에서 아주 중층적으로 횡단적으로 엮어져서 만들어지는 것이다. 바로 예술적 방식으로. 예술적 방식이란, 철학처럼 개념을 생산하는 것이 아니라, 과학처럼 현실의 자료들을 개념과 대조해나가는 것이 아니라, 새로운 것을 만들어내는, 즉 생성으로 나아가는 것을 말한다(윤수종, 2009: 250).

가타리는 이처럼 자신의 새로운 생태철학적 논리가 예술가의 논리와 유사하다고 본다. 예술가는 갑자기 자신의 애초의 기획을 바꾸는 우연한 작은 일, 부수적인 사건이 끼어드는 것을 기점으로 하여 자신의 작품에 손질을 가하면서 확고하게 가장 훌륭한 이전의 전망에서 점점 일탈해갈 수 있다. 예외는 규칙을 변경시키고 다시 만들어 내기도 한다(Guattari, 1989: 37). 이에 우리는 규범을 벗어난 징후들과 사건들을 잠재적인 주체화 작업의 지표로 볼 필요가 있다(Guattari, 1989: 35). 요컨대 생태철학에 근거한 말년의 가타리는 객관적 현실에 붙박힌 구조와 관계와 주체가 아니라, 예술적인 생성으로서 새로운 주체성생산의 문제로 넘어갔다.

그러면 교실 영역에 한정해 집합적 주체성과 특이화되는 주체성 형성이 어떻게 가능할 수 있는지를 살펴보자.

---

5) 카오스모즈(chaosmose)는 chaos(혼돈)와 cosmose(질서)의 osmose(상호침투)라는 의미에서 가타리가 만든 합성어로, 카오스가 일관성을 부여하고 사건들의 경과에 영향을 끼치는 과정을 뜻한다(윤수종, 2009: 342).

Ⅲ. 주체성 형성의 장으로서 프레네 교실의 실제

1. 가타리와 프레네

가타리와 프레네의 인연은 그의 동료였던 우리(Oury) 형제와의 만남에서 비롯되었다. 가타리는 1947년 페르낭 우리(Fernand Oury, 1920-1998)와의 만남을 통해 유스호스텔운동에 참여하였다. 그리고 15살 때인 1946년 페르낭 우리를 통해 동생인 장 우리(Jean Oury, 1924-)를 만났고 20세가 될 때까지 장 우리의 솜리(Saumery) 정신 병원에 자주 드나들었다. 이후 그는 사회집단과 이를 포함한 전체사회의 유기적 관련을 강조하는 제도적 정신요법에 관심을 두게 되었다. 또한 페르낭 우리는 부적응 청소년을 대상으로 한 파리 교외의 학교에서 교사로 있으면서 프레네의 몇 가지 교육 실천을 적용했다(윤수종, 2009: 266-267). 페르낭 우리는 육체적이면서 지적이고, 개별적이면서 집합적인 작업을 위해 프레네가 사용했던 자유 글쓰기, 인쇄출판활동, 공동으로 창조하는 학급 신문, 학교 간 교류, 협력적인 전체회의를 사용했다. 페르낭 우리의 이론과 실천 모두는 가타리에게 결정적인 영향력을 행사했다(Genosko, 2003: 130-131). 또한 페르낭 우리는 프레네의 교육적 실천을 적용하며 프레네 운동의 현대학교협동체 파리 지부의 리더 중 한 명으로 활동하기도 했다.[6]

에반스와 쿡, 그리고 그리피스(Evans, Cook & Griffiths, 2008: 338)는 가타리가 이야기

---

6) 그러나 페르낭 우리와 그의 파리 지부 친구들은 프레네의 교육실천 도구들을 변형하려했고 자신들의 교수실천과 관련해 더욱 풍부한 분석과 이론화를 발달시키려 했다. 이는 결국 프레네 운동의 분열을 가져오고 정신요법과 교육학 간의 새로운 연결을 불러오게 했다. 페르낭 우리는 장 우리나 토스켈(Tosquelles)에 의해 만들어진 분석 작업이 그의 교실에 유용할 수 있을 것이라 생각했다. 그리고 장 우리 자신은 보르드 병원(La Clinique de La Borde)에 있는 자신의 환자들과 함께 프레네 방법을 사용하는 것에 관심이 있었다. 결국 1958년의 만남을 계기로, 장 우리는 페르낭 우리의 실천들에 대해 '제도적 교육학'(Pédagogie Institutionnelle)이라는 새로운 이름을 제안했다(Pesce, 2011: 1146). 그렇지만 프레네는 정신분석에 근거한 제도적 교육학의 무거운 이론적 담론, 서서히 진행되는 전문가주의 등을 마음에 들어 하지 않았다(Genosko, 2008: 62). 이러한 배경에서 프랑스에서 프레네 교육을 실천하는 교사들은 서로의 교육관에 따라 두 개의 경향으로 나뉘게 되었다. 하나는 프레네 교육의 원칙을 지키면서, 교사 자신이 처한 상황에 따라 프레네의 수업도구를 조금씩 상황에 맞게 변화시켜가는 데 보다 집중하는 교사집단이다. 다른 하나는 프레네 교육과 프레네 기술에서 출발하였으나 교사와 학생, 학생과 학생, 학생집단과 제도의 관계에 갈등이 내재해있다고 보면서, 이 갈등에 대한 정신분석적 접근을 시도하는 '제도적 교육학' 집단이다(황성원, 2007: 569). 제도적 교육학이 관심을 두는 두 가지 요인은 첫째, 학습자의 복잡성과 그들이 교실로 가져오는 "무의식"이며, 두 번째 요인은 그러한 심리사회적 요인들과 학생들이 알고 있는 것 모두에 개입하는 과정에서 제도가 하는 역할이다. 페르낭 우리에게 제도적 교육학은 제도적 맥락 그 자체에 대한 끊임없는 질문을 제기하는 것으로, 교실은 결코 미리 가정된 곳이자 정적인 환경이 아닌 곳으로 이해된다. (http://en.wikipedia.org/wiki/Institutional_pedagogy).

하는 정치적 행위와 이해를 관련시키는 과정이 프레네의 실천적인 유산에 그 자체의 근원을 가지고 있는 것으로 평가한다. 가타리와 마찬가지로 프레네 역시 좌파적 입장의 정치적 행동주의를 교육 실천에 결합했으며, 권능이부여된 주체집단을 생성하는 것에 대한 요구를 믿었다는 것이다. 프레네의 작업은 교실에 기반한 행위들이 어떻게 실천으로 옮겨질 수 있는지를 더욱 분명하게 제시하는 것으로, 그들 역시 프레네를 교육에 관한 가타리의 생각에 가장 강력히 영향을 끼친 사람들 중 한명으로 평가한다(Evans, Cook & Griffiths, 2008: 338). 실제 가타리는 자신의 저서 곳곳에서 '특이성'을 활성화하는 학급의 가능성, 분자혁명이 발견되는 장소, 그리고 '대안'이 상상될 수 있는 가능성의 사례로 프레네 교육의 실천을 언급한다(Guattari, 1989a: 35; Guattari & Rolnik, 2007: 432, 171).

> 당신 또한 특정 시기 저널리즘에서 이러한 종류의 분자혁명을 발견한다. 의심할 여지없이 당신이 알고 있는 위대한 교육학 혁신가인 셀레스탱 프레네는 아이들과 함께 신문을 창간함으로써 이러한 종류의 혁명을 하였다. 그는 프린트된 글쓰기 표현 또는 데생과 페인팅의 표현 또한 또 다른 것일 수 있다는 것을 보여주었다. 또 다른 표현양식의 이러한 개시, 즉 또 다른 잠재력들의 이러한 개시는 분명히 집합적 주체화양식들을 변화시키는 어떤 것이다. 학교학급, 조합집단, 또는 근린지역이나 마을의 소통생활을 주체화하는 방식은 이러한 성격을 가진 기계적 과정의 단순한 침입에 이해 급격하게 변형될 수 있다. 심지어 어떤 종류의 발전이 있기도 전에, 역사와 세력관계가 바뀌기 전에조차, 가능성들은 발생할 수 있다(Guattari & Rolnik, 2007: 432).

가타리는 또한 학급을 예술작품처럼 살아 있게 하고, 학급의 특이화를 가능하게 하고, 학급을 구성하는 아이들의 실존화의 원천을 모색하는 것이 프레네 교육에서 분기된 '제도적 교육학'을 참조하는 것으로 가능할 수 있음을 거론한다(Guattari, 1992: 172). 이에 우리는 주체성 형성과 관련된 가타리의 구상이 교실 공간에서 어떻게 구현될 수 있는지를 프레네 교육의 사례에 기초해 구체적으로 살펴볼 수 있을 것이다.

2. 주체성 형성의 공간으로서 프레네 교실[7)]

7) 여기서 지칭하는 '프레네 교실'은 프레네 자신이 실험했던 교실뿐 아니라 그의 실천원리가 적용된 교실들

(1) 주체집단으로서 교실

프레네는 교실을 '세상 속에서의 집단 행위'라는 생각으로 정치화되는 훨씬 더 능동적인 유산을 우리에게 남겼다(Evans, Cook & Griffiths, 2008: 342). 그는 교실이 집합적 상상력과 참여를 위한 공간이 되기를 기대했다(Bradley, 2012: 898). 집단을 단위로 한 협동 작업은 프레네 교실의 중요한 특징이다. 프레네 교실에서 이뤄지는 수업은 아이들의 여러 활동을 조정하고, 제기되는 어떤 문제를 논의하기 위해 집단으로 모이는 것을 정례적인 토대로 삼는다(Carnie, 2003: 104). 자유 글쓰기를 비롯하여 프레네가 새로운 작업을 위해 고안했던 모든 기술과 도구는 거의 언제나 협력의 조직을 불러온다. 이는 개별적으로 자기 책과 자기 과제와 자기 수업에만 몰두하는 전통적인 접근과 달리 집합적이고 공동체적인 접근을 취하는 것이다. 프레네 교실에서 학생주도의 작업은 동료들과 하는 협동 작업을 통해 완성되고, 그 협동 작업 속에서 모든 아이들의 능력은 서로 보완된다(정훈, 2009: 124-125). 이처럼 프레네는 집단과 함께 작업하는 교육 제도로 개혁하기 위해 애썼으며, 그것을 확대·발전시켜 나갔다. 집단을 강조함으로써 사회적 맥락의 중요성이 전통적 학교 관리자의 권위주의적 기능을 대체하게 되었다. 프레네 당시의 교육 체제는 위에서 부과되는 변경불가능한 교육과정과 교수지침으로 강하게 중심화되고 처방되는 것이 그 특징이었다. 프레네의 작업은 이에 대한 직접적인 반작용이었다(Evans, Cook & Griffiths, 2008: 339).

이는 가타리가 말하는 주체집단의 특성을 공유한다. 가타리의 분열분석적 실천[8]은

전체를 포괄한다. 가타리는 이러한 교실 실험과 관련해 제도권 밖이 아닌 제도권 안에서 이뤄지는 것에 더 관심이 있었다. 그는 저 멀리 있는 권력의 철폐가 아니라 바로 내 옆에 인접해 있는 것들의 (권력화해가는) 작동방식이 욕망해방의 방향으로 나가도록 하는 방식을 찾아내려 했다(윤수종, 2009: 195). 윤수종은 이를 대안교육 실험의 예를 들어 설명한다. "기존의 공교육 배치에 혐오를 느끼는 교사들과 그것에 적응하기 싫어하는 학생들로 짜여진 새로운 배치를 생각할 수 있다. 그러나 가타리는 기존의 공교육 배치 속에서 특이한 교사가 정신지체아들을 교육하면서 기존의 방식과는 달리 좀 더 개방적이고 자율적인 분위기를 만들면서 색다르게 해보려는 방식 같은 것을 더 염두에 둘 것이다(윤수종, 2009: 195)." 이는 제도를 개인 외부에 있는 사회적 불변요소로 보지 않고, 과정이고 창조적 현상이고 의미생성의 활동이나 지원으로 보았던 가타리를 비롯한 당시의 제도주의자들의 입장과도 연결된다.

8) 들뢰즈와 가타리는 모든 욕구가 가족적이기보다는 사회적이라는 것을 논증하면서, 그 사회적 욕구에 접근하기 위한 가장 훌륭한 안내자로서 신경증적인 자아보다 분열증적인 이드를 제시한 바 있다. 그러면서 그들은 정신분석학을 분열분석(schizo-analysis)으로 대체하기를 제안했다(Bogue, 1989: 137). 분열분석은 '모든 사람은 미쳤다' 혹은 '모든 사람은 분열자이다'라는 규정에서 시작되는 분석의 방법론이며, 집단적 분열의 역동적 움직임을 포착하려는 시도로 이루어져있다(신승철, 2011b: 83). 여기서 분열의 순간은 색다른 무엇이 생산되고 창출되는 순간을 의미하며, 사회변혁의 원동력이 되는 특이성 생산을 함의하는 개념이다. 즉 분열은 욕망에 의한 창조와 생성의 또 다른 이름이며, 사회체계의 무시무시한 압력이 만들어낸 병리적 분열 속에서 생산되는 창조적 분열을 뜻한다(앞의 책, 88).

집단을 통해, 그 목적과 수단 모두에서 개인을 해방하도록 고안된 사회적 프로젝트였다. 이는 우리가 교실에 영향을 미치려고 시도하는 것, 예컨대 학생과 교사 간의 권력관계를 와해시키고, 상황짓는 지식을 발생시키는 것과 같은 종류의 변혁과 공명한다. 우리가 학습에서 집단의 역할을 통해 사고하면 사고할수록, 그것은 더욱 더 우리에게 중요한 것이 될 수 있을 것이다(Evans, Cook & Griffiths, 2008: 341). 이와 같이 프레네처럼 집단 활동의 과정으로 교육을 이해하는 것은 가타리가 의미하는 새로운 주체집단들을 존재로 만들어낼 수 있다. 이 주체집단은 우리로 하여금 '세계와 직면해 내가 무엇을 할 수 있는가'라는 질문에서 '우리가 무엇을 할 수 있는가'로 이동하게 한다. 개미들처럼, 우리는 집단 안에서 훨씬 잘 성취할 수 있다(Evans, Cook & Griffiths, 2008: 342). 결국 프레네는 교실을 집합적 참여를 위한 공간으로 설정하고자 했다. 프레네 교실은 각자가 집합적 활동들에 참여하면서 진보하는 것을 가능하게 한다(Meirieu, 2001: 16). 다음 절에 소개된 프레네의 기술과 도구는 주체집단으로서의 교실이 어떻게 그 실천행위를 결집시키고, 그것들이 주체집단을 어떻게 존재로 만드는 힘이 될 수 있는지를 보여준다.

(2) 주체성 형성을 조건화하는 프레네 기술과 도구

프레네 교실은 '주체화의 진보적 장면을 창출하는 즉, 가타리의 멘토인 페르낭 우리가 병영과 같은 학교로 지적했던 것을 극복하는 새로운 형태의 주체성, 돌연변이적인 주체성의 구성(Bradley, 2012: 898, 900)'을 가능하게 하는 실천의 기술과 도구들을 갖추고 있다. 이는 주로 다음의 네 가지 기술과 도구에 초점이 맞춰져 그 가능성이 소개된다(Bradley, 2012; Evans, Cook & Griffiths, 2008; Genosko, 2003; Genosko, 2008). 첫 번째는 학교 밖의 지역과 교제하는 '나들이', 두 번째는 자유롭게 글쓰기 한 것을 인쇄하는 인쇄출판활동, 세 번째는 프랑스와 그 외 지역 학교들의 집단 성원들과 접속할 수 있게 하는 학교 간 교류, 네 번째는 학교의 전 구성원이 참여하는 전체회의다. 아이들과 직접 관련된 문제들에 기초해 학습을 동기화하도록 고안된 이 기술들은 제도로서의 학교가 갖는 경계와 역량을 다시 그리고, 제도로서의 학교에 도전하는 집합적 활동에 기초를 둔다(Evans, Cook & Griffiths, 2008: 339). 여기에 우리는 특히 (재)특이화와 관련하여 자유표현의 기술을 추가하여 살펴볼 수 있을 것이다.

① 나들이

나들이(classes-promenades)는 학교 주변의 경관, 계절의 변화, 식물과 동물, 주변 사람들, 직업 생활 등을 이해하고 경험하게 하는 기회를 제공하는 활동이다. 이는 지역의 삶과 교류하고, 연대하고, 우애를 쌓게 하는 좋은 기회가 될 뿐 아니라, 교실을 학교 밖으로 확장한다는데 의미가 있다(정훈, 2009: 165-167). 나들이를 통해 프레네 교실은 자연적·인간적·사회적 환경과의 단절을 끊고 지역공동체의 연장이 되고, 삶을 향해 열리게 된다. 아이들은 지역공동체로 나가고 지역공동체의 구성원들은 학교로 들어온다. 나들이를 통해 교실은 실제 사회와 동일한 곳으로 고립된 기관이 아니라, 상호 연결되고 상호 의존적이며 상호작용하는 세계가 된다. 또한 교실은 세상 속으로 확장되어 아이들이 삶의 공동체에 참여하고, 타인과 타문화를 더욱 잘 이해할 수 있게 하는 길을 열어준다. 이 점에서 교실은 '세상의 일부'로 기능한다(Acker, 2000: 15-16, 9).

나들이 이후에 학생들은 그와 관련해 연구하고 자유 글쓰기를 진행하며, 이 글쓰기는 지역 활동을 위한 선행 자료가 되기도 한다. 이러한 종류의 실행은 학생들이 더 넓은 무대 위에 위치하게 하는 공간을 창출하게 한다. 결국 나들이는 아이들이 교실을 뛰어넘어 사회, 경제, 환경 영역을 가로질러 지역의 조직들과 협력적으로 일하며, 그들 자신의 주체집단을 창출하고 그들 자신을 넘어선 변화에 영향을 미치게 할 수 있게 한다(Evans, Cook & Griffiths, 2008: 342; 정훈, 2009: 165-167).

② 자유 글쓰기, 인쇄출판활동, 학급 신문, 학교 간 교류

프레네는 자유 글쓰기에서 인쇄출판활동, 학급 신문, 학교 간 교류로 이어지는 일련의 순환을 통해 아이들의 자유표현을 격려하는 강력한 동기부여원을 찾으려 했다.

'자유 글쓰기(Le texte libre)'는 아이들이 선택한 '자유로운 주제에 대한 글쓰기'이자, 쓰고 싶은 것을 쓰고 싶을 때 쓰는 것이며, 외부로부터의 압력 없이 그들 스스로 독자적 주도권을 가지고 만드는 글쓰기 작품이다[9]. 자유 글쓰기는 그 자체로 끝나는 활동이 아니며 여러 후속작업으로 활용된다. 우선 각자의 자유 글쓰기 작품은 교실에서 발표되고 전체 아이들은 그 글을 놓고 내용과 문법, 어휘선택, 구문과 철자의 정확성 등등과 관련하여 글 쓴 당사자와 함께 공동의 작업을 거쳐 수정하게 된다. 다음으로 아이들의 자유로운 투표로 선별된 자유 글쓰기 작품은 공동의 '인쇄출판활동

9) 자유 글쓰기, 인쇄출판활동, 학급 신문, 학교 간 교류에 대한 이하 내용은 정훈(2012)에 기초한 것이다.

(L'imprimerie à l'école)'을 거쳐, '학급 신문(Le jornal scolaire)'으로 만들어진다. '인쇄출판활동'은 아이들의 자유 글쓰기 결과물을 인쇄기를 가지고 직접 인쇄하고 학급 신문으로 출판하는 집합적 협력작업이다. '학급 신문'은 월말에 인쇄활동을 거쳐 특별한 표지로 제본되는 일종의 자유 글쓰기 작품집이자 고학년의 경우에는 실제 신문의 형식을 갖추어 독창적인 형태로 만들어진다. 학급 구성원들이 집합적 작업으로 제작하는 학급 신문은 반 아이들뿐 아니라 교사들, 학부모들, 지역공동체 구성원들에게, 그리고 '학교 간 교류(La correspondance interscolaire)'를 통해 다른 지역의 학급 구성원들에게 배포된다. '학교 간 교류'는 각기 다른 학교에 있으면서 서로 쌍을 이루는 학급들이 우편으로 학급 신문뿐 아니라 편지, 지역의 특산물 등을 주고받는 활동이다. 이러한 자유 글쓰기, 인쇄출판활동, 학급 신문 제작, 학교 간 교류를 거치며 아이들의 관심사는 더 이상 개인적인 관심에만 머무르지 않고, 자신의 학급 친구와 교류하는 친구들에게로 그 관심이 확장된다. 이처럼 프레네 교실은 지역적으로 뿌리내린 학습과 '알려지지 않았지만 알 수 있는 멀리 떨어진 청중들'을 결합한다(Evans, Cook & Griffiths, 2008: 340). 더욱 실험적이고 교육적인 기술은 네트워크와 교제하고 '언제나 동일한 곳으로 되돌아오는 투사(透寫, tracing)와 반대된 것으로서 다양한 입구통로'(Deleuze & Guattari, 1988)를 탐색하면서, 물질 문화의 구축되고 상황짓는 지식들에 더욱 창조적으로 관여하게 하는 공간을 펼친다(Evans, Cook & Griffiths, 2008: 338). 가타리의 멘토인 페르낭 우리는 프레네에 영향을 받아 개인에 의해 의미 있는 관심의 표현을 가능하게 할 뿐 아니라 성공적인 의사소통의 느낌을 실현시키는 개인적이면서도 집합적인 프로젝트로 자유 글쓰기에서 학교 간 교류로 이어지는 일련의 활동을 강조했다. 이는 일종의 교육적인 주체화의 장면을 설정하는 것으로 설명되며, 가타리 역시 이질발생과 특이성, 그리고 집합적으로 구축된 집합체(assemblage)에 대한 공유된 강조 때문에 이러한 프레네의 아이디어에 매료되었다(Bradley, 2012: 899). 가타리에 따르면 공동체의 관계망은 특이한 주체성을 만들어 내며, 공동체는 특이한 주체성을 만들어냄으로써 풍부해질 수 있고, 생성되는 욕망과 접속해서 자신의 모습을 변화시켜 간다(신승철, 2011a: 41-42). 따라서 문제는 책임의 문제가 아니라 주체성 생산이 가능할 만큼 그 공동체의 관계망이 창의적이고 생산적이며 그만큼 욕망이 강렬한가이다(신승철, 2011a: 26). 자유 글쓰기에서 학교 간 교류로 이어지는 일련의 순환은 "그들 자신의 것인 작업을 창조하고, 소유하고, 의사소통하고자 하는 아동이 지닌 욕구를 효과적으로 자극하는

것"(Genosko, 2008: 69에서 재인용)이자, 교실을 넘어 관계망을 확장함으로써 이를 가능하게 하는 하나의 수단으로 기능할 수 있을 것이다.[10)]

③ 협동체의 전체회의

전체회의(conseil, réunion)는 학교의 모든 구성원이 동등한 자격으로 참여해 학교생활의 문제를 논의하고 해결하는 장치다. 의장과 서기가 진행하는 어떤 공식적인 절차를 따르며, 학교에서의 규칙을 정한다. 전체회의는 벽신문[11)]과 함께 민주주의를 체험하게 하는 프레네의 중요한 기술이다(정훈, 2009: 255). 프레네 교육에서 영감을 얻은 페르낭 우리의 가장 지속적인 창조물 중 하나가 바로 매주 열리는 이 협력적인 전체회의였다(Genosko, 2003: 131). 교사는 학생들이 주도하는 전체회의에서 많은 참여자들 중 한명으로만 존재한다. 교사는 어떤 발의에 대해 거부권을 행사할 수 있지만, 그렇더라도 학급은 스스로 방향을 정하는 자발적 집단으로 계속해서 활기를 띤다. 또한 전체회의에서 아이들 각자는 앞으로 불려나와 격렬하게 자신을 변론하거나 궁지에 몰리기도 한다. 전체회의에서 교사 역시 자신의 권위행사에 주의하면서 아이들과 똑같이 자신을 변론해야 한다(정훈, 2009: 168-169; Genosko, 2003: 131). 이는 '자기 자신의 행동을 통제하려고 노력하고 자신의 대상을 분명히 하며 자기 자신의 해명 수단을 만들 수 있는 집단'이자, '자신이 어떤 진술을 한다고 말할 수 있으며 그 안에서 끝없는 문제, 긴장감, 내부투쟁, 분열의 위험 등에 놓아나 티격태격하게 되는' 가타리가 말하는 주체집단의 의미와 같다. 페르낭 우리에게 전체회의는 집단의 눈이자(각 개인의 위반과 성공 등을 목격하는) 두뇌, 그리고 심장이며 어떤 정제된 기계였다. 요컨대 전체회의의는 "새로운 제도들을 창조하고 공동 생활의 환경을 제도화하는 힘(역능)을 갖기 때문에 그 체제의 핵심"으로 작용한다(Genosko, 2003: 131에서 재인용). 이를 통해 프레네 교실의 구성원

---

10) 이 외 주목할 만한 프레네의 집합적 활동의 도구로 '학급용 학습카드(Le fichier scolaire)'와 '학습활동총서(La Bibliothèque de travail)'를 들 수 있다. 학급용 학습카드는 학생들이 주요 흥미에 따라 자발적으로 참고자료를 수집하고, 목록으로 만들어 보관하게 하는 도구이다. 그것은 집합적인 방식으로 계속해서 그 내용이 덧붙여지고 갱신되는 집합적 구축물로 기존 교과서를 몰아내고 그와 동일한 자격으로 사용된다. 초기 프레네 교실에서 학급용 학습카드가 풍부해지면, 그것은 인쇄출판활동을 거쳐 일종의 백과사전과 같은 시리즈인 학습활동총서로 직접 만들어졌다(정훈, 2009: 153).

11) 벽신문(journal mural)은 매주 월요일마다 벽에 붙이는 전지 크기의 종이로, '나는 비판한다', '나는 칭찬한다', '나는 소망한다', '나는 성취했다'는 제목이 달린 네 칸의 세로줄이 그어져 있다. 아이들은 각각의 칸에 자신들이 말하고 싶은 것을 자유롭게 적고, 그 내용들을 매주 열리는 전체회의 시간에 구성원들과 함께 논의한다(정훈, 2009: 255).

들(학생, 교사, 학부모) 모두는 스스로 협력적 공동체를 건설해 가는 주체성을 형성할 수 있게 된다. 교실 구성원들로 하여금 교실의 세계를 창조하고 규정하게 하는 것은 프레네 교실의 중요한 특징이다(정훈, 2009: 231). 프레네의 실천은 그 구성원들이 함께 어우러져 학교의 고유한 문화와 의사소통의 수단을 만들고, 건설적으로 사회를 구성해 가듯 그들 자신의 공동체를 건설해간다는 데서 여전히 '현대성'을 갖는다(Boumard, 1996: 68).

④ 자유 표현

프레네는 각 개인이 자신의 느낌과 감정, 인상과 의심을 자유롭게 표현하는 '자유표현'을 중시했는데, 앞선 자유 글쓰기는 문자로 표현하고자 하는 욕구를 표출하게 하는 대표 기술이었다. 그러나 유치원에서의 글쓰기를 비롯한 그동안의 교육은 아이들을 지배적 기초체계로 포획하고 자본이 자명한 것으로 사용하는 관계틀 및 관념을 따르도록 하여 그들의 욕망자체를 억압해 온 측면이 크다(윤수종, 2009: 49). 이에 반해 자유표현의 기술인 자유 글쓰기는 아이들을 권위에 의해 요구되는 규범이나 역할, 지식을 묵묵히 따르는 것에서 벗어나 자신의 언어로 스스로를 표현할 수 있는 기회를 제공한다. 프레네 교실에서 아이들은 자유 글쓰기 외에도 구두로 표현하고자 하는 욕구는 말하기로, 이미지와 소리에 대한 욕구는 미술과 음악으로, 몸동작과 예술적 창조의 욕구는 연극과 점토작업을 비롯한 수작업으로 다양한 자유표현의 기회를 보장받는다. 프레네 교실에서처럼 아이들이 그림이나 춤이나 노래 혹은 함께 만들기 등으로 자기를 표현할 수 있다면- 그러나 이들 활동 전체가 고전적인 교육의 궁극 목표(사회로의 통합, 인칭론적이고 가족적인 극에 대한 존중)에 체계적으로 수렴되지 않는 방식으로-, 그들의 요강이 어느 정도까지 리비도의 모델화를 피하는 것이 가능해진다(Guattari, 1977: 207). 이러한 자유표현은 유치원 단계에서의 기호적 표현의 다성성(다의성)뿐 아니라 그 이후 단계에서도 개인들이 상대적으로 자율적인 표현수단을 획득하는 조건 형성을 가능하게 할 수 있을 것이다.

> 어린이의 기호적 표현의 다성성(다의성)을 위한 투쟁은 유치원 수준에서 이러한 미시정치에 본질적인 목표인 것 같다. 어린이를 너무 일찍 전형화된 개인으로, 상투화된 인칭론적 모델로 '결정화'하는 것을 거부하기. 이것은 주변인, 일

> 탈자, 반역자 혹은 혁명가를 체계적으로 만들자고 하는 것이 아니다! 따라서 이 경우 문제는 또 하나의 교육을 다른 교육에, 하나의 코드화를 다른 코드화와 대립시키는 것이 아니라, 개인들이 상대적으로 자율적인 -그러므로 여러 가지(국가적, 관료적, 문화적, 조합적, 매스미디어적 등등) 권력구성체의 기술 체계에 상대적으로 회수되기 힘든- 표현수단을 획득할 수 있는 조건을 만들어내는 것이다(Guattai, 1977: 208).

가타리(Guattari & Rolnik, 2007: 58)는 주체성을 경험하는 개인들의 방식이 소외와 억압의 관계 또는 표현과 창조의 관계라는 두 극단 사이에서 흔들린다고 말한다. 소외와 억압의 관계 속에서 개인은 자신이 받아들이는 만큼만 주체성을 따르며, 표현과 창조의 관계 속에서 개인은 그가 특이화라고 부르는 과정을 생산하면서 주체성의 구성요소들을 재전유하게 된다. 결국 자유 글쓰기를 비롯한 자유표현과 인쇄출판활동, 학급신문, 학교 간 교류, 전체회의 같은 집합적이고 창조적인 활동들 모두는 소외와 억압이 아닌 표현과 창조의 관계 속에서 가타리가 특이화라고 부르는 과정을 생산하면서 주체성의 구성요소를 재전유하게 하는 조건을 형성한다.

Ⅳ. 맺음말

지금까지 가타리가 중심 문제로 사유했던 주체성이 집합적 주체성이자 예술적 방식으로 생산되는 특이화된 주체성이며, 그러한 주체성이 '세상 속에서의 집단 행위'와 '자유표현' 등을 특징으로 한 프레네 교실에서의 실천을 통해 현실화될 수 있다는 점을 살펴보았다. 프레네는 자유 글쓰기, 인쇄출판활동, 학급 신문, 학교 간 교류, 전체회의, 여러 자유표현의 기술들을 통해 교실이 지배체제의 모델화의 공간('병영과 같은 학교'로서)에서 벗어나 집합적 상상력과 참여를 위한 공간이 될 수 있음을 보여주었다. 이는 교실을 자신들의 내적 법칙을 가지고 관리하는 주체집단의 성격을 갖게 한다. 동시에 주체집단으로서의 교실은 집단을 단위로 한 구체적인 협동활동과 자유표현의 기술들로 주체성이 출현하기 위한 조건을 형성한다. 이는 기존의 제도화된 교실에서 형성되는 주체성을 다르게 만들기로(즉, 되기로) 향하게 하고, 자율적이고 특이화된 주체성 형성이 가능할 수 있는 하나의 길을 보여준다.

프레네의 실험은 비록 시골에서, 즉 보다 일반적인 프랑스의 사회현실로부터 완전히 단절된 작은 마을에서 비롯된 것이었지만, 그것이 그의 실천이 가치 있는 실험이 되는 것을 방해하지는 않았다(Guattari & Rolnik, 2007: 171). "새로운 모델을 제기하는 것은 이미 사상이나 투쟁적 행동주의의 전문가가 아닌, 새로운 삶의 방식을 실험하는 직접적인 당사자들일 뿐이다(Guattari, 1977: 200)." 당사자인 아이들 각자가 자신의 목소리를 갖고 능동적으로 활동하는 프레네 교실은 아이들이 만드는 하나의 작품이자 그들의 집합적 소유물이며 그들 자신의 것으로(Freinet, 1969), 새로운 모델의 출현이 가능할 수 있다는 하나의 길을 보여준다. 결국 프레네의 실천이 적용되는 교실은 전지구적 기능을 특이화하며, 우리는 프레네 교실에서 보여지는 규범을 벗어난 징후들과 사건들을 잠재적인 주체화 작업의 지표로 볼 수 있을 것이다(Guattari, 1989: 35). 기존의 변혁이론이 지배권력 및 지배장치의 파괴과정과 대체장치들의 건설에 초점을 맞추고 있다면, 가타리는 그러한 장치들의 작동방식들과는 다른 작동방식을 추구하는 색다른 배치, 즉 자신들의 자유의 공간을 만들어나가는 과정에서 구조화되지 않은 주체성을 생산하려고 했다(윤수종, 2009: 197). 이에 우리는 이상 살펴본 프레네 교실을 교육이라는 특수한 영역에서 가능할 수 있는 색다른 배치(또는 당사자들 자신이 만들어가는 자유의 공간)의 예로 해석할 수 있을 것이다. 이는 가족·여성·의료 등의 많은 다른 특수한 영역에서의 소수자운동과 접속하며 지배권력의 모델화에서 벗어나 대안적 삶의 형태를 형성하는 하나의 미시장치로서의 의미를 가질 수 있을 것이다.

끝으로 우리는 이상의 논의에서 최근 더욱 그 중요성이 강조되는 창조성 교육의 한 모델을 시사받을 수 있을 것이다. 가타리는 창조성을 이질발생의 출현을 불가능하게 할 수 있는 독단적인 제도적 실천을 초월하는 방법으로 해석했다(Bradley, 2012: 898). 가타리는 그러한 초월이 (주체)집단을 통해 가능하다는 집단 창조성의 모델을 제시하며, 프레네는 학급 신문과 학교 간 교류 등 집단을 단위로 한 집합적 상상력과 참여의 과정을 거쳐 창조성이 가능할 수 있음을 우리에게 보여주었다. 브래들리(Bradley, 2012: 899)의 말을 빌리면, 이 집합적 창조의 과정은 "2가 3이 되는, 그러나 3이 3이 아닌 더 정확히 3 더하기 n"이 되는 상황을 불러올 수 있다. 3장 2절에서 제시한 인쇄출판활동과 학급 신문, 이질적 타자와 접속하게 하는 학교 간 교류, 집합적인 노력을 통해 함께 만들어지는 갱신 가능한 학급용 학습카드, 연극 등의 집합적 자유표현의 활동들은 집단에 의해 창조되고 계속해서 다른 모습이 될 수 있게 하는 것들이었다. 이 점에서 우리는 계속 새로운 집합적 창조물의 구축을 증식해가는 것을 가능하게 하는 프레네 교실의 실천을 창조성 교육의 한 모델로도 역시 고려해볼 수 있을 것이다.

결국 프레네 교실은 집합적 상상력과 참여가 가능한 주체집단을 통해 교실이 어떻게 자율적이고 특이화된 주체성 생산의 조건이자 주체화 작업의 지표가 될 수 있는지, 그리고 집단적 창조성을 위한 공간으로 활성화될 수 있는지를 보여주는 하나의 참고 모델로 기여를 할 수 있을 것이다.

참고문헌

김겸섭(2002). 들뢰즈/가타리의 주체이론. **문예미학**, 제10권, 215-230.
김정환·강선보(2006). **교육학개론**. 서울: 박영사.
신승철(2011a). **펠릭스 가타리의 생태철학**. 홍성: 그물코.
신승철(2011b). **사랑과 욕망의 영토**. 서울: 중원문화.
윤수종(2009). **욕망과 혁명**. 서울: 서강대학교출판부.
정훈(2012). 프레네 자유 글쓰기의 교육적 의미. **교육과학연구**. 제43집 제3호, 1-25.
정훈(2009). **자발성과 협력의 프레네 교육학**. 서울: 내일을여는책.
황성원(2007). 프레네 교육학의 전개 과정과 현재적 의미. **프랑스학연구**. 제42권, 555-576.
후지다 히데노리(1999). 기로에선 학교: 학교상(像)의 재검토. **처음처럼**. 제16호, 75-98.
Acker, V.(2000). *Célestin Freinet*. Westport & Connecticut: Greenwood Press.
Baillet, D(1995). **프레네 교육학에 기초한 학교만들기**. 송순재·권순주 옮김(2003). 인천: 내일을여는책.
Boumard, P.(1996). *Célestin Freinet*. Paris: PUF.
Bogue, R.(1989). **들뢰즈 & 가타리**. 이정우 옮김(2010). 서울: 중원문화.
Bradley, J.(2012). Materialism and the Mediating Third. *Educational Philosophy and Theory*, Vol. 44, No. 8, 892-903.
Carnie, F.(2003). *Alternative Approaches to Education: a guide for parents and teacher*. London and New York: RoutledgeFalmer.
Evans. J., Cook, I. & Griffiths, H.(2008). Creativity, Group Pedagogy and Social Action: A departure from Gough. *Educational Philosophy and Theory*, Vol. 40, No. 2, 330-345.
Freinet, C.(1994a). *ŒUVRES PÉDAGOGIQUES*. TOME Ⅰ. Paris: Seuil.
Freinet, C.(1994b). *ŒUVRES PÉDAGOGIQUES*. TOME Ⅱ. Paris: Seuil.
Freinet, C.(1980). *Les Techniques Freinet de l'École moderne*, Paris: Armand Colin(1964초판).
Freinet, C.(1969). *APPEL AUX PARENTS*. BEM No. 56-57-58.
(http://www.icem-pedagogie-freinet.org/node/18364에서 인출)
Genosko, G.(2008). Félix Guattari and popular pedagogy. in Inna Semetsky(ed.). *Nomadic Education: variations on a theme by Deleuze and Guattari*. Rotterdam: Sense Publishers, 61-76.

Genosko, G.(2003). FÉLIX GUATTARI: towards a transdisciplinary metamethodology. *ANGELAKI: journal of the theoretical humanities*. Vol. 8, No. 1, 129-140.

Goodley, D.(2007). Towards socially just pedagogies: Deleuzoguattarian critical disability studies. *International Journal of Inclusive Education*. Vol. 11, No. 3, 317-334.

Guattari, F. & Rolnik, S.(2007). **미시정치**. 윤수종 옮김(2010). 서울: 도서출판b.

Guattari, F(1992). **카오스모제**. 윤수종 옮김(2003). 서울: 동문선.

Guattari, F.(1989). **세 가지 생태학**. 윤수종 옮김(2003). 서울: 동문선.

Guattari, F.(1980). 윤수종 옮김(2005). 통합된 세계자본주의와 분자혁명. **진보평론**, 제26호, 266-282.

Guattari, F.(19.7). **분자혁명**. 윤수종 옮김(1998). 서울: 푸른숲.

Guattari, F.(1972). **정신분석과 횡단성**. 윤수종 옮김(2004). 서울: 울력.

Le Grange, L.(2005). Guattari's Philosophy of Environment and its Implications for Environmental Education in (Post)Colonial Africa. *Southern African Journal of Environmental Education*. Vol. 22, 35-45.

Meirieu, Ph.(2001). *Célestin Freinet: Comment susciter le désir d'apprendre?*. Paris: PEMF.

Pesce, S.(2011). Institutional Pedagogy and Semiosis: Investigating the missing link between Peirce's semiotics and effective semiotics. *Educational Philosophy and Theory*, Vol. 43, No. 10, 1145-1160.

"Institutional pedagogy." (http://en.wikipedia.org/wiki/Institutional_pedagogy 에서 인출)

지속가능발전교육: ‘발전’ 비판과 대안을 위한 렌즈[1)]

조 우 진(유네스코 한국위원회)

I. 머리말

‘새천년’이라는 화려한 수식어로 새로운 세기를 맞이한 지도 벌써 10년이 넘었다. 그러나 전쟁, 빈곤, 환경, 인구, 차별 등 범지구적 문제들(global issues)이 여전히 우리의 결단과 협력을 촉구하고 있다.

1980년대 중반 울리히 벡(1997: 21)은 이미 ‘위험사회’를 성찰하며, 산업사회의 기축적인 원리는 재화(goods)의 분배이지만, 반면에 위험사회의 원리는 해악(bads)의 분배라 정의하고, 우리는 과학과 함께 산업이 만들어내는 위험 속에서 일상적인 삶을 살고 있다고 하였다.

기후변화로 인한 자연재해와 원전사고, 생물다양성 파괴 등 헤아릴 수 없는 환경재앙을 겪으며 얻는 무지에 대한 자각, 실물경제의 ‘사용가치’로는 이해할 수 없는 금융경제의 ‘교환가치’ 거래와 그 결과가 주는 무력감과 좌절, ‘20:80의 사회’나 ‘빈곤의 세계화’라 표현하는 사회계층 간 갈등과 격차로부터 오는 분노와 절망. 범지구적 문제들은 인류 대다수에게 긍정적이기 보다 부정적인 표상으로 다가와 각인되고 있다.

이런 점에서 ‘21세기국제교육위원회(International Commission on Education for the Twenty-first Century: ICEC)’가 유네스코에 제출한 보고서에서 ‘진보는 환멸을 수반했다’고 비판한 것을 이해할 수 있다. 이 보고서는 그 근거로 부유한 나라에서 나타난 실업의 증가와 배제된 인구수의 증가를 제시하고, 그것은 전 세계를 통한 발전의 계속적인 불평등임을 주장한다. 유엔무역개발협의회(United Nations Conference on Trade and

---

1) 이 글은 「국제이해교육연구」 7권 1호(2012.6)에 실렸던 논문의 일부를 수정, 보완한 것이다.

Development: UNCTAD)의 연구에 따르면, 약 5억 6천만 명에 달하는 최저개발국 인구의 평균수입은 떨어지고 있으며, 그 추정수치는 개발도상국의 US$ 906와 선진국 US$ 21,598에 비교했을 때, 1인당 연간 US$ 300에 지나지 않는다고 한다. 이는 하루 US$ 1에도 미치지 못하는 것이다. 또한 인류가 자연환경이 처한 위험을 점차 인식하고 있긴 하지만, 자연자원의 공정한 배분과 고갈의 문제는 여전히 심각한 상태이다. 따라서 전면적인 경제성장은 인간조건에 대한 존중, 미래세대에게 좋은 상태로 물려주어야 할 자연자산에 대한 존중, 그리고 평등 같은 것들과 물질적 진보를 화해시키는 이상적인 수단으로는 더 이상 간주될 수 없음을 주장한다. 그러므로 지속가능발전의 목적과 방법 그리고 새로운 형태의 국제협력과 관련해서 이러한 것이 주는 모든 시사점을 우리는 결코 파악하지 못하고 있기에, 이 논제는 21세기의 주요한 지적·정치적 도전의 하나를 구성하게 될 것이라고 말하고 있다(ICEC, 1997: 15-16).

> 우리는 '지속가능한 미래'를 건설하기 위해 행동에 나서야 합니다. 민주주의와 형평성, 사회정의, 평화, 그리고 우리와 자연환경의 조화, 이 모든 것은 끊임없이 변화하는 이 세계에서 최우선 과제가 되어야 합니다. 우리는 '지속성'의 개념이 우리가 살아가는 방법, 우리가 몸담고 있는 국가와 공동으로 이끌어가는 방법, 나아가 지구 전체 차원에서 우리가 상호교류하고 통합하는 방법이라고 확신을 가지고 받아들여야 합니다. (중략) 우리가 반드시 극복해야 할 가장 어려운 난관은 무엇보다도 바로 우리의 사고방식을 개혁하는 일일 것입니다. 우리가 살고 있는 이 세계를 특징짓고 있는 것들, 즉 갈수록 심화되는 복합성과 급속한 변화 그리고 예측 불가능성에 대응하기 위해 우리의 사고방식을 변화시켜가야 합니다(Morin, 2006: 7-8 재인용).

유엔이 2002년 제57차 총회에서 '유엔 지속가능발전교육 10년(UN Decade of Education for Sustainable Development, 2005-2014: UN DESD)을 결의문으로 채택하고, 잇달아 제 58차 및 제 59차 총회에서 국제사회와 회원국의 관심을 촉구한 것은 주목할 만한 일이었다. 또한 유엔 체제의 교육, 과학, 문화 분야 전문기구인 유네스코(UNESCO)를 선도기관(lead agency)으로 지정하고, UN DESD를 위한 국제이행계획(International Implementation Scheme: IIS)을 마련하도록 한 것은 유네스코 집행이사국으로 참여하고 있는 우리나라가 국제교육협력 분야에 반영해야 할 국제교육의제로서 '지속가능발전교육'에 더 큰 관심을 갖게 한다.

더욱이 2000년 유엔이 지정한 새천년개발목표(Millenium Development Goals: MDGs)가 2015년까지 현실적으로 성취될 가능성이 희박해 보이는 상황에서, 유엔체제를 중심으로 하는 국제사회는 새천년개발목표 이후(Post-MDGs)의 후속조치, 현 의제의 수정, 혹은 새로운 의제 발굴 등 고민을 안고 있다. 실제로 유엔체제에서는 새천년개발목표 이후의 의제를 2012년 6월 리우+20회의에서 논의된 '지속가능발전목표(Sustainable Development Goals: SDGs)'와 통합적으로 마련하려는 움직임을 보이고 있다. 이런 점에서 향후 SDGs가 Post-MDGs 의제로서 보조적인 역할을 하든, 대체하는 주된 의제로서 역할을 하든 국제사회의 지속가능발전(Sustainable Development: SD)에 대한 관심은 당분간 유지될 것으로 보인다.

국내 사회의 최근 동향에서도 국제교육의제로서 지속가능발전교육은 새롭게 주목할 필요가 있다. 우선, 국제 활동과 관련된 필요로서 공적개발원조(Official Development Assistance: ODA)에 대한 관심과 활동의 확산을 들 수 있다. 잘 알려진 바와 같이, OECD DAC 가입 이후 우리나라는 국제사회에서 주목받고 있는 공적개발원조 분야의 대표적인 신흥 공여국가 중 하나이다. 그런데 국제개발협력은 자연스레 공여국과 수원국의 발전 또는 개발에 대한 현 격차는 물론, 미래에 대한 인식의 격차를 간과할 수 없다. 뿐만 아니라 지구적 차원의 지속가능성을 점점 외면하기 어려워지고 있다.

또한 일본 후쿠시마 원전사고에 이어 우리나라에서 발생한 고리 1호기 원전사고는 원자력발전에 대한 국민의 관심을 확산시키고 있다. 체르노빌의 악몽을 잊어가던 많은 사람들이 이제 '우리' 혹은 '나'의 일일 수 있다는 위기의식을 더 많이 갖게 되었다. 아마도 후쿠시마 원전사고와 같은 일이 중국에서 발생했다면, 그 피해와 혼란은 생각만 해도 끔찍하다. 이미 심각한 황사와 미세먼지 현상으로 주의보나 경보를 체험하고 있는 우리나라에서 중국에서 원전사고가 일어났을 경우, 어떤 반응을 보이게 될까? 그리고 사막화 현상을 우려해 나무심기나 숲 조성 사업과 같이 어떠한 사후활동이 가능할까?

'지속가능발전'과 '지속가능발전교육(education for sustainable development: ESD)'이라는 국제사회의 의제에 대해 한국사회가 대내외적으로 소홀히 할 수 없다는 것은 더 이상 말하지 않아도 좋을 것이다. 이제 우리는 국경을 넘어, 지구시민으로서 지속가능한 미래를 향해 나아갈 수 있도록 더욱 적극적인 비판적 성찰을 통해 능동적으로 논의와 실천에 참여하는 것이 마땅할 것이다.

이러한 관점에서 본 연구는 '발전(development)' 개념에 대한 이해와 비판에서 출발하고자 한다. '지속가능발전은 왜 국제사회의 의제가 되었는가?'라고 물었을 때, 그것은 발전에 대한 회의(懷疑)를 요구하기 때문이다. 그리고 지속가능발전을 지속불가능발전에 대한 하나의 대안(代案)으로 이해하며, 국제사회에서 가장 널리 인용되고 있는 지속가능발전의 정의(定義)와 함께 '세계환경발전위원회(World Commission on Environment and Development: WCED)'가 제시한 두 가지 핵심 개념을 분석함으로써 지속가능발전이 지구사회의 윤리적 규범임을 확인하고자 한다. 또한, '지속가능발전교육 렌즈(ESD Lens)'라는 은유(隱喩)를 통해, 지속가능발전교육 역시 지속가능발전이라는 현 국제사회의 규범적 개념을 이해하고 실천하기 위한 윤리적 성찰을 요청하고 있다는 점에 초점을 맞추고자 한다.

Ⅱ. '발전' 이해

지속가능발전 혹은 지속가능발전교육이 국제사회의 의제로 등장한 배경을 고려할 때, 그 개념 논쟁에서 가장 중요한 것 중 하나는 발전 또는 개발이라 번역되는 'development'를 어떻게 이해할 것인가이다.

사전에 따르면, 개발이란 1) 토지나 천연자원 따위를 개척하여 유용하게 만듦, 2) 지식이나 소질 등을 더 나아지도록 이끄는 것, 3)산업이나 경제 등을 발전하게 함, 4) 새로운 것을 고안해 내어 실용화함이라 한다(민중서림 편집부, 2010: 89). 한편, 발전이란 1) 더 낫고 좋은 상태로 나아감, 2) 일이 어떤 방향으로 전개됨을 말한다(민중서림 편집부, 2010: 943).

그런데 문제는 발전이나 개발이란 용어가 대부분 긍정적으로만 받아들여진다는 점이다. 환경 문제의 심각성에 대한 인식이 확산되면서 개발에 대해서는 주저하는 경향도 있으나, 여전히 발전이라는 용어에 대해서는 무비판에 가깝게 특히, 경제성장이란 측면에서 가장 우선적으로 지향해야 할 가치로 인식하는 경우가 대부분이다.

김태경(2006)에 따르면, 시간이 지나면서 환경 관련 학자들을 중심으로 "왜 'development'를 '개발'이라는 의미로 해석해야 하는가?"라는 논의가 있었고, 그 결과 환경적으로 건전하다는 것은 생태와 조화되는 것이기에 개발이라는 표현에 연연할 수 없다고 판단하여, 환경적으로 건건한 것이 곧 발전이라는 반성 차원에서 '개발'이 '발전'으로 바뀌어 사용되어 왔다고 한다.

오제키 슈지(尾關周二) 등(2007)은 『환경사상 키워드』에서 발전 개념의 변천을 다음과 같이 정리하였다. 1960년대 미국 주도 아래 '유엔 개발 10년 계획'이 채택되어 개도국 경제성장에 대한 지원이 세계은행(WB)과 국제통화기금(IMF)을 통해 추진되었다. 그런데 이 과정에서 개도국의 경제적 종속은 강화되고, 국내의 빈부격차는 확대되었다. 1966년 유엔개발계획(UNDP)이 설립되어 좁은 의미의 개발주의를 반성하고 발전 개념을 확대해 인간 생활의 질적 향상과 기본적으로 필요한 충족을 바탕으로 하는 이해가 등장했다. 그리고 1970년대 말부터 UNDP에서는 '인간의 발전(human development)'이라는 개념이 중시되기 시작했다는 것이다. 그것은 '인간이 가진 모든 능력의 충분한 개화'를 의미한다. 또 '발전에 대한 권리'가 검토되기 시작해, 1986년에는 유엔에서 '발전 권리에 관한 선언'이 채택되었다. 그 권리는 "인권과 기본이 되는 자유를 실현할 수 있는 경제적, 사회적, 문화적, 정치적 발전에 참가하고 그것을 향유할 권리"라고 정의되었다. 그 기본 요소에는 건강, 생활수준의 확보, 지식과 문화의 획득, 생활을 위한 자원의 획득, 자존심과 인권의 보장 등이 포함되어 있다고 한다.

『발전사전(Development Dictionary)』의 편집자인 볼프강 작스(Sachs W., 1992)는 서문에서 우선 양차 세계대전 이후 식민지배로부터 벗어난 남반구 대부분의 국가들은, 민주주의 체제이든 독재 체제이든 가장 우선적인 열망으로 선택한 것이 바로 발전이라며, 그 후 약 반 세기 이상을 인류가 구성하고 있는 국제사회 공동의 비전이자 지향점으로 그 역할을 수행했다고 본다. 하지만, 그러한 발전은 점점 그 문제점을 드러내며 비판과 논란의 대상이 되고 있다고 지적한다. 그리고 발전을 '마음의 특별한 주조물(a particular cast of mind)'이라 설명한다.

임현진(1996)은 발전의 사상은 서구에서 봉건주의 잔재에 대한 부르주아의 투쟁 속에서 싹튼 것으로 보고, '저개발(underdevelopment)'이란 용어를 사용한 1949년 트루만 취임 연설 이후를 '발전의 시대'라고 한 작스의 표현을 인용하며, 1950-60년대는 경제 영역과 사회 영역을 별개로 간주하고 양자를 조화시키면 될 것이라는 '낙관주의의 시대'로 본다. 이어 1970년대에서 1980년대까지는 양 측면을 결합하려는 시도와 함께 국제노동기구(ILO)의 '기본적 필요 접근방식(Basic Needs Approach)'과 유네스코의 '자생적 발전(Endogenous Development)'을 소개하며 '발전의 두 번째 단계'라 한다. 그리고 1980년대를 한국을 포함한 신흥발전국의 비약적 성장에도 불구하고 전 세계적으로 과거의 성취를 잃어버린 '발전의 잃어버린 10년'으로 간주하고, 1990년대 이후를 세계시장의 발전 속에 '국제경쟁력 강화'로 표상되는 무한경쟁의 '재발전' 시대로 분류하며, '지속가능발전'은 인간의 적절한 선택기회 확대를 목표로 하는 '인간발전(human development)'과 함께 '재발전' 시대에 포함시키고 있다.

연구자 역시 발전의 긍정적인 사전적, 언어적 의미 자체를 부정할 수는 없다. 그러나 2000년대 이후 현재 지속가능발전 개념은 무한경쟁 논리 속에 있는 지구화의 흐름 속에서 '재발전' 시대의 영향을 받으면서도 동시에, 이에 저항하는 '대안적(alternative)'의 의미가 담겨 있다는 것이다.

특히, 기존의 발전이 이룬 눈부신 과학기술과 산업의 성과가 함께하고 있는 정치경제적 불평등 및 생태적 위기는 비판적 사고를 불러 일으켰다고 생각한다. 다시 말하면, '발전의 시대'의 발전이란 결국 현 인류에게 물질적 풍요와 편의를 체험할 기회를 제공했다는 성과에도 불구하고, 지속적인 인류의 이상과 비전으로 제시하기에는 무리가 있다는 것을 인정하지 않을 수 없다는 것이다.

Ⅲ. '발전' 비판

'세계체제론'으로 잘 알려진 월러스틴(Immanuel Wallerstin)은 발전이라는 지구문화는 다음과 같은 세 가지 신념으로 구성되어 있다고 한다(유네스코한국위원회, 1997: 65 재인용).

① 현재 또는 앞으로 국제연합 구성원인 국가는 정치적으로 독립국이며 적어도 잠재적으로는 경제적으로 자주적인 국가이다.
② 그 국가들은 각기 자기 민족 '문화'를 가지고 있으며, 실제 그 문화는 유일한 것이거나 또는 주요하고 본원적인 의미에서 유일한 문화이다.
③ 그 국가들은 제각기 계속적으로 '발전'할 것이다.

여기에 대한 그의 비판은 이러하다. 첫 번째 주장인 독립 국가의 정치적 주권과 경제적 자주성은 아주 강력한 군사력을 가진 국가도 포함해서 매우 모호한 것이다. 한 국가에 유일한 민족 '문화'가 존재한다는 두 번째 주장은 진실성에 대해서는 그와 같이 지적할 수 있는 무엇인가가 있는 것은 틀림없지만 그러한 민족 '문화'는 결코 일관성 있고, 잘 정의된, 그리고 비교적 변화하지 않는 행동양식이라고는 할 수 없으며, 오히려 구축된 또는 재구축된 신화에 불과하다. 세 번째, 자본주의 세계경제 틀 안에서 국가적 발전 가능성을 모든 국가에 적용시키는 것은 한마디로 불가능한 일이다. 이것은 아무 국가도 발전할 수 없다는 뜻이 아니라 현 체제 안에서 모든 국가가 동시에 발전할 수 있는 길이 없다는 뜻이다. 이 점이야 말로 '지속가능발전', 즉 실제적이고 지속적인 그리고 통계적인 허상이 아닌 어떤 것을 이야기하는 이유이기도 하다고 말한다(유네스코한국위원회, 1997: 66-67 재인용).

한편, 작스는 환경 문제와의 관계 속에서 '발전' 개념 비판에 그치지 않고 '지속가능발전' 개념을 비판한다. 1972년 스톡홀름 회의를 통해 본격적인 국제 의제로 등장한 '환경'은 스웨덴에 의해 처음 제안되었는데, 스웨덴은 발틱 지역의 산성비 오염, 어류와 조류에 중금속 함유 및 살충제 수준을 걱정하고 있었다. 산업폐기물이 국경을 넘었고, 우발적으로 일어나기도 했다. 이 모든 것은 자체적으로 해결될 수 없었다. 따라서 새로운 범주의 문제가 등장했으니 이것이 지구문제(global issues)였던 것이다. 그 시대는 또한 전후 대부분의 국가가 경제성장을 최대화하려는 시대이기도 했다. 따라서 상호 관련된 세계체제에 대한 개념이 논의되기 시작했다는 것이다. 그러나 1970년대 '성장의 한계'는 경제성장을 이겨낼 수 없었다고 본다. 특히, 스톡홀름에서 보여준 제3세계 정부들의 강박관념에 가까운 경제성장에 대한 요구와 산업화를 통한 성장이라는 성장방식의 경직성은 환경 문제를 우선시할 수 없는 상황을 연출했다는 것이다. 이런 배경에서, 빈곤은 환경을 고려한 지속가능발전의 장애가 된다는 입장을 표명한 브룬트란트 보고서의 입장은 결국 "'지속가능성' 없는 '발전'은 없고, '발전' 없는 '지속가능성'은 없다"는 새로운 형식을 만들어,2) '환경' 문제로 인해 위기에 처했던 '발전'에 새로운 활력을 불어넣었다고 주장한다(Sachs, 1992: 27-29).

작스의 비판이 너무 거칠다면, 지속불가능한 발전의 가장 큰 원인으로 비난 받고 있는 경제 부문 내에서의 발전에 대한 다른 논의는 없을까? 사실 경제 부문은 여전히

2) 'No development without sustainability; no sustainablility without development' is the formula which established the newly formed bond(Sachs, Wolfgang ed., 1992: 29).

현 신자유주의적 세계화의 흐름 속에서 가장 전면에 서 있으며, '발전'을 '경제성장'과 동일시하는 흐름은 아직도 가장 강력하다고 말할 수 있다. 하지만, 모든 경제학과 경제 분야의 활동이 환경 및 사회와 맺고 있는 윤리적 관계에 대해 무관심한 것은 아니다.

그런 의미에서, 센(Amartya Sen)의 『자유로서의 발전』은 특히 경제학 내에서 경제와 사회정치적인 관계를 이해하고, 지속가능발전과 관련 속에서 경제학 내의 논쟁을 더욱 끌어낼 수 있다는 점에서도 높이 평가할 수 있을 것이다.

그에 따르면, 발전이란 인간이 향유하는 실질적 자유를 확장시키는 과정으로 볼 수 있다. 그리고 이렇게 인간의 자유에 초점을 맞추는 것은 GNP 증가나 개인소득 증가, 산업화나 기술 진보, 또는 사회의 근대화로 규정하는 협의의 발전과 대조된다고 한다. 또한 발전을 실질적인 자유의 확장으로 보는 관점은, 단지 발전 과정에서 두드러진 역할을 수행하는 몇몇 수단이 아니라 발전을 중요하게 만드는 궁극적 목적에 주의를 기울이게 한다.

이러한 발전은 부자유의 주요 원천, 곧 빈곤뿐만 아니라 압제, 빈약한 경제적 기회뿐만 아니라 국가의 과도한 억압과 같은 것들의 제거를 필요로 한다. 전례 없는 전반적 풍요에도 불구하고 현대 세계에는 과반수가 넘는 많은 사람들의 기본적인 자유마저 부정되고 있다. 때때로 실질적 자유의 결핍은 경제적 빈곤과 직접적인 관련이 있다. 경제적 빈곤은 굶주림을 면하고, 충분한 영양을 공급받으며, 치유가능한 질병에 대한 치료를 받고, 적절한 옷과 주거를 제공받고, 또한 깨끗한 물과 위생적인 시설을 누릴 자유를 박탈한다는 것이다. 그리고 더 나아가 자유의 침해는 권위주의적 정권에 의한 정치적 권리와 시민권의 부인 및 공동체의 사회·정치·경제적 생활에 참여할 자유의 제한에 직접적으로 기인한다고 주장한다(Sen A., 2001: 19~20).

그는 발전을 '진정한 자유가 확장되는 과정'으로 본다. 실질적 자유는 기아, 영양실조, 예방 가능한 질병, 조기사망과 같은 박탈을 피하는 것뿐만 아니라 비문해의 탈피와 계산 능력의 획득, 정치적 참여와 자유로운 발언 등과 관련된 자유와 같은 기초적인 능력을 포함한다는 것이다(Sen, 2001: 58-64).

발전이 새로운 패러다임을 향해 가야하는 것은 분명해 보이지만, 현실은 여전히 그렇지 못하다. 긴급한 지구적 문제들을 다루는 노력은 '전통적' 방식이라고 할 수 있는 것에 의해 계속 주도되고 있다. 빈곤 완화에 가장 좋을 수 있는 경제성장 유형과 국가정책이 어떻게 그런 성장 유형을 증진시킬 수 있는가에 초점이 맞춰져 있다. 여전히 발전이란 개념이 산업사회 이데올로기의 핵심인 것이다. 한마디로 빠른 경제성장을 통해 빈곤 감소를 이룰 수 있다는 주장이다. 파이(pie)를 키워야만 빈곤을 해결할 수 있다는 논리를 그대로 유지하고 있는 것이다.3)

많은 사람들은 현대의 기술과 경제성장이 확대일로의 번영을 보장할 것이라고 믿고 있다. 또한 모든 국가는 선진국들과 같은 길을 가게 될 것이라는 점을 당연시한다. '후진'이나 '저개발'이라는 딱지는 한층 현대적이거나 선진적인 것으로 인식되는 것을 받아 들여야 한다는 엄청난 심리적 압박을 일으킨다. 자원의 한계와 현재와 같은 사회, 환경의 여러 가지 위기상황을 면밀하게 살펴본다면, 기존의 발전에 대한 믿음은 터무니없는 허구임을 알 수 있다. 하지만 인간은 자연계를 어느 정도는 이해할 수도 통제할 수도 있다. 오히려 생활필수품을 얻기 위해 결국 기댈 수밖에 없는 대상은 기술이 아니라 자연계의 여러 가지 작용이다(양혜림, 2007: 167 재인용). 과학기술은 그러한 자연계의 유지와 작용 위에서 의미를 가질 수 있는 것이다.

Ⅳ. '지속가능발전'의 두 가지 핵심 개념

지속가능발전이 기존 발전 개념에 대한 윤리적 성찰을 바탕으로 한 대안적 성격을 지닌 것임을 이해하기 위해, 흔히 브룬트란트위원회라 불리는 세계환경발전위원회가 제시한 지속가능발전의 두 가지 핵심 개념(two key concepts)을 살펴보는 것이 유용할 것이다.

윤리란 한 윤리공동체 내 타자(他者)를 전제하며, 관계의 문제이다. 즉 한 인간의 의도와 행동이 다른 한 사람 혹은 여러 사람들의 고통과 즐거움에 어떤 영향을 주는지 비추어 보고 생각하고, 평가하는 관점이다. 그런데 대부분의 윤리규범은 인간집단에 의해 인위적으로 만들어진 문화적 산물이며, 따라서 규범은 공간과 시간, 지역과 역사, 사회와 문화에 따라 가변적이다(박이문, 2002: 28-35). 그러므로 서로 다른 윤리공동체 간에 '지속가능발전'이라는 지구문제를 해결하려면 상호이해를 바탕으로 보편성을 획

---

3) 장하준(2009: 185)은 부자들에게 더 큰 파이 조각을 주면 결국에는 전체 파이가 커지고, 큰 부가 아래로 흘러내려 결국 가난한 사람들에게 스며든다는 이른바 트리클다운(trickle down) 현상이 조금씩 일어날 수는 있으나 그것을 시장에 맡겨 두면 그 효과는 미미하기 때문에 결국 부자를 더 부자로 만든다고 우리 모두 부자가 되는 것은 아니라고 주장한다.

득할 수 있어야 한다. 약육강식의 현실 속에서 보편성 획득이라는 시도가 매우 위험할 수도 있다는 우려가 있으나, 지구문제 해결을 위한 과정에서 현재와는 다른 지구적 윤리 규범의 변화 혹은 진화는 필수적이라 생각한다.

그러므로 발전에 대한 비판의식을 바탕으로, 지구화의 흐름 속에서 각각의 공동체가 관계를 확대해감에 따라 지구적 차원의 윤리공동체를 형성하게 되었고, 이런 배경으로 지속가능발전이란 지구적 윤리 규범이 등장했다고 말할 수 있다.

현재까지 국제사회가 가장 널리 수용하고 있는 지속가능발전의 정의는 바로 "미래 세대가 그들의 필요를 충족시킬 능력을 저해하지 않으면서 현재 세대의 필요를 충족시키는 발전"이다. 그런데 일반적으로 이 정의가 실린 세계환경발전위원회 보고서가 밝힌 지속가능발전의 두 가지 핵심 개념에 대해서는 별로 주목하지 않는 것 같다. 동 보고서가 제시하고 있는 두 가지 핵심 개념은 다음과 같다(WCED, 2005: 87).

1) 욕구의 개념, 특히 세계의 가난한 사람들의 필수적인 욕구(essential needs). 여기에 일차적인 우선권이 부여되어야 한다.
2) 기술과 사회조직의 상태가 현재와 미래의 욕구를 충족시킬 수 있는 환경 능력에 미치는 한계(limit)의 개념.

위 두 가지 핵심 개념을 필수적인 욕구의 개념과 한계의 개념이라 할 때, 우리는 두 개념으로부터 지속가능발전에 관하여 다음과 같이 논의를 발전시킬 수 있다.

첫째, 지속가능발전의 대안적 성격은 적어도 두 가지 전제를 기초로 하고 있다. 하나는 인간에게는 충족시켜야 할 필수적인 욕구가 있다는 것이며, 다른 하나는 이를 충족시킬 수 있는 환경(조건)에는 한계가 있다는 것이다. 이 두 가지 전제가 두 핵심 개념을 구성한 것이다. 그리고 이 두 핵심 개념이 제시되었다는 것은 기존의 발전에서 이 두 핵심 개념이 반영되지 못했거나 적어도 매우 위태롭다는 의미이다. 즉, 일차적인 우선권이 부여되어야 할 가난한 이들의 필수적인 욕구가 충족되지 못한 상황이 더욱 악화될 수 있고, 기술과 사회조직의 발달이 환경에 미치는 영향이 한계를 넘어 지구사회 전체가 위태로운 상황으로 가고 있다는 진단이라 할 수 있다. 따라서 우리는 지속가능발전의 두 가지 핵심 개념에서 가난한 이들과의 관계로부터, 그리고 그들의 필수적인 욕구를 충족시켜줄 조건들과의 관계로부터 윤리적 성찰을 요청받고 있는 것이다. 물론 여기서 말하는 필수적인 욕구가 소비사회가 조장하는 욕망이나 타인에게 피해를 입히기까지 하는 탐욕과 구분해야 하는 것임은 분명하다.

둘째, 지속가능발전이 미래세대를 위한 이념이기에 현실적으로 별로 주목 받기 어렵다는 비판은 오해에서 비롯된 것이다. 특히, 두 핵심 개념 중 일차적인 우선권이 부여되는 욕구의 개념은 더불어 살고 있는 현세대를 배제하는 개념이라고 보기 어렵다. 그러므로 지속가능발전 개념은 시간적으로 미래만을 바라보는 것이 아니라 현재와 미래를 동시에 바라보며, 그러기 위해 과거의 역사까지 성찰할 수 있는 개념으로 이해할 필요가 있다. 흔히 국제의제를 이해할 때, 공간 범주를 중심으로 이해하는 경향이 있다. 지역사회(community), 지방(local), 국가(national), 지역(regional), 국제(international) 혹은 지구(global) 수준으로 확장하며 다층적 관계를 종합적으로 이해한다는 의미이다. 하지만, 이제 우리는 공간과 함께 시간에 대해서도 다층적 관계를 이해할 필요가 있다. '발전' 문제와 '역사' 문제를 분리시키기 어려우며, 역사란 과거, 현재, 미래의 상관성을 기초로 하는 것이기 때문이다. 이런 점에서 지속가능발전은 현 인류에게 역사 앞에서 떳떳할 수 있는 윤리적 선택이 필요한 시점임을 말하고 있는 것이다.

셋째, 두 가지 핵심 개념은 국제사회의 여러 가지 관련 의제들과 연계해 종합적으로 인식할 것을 요청한다. 즉, 욕구의 개념은 빈곤, 인권, 평화와 같은 주제들, 그리고 한계의 개념 역시 환경, 과학기술, 사회제도와 같은 주제들과 밀접한 관계를 맺고 있으며, 이러한 관계들은 서로 매우 중첩적으로 얽혀 있다. 예를 들면, 평화, 인권, 발전과 같이 넓은 의미가 가능한 개념들은, 좁은 의미로 상대적으로 구분하여 사용할 수도 있지만, 서로 중첩되는 영역을 지닐 수밖에 없다. 또한 충족시키기 위해 우선권이 부여되는 욕구의 개념을 지속가능발전의 목적이라 하면, 발전이 지속가능해야 한다는 한계의 개념은 지속가능발전의 조건이라 할 수 있다. 이러한 구조화는 우리가 지속가능발전이 지향하는 '더 낫고 좋은 상태'가 무엇인가에 대해 더 구체적으로 인식하는데 매우 유용한 것이다. 따라서 지속가능발전의 목적과 조건의 구조를 바탕으로 윤리적 성찰을 시도할 때, 특히 지속가능발전의 주요 세 영역으로 논의되는 경제, 사회, 환경 부문의 윤리적 관계를 종합적으로 이해할 필요가 있다.

V. 지속가능발전교육 렌즈(ESD Lens)

유네스코가 회원국들의 의견을 모아 작성한 UN DESD 국제이행계획에 따르면, 지속가능발전교육(ESD)이란 "모든 사람들이 교육의 혜택을 누리며, 지속가능한 미래와 긍정적 사회 변혁을 위해 필요한 가치, 행동, 생활방식을 배울 수 있는 기회가 있는 세상"을 지향한다고 서술하고 있다(유네스코한국위원회, 2008: 18).

한편, 2008년 작성한 지속가능발전에 관한 괴텐베르크 권고안은 지속가능발전교육의 목적을 "현세대와 미래세대의 공동선을 위한 지속가능한 미래에 기여하도록 교육을 재정향하는 것"이라 명시하였다.

또한, 유네스코 UN DESD 중간 검토를 위해 발스(Arjen Wals)의 집필을 통해 발간한 『지속가능발전교육: 맥락과 구조의 검토』에서는 "지속가능발전교육은 지속가능성의 근간이 되는 이상과 원칙을 기반으로 한 학습과정이며, 모든 수준과 형태의 교육과 연관되어 있다. 지속가능발전교육은 양질의 교육을 제공하고, 지속가능한 인간발전을 증진하기 위해 5개의 기본적 학습형태, 즉 알기 위한 학습, 행동하기 위한 학습, 존재하기 위한 학습, 함께 살기 위한 학습, 자신과 사회를 변화시키기 위한 학습을 지원한다(Wals, 2009: 28)"고 설명하였다.

지속가능발전교육에 관한 정의나 개념은 지속가능발전 만큼이나 다양하다고 말할 수 있다. 또한 그 정의나 개념 역시 지속가능발전 만큼이나 광범위하고 종합적이어서 교육 영역에서 실제적으로 이해하고 적용하기 쉽지 않은 것 또한 사실이다.

이런 난점을 극복하고, 가능한 한 현재의 교육 내용과 과정에 부담을 주지 않을 수 있는 방안으로 우리는 '지속가능발전교육 렌즈(ESD Lens)'라는 은유를 활용할 수 있다. 이것은 새로운 눈으로, 즉 '지속가능발전교육의 눈'으로 다시 보기를 시도한다는 의미이다. 렌즈는 여러 가지 의미를 갖는다. 예를 들면, 사진기의 렌즈는 순간을 포착한다. 현미경의 렌즈는 미세한 세계를 보여준다. 망원경의 렌즈는 보이지 않는 먼 곳을 볼 수 있게 한다.

이 외에도 다양한 렌즈의 기능을 생각하면 국가 수준에서 지속가능발전교육 렌즈는 지속가능발전을 향한 교육 정책과 실천을 검토하기 위한 도구들을 제공하는데 초점을 맞추어 다각도로 활용할 수 있다. 또한, 환경, 사회, 경제라는 지속가능발전의 주요 세 영역에 대한 전체론적인 접근과 함께, 일상적인 삶에서 지구공동체의 현상에 대한 지속가능발전의 관점을 가질 수 있도록 하는 것이다.

이러한 관점에서 ESD 렌즈를 윤리적인 것으로 이해할 때 적용할 수 있는 두 가지 예를 들어보자. 먼저, 예거(Jill Jäger)는 왜 세계의 자원 소비는 끊임없이 증가하며, 이러한 경향을 낳는 원인은 무엇인가에 대한 의문을 제기하며, 우리 시대의 발전을 이끄는 원동력을 다음과 같이 네 가지로 설명한다(Jäger, 2010: 146-156 참조).

첫째, 우리 시대의 경제는 자연의 가치를 저평가하고 있다. 그에 따라 에너지와 원자재의 가격에 '진정한' 생태 비용을 포함시키지 않고 있다. 경제에서 말하는 부가가치가 오로지 인간이 제품에 투여한 것, 즉 인간이 창출한 가치만을 의미한다는 사실이야말로 우리가 자연을 다루는 방식에 커다란 영향을 끼친다. 우리가 자연에서 가져오는 원자재, 에너지, 물이 그 자체로는 경제 시스템에서 아무 값을 가지지 않기 때문이다. 우리가 자연을 물 쓰듯 하는 것은 이 같은 사고방식 탓이 크다. 희소성의 가치도 생각해보면 이러한 사고방식 다음의 문제이다.

둘째, 끝없는 경제 성장의 또 다른 원인은 바로 화폐(혹은 이윤) 중심의 경제가 오로지 단 한 가지 목적, 즉 돈을 버는 데에만 주력한다는 사실에 있다. 화폐 제도가 추동하는 경제 성장의 사이클은 경제 성장, 더 많은 돈, 더 많은 대출, 더 많은 이자, 더 많은 생산과 소비, 새로운 경제 성장으로 이어지는 사이클이다. 대다수 발전도상국이 원자재를 추출하고 수출하는 데 주력하므로, 늘어나는 부채는 곧바로 자연 약탈의 증가로 이어진다. 그러므로 최빈국의 부채를 탕감해 주면 그들이 빈곤을 퇴치하는 데 보탬이 될 뿐 아니라 그들 나라가 천연자원에 가하는 압력을 누그러뜨릴 수 있고, 지구 생태계 파괴를 막는 데도 도움이 된다.

셋째, 현재 지구 천연자원이 소비되는 수준을 결정하는 것은 주로 국제사회에서 주요 의사결정을 좌우하는 정치적, 군사적 강대국들이다. 너무나 잘 알려진 미국의 에너지 소비 수준이 아니더라도 신흥 발전도상국의 영향력 또한 예사롭지 않다. 이 국가들의 경우, 경제 성장과 더불어 원자재, 에너지, 토지 수요도 빠르게 늘어났다. 예를 들면, 세계에서 생산되는 석유의 7%, 철광석의 30%, 석탄의 31%, 알루미늄의 25%, 철강 제품의 27%를 중국이라는 한 나라가 소비했고 이러한 추세는 가파르게 상승하고 있다. 그러나 세계은행과 중국과학아카데미는 최근 중국이 해마다 입는 환경적 손실이 중국 국내총생산의 8%에서 15%에 이를 것이라고 추정했다. 쉽게 말해 이것은 길게 보아 환경 피해와 자원 손실이 경제적 성과를 압도할 것이라 예상할 수 있다.

넷째, 세계적으로 자원 소비가 증가한 더 중요한 이유로는 지난 수십 년 간 급속하게 팽창한 국제무역을 꼽을 수 있다. 이 같은 발전이 이뤄진 주원인으로는 먼저, 세계무역기구가 상품 교환을 용이하게 하려고 관세와 무역 장벽을 완화한 조치를 꼽을 수 있다. 둘째, 원자재와 상품의 전 지구적 운송이 이윤을 낳을 수 있어서이다. 세계무역기구가 해마다 발표하는 세계 무역 통계치에 따르면 각국 수출품의 가치를 모두 합한 값으로 따져보았을 때, 지난 50년 동안 세계 무역은 자그마치 90배나 성장했다. 세계화 지지자들은 무역이 늘어나면 환경적 조건이 개선된다고 주장하기도 한다. 세계화 덕에 생산자와 소비자는 국경을 초월해 세계 시장에서 모든 지역의 천연자원을 소비할 수 있게 된 것이다. 그러나 결국 더 많은 나라가 천연자원을 자기네 나라의 생태적 능력 이상으로 쓰기 시작했다. 이른바 '생태 적자(ecological deficits)'가 쌓여가게 된 것이다. 어느 나라 경제가 생태 적자에 빠졌다는 것은 그 나라가 사회의 토대인 천연자원을 파괴하는 방식으로 미래 세대의 몫까지 헐어 쓰면서 살고 있거나, 다른 나라의 몫까지 빼앗아 쓰면서 살고 있다는 것을 의미한다. 세계화는 한편으로 자원 소비를 재분배하기도 하지만, 한편으로 인간과 환경에 악영향을 끼치기도 하는 것이다.

다른 예를 하나 더 들어보자. 마이클 샌들(Michael J. Sandel)은 온실가스 배출량을 줄이기 위해 국제사회가 논의하는 배출권 거래제에 대해 지구 전체의 온실가스 배출량을 줄이는 것이 목표라면 지구상의 어느 지역에서 온실 가스를 더 적게 배출하는 것이 무슨 효과가 있느냐며, 세 가지 이유에서 반대 입장을 밝힌다(Sandel, 2010: 44-47 참조).

첫째, 배출권 거래제는 선진국들이 의무 감축량을 피해갈 수 있는 구멍을 만들어준다. 예를 들어 미국은 러시아가 1990년 이후 이미 온실가스 배출량을 30% 줄였다는 사실을 이용할 수 있다. 그러나 러시아의 배출량 감소는 에너지 효율성 향상 때문이 아니라 경제 침체 때문이다. 미국은 러시아에 돈을 주고 배출권을 사서 자국의 의무 감축량을 준수하는 데 활용할 수 있다.

둘째, 배출권을 사고팔 수 있는 대상으로 만들면 지구를 오염시키는 행위에 수반되어야 마땅한 도덕적 죄책감을 덜 느낀다. 만일 어떤 기업이나 국가가 과도한 대기오염물질을 방출해 벌금을 부과 받으면 사람들은 그 기업이나 국가가 뭔가 그릇된 행동을 했다고 판단한다. 반면 오염행위에 대해 요금을 낸다면 그것은 비즈니스를 하는 것이 될 뿐이다. 환경 파괴행위에 대해 벌금을 물리느냐 요금을 부과하느냐는 우리가 쉽게 간과해서는 안 되는 문제이다.

셋째, 배출권 거래제는 갈수록 국제사회 공조가 늘어나는 오늘날 더욱 필요한 인류 공동의 책임감을 약화시킨다. 만일 낙엽을 태우는 것은 공기를 오염시키는 행위이므로 비용을 들여 소각장으로 옮겨 그곳에서만 태우도록 법적 규정을 만들었다고 하자. 그런데 어떤 동네에서 예외규정을 두어 각 가정이 1년에 한 번씩만 소량의 낙엽을 태우기로 합의했다. 그런데 이 권리를 사고 팔수 있도록 했다. 그리하여 한 부자가 낙엽 태울 권리를 이웃들에게 산다. 사람들은 몇 푼의 돈을 벌기 위해 그리고 낙엽을 긁어모아 태우는 수고를 덜기 위해 그 부자에게 낙엽 태울 권리를 판다. 그들은 돈을 벌었고 힘들여 내 집 앞을 쓸지 않아도 된다고 애써 자위하지만 정말 그럴까? 돈이라는 요소가 개입하지 않았더라면 사람들의 낭만과 봉사정신은 사라지지 않았을 것이다.

예거와 샌들의 주장은 모두 지속가능발전교육 렌즈가 발전에 대한 비판과 성찰에서 경제윤리, 사회윤리, 환경윤리라는 측면을 종합적으로 반영해야 할 필요성과 방향을 모색하는데 많은 시사점을 제공한다.

또한 유네스코는 지속가능발전교육이란 렌즈를 통해 교육 부문을 바라보면, 그 결과는 다음과 같은 내용을 담을 것이라 한다(UNESCO, 2010: 4-5).

- 지속가능발전과 교육을 위한 그 의미 이해
- 국가 발전 정책과 교육 정책의 관련성
- 정책 검토를 위한 교육 목표와 연계된 의미 재검토
- ESD가 어떻게 양질의 학습 성과에 기여하는가
- ESD가 어떻게 양질의 교수 및 학습 증진을 지원하는가
- ESD가 어떻게 학교운영, 교사교육, 평가, 교수학습자료, 교수방법, 교육과정 기획을 포함한 실제에서 실현되고, 증진될 수 있도록 할 수 있는가

지속가능발전교육은 반드시 별도의 과정이나 또 하나의 교과목으로 마련되지 않더라도, 지속가능발전의 윤리적 성찰이 이루어지는 적합한 렌즈의 내용과 방식으로 상황이나 대상을 다시 볼 수 있도록 하는 것이 중요하다. 산업화, 도시화, 소비주의, 자원고갈, 세계화 등 환경, 사회, 경제에 큰 영향을 미치는 요인들 중 어떤 것이 그 나라, 그 지역사회에 우선순위가 될 것인가에 따라 지속가능발전교육은 다른 내용과 형태를 모색할 수 있으며, 지역사회로 갈수록 토착문화와 지식, 그리고 역사와 지리적 환경은 더욱 고려될 수밖에 없다.

결국, 지속가능발전이란 지금까지 인류의 비전으로 지향했던 '발전'에 대한 비판으로부터 탄생했으며, 그 대안 마련을 위해 윤리적 성찰의 의미가 담긴 '지속가능한(sustainable)'이라는 형용사를 필요로 했고, 그러한 관점에서 인간이 자신과 자신을 포함한 자연계, 사회계, 경제계를 전체론적 관계성 속에서 이해하고 행동할 수 있도록 하는 것이 바로 '지속가능발전교육'이라는 렌즈라 할 수 있을 것이다.

VI. 맺음말

서론과 본론을 거치며, 발전 개념에 대한 이해와 비판, 지속가능발전의 두 가지 핵심 개념으로부터 윤리적 성찰을 필요로 하는 관계들, 그리고 지속가능발전교육 및 그 렌즈로서의 성격을 살펴보았다.

결론적으로 지속가능발전은 기존에 국제사회가 추구한 아니 여전히 강력한 추진력을 지닌 경제성장 위주의 산업발전에서 인간과 재화, 인간과 인간 그리고 인간과 자연의 관계에 대한 문제의식으로부터 인류에게 윤리적 성찰을 요구하여, 그 대안으로서 제시된 국제사회의 윤리적 규범이라 할 수 있다. 윤리란 인간에게만 볼 수 있는 고유한 현상으로, 자연적으로 일어나는 일(所以然)이 아니라, 마땅히 일어나야 할 일(所當然)을 뜻한다. 다시 말해 그것은 '그 자체로서 있음'이 아니라 '있어야 함'을 뜻하는 것이기 때문이다(김상봉, 2002: 227).

발전의 문제는 어느 한 개인이나 국가의 문제가 아니다. 전 인류와 지구의 위기 상황 앞에서 지속가능발전은 모든 교육의 형식과 내용의 기초가 될 수 있으며, 이것을 위해 지속가능발전교육 렌즈는 모든 사물과 현상을 바라보는데 그 역할을 담당해야 할 것이다. 끝으로, 향후 지속가능발전과 지속가능발전교육에 관한 논의가 지속적으로 이루어지길 기대하는 입장에서 다음과 같은 세 가지 관점을 강조하며 글을 마치고자 한다.

첫째, 지속가능발전교육 렌즈는 다양한 형식과 내용을 가질 수 있으나, 그 기반은 기존의 지속불가능한 발전에 대한 인식과 비판에 있다는 것을 놓치지 말아야 한다. 지속가능발전이 환경 문제를 시작으로 논란의 대상이 된 기존의 지속불가능한 발전에 다시 활력을 불어넣는 것은 결코 아니기 때문이다. 적어도 지속가능발전의 두 가지 핵심 개념이 말하고 있는 필수적인 욕구 충족의 불평등 문제와 기술 및 사회조직이

인간 삶의 조건에 미치는 과도한 영향과 위험 문제를 외면하고서 지속가능발전을 이야기할 수는 없다.

이런 점에서 현재 우리나라에서 서로 혼용되기도 하고, 갈등을 빚기도 하는 환경교육, 녹색성장교육, 지속가능발전교육 개념에 대한 비판적 논의는 더욱 활발히 전개될 필요가 있다.

각 개념에 대한 논의를 간략히 살펴보면, 먼저 가장 오래된 환경교육의 경우, '국가와 지역사회의 지속가능발전을 목표로 국민이 환경을 보전하고 개선하는데 필요한 지식, 기능, 태도, 가치관 등을 배양하고 이를 실천하도록 하는 교육'[4]으로 환경보존에 대한 과학적 지식을 바탕으로 학교 및 사회의 환경의식 제고와 효율적 자원관리에 기여하나 빈곤해결, 경제성장, 인간 삶의 질 향상을 반영하는데 한계가 있다는 것이다.

그리고 녹색성장교육은 '경제와 환경이 조화를 이루는 국가와 지역사회의 진취적 성장을 목표로, 미래 녹색성장을 주도할 녹색인재양성 및 범지구적 차원에서 녹색생활의 가치를 인식·실천할 수 있는 글로벌 녹색시민양성교육'(녹색성장위원회 외, 2009)으로 구체적인 국가 정책현실성을 지닌 것이지만, 성장 동력 창출이라는 기술적, 경제적 성장에 대해 상대적으로 무게중심이 있어 하나의 경제성장 전략에 그치게 될 가능성을 비판받고 있다(진미석, 2009: 216-219).

지속가능발전교육은 '현재 세대와 미래 세대를 위한 정의로운 사회구축, 환경의 보존, 경제적 생존력 측면에서 보다 더 지속가능한 미래를 만드는 방향으로 사람들의 행동양식을 변화시키려는 노력'[5]으로서 가장 포괄적이고 종합적이며 약 20여 년에 걸쳐 국제사회가 논의하고 합의한 개념이지만, 그 개념이 지닌 추상성과 광범위함으로 인해 각 국가나 지역사회가 어떻게 수용할 것인가에 대한 구체성과 현실성이 부족하다는 것이다.

향후 세 개념에 대한 이러한 비판적 논의가 더욱 활발히 전개될수록, 한국사회가 지속가능성을 이해하고 대안을 마련하며, 국제사회와 공유하고 논의할 수 있는 기반을 마련하는데 기여할 수 있을 것으로 기대한다.

둘째, 지속가능발전교육은 지속불가능한 '발전'을 해결하려는 인류의 윤리적 실천을 담보로 해야 하는 교육 의제이기에, 지속가능발전의 세 영역으로 다루어지는 환경,

---

4) 환경교육진흥법 제2조.

5) 유엔 지속가능발전교육 10년 국제이행계획(DESD IIS) 참조.

사회, 경제 분야의 윤리적 담론들과 지속적인 대화를 전개하며, 종합적인 관점을 만들어가야 한다. 다시 말하며, 경제윤리, 사회윤리, 환경윤리를 기반으로 한 통합적인 지구윤리(global ethics) 또는 보편윤리(universal ethics)를 지향하며 진화해가야 한다는 것이다. 그것은 경제, 사회, 환경이라는 주요 영역을 바탕으로 지속가능발전이 윤리적 성찰을 바탕으로 한 비판적 대안의 성격을 지니고 있기 때문이다.

예를 들어, 지속가능발전교육이 지향하는 경제교육은 합리적 소비를 포함한 윤리적 소비(ethical consumerism)이다. 지구 반대편에서 오는 포도와 딸기에서 우리는 푸드 마일리지와 탄소 발자국을 생각하고 환경윤리적 소비자로서 행동할 수 있다. 또한, 1996년 미국 라이프(Life) 잡지 6월호에 실린 파키스탄 열두 살 소년이 축구공을 꿰매고 있는 사진 한 장은 거대한 글로벌 기업을 업계 1위의 자리에서 내려오게 하였다. 이것은 지구공동체를 위한 사회윤리적 소비자의 관점과 행동으로 인한 것이었다(박지희·김유진, 2010: 53-90).

셋째, 지속가능발전교육 렌즈는 지속가능발전이라는 대안을 위한 것이다. 그러나 그 대안은 규정되어 멈춰있는 것이 아니다. 따라서 지속가능발전교육 렌즈는 변화를 추구할 수 있어야 한다. 잘 알려진 학습의 네 가지 유형, 알기 위한 학습(learning to know), 행동하기 위한 학습(learning to do), 존재하기 위한 학습(learning to be), 함께 살기 위한 학습(learning to live together)과 더불어 지속가능발전교육은 자신과 사회를 변화시키기 위한 학습(learning to transform oneself and society)을 요구한다. 이것은 교육 내적인 변화는 물론, 교육 외적인 경제, 사회, 환경 영역에 대해서도 교육학적인 요구를 기반으로 상호작용함으로써 기존의 지속불가능발전에 기여했던 전체적인 관계를 변화시켜야 한다는 것이다.

산업자본주의 사회의 인류 '발전'이 지속불가능한 것이었다면, 그 과정에서 진행된 교육 역시 자유로울 수 없을 것이다. 교육은 항상 문제 해결을 위해서 어떤 역할을 수행할 수도 있지만, 문제를 일으키거나 심화시킬 수도 있다는 점을 돌이켜봐야 한다. 또한 정치, 경제, 사회, 문화의 각 영역들과 달리 교육이 지닌 독자적 혹은 본질적 특성을 인정한다면, 그에 따르는 책임 역시 함께 고려하지 않을 수 없기 때문이다.

"생태계의 위기는 정신, 감각 그리고 마음에 관한 것 앞에 놓인 위기(a prior crisis)이다. 그것은 교육 안의 하나의 문제라기보다 교육의 문제라 할 수 있다"(Chalkey et al., 2009: 26 재인용)는 오어(David Orr)의 주장은 지속가능발전교육이 현재 교육의 체제, 내용, 교수학습 방법의 어느 일부를 교육 내에서 변화하는 것뿐만 아니라 교육 전체를 교육 바깥의 삶의 영역들과 관계 속에서 변화해야 할 문제라는 점을 다시 한 번 상기시킨다.

이제 지속가능발전교육은 국제 교육 협력을 필요로 하는 다양한 범지구적 과제와 관련하여 교육 부문 안팎에서 정당하고 심도 있게 다루어져야 한다. 국제화, 세계화, 지구화 등의 용어는 이제 진부할 정도로 넘쳐나지만, 천편일률적으로 국제경쟁력 강화와 지구적 지도자 양성(흔히, 글로벌 리더십: global leadership)이라는 슬로건이 난무할 뿐 우리 사회의 교육 담론은 여전히 사교육, 입시경쟁, 학력사회, 등록금 협상 등 몇 가지 국내 교육 문제에 정치적 키워드를 제외하면 논의의 마당조차 열리지 못하고 있다. 이런 상황에서 지구사회의 구성원으로서 지녀야 할 의식(global membership)도 갖추지 못한 채, 지구적 지도자로서 필요한 자격만 공허하게 외치는 안타까운 정책과 투자의 개선은 요원한 것이기 때문이다.

참고문헌

김상봉(2002). 윤리·도덕. 우리사상연구소 엮음. **우리말 철학사전 2**. 서울: 지식산업사.

김태경(2006). 지속가능발전을 위한 교육(ESD)과 지속가능성을 위한 (경제)교육. **환경교육**. 19권 3호.

마이클 샌들(2010). 안진환·이수경 옮김. **왜 도덕인가**. 한국경제신문. [Sandel, Michael J.(2005). *Public Philosophy: Essays on Morality of Politics*. Harvard University Press].

민중서림 편집부 편(2010), **에센스 국어사전**, 민중서림.

박이문(2002). **환경철학**. 서울: 미다스북스.

박지희, 김유진(2010). **윤리적 소비**. 서울: 메디치미디어.

세계환경발전위원회(2005). 조형준·홍성태 역. **우리 공동의 미래**. 서울: 새물결. [World Commission on Environment and Development(1987). *Our Common Future*. Oxford: Oxford University Press].

아마티아 센(2001). 박우희 옮김. **자유로서의 발전**. 세종연구원. [Sen, Amartya(2000). *Development as Freedom*.]

아르젠 발스(2009). 신상일 역. **지속가능발전교육의 맥락과 구조의 검토**. 유네스코한국위원회. [Walse, Arjen(2009). *Review of Contexts and Structures of Education for Sustainable Development*. Paris: UNESCO].

양혜림(2007). 생태문화운동과 철학. 한국환경철학회 엮음. **생태문화와 철학**. 부산: 도서출판 금정.

에드가 모랭(2006). 고영림 옮김. **미래의 교육에 반드시 필요한 7가지 원칙**. 서울: 당대. [Morin, E.(1999). Les Sept Savoirs de L'education du Futur. Paris: UNESCO].

오제키 슈지·카메야마 스미오·다케다 가즈히로 편(2007). 김원식 옮김. **환경사상 키워드**. 파주: 알마. [尾關周二·龜山純生·武田一博(2005). 環境思想キ-ワ-ド. 尾關周二]

울리히 벡(1997). 홍성태 옮김. **위험사회: 새로운 근대성을 향하여.** 서울: 새물결. [Beck, Ulrich(1984). *Risikogesellschaft Auf dem Weg in eine anderer Moderne*].

유네스코한국위원회(1997). **유네스코포럼**. 창간호.

______(2008). **지속가능발전교육 지침서**.

일 예거(2010). 김홍옥 옮김. **우리의 지구, 얼마나 더 버틸 수 있는가?**. 서울: 도서출판 길. [Jäger, Jill(2007). *Was vertragt unsere Erde noch?* S. Fischer Verlag GmbH. Frankfurt am Main].

임현진(1996). 발전문제와 국제이해교육. 유네스코한국위원회 기획. **국제사회와 국제이해교육**. 서울: 정민사.
장하준(2009). **그들이 말하지 않는 23가지**. 서울: 도서출판 부키.
진미석(2009). 녹색인재 어떻게 키울 것인가?. 권대봉 편저. **녹색성장, 녹색직업, 녹색인재**. 서울: 박영사.
21세기국제교육위원회(1997). 정두용 외 3인 역. **21세기 교육을 위한 새로운 관점과 전망**. 서울: 오름. [International Commission on Education for the Twenty-first Century(1996). *Learning: The Treasure Within*. Paris: UNESCO].
Chalkey, B,, Haigh, M. and Higgitt D. ed.(2009). *Education for Sustainable Development: Papers in Honour of the United Nations Decade of Education for Sustainable Development (2005-2014)*, London and New York: Routledge.
Sachs, Wolfgang ed.(1992). Environ ment, *The Development Dictionary: A Guide to Knowledge as Power*. Zed Books Ltd.
UNESCO. *Education for Sustainable Development Lens: A Policy and Practical Review Tool*. 2010.

자 료

녹색성장위원회, 교육과학기술부, 환경부, 행정안전부(2009). 녹색성장교육 활성화 방안.

생태학적 관점에서의 현대기술론과 인간교육에 관한 비판적 고찰[1)]

최 서 윤(고려대학교)

Ⅰ. 머리말

현대사회는 심각한 생태위기에 처해 있다. 인류의 지속가능한 삶에 대한 전지구적 관심이 깊어져 감에도 불구하고 실제 지구는 엄청난 속도로 계속해서 파괴되어 가고 있으며 그것을 회복할 수 있으리라는 기대도 요원하게 보인다. 이에 1970년대부터 전지구적 차원에서친환경적 인식이 고취되고 각 학계와 문화, 산업, 경제 등 다양한 분야에서 생태학적 논의들이 활발하게 진행되어 왔다. 그럼에도 불구하고 실질적인 변화는 크게 일지 않았다. 최근 유엔 정부 간 기후변화위원회(IPCC)의 태국 방콕회의 보고서에 따르면, 지구 온난화가 계속될 경우 2050년 경 동식물 가운데 20~30%가 멸종위기에 처하며 1억2000만 명이 기아에, 1500만 명이 홍수에, 32억 명이 물 부족에 시달릴 것이라고 한다. 현대의 이 같은 생태위기는 전쟁과 전자산업, 지구적인 산업자본주의와 소비주의, 도시화의 확대가 가져온 결과이다. 이것의 근본요인은 인간의 무한한 탐욕과 그것을 실현하는 기술의 발달이었다. 탐욕적인 기술의 발달은 인류의 생활양식을 속속들이 반자연적인 형태로 바꾸어 놓았으며, 소비주의 문명의 쳇바퀴가 되어 현대인과 자연의 생명력을 잠식해 가고 있다. 현대에 이르러 기술은 인류 초기 역사에서 인간다운 삶을 구현해 주는 매개였던 차원을 넘어 현대에 이르러 기술은 개인의 삶과 사회 전체를 구조화하고 있다. 문제는 그것이 반자연적이며 반인간적이라는 것이다. 탐욕적 현대기술문명은 단순히 자연환경만을 파괴한 것이 아니라 인간 소외와 문명의 질적 퇴보라는 본질적인 문제까지 초래하였다. 현대기술문명의 위기는 인간과 자연, 기술과 사회 모두가 얽혀서 발생된 총체적 문제이다. 따라서 이러한 문제를 해결

1) 이 글은 「교육철학연구」 40집(2007.3)에 게재된 논문을 일부 수정 보완한 것이다.

하고 참된 인간존재와 생태계를 회복하기 위해서는 기술문명에 대한 반성적 논의와 대안적 인간과 사회를 제시하는 교육의 방향이 시급히 모색되어야 한다.

이에 본고는 그러한 목적에서, 근·현대기술의 반생태적 개념과 그와 연관한 인간형에 대해 비판적으로 검토하고 대안적 기술의 개념과 그것을 통한 인간 존재의 생태적 진화를 향한 교육의 방향에 대해 논하고자 한다. 우선, 기술에 대한 존재론적 이해와 교육학적 해석에 대한 타당성을 입증하기 위해 기술과 인간의 관계를 밝히고 기술의 교육학적 의미를 정의할 것이다. 그리고 그에 입각하여, 베이컨(Francis Baco), 데카르트(Ren Descartes)의 기술철학과 프롬(Erich Fromm)의 비판론을 중심으로 근현대기술의 반생태성과 반교육성에 대한 비판적 논의를 살펴본 후, 하이데거와 장자의 기술론에 나타나 생태적 기술개념과 인간교육론을 결론으로 제시하고자 한다. 물론 현대 기술에 대한 중요한 대안적 논의들이 많이 제시되었으나 차치하고 교육적 논의에 집중하여 두 기술론을 중심으로 서술하였음을 밝혀두는 바이다. 자연과 인간과 기술 그리고 교육의 관계를 생태적으로 조명하는 본고는 기술시대에 교육의 생태적 패러다임 전환을 위한 초석을 놓는 데 기여할 것이다.

Ⅱ. 기술과 인간 교육론

1. 기술과 인간의 관계

인간은 모든 생명체가 그러하듯이 자연과 상호필연적 관계 속에서 생명노동을 통해 자신의 생명을 유지하고 존속시킨다. 모든 존재들은 나름의 생태적 환경과 조건 속에서 저마다 독특한 생명노동의 방식을 지니는데 그것이 곧 기술이다. 생존하기 위해 어떠한 노동방식을 구사하느냐에 따라 동식물의 종과 류가 구분된다. 그렇게 구분되는 동식물들은 자연적 차이에 따른 저마다의 다양한 생존기술을 갖게 되는데, 그러면서도 그 기술들은 그 차이로 인해 전체적으로 연결되어 있으면서, 생명개체와 종의 보존 그리고 전체 생태계 질서를 유지하는 한에서 본능적으로 이루어진다. 반면. 인간의 기술은 그와 다른 차원에서 펼쳐진다. 인간의 노동은 자연으로부터 유일하게 부여받은 이성을 통해 다른 생명체들과 달리, 기술이라고 하는 주체적이고 자율적이며 창조적인 생의 노동방식을 취한다. 기술은 인간 유일의 자연에 대한 대상화와 재구성을 가능하게 하였으며 그로 인해 인간은 이성적 존재로서 자아를 실현할 수 있게 하였다. 기술은 인간과 세계를 연결하면서 인간을 인간답게 완성시키는 매개인 것이다. 돈아이디는 이에 대해 다음과 같이 명시하였다.

> 기술은 물(物)과 세계와 인간을 관계 맺는 매개 역할을 한다. 인간은 기술을 통해 물과 세계에 대해 인식하고 그것들과의 관계를 형성한다. 기술이 물(物)과 세계와 인간의 관계에 있어 연결고리 역할을 한다는 이러한 도식은 기술철학의 기본 명제이다.[2)]

기술을 통한 인간과 자연의 새로운 관계 맺음을 통해서 인간은 자연적 제약을 극복하고 주체적이고 자율적인 존재로 해방되어 나올 수 있었으며 자연 또한 문명이라는 또 다른 형태로 변화할 수 있었다. 기술은 생명개체와 전체 생태계의 생존방식이자 나아가 인간과 자연을 동시에 변화시키는 역사발전의 실질적 원동력이다. 따라서 인류의 역사는 기술의 역사라 할 수 있다. 기술이 발달할 때마다 인간 존재와 역사는 한 단계씩 진보하였다. 일반적인 인류발달사에 따르면, 인류가 유인원과 오스트랄로피테쿠스, 호모하빌리스, 호모에렉투스, 네안데르탈인, 호모사피엔스, 호모 사피엔스 사피엔스의 진화단계를 거치는 것으로 구분되는데 이는 모든 인류가 도구 즉 기술을 사용하기 시작한 이후 기술의 성격과 차원 그리고 그에 따른 생활양식 수준이 변화함에 따라 그 정체성을 달리하게 되었음을 입증하는 것이다. 따라서 이 기술은 단지 각 개인의 물질적 존재를 재생산하는 존재로서만 간주되어서는 안 된다. 오히려 그것은 각 개인들의 활동의 명확한 형태이자, 그들의 삶을 표현하는 명확한 형태이며 명확한 삶의 양식이다. 각 개인들이 그들의 삶을 표현하는 것처럼 그들도 그러하다. 그러므로 그들의 현재 상태는 그들의 생산, 즉 그들이 무엇을 생산하고 어떻게 생산하느냐와 일치한다. 따라서 개인들의 현재 상태는 생산의 물적 조건에 달려 있다고 보아야 한다.[3)]

또한 프랭클린(Benjamin Franklin)에 따르면, 기술의 힘은 이간과 자연의 관계, 사회집단에 영향을 미칠 뿐 아니라, 사회관계의 재배열과 재구조화를 수행하는 것으로, 과거,

---

2) 돈아이디는 이에 대해 도구가 사용되는 사태를 '매개된 지각상황'이라 칭하면서 기술은 새로운 지식을 얻는 매개역할을 한다고 하였다.

3) CW, Vol, 5, p.31-32.

도구를 기초로 한 석기시대, 청동기시대, 철기시대 구분의 동인이었으며, 근래에 도구와 기술에 의하여 농경사회, 산업사회, 정보화 사회를 구분하는 결정적 동인이 되어왔다고 설명하였다(1990, in Gradwell, 2002:3). 이는 기본적으로 인간이 기술을 통해 자연을 도구적으로 이용하고 자기 존재를 실현할 뿐 아니라 사회구조와 기반을 형성한다는 것을 의미한다. 그런데 기술이 사회형성의 근본동인이 된다는 것은 인간이 사회적 동물임을 고려할 때, 역으로 기술이 인간 존재에 영향을 미칠 수 있다는 것을 의미하기도 하다. 사회 전체가 기술적 장치로 구조화되어 갈수록 인간이 그러한 사회에 적응해야 하는 부담은 매우 높아지게 되고 교육 또한 그에 부응하여 그 사회에 부합하는 지식과 기술을 전수하는 데 주력하게 되기 때문이다. 인간으로부터 만들어진 기술이 자연과 사회 그리고 다시 인간으로 귀착되는 복합적 연속체계가 생겨났고 이는, 사회를 기술 중심의 변증법적 메커니즘으로 구축하였다. 그리고 교육은 그러한 메커니즘의 틀을 견고히 하면서 기술사회의 진보를 추구해 왔고 시대마다 인류가 진화하였다는 믿음을 키워왔다.

그러나 현대교육은 그러한 믿음의 연장선상에서 막다른 위기에 직면하게 되었다. 그것은 교육이 기술사회에서의 사회적 기능에만 치중하였기 때문이다. 본질을 간과한 교육은 자유와 해방만을 향한 지식과 기술 교육을 추구하면서 인간을 기술사회 발전을 위한 수단으로 전락시키는 결과를 초래하였다. 교육이 기술을 통한 인간과 자연, 사회 간의 상호변증법적 존재실현보다는. 인간과 자연 사회에 대한 기술의 독점적 지배체제를 확산하는 데 더 크게 기여한 것이 사실이다. 마르크스가 지적한 대로, 인간은 노동, 즉 기술발현이라는 자아실현의 과정을 통해 자연적 인간, 인간적 자연으로 통일되지 못 하고, 기계노동체계 속에서 한갓된 물질적 생산수단으로 전락하고 자기 존재를 상실한 공허한 존재가 되어버렸다.

교육의 기본 명제는 인간의 자아실현이다. 더 구체적으로 루소와 칸트에 따르면 인간 개별자의 소질계발이다. 그리고 양자 모두 개인의 소질계발은 류(類)적 공동체 안에서만 온전히 실현 가능한 것이라고 한다. 단 그 방법에 있어서, 루소는, 자연성을 지킴으로써, 칸트는 이성적 자기강제와 기술을 발전시킴으로써 자연적 소질이 실현된다고 주장하였다. 근대교육의 주춧돌이 되었던 이 두 교육론을 종합해 보면, 인간의 자아실현이 분명 자연과 기술 모두에 절대적 상관관계를 맺고 있음을 부정할 수 없다. 특히 루소의 교육론을 현실적으로 발전시킨 칸트는, 자연성을 따르는 한에서 인간 이성에 의한 적극적 창조노동을 행하는 인간이야말로 이상적 인간형이라고 제시함으로써, 이성과 지식의 현실적 결합체로서 자연과 인간을 통일 시키는 기술이야말로 자연과 더불어 인간화 교육에 매우 중요한 핵심요소라는 것을 시사하였다.

위와 같은 내용은 인간과 기술의 가치가 전도된 현대 사회와 교육에 대한 문제 인식을 고취시킨다. 현대교육은 기술에 종속된 지식과 기술이 아니라, 자유롭게 실현하면서도 통제 가능한 지식과 기술, 또한 소외와 파괴의 문명을 전수하는 수단이 아니라 참된 인간성과 통일된 기술문명 추구해야 한다. 그러기 위해서는 우선 근대기술문명의 지식과 기술에 대한 비판적 논의가 필요하다. 이에 다음 장에서는 베이컨과 데카르트를 중심으로 근대기술개념과 인간형에 대해 살펴보도록 하겠다.

Ⅲ. 근대 기술개념과 인간형에 대한 생태적 비판

1. 근대 기술관 반생태성

근대 기술개념에 대한 일반적인 이해는 대부분 영어의 기술(technology)개념에 기반하여 이루어졌는데, technology의 어원은 그리스어의 'techne'이며 독일어로는 의도적이고 목적 지향적인 사실의 변화를 의미하는 'Technik'에 해당한다. 이들 단어들은 모두 인간 삶의 실용성을 강조하는 것으로서, 『사회과학사전(International Encyclopedia of the Social Sience)』은 기술의 그러한 정의를 잘 명시하고 있다.

> 넓은 의미에서 보면, 이 말은 실천적인 기술이나 솜씨를 의미한다. 이러한 기술이나 솜씨는 사냥, 낚시, 수집이나 채집, 동물 사육, 광업, 제조, 건설, 교통, 식략저장, 동력, 열, 빛 등에서부터 여러 가지 통신 수단, 의학, 군사 기술에 이르기까지 널리 분포되어 있다. 기술이란 여러 가지 숙련된 솜씨 및 지식과 유용한 것들을 제작하고, 사용하고 또 행하는 절차들이 한데 뭉쳐진 그 전체를 말한다(Merrill 1968:576).

마르크스주의자들 또한 같은 유물론적 관점에서 기술(Technik)은 '인간이 목표지향적 활동을 하는 데 있어 애초에 의도한 대상변화를 이루기 위해 사용하는 모든 인공적인 물질적 사물들'이라고 규정하였다(Kusin, 1990). 이같은 실용적이고 물질적인 기술개념은 대부분의 학문 분야에서도 인간의 잠재적 능력과 지식의 생성을 포함하는 혁신적 실천활동으로 이해되고 있다.

그런데 하이데거는 이러한 근대기술개념을 '인간학적·도구적 기술'로 정의하면서, 기술이 존재의 본질을 왜곡했다고 비판하였다. 그의 인식은 바루치(A. Baruch)나 슈마허(Ernst Friedrich Schumacher) 등 현대 기술철학자들의 견해와 맥을 같이 하는 것으로서, 이들은 모두 근대 기술이 인간중심의 자유주의를 실현하는 수단으로 작용하면서 도구적이고 지배적인 속성을 갖게 되었음을 공통으로 문제 삼고 있다. 기술의 도구성과 지배성은 근대기술의 가장 큰 특징이다. 근대과학의 아버지라 불리우는 데카르트는 인간이 자연에 지배적인 힘을 가하는 방식으로서 노동절감의 수단이나 인간의 편리주의를 실현하는 도구로 기술을 인식하였다.

> 자연을 지배하는 힘은 인간의 목적을 통해서만 그 의미를 가진다. 다시 말하면 인간의 일상생활을 용이하게 한다든가 또는 육체적 생존 조건에 대한 일상적 고역을 경감시킨다든가, 더 나아가서는 여가와 평안을 가져다준다든가 하는 것 등이다(Jaspers, 1960: 132).

이 뿐 아니라, 그는 또한 "우리를 둘러싸고 있는 불, 공기, 별들과 하늘 그리고 모든 다른 물체들의 힘과 작용을 앎으로써, 그것들을 같은 방식으로 각각의 고유한 용도에 사용할 수 있을 것이고, 그렇게 해서 우리는 자연의 지배자이자 소유자가 될 것이다."(1637,『방법서설』, VI)라고 하면서 자연질서와 생명력을 기반으로 한 수많은 가설들을 인위적으로 현실화시켰다. 심지어 베이컨은 "막대한 사물들에 대해 인간의 왕국과 힘을 넓히는 야망 외에 가진 것이 없는 한 유한자가 있다면, 사람들은 이 야망이 다른 모든 것보다 더욱 순수하고 더욱 고귀하며 더욱 장엄하다는 사실을 인정할 것이다.(『신기관』)"라고 하면서 기술지배주의를 예찬하고 부추기기까지 하였다.

기술을 이용해서 인간의 목적대로 자연을 자유롭게 변형시킬 수 있다는 이같은 근대과학철학의 믿음은 자연을 섬세하게 수학화, 계량화, 객관화, 일반화(후설)하는 과학지식과 기계노동의 실용화를 거치면서 인간의 의지대로 무엇이든 가공해 낼 수 있는 자체의 창조적 생산성을 갖게 되었다. 바루치는 이러한 기술의 성격을 가작성(可作性, Machbarkeit)[4]이라 명하였는데, 이것은 "측정할 수 있는 것은 모두 측정하고, 아직 측정할 수 없는 것은 측정할 수 있도록 만들어라"[5]는 갈릴레이의 주장에도 잘 나타나 있다. 그리고 자연과학이 정밀과학의 형태로 심화되면서 이러한 원리는 더욱 구체적으로 확장되었고 "조절 가능한 것은 모든 조절하고 조절할 수 없는 것은 조절 가능한 것으로 만들라"는 사이버네틱스의 명법으로 이어져 오늘날 기술의 정신을 대표하고 있다.[6]

물론, 이 가작성은 인류와 문명 성장의 핵심요소이다. 분명, 가작성의 증대는 기술의 발달을 의미하는 것이었고 기술의 발달은 인간 개인의 능력과 자유 및 권리를 담보하면서 자유주의의 역사를 진보시켜 왔다. 이에 가작성만을 문제시하거나 기술 자체를 부정하는 것은 옳지 않은 시각이다. 기술사회의 부정성 때문에 기술 자체와 인간의 관계를 단절시키는 발상은 철폐되어야 할 이분법적 발상에 지나지 않는 것이다. 문제는 이 가작성을 구현하려는 인간의 목적의식, 곧 자유주의 일변도의 지배적인 기술철학이며 또한 그것이 기술의 부정성을 부각시키면서 그 의도를 은폐해 왔다는 데 있다. 근대기술철학은 자연으로부터 제한 없이 모든 것을 주조해 내서 인간의 삶에 유용한 수단이 되도록 하는 목적에서 발휘되었다. 그러한 기술철학 안에서 가작성의 대상에서 제외되어야 할 자연대상과 법칙은 아무것도 없었다. 따라서 기술의 도구성은 인간의 삶에 점점 더 지배적인 영향력을 확대 행사하게 되었고 그 자체로 역동적인 자율성을 담보하면서 인간의 통제가 불가능한 부분들을 확장시켰다. 그 결과 근대과학관은 오늘날 자연 존재의 생태적 가치들을 왜곡시켰고 생명활동의 생태적 연관 구조를 파괴시키는 결과를 초래하였다. 인간 또한 지배주의적 기술사용을 통해 물질적 풍요와 문명의 편리, 자유와 해방을 획득하였다고는 하나 그것은 어디까지나 타인과 자연을 지배·통제함으로써 얻은 부도덕한 것이며 시한부적인 것에 불과한 것일 따름이다.

자율과 효율의 원칙에 의해 발달되어 온 기술은 자유주의와 연결되어 '생명, 자유, 재산의 소유'를 보장하기 위한 것이었다. 그러나 효율성과 자율성이 극대화된 현대기술은 오히려, 생명, 자유, 재산 소유라는 자유주의의 기반을 파괴하는 역현상을 연출하고 있다. 이제, 기술의 수준은 자연을 인간적으로 변형하고 통제하는 차원이 아니라, 그것을 가능하게 하는 인간의 잠재력 자체를 확대하기 위한 차원에까지 다다랐다. 현

---

4) A, 바루치, Machbarkeit, Alber, Freiburg/Munchen 1996. 참고
5) H. Weyl, philosophie der Matbematik und Naturwissenschaft(Munchen Wien, 1996), 177쪽.
6) A, 바루치, Machbarkeit, Alber, Freiburg/Munchen 1996. 참고

대인들은 심지어 자기 자신까지 그 주조 대상에 포함시키면서 인간을 가작성 증대 자체를 위한 기술의 실험대상으로 전락시키고 있으며 생산체제 전반을 전자동화하면서 인간만이 지닌 창조적 노동권까지 기술에게 내어 주고 있다. 기술의 가작성이 인간의 주관의지를 초월하는 상황이 벌어지게 된 것이다. 이에 대해서는 기술공학적 체계의 자율성을 주장하는 학자들까지도 기술이 인간의 주체의지와 상관없이 그 자체에 역동적인 발전논리를 지니고 있다고 하면서 기술에 대한 통제 불가능에 대한 위험성을 경고하고 있는 실정이다.

바루치는 자유주의 사회가 이렇듯 오늘날 더 이상 지속 불가능한 삶의 위기에 직면하게 된 것은, 진보라는 미명 하에서 가작성이 인간으로 하여금, 인간 개인의 자율과 물질 축적의 효율적 태도 및 능력만을 추구하게끔 추동해 왔기 때문이라고 분석하였다(대안적 삶의 형식, 29-30 참고). 아울러 한스 요나스(Hans Jonas)는 이에 대해 더욱 확장된 해석을 제시하였는데, '베이컨이 지식으로부터 도출된 힘의 이러한 심각한 역설을 예상하지 못했다고 하면서, 실제로 지식의 힘이 자연에 대한 어떤 종류의 지배를 가져오지만 동시에 그것이 기술의 힘 그 자체에 완전히 복종된다고 강조하면서 힘은 스스로 움직이게 되고, 그 희망은 위협으로 바뀌며, 해방의 전망은 계시록적 재앙으로 바뀐다.[7]고 역설하였다. 이는 곧 기술을 통한 자유주의에 대한 맹종이 초래할 병폐들을 인식하지 못 한 것에 대한 지적이기도 하지만, 이제는, 인류가 산업자본주의 생산방식이나 자유주의 이념을 생태적으로 전환한다 한다 할지라도 현 문명의 전반을 획일적으로 장악하고 있는 기술의 거대 구조와 속성이 그 자체로 계속해서 자본주의와 자유주의의 논리를 조직적으로 팽창해 나가게 될 것이라는 의미를 시사하는 바가 더 크다. 도구적이고 지배주의적인 기술이 고도화 되고 거대화 될수록 인간이 자기 존재와 삶을 긍정적으로 진화시켜 나가는 것은 불가능해질 지도 모른다. 현대사회에서는 이미 인간이 기술에 의존해서 수동적이고 무기력한 존재로 전락하는 현상이 발생하고 있다. 기술은 인간의 자유와 해방만을 진보시켜왔을 뿐, 자연과의 바람직한 관계 내에서의 인간성장과 전체 생태계의 공진화를 도모하는 데는 성공하지 못 하였다. 현대기술문명의 생태적 위기는 인류문명사를 질적으로 퇴보시키고 있으며 자연과 인간존재를 위협하고 있다. 이는 분명, 진정한 인문정신과 교육의 본질적 목적에 어긋나는 것이다.

---

7) Hans Jonas(1976). 'Responsibility Today: The Ethics of an Endangered future'. Social Resarch 43 (1) spring. p,84.

2. 근대기술의 반생태성과 소외

근대기술철학이 인간 존재에 미친 가장 큰 영향은 인간 존재의 본질을 왜곡했다는 것이다. 근대기술은 고대 이분법에 기초하여 자연과 인간을 분리시켜 인간으로 하여금 자연과의 생의 연관성을 부정하고 자신 안에 있는 자연성들을 스스로 퇴화시켰다. 다른 생명체들과의 동질성을 간과하고 기술적 삶의 방식을 추구함으로써 인간은 자연적 존재에서 기술적 존재로 변화하였고 결국 기술의 힘에 기댄 부도덕한 만물의 지배자로 자리매김하게 된 것이다. 또한 이분법에 따라 형성된 물질적 세계관과 기계적 세계관이 절대화되면서 자연 또한 죽어 있는 물적 대상으로 개조되었고 과학법칙은 오늘날에 이르러 '생명의 세계를 非생명의 세계를 만들어 버렸다'(Erich Fromm). 이에 대해 슈벵글러 역시 다음과 같이 비판하였다.

> 그런데 이 영혼은 점차 전체 자연에 대치하여 소외되어 간다. 모든 육식동물의 무기는 자연적인데 인위적으로 제작되고 심사숙고하여 선택된 무기를 움켜쥔 인간의 주먹만이 그렇지 않다. 여기에 자연에 대립하는 반대 개념으로서의 "인위적 기술"(Kunst)이 시작된다. 인간의 모든 기술적 처리 절차는 인위적 기술이며 활 만드는 기술, 말 타는 기술, 전쟁, 건축행정, 제사, 예언, 그림, 시, 과학적 실험 기술 등 모두 항상 이렇게 일컬어져 왔다. 불의 점화로부터 우리가 이 높은 문화 수준에서 본래 기술적이라 특징짓는 성과들에 이르기까지 인간의 모든 작품은 인위적이고 반자연적이다. 창조력의 특권은 자연에게서 빼앗은 것이다. "자유의지"가 다름 아닌 능동적 반항이다. 창조적 인간은 자연과의 유대를 피하였고 새로운 창의력을 발휘할 때마다 자연으로부터 멀어졌으며 자연을 증오해 마지않았다. 이것이 곧 인간과 전 세계 사이의 숙명적 양분을 가속화하는 역사, 어머니의 품을 벗어나 도리어 이에 대항하는 손길을 뻗는 반항아의 역사, 즉 그의 "세계사"이다.8)

자연 본질을 왜곡하는 세계사는 인간으로 하여금 자연에 대립하는 "인위적 기술"을 사용함으로써 스스로 생을 축소하는 반생명화와 비인간화의 과정이었다. 기계로 인한

8) O. 슈벵글러/양우석 역(1998). 『인간과 기술』. 서광사. pp.38-39.

비인간화는 인간의 고유성 즉, 자연으로부터 부여받은 인간만의 독특한 소질과 개인 능력이 상실되는 것을 의미한다. 인간은 이성을 통해 주체적 자각과 자율적 판단 그리고 자유의지와 그에 따른 창조적 노동행위를 발휘하는 존재이다. 그리고 그 속에서 도덕적 존재로 완성되어 간다. 이것이 인간의 자아실현이자 자연적 성장과정이다. 그런데 인간의 기계화는 이러한 과정을 분해시켰다. 근대화라는 미명의 산업기계생산체제 속에서 인간은 기계생산과정의 일부가 되거나 기술사회의 유지·발전을 위한 획일적 기능과 제 관계들에 적응되었다 특히 분업노동의 기술적 장치들은 노동자들에게 자기 자신이 배재된 노동을 강요함으로써 노동하는 인간 존재의 육체적, 지적, 그리고 사회적 무능함과 노예화를 발생시키는데 이는 인위적인 재능의 억압이다.[9] 상업화를 목적으로 하는 자본주의 기계노동은 인간소외라는 반교육적 결과를 만들어 낸다. 이에 대한 마르크스의 언급을 자본론의 두 부분에서 인용하면 다음과 같다.

> "자본주의 체제 하에서 노동의 사회적 생산력을 높이는 방법은 … 노동자를 불구로 만들어 그를 부분 인간화하고, 기계의 부속물로 하락시키며, 노동의 고통으로 노동의 내용을 파괴하고, 독립된 힘으로서의 공학이 노동과정에 합체됨에 따라 노동과정의 정신적인 자력을 그로부터 소외시킨다."

> "대공업은 노동의 전환, 따라서 가능한 한 노동자들의 다면성을 일반적인 사회적 생산법칙으로 승인하고 이 법칙의 정상적인 실현에 제관계를 적응시키는 것과, … 하나의 사회적 세부기능의 담당자에 지나지 않는 부분인간 대신에 자신의 다양한 생활양식으로서 각종의 사회적 기능을 수행할 수 있는 전면적으로 발달한 개인을 만들어 내는 것을 중대한 문제로 삼는다."

현대에 들어서는 거대기술체제가 통제불능한 역동적 자체 생성력을 지니게 되면서 마르크스가 표현한, 노동자가 기계의 살아 있는 부속품으로 변형되는 '인간의 파편'(Karl Marx, 자본론 523, 547)현상이 더욱 심화되고 있다. 나아가 정치, 경제, 군사. 문화, 교육 등 전 분야에 걸쳐 인간 개개인마저 기술적 처리대상으로 조직하지 않으면 안 되는 압박 또한 더욱 커지고 있다. 기술의 발전이 생존 경쟁력과 선진화를 보장하는 상황에서 자연은 점점 낯선 형태로 인간의 앞에 나타나게 되고 그것을 통제하기 위해

9) CW, Vol, 5, pp 432, 394.

교육은 인간에게 기술적 신지식과 역량을 추구하도록 강요하지 않으면 안 되게 된 것이다. 이는 곧 현대의 거대기술사회에서 교육의 목적과 기능이 기술적 인간형을 양성하는 것에 집중될 수밖에 없다는 것을 뜻하는 것이며 그로 인해 교육과 인간이 자기 본질을 추구하는 '자립적 의식'(G.W.Hegel)을 상실하게 될 위험이 매우 크다는 것을 시사한다. 이에 대해 바슐라르는 '자립적 의식'이 약화된 기술적 인간에 대해 '호모 파베르는 표면의 인간이며 그의 정신은 몇몇 거친 기하학적 형태들에 고정되어 있다." 고 비판하면서 기술에 종속된 인간 자아 형성의 한계를 지적하였다. 현대교육은 반자연적 인간 교육과 기술사회의 상호연관성에 내포된 이 같은 위험을 직관해야 한다.

더욱 주목해야 할 것은, 기술체제가 인간을 비주체적 존재로 만들 뿐 아니라 필연적으로 폭력적 인간형을 대중사회에 출현시킨다는 점이다. 프롬은 기계적 비인간화가 인간 정신의 기계화 뿐 아니라, 생명파괴에 대한 무감각과 잔혹성을 키우고 기계 자체를 맹종하도록 인간 정서를 변화시킨다고 주장하면서 기술사회의 반교육성에 대해 강력히 비난하였다. 그에 따르면 현대인들이 실제로는 만성적인 권태에 빠져 있으면서 기술매체가 쉼 없이 보여주는 자극적이고 자유로운 폭력적 장면에 열광함으로써 자기 실존을 망각한다고 한다(프롬, 희망이냐 절망이냐, 93쪽). 하이데거는 이러한 현상과 맞물려 현대기술매체들 또한 기술시대에서의 존재상실에서 비롯되는 공감과 권태를 채울 수 있는 소란스럽고 감상적이며 강렬하고 자극적인 체험을 끊임없이 조작한다고 한다고 설명하였다. 이는 기술문화 속에서 개개인이 문화적 정서와 취향, 기호, 표현방식, 노동방식과 윤리의식 등 전반에 걸친 기계적 삶의 양식에 대해 암묵적으로 학습받게 된다는 것을 시사한다. 그것은 기술로 인한 인간의 무기력화와 그로 인한 왜곡된 열망표출에 대한 욕구들이 하나의 사회적 연속체계를 이루면서 발생하는 것으로서 사회전체가 기술에 의해 폭력적 인간을 반복적으로 양산하는 반생태적 교육체계의 악순환을 천착시킨다. 그 속에서 인간은 냉혹한 파괴자의 성향을 지닌 존재로 대량생산된다.

시공을 초월하는 기술사회의 자율적인 학습체제 속에서 기존의 교육제도와 학교가 계속해서 증대되는 반교육적 상황들을 통제하고 저지하는 것은 사실상 역부족이다. 자연과 인간 자신에 대한 기술사회의 파괴적 행로가 계속됨에도 불구하고 인간중심주의와 도구주의의 낮은 의식수준을 완전히 벗어나지 못 하고 있다. 한스 요나스는 '자신의 필요라고 소문이 난 것을 위해 나머지 자연을 쉽게 희생시키는 인간적인 편협성은 인간의 비인간화를 가져오며, 생물학적 보존이라는 그러한 유리한 경우에서조차도 그의 본질의 위축을 가져올 뿐이다.10)라면서 이에 대한 위기의식을 고취시켰다. 그의 말대로 인류는 이미 현대에 들어, 좁아져 가는 생태환경 속에서 생존환경을 확보하기 위한 극심한 경쟁과 투쟁 상태에 직면하였다. 국가 간에는 이미 자원 확보를 위해 핵무기나 생화학무기를 사용하는 대량살상이 서슴치 않고 자행되고 있으며 기술에 힘입은 자본주의의 전 세계적 확산은 다양한 생존환경이 공존하는 생명공동체로서의 지구환경을 거대기술체계를 기반으로 한 무한자유주의의 시장체제로 재편하고 있다. 그로 인해 세계인민은 양극화와 빈곤, 그로 인한 생존투쟁에 내몰리게 되었다. 이러한 현실의 바로 자유주의와 지배주의적 기술윤리가 공조한 결과이다.

물론 기술은 인간의 생을 유지·발전시켜 왔고 물질적 풍요를 선사했을 뿐 아니라 수많은 자연적 제약과 시공을 초월한 자유로운 삶을 보장해 주었다. 그와 맞물려 인간존재 또한 위대한 이성적 주체자로 진화해 나올 수 있었다. 이는 분명 기술을 통한 쾌거이며 진정한 인류 진화의 한 측면임에 틀림없다. 그러나 그것이 자연과 단절된 독립적 인간이해와 자연섭리를 간과한 무한·자유주의에 편향됨으로써 오늘날의 문제들을 야기시켰다. 이는 인류역사의 기형적인 진보이다. 진보의 균형을 이루기 위해 이제 기술사회는 자연-기술-인간의 관계를 존재론적으로 재인식해야 하며 건강한 생명력과 도덕성을 실현할 생태적 인간형을 모색해야 한다.

Ⅳ. 생태적 기술론과 인간교육

전지구적으로 환경문제에 대한 인식이 고조되면서 지금까지 대안기술에 대한 많은 논의가 제기되어 왔다. 지속가능한 삶을 지표로 하는 새로운 기술개념들은 슈마허의 "중간적 기술(Mitttlere Technologie)" 및 "부드러운 기술"을 중심으로 하여 멈포드(Lewis Mumford)의 '생명기술', '적정기술' 등으로 다양하게 제시되었다. 이 기술개념들은 대부분 자연과 인간의 조화, 제 1세계와 제 3세계 간의 평등, 생태성과 비폭력성, 기술에 대한 통제성 등을 주로 표방하면서 실질적인 기술 발달을 통해 환경위기를 극복할 수 있다는 신념과 희망을 일으키는 데 기여하였다. 그런데 이것들은 대부분은 기술론 자

10) Hns Jonas, 'Responfibility Today': The Ethics of an Endagered Future: Social Research 43(1) spring, 1976, p77-78.

체에만 국한되어 있는 경우가 많기 때문에 이 기술론들의 비판적 시각과 일맥상통하면서 존재론적 차원에서 기술의 문제를 다룬 하이데거(Martin Heidegger)의 기술철학을 살펴보고자 한다. 하이데거는 우리에게 기술 이해의 존재론적 지평을 넓혀 줄 뿐만 아니라 물질적 도구가 아닌 인간학적 기술의 의미를 확립할 수 있게 해 줄 것이다. '그런데 하이데거의 기술론은 신의 '말 건네옴'에 귀기울여야 한다는 추상적 명제만을 결론으로 제시함으로써 인간교육의 방향을 명확히는 제시하지 않았다. 이에 하이데거의 존재론적 기술개념을 기반으로 한 인간교육론을 모색하고자 장자의 기술론을 덧붙여 논할 것이다. 장자(莊子)의 기술론 역시 존재론적 지평에서 펼쳐질 뿐만 아니라. 자연과 인간의 생태적 관계를 구체적으로 설명하면서 그에 입각한 생태적 기술개념과 인간형을 제시하였다.

먼저, 하이데거에 의하면, 기술은 단순한 도구가 아니라 존재의 존재방식, 즉 존재 자신이 존재하는 방식이며 자신을 실현하는 과정이다. 존재는 이분법적 신관에서처럼, 현상세계와 분리된 관념적 존재가 아니라 현존재자들 속에 존재하면서 현존재자들의 운동을 통해 자신을 현상하는 존재이다. 존재의 존재방식은 존재자들의 존재방식과 동일하다. 그런데 현존재자들의 존재방식이 지식과 기술의 발현이므로 하이데거에게 기술개발이란 존재자들의 자기발현이자 진리 탐구인 동시에 신을 현존하게 하는 것과 동일한 의미로 여겨진다. 이러한 기술이해의 전통은 아리스토텔레스에서부터 시작되었는데 아리스토텔레스의 설명은 하이데거의 기술론을 명확히 뒷받침해 준다.

> 인간은 창조하지만 본질적으로는 진리를 일으킨다(geschieht). 아리스토텔레스는 기술의 아르케(원천)로서의 인간과 진리의 아르케로서의 인간의 관계를 진리가 일어나는 상이한 방식의 연관성에 있어서 고찰한다. … 테크네란 사물 자체와 관계하며, 어떤 것을 산출하여 이 세상에 건립함을 강조한다. … 테크네란 사실 자체 또는 그리스인들이 존재자라고 부른 것과의 연관성이자 그에 대한 통찰이다. 테크네는 인간의 도움에 의하여 어떤 것이 나타나서 존재하는 특이한 하나의 방식이다. 기술이 갖는 중요한 사건은, 바로 그것이 존재자를 산출한다는 점이다.[11]

따라서 기술의 본질은 절대 도구나 수단이 아니다. 기술은 단지 기계와만 관계된

---

11) M,하이데거/이기상 역(1993).『기술과 전향』. 서광사, p.73.

것이 아니라 현실의 모든 분야들과 관계되기 때문에 더더욱 그러하다. 기술은 존재자의 윤곽을 가지고 있으면서 점점 존재자 전체를 나타낸다(M. 아르, 《대지의 노래》, 1987). 하이데거에 따르면, 신은 존재자들 속에 숨어 있으면서도 인간이 자신을 발견해 내고 응용하도록 자신을 열어 놓는 방식, '탈은폐'(脫隱蔽)[12]의 방식으로 존재하는데, 그 숨어 있는 존재를 드러내는 것이 바로 기술이다. 기술은 존재가 자신을 실현하는 방식이다. 그리고 인간은 이 기술을 통해 존재 산출의 책임적 주체행위를 담당하게 된다. 그같은 인간의 노동은 "포이에시스"(poiesis, 製作)라는 의미의 "밖으로 끌어내어 앞에 내어 놓음"의 방식으로 존재를 산출하는 것이다. 즉, '탈은폐'와 '포이에시스'라는 이 두 계기가 인간의 창조적 노동 방식인 기술로 만나면서 신과 자연, 인간의 상호적 존재실현의 역사가 이루어져 왔다. 이 논리에 따르자면, 인간은 기술을 통해 '자연적 인간'(맑스)이 되고 자연 또한 '인간적 자연(맑스)'이 되어야 하며 신 또한 기술을 통해 현존재가 될 뿐만 아니라 현존재도 신을 닮아야 한다. 인간에게 기술은 도구적 의미가 아니라 매우 통전적인 의미로 받아들여져야 하며 그것을 통해 인간 또한 통전적 존재(通全的 存在, Total Being)로 이해되어야 하는 것이다.

그런데 하이데거는 이러한 기술의 존재론적 의미의 '탈은폐'가 현대기술사회에서 더 이상 전개되지 않는다고 하였다. 현대의 기술 속에 이루어지고 있는 '탈은폐'는 '도발적 요청'으로. 그 자체로 채굴되어 저장될 수 있는 에너지를 자연에게 내놓으라고 무리하게 요구하기 때문이라는 것이다. 하이데거는 이것은 존재를 자연스럽게 산출하는 의미의 '포이에시스'가 아니라 '닦달'의 방식이라고 하면서 "존재의 역운이 '닦달'의 방식으로 전개되어진다면 인간은 최고의 위험에 다다르게 된다"[13]고 경고하였다. 그러면서 그러한 위협에 처해 있으면서도 현대인들은 지구의 주인으로 거드름을 피우고 있으며, 오늘날 실제로는 그 어디에서도 자기 자신의 본질을 대면하지 못 하면서 도구

12) 탈은폐는 현대 기술을 속속들이 지배하고 있는 것으로서 도발적 요청이라는 닦아세움의 성격을 띠고 있다. 이 도발적 요청은 자연에 숨겨져 있는 에너지를 채굴, 변형, 저장, 분배, 전화시키는 방식으로 이루어진다. 그런데 이것은 존재가 자기 본래의 궤도를 조정함으로써 그 궤도를 열어 보이는 것이기 때문에 어디서나 조종과 안정의 특성을 내보이기까지 한다. 그러나 탈은폐의 이같은 본래 의미가 현대기술사회에서는 "닦아 세우다"(stellen), "주문하다"(bestellen), "부품"(Bestand)의 개념으로 바뀌었다. 이는 인간이 자신의 욕망을 실현하기 위해 기술을 통제하고 기술 안에 숨겨진 존재에게 인간의 필요를 내어 놓으라고 도발적으로 요청 (herausforderung)하기 때문이라고 한다.(하이데거, 『기술과 전향』, 이기상 역, 43-49쪽 참고)

13) 하이데거(1993). 『기술과 전향』. 서광사. p.98. 참고

적 기술이 만들어 낸 모든 것들 속에서 오직 자기 자신만을 만나는 착각에 빠져 있다고 비판하였다(『기술과 전향』, 73-75).

존재 왜곡과 인간성 상실이라는 현대기술사회의 위기가 극복되려면 존재와 존재자의 본질적인 통일이 이루어져야 한다. 하이데거는 이를 위해서 존재의 '말 건네옴'에 귀기울여야 하며 '기술의 전향'을 이루어야 한다고 주장하였다. 인간이 기술을 도구로만 바라보면서 그것을 인식하지 못 할 뿐이지 존재는 끊임없이 인간에게 기술을 통해 말을 건네 오고 있다고 한다(『기술과 전향』, 75). 구원자는 현대기술사회의 극심한 위기를 구원할 힘을 가지고 있고 기술은 본질적으로 그 구원자를 간직하고 있다. 따라서 구원에 이르는 길은 기술 속에 들어 있는 이 구원자의 말을 경청하는 것이다. 구원자의 말은 자연과 인간을 구원할 참된 지식과 기술의 형태일 것이다.

그런데 문제는 인간이 이것을 어떻게 인식할 수 있는가 하는 것이다. 하이데거는 이에 대해 '기술의 본질은 스쳐지나가는 경이(驚異)의 기분 속에서 자신을 드러낸다'[14]고 할 뿐 더 이상의 구체적 언급은 하지 않았다. 하이데거는 존재가 어느 날 섬광처럼 구원의 빛을 비추어 올 것이며 인간은 단지 선입견에 사로잡히지 않고 언제나 말을 건네와 요청하고 있는 것을 듣기(Vernehmen)만 하면 된다고 한다(기술과 전향, 이기상 역, 1993: 51, 119-121, 127). 물론, 이러한 구절에 함축된 진의는 기술과 물질을 존재론적으로 이해해야 한다는 것이며 그 주장은 높이 평가받을 만하다. 그러나 인간이 이 파괴적 실존으로부터 벗어나는 것이 우연히 순간적으로 존재에 대한 경이로움을 체험하는 것만으로 과연 가능하단 말인가? 구원을 향한 기술의 전향을 어떤 원리와 형태로 실행해야 하는가? 하이데거의 결론은 추상적인 한계를 벗어나지 못 하였다.

하이데거의 언어적 결말을 넘어 현대인들은 현대기술 속에 숨겨진 구원자가 드러나도록 촉진해야 한다. 구원자를 촉진해 낼 수 있는 기술 형성의 구체적 원리를 새롭게 정립하고 파괴된 자연과 인간을 회복시킬 구원의 기술력을 구축해야 한다. 여기에는 좀 더 구체적인 기술론과 인간교육론이 필요하다. 이에 이어질 장자의 "천지모"(天地母)의 농성적(農性的) 기술개념과 "신인"(神人) 교육론은 하이데거 기술론의 추상성을 극복하고 구체적인 교육의 방향을 제시해 줄 것이다.

서구근대기술 개념이 인간 이성을 실현하고자 하는 자유주의와 합리성의 관념적 기반 하에서 도출되었다면 장자의 기술론은 유기체적 자연관과 무위사상에 입각하여 다분히 자연생태계와 자연적 존재라는 실존적 기반 속에서 흘러나왔다. 따라서 도가가 이해한 자연질서와 생명논리는 장자기술철학의 원리이며 서구근대기술의 반생태성을 극복하는 요소를 내포하고 있다. 장자는 자연존재와 인간의 정신 그리고 그것을 연관 짓는 기술의 관계를 다음과 같이 도식적으로 설명하였다.

> 천지가 비록 광대하기는 하지만 그 化育함은 균등하고, 만물이 비록 잡다할지라도 그 다스림은 하나이다. …
>
> 따라서 천지에 通하는 것은 德이고, 만물에 행해지는 것은 道이고, 위에서 사람을 다스리는 것이 바로 事이고, 藝에 능한 것이 技이다. 技는 事를 겸해야 하고 事는 義를 겸해야 하고 義는 德을 겸해야 하고 德은 道를 겸해야 하고 道는 天을 겸해야 한다. 그러므로 예전에 천하를 다스린 인물은 無慾으로 임해 천하를 풍족하게 했으며 無爲로서 만물을 화육시켰다고 말해진다. 옛 기록에 따르면 하나의 道에 通하면 만사가 형통하게 되고 얻음에 無心할진대 귀신마저 심복하게 된다는 것이다.[15]

위 구절의 핵심은 기술이 자연의 섭리, 즉 도(道)에 따라 의(義)와 덕(德)을 겸비해야 한다는 것이다. 도(道)와 의(義), 덕(德)을 추구하는 행위의 근본이자 궁극적인 목적은 만물의 화육(化育)이다. 하이데거의 존재에 대한 존재자의 경청은 장자에게서 도(道)와 의(義), 덕(德)의 통일과 일맥상통한다. 존재의 말 건네 옴은 만물을 낳고 기르고 자라게 하는 자연의 본질적 의지인 도(道)가 뻗어져 나오는 한 형태라 할 수 있다. 그런데 장자의 도(道)는 하이데거의 존재처럼 추상적이지 않다. 하이데거의 존재는 존재자들 속에 기술로 현상하면서도 궁극에는 존재들과 분열되어 관념적 형태로 구원을 행사하는 모순된 논리의 추상적 존재이다. 이에 비해 도(道)는 모든 생명체들을 화육(化育)시키는 실제 생태계의 생명활동으로 뻗어져 나오는 것으로서 서구근대기술처럼 반자연적 조작과 지배를 일삼지 않는다. "도(道)는, 생성케 하되 소유하지는 않으며 그렇게 하되 그 공을 믿지 않으며, 생장케 하되 지배하지는 않기" 때문이다. 노자는 이것을 현묘한 덕이라고 표현하였다.[16] 장자에게 만물을 화육(化育)시키는 생명의 의지가 담겨져 있지

---

15)『莊子』, 第十二 天地, 天地雖大, 其化均也, 萬物雖多 其治一也 … 故 通天於地者 德也 行於萬物者 道也 上治人者 事也 能有所藝者 技也. 技兼於事 事兼於義 義兼於德 德兼於道 道兼於天 故 曰, 通於一而萬事? 无心得而鬼神服.

18) 老子, 『道德經』, 道生之, 德畜之, 物形之, 勢成之, 是以萬物莫不尊道而貴德··生而不有, 爲而不恃, 長而不宰

않은 기술은 장자에게는 오히려 생명을 위협하는 천박한 도구에 지나지 않는 것이다. 이러한 그의 기술관은 음양을 관리하는 기술에 대해 묻는 통치자 황제(黃帝)와 도인(道人) 광성자(廣成子)와의 대화에 잘 드러나 있다.

황제가 광성자에게 물었다.

"나는 선생님이 지극한 도(至道)에 도달하셨다는 소문을 들었습니다. 감히 지극한 도(道)의 정수(精髓)를 묻고 싶습니다. 나는 천지(天地)의 정수를 취하여 오곡(五穀)이 자라도록 돕고 백성을 기르고 싶습니다. 또 나는 음양(陰陽)을 관리하여 많은 백성이 삶을 다하도록 하고 싶습니다. 이를 위하여 무엇을 해야 하겠습니까?" 광성자가 대답하였다. "당신이 묻고자 하는 것은 물의 본질(物之質)인데 관리하고 싶어하는 것은 물의 찌꺼기(物之殘)이군요. 당신이 천하를 다스리고 난 후에는 구름 기운이 모이기도 전에 비가 오고, 초목(草木)은 누렇게 되기도 전에 떨어지고, 일월(日月)의 빛은 갈수록 어두워지고 있소. 당신은 천박한 마음으로 말만 번드레 하니 어찌 족히 지극한 도(道)를 말할 수 있겠소."[17]

얼핏 보면 자연의 이치를 인간을 위해 사용하려는 황제의 뜻은 당연해 보인다. 그러나 광성자는 황제의 마음에 인간을 위한 이용과 정치적 목적만 있고 인간이 천지를 위해야 한다는 의식이 결여되어 있음을 질타하였다. 인간이 자연의 정수(精髓)를 자기 이기심의 형태로 변질시키는 데 기술을 사용해서는 안 된다는 것이다. 이에 장자는 인간에게 자연을 물의 본질을 인식할 수 있는 마음을 길러야 한다고 주장하였다. 그 마음은 만물을 화육(化育)하게 하려는 어머니의 마음과 같은 것이다. 자연에 대해 어머니의 마음을 갖는다는 것은 자신을 포함한 자연 전체를 조화롭게 살려나가는 공동체적 생명의식과 그것을 구현하는 다름 아닌 생명노동을 실천하는 것이다. 장자는 자연의 본질과 기술의 성격 그리고 인간의 윤리가 일치되어야 한다고 보았다. 의(義)와 덕(德)의 기준은 바로 거기에 있는 것이다. 또한 그러한 차원에서 발휘되는 기술은 자연의 운동법칙을 그대로 따르는 형태를 취하는 것인데, 그러한 어머니의 마음과 같은 기술(생태적

是謂 玄德

17) 『莊子』, 第十一, 在宥. 我聞吾子達於至道 敢問至道之精. 吾欲敢天地之精, 以佐五穀, 以養民人. 吾又欲官陰陽, 以遂군?生 爲之奈何. 廣成子 曰, 而所欲問者, 物之質也. 而所欲官者, 物之殘也. 自而治天下, 雲氣不得族而雨, 草大不得黃而落, 日月之光, 益而慌矣. 而佞人之心翦翦者, 又奚足以語至道.

기술)이 생명을 살리는 '양생'(養生)의 이치에 따를 때 기술이 참된 경지에 다다른다는 것을 다음 예화는 잘 보여주고 있다.

> 정이 문혜군을 위해 소를 잡을 적에 손을 대고 어깨를 기울이고 발로 밟고 무릎을 구부리는 동작을 할 때마다 뼈와 살이 갈라지면서 소리를 내고 칼을 움직임에 따라 싹둑싹둑 소리가 났다. 그 소리는 음에 맞지 않음이 없었으니 상림의 춤곡에도 맞았고 경수의 운율에도 맞았다. 포정이 이렇게 소 잡는 모습을 본 문혜군이 말했다. "아! 훌륭하구나. 소 잡는 기술이 어찌하여 이런 지경에 이르렀는가!" 그러자 포정이 칼을 놓고 말했다. "제가 즐기는 것은 道입니다. 기술에서 한층 나아간 것입니다."…그러자 문혜군이 말했다. "훌륭하구나! 내가 포정의 말을 들어보니 그대는 양생(養生)의 이치를 터득했구나.18)

현대기술은 이' 양생'(養生)의 이치를 실현하는 차원으로 진보해야 한다. 자연의 이치를 따르면서 인간 뿐 아니라 자연을 동시에 살리는 기술, 그 기술이 실현될 때 인간 또한 신과 자연과 더 밀접하게 통일된 존재로 진화할 수 있을 것이다.

그렇다면 인간의 감각과 도가 통일된 '양생'(養生)의 기술은 어떻게 형성되고 교육되어질 수 있는가? 장자는 이 천지모의 기술을 터득하는 두 가지 방법을 제시하였다. 하나는 도를 따르는 '순백(純白)의 마음'을 기르는 것이고 하나는 직접적 생명노동을 통해 '천지모'(天地母)의 기술을 스스로 터득하는 것이다. 전자는 기술시대 인간이 갖추어야 할 생태적 의식이고 후자는 생태적 실천력이다. 먼저 순백의 마음에 대해 살펴보면, 장자는 인간이 순백(純白)의 마음을 지켜야 한다고 하였다. 그 마음은 자연과 인간의 직접적인 생명관계를 지켜내고 기술을 통해 도(道)와 맞닿으려는 의지이다, 그리고 그 마음은 그와 일치하는 형태의 기술을 고안할 뿐 아니라 그 마음이 상실되지 않는 한에서 기술을 상용한다. 다음 자공과 노인의 대화에는 인간이 기술에 대해 지녀야 하는 순백의 태도와 가치관이 제시되어 있다.

> 자공(子貢)은 여행길에서 농사일을 하고 있는 한 노인을 만났다. 노인은 도가(道家)의 사람이었다. 그는 굴을 뚫어서 만든 우물에서 항아리로 물을 길어 그것

---

18) 『莊子』〃第三, 養生主. 庖丁爲文惠君解牛. 手之所觸, 肩之所倚, 足之所履, 膝之所踦. 砉然嚮然, 釋刀騞然, 莫不中音, 含於森林之舞, 乃中經道之會. 文惠君 曰, 譆, 善哉 技蓋至比乎. 庖丁釋刀對.曰., 巨之所好者, 道也, … 文 惠君曰, 善哉. 吾聞庖丁之言, 得養生焉.

을 안아다가 밭에 주고 있었다. 힘은 많이 드는데 효과는 적었다.

자공이 말했다. "여기에 기계를 사용한다면 하루에 백 이랑은 물을 줄 수 있을 텐데요. 힘을 아주 조금 들여 큰 효과를 볼 수 있지요. … 선생님은 한번 해 보실 의향이 없으신지요." … 밭일을 하던 노인은 노해서 안색을 바꾸었으나 곧 웃으며 말했다. "내 스승님으로부터 들었소. 기계를 가진 자는 반드시 기계를 사용하게 되고 기계를 사용하는 자는 반드시 기계에 의한 간계의 마음이 생기게 되오. 기계에 의한 간계의 마음이 가슴 속에 있게 되면 순백(純白)이 없어지오… 내 이를 알지 못하는 게 아니라 부끄러움을 사지 않기 위해서요."[19]

이준모는 윗 구절에 대해, 노인이 스스로 기계를 사용하지 않고 항아리를 사용하는 것은 "순백"(純白)을 마음에 지닌 "신인"(神人)의 기술이라고 한다. 그것은 기계의 쇠날이 오곡의 생명을 무참하게 파고드는 기술이 아니다. "신인"(神人)의 기술은 그의 "신(神)이 응집한 것"이다. 그것은 생명과 생명이 직접 만나는 부드러운 기술, "천지모"(天地母)의 기술이며 도(道)는 마음과 기운의 원초적 통일임을 알 수 있다. 마음을 허(虛)하게 함으로써 마음이 기(氣)로 전환하게 하여 "물(物)을 대하는 것"이 신인(神人)의 기술이라는 것이다. 이 기술은 신과 인간, 자연의 통일된 형태인데 중요한 것은 이것이 인간의 소질과 무엇보다도 신, 인간, 자연을 참되게 통일시키려는 인간의 의지에 의해 이루어진다는 것이다. 즉 인간의 의지와 소질, 그것을 현실화하는 지식과 감각을 도(道)와 원초적으로 통일시키려 하지 않으면 안 되는 것이다.[20] 한마디로 인간의 기술발현은 도(道)를 전제해야 한다. 다음 장자의 구절은 양적인 지식만을 맹목적으로 추구하는 현대교육의 일면에 인간 근본의식(마음)-도-기술-세계의 통일구조를 제시하고 마음교육의 중요성을 강조하였다.

"하늘의 법을 어지럽히고 사물의 실정을 거스르면 자연의 활동은 그치고 만다. 짐승의 무리는 흩어지고, 새들은 모두 밤에만 운다. 재화가 초목과 벌레에까지 미치게 된다. … 아! 마음을 길러라. 네가 만약 무위(無爲)에 처한다면 만물이

---

19) 『莊子』, 第十二, 天地. 子貢南遊於楚, 反於晉, 過漢陰, 見一文人, 方將爲圃.畦. 鑿隧而入井, 抱甕而出灌, 搰然搰,然., 用力甚多, 而見功寡. 子貢曰, 有欲械乎於此, 一日浸百畦. 用力甚寡, 而見功多, 夫子不欲乎. … 爲圃者念季作色而笑 曰, 吾聞之吾師, 有機械者, 必有機事, 有機事者, 必有機心. 機心者於詾中, 則純白不備. 純白不備, 則神生不定, 神生不定者, 道之所不載也. 吾非不知, 羞而爲也.

20) 이준모(2000). 『생태적 인간』. 다산글방. p.49-53. 참고 .視之, 曰奈何. 曰,

> 저절로 화(化)하리라. 네 형체를 떨어뜨리고 네 총명을 떨쳐버려서 자신과 만물을 잊는다면 자연의 기(氣)와 한 몸이 될 수 있을 것이다. 마음을 풀고 정신에서 벗어나 막연히 혼(魂)이 없도록 해라. 그러면 만물이 그 근본을 회복한다. 그 근본으로 돌아간 것조차 모르면 혼돈스러운 무차별의 세계에서 영원히 떠나지 않는다. 그러나 그를 알게 되면 그것은 떠나가 버린다. 그 이름을 묻지 않고, 그 실정을 엿보지 않아야 한다. 이렇게 하면 만물은 스스로 생리를 얻는다."21)

장자가 그토록 강조한 '순백의 마음'을 기른다는 것은 모든 생명을 살리려는 '양생'(養生)의 마음과 실천력을 키우는 것이다. 현대에서의 양생의 마음이란 자연적 존재로서의 자기 정체성을 망각하고 세계를 물질적으로 대상화하는 인간중심적인 의식을 반성하는 것이며, 지식과 기술을 단편적으로 이용하려는 지배적 기술주의의 성향을 지양하려는 것으로 해석된다. 또한 단절되었던 생명체 간의 동질감과 책임의식을 발휘하고 축적과 소비, 지배와 파괴를 즐기는 상공업 사회의 인간성을 공생과 공경으로 전환하는 것을 의미한다. 나아가 미래적인 의미는 무엇보다도 우주창생의 창조적 주도자('養生主'-생명을 살리는 주체)로서의 인간 주체성을 회복하려는 것이며 자연과 타인에 대한 도덕적 강제력을 발휘하면서 세계와 자신을 전 우주적 존재로 통일시켜가려는 열망을 잃지 않는 것이다. 현대문명과 교육은 장자가 주장하는 이 순백의 마음에 주목해야 한다. 인간 존재의 전제이자 궁극이 이 순백의 마음임을 인식하는 데서부터 생태적 인간교육은 시작될 것이다.

나아가 장자는 생태적 인간교육을 위한 방법까지 제시하였는데, 그것은 지식 중심의 답습이 아니며 교사의 일방적으로 전수도 아니다. 관념적 명상만을 통한 깨달음 또한 아니다. 그것은 오직 자신 스스로 부단히 자연에 대해 직접적인 노동을 행함으로써 몸과 마음이 동시에 터득하는 것이다. 인간을 먹이고 살리는 자연 앞에 탐욕과 간계(헤겔)가 아니라 경이로움(하이데거)과 책임의식(한스 요나스)을 가지고 대면하면서 만물을 살리려는 노동을 실천할 때 비로소 존재의 빛이, 구원자의 말(하이데거)이 인간의 마음으로 화하는 것이다. 다음의 장자의 수레바퀴 깎는 기술에 대한 이야기는 순백(純白)의 마음을 기르는 생태적 교육방법에 대해 잘 설명해 주고 있다.

---

21) 『莊子』, 外便, 在有, 亂天之經, 逆物之情, 玄天弗成 解獸之羣 災及草木, 禍及止蟲 意, 治人之過. … 意, 心養. 汝徒處無爲, 而物自化. 墮爾形體, 吐爾聰明, 倫與物忘, 大同乎涬溟. 解心釋神, 漠然無魂 萬物云云, 各復其根. 各復其根而不知, 渾渾云云, 終身不離 , 若彼知之, 乃是離之. 無問其各, 無闚其情. 物故自生.

제나라 관공이 어느 날 당상에서 책을 읽고 있었는데, 수레바퀴를 만드는 장인 扁이 堂下에서 수레바퀴를 깎아 만들다가 망치와 끌을 내려놓더니 환공에게 말했다. “감히 묻겠습니다만 공께서 읽으시는 책은 어떤 책입니까?” 환공이 답했다. “성인의 말씀이라네.” “그 책을 쓰신 성인은 살아 계십니까?” “벌써 돌아가셨지” “그렇다면 공께서 읽고 계신 책은 옛 성인이 남기신 껍데기군요.” 그러자 환공이 말했다. “과인이 책을 읽고 있는데 목수쟁이 따위가 어찌 시비를 거는가! 이치에 맞게 연유를 설명하면 괜찮지만 그렇지 않다면 그대는 죽임을 면할 수 없으리라.” 이에 편이 말했다. “제가 수레바퀴를 만든 경험에 비추어 말씀드린 것입니다. 서서히 깎으면 헐렁해서 들어가지 않습니다. 수레바퀴를 더 깎지도 않고 덜 깎지도 않는 것은 손으로 터득하고 마음으로 감응해야지 입으로 전할 수 있는 것은 결코 아닙니다. 그 사이에 비결이 있습니다만 제가 저의 아이에게 깨우쳐 줄 수도 없고 제 자식 역시 저로부터 전해 받을 수 없습니다. 그러기에 칠십이나 되는 나이에도 불구하고 직접 수레바퀴를 깎고 있는 것입니다. 이와 마찬가지로 책은 남긴 옛사람 또한 전해줄 수 없는 그 무엇과 함께 죽은 것입니다. 이런 연유로 공께서 읽고 계신 책은 옛사람이 남긴 껍데기에 불과합니다.”22)

장자에 따르면 “신인”은 생태적 의식과 생태적 기술력을 지닌 인간 존재를 뜻한다. 생태적 의식은 ‘양생’(養生)의 원리를 추구하는 마음이며 생태적 기술력은 신, 자연, 인간의 합일(合一)과 공진화(共進化)를 도모하는 지식과 기술이다. 교육은 기술시대에 ‘신인’(神人) 양성을 목적으로 해야 한다. 신인은 생태적 기술을 사용하는 방식으로 생명노동을 함으로써 길러질 수 있다. 따라서 현대교육은 산업사회 직능인 양성을 위한 직업교육이나 정서함양이나 신체발달, 농업적 차원의 노작교육에서 한 걸음 더 나아가 병든 자연과 사회, 교육현실과 인간을 치유하고 화육시키는 차원의 생태적 노동교육과 기술교육을 실시해야 한다. 또한 전 교육과정과 삶의 경험 속에서 생태적 마음씨와

---

22) 『莊子』, 天道 , 桓公讀書於堂上, 輪扁斲輪於堂下, 釋椎鑿而上, 問桓公曰, 敢問公之所讀者, 爲何言邪. 公曰, 聖人之言也. 曰, 然則君之所讀者, 古人之糟粕已夫. 桓公曰, 寡人讀書, 輪人安得議乎 有說則可, 無說則死. 輪公曰, 臣也以臣大事觀之. 斲輪徐, 則甘而不固. 疾則苦而不入. 不徐不疾, 得之於手, 而應於心, 口不能言. 有數存焉於其間, 臣不能以喩臣大子, 臣大子亦不能受之於臣. 是以行年七十而老斲輪. 古之人, 與其不可傳, 死矣. 然則君之所讀者, 古人之糟粕已夫.

몸가짐을 익히면서 자기 소질에 따라 창의적으로 '양생'(養生)의 기술을 개발함으로써 고립된 개체로서가 아니라 통전(通全)적 존재로서 자아실현을 할 수 있도록 해야 하는 것이다.

인간은 자연과 직접적인 생명노동을 할 때 진정한 자아를 실현할 수 있다. 노동은 인간의 가장 숭고한 생존권이다. 그러나 현대교육 갈수록 빠른 속도로 발달하는 정보화와 고기술사회 에 부응하기 위해 집약적인 지식 중심의 교육만을 표방하고 있다. 인간의 실질적인 생명활동에 대한 지식과 능력은 교육내용에서 배재되었고 양생의 원리를 깨달도록 하는 것은 교육목적에서 차치되었다. 뿐만 아니라 자기 소질을 온전히 개발함으로써 바람직한 자아실현을 하도록 한다는 기술교육의 보편적이고 본질적인 목적 역시 치열한 경쟁사회에서 살아남거나 출세하기 위해 자격증을 획득하는 따위의 과정으로 잘못 인식된 지 이미 오래이다. 현대교육철학은 도(道)와 통일하려는 인간의 마음, 생태적 의식이 없는 지식과 기술이 자연에 얼마나 많은 횡포를 행사하는지 그리로 지배와 경쟁의 교육구조가 얼마나 많은 아이들을 공허한 존재로 양산하는지를 바로 보아야 한다. 오늘날과 같은 위기 속에서 도구적이고 지배적인 지식과 기술을 추구해 온 근대 교육관을 고수하는 것은 분명 반시대적이며 반생명적이다.

이에 현대 교육은 단절된 인간과 자연의 직접적 관계를 먼저 회복하는 데 노력을 기울여야 한다. 자연을 공경하면서도 자신의 의지와 감각에 따라 자유로우면서도 자연을 공경하는 생태적 기술을 개발하고 학교와 사회는 인간과 자연의 온전한 공생을 위해 헌신하는 어머니같은 존재로 거듭나야 한다. 자연처럼 어머니의 마음을 품은 기술과 학교와 사회는 장자가 제시한 '신인'(神人)을 잉태할 것이다.

V. 맺음말

근대 이성중심의 교육철학은 기술의 존재론적 의미와 기술이 현 세계 전체에 어떠한 영향을 미칠지 미처 간파하지 못 하였다. 기술이 개인의 일상생활과 정치, 경제, 문화, 교육, 사회 전반에서 인간성에 결정적 영향력을 행사하고 있다. 인간이 아니라 기술사회라는 하나의 거대한 주물이 마치 자연과 인간을 개조하고 있는 보인다. 그러나 하이데거에 따르면 이 또한 인류가 구원의 길로 나아가기 위한 자연스러운 과정이자 계기이다. 현대는 기술사회의 위기를 통해 인류의 의식이 한 단계 더 성장해야 하는 시기이다. 이 같은 낙관적 역사관을 실현할 수 있는 힘은 오직 교육에서 비롯된다. 따라서 교육은 다른 어떤 분야보다도 이 시대적 문제를 해결하는 데 노력을 기울여야 한다. 그 일환으로서, 본론을 통해 정리된 다음의 서술내용은 교육의 생태적 패러다임 전환을 이루기 위한 대전제가 될 것이다.

첫째, 현대교육은 인간중심적이고 개인적 자아실현만을 추구해 온 자유주의적 교육풍토의 폐단을 지양하고 인간이 타인 뿐 아니라 자연과의 필연적 관계 속에서 존재할 수밖에 없는 공동체적 존재임을 각성해야 한다. 자연 생태계에서 개체의 특질이 전체 생태계를 유지하는 데 기여하듯 인간 개인의 소질 개발도 자연을 포함한 인류공동체를 존속하고 진화시키는 한에서 참된 가치를 지니는 것이다. 따라서 인간의 온전한 자아실현을 도모하려면 자연과 기술문명의 온전한 실현도 교육 목적에 함께 포함시켜야 한다.

둘째, 생태위기 시대의 교육은 파괴된 자연과 인간 자신을 회복시킬 생태적 자아 양성에 힘써야 한다. 근대교육의 사회적 기능은 개인적 자아와 사회적 자아를 실현하도록 하는 것이었다. 그마저도 개인적 자아보다는 기술적 사회기능인을 일방적으로 양성하는데 치우쳐 왔다. 그러나 이제는 자연-기술-인간의 유기구조 속에서 인간의 진화만이 아니라 자연과의 공진화(共進化)를 추구하고 책임질 줄 아는 생태적 윤리의식을 갖춘 인간을 추구해야 한다. 또한 자연과 인간의 관계를 실질적인 기술력으로 치유하고 회복하는 우주적 차원으로 진화된 기술력을 갖춘 인간형을 길러야 한다. 그러기 위해서는 기본적으로, 근대문명을 건설하는 데 적합했던 인간중심적인 인간자아 개념을 탈피하고 생명사회를 지향하는 차원에서 인간존재에 대한 이해의 지평을 넓혀야 할 것이다.

셋째, 가장 실질적인 것으로서 교육의 생태적 패러다임 전환은 기술의 전환을 전제한다는 것을 각인해야 한다. 인간과 자연의 형질을 함께 변화시키는 것은 바로 기술이기 때문이다. 기술은 인간의 해방욕구와 자유의지 그리고 이성과 지식의 현실적 결합물이다. 문명이라는 것은 이 결합물에 의해 증산되어 온 하나의 거대한 기술체제이다. 그렇기 때문에 현대 기술문명 사회 속에서 교육은 실재로 기술생산과 사용, 소비에 대한 숙련성을 강조한다. 기술력은 인간다운 삶의 수단이자 개인의 자유와 권리를 보장해 주는 능력이며 개인의 인격과 나아가 사회 정체성을 증명해 주는 지표이다. 따라서 도구적 근대 기술관과 소외된 인간형을 지양하면서 현대 기술 속에 아직 잠자고 있는 인간의 도덕적 기품을 불러내는 교육적 임무를 적극 수행해야 한다. 그것은 곧 신과 자연의 마음이며 미래의 생명사회와 교육을 건설하는 원동력이기 때문이다.

위와 같은 논의들은 기술사회를 살아가는 현대 개인들의 일상생활 뿐 아니라, 교육내용과 교육과정 전반에 신중하게 받아들여질 필요가 있다. 기술을 통한 신, 인간, 자연의 공진화를 추구하는 교육철학의 신념이 확고히 발휘될 때, 근대기술문명과 교육의 반생태적 문제들이 극복될 것이다. 나아가 그러한 교육의 선도적 전환이 교육 분야를 넘어, 각 학문 분야와 정치, 경제, 인문, 사회, 자연과학, 예술 등 사회 전반이 생태학적 패러다임으로 전환하는 데 밑거름이 된다면 인간 존재와 역사는 진일보한 생명세계로 한 걸은 더 다가설 수 있을 것이다.

참고문헌

김명자(1992). **동서양의 과학전통과 환경운동**. 서울:동아출판사.
김영래(2003). **칸트의 교육이론**. 서울:학지사.
김진(2003). **칸트와 생태사상**. 서울:철학과 현실사.
과학철학교육위원회(2003). **과학기술의 철학적 이해**. 서울:한양대학교 출판부.
권상준(1993). **환경과학**. 서울:문운당.
도르트 죌레(1991). **사랑과 노동**. 서울:카톨릭 출판사.
돈 아이디(1988). **기술철학-돈 아이디의 기술과 실천**. 서울:철학과 현실사.
류창열(2005). **기술교육원론**. 대전;충남대출판부.
반다라 시바(2000). **자연과 지식의 약탈자**. 서울:당대.
라이너 그룬트만(1995). **마르크스주의와 생태학**. 서울:동녘출판사.
류창열(1996). **기술과 사회**. 대전:충남대학교 출판부.
사회와 철학 연구회(2004). **과학기술시대의 철학**. 서울:이학사.
이준모(1990). **노동의 철학과 인간교육**. 오산:한신대학 출판부.
______(1994). **밀알의 노동과 공진화 교육**. 천안:한국신학연구소.
______(2000). **생태적 인간**. 서울:다산글방.
임홍빈(1996). **기술문명과 철학**. 서울:문예출판사.
한국철학회 편(1998). **기술문명에 대한 철학적 반성**. 서울:철학과 현실사.
황경식 외(2005). **고도과학기술사회의 철학적 전망**. 서울:민음사.
최유현(2005). **기술교과 교육학**. 서울:형설출판사.
김희봉. 과학기술과 생활세계-후설의 기술개념에 관한 비판적 고찰. **철학과 현상학 연구**. 2-21
김용정(1995). 과학과 윤리, 『**과학사상**』. 봄호 권두논문
박영균(2001). '근대기술관과 돈 아이디의 해체전략' **시대와 철학** 12권 1호. 한국철학사상연구회. 205-233
박준건(1995). 마르크스의 기술관. **시대와 철학** 6권2호. 한국철학사상연구회. 53-77
박찬국(1999). 현대기술문명에 대한 하이데거와 프롬의 사상. **철학연구** 제47집. 300-325.
______(2003). 하이데거의 기술문명에 대한 비판적 고찰. **철학사상** 16권. 서울대학교 철학사상연구소. 71-100
이승종(2002). 과학기술의 역사철학. **철학연구** 56권. 철학연구회. 103-122
오진탁(1996). 장자의 道를 통해 바라본 기술문명. **중국철학** 5권. 중국철학회. 315-319
平野喜一郎 외(1985). **소외론**. 서울:한마당.
A 바루치(1996). **대안적 삶의 형식-기술시대 인간의 삶에 대한 한 반성**. 서울:서광사.

A. 쿠신(1990). **마르크스의 기술론**. 노태천 역. 서울:문학과 지성사.
Aandrew Feenberg(1991). *Critical Theory of Technology*. Oxford University Press.
앤드루 웹스터(1995). **과학기술과 사회**. 서울:한울아카데미.
에리히 얀치(1993). **자기조직하는 우주**. 서울:범양사.
장 디디에 뱅상·뤼크 페리(2003). **생물학적 인간 철학적 인간**. 서울:푸른숲.
장주/김학주 역(2000). **장자** 상·하. 서울:을유문화사.
장 이브 고피(2003). **기술철학**. 서울:한길사.
조셉 애거시(1990). **현대문명의 위기와 기술철학**. 서울:문음사.
칼마르크스/김수행 역(2003). **자본론**. 서울:비봉출판사.
칸트(1992). **칸트의 역사철학**. 서울:서광사.
____(2007). **교육학강의**. 서울:철학과 현실사.
캐롤린 머천트(2001). **래디컬 에콜로지**. 서울:이후.
H 한스요나스(1994). **책임의 원칙-기술시대의 생태학적 윤리**. 서울:서광사.
Landgdon Winner etc(1996). *Te social shaping og technology*. philadelphia: Open Uversity Press.
M 하이 데거(1993). **기술과 전향**. 서울:서광사.
노만 제라스(1995). **맑스와 인간본성**. 서울:백의.
0. 슈펭글러(1998). **인간과 기술**. 서울:서광사.
프리초프 카프라(1994). **현대물리학과 동양사상**. 서울:범양사.
폴 데이비스(2005). **현대물리학이 발견한 창조주**. 서울:정신세계사.
라이너 그룬트만(1991). **마르크스주의와 생태학**. 서울:동녘.
울리히 백(1997). **위험사회**. 서울:새물결.

비판적 시각 문해교육: 비판적 교육학의 입장[1]

이 화 식(단국대학교)

Ⅰ. 머리말

최근 미술교육의 최대의 화두는 시각문화 미술교육[2]이라고 해도 과언을 아닐 것이다. 이러한 미술교육 사조가 유행하는 것은 현재 우리사회의 문화적 특징인 포스트모더니즘과 비판주의와 밀접한 연관이 있을 것이다. 포스트모더니즘은 다양한 주장과 주의가 있을 것이다. 그러나 포스트모더니즘은 일반적으로 다양성과 소담론, 반권위 등을 특징이라 할 수 있다. 그리고 비판주의는 비판적 사고를 중심 주제로 다루고 있다. 현재 우리나라에서 이루어지는 교육이나 미술교육에서는 포스트모더니즘과 비판주의가 많은 영향을 미치고 있고, 특히 '시각문화 미술교육'이 많은 영향을 받았다. 그래서 '시각문화 미술교육'이 현재 우리 교육에서 화두로 대두된 것이다. 하지만 현재 우리나라에서 이루어지는 '시각문화 미술교육'은 비판주의보다는 포스트모더니즘에 더 많은 영향을 받아 문화의 다양성에 초점을 두고 있다는 인상이 있고, 비판주의 영향을 받았지만 잘못된 비판주의 교육을 실천하고 있는 듯하다. 본 연구자는 이와 같이 포스트모더니즘 시각이 반영된 '시각문화 미술교육'과 잘못된 비판주의 시각이 반영된 '비판적 시각문화 교육'에서 벗어나 본래의 비판주의 시각으로 접근하고자 한다. 그래서 새로운 접근 방법을 본 연구자는 '비판적 시각 문해교육'이라고 지칭할 것이다. 물론 포스트모더니즘 시각이 반영된 '시각문화 미술교육'도 반권위라는 비판적 시각을

1) 이 글은 「조형교육」 제48호에 게재된 논문을 일부 수정, 보완한 것이다.
2) 시각문화 미술교육(Visual Culture Art Education)의 용어는 던컴(Duncum, 2002)에서 처음 사용되어서 국내에서는 시각문화 미술교육이 보편적으로 통용되고 있다. 하지만 프리드만(Freedman, 2003), 태빈(Tavin, 2003) 등 미국 학계에서는 '시각문화교육(Visual Culture Education)'가 좀 더 일반적으로 사용되고 있다.

포함하지만 엄밀히 구분하면 비판적 시각보다는 다양성이 더 큰 가치라고 여기는 듯하다(이화식, 2013). 예를 들면 시각문화 미술교육의 대표적인 학자인 프리드만(Freedman, 2003)은 교육의 목표를 듀이의 민주주의 교육이념에 따라 설정하고, 앤더슨와 밀브란트(Anderson & Milbrant, 2003)는 사회재건주의적인 입장을 취하고 있다. 이에 반해서 태빈(Tavin, 2003)은 비판교육학 관점에서 '시각문화 미술교육'을 이해한 '비판적 시각문화 교육(critical pedagogy of visual culture)'을 제시하였다. 태빈의 방법은 프리드만이나 앤더슨과 달리 비판주의 시각을 미술교육에 더 많이 적용하고 있다. 그러나 대중문화와 관련된 경험을 수업에 적용하여 그 경험이 내재한 사회적 권력과 이데올로기의 힘을 검토하지만 이것 또한 우리 학교 현장에서는 새로운 억압적인 교육으로 진행되고 있는 경향이 있다.

비판주의에서 강조하는 비판적 사고는 궁극적으로 인간을 인간 자체로 자유롭게 살아갈 수 있도록 하는 힘(empowerment)이다. 이것은 삶의 현장이나 교육 현장에서 우리 인간을 인간 개체로 본질성을 가지면서 사회와 호응하여 살아갈 수 있도록 우리를 안내하는 것이다. 하지만 지금까지의 미술교육은 이것을 잘 반영했다고 할 수 없다. 그래서 본 연구에서 제시하는 '비판적 시각 문해교육'을 통해 우리 학생들의 비판적 시각능력을 함양하고 궁극적으로 인생의 주인이 되도록 하는데 있다. 그러자면 '비판적 시각 문해교육'에 대한 배경과 올바른 접근이 필요하다. 그래서 '비판적 시각 문해교육'의 철학적 배경이 되는 비판주의 철학을 개념과 발전과정, 주요 이론의 특징을 중심으로 연구할 것이며, '비판적 시각 문해교육'의 교육적 배경이 되는 '비판적 문해교육'은 프레이리(P. Freire)를 중심으로 연구하고, '비판적 미디어교육'은 브룩필드(S. Brookfield)를 중심으로 연구할 것이다. 왜냐하면 이러한 연구과정이 '비판적 시각 문해교육'의 올바른 이해와 실천에 도움을 주기 때문이다.

Ⅱ. 비판주의에 대한 이해

'비판적 시각 문해교육'을 이해하기 위해서는 비판주의에 대한 이해가 전제되어야 한다. '비판적 시각 문해교육'은 교과교육의 형태이기 때문에 이것의 배경이 되는 비판주의에 대한 심도 있는 논의가 '비판적 시각 문해교육'의 바른 이해의 지침이 되기 때문이다. 그래서 비판주의를 개념, 발전 과정, 비판주의 교육으로 구분하여 제시한다. 본 장에서 비판주의의 개념에서 출발해서 비판주의 교육으로 안내하는 것은 비판주의가 사상이나 이념으로 끝나는 것이 아니라 교육에 영향을 주고 이것은 이후 본 연구의 핵심이 되는 '비판적 문해교육'과 '비판적 미디어 문해교육', '비판적 시각 문해교육'의 이론적 배경이 되기 때문이다. 구체적인 것은 다음과 같다.

1. 비판주의 개념

비판주의는 하나의 개념으로 정리하기는 힘들지만 다음과 같은 특성이 있다. 보통 현대 철학 중에서 당대 사회를 비판하면서 인간 해방을 강조하는 사회철학을 말한다. 비판주의의 특징은 현대 사회를 비판하되 그 책임을 돌리지 않고 사회 또는 그 체제에 돌리는 데 있다. 이 철학사조는 마르크스(K. Marx)의 저작으로부터 유래되었으므로 마르크스의 이데올로기 비판의 논리와 프로이드(S. Freud)의 심리학 방법론을 발전적으로 수용하였다. 그 결과 맑스즘(Marxism)을 훨씬 초월하는 사상을 가지게 된다. 비판주의는 그들의 주제를 현실 문제에서 찾았으며 현실 문제를 해결하는 방법도 현실에서 찾았다(이규호, 1980). 그래서 단순히 현실 문제를 설명하기만 하는 철학이 아니라 사람들이 자신의 삶을 해방시켜 사회적 부정의를 변화시키려는 학문이다.

일반적으로 비판주의 출판은 1923년 독일의 프랑크푸르트대학(Johann Wolfgang Goethe-Universität Frankfurt am Main)의 사회연구소에 참여했던 학자들의 연구들로부터 시작되었다. 호르크하이머(M. Horkhemer), 아도르노(T. Adorno), 마르쿠제(H. Marcuse) 등이 중심이 되었던 프랑크푸르트학파(Frankfurter Schule)의 학자들은 나치스에 쫓겨 미국으로 망명하여 급진주의 경향을 드러냈다. 따라서 이들의 연구는 미국에서 계승되었다. 그 후 제2차 세계대전 이후에 프랑크푸르트로 다시 돌아와 1953년에 연구소를 재설립했다. 이 연구소에 참여한 학자들은 앞의 세 명 이외에 프롬(E. Fromm), 노이만(F. Neumann), 슈미트(F. Schmitt), 뢰벤탈(L. Löwenthal), 하바마스(J. Habermas) 등이 있다(Blake & Masschelein, 2003). 비판주의는 단 하나의 공통된 이론을 말하는 것은 아니다. 이 이론에 포함되는 사상가들을 보면 호르크하이머, 아도르노, 마르쿠제, 프롬, 하바마스, 벤야민(H, Benjamin) 등이 있는데 이들의 사상들을 보면 알 수 있다. 이들은 사상적 범위는 공통점도 있지만 상이점도 상당히 많이 존재할 뿐만 아니라 그들 각각의 사상조차 매우 유동적이다. 그래서 이들의 사상을 프랑크푸르트학파, 네오-맑시즘

(Neo-Marmism), 프로이디안 맑시즘(Freudian Marxism), 레프트(New Left) 등으로 불린다(고려대학교 교육문제연구소, 2007; 박의수 외, 2009). 이러한 사상들은 이제부터는 비판이론이라 하겠다.

2. 비판주의 발전 과정

포이케르트(Peukert, 1983)에 따르면 비판이론의 발전과정을 3단계로 제시하였다. 첫째 단계는 마르크스주의 사회학과 프로이드 심리학이 통합하는 과정이다. 둘째 단계는 도구적 이성 비판 시기이다. 셋째 단계는 실천 개념을 재형성하여 비판주의가 의도했던 독창적인 해방적 프로그램을 원상회복시키려는 하버마스의 시도이다. 각각 단계의 구체적인 특징은 다음과 같다.

첫 단계인 마르크스주의 사회철학과 프로이드 심리학의 영향 단계로 이는 1930년대의 호르크하이머(Horkhemer, 1977)와 마르쿠제(Marcuse, 1972)에서 나타나는 마르크스적 사회관계 분석과 프로이트적 심리분석이 사회·심리 이론으로 통합하는 단계이다. 이러한 종합은 프랑크푸르트 학파로 하여금 심리와 사회 심층구조의 상호관계를 분명하게 해주었고, 불만과 항의조차 지배질서를 재생산하는 요소로 보게 만들었다. 이러한 비판주의는 미국의 헨리 지루(H. Girous)의 『비판이론과 교육실천(Creitical Theory & Educational Practice)』(1983), 『교육이론과 저항(Theory & Resistance In Education)』(1983b)에 의해 교육적으로 수용되었다.

두 번째 단계인 도구적 이성 비판 시기는 호르크하이머와 아도르노의 『계몽의 변증법(Dialectic of Enlightenment)』(1991)과 아도르노의 『부정변증법(Negative Dialectics)』(1966), 호르크하이머의 『이성의 소멸(Eclipse of Reason)』(1974), 마르쿠제의 『일차적인 인간(One-Dimensional Man)』(1964) 저작들이 중심이 된다. 이들 저작들은 문화(지식)가 사회 재생산을 위한 도구적 성격을 드러내는 데 초점을 두고 있다. 그래서 이 이론들은 교육이 갖고 있는 규범적 내용이 공정한 삶에 위배된다는 것을 드러내고자 했다. 특히 아도르노(Adorno, 2012)는 교육을 '진정한 교육(echt Bildung)'과 '절반의 교육(Halb-Bildung)'으로 구분했다. 그는 원래의 '진정한 교육'은 사람들로 하여금 현재의 질서에 질문을 던지고 반성적 사고를 할 수 있도록 하는데 목적이 있고, '절반의 교육'은 사람들이 비판적 사고를 하지 못하고 현존 질서에 잘 적응하게 만드는 도구적 목적이라 했다.

세 번째 단계인 프락시스(praxis) 개념을 재형성하여 비판주의가 의도했던 독창적인 해방적 프로그램을 원상회복시키려는 허바마스의 시도이다. 그는 비판의 프락시스로 '언어적 상호 작용'을 제시했다. 그는 후기 자본주의 사회가 사회를 재생산하기 위한 도구로 '전략적 담론-생활세계의 식민화'를 사용하고 있다고 하여 그에 대항하여 '언어적 상호작용'으로 인간을 해방시켜야 한다고 한다. 그의 이러한 사상은 1965년부터 1970년대 말까지 독일, 벨기에, 네덜란드의 비판교육학에 영향을 미쳤다(Blake & Masschelin, 2003).

3. 비판주의 교육

1920년대 이후 교육에서 비판주의의 영향을 받아 비판주의 교육이 발전하였다. 그들은 대체적으로 공교육이 엘리트 집단체제의 유지를 위한 교육이라고 비판하면서 사회를 유지하는 교육이 아니라 사회를 변혁하는 교육이 되어야 한다고 주장한다. 대표적으로 카운츠(G. Counts)가 주도했으며 브라멜드(T. Bameld), 영(M. Young), 이글스톤(J. Eggleston), 부르디외(P. Bourdieu), 번스타인(B. Bernstein), 지루(H. Girous), 프레이리(Freire) 등이 있다(송병순 외, 2002).

그 중에서 지루와 프레이리를 중심으로 살펴보면 지루는 그의 『교육이론과 저항. 반대를 위한 교육학(Theory and Resistance in Education. A Pedagogy for the Opposision)』(1983b)은 초기 비판주의를 가장 효과적으로 이해하고 적용했다. 그는 교육의 소외적이고 억압적인 면을 분석하여 어떻게 현실 사회인 자본주의 질서를 재생산하고 있는지 밝혔다. 그는 학교 교육이 체제를 옹호하는 '잘못된 의식' 교육을 통해 지배 이데올로기를 재생산하여 체제를 비판할 수 없도록 한다고 했다. 그래서 그는 그 대안으로 교육이 '잘못된 의식'을 해체할 수 있도록 비판적인 정신을 교육해야 한다고 하며 사회적·정치적 주제를 민주적인 방법으로 교육해야 한다고 한다. 그러기 위해서는 '비판의 언어'뿐만 아니라 '가능성의 언어'까지 진척되어 비판을 뛰어넘는 민주주의 비전을 개발하는 것을 목적으로 한다(Girous, 1989).

다음으로 프레이리는 남아메리카와 아프리카, 아시아 등 권위주의적 정치체제를 유지하고 있던 제 3세계 국가들에 비판교육의 이론적, 실천적 영향력을 발휘한 사람이다. 그는 또 미국 교육학계의 지루에게 영향을 주었다. 그의 『억압당하는 자의 교육학(Pedagogy of the Oppressed)』(1970)에서 수탈자적(depositary) 교육의 분석과 잠재적 교육과정의 사회학적 분석을 통하여 지배 권력이 어떻게 학교 교육을 통하여 기존의 권력을 재생산하는 지를 발견했다. 그에 의하면 교육은 1) 억압자들에 의해여 조작된 침묵의 문화에 빠져 있는 피교육자들에게 2) 의식화(conscientization)를 통해 주체적 인간으로 변화시켜 3) 사회적 변혁을 추구할 수 있는 인간으로 길러내는 활동이다(Freire, 2002). 그래서 기존의 교육을 '은행예금식 교육(banking education)'이라 비판하고 대안으로 '문제제기식 교육(problem-posing education)'을 제시한다. 그가 말하는 '은행예금식 교육'은 다음과 같다.

> 은행예금식 교육이란, 지식을 가지고 있다고 자처하는 사람들이 아는 것이 없다고 여기는 사람들에게 일방적으로 전달하는 교육이다. 이처럼 사람들이 절대적으로 무지하다고 가정하는 것은 억압 이데올로기의 한 특징이며, 탐구 과정으로서의 교육과 지식을 부정한다. 따라서 교사는 학생들과 필연적으로 대립할 수밖에 없다. 교사는 학생들이 절대적으로 무지하다고 간주함으로써 자신의 존재를 정당화한다.[…]자신의 무지를 교사의 존재에 대해 정당화로 받아들인다. 그러나 그 노예와는 달리 학생들은 실은 자신들이 교사를 교육하고 있다는 사실을 깨닫지 못한다(Freire, 2002, p. 91).

그는 '은행예금식 교육'이 인간을 객체화시키며, 수동적으로 만들고, 아무 것도 할 수 없으며, 아무 것도 알 수 없는 노예화 교육이라 한다(Freire, 2007b). 그는 인간은 반성(reflection)과 행동(action)을 결합하여 문화와 역사를 주도적으로 해석하고 창조하는 것이라 여겼다. 그러므로 진정한 교육도 이러한 반성적 행동을 향상시킬 수 있도록 구성되어야 한다(Elias & Merrian, 1997). 인간이 문화와 역사를 주도적으로 수행할 수 있는 것은 그들의 환경을 자신의 입장에서 해석해야 가능하다. 즉 환경을 주체적으로 해석할 수 있는 능력을 함양하는 것이 진정한 교육이라 생각한 것이다. 그러므로 이러한 능력을 억압하고 중립적이고, 객관적인 지식관 아래 인간의 사고와 행동을 구속하는 교육을 비판하고 있는 것이다. 그래서 다음과 같이 '대화'와 '프락시스'가 토대가 되어 억압적인 교육-은행예금식 교육을 극복하고 '문제제기식 교육'를 제시했다.

> 문제제기식 교육은 인간주의적이고 해방적인 프락시스를 지향하므로, 지배에 종속된 민중이 해방을 위한 싸움에 나서도록 자극해야 한다. 이를 위해 문제

제기식 교육은 권위주의와 주지주의를 극복함으로써 교사들과 학생들이 교육과정의 주체가 되도록 만든다(Freire, 2002: 109).

그는 여기에서 대화가 지배적인 목소리를 제한하여 교사와 학생이 함께 교육을 개발할 수 있게 하여 불평등한 교육을 변혁시키는 수단으로 제시한다. 그래서 '은행예금식 교육'과 '문제제기식 교육'의 구분은 '비대화적 교육'과 '대화적 교육'의 비교와도 같다. 교사가 대화를 하게 된다면 교사는 교육 내용의 소유자에서 교육 내용의 안내자로 바뀌게 된다(Freire, 2000; 2002). 따라서 대화를 통해 교수자와 학습자는 동등한 입장이 되고, 다 같은 교수자와 학습자가 될 수 있다. 이것은 교사도 가르치면서 배우고, 학습자도 배우면서 가르치는 상호의존적 관계가 성립된다.

Ⅲ. 비판주의의 교육적 적용

비판주의는 이념이나 사상으로 끝나지 않고 현실 정치나 교육에 많은 영향을 주었다. 그래서 비판주의가 각각의 교육 형태에 적용되었다. 가장 대표적인 것이 '문예교육'과 '미디어교육'이다. 기존의 '문예교육'과 '미디어교육'의 대안으로 '비판적 문예교육', '비판적 미디어 문해교육'이 나타난다. '비판적 문해교육'은 프리에르, '비판적 미디어 문해교육'은 브룩스필드를 중심으로 연구할 것이다. 이러한 연구는 다음 장에서 본격적으로 제시할 '비판적 시각 문해교육'의 단초가 될 것이다. 구체적인 것은 다음과 같다.

1. 비판적 문해교육

'문해교육'과 '비판적 문해교육'은 공통점도 있지만 차이점도 있다. '문해교육'은 단순히 문해에 대한 기능에 중점을 두지만 '비판적 문해교육'은 문해의 기능과 세상을 보는 비판적인 안목의 향상도 포함한다(Brookfield, 1985). '비판적 문해교육'의 정의를 보면 소우(I. Shor)는 '비판적 문해교육'이란 글을 읽고 배우는 과정을 통해 기존의 권력구조에 도전하면서 개인과 사회발전을 위해 대안의 길을 모색하는 과정이라고 하였다(Shor & Pari, 1999). 또한 크레토빅스(Kretovics, 1985)은 '비판적 문해교육'이란 학생에게 단순히 문해 능력만을 제공하는 것이 아니라 사회의 불평등과 부정의를 정확하게 파악하는데 필요한 비판적 사고, 나아가 좀 더 나은 사회를 만들기 위해서 필요한 비전과 그 비전을 실천할 수 있는 능력을 동시에 제공하는 문해교육이라 했다. 이와 같이 '비판적 문해교육'은 단순한 문해의 기능만을 강조하지 않고 비판주의가 토대가 된 교육임을 알 수 있다.

'비판적 문해교육(critical literacy education)'를 연구하고 발전시킨 학자는 많이 있겠지만 대표적인 사람은 프레이리일 것이다. 프레이리는 이전까지의 단순한 읽고 쓰기의 '문해교육'에서 '비판적 문해교육'으로 발전시켰다. '비판적 문해교육'은 그의 사상에서 살펴보았듯이 단순히 성인들이 음성체계의 문어적 재현을 가능하게 하는 것 즉 말을 글로 쓰게 하는 것만을 의미하지 않는다. 그가 추구하는 '문해교육'은 그들이 살아가고 있는 세계에 대한 비판적 이해와 그에 따른 반성적 행위 능력을 기르는 것을 의미한다(김재춘, 2012). 프레이리의 문해교육 방법은 첫 번째 자기와 함께 학습하는 구룹들의 어휘 조사 과정, 두 번째 생성단어 추리 과정, 세 번째 자기가 함께 학습하고 있는 그룹의 전형적인 실존적 여러 상황을 제시하는 과정, 네 번째 생성단어의 내포되어 있는 암호 해독과 생성단어 배우기 과정, 다섯 번째는 일정표의 작성과정, 여섯 번째 생성어들에 들어 있는 음소적의 분류카드 작성과정이다(Freire, 2010; Freire & Macedo, 1987). 구체적으로 보면 첫째, 조사 단계는 해당 지역 주민들과의 비공식적 접촉과정에서 그들 특유의 낱말들과 의가 있는 말들을 조사한다. 둘째, 생성어를 추리하는 단계는 음소(音素)의 풍부성, 발음의 곤란성, 실용성을 기준으로 제시한다. 셋째, 학생들 자신의 실존적 상황을 협동역의 협조를 받아 편찬하고 토론하여 비판적 사고력을 기른다. 넷째, 생성단어에서 포함하고 있는 사회적·문화적·정치적 기호를 해독하고 익히는 과정이다. 다섯째, 일정표를 작성하는 것은 협동과정이므로 융통성 있게 진행할 수 있다. 여섯째, 대상과 낱말을 연결하고 낱말을 음절들로 분절한다. 분절에 대한 인식이 이뤄진 다음 음소절을 기본으로 한 분류 카드나 발견카드를 제작한다(Freire, 2010).

프레이리의 지식 획득이나 교수학습 과정도 중요하지만 가장 중요한 것은 그 과정에서 교수자와 학습자의 관계에서 학습자가 주체적으로 학습을 구성하고 수행하는 것이며, 그 관계에서 교수자와 학습자는 대화적 관계를 유지하는 것이다(Freire, 2007b, 2010). 교수자와 학습자가 대화적 관계를 유지해야 하는 이유는 다음과 같다.

> 대화의 문제제기는 결코 어느 누구도 잠자도록 놓아두지 않는다. 대화는 지각을 일깨운다. 대화와 문제제기에서는 교육자이면서 피교육자인 사람과 피교육자이면서 교육자인 사람들이 함께 어울려 비판적 태도의 발전을 향해 나아간다. 이것은 지식과 그 연관 사항들과의 상호작용에 대한 인식을 가져온다. 이 지식은 세계를 해석하면서 그 세계 속에 그 세계와 더불어 실존하는 인간존재를 반영한다(Freire, 2010, p. 206).

즉 대화의 관계는 학습자에게 비판적 능력을 향상시킨다는 것이다. 만약 의식화 교육이라는 피상적인 목표 때문에 간혹 교수자가 중심이 되어 학습자를 교수의 대상으로 종종 잘못 이해하는 경우가 발생하는데 이것은 그의 사상을 전혀 잘못 이해하고 있는 것이다. 그는 교수자가 지식의 권력을 가지고 학습자를 가르치는 것이 아니라 대화적 관계를 통하여 의식화가 이루어진다는 것이다. 대화는 학습자를 실존으로 안내하는 중요한 수단이기 때문에 대화는 다음과 같이 실존의 필수요소이다.

> 세계를 이름지음으로써 변화를 꾀하는 길이 민중이 자신의 말을 하는데 있다면, 대화는 그 자체로 사람들이 인간존재로서의 의미를 획득하는 방법이 된다. 따라서 대화는 실존의 필수 요건이다. 대화는 대화자의 통합된 성찰과 행동이, 변화되고 인간화되어야 할 세계로 [전이]하는 장이기 때문에, 단지 한 사람의 생각을 다른 사람에게 '맡기는' 식으로 진행되어서는 안 된다(Freire, 2002: 113).

그는 이 글에서 인간의 존재를 사회적이고 정치적인 존재로 규정하고 있다. 인간을 사회적·정치적 존재로 규정하는 것은 타자와 교섭함을 말하고 반성적 행동을 하는 존재이기 때문에 비판적으로 새로운 삶을 추구하는 존재라는 것이다. 그리고 그 새로운 삶의 매개체는 대화와 프락시스[3]라고 말한다. 그래서 그는 프락시스를 그가 지향하는 비판적 민주주의를 달성하는데 필수적인 수단으로 여겼다(Freire, 2010). 그러나 은행예금식 교육은 이원론적 사고에 근거하여 정신과 몸, 생각과 행동을 분리하여 '프락시스'을 제거한 것이다. 그래서 학생들은 사회를 바라보는 엄격한 지식보다는 체제가 만들

---

3) 지식은 정해져 있지 않으며, 인간이 왜곡된 세계구조 속에 뛰어드는 행위의 경험을 되가져와 반성함으로써 앎에 이른다. 이를 다시 행위하고 다시 반성하는 상호작용의 과정에서 끊임없이 재형성되는 앎이 프락시스이다. 그러므로 프락시스는 행동과 반성으로 결합된 새로운 행동을 의미한다(김희선, 2002; 진미숙, 2005).

어 놓은 '죽은 지식'을 단지 축적하게 함으로써 피동적 존재로 전락한다. 그래서 그는 다음과 같이 프락시스가 전제로 된 방법론적 엄격함을 제시한다.

> 가르치는 과정의 기본 과정들 중 하나는 학습자들에게 방법론적 엄격함을 가르치는 것인데 학습자는 이런 엄정함으로 배움의 과정에 접근해야 하고, 그 과정을 통해 배움의 대상을 인식할 수 있게 된다.[…]정확히 말해 이러한 의미에서 가르치는 일은 대상 혹은 그 내용과의 피상적이거나 객관화된 접촉으로 환원될 수 없으며, 오히려 비판적 학습이 가능한 환경을 만들어내는 것으로 확장될 수 있다(Freire, 2007b: 29).

그가 방법론적 엄격함을 '프락시스'라고 정의한 것은 기존의 인식 방법이 배움의 과정에서 얻는 창조적인 힘, 호기심, 인간의 사고를 정지했기 때문이다. 그의 방법적 정밀함은 비판학습을 가능하게 하고, 창의성을 한계를 넓히며, 학습자가 탐구활동에 참여하며 변화되는 것이다(Freire, 2007b). 그러므로 교육은 지식의 프락시스적 성격을 드러내는 것이며 이것이 궁극적으로 인간을 자유롭게 한다.

2. 비판적 미디어 문해교육

'미디어 교육'과 '미디어 문해교육', '비판적 미디어 문해교육'은 각각 서로 다른 의미를 가진다. 먼저 부든바움(Buddenbaum, 1981)은 미디어 교육(Media Education)이란 사회 안에서 미디어의 역할과 본질, 미디어의 조직과 제도, 구조 및 기능을 잘 알고 이해하도록 의식화시키는 것인 동시에, 미디어의 내용을 평가할 수 있으며 매스 미디어를 사용함에 있어 적절한 선택을 할 수 있도록 가르치는 노력이라고 한다. 이에 비해 '미디어 문해교육(Media Literacy Education)'과 '비판적 미디어 문해교육(Critical Media Literacy Education)'은 일반적으로 미디어에 대한 문해(Literacy)의 개념에 비판적 사고를 더 강조한 것이다. 하지만 이 둘도 서로 간의 차이점이 존재한다.

예를 들면 마스터맨(Masterman, 1993)에 따르면 '미디어 문해교육'의 비판적 자율성은 학생들이 모든 정보에 직면할 때마다. 자동적으로 그것들에 의문을 제기하게 될 때까지 교사와 함께 미디어에 대한 의문을 제기하게 되는 능력으로 정의한다. 즉 미디어에 대한 비판적으로 사고하는 능력을 포함한다. 또한 이에 비해 '비판적 미디어 문해교육'은 비판적 사고가 중심이 되는 교육이다. 예를 들면 부룩필드(Brookfield, 1986)에 의하면 '비판적 미디어 문해교육'은 다음과 같이 이데올로기적 해독(ideological detoxification)이라 하여 성인들이 미디어 이미지를 비판적으로 소비할 수 있게 하는 것이며, 교육자들은 학습자들이 미디어의 산물에 대한 비판적 회의주의를 발전시키도록 하는 것이라 했다(Brookfield, 1986).

> 이데올로기적 해독은, 성인들이 복잡한 정치적 실재를 단순하게 설명하는 것과 그 설명에 고착되어 있는 것으로부터 멀어지게 하여 그 진실을 보게 하는 것이다. 이데올로기적 해독은 성인들이 텔레비전이나 신문에 나타나 있는 정치적 재현들은 특정한 문화와 이익에 영향을 받았다는 것을 깨우치게 하는 것이다.[…]성인교육의 주요 과업은 개개인의 마음으로부터 이러한 인식론적 독약을 제거하고 세상에 대한 건강한 회의주의를 그들 속에 키워주는 것이어야 한다(Brookfield, 1986: 151).

정리하면 '미디어교육', '미디어 문해교육', '비판적 미디어 문해교육'은 공통적으로 미디어를 매개체로 하는 교육이지만 '미디어교육'은 미디어를 위한 교육이고, '비판적 미디어 문해교육'은 비판적 사고를 위한 미디어교육을 말하고, '미디어 문해교육'은 그 양자 간의 중간에 위치한 것이다.

'비판적 미디어 문해교육'은 여러 가지 형태가 있지만 본 연구자는 부룩필드의 '비판적 미디어 문해교육'을 대상으로 한다. 왜냐하면 그 이유는 크게 두 가지가 있다. 첫째는 학습자나 수용자의 능동적 가능성을 인정했기 때문이고, 둘째는 '비판적 미디어 문해교육'을 통해 비판적 의식을 함양하는 것을 목적으로 했기 때문이다. 그 중에서 먼저 학습자나 수용자의 능동성을 강조한 것은 이전까지의 미디어 문해교육은 미디어나 교수자가 중심이었다는 것이다. 이것을 해석하면 '문예 비평'이나 '미디어 비평'은 크게 '텍스트 중심 방법'과 '수용자 중심 방법'이 있고 '텍스트 중심 방법'은 미디어의 이데올로기적 특성을 밝히기 위해 텍스트를 중심으로 미디어의 이면에 숨겨진 미디어 권력을 밝히는 데 힘을 쏟는다(Masterman, 1985; 1993). 그 결과 텍스트, 이데올로기, 권력, 기호 등에 대한 수용자의 다양한 독해는 무시된다. 그래서 이것을 적용한 교육에서도 미디어 속에 정답이 숨겨져 있고 학생들은 이것들을 찾아내야 하는 상황이 연출되고 학생들은 교육에서 소외되는 현상이 나타난다. 반면 '수용자 중심 방법'은 텍스트의 이면의 획일적인 이데올로기를 인정하지 않고 독해자의 다양한 해석을 인정한다. 그래서 독해의 무한한 해석을 인정하는 해석의 개방성을 인정하다. 이러한 해석의 결과 수용자는 미디어 독해의 중심이 되며 교육에서도 학생들이 수업의 중심이 된다(Lethbridge, 1996). 이와 같이 미디어 '텍스트 중심 방법'과 '수용자 중심 방법'은 있지만 각각의 장단점을 가지고 있다. 이러한 상반된 미디어 비평 방법을 통합한 사람이 브룩스필드이다. 브룩스필드는 '텍스트 중심 비평'과 '수용자 중심 비평'을 서로 통합하여 진정한 비판적 사고가 가능하도록 했다(Brookfield. 1986; 1990a; 1990b). 다음으로 브룩필드는 '비판적 미디어 문해교육'을 통해서 '비판적 의식을 함양하는 것을 목적으로 한다. 이것은 이전까지의 미디어 문해교육은 비판적 의식보다는 기존의 권력을 비판하는 것 자체가 목적이었다는 것이다. 즉 정치권력이나 문화를 이분법적으로 구분하여 약자의 측면에서 강자의 논리를 비판하는 것이다. 하지만 그는 단순히 시대를 비판하는 것이 아니라 시대 비판을 통해서 궁극적으로 비판적 의식을 함양하여 창의적이고 주체적인 개인으로 성장시키는 것을 목적으로 했다(Brookfield, 1985: 48).

이상의 프레이리의 '비판적 문해교육'과 브룩필드의 '비판적 미디어 문해교육'은 다음 본 연구의 핵심인 '비판적 시각 문해교육'의 중요한 지침이 될 것이다.

Ⅳ. 비판적 시각 문해교육의 방향

1. 비판적 시각 문해교육의 성격 및 목적

'비판적 시각 문해교육'의 뿌리가 되는 '비판주의 교육학'과 '비판적 문해교육', '비판적 미디어교육'은 일반적으로 의식화 교육이 목적이라고 생각하지만 의식화 교육이나 이데올로기적 해독은 하나의 수단이고 궁극적 목적은 주체적이고 자유로운 인간을 실현하는 것이다. 그래서 '비판적 문해교육'의 선구자인 프레이리의 교육 목표가 기존의 이데올로기에 대항하여 좌파적인 대안을 제시하는 것이라고 피상적으로 알고 있지만 그가 궁극적으로 실현하려고 한 것은 교육의 '의식화'를 통해 궁극적으로 '인간 해방'을 추구하였다(Freire, 1986; 2002a; 2007a; 2010). 여기서 인간해방이란 좌파적인 이데올로기의 인간이 아니라 이데올로기에 벗어난 자유로운 인간이다. 또한 비판이론을 정리한 깁슨(R. Gibson, 1989)은 비판이론의 특징이 진정한 이해관계를 폭로하는 것이지 다른 이데올로기를 제시하는 것이 아니라고 했다. 그리고 시각문화의 선구자인 미첼(W. Mitchell)도 시각문화 연구의 목적은 인간의 시각성을 연구하려는 학생들에게 비판적 도구를 제공하는 것이지, 특정 정보나 가치를 전달하려는 것이 아니라고 했다(Walker & Chappline, 2008 재인용).

'인간 해방'은 두 가지 의미가 있다. 하나는 외부로부터의 해방과 또 다른 하나는 내부로부터의 해방이다. 외부로부터의 해방은 억압자들의 다양한 이데올로기로부터 해방되어야 하고 내부로부터의 해방은 몸의 본능적 욕망으로부터의 해방시켜 궁극적으로 자유롭게 하는 것이다(이화식, 2012). 이와 같은 해방된 인간이 주체적 인간이며 비판적 인간이다(Freire, 1986). 또한 브룩필드(Brookfield, 1986)도 이데올로기적 해독은 텔레비전이나 신문 등에 포함되어 있는 정치적 본질을 해독하는 것이며 이러한 과정을 통하여 궁극적으로 '건강한 회의주의'를 함양하는 것을 목표로 했다. 그러므로 여기에서 말하는 인간해방을 통한 자유로운 마음은 국가나 사회로부터의 완전한 자유가 아니라 국가와 개인과의 균형을 유지하는 자유이다(이화식, 2010). 이것은 아리스토텔레스(Aristotle)의 자유교육(Aristotle, 1334a12/ 1984: 2116-2117), 루소(Rousseau, 1979)의 자연주의 교육 등이 제시한 이념과 상통할 수 있다.

그러므로 '비판적 시각 문해교육'의 목적은 다음과 같이 세 가지 목표를 가져야 한다.

첫째, '비판적 시각 문해교육'에서 시각문화가 중심이 되는 것이 아니라 비판적 마음을 계발하는 것이며 미술문화는 '비판적 마음'이나 '자율적 마음'의 계발을 위한 수단이 되어야 하고 궁극적으로 '비판적 인간', '자율적 인간'을 형성시키는 것을 목적으로 해야 한다.

둘째, '비판적 시각 문해교육'을 통해서 이데올로기의 해방을 추구해야 한다. 시각문화는 다양한 이데올로기를 가지고 있다. 이러한 이데올로기는 억압의 간접적인 성격이다. 그러므로 '비판적 시각 문해교육'은 시각문화가 담고 있는 여러 가지 억압을 찾아내고 그 억압의 원인을 분석할 수 있는 힘을 길러내야 한다. 억압은 두 가지로 구분된다. 하나는 나로부터의 억압이며, 다른 하나는 환경으로부터의 억압이다. 이러한 억압이 시각문화가 어떻게 담고 있으며 이것이 우리에게 어떻게 내재화하고 있는가를 분석, 해석하여 이를 극복해야 한다.

셋째, '비판적 시각 문해교육'은 시각문화를 통하여 사회를 진보, 개혁하는 것을 목적으로 한다. 비판적 시각 문해교육은 기존의 시각문화가 담고 있는 억압을 분석하고 해석하여 인간 개체의 해방을 추구하지만, 다른 한편으로는 새로운 시각문화를 창조하여 인간해방을 도모하고 새로운 사회변혁을 촉진해야 한다.

2. 비판적 시각 문해교육의 교육과정

'비판적 시각 문해교육'의 교육과정은 시각문화와 비판적 인문학을 적용해야 한다. 형식적인 측면에서는 시각문화 성격을 가지지만 그 안에 담고 있는 내용은 비판적 인문학으로 접근해야 한다. 왜냐하면 시각문화를 통해서 비판적 사고와 자율적 마음을 가지려면 시각문화를 비판적 인문학으로 분석하고 해석하며 창조할 수 있어야 하기 때문이다. '비판적 시각 문해교육'에서 비판적으로 시각문화를 분석하고 해석, 창조하는 활동이 핵심이지만 이러한 활동을 하기 위해서는 비판적 인문학과의 연계는 필수적이다. 인문학은 인간의 마음을 합리적으로 계발한다(Hirst, 1974). 그러므로 비판적 인문학은 인간의 마음을 비판적 마음과 자율적 마음으로 계발할 수 있다.

인문학이 마음의 계발과 연계되어 있기 때문에 고대사회부터 자유교육의 핵심으로 자리 잡고 있다. 최근에는 미국의 교육자이자 비민운동가인 엘 쇼리스(E. Shorris)가 1955년부터 홈리스 쉼터, 마약재활 프로그램 시설, 빈곤청소년 지원시설 등을 방문하여 노숙자, 마약중독자, 전과자, 빈민 등 31명을 대상으로 '클레멘트 강좌(Clemente Course)'를 시작했고, 그 중에 1년 과정을 마친 1기생 17명 중에서 14명이 대학에 진학을 하고, 치과의사 2명과 간호사 1명이 배출되는 성과가 나타났다. 이러한 성과를 바탕으로 우리나라뿐만 아니라 현재 전세계적으로 클레멘트 과정이 진행되고 있다(Shorris, 2006). 또한 우리나라에서도 클레멘트 과정에 영향을 받아 '성프란시스대학', '평화인문대학', '보현인문대학', '늘푸른인문대학' 등이 개설되어 노숙인을 위한 인문학 강좌가 운영되고 있다(박찬영, 2008). 이것은 인문학이 과거뿐만 아니라 현재에도 인간의 마음 계발에 큰 영향을 미친다는 반증이다. 하지만 인문학이 기르고자 하는 마음은 보수적 마음에 가깝다. 왜냐하면 인문학의 기원인 고대 그리스 교육에서 인문학의 대상은 노예 계급이 아니라 지배자인 자유인을 대상으로 했기 때문이다. 물론 인문학의 목적을 넓게 보면 창의적 인재 자원 발굴, 정신적 가치 함양을 통한 삶의 질 향상, 소외계층의 자기 정체성 확립 및 재사회화, 사회 공공성 유지 및 강화, 문화민주주의 성취 등이 있지만(박재술, 2007), '비판적 시각 문해교육'에서 추구하는 인간상하고는 다소 거리가 있다(최진석 외, 2011). 그래서 기존의 인문학 성격을 보수적 성격이라고 정의하고 대안적이고 비판적인 인문학을 '비판적 인문학'이라 하겠다. '비판적 인문학'의 가장 큰 목적은 비판정신의 함양과 새로운 대안을 제시할 수 있는 마음을 기른다는 것이다(Kaufmann, 2011). '비판적 시각 문해교육'에서 지향하는 마음은 비판적이고 자율적인 마음이기 때문에 '일반 인문학'보다는 '비판적 인문학'을 이용하는 것이 타당할 것이다. 또한 '비판적 인문학'의 다른 성격은 다문화주의(multiculturalism)이다. 다문화주의는 다양한 유형의 문화를 동등하게 수용하자는 주장이다. 즉 인간 사회에 걸쳐 장시간 영향을 미친 문화라면 각각의 고유성을 존중해야 한다(Talor, 1994). 다문화주의가 비판주의 교육과 상통하는 것은 그것이 교육에서 실현되었을 때 교육은 인종, 성별, 계급 등에 상관없이 그들의 문화적 차이점을 인정하면서 그것들의 차이점을 논리적 밝히려는데 있다. 문화의 다양성을 인정하는 것이 비판의식의 첫 번째 단추이다. 그러므로 시각문화를 비판적 인문학으로 적용하는 활동은 시각문화의 다양성을 인정하고 그 형식과 내용을 비판적으로 분석, 해석, 창조하는 활동이다.

구체적인 교육과정의 주제를 설정하기에 앞서 선행연구를 본다면 보이드와 골슨(Boyd & Gholson, 2010)는 시각문화 탐색을 위한 핵심 주제로 '신념', '정의', '과정', '기원', '코드', '정치', '스토리'를 제시하여 이것을 주제 중심 학습으로 전개하도록 하였다. 또한 젠크스(C. Jenks)가 편집한 『시각문화(Visual Culture)』(1995)에서는 버나드(M. Barnard)를 포함한 13명의 시각문화 학자들이 광고, 보고서, 영화, 대중예술, 텔레비전, 광학(optics), 사진 등을 매체별로 시각문화로 적용하는 내용을 제시했다. 이와 같은 주제별, 매체별 선행 연구는 시간문화에 대한 중요한 지침이 될 수 있지만 현재 한국적인 현실과는 거리가 다소 있을 것이다. 그래서 비판적 인문학과 앞의 선행 연구들을 종합하여 본 연구자가 다시 재구성하면 〈표 1〉과 같이 대영역과 단원, 핵심 언어, 가치관으로 구성했다.

〈표 1〉 비판적 시각 문해교육의 주제들

대영역	단원	핵심 언어	가치관
자아 이해	나란 누구인가?	Persona & Shadow, Id & Super-Ego, 실존 & 본질 등	장의존적 관점 장독립적 관점
	사랑이란 무엇인가?	Aphrodite & Psyche, 忠 & 孝, 愛 & 仁, Monogamy & Pologamy 등	육체적 관점 정신적 관점
	행복이란 무엇인가?	물질적 가치 & 정신적 가치, 노동 & 여가 등	물질적 관점 정신적 관점
	죽음이란 무엇인가?	삶의 유한성 & 삶의 무한성, 聖 & 俗 등	물질적 관점 정신적 관점
타자 이해	인간이란 무엇인가?	개인주의 & 이타주의, 性惡 & 性善, 자유의지 & 결정론 등	자유의지적 관점 결정론적 관점
	여성이란 누구인가?	家父長制 & 家母長制, Gaia & Ouranos 등	부계사회적 관점 모계사회적 관점
사회 이해	신화란 무엇인가?	세속주의 & 신화주의, Hellenism & Hebraism 등	역사적 관점 종교적 관점
	정의란 무엇인가	자유 & 평등, 다수 & 소수, 자본주의 & 공산주의 등	자유적 관점 평등적 관점
환경 이해	시간이란 무엇인가?	절대적 시간 & 상대적 시간, 물질적 시간 & 정신적 시간 등	물질적 관점 정신적 관점
	공간이란 무엇인가?	절대적 공간 & 상대적 공간, 물질적 공간 & 정신적 공간 등	물질적 관점 정신적 관점
	자연이란 무엇인가?	자연주의 & 문화주의, 개발주의 & 환경주의, 유물론 & 유심론 등	인본주의 관점 생태주의 관점

대영역은 '자아 이해', '타인 이해', '사회 이해', '환경 이해'로 구성되며, 대영역에 따라 중영역 단원은 '나란 누구인가?', '사랑이란 무엇인가?', '행복이란 무엇인가?', '죽음이란 무엇인가?', '인간이란 무엇인가?', '여성이란 무엇인가', '신화란 무엇인가?', '정의란 무엇인가', '시간이란 무엇인가?', '공간이란 무엇인가?', '자연이란 무엇인가?'로 구성된다. 다시 단원 학습에 필요한 구체적이고 핵심적인 언어를 제시하며, 이에 따른 시각문화로 단원을 구성한다. 또한 단원에 필요한 비판적이고 반성적인 사고를 함양하기 위해서 상반된 가치를 제시하여 토론에 용이하게 했다. 예를 들면 '자아 이해' 대단원을 학습하기 위해서 '나란 누구인가?', '사랑이란 무엇인가?',' 행복이란

무엇인가?', '죽음이란 무엇인가?'에 대한 단원을 설정하고 각 단원에서 학습해야 하는 핵심적 언어에 따라 시각문화를 구성하여 각각 탐구하도록 한다. 그리고 단원에 대한 토론을 이끄는 상반된 가치관을 제시했다. 나머지 타자와 사회, 환경의 대영역도 마찬가지이지만 자아에서 출발해야 타자로 이어지고, 타자는 사회 문제로 발전시키며, 환경의 문제에서 정리하도록 교육과정을 구성해야 한다.

3. 비판적 시각 문해교육의 교수·학습

'비판적 시각 문해교육'의 교수·학습은 자유로운 분위기 속에서 대화[4]를 통해 '자유 글쓰기 아뜰리에'와 '자유 창작 아뜰리에'로 수업이 진행되고 그 안에서 얻어진 지식은 프락시스적 성격으로 구성되어야 한다.

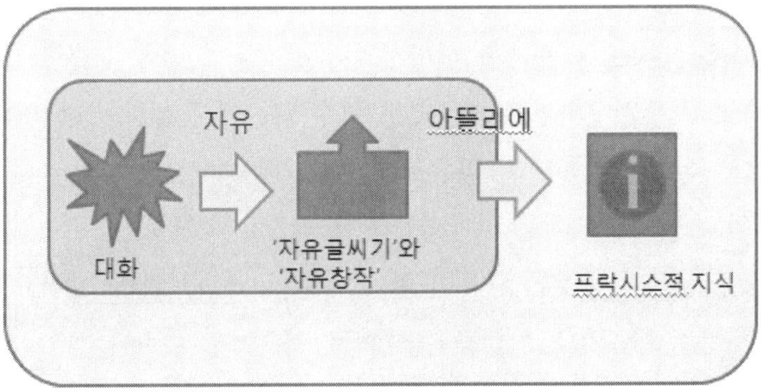

〈그림 1〉 비판적 시각 문해교육의 교수학습 모형

4) 대화를 교육에 적용하는 사례는 다양하다. 이것을 버블러스(Burbules, 2000: 251-271)가 여섯 가지 유형으로 구분했다. 첫째는 듀이(J. Dewey)가 교육에 사용한 개념으로 민주사회와 민주시민의 자질로서 대화를 강조했다. 그의 대화는 민주주의라는 다양한 갈등 상황에서 각각의 이익에 충돌이 발생하면 이 충돌을 조절하는 기능이 대화라고 여겼다. 그러므로 대화는 이러한 타협과 상호 이해를 돕는 필수적인 기능을 담당한다고 했다. 둘째는 길리건(C. Gilligan)과 나딩스(N. Noddings)가 교육에 사용한 개념으로 페미니즘적 성격의 대화이다. 이들은 대화의 성격이란 논쟁보다는 수용과 배려의 관점에서 접근한다. 셋째는 소크라테스(Socrates)나 플라톤(Platon)가 교육에 사용한 개념으로 진리 탐구의 개념으로써의 대화이다. 이들은 대화가 진리 탐구의 시작인 의사소통의 기능을 담당한다고 한다. 넷째는 가다머(H. Gadamer)나 부버(M. Buber)가 교육에 사용한 개념으로 해석학의 입장으로써의 대화이다. 이들의 대화는 간주관적(間主觀的) 입장에서 서로를 이해하는 기능을 담당한다. 다섯째는 허바마스가 교육에 사용한 개념으로 탈자유주의 입장으로써의 대화이다. 그는 대화가 합리적 의사소통을 통한 합의의 가능성을 가지고 있다고 한다. 여섯째는 프레이리가 교육에 사용한 개념으로 급진적 비판 교육학에 사용한 개념으로써의 대화이다. 그는 대화가 학습자와 교수 상호적 관계, 주체와 세계와의 관계에서 학습자나 주체가 교수자, 세계와의 관계를 맺어가면서 자기존재를 확인하고 세계를 변화시킨다는 한다.

먼저 〈그림 1〉과 같이 '비판적 시각 문해교육'이 개방적이고 허용적인 분위기 속에서 학습자는 자유로운 태도를 지녀야 한다. 다음으로 '비판적 시각 문해교육'이 대화로 이루어져야 한다는 명제는 '비판주의', '비판적 문해교육', '비판적 미디어 문해교육' 등에 의해서 입증된다. '비판적 시각 문해교육'의 이론적 배경이 되는 허바마스의 비판주의에 의하면 '이상적 담화 상황(ISS)'은 문제해결의 방법이다. 그는 모든 진리는 인간들 간의 강제 없는 자유로운 토론에 의한 합의이며, 이 합의가 바로 진리라는 것이다(박의수 외, 2009). 이러한 이상적 담화는 대화나 토론에서 만들어지며 대화와 토론 참가자 간에 왜곡되지 아니한 평등한 발언의 기회가 보장되어야 하고 그런 상황을 '이상적 담화 상황'이라 한다. 이와 같은 '이상적 담화 상황'은 지배가 없는 상태에서 무제한적 토론으로 모든 지배에서 벗어나 담화가 가능하다는 논리이다. 그래서 모든 지배에서 벗어난 담화는 평등한 관계를 지향한다(강선보, 1992). 예를 들면 학교 상황에서 교사와 학생은 불평등한 관계를 설정하면, 학생과 학생 간에도 불평등관 관계가 형성된다. 이러한 불평등한 의사소통 관계를 해방시켜야 진정한 진리에 접근할 수 있다. 또한 '비판적 문해교육'의 선구자인 프레이리도 교수·학습에서 대화의 중요성을 강조하고 있다. 그는 대화는 "인간 본질의 필수조건"(Freire, 2003: 92)라 하여 대중들이 대화를 통하여 타자와 소통하고 타자를 주체화한다. 그러므로 "대화가 없으면 의사소통이 없고, 의사소통이 없으면 진정한 교육이 불가능하다"(Freire, 2002a: 119)고 했기 때문에 '비판적 시각 문해교육'의 교수·학습은 대화로 이루어져야 한다.

다음으로 '비판적 시각 문해교육'에서 〈그림 1〉과 같이 자유로운 분위기와 대화가 보장된 아뜰리에에서 '자유 글씨기'와 '자유 창작'을 수행한다. '비판적 시각 문해교육'은 비평이 강조되는 수업이지만 그들이 경험한 메시지를 다시 글이나 시각이미지로 발전하도록 지도해야 한다. 하지만 여기에서 그들의 창작은 자유롭게 표현되도록 해야 하며 창의적이어야 한다. 그래서 아뜰리에라는 명칭을 부여했다. 아뜰리에는 프랑스의 자유주의 교육학자인 프레네(C. Freinet)가 사용하는 수업 방법이다. 그의 자유인을 교육의 목적으로 삼았기 때문에 '자유 글씨기', '자유 소리 만들기' 등을 하였고, 자유로운 창작을 강조하기 위해 아뜰리에라는 작업 공방을 사용했다(황성원, 2010). 여기서 아뜰리에는 장인의 지도가 없이 학습자가 자유롭게 창작할 수 있는 여건이 보장된 공간을 지칭한다. 그래서 본 연구자도 비판적 사고와 자율적 사고를 위해 '자유 글씨기 아뜰리에'와 '자유 창작 아뜰리에'를 사용한다.

다음으로 '비판적 시각 문해교육'에서 다루는 지식은 <그림 1>과 같이 프락시스로 구성되며 지식이 프락시스이다. '비판적 시각 문해교육'에 지향하는 궁극적인 지식은 비판적 사고와 자율적 사고이다. 비판적 사고의 전문가인 립만(Lipman, 2003)은 비판적 사고의 전형적인 특징이 프락시스라고 했고, 시겔(Sigel, 1988)은 비판적 사고는 단순히 상황을 판단하는 능력뿐만 아니라 그것을 적용하여 결과를 얻는 것이라 한다. 이와 같은 전문가의 식견을 들어보면 비판적 사고의 특징은 프락시스에 있다고 할 수 있다. 또한 프레이리는 '비판적 문해교육'의 지식으로 프락시스를 제시했다(Freire, 1970; 2010). 그러므로 '비판적 시각 문해 교육'에서 지향하는 지식은 프락시스가 틀림없고, 그 특징을 명료화하려면 듀이의 경험을 먼저 고찰해야 한다. 프락시스는 듀이(J. Dewey) 교육의 핵심인 '경험'하고 연관되어 있기 때문이다. 듀이에 의하면 교육은 경험에 의한, 경험을 위한, 경험의 과정이다. 그래서 교육은 경험의 계속적인 재구성을 통한 경험의 성장 이외의 다른 목적을 지니지 있지 않다. 듀이에게 있어서 경험이란 무엇인가? 듀이에 의하면 모든 경험은 '해보는 것(능동적 경험)'과 '당해보는 것(수동적 경험)'의 경험으로 이루어져 있고, 이것은 우리가 통상 말하는 '경험(empeiria)' 만을 말하는 것이 아니라 '이성(logos)'과 상호작용 속에서 계속성의 원리로 통합된 것이다(Dewey, 1916). 그는 경험과 이성의 분리된 이원적인 세계를 극복하고 인간 유기체와 환경 사이의 상호작용으로 하나의 경험에서 다른 경험으로 계속해서 성장하는 통합된 세계관을 제시했다. 이때 경험은 '반성적 사고'라는 것을 통하여 경험을 인간 발전으로 도모한다. 그는 교과를 '교육자의 교과(subject-matter of education)'과 '학습자의 교과(subject-matter of learner)'로 구분하고(Dewey, 1916), 지식을 '형식적인 사고(formal thinking)'과 '실제적인 사고(actual thinking)'로 구분한다(Dewey, 1933). 교육이 경험의 성격을 가진다면 교과는 학습자의 교과가 되고 지식은 실제적인 사고가 된다. 듀이와 같이 프레이리도 지식의 본질을 변증법적 운동(dialectical movement)으로 반성(reflection)과 행동(action)의 결합인 '프락시스'로 봤다(Freire, 1970; 2010). 또한 듀이가 '교육자의 교과'와 '학습자의 교과'를 구분하듯이 프레이리도 지식의 맥락을 교육현장의 맥락과 사회현장의 맥락으로 구분하고 교육현장에서 이루어지는 논의를 현장의 논의로 해석해야 한다고 한다. 즉 프락시스는 타자와 주체, 이론과 실제, 현장과 교실을 통합하여 내가 주체가 되어 지식과 사회를 구성하는 것이다.

V. 맺음말

현재 우리 미술교육에서 시각문화 미술교육이 널리 전파되었고 현장에서 많이 적용되고 있다. 그럼에도 불구하고 본 연구가 '비판적 시각 문해교육'이라는 연구를 진행한 것은 시각문화 미술교육하고는 다른 측면에서 시각문화를 비판적으로 접근해야 되는 당위성이 있기 때문이다. 본 연구자는 비판주의 교육학의 목표인 "비판적 사고력, 자율적 사고력의 성장"을 시각문화에 적용시켜 발전시키고자 하였다. 그래서 이것을 '비판적 시각 문해교육'이라 하고 이것의 바른 이해를 돕기 위해 비판주의 개념, 비판주의 발전 과정, 비판주의 교육을 이론적으로 탐색하였고, 비판적 시각 문해교육의 유사 영역인 '비판적 문해교육'과 '비판적 미디어 문해교육'을 분석, 해석하여 '비판적 시각 문해교육'의 방향을 제시하였다. '비판적 시각 문해교육'의 방향은 크게 세 가지로 제시하였는데, 첫째는 '비판적 시각 문해교육'의 성격 및 목표이고, 둘째는 '비판적 시각 문해교육'의 교육과정이며, 셋째는 '비판적 시각 문해교육'의 교수·학습이다. '비판적 시각 문해교육'의 성격은 비판적 사고력을 함양하기 위해 시각문화가 도구적으로 이용되어야 하는 성격을 제시하였으며, 목표는 '비판적 시각 문해교육'을 통해 비판적 사고와 주체적 사고를 함양하는 것이다. '비판적 시각 문해교육'의 교육과정은 비판적 인문학으로 구성되어야 한다. 또한 '비판적 시각 문해교육'의 교수·학습은 대화와 프락시스를 통하여 수업이 진행되고 지식이 구성되어야 하는 것을 제시하였다.

시각문화로 불리는 오늘날, 시각 문해교육은 긴급하고도 중요한 과제이다. 시각문화가 현대인의 정치, 사회, 문화 및 개인의 욕망 등을 표현하고 있는 매개체라고 여긴다면 시각 문해교육은 시각 문화 안에 담고 있는 이데올로기를 찾아 분석하고 해석하며 그것을 표현하는 능력은 우리 현대인이 가져야 할 중요한 능력이다. 그리고 이러한 능력은 개인과 사회 속에서 서로 비판적으로 소통할 수 있는 능력이기도 하다. 또한 이러한 비판적 문해능력은 집단 속에서 개인이 매몰되지 않고 본질성을 지키는 개별체로 성장하는데 도움을 줄 것이다. 물론 본 연구에서 제시한 '비판적 시각 문해교육'의 방향은 막연하고 선언적인 성격이 있는 것은 사실이다. 하지만 현시대에서는 '비판적 시각 문해교육'에 대한 다양한 논의는 필요하며 이러한 논의가 앞으로 시각문화 발전에 기여할 것이다.

참고문헌

강선보(1992). **마르틴 부버의 만남의 교육**. 서울: 양서원.
고려대학교 교육문제연구소(2007). **교육학용어사전**. 서울: 원미사.
김재춘(2012). **교육과정**. 서울: 교육과학사.
김희선(2002). 프레이리이 지식습득이론(theory of knowing)에 대한 고찰. **安岩教育學會**. 8(1). 1-14.
박의수 외(2009). **교육의 역사와 철학**. 서울: 동문사.
박재술(2007). **인문학 강좌 실태 조사 연구**, 2007-007-학술정책. 한국학술진흥재단.
박찬영(2008). 인문 복지의 증진에 기여하는 실천적 인문정책. **경제·인문사회연구회 인문정책연구총서** 2008-04.
송병순 외(2002). **교육사회학**. 서울: 문음사.
이규호(1980). **현대철학의 이해**. 서울: 대영사.
이화식(2010). 미적 교육과 인성 교육과의 연관성 연구. **미술교육연구논총**. 28. 215-234.
이화식(2012). 쉴러의 『인간의 미적 교육을 위한 편지』가 함의하는 미적 교육의 목적 연구. **미술교육논총**, 26(3). 385-408.
이화식(2013). 본질적 마음을 위한 미술 교육. **조형교육**, 46. 283-304.
진미숙(2005). 프레이리의 윤리학과 교육실천. **교육철학**, 28. 49-67.
최진석 외(2011). **불온한 인문학**. 서울: Humanist.
황성원(2010). **표현과 소통의 교육**, 셀레스탱 프레네. 서울: 창지사.
Adorno, T.(2012). **부정변증법 강의**(이순예 역). 서울: 세종출판사. (원저 1966 출판)
Anderson. T. & Milbrant, M. K.(2005). **삶의 위한 미술교육**(김정희 외 역). 서울: 예경.
Aristotle(1984). *Politics(Trans. Benjamin Jowett)*. Princeton: Princeton University Press.
Blake, N. & Masschelein, J.(2003). In: N. Blake, P. Smeyers, R. Smith, P. Standish.(eds.) *The Blackwell Guide to the Philosophy of Education*. Blackwell Publishing Ltd.
Boyd. K. & Gholson. M.(2007). **시각문화와 미술교육**(류재만 외 역). 경기도: 교육과학사. (원저 2000 출판)
Brookfield, S.(1985). A Critical Definition of Adult Education. *Adult Education Quarterly. 36(1)*. 44-49.
Brookfield, S.(1986). Media Power and Development of Media Literacy: An adult education interpretation. *Harvard Educational Review, 56*(2).

151-170
Brookfield, S.(1990a). Examination the influence media of learner's perspective. In J. Mezirow & Associates(Eds). *Fostering criitical reflection in adulthood: A guide to transforming and emancipatory learning.* San Francisco: Jossey-Bass Publishers. 235-250.
Brookfield, S.(1990b). Mass media as community education. *New Directions for Adult and Continuing Education. 47.* 63-70.
Buddenbaum, J. M.(1981). Media awareness/ Education program, *LWF documentation, No 9.*
Burbules, N.(2000). The Limits of dialogue as a critical pedagogy, In Trifonas, P.(Ed). *Revolutionary pedagogy: cultural politics, instituting education, and the discourse of theory,* NY: Routledge. 251-273.
Dewey, J.(1916). *Democracy and Education.* NY: The Macmillan Company.
Dewey, J.(1933). *How We Think.* Chicago: Henry Regency Company
Duncum, P.(2002). Clarifying visual culture art education. *Art Education, 55(3).* 6-11.
Elias, J. & Merriam, S.(2002). **성인교육의 철학적 기초**(기영화 역). 서울: 학지사. (원저 1997 출판)
Freedman, K.(2003). Teaching visual culture: curriculum aesthetics, and the social life of art. NY: Teacher College Columbia University.
Freire, P. & Macedo, D.(1987). Litercy. Westport: Bergin & Gravey Publishers. Ins.
Freire, P.(1970). The Adult literacy Process as Cultural Action for Freedom. *Harvard Education Review, 40(2).* 205-222.
Freire, P.(1986). **교육과 정치의식**(한준상 역). 서울: 학민사. (원저 1985 출판)
Freire, P.(2000). **프레이리의 교사론**(교육문화연구회 역). 서울: 아침이슬. (원저 1998 출판)
Freire, P.(2002). **페다고지**(남태경 역). 서울: 그린비. (원저 1970 출판)
Freire, P.(2003). **망고나무 그늘 아래**(교육문화연구회 역). 서울: 아침이슬. (원저 1997 출판)
Freire, P.(2007a). Banking & Problem-solving Models of Education. In: R. Curren(Ed.) *Philosophy of Education.* MA: Blackwell Publishing. 68-75.
Freire, P.(2007b). **자유의 교육학**(사람대사람 역). 서울: 아침이슬. (원저 1998 출판).
Freire, P.(2010). **교육과 의식화**(채광석 역). 서울: 중원문화. (원저 1973 출판)

Gilbson, R.(1989). **비판이론과 교육**(이지헌·김희수 역). 서울: 서원사. (원저 1986 출판)
Girous, H.(1983). *Critical Theory & Educational Practice.* Victoria: Deakin.
Girous, H.(1989). *Schooling for Democracy. Critical Pedagogy in the Modern Age.* NY: Routledge.
Hirst, P. H.(1974). *Knowledge and The Curriculume.* London: Routledge & Kegan Paul.
Horkheimer, M. & Adorno, T.(1991). *Dialectic of Enlightenment.* NY: Continuum.
Horkheimer, M.(1974). *Eclipse of Reason.* NY: Continuum.
Horkheimer, M.(1977). Traditionelle und Kritische Theorie, In: A. Schmi-dtIed. *Kritschce Theorie.* Frankfurt am Main: Fischer.
Jenks, C.(Ed. 1995), *Visual Culture.* NY: Routledge.
Kaufmann, W.(2011). **인문학의 미래**(이은정 역). 경기: 동녘. (원저 1995 출판)
Kretovics J.(1985). Critical Literacy: Challenging the Assumptions of Main-stream Educational Theory. *Journal of Education, 167(2).* 50-62.
Lethbridge, G.(1996) *Media Education: From Practice to Pedagogy. Thesis for the degree of Master of Arts.* Dalhousie University.
Lipman, M.(2003). *Thinking in Education.* Cambridge: Cambridge University Press.
Marcues, H.(1964). *One-Dimesional Man.* Boston: Beacon Press.
Marcues, H.(1972). Philosophy and critical theory, In: M. Marcuse and J. J. Shapiro(Eds.) *Negations: Essays in Critical Theory.* UK: Penguin Books.
Masterman, L.(1985). Teaching Media. NY: Routledge.
Masterman, L.(1993). Media education revolution. *Canadian Journal of Education. 22.* 5-14.
Peukert, H.(1983). Kritische Theories und Pädagogik. *Zeitschrift für Pädagogik, 30.* 195-217.
Rousseau, J.(1979). *Emile*(Trans. A. Bloom). NY: HarperCollins.
Shor, I. & Pari, C.(Eds. 1999). *Critical Literacy in Action.* Portsmouth, NH: Boynton Cook Publishers, Inc.
Shorris, E.(2006). **희망의 인문학**(고병헌·이병곤·임정아 역). 서울: 이매진. (원저 2000 출판)
Siegel, H.(1988). *Educational Reason.* NY: Routledge.

Talor, C.(1994), *Multiculturalism Examining the Politics of Recognition*. Amy Gutmann: Princeton University Press.

Tavin, K. M..(2003). *A critical pedagogy of visual culture as art eduction.: toward a performative inter/hypertextual practice*. Pennylvania State University.

Walker, J. & Chaplin, S.(2008). **비주얼 컬처**(임산 역). 서울: 루비박스. (원저 1997 출판)

3부
만남과 동양적 시선

키에르케고어의 실존적 교사론[1)]

심 민 수(미드웨스턴 침례신학대학원)

I. 서론

실존주의 철학의 발상자로 혹은 변증법적 신학의 사상적 원천으로 알려진 키에르케고어(SΦren Kierkegaard: 1813-1855)[2)]는 전통적 철학에 반기를 들었던 인물이다. 그가 살던 당시는 헤겔적 사변주의와 보편적 집단주의가 시대적 조류를 이루고 있었다. 여기서 인간 개인은 군중 속에 매몰된 채, 개인의 주체성이 상실되었고, 사회 속에는 집단 중심의 수평화 작업만이 존립하고 있었다. 바로 이러한 시대 흐름을 변증법적으로 간파하였던 키에르케고어는 시대를 거스리는 외톨이로 일어나 안티테제의 심오한 저작들을 내놓게 되었다.

키에르케고어는 일반적 의미에서 교육철학적 주장이나 교육이론을 내세운 교육학자가 아니었다. 제도권 학교의 울타리 안에서 학생들을 가르친 교사는 더더욱 아니었다. 그러나 그는 자신이 살던 시대와 사회를 향해 안티테에제의 메시지를 전했다. 이 작업은 그의 작품들 속에서 은밀하게 진행되었다(비록 죽음을 앞에 두었던 시점에는 격렬하게 소리쳤지만). 그가 저작 속에서 교육을 직접적으로 진술한 부분이 드물다. 그렇지만 분명한 것은 그가 자신의 저술을 통하여 독자들을 간접적인 방식으로 교화[3)]하였다는 것이다.

---

1) 이 글은 「교육문제연구」 24집에 게재된 논문을 일부 수정, 보완한 것이다.

2) 키에르케고어 작품의 약자 표시는 괄호대로 기록한다.
Concluding Unscientific Postscript(CUP),*Philosophical Fragments*(PF), *Søren Kierkegaard's Journals and Papers. Volume 1-7* (JP), *The Concept of Anxiety*(CA), *The Journals of Søren Kierkegaard.*(JSK), *The Point of View*(PV), *The Present Age*(PA), *The Sickness Unto Death*(SD), *Works of Love*(WL)

3) 여기서 교화는 교리적인 것의 '주입(indoctrination)'이 아니라 '덕성(德性:신앙심)의 함양'의 의미를 지닌 edification, upbuilding 이다. '교화의 철학'을 말하는 로티(Rorty)에 따르면 "교화적 담론이란 비통상적인 담론으로서 우리가 자신의 오래된 자아로부터 벗어나도록 해주며 또한 새로운 존재가 되도록 도와

이런 면에서 그는 교육적 기능을 수행한 인물이다.

교육의 의미를 제도권의 교육활동으로만 국한시키려는 경향이 있는 사람들에게는 키에르케고어의 저작이 보여주는 기능과 가치를 '교육'이라는 측면으로 접근하는 것에 석연치 않게 생각할 수가 있다. 그러나 키에르케고어는 수많은 저작들을 통해서 인간의 다방면에 걸친 내면의 문제를 심리학적으로 혹은 종교적으로 접근함으로써 인간의 본질을 다루었다. 여기서 키에르케고어가 보여주는 저작활동의 결과와 그 영향은 충분히 교육적 가치를 자아내고 있는 것이다. 실제로 오늘날 교육현상은 학교라고 하는 제한된 범주의 교육활동만으로 국한되지 않는다. 정규 수업사태를 넘어 가정과 사회의 마당에서 빚어지는 수많은 인간 관계와 비형식적 경험 속에서 발생하는 것이 교육현상이며 또한 교육의 내용도 단순한 지식이나 정보의 차원만이 아니라 더 넓은 범위의 정신적 영역과의 관련성 속에 나타난다. 이런 측면에서 볼 때 키에르케고어가 자신의 저작을 통해 비뚤어진 사회 전반의 의식과 상실된 개인성의 회복을 위해 저술활동에 몰입했다고 하는 것은 의도된 교육적 기능으로 볼 수 있다. 여기서의 '교육'의 의미는 각성시킨다거나 일깨운다거나 혹은 인격의 성숙을 도모하는 것으로서 넓은 의미의 교육의 개념 속에 수렴될 수 있을 것이다.

키에르케고어는 자신의 저작활동에 대한 의도를 밝힌 책 『관점(The Point of View)』에서 착각에 빠져있는 사람들에게 자신의 저작을 통해 간접적인 방식으로 그 착각에서 벗어나 진리로 나아가게 하려는 목적에서 모든 저작들이 의도적으로 저술되었음을 소개하고 있다(PV: 40-42). 이런 맥락에서 맨하이머(R. J. Manheimer)는, "키에르케고어가 간접전달 방식을 통해 전달의 내용과 형식을 관련짓고자 하였으며 그렇게 함으로써 실존의 내용과 형식을 결합하였다(Manheimer, 1977: xii)"고 지적하고 있다. 키에르케고어는 자신의 저작을 통해 독자로 하여금 주체적인 사고과정을 밟게 함으로써 사상적 깨달음의 가능성이 발현되게 하려했다. 그리하여 독자가 자신의 잠재된 빛 속으로 이끌려 들어감으로써 주체적이고 자각적인 교육에의 가능성을 드러내도록 했던 것이다.

그렇다면 우리가 키에르케고어를 교사라고 부를 수 있을까? 키에르케고어는 자신을 교사로 부르는 것을 달갑게 여기지 않았다. 오히려 그는 자신이 배우는 자였다고 말한다. "나는 교육자일까? 천만에, 전혀 그렇지 않다. 나는 교육을 받아온 쪽에 속하는 인간이다. 나의 저술은 어떻게 그리스도인이 되도록 교육하는가 하는 점을 표현하고

준다(Rorty, 1972: 360).

있다. … 나는 교사가 아니라 단지 동료 학생에 불과하다(PV: 75).” 자신에 대한 키에르케고어의 이런 관점에도 불구하고 그가 저술 활동을 통해 교육에의 가능성을 시사해 주었다고 하는 점에 관한 많은 연구자들의 철저하고 사려깊은 분석들이 나와 있다(Thompson, 1972). 키에르케고어를 가리켜 형식적이고 직업적인 교사로 말할 수는 없겠지만, 그가 수평화되어 버린 대중을 향해 단독자의 실존을 간접적인 교육 방식을 통해 일깨웠던 인물이었다는 점에 대해서는 모든 연구자들이 동의하는 것이다.

본고에서는 키에르케고어의 교사론을 교사의 존재론적인 관점에서 ‘실존하는 단독자로서의 교사,’ 교사의 과업론적인 관점에서 ‘진리의 간접전달자로서의 교사,’ 교사의 실천론적인 관점에서 ‘자아부정적 사랑의 실천가로서의 교사’로 구분하여 저작을 중심으로 살펴본다. 그리고 결론적으로 그의 교사론을 어떻게 평가할 수 있는지 그것이 우리의 교육마당에서 어떻게 적용될 수 있는지에 대해 논의코자 한다. 최근에 우리의 교육학계에서 교사론에 관한 논의는 주로 교육사회학이나 교육행정적 차원에서 전문직업인으로서의 기술적인 측면이 논구되고는 있지만 정작 교육철학적인 차원에서 교사의 내면적이고 자아정체성의 측면의 연구는 다소 부족한 것이 사실이다. 이런 차제에 키에르케고어의 교사론을 연구함으로써 오늘날에 필요한 이상적인 교사상을 정립하는 데에 중요한 의미를 제시할 수 있을 것으로 본다.

Ⅱ. 교사의 존재론: 실존하는 단독자

전술한대로 키에르케고어는 당시 수평화되고 보편만이 존립하던 시대적 상황에서 잃어버린 인간의 주체성을 찾고자 “어떻게 하면 실존적 단독자로 존립할 것인가 하는 문제”를 그의 주요 관심사로 삼아 당시의 사회와 현실에 대한 안티테제를 그의 작품 속에서 연출했다.4) 그가 살던 당시에는 헤겔의 관념적이고 체계적인 철학의 영향으로 인간의 개인성이 상실되고 군중성만이 남아 모두가 수평화된 사회를 만들어가고 있었다. 반기를 든 이유가 바로 여기에 있었다. 그가 보기에 잘못된 시대 정신 속에서 인간

4) 키에르케고어는『관점』에서 이렇게 말한다. “여기서 내가 말하고자 하는 것은 전체 저술 활동의 ‘전환점’을 이루는 *Concluding Unscientific Postscript* 에서 문제제기 및 간접적인 공격과 소크라테스적인 변증법을 사용하여 ‘체계’의 문제에 치명상을 입히는 것이다. … 체계와 사변으로부터 그리스도인이 된다는 단순한 일로 돌아가게 하기 위하여 체계와 사변을 공격하고 이 일을 위하여 싸웠다”(PV: 96-98)

개인은 실존[5]하는 존재로서의 생명력을 상실한 채 단지 군중의 모습으로 전락했다는 점에 문제의 심각성이 있다고 보았던 것이다. 그래서 그는 『관점(The Point of View)』의 부록 『단독자(The Individual)』에서 인간 개인이 실존하는 단독자로 서야 할 것을 이렇게 말하였다. "군중은 비진리이다. … 개인은 오직 신(神)과만 그리고 자기자신과만 대화를 해야 한다. 왜냐하면 인간은 오직 단독자로 목적지에 도달할 수 있기 때문이다(PV:112-113)." 또한 그는 책임감있는 인간 주체로서 실존하지 못하고 군중 속에서 무책임한 존재로 몰락하는 인간의 모습을 소개한다. "군중은 비진리이다. 그 이유는 군중은 개인을 뉘우칠 줄 모르게 하고 책임질 줄 모르게 하고 또는 책임을 분산시킴으로써 개인의 책임을 약화시키기 때문이다. … 군중은 일종의 추상물이기 때문이다(PV: 114)."

키에르케고어에게 있어서 단독자는 항상 하나님 앞에 설 때 진정으로 단독자가 된다. 키에르케고어는 『단독자』에 삽입되어 있는 두 편의 글에서 이 사실을 보여준다. 그는 여기서 사람들의 삶의 현상을 묘사하면서 군중 혹은 대중을 무성격적인 존재로 규정하고 있다. 그러면서 이에 맞서는 단독자의 개념을 종교적인 차원에서 다음과 같이 설명하고 있다. "신과의 관계에 있어서 군중이란 존재하지 않는다. 신 앞에서는 오직 단독자만이 존재할 뿐이다. … 왜냐하면 단독자라는 개념을 말살하면 그때 인간은 하나의 추상적인 존재가 되고 신과의 인격적인 관계는 성립할 수 없기 때문이다(PV:117-119)." 키에르케고어는 '신 앞에 선 단독자'라는 개념을 분석적으로 제시하지는 않았다. 그에게 있어서는 단독자로 실존하는 것이 더 중요할 뿐 단독자를 체계적으로 설명하는 것은 결코 그의 관심거리가 아니었다. 그런 사변적인 개념 이해는 그의 사상적 원리와는 반대편에 서 있는 것이다. 만일 이런 개념을 체계 속에서 이론화한다면 이미 단독자의 본성이 사라질 수 있다. 따라서 단독자를 설명하는 일에는 관심이 없었

---

5) 짐머만(Zimmermann)은 키에르케고어의 실존의 개념을 세 가지로 정리하여 설명하였다. 첫째, 존재론적 차이로서의 실존: 키에르케고어는 실존을 우선 현실태과 가능태 사이의 그리고 존재와 사유 사이의 존재론적 차이로 규정한다. 여기서 실존한다는 것은 이상성과 사유에 있어서 무한하게 존재하지만 현실적으로 규정되어 있는 제약 속에서는 유한하게 존재함을 말한다. 둘째로 과업으로서의 실존: 키에르케고어는 실존함으로서 나 자신을 선택함이라고 규정하는 것을 본질적 실존함이라 한다. 이로써 실존은 의식된 수행으로서 그리고 자신의 차이를 끊임없이 새롭게 종합해야 하는 것으로서 드러나게 된다. 셋째로 현존재로서의 본질적 실존: 나 자신의 선택은 본질적으로 실존함이다. 그것은 키에르케고어에게 있어서 항상 나의 본질에 대한 비임의적인 결속이다. 즉 그것은 신 안에 근거를 두는 자신의 실존적 차이의 개인적인 형태이다. 여기서 본질은 자기 현재, 자기 안에 현존하여 있음 그리고 현존재 등을 말한다(Zimmermann,1990: 57-65). 실존한다는 말은 덴마크어로 두 단어가 있다. 하나는 existere 인데 그 의미는 분투하는 개인으로 실존하는 것이다. 또하나는 vœre til 인데 이 단어의 의미는 시간과 공간 속에서 거기에 있는 것을 뜻한다. 영어에서는 이 두 단어의 의미를 모두 담고 있다고 보아야 한다(JP, I : 535).

던 것이다. 다만 단독자의 삶을 경험토록 하는 것이 중요할 뿐이다. 그래서 그는 문학적인 형식을 빌어 이를 묘사하였던 것이다.

키에르케고어가 단독자의 개념를 말할 때 그 범주는 기독교적인 범주이고 기독교적인 국면에서 결정적인 것이다(PV: 88-89). 키에르케고어가 이처럼 단독자 개념을 기독교와 관련시킨 데에는 당시의 기독교계가 헤겔 철학으로 대표되는 사변적이고 체계적인 철학논리에 빠져 있었던 점에서 그 원인을 찾을 수 있다. 키에르케고어의 단독자 개념은 헤겔의 변증법이 보여주는 보편적 인륜의 입장 또는 칸트가 말하는 개인주의 윤리의 개별성의 개념과 분명히 구별되는 의미를 지닌 개별성이다. 키에르케고어에게 있어서 신 앞에 선 단독자 개념은 보편을 넘어서는 단독자이며 목적을 위하여 보편윤리까지 정지되는 단독자이다.[6] 또한 그의 단독자 개념은 오직 신과의 관련성 속에서 비로소 존립하는 단독자이다. 이것은 중요한 의미를 갖는다. 후대의 무신론적 실존주의자들과 근본적인 차이를 가져오는 대목이기도 하다. 키에르케고어의 실존, 진리, 단독자의 개념은 절대적 가치를 결코 포기하지 않는다는 것이다. 진리에 대한 체화 혹은 점유화 과정에서 주관성이 자리한다는 것이지 진리 자체가 상대적인 가치를 지닌 것이란 의미는 아니다. 왜냐하면 당시 키에르케고어가 전제로 하는 신은 기독교의 하나님 즉 절대적 권위와 영원불변의 가치를 지닌 존재를 의미하기 때문이다.

키에르케고르의 단독자적 개념은 1845년 『결론으로서의 비과학적 후서』의 출간을 통해 구체적으로 밝혀지게 된다. 이 책에서 키에르케고어는 가명의 저자 요하네스 클리마쿠스(Johannes Climacus)의 입을 빌어 "기독교가 약속하는 축복에 어떻게 참여할 수 있는가?"라는 질문을 던지면서 그 대답으로서 기독교의 진리는 객관적 문제가 아니라 단독의 개인이 기독교에 어떻게 관계하느냐 하는 주체적 문제임을 밝혔다. 그리고 '어떻게'의 문제의식을 지탱하고 있는 것이 추상적 사변이 아니라 단독자의 실존을 경험시키는 무한한 열정으로서의 주체적 사고라는 것을 밝혔다. 다시 말해 '어떻게'의 문제는 외면적인 것이 아니라 내면적인 것이며, 객관적인 것이 아니라 주체적이라는 것이다(CUP: 9). 키에르케고어에게 있어서 단독자의 실존의 문제는 주관성과 관련된

6) 『두려움과 떨림』에서 아브라함을 신앙의 영웅적 기사로 등장시킨 키에르케고어는 이렇게 말한다. "신에 대한 절대적인 의무라는 것이 있다면 이 의무는 개체로서의 단독자가 보편적인 것보다 우위에 있고 개체로서 절대자와 절대적 관계에 있다"(FT: 68-69)고 하는 것이다. 아들을 희생제물로 바치는 아브라함의 이야기를 해석함에 있어서 키에르케고어는 단독자가 되기 위해서 신앙인은 인륜으로 정해진 세계를 넘어 다시 말해 보편적인 윤리적 타당성을 넘어 절대자와 단독자의 관계에 서는 것임을 시사해 준다

문제이며 이 주관성은 진리가 내면화되는 과정 또는 내면화된 결과로서 빚어지는 실존의 문제임을 보여준다.

한편, 교사의 존재론도 키에르케고어의 단독자의 실존 양상 속에 수렴되어 있다. 그는 이렇게 말한다. 단독자는 "… 모두가 그런 존재가 되어야 하고 될 수 있다는 의미에서 단독자이다(PV: 129)." 진리 앞에서 모든 인간은 단독자여야 하고 단독자로 살아갈 때 비로소 진리의 전달자로서의 역할과 사명수행이 가능함을 그는 다음과 같이 소개하고 있다.

> 진리의 전달자는 오직 단독자일 뿐이다. 진리는 오직 단독자에게만 전달될 수 있다. 왜냐하면 진리는 바로 단독자에 의하여 표명된 인생관 속에서 성립되기 때문이다. 진리야말로 하나님의 눈에서 벗어나서는, 하나님의 도움 없이는, 하나님이 중재자가 되지 않고는 전달될 수도 없고 또 받을 수도 없다. 하나님이야말로 바로 진리이시다. 그러므로 진리는 오직 단독자에 의해서만 전달될 수 있다(PV: 119-120).

키에르케고어에게 있어서 누구나 그것일 수 있고 또 그것이어야 한다는 단독자의 실존은 역사의 위대한 스승들 특히 소크라테스와 그리스도에게서도 찾을 수 있다. 키에르케고어는 소크라테스의 교사로서의 실존 양상을 보면서 그에게 존경심을 표했다. 그래서 키에르케고어는 소크라테스를 '자신의 스승'이라고 불렀다(PV: 41). 소크라테스에게 있어서 가르침과 삶과 사상은 하나로 통합되어 있었다. 키에르케고어가 보기에 소크라테스는 그가 구현하기 원하는 실존사상의 가장 좋은 인간적인 예이며 실존적 교사로서 적합한 모델이었다. 키에르케고어에게 있어서 실존적 교사는 그의 실존적 삶이 가르침의 내용과 결코 분리될 수 없는 것이기에 기필코 단독자가 되어야 하고 단독자만이 또한 실존적 교사가 될 수 있다. 진정한 실존에 들어가기(생성) 위하여 군중과 보편을 거스르며 삶의 행동적 본으로서 실존의 양상을 교육하였던 소크라테스의 모습에서 키에르케고어는 단독자의 모델을 보았던 것이다.

> '단독자'라는 범주는 기묘한 것이고 또 기묘한 인간의 발명품으로 간주되고 있다 - 그것이 사실이다. 왜냐하면 어떤 의미에서 그것을 발명한 사람은 소크라테스였고 그가 살던 시대에 그는 극히 괴팍한 사람이었기 때문이다. 당시에 이

런 범주를 일깨웠다고 하는 명예로운 사실은 어떤 왕국과도 바꾸지 않겠다. 만일 군중이 바로 그 악이라고 한다면, 또 만일 우리를 위협하고 있는 것이 바로 혼돈이라고 한다면 구원은 오직 한 가지 곧 '단독자'가 되는 길, 본질적인 범주로서 '단독자'라는 사상 속에만 존재한다(PV: 61).

실존하는 단독자로서의 교사의 삶은 때로 고통을 동반하는 것이다. 군중의 비난과 조소에 자신을 노출시켜야 할지도 모르다. 역사의 위대한 스승이었던 소크라테스나 예수그리스도도 군중들의 모함과 비난 속에서 진리를 전달하는 일에 어려움을 겪었던 실존하는 단독자들이었다. 마찬가지로 진리를 전달해야할 실존하는 교사는 무지한 군중에 맞서 단독자로서 서야 한다. 키에르케고어에게 있어서 이것은 자신의 경험 속에서 더욱 확고해 졌다. 그도 무지한 군중을 교화하는 일에 열중하다가 실제로 군중들로부터 비난과 조소를 한 몸에 받았던 경험자였다.[7)]

『철학적 단편』(1844)에서 키에르케고어가 보기에 소크라테스로 그려지는 실존하는 단독자로서 교사의 삶은 이른바 무지와 불확실성으로 표현되는 주관적 사고인의 입장을 나타낸다. 여기서 주관적 사고인의 입장이란 단순한 무지가 아니라 행복과 덕의 문제와 관련된 인간 지식의 바탕으로서 작용하는 역동적인 무지이다. 여기서 소크라테스는 진퇴양란, 모순, 불확실성, 파라독스 등을 상징하는 인물이며 소크라테스 속에 나타나는 이런 모습은 개인의 가능태와 현실태, 사고와 실천, 선에 대한 지식과 선의 행위 사이에서 실존하는 단독자가 직면하게 되는 실존적 양상이었다(Manhaimer: 24).

키에르케고어는 『철학적 단편』에서 계속해서 소크라테스와 예수그리스도 사이의 근본적인 차이를 교사로서 배우는 자들에게 진리이해의 조건 즉, 진리에 대해서 물을 수 있는 능력을 줄 수 있느냐 없느냐로 설명하고 있는데, 여기서 그런 조건을 줄 수 있는 존재는 오직 신적 존재인 그리스도만으로 국한되는 것으로 보고 있다(PF: 14). 소크라테스적인 교사는 시간 안에서 '미지의 것'에 대해서 간접적인 계기를 제공하지만 반면 그리스도는 '미지의 것'을 경험하는 조건 자체를 제공해 준다는 차이가 있다는 것이다. 그러므로 소크라테스는 산파일 뿐, 분만자는 아니며 출산은 신(그리스도)에게만

---

7) 그 계기가 된 사건이 1845년 〈코르사르〉지 사건이었다. 당시 유대인 저널리스트인 골드 쉬미트가 〈코르사르〉라는 정치적인 신문을 발행하였는데, 〈코르사르〉지(紙)는 자유주의적인 입장에 서서 절대왕정, 보수주의, 반동성을 띤 모든 것을 전방위적으로 공격하고 있었다. 특히 키에르케고어마저도 〈코르사르〉지의 가십거리가 되었다. 그로인해 그가 공개적으로 겪게 된 모욕은 깊은 상처를 남겼다.

있는 의무라고 말하고 있다(PF: 11). 소크라테스적 교사가 배우는 자들에게 '미지의 것'에 대한 간접적인 계기만을 제공하는 한계가 있다해도 인간 의식의 발달을 향하여 나아가는 데 있어서 적극적인 공헌을 한다는 면에서 그리스도와 유사점을 찾을 수 있다(PF: 14). 뿐만 아니라 배우는 자로 하여금 주체적인 지식의 내면화의 과정을 촉구한다는 면, 즉 배우는 자가 단독자로 진리 앞에 직면하도록 자각적 자세를 촉발시킨다는 면에서 그 공통점을 찾을 수 있다.

Ⅲ. 교사의 과업론: 진리의 간접전달자

키에르케고어에게 있어서 '진리는 주체성'이다(CUP: 181). 그에게 있어서 주체의 바깥에 있는 모든 지식은 사물에 지나지 않는다. 지식이 실존적 삶 안으로 들어와 내면화되는 과정을 겪음으로서 한 개인의 실존 속에 합일될 때 비로소 진리가 된다. 이처럼 지식이 개인의 실존 속에 내면화되는 것을 키에르케고어는 '복제(reduplication) (JP,V3: 698-713)' 혹은 '점유화(appropriation)(CUP: 327-328, 538-539)'라는 용어로 표현했다. 교사가 만일 내면적 자아와의 실존적 충돌없이 배우는 자에게 지식을 각인시키는 작업으로 그친다면 그때 지식은 당사자를 화석화시킨다. 실존적인 경험이 내면의 긴장을 일으킴으로써 주체적인 사고가 가능하도록 만들지 않는다면 지식은 다만 생명력 없는 물건에 불과한 것이다. 그 내면성, 주체성의 문제를 『결론으로서의 비과학적 후서』에서 키에르케고어는 이렇게 묘사한다.

> 진리의 질문은 실존하는 정신에 의해서 일어난다는 점에서, 실존 안에 내재하는 난해한 복제(reduplication)의 문제가 그 개인 앞에 도사리게 된다. 그 개인 안에 자리하는 실존은 사고와 존재, 이 두 요소를 따로 분리시킨다. 그리하여 반성은 개인을 양자택일의 문제 앞에 서게 한다. 객체적 반성의 경우에 있어서 진리는 일종의 객체가 되고 사고는 주체로부터 떨어져 있게 된다. 주체적 반성의 경우에 진리는 점유화, 내면화, 주체성의 문제가 된다. 그래서 사고는 주체 속으로 그리고 그의 주관성 안으로 더욱 깊이 스며들게 된다(171).

키에르케고어의 말을 부연하면 진리는 개인의 내면에서 주체적 반성을 일으키는 어떤 것으로 소개되고 있다. 실존하는 개인은 객체적인 사물로서가 아니라 주체적인 긴장 속에서 선택의 결단을 통과해야 하며 이는 내면의 반성과정 속에서 실존적인 경험으로 더욱 심화된다. 결국 키에르케고어에게 있어서 진리는 완결된 상태나 결과로서 개인에게 주어질 수 없고 주체의 내면에서 점유화 과정을 통하여 형성됨을 알 수 있다. 따라서 실존하는 진리는 개인의 주체적 삶과 경험 속에서 변용된다고 하는 것이다. 그러므로 키에르케고어의 입장에서 볼 때, 교사는 완성된 지식으로서의 교수행태를 지양하고 학생들로 하여금 실존적 경험 속에서 객체적인 지식이 내면화를 거치는 가운데 주체적 변용의 과정을 실현토록 하는 데 최우선의 과업이 있음을 깨달아야 한다. 그렇다면 이런 입장과 역할이 가능한 교사의 모습과 방편은 무엇인가? 키에르케고어는 소크라테스와 그리스도로부터 그 원리적 해답을 찾았다.

키에르케고어는 1844년에 『철학적 단편』을 출판하였다. 이 책은 소크라테스를 중심인물로 취급한다. 여기서 소크라테스는 산파로서 한 인간이 다른 인간과 맺을 수 있는 최상의 관계를 보인 인물로 소개되고 있다.

> 이렇게 보면 소크라테스가 얼마나 놀랄만큼 철저히 자신에게 충실했으며 또 자신이 이해한 것을 얼마나 훌륭하게 실천했는가를 알게 된다. 그는 산파였고 또 일관성 있게 산파로서 살았다. 이것은 그가 소극적이어서가 아니라, 그런 관계가 인간이 다른 사람과 맺을 수 있는 최상의 관계라는 것을 알고 있었기 때문이다. … 소크라테스는 신이 낸 시험에 합격한 산파였다. 비록 사람들에게는 기인(奇人)으로 보였을지 모르나 그가 행한 일은 신이 맡겨준 사명이었다. 그리고 신이 그에게 낳는 것을 금한 것은 신의 뜻이었으며 소크라테스도 그것을 잘 알고 있었다. 왜냐하면 사람과 사람 사이에서는 분만시키는 것이 최고의 일이며 낳는 일은 신의 소관이기 때문이다(PF: 10).

이렇듯 키에르케고어는 소크라테스가 보여준 산파로서의 교사의 과업을 일종의 신으로부터 받은 사명으로까지 평하고 있다. 그리고 자신도 그런 사명자로서의 길을 가고 있음을 암시한다. 따라서 교사는 일종의 산파로서 생명 출산을 돕는 것과 마찬가지로 배우는 자가 진리를 깨달아 터득하게 되는 과정을 돕는다. 다시 말해, 키에르케고어에게 있어서 교육은 항상 자각적인 자기내면화에 있기 때문에 교사는 피교육대상자의 내면에 주체적인 사고과정이 가능하도록 이끄는 데 그 과업의 우선성을 지닌다. 여기서 진리를 전달하는 과정은 진리 자체가 지닌 특성과 밀접히 관련되어 있다. 진리가 주체의 내면에서 실존적인 지식으로 수용되기 위해서 키에르케고어는 간접전달법을 제시하였다.

특히 키에르케고어에 있어서 간접전달방식은 "기독교인의 형성"이라고 하는 문제를 당대의 사람들에게 교화할 목적에서 그가 사용한 가장 중요한 교육적 방도였다. 이것은 그리스도 중심의 연구를 집중하는 가운데 더욱 깊어지게 되는 데 『기독교 훈련(Pratice in Christianity)』에서 서술되고 있는 다음의 설명은 기독교적 신앙 주체화의 방도로서 간접전달이 그리스도와 관련하여 진술되고 있다.

> 기독교적인 것은 온갖 방도로 혼란 속에 빠져들고 말았다. 그리스도는 하나님과 인간의 사변적인 종합이 되고 말았다. 또 그리스도는 깨끗이 버림을 받고 그 분의 교훈만이 남았다. 혹은 그리스도를 정작 우상으로 만들어 버렸다. 영혼은 단순한 직접성을 부정한다. 만일 그리스도가 진실로 하나님이시라면 일체의 직접성의 부정인 식별 불가능한 상태로 식별 불가능한 모습을 취하고 계셔야만 한다. 직접적으로 식별 가능하다는 것은 우상의 특징이다(136).

키에르케고어는 당시의 기독교계가 그리스도를 직적접으로 묘사하는 일에만 주목하던 나머지 결국 그리스도의 본질을 오도(誤導)하여 그 결과 구원의 신앙과는 동떨어진 우상 종교와 같은 처지에 놓이게 됨을 보았다. 그래서 이것에 대한 반박에 나서게 된 것이었다. 당시 전통적인 기독교계의 교육행태는 교리를 주입식으로 증명하는 일에 주력했다. 그러나 그의 관점에서 볼 때 그리스도와의 관계에 있어서 증명 따위는 하등에 중요한 가치를 지니지 못한다. 증명에 도움을 받아 그리스도를 믿게 되는 것이 아니다. 그런 식의 직접적인 교육방식으로는 진정한 그리스도인이 될 수가 없다(PC: 95). 증명은 사람들을 신앙이 생길 수 있는 지점에까지만 이끌 뿐 신앙을 소유케하지 못한다. 다만, 증명은 사람들의 주의를 일깨우고 신앙의 모태인 변증법적인 긴장 속으로 사람들을 이끌어드리는 소임을 할 뿐이다(PC: 96). 키에르케고어에 의하면 하나님이면서 사람이신 예수그리스도는 자신을 직접적으로 전달할 수 없다. 만일 그렇게 된다면 그 존재는 사변적인 종합이 되며 이로써 기독교의 본질적인 근거가 제거된다고 보았다(PC: 127).

키에르케고어에게 있어서 지식은 주체적이고 내면화된 지식일 때 비로소 실존적인 지식이 될 수 있다. 여기서 실존적 지식은 객체로서 주체와 무관하게 존재할 수 없으며 주체와의 관련성 속에서만 존재해야 한다. 따라서 교사의 과업은 진리가 주체의 내면을 형성하는 주체적인 지식으로 수용되도록 하기 위하여 간접전달법으로 수행되어야 한다. 키에르케고어가 제시하는 간접전달법에는 이중투영(double reflection)[8]과 전달자의 잠행(incognito)이라는 개념이 중심을 이룬다. 이중투영이란 전달자가 자신이 전달하려는 내용에 그것을 적절한 언어로 표현하는 일차 투영과 그것을 다시 자신의 실존 가운데 내면화하여 자신의 사고와 실존을 일치시키는 이차 투영으로 구성된다(CUP: 68-71).

이중투영에 의한 간접전달은 전달자가 대립하는 두 소재 모두에 시선을 두게 한 후에는 사라지는 것이다. 물론 여기서 어느 것이 정답인지에 대한 암시를 주어서는 안 된다. 오직 전달받은 사람만이 스스로의 주체적 결단에 의해 판단할 문제이다. 직접적인 전달의 경우에는 내용을 전달받은 사람이 받은 내용을 언어적으로만 전달받음으로 인해 주체적 판단이 결여될 수밖에 없다. 따라서 전달내용이 실존적으로 삶 속에 반영되지 못하는 결과를 가져온다. 그렇지만 이중투영에 의한 간접전달은 전달받은 사람이 변증법적으로 매듭을 푸는 과정을 통해 어느 하나를 자신이 직접 주체적으로 결단하고 이를 자신의 내면에 점유화함으로써 실존적인 반응을 보이게 되는 것이다.[9]

키에르케고어가 소개하는 간접전달의 두 번째는 잠행(incognito)이다. 이것은 가르치는 자가 자신의 정체를 식별불가능하게 만드는 것이다. 앞의 방도에서는 전달자가 제외되어 있었지만 이 잠행에서는 오히려 전달자가 관여한다. 이 관여는 부정적인 내성을 매개로 해서 구성된다. 키에르케고어에 의하면 "하나님=사람"이신 예수 그리스도는 모순의 표상으로서 식별불가능한 모습을 지니기 때문에 직접적인 의사전달이 불가능하다. 이것은 그리스도의 말씀까지도 직접적인 의사전달이 될 수 없음을 시사한다.

---

8) double reflection을 임춘갑(1983)은 이중굴절(屈折)로, 표재명(1995)은 이중반성(反省)으로, 임병덕(1992)과 엄태동(1998)은 이중반사로 번역한다. 엄태동은 이중반사로 번역해야 할 이유를 reflection은 이지적인 사유의 작용 뿐아니라 의지적 실천적 측면의 점유화 과정을 반영해야 함을 이유로 들고 있다. 그러나 전달하려는 내용이 개인의 실존적 삶을 투과하면서 실존의 양상을 묻혀 나온다는 의미를 담아내야 하기 때문에 차라리 투영(投影)이라고 표현하는 것이 좋을 것으로 판단되어 여기서는 이중투영으로 번역한다.

9) "예컨대, 농담과 진지함이 변증법적인 매듭을 형성하도록 이 둘을 겹쳐 놓으면서 전달자 자신은 사라지는 방법이다. 만일 누군가 이러한 종류의 전달에서 무엇인가를 얻어 내려고 하는 사람이 있다면 그 사람은 자신의 힘으로 스스로 이 매듭을 풀어야만 한다(PC: 133)."

그가 "아버지와 나는 하나이니라(요한복음 10장 30절)"고 직접적으로 말한다고 해서 그것이 직접적인 의사전달이라 보아서는 안된다는 것이다. 왜냐하면 그 말은 예수가 직접적으로 한 말이라고 하더라도 한 인간이 하나님이라는 주장은 일상적으로 설명될 수 없는 모순적 양상을 띠고 있기 때문에 직접적인 사실이라고는 할 수 없다. 의사전달은 전달자에 의하여 모순이 부여되는 경우에는 간접적인 의사전달이 된다. 그리고 전달대상자로 하여금 전달자를 믿느냐 믿지 않느냐 하는 선택에 직면시킨다(PC: 133-134). 이러한 잠행의 방법 역시 간접전달로서 사람들의 내면에 긴장상태를 자아내게 만듦으로써 주체적인 사고가 가능케 한다. 키에르케고어의 관점에서 볼 때 교사는 학습자로 하여금 배움의 과정을 심화시킬 목적에서 내면의 긴장 상태를 통해 주체적 사고가 발생할 수 있도록 잠행의 방법을 사용할 필요가 있다.

키에르케고어의 간접전달법은 결국 당시의 기독교계가 단순히 역사적인 객관적 지식으로만 예수그리스도에 관한 신앙을 추상화한데 대한 키에르케고어의 반박이다. 지식의 주체화 혹은 실존적 점유화가 상실된 교육현상에 대한 오류를 반증하는 것이기도 하다. 키에르케고어의 관점에서 볼 때 지식이 주체적으로 내면화되지 못한 낱낱의 정보단위로 사람들의 두뇌 속에 축적만 되는 것은 교육실제 속에서 사용되고 있는 교육적 방편에 문제가 있기 때문이라고 보아야 한다. 따라서 간접전달법은 파편화되기 쉬운 지식들을 내면의 투영 과정을 통하여 자기화할 수 있는 매우 유효한 방편이다. 키에르케고어가 말하는 간접전달법은 단순히 언어의 기술로 이해되어서는 안 된다. 전달이 단순히 언어나 수사학에 의존하게 되면 반드시 오해와 왜곡이 일어난다. 간접전달이라고 할 때 간접이라는 의미는 말하는 사람 쪽의 경험이 반성적인 양태를 취한다는 것을 의미한다. 간접전달에서는 전달의 내용을 변증법적으로 풀어가는 과정을 통해 전달받는 사람편의 질적인 변화가 요구된다.

키에르케고어의 교육적 사상을 언어적인 면에서 가장 잘 규명하였던 맨하이머(R.J.Manheimer)에 따르면 간접전달에서 전달받는 사람은 자기 자신을 지식의 주체로 파악하는 과정에서 자기 자신의 내부에 질적 변화가 일어나는 것을 경험하지 않으면 안 된다. 지식의 객관적 성격은 아예 사라지거나 아니면 인식 주체가 겪는 발달의 경험에 의하여 자기지식으로 변형된다. 여기서 생기는 결과는 간접전달의 종결이 아닌 간접전달의 실존적 귀결 즉, 전달자와 피전달자의 장차의 삶에 나타나는 효과이다(Manheimer, 1977: 151). 따라서 교사는 발언과 담화를 통해서 그의 행위가 자신과 학생 모두에게 가져올 귀결이 어떤 성격의 것인가를 알아야 한다. 아울러 교사는 간접전달 방식을 사용하여 배우는 자의 내면에서 주체적이고 실존적인 자각이 일어나도록 하는 데 그 우선적인 과업을 수행함으로써 실존하는 교사상을 정립할 필요가 있다.

Ⅳ. 교사의 실천론: 자기부정적 사랑의 실천가

『철학적 단편』에서 소개하는 교사에 대한 진술들은 일차적으로는 당시의 종교교사들을 지칭하는 것이지만 이차적으로는 일반적인 교사의 범주에까지 확대하여 논의될 수 있는 문제이다. 키에르케고어의 사상적 맥락에서 보면 교사는 정형화된 학교현장에서의 전문직업인의 모습과는 먼 거리에 있다. 소크라테스형의 교사는 진리의 증인으로서 언제 어디서나 기연(the occasion)을 통한 만남을 가질 수 있는 존재이다. 이런 교사는 "자기의 가르침의 댓가로 명예나 지위나 돈을 원하지 않는다. 그는 다만 죽은 사람처럼 청렴한 품행을 유지한다." "가르침에 대한 보수로서 엄청난 금액과 월계관의 찬란한 빛을 받아도 만족함을 모르는 우리들의 시대에서는 참으로 보기 드문 일이다."(PF, 23) 그러나 현대에 있어서는 이 세상의 모든 금전과 명예는 곧 가르침에 대한 보수가 되고 있다.

그런데 키에르케고어가 소개하는 교사상은 한걸음 더 나아간다. 신적인 교사상을 여기서 등장시킨다. 신적인 교사상은 물론 예수 그리스도를 의미한다. 신적 교사는 소크라테스를 넘어 철저히 사랑이 동기가 되고 모든 교육적 행위의 이유를 사랑에서 찾는다. 신적 가르침의 행동은 소크라테스에게서 보여주는 상호관계 속의 기연이 아니다. 소크라테스식 사제 관계는 인간적인 관계 측면에서는 최상의 것이지만, 신과 제자 사이의 관계는 이를 초월한다. 여기에는 자기부정을 통한 일방적인 사랑만이 존재한다. 이런 신적 교사에게서 볼 수 있는 사랑의 형태는 구체적으로 종의 모습을 띤다. 종으로 임했다는 것은 신적 교사가 제자의 수준으로 하강했음을 의미한다. 여기서 키에르케고어가 발견한 두 실존적 스승의 면모를 대비하면서 교사의 실천론을 구체적으로 살펴볼 필요가 있다.

키에르케고어가 소크라테스적 원리를 가장 유효하게 받아들이기 시작한 것은 그의 초기 저작인 학위(magister) 논문 Concept of Irony 였다. 이 책에서 실존적 교사의 삶을 살아간 소크라테스의 삶은 아이러니 그 자체로 비춰진다. 키에르케고어가 소크라테스적인 아이러니를 통해 교사로서의 실천을 보여 주는 대목이 『사랑의 역사(役事)(Works of Love)』에도 나온다.

> 고대의 고귀하고 순박하였던 그 사람[소크라테스를 가리킴]은 이 지혜[아이러니를 가리킴]를 활용함에 있어서 명수였다. … 이 고상한 익살꾸러기는 무릇 인간이 남을 위하여 할 수 있는 최고의 일은 그를 자유롭게 하고 자립할 수 있게 하는 일이라는 것을 깊이 이해하고 있었다. 그는 또 이런 일을 성취하기 위해서는 자신이 파멸되는 것조차도 넓은 마음을 가지고 숨길 수 있어야 함을 알고 있었다. 그 자신의 표현을 빌자면, 그는 영적인 의미에서 산파였고 그리하여 온갖 희생을 무릅쓰고 사심없이(disinterestedly) 자신의 사명에 몰두하였다(WL: 257).

여기서 "사심없음(disinterestedness)"이라는 의미는 도움을 받은 사람이 도움받은 사실 자체를 모를 때에 성립되고 또한 세상이 그 "사심없음"을 이해할 수도 없고 평가할 수도 없을 때 성립된다(WL: 257). 소크라테스는 남을 돕는다는 것이 얼마나 많은 자기희생이 따르는 일이고 또 얼마나 많은 오해를 불러일으키는 것인지를 알면서도 그 일을 감수했다. 여기서 소크라테스형의 교사라면 마음속으로 자신의 도움으로 배우는 자가 스스로 자립한 것으로 만족하면서 마음에 미소를 머금을 뿐 아무에게도 발설하지 않는다. 이것은 선의(善意)에서 우러나온 것이고 이런 방식이야말로 최선의 시선(施善) 방법이라고 본다(WL: 258). 그러나 키에르케고어는 이 대목에서 소크라테스의 한계를 지적하고 있다. 그는 인간 교사의 대표로서 자기가 부정되지 않은 채, 미소 속에 자기만족이 있었다고 보았다. 따라서 그가 조력자로서의 교사는 되었을지 모르나 진정으로 자기 부정을 통해 완성된 사랑으로 제자를 사랑한 사람은 되지 못한다는 것이다. 이것은 단순히 인간과 인간 사이의 교육 관계에서 나타나는 최선의 모습일 뿐이다. 그러나 여기서 신적인 사랑의 요소는 찾을 수 없다. 그래서 키에르케고어는 신적인 사랑이 전제된 사제관계를 그리스도에게서 찾았다.

소크라테스와 예수 그리스도는 자각적인 가능성의 교육이라는 관점에서 밀접한 관계를 맺고 있지만 그러나 근본적인 차이가 있다. 키에르케고어에 의하면, 소크라테스는 역시 한 사람의 교사였다. 그는 일정한 생활환경 아래 출생하여 고향 사람들과 함께 자라났다. 그리고 중년이 되었을 때 마음에 소명을 느끼고 자기 나름의 방식으로 다른 사람을 가르치기 시작했다. 그는 주의로부터 영향을 받았고 또 영향을 주었다. 이런 의미에서 소크라테스적인 교사는 상호관계 속에서 서 있는 것이다. 소크라테스의 태도는 언제나 열정적인 동시에 교감적이다(PF: 23). 물론 그가 현대인들처럼 가르침을 통해 돈이나 명예나 높은 지위를 원하지 않았기에 그를 청렴결백하다고 할 수 있지만, 그에게는 제자들과의 교감 속에서 나오는 열정이 그의 교수 행위의 동기가 되었던 것만은 분명하다. 따라서 소크라테스적인 교사와 제자 사이에서는 사제간에 상호 이해관계가 있다는 점이 그 관계를 지속하게 하는 동기로서 작용한다고 볼 수 있다.

그러나 신적 교사인 그리스도에게는 자기와 교감을 가질 수 있는 제자를 필요로 하는 것은 아니다. 또 어떠한 기연도 예수에게 결단을 촉구할 만큼 큰 힘을 가진 것은 없으며 그리스도의 마음을 동기유발시킬 수 있는 것도 없다. 그렇다면 무엇이 그리스도의 마음을 움직여 그로 가르침의 자리에 머물게 하였는가? 키에르케고어는 그것은 바로 사랑이라고 말한다. 왜냐하면 사랑은 필요충족을 자기 외부로부터 얻는 것이 아니라 자기 안에서 가지고 있기 때문이다. 신적 교사의 경우의 행동의 결단은 소크라테스와 같은 스승과 제자 사이의 상호작용으로부터 기인된 것이 아니라 영원성을 지닌 결단에서 비롯된 것이다(PF: 24). 즉 예수는 사랑 때문에 이 세상에 내려올 것을 영원부터 결단했고 또한 그 원인에 상응하는 사랑을 가진 행동으로 이 땅의 배우는 자들을 가르친 것이다. 바로 이 사랑으로 말미암아 배우는 자를 자신과 동등하게 하였다. 왜냐하면 동등화 혹은 일치가 이루어져야만 비로소 이해가 성립되기 때문이다. 여기서 키에르케고어는 역설적 논법을 사용하는데 만일 완전한 이해에 도달하지 못한다면 그것은 순전히 배우는 자의 편에 그 원인이 있다고 한다. 그렇지 않다면 역설적으로 교사는 신이 아니라는 것이다(PF: 25).

키에르케고어는 이어서 예수가 그런 신적인 사랑을 지녔기에 받을 수밖에 없는 슬픔에 대해서 논한다. 한마디로 그 사랑은 근본적으로 불행하다. 왜냐하면 그들은 서로 매우 다르기 때문이다. 신이 자기를 이해시키는 것은 아주 쉬운 일 같이 보이지만 그러나 그것은 그가 서로 다른 점을 없애 버리지 않는 한 결코 쉬운 일이 아니다. 이 불행한 사랑은 그들이 서로 이해할 수 없다는 데에 있다. 무엇보다 이 불행은 신쪽에 일방적인 상처를 준다. 신만이 일치할 수 없다는 점을 이해할 수 있기 때문이다(PF: 25-26). 그렇다면 그 신의 슬픔은 어떻게 극복되는가? 키에르케고어에 따르면 신과 배우는 자와의 일치가 이뤄짐으로써만 극복될 수 있다고 한다. 여기서 일치시키는 방법은 낮은 쪽에 있는 배우는 자를 상승시키는 방법과 신 쪽이 하강함으로써 일치시키는 방법이 있을 수 있다. 그런데 전자의 경우로는 어느 한 순간 배우는 자가 변해 버린 자신의 모습으로 인해 자기기만에 빠질 수 있다는 문제를 낳을 수 있다[10]. 그러므로 일치는 다른 방법에 의해서 이루어져야만 한다. 즉 높은 쪽에서 하강하는 것이다. 이런 연유로 신은 미천한 자와 같은 종의 모습으로 나타난 것이다. 진정한 사랑이란 진심으로 사랑하는 사람과 똑같이 되는 것이다. 이것이 바로 소크라테스도 할 수 없었던 그리스도만의 신적 사랑이었다(PF: 30-31).

하강하여 미천한 종의 모습으로 다가간 사랑은 자기 부정에 의한 사랑이었다. 종의 모습은 낮은 자리에서 모든 일에 시험을 받고 고난을 당하고 생명마저 버림을 받음으로 가장 미천한 자가 되는 일이었다. 그래서 예수그리스도의 일생은 고난당하는 사랑, 모든 것을 다 내어주고 자신은 궁핍해 지는 사랑, 자신의 목숨까지 내어주는 사랑이었다. 이것이 예수그리스도에게서 발견되는 자기부정의 사랑이었다(PF: 32-33). 여기서 키에르케고어는 소크라테스와 배우는 자 사이에서 보여진 관계와는 근본적으로 다른 모습으로 그리스도와 배우는 자 사이의 관계를 조명하고 있다. 그렇다면, 배우는 자는 교사의 이 수난의 역사와 아무 상관이 없는 것인가? 키에르케고어는 "아니다"라고 답한다. 키에르케고어는 이런 비유를 든다. 떡갈나무 열매 씨를 토기에 심으면 그 토기는 깨진다. 새 술을 낡은 가죽부대에 넣으면 부대는 터지게 된다. 마찬가지로 신이 스스로를 깨지기 쉬운 인간 속에 들어가 심겨진다면 어떻게 되겠는가? 그것은 자명한 결과를 가져온다는 것이다. 이런 경험을 한 사람은 새 사람 새 그릇이 될 수밖에 없다는 것이다. 그러나 이러한 생성(becoming)은 고통스런 출산과 같다고 그는 비유한다(PF: 34-35). 요컨대, 키에르케고어는 그리스도가 보여준 교사로서의 실천적 행위를, 소크라테스를 넘어서는 자기부정적 사랑에서 찾고 있다. 그리고 난산의 과정을 통해 낳은 자도 동일한 사랑을 보이게 된다고 보고 있다.

키에르케고어는『사랑의 역사』에서 예수의 자기 부정적 사랑의 실천을 배운 사람에게서 볼 수 있는 사랑의 행위를 소개한다(WL: 259). 그에 따르면 진정한 사랑을 배운

---

10) 이에 대한 이해를 위해서 키에르케고어는 한 왕과 어느 미천한 소녀의 이야기를 소개한다. 한 소녀를 사랑한 왕은 미천한 소녀를 왕궁으로 데려와 화려한 옷과 치장으로 왕과 같은 수준의 차림을 갖게 하지만 그것은 치장에 불과한 것이며 여전히 소녀의 마음은 옛 것(자신의 미천한 삶의 방식과 모습)에 의해 좌우되는 한 행복할 수 없었다는 것이다(PF: 28-30).

사람은 참으로 그 자신의 유익을 구하지 않고 마치 선물이 받는 사람의 소유물인 양 사랑의 헌신을 보인다. 아무리 타인을 위해 최선을 다할지라도 단지 숨은 선행자일 뿐이다. 이런 자기 부정적 사랑을 실천하는 교사에게 있어서 모든 수고의 결과로서 남는 것은 추억뿐이다. 어떤 의미에서 그의 생애는 하나의 점선 속으로 수렴되는 것이다. 만일 그가 진정한 사랑을 실천하는 사람이 아니라면 그는 거침없이 진리를 직접적인 방식으로 외칠 것이고 그 결과로 즉석에서 많은 제자들을 얻어 선생님(master)으로 불려질 수 있을 것이다. 그러나 진정한 사랑을 지닌 교사라면 한 사람이 자신의 삶의 주체자로 세워지도록 도울 뿐 아무런 바램도 없이 점선으로 남기를 원하는 것이다. 그렇다고 그런 노고가 결코 낭비일 수 없는 것은 그가 신적인 소명가운데서 신과 함께 그 일을 완수했기 때문이다(WL: 260). 바로 이런 점에서 키에르케고어가 보여주는 교사의 실천적 모습은 단순히 인간적인 차원(소크라테스적 교사)에서의 교감이나 열정을 넘어 자기를 부정하는 사랑의 차원에까지 확대되고 있음을 볼 수 있다.

V. 결론

현대 교육학의 범주 가운데 행정적인 측면으로 전문화되면서도 한편으로 교육학 전체의 논의에서는 축소되고 비활성화된 영역이 바로 교사론이다. 오늘날 사람들은 교사는 많지만 인생을 배울 만한 스승이 없다고들 한다. 모델로 삼을 수 있는 교사들이 보기 드물다는 말이다. 그러면서 시대의 다변화 속에서 학생들에게 영향을 주는 요소들이 다양화 되었다는 점에 모두가 동의한다. 동시에 교사가 여전히 학생들에게 강력한 영향력의 통로라고 하는 점에도 동의하고 있다. 따라서 학생의 수준이 교사의 수준에 의해 좌우될 수 있다는 점에 유념할 필요가 있다. 이렇게 보면 교육철학의 측면에서 교사의 존재론적, 과업론적, 실천론적 연구가 더욱 절실하다고 하겠다. 차제에 본 연구는 키에르케고어의 저작을 중심으로 그의 실존적 교사론을 살펴보았다. 연구를 토대로 하여 키에르케고어의 교사론을 다음과 같이 요약 정리할 수 있겠다.

첫째, 교사는 실존하는 단독자로서 자신의 삶에 주체적인 존재가 되어야 한다는 점이다. 키에르케고어는 진리 앞에서 모든 인간은 단독자여야 하고 단독자로 살아갈 때 비로소 진리의 전달자로서의 역할과 사명수행이 가능하다고 보았다. 그리고 실존하는 단독자로서의 교사의 삶은 때로 고통을 동반하는 것이다. 군중의 비난과 조소에 자신을 노출시켜야 할지도 모르다. 왜냐하면 실존하는 교사의 삶은 군중에 맞서 단독자의 자리에 앉아야 하고 보편적인 사고를 거절하고 주체적인 사고를 수용해야 하기 때문이다.

둘째, 교사는 산파로서 진리를 간접적인 방식으로 전달하는 데 우선적인 과업이 있다는 점이다. 키에르케고어에게 있어서 지식은 주체적이고 내면화된 지식일 때 비로소 실존적인 지식이 될 수 있다. 여기서 지식은 객체로서 주체와 무관하게 존재할 수 없으며 주체와의 관련성 속에서만 존재해야 한다. 따라서 교사의 과업은 진리가 주체의 내면을 형성하는 주체적인 지식으로 수용되도록 하기 위하여 간접적인 전달방식으로 수행되어야 한다고 보았다. 여기에는 이중투영(double reflection)과 전달자의 잠행(incognito) 등의 방식이 있다.

셋째, 교사는 사제간의 교감을 넘어 자기부정적 사랑으로 승화된 실천자가 되어야 한다는 점이다. 진정한 신적 사랑을 배운 교사는 사제간의 교감과 열정을 넘어 철저히 사랑의 동기에서 헌신하게 되고 모든 교육적 행위의 이유를 사랑에서 찾게 된다. 신적인 사랑을 배운 교사는 그의 모든 가르침의 원천이 스승과 제자 사이의 상호작용으로부터 기인된 것이 아니라 영원성을 지닌 결단에서 비롯되었음을 알고 있다. 이런 연유로 신적인 사랑을 지닌 교사는 배우는 자의 자리에까지 내려온다. 배우는 자를 위하여 낮은 자리에까지 내려간 교사의 모습은 고난을 당하고 때로 생명마저 버림을 받는 가장 미천한 자의 모습이다. 이것이 신적 교사에게서 발견되는 자기부정의 모습이며 그를 따르는 자들에게도 요구되는 배움의 결실이다.

이상에 제시된 키에르케고어의 교사론은 오늘날의 관점에서 검토해 볼 때 다음과 같은 문제점 혹은 제한점을 생각해 보게 된다. 물론 그는 변증법적인 시각에서 지우친 사회상을 바로잡고자 극단적인 태도를 의도적으로 취하다 보니 또 다른 편향성을 보였던 것도 사실이다. 이런 점을 감안한다고 해도 그의 사상 전개 속에 담긴 한계점을 여기서 지적하지 않을 수 없다.

첫째, 키에르케고어의 교사론은 단독자의 주체성와 개별성을 강조하던 나머지 공공생활이 지닌 객관성과 공공성을 배제해 버렸다는 점이다. 키에르케고어는 "기독교인의 형성"에 일관된 관심을 갖고 있었기 때문에 기독교적 진리가 주체적 사고 없이 객관적 지식으로만 취급되어서는 안 된다는 것을 강조하였다. 그 결과로서 공공의 존재로서 지녀야 할 공공성을 무시함으로써 공동체 안에서 교사가 지녀야 할 존재론적 특성까지 간과하는 우를 범하게 되었다고 본다. 마르틴 부버에 따르면 키에르케고어는 대중(군중)을 공적 존재와 동일시하는 잘못을 범했다고 한다(표재명, 1995: 219). 공적 존재는 곧바로 대중으로 대치될 수 없으며 오히려 타자성의 진리, 창조의 현실과 관련을 맺는다. 따라서 공공생활은 사람이 그 일생을 살아가는 데 필요한 타자성을 제공하는 보고(寶庫)이다. 달리 말하면 단독자로서의 교사는 공공생활에서 떠날 수 없으며 공공생활 속에서 인격과 진리를 체화하게 된다.

둘째, 교사의 과업으로서 간접전달을 통한 주체적인 사고를 지나치게 강조함으로써 교수 학습의 다양한 내용을 적용하는 데 한계가 있다는 점이다. 키에르케고어는 어떤 지식이나 정보이건 그것이 전달 받는 사람의 내면에서 주체적인 사고 과정을 일으킬 때 비로소 실존적인 지식이 되고 진리가 될 수 있다고 생각하였다. 여기서 간접전달은 주체적인 사고, 지식에 대한 실존적 반응을 위해 필수적인 요소로 작용한다. 키에르케고어의 관심은 지식의 유형이나 객관적 분석이 아니라 무엇이 진리냐 하는 데 있었다. 그 결과 그의 간접전달이 지닌 고유의 교육적 의의에도 불구하고 인문학의 내용 뿐 아니라 다방면의 내용과 지식을 다뤄야 하는 학교교육 시스템에서는 일부에만 적용가능하리라고 본다.

셋째, 교사가 보여주어야 할 자기부정의 실천적 사랑을 일반화하기에는 너무 이상주의적이라는 한계가 있다는 점이다. 키에르케고어의 교사론은 자기를 부정한 신적 사랑이 그 실천적 덕목으로 소개되고 있다. 그의 관점에서 볼 때 교사는 단순히 대가를 바라지 않는 청렴한 존재로 그치지 않는다. 여기서 교사는 학생들을 향해 아낌없는 헌신의 모습을 보여는 정도를 넘어 자기를 죽음의 자리에 까지 내어줄 수 있는 자기부정적 실천 즉, 신적 사랑의 수준을 요구받는다. 이것은 극도의 이상주의적 사랑이다. 오늘날 이런 최고 수준의 사랑을 실천에 옮길 수 있는 인격을 갖춘 인물들이 과연 얼마나 되겠는가? 또한 모든 교사들을 향해 그런 수준의 사랑의 조건을 제시한다면 어느 누구도 그 조건 안에 들기 어려울 것이다.

반복컨대 키에르케고어는 교육이론가나 교육철학자가 아니었다. 그래서 그는 포괄적 의미의 교육적 이론을 정립하지 않았다. 그것은 그의 관심사가 아니었다. 다만 그는 실존하는 존재의 실존적 삶의 과정을 파헤치고자 했고 그런 과정에서 보여주는 진리의 산파역을 맡아야할 사람들의 실존적 양태를 소개하였다. 교사론과 관련된 이러한 단서들을 통해 오늘날 우리의 교육 현실에 비추어 몇 가지 가치 있는 적용거리를 정리해 본다.

첫째, 교사가 지녀야 할 존재론적 특성과 관련된 시사점이다. 현대는 비인간화 현상이 사회의 근간을 전반적으로 흔들어 놓고 있는 시대이다. 현대 사회의 물질적 풍요는 이 시대의 정신적 빈곤을 가져왔다. 인간이 어떤 존재이며 또 어떤 존재가 되어야 하느냐의 문제는 더 이상 사람들의 관심거리가 되지 못하고 있다. 물질의 풍요는 사람들로 하여금 '자아됨'의 실존적 사고과정 없이 감각적이고 본능적인 반응만을 나타내도록 유도하고 있다. 그러나 더 큰 문제는 이 같은 사회의 비인간화 현상에 우리의 교육적 현실이 편승하고 있다는 것이다. 교육의 본질적인 사명이 인간의 본래적 인간성을 실현시키고 회복시키는 데 있다고 하면 여기서 교사의 정체성은 자명해 진다. 무엇보다도 먼저 교사들이 사회의 실체를 예리하게 파헤쳐 인간의 잃어버려진 본래성이 무엇인지를 파악함과 동시에 자기 존재적 가치와 자기 정체성에 대한 자각이 일어나야 할 것으로 보인다. 그러기에 키에르케고어의 관점대로, 교사는 왜곡된 시대풍조와 오도된 군중에 맞서 단독자로서의 실존적 양태를 실현해 가야할 존재, 배우는 자로 하여금 또 하나의 실존하는 단독자로 서게 하기 위하여 끊임없이 주체적 사고를 유도하는 숨은 존재, 겸손히 배우는 자의 자리에 내려가 그들을 주체적 진리 앞에 서게 해야 할 존재, 자신의 가장 중요한 가치를 희생시킬 수 있는 데까지 도달해야할 자기부정적 존재라는 사실을 깊이 깨닫는 자각운동들이 일어나야 할 것이다.

둘째, 교사의 과업론과 관련된 시사점이다. 현대의 학교교육의 유해성과 무용성을 역설하는 비판적 페다고지에서는 오늘날의 학교교육을 가리켜 "은행저금식의 교육(Burbules, 2000: 255)"이라고 일컫는다. 주체적인 사고과정 없이 지식을 수용하고 저장하기만 하는 기계적 암기식 학습 혹은 은행저금식 교육은 학생들로 하여금 무자비한 인내심과 억제력만을 갖게 하는 비주체적 교육이다. 이런 방식의 교육은 학습자로부터 자기성찰적인 사고과정을 제거하고 그에게 기존 지식에 대한 일방적 수용을 강제한다. 은행저금식 교육으로 말미암아 현대인들은 주체성을 상실하고 외로운 군중으로 몰락한다. 여기서 교사와 학생 간의 인격적인 상호작용은 소멸된다. 현대의 교육의 많은 문제점이 이와 같은 비인격적인 교육에서부터 기인된다고 해도 과언이 아니다. 오늘날 이런 교육풍토를 놓고 볼 때 키에르케고어가 제시하는 주체적인 사고과정의 산파로서 교사의 역할은 한층 더 그 중요성이 부각되지 않을 수 없게 된다. 무궁무진한 가치소유의 잠자는 존재를 깨어나게 하는 일에 교사의 역할과 과제가 있다고 전제할 때 교사의 행로는 분명해 진다. 주체적인 교사를 통해 주체적인 교육이 가능하고 그에 따라 주체적 사고가 가능한 학습자가 탄생한다. 이와 같은 의미 있는 교사의 역할에 대한 이해는 현대교육현장에 중요한 의미부여를 가져올 것이다. 따라서 교사양성과 교사 재교육의 마당에서 이런 차원의 교육철학적 교사론의 접근이 어느 때보다도 더 절실하다 하겠다.

셋째, 교사의 실천론과 관련된 시사점이다. 스티븐 코비(Stephen R. Covey)는 미국 역사 속의 수많은 성공한 지도자들의 삶의 자취를 연구한 후에 1940년 이전의 미국 사회의 건강성이 성공한 지도자들의 진실한 인격에 근거했다는 사실을 밝혀냈다(Covey, 1994: 22-24). 다시 말해 1940년대 이전, 미국 사회 속에는 진실하고 순결한 성품의 실천가들에 의한 선한 영향력이 사회를 건강하게 만들었다는 것이다. 이것은 한 사람의 선한 지도자의 영향력이 사회 전체에 얼마나 중요한 영향력을 미치는 지를 보여주는 사례이다. 이러한 연구 결과를 교육과 관련시켜 적용하는 것이 결코 무리한 것이 아니다. 교사도 사회의 지도자로서 어떤 식으로든 제자들에게 끊임없이 영향력을 끼치는 입장에 서 있다. 어떤 의미에서 사회의 건강은 다방면에 걸친 수많은 인격적인 교사들에 의해 유지되고 확보될 수 있다. 키에르케고어에 따르면 앎과 삶은 결코 분리되어서는 안 될 통전적(通全的) 구조를 지닌다. 실존적인 지식은 개인의 삶 속에서 실천적으로 드러날 때 진리가 된다. 교사가 자신이 깨닫고 가르친대로 자기를 부정하고 학생의 위치에서 사랑의 실천적 교육을 실시한다면 우리 교육현실 속의 숱한 문제들이 해소될 수 있다. 바로 이 지점에서 우리가 키에르케고어를 다시 찾아야 할 이유를 발견하게 된다.

참고문헌

Kierkegaard, S.(1952). *Christian Discourses.* trans. Walter Lowrie. London.: Oxford Univ. Press.

_____(1944). *Concluding Unscientific Postscript.* trans. David F. Swanson. Princeton: Princeton Univ. Press.

_____(1992). *Either/Or.* trans. Alastair Hannay. N. Y.: Penguin Putnam Inc., 1992.

_____(1987). *Either/Or Ⅰ-Ⅱ.* trans. Howard V. Hong and Edna H. Hong. Princeton:Princeton Univ. Press.

_____(1983). *Fear and Trembling.* trans. Howard V. Hong and Edna H. Hong. Princeton:Princeton Univ. Press.

_____(1944). *For Self-Examination & Judge For Yourselves! & Three Discourses.* trans. by Walter Lowrie. U. S. A.: Princeton Univ. Press.

_____(1946). *Kierkegaard's Attack Upon "Christendom".* trans. Walter Lowrie. London: Oxford Univ. Press.

_____(1962). *Philosophical Fragments or a Fragment of Philosophy.* trans. Howard V. Hong and Edna H. Hong. Princeton: Princeton Univ. Press.

_____(1983). *Repetition.* trans. Howard V. Hong and Edna H. Hong. Princeton: Princeton Univ. Press.

_____(1967-1978). *Søren Kierkegaard's Journals and Papers.* Volume 1-7. ed. and tr. by Howard V. Hong and Edna H. Hong. Bloomington: Indiana University Press.

_____(1945). *Stages on Life's Way.* trans. Walter Lowrie. Princeton: Princeton Univ. Press.

_____(1980). *The Concept of Anxiety.* trans. Reidar Thomte. Princeton: Princeton Univ. Press.

_____(1989). *The Concept of Irony.* trans. Howard V. Hong and Edna H. Hong. Princeton: Princeton Univ. Press.

_____(1938). *The Journals of Søren Kierkegaard.* a selection edited & translated by Alexander Dru. London: Oxford Univ. Press.

_____(1950). *The Point of View.* trans. Walter Lowrie. London. New York: Oxford Univ. Press.

_____(1962). *The Present Age and of the Difference between Genius and an Apostle.* trans. Alexander Dru New York: Harper& Row Publishers.

_____(1941). *The Sickness Unto Death.* trans. Walter Lowrie. Princeton: Princeton Univ. Press.

_____(1997). *Without Authority.* trans. Howard V. Hong and Edna H. Hong. Princeton: Princeton Univ. Press.

_____(1962). *Works of Love.* trans. Howard V. Hong and Edna H. Hong. New York: Harper & Row Publishers.

엄태동(1998). **교육적 인식론 탐구**. 서울: 교육과학사.

이규호(1976). **교육과 사상**. 서울: 배영사.

임병덕(1998). **키에르케고어의 간접전달**. 서울: 교육과학사.

표재명(1992). **키에르케고어의 단독자 개념**. 서울: 서광사.

_____(1995). **키에르케고어의 연구**. 서울: 지성의 샘.

한국키에르케고어학회(2003). **다시 읽는 키에르케고어**. 서울: 철학과 현실사.

Bollnow, O. F.(2000). *Existenzphilosophie.* 최동희 역. **실존철학입문**. 서울: 자작아카데미.

_____(1967) . *Existenzphilosophie und Pädagogik.* 이규호 역. **실존철학과 교육학**. 서울: 배영사.

Burbules, N. C.(2000). *"The Limits of Dialogue as a Critical Padagogy."* ed. by Trifonas, Peter Pericles. *Revolutionary Pedagogies.* N.Y.: Routledgefalmer.

Collins, James(1983). *The Mind of Kierkegaard.* Princeton: Princeton Univ. Press.

Groome, Thomas H.(1983). *Christian Religious Education.* 이기문 역. **기독교적 종교교육**. 서울: 대한예수교장로회총회교육부.

Heinemann, Fritz(1976). *Existenzphilosophie.* 황문수 역. **실존철학**. 서울: 문예출판사.

Kuhn, Thomas S.(1992). *The Structure of Scientific Revolution.* 김명자 역. **과학혁명의 구조**. 서울: 주식회사 동아출판사.

Malantschuk, Gregor(1963). *Kierkegaard's Way to Truth.* tr. by Mary Michelsen. Minneapolis: Augsburg Publishing Company.

_____(1971). *Kierkegaard's Thought.* ed. and tr. by Howard V. Hong and Edna. H. Hong. Princeton. Princeton: Princeton University Press.

Manheimer, R. J.(1971). *Kierkegaard as Educator.* Berkeley. LosAngels London: University of California Press.

Morris, Van Cleve(1962). *Existentialism in Education*. N.Y.: Harper & Row Publishers.

Nigg, Walter(1974). *Prophetische Denker Sören Kierkegaard*. 강희영 역. **예언자적 사상가 쇠렌 키에르케고르**. 분도출판사.

Rorty, R.(1979). *Philosophy and the Mirror of Nature*, Prinston: Prinston University.

Thompson, Joshia ed.(1972). *Kierkegaard, a Collection of Critical Essays*, Bibliographical Supplement. Garden City: Doubleday & Co.

Walker, Jeremy(1985). *Kierkegaard The Descent into God*. Canada: McGill-Queen's University Press.

Wahl, Jean(1982). *Philosophies of Existence*. 서배식 역. **실존철학의 이해**. 서울: 학연사.

Zimmermann, Franz(1990). *Einführung in Existenzphilosophie*. 이기상 역. **실존철학**. 서울: 서광사.

마르틴 부버(M. Buber)와 儒學의 教師像 비교[1)]

강 선 보(고려대학교)
신 창 호(고려대학교)

Ⅰ. 머리말

교육의 질은 교사의 질을 능가할 수 없다. 이 언표는 그만큼 교사가 교육의 전체적 상황을 통찰하고 교육에 생명력을 불어넣어 주는 존재라는 의미이다. 그런데 21세기 현대 한국의 교사, 특히 학교교육(schooling)을 담당하고 있는 교사들은 한국 교육의 질적 수준을 담보하지 못하고 있는 실정이다. 물론 이러한 현상은 근대 공교육 체제 내에 잠재된 특성이 탈 근대·지식 정보화 사회에 부응하지 못하는 데서 기인하는 학교교육의 위기와도 맥락을 같이 한다.

학교의 본원적 기능은 학생들에게 교과 지식을 전수하고 바람직한 생활지도를 하는 일이다. 그런데 과학 기술·정보 통신 기술의 발달은 인터넷을 통한 교육을 비롯하여 학교 밖의 다양한 교육 양식을 출현시켰다. 이에 학교가 중심이 되어 시행되던 교육이 학교 이외에서도 담당할 수 있는 시대가 되었다. 즉 학교의 기능은 사회의 교육적 기능이 증대하면서 상대적으로 기능의 저하를 가져왔고, 교사들의 기능과 역할 또한 전통적인 방식에 머물러 있을 수 없게 되었다.

그럼에도 불구하고, 학교교육은 여전히 우리 교육의 중핵을 차지하고 있다. 특히 교사가 담당하고 있는 '교과를 가르치는 일'과 '학급 경영 및 학생의 생활을 지도'하는 측면은 중요한 지위를 차지하고 있는 것이다. 동시에 평생교육(lifelong education)의 중요성이 점차로 증대되어 가는 현대 사회에서 학교 밖에서 학습 사회를 주도할 수 있는 교사의 지위도 점차 증대되어 가고 있다. 그러므로 교사에 대한 올바른 이해와 바람직

---

1) 이 글은 「한국교육」 28집(2001.12)에 게재된 논문을 일부 수정 보완한 것이다.

한 교사상의 정립은 우리 교육의 방향을 지시하는 데 지남이 될 수 있다. 즉 좁은 의미 교육인 학교교육은 물론 넓은 의미의 교육인 평생교육의 차원에서 교사를 어떻게 이해하느냐에 따라 교육의 방향과 내용이 달라질 수 있는 것이다.

현 시대에 적합한 교육자의 자질과 역할, 자세와 태도는 어떤 것인가? 시대 정신에 적합한 교사상은 어떠해야 하는가? 예컨대 정보화 사회의 교사는 기본적으로 다양한 정보처리능력을 갖추어야 한다. 즉 정보 통신의 멀티미디어적 독해와 활용 능력은 정보 산업 사회의 교사라면 누구나 가져야할 기본 자질인 것이다(김정환·강선보, 1999: 291).

이처럼 시대의 변화에 따라 교육자에게 추가적인 자질이 요구된다. 그것은 교육자의 계속교육, 평생교육 차원에서 논의될 수 있다. 그럼에도 불구하고 전통적으로 중시해 온 교육자로서의 기본적으로 교사가 갖추어야 할 자질과 자세는 매우 중요하다. 이를 김정환(1988: 239-240)은 '단체적 힘을 소유한 교사, 역사의식을 갖춘 교사, 인격의 힘을 지닌 교사, 전문적 능력을 갖춘 교사, 민중과 호흡을 같이 하는 교사'의 다섯 가지로 제시하였다. 또한 유형진(1977: 10-15)의 경우, '학생을 애정으로 대하고, 국가와 민족을 위해 봉사하며, 문화 의식이 높아야 하고, 전공분야에 대한 지식을 잘 가르칠 수 있어야 하며, 교수 방법에서 철저한 훈련을 쌓은 사람이어야 한다.'고 역설하였다.

이러한 한국 교사의 理想像은 "師道憲章"과 "師道綱領"에서 구체적으로 정립하고 있다. 그것을 교육철학적 입장에서 분석해 보면 다음과 같다(강환국, 1995: 13).

첫째, 지·덕·체·기가 조화된 전인교육을 교육으로 보는 교육관을 가진 교사

둘째, 한국 교육의 이념을 명백히 이해하고 있는 교사

셋째, 교직에 대한 소명의식을 가지고, 교직을 생애직으로 삼으려는 투철한 교직관을 소유한 교사

넷째, 올바르고 뚜렷한 역사의식을 가지고 인격을 갖춘 교양있는 교사

다섯째, 학생을 사랑하고 교육애가 있는 정열적인 교사

여섯째, 학문과 독서하기를 좋아하는 실력있는 교사

일곱째, 학습지도방법을 중심으로 교육실천능력이 우수한 교사

이와 같은 교사상에 대한 요구는 건강한 교육 실천을 위한 전제 조건이다. 왜냐하면 교사상을 정립하려는 노력은 교육 자체가 인간을 인간답도록 도와주는 삶의 가장 중핵적 내용을 다루기 때문이다(정우현, 1988: 14).

본고는 교육에서 핵심적 지위를 차지하는 바람직한 교육자, 교사상에 대해 만남의 교육사상가인 마르틴 부버(Martin Buber, 1878-1963)와 忠恕之道의 사유를 핵심으로 하는 儒學의 교사관을 비교·분석해 봄으로써 그 의의를 확인하려고 한다.

마르틴 부버의 사상은 '만남'으로 요약할 수 있다(강선보, 1996). 만남은 인간 '관계'와 '대화'를 전제로 한다. 특히 교사의 문제에 대해서는 교사와 학생 사이의 관계를 본질로 한다. 이러한 부버의 사유는 동양과 서양의 사유가 교차하는 지점에서 매우 교육적인 자세를 견지하고 있다. 그리고 유학은 중국을 비롯하여 한국, 일본, 베트남 등 동아시아 전통 교육에 지대한 영향을 미친 사상이다. 유학의 요체는 孝悌忠信이라는 인간 사이의 수직-수평 질서와 쌍무적 윤리 관계를 실천 행위의 표준으로 한다. 부버와 유학에서 교육자의 역할과 자세는 매우 신성하며 인간적이다. 그것은 교사들이 지녀야할 기본적 자질이 무엇인가에 대한 주요한 시사점을 준다.

본고의 목적은 이와 같은 부버와 유학의 교사관을 비교 검토함으로써, 바람직한 교육자상의 기본 자질과 자세를 모색하는 데 있다.

Ⅱ. 부버의 '만남'의 철학과 교사관

부버는 흔히 '만남'의 교육철학자로 인식된다. 그것은 부버의 인간관과 세계관에서 드러난다. 부버는 인간이 세계에 대하여 가질 수 있는 두 가지의 주요한 관계를 제시한다. 즉 '나-그것'의 관계로써 표현되는 사물 세계와 '나-너'의 관계로써 표현되는 인격적 만남의 세계이다(Buber, 1994). 그러므로 어떤 관계를 형성하느냐에 따라 인간의 삶의 양상도 달라진다(강선보, 1996: 105). 부버는 '나-그것'의 사물관계에서 '나-너'의 인격관계로의 회복을 염원했다. 특히 타자와의 직면으로부터 이루어지는, 각자가 타자에게 진실로 책임을 지는 진정한 대화 관계를 중시했다. 즉 삶의 철학에 출발점을 둔 주체적이고 관념적으로 발전된 나에게 열렬히 기울어지고, 또 한 편 오직 너와 교제하고 상호작용함으로써만 발전할 수 있는 삶을 강조하여 모든 참다운 삶은 만남이라고 하였다(Bollnow, 1967: 90-91). 그러므로 부버에게서 교육은 만남의 장을 통해 공동적으로 참여하면서 이루어지는 포용이자 신뢰이며 타자에 대한 책임이다.

교육은 다양하게 정의된다. '사회화 과정,' '행동의 바람직한 변화,' '생활' 등, 보는 관점에 따라 다르게 기술될 수 있다. 그러나 중요한 것은 '교육은 인간을 주 대상으로 진행된다'는 점이다. 넓은 의미에서 교육의 본래적 사명은 사람임(Menschsein)을 사람됨(Menschwerden)으로 이끄는 일이다(강선보, 1996: 15). 사람됨과 관련해 볼 때, 마르틴 부버는 "교육론"에서 교육의 현실성의 지적하며, 교육의 전제로 '창조력의 개발,' 즉 자신의 자연적이고 능동적인 활동을 중시했다. 그리하여 교육은 작용하고 있는 세계를 인간이 선택하는 것을 의미한다. 즉 교육자에게 집결되고 현시된 세계를 선택하는 일에 결정적인 효력을 주는 것이 교육이다(Buber, 1979: 154). 다시 말하면, 觀想된 인간상을 살아있는 인격 속에 상으로 형성시켜 실현하는 것이며, 교사란 이러한 의미에서 자신에게 위탁된 존재자에게 한 인간상을 형성시키는 자이다(남정길, 1977: 182).

교육에 대한 이러한 인식을 기반으로, 부버는 교사를 다음과 같이 생각한다.

> 교육자 혹은 교사라는 특수한 직업이 없었고, 또한 있을 필요도 없었던 시대가 있었다. 師匠, 哲學者, 구리 세공장이가 있었으며 그들의 고용인이나 제자들이 그들과 함께 살았다. 그들은 손으로 혹은 머리로 하는 일에 직접 참여함으로써 일을 배웠다. 또한 그들은 일과 아무런 관계도 없었고 배우려고 주목하지도 않은 인격적인 생의 신비를 배우게 되었다. 그들은 스승의 정신을 이어받았다. 그러한 일은 정신과 인격을 가진 스승이 있는 곳에서는 현재도 발생한다. …… 기술을 배워준 스승은 오늘의 교사의 모델로 남아 있다. 왜냐하면 오늘날의 교사가 의식적으로 행위를 하여야 한다면 그는 그럼에도 불구하고 '마치 그가 행위를 하지 않는 것처럼' 행위를 하지 않으면 안 되기 때문이다. 손가락을 올리는 것, 의문에 찬 눈초리, 이것이 교사의 참된 행위이다. 이러한 교사를 통하여 작용하는 세계를 선택하는 일이 학생들에게 전달된다(Buber, 1979: 155).

부버가 바라보는 교사는 단순히 가르치는 사람으로서의 모습을 넘어서 있다. 함께 살며 함께 일하는 공동적 삶을 영위하는 동반자이다. 일을 통해 교사의 정신과 인격 행위 하나 하나가 학생의 삶의 세계로 스며든다. 즉 교사는 단지 자신의 삶을 묵묵히 실천함으로써 학생들에게 전달할 뿐이다.

교사를 이렇게 이해하는 관점은 부버가 교육을 이해하는 방식에서 기인한다. 부버는 교육이라 부를 만한 가치가 있는 교육을 '성격교육'으로 본다. 부버에 의하면 인간을 바라보는 데는 두 가지 측면이 있다. 하나는 '인격(personality)'이고 다른 하나는 '성격

(character)'이다. 인격은 인간의 내부에서 인간을 지배하는 고유성을 띤 정신적·육체적 형태를 말하고, 성격은 개인 존재의 통일성과 그가 취하는 행위와 태도의 결과 사이에서 빚어지는 하나의 연관성을 의미한다. 인격은 본질적으로 교육자가 미치는 영향의 범위 밖에서 성장하는 것이며, 성격은 도야에 영향력을 행사하는 것이다(Buber, 1979: 178).

여기에서 부버는 교육의 목적을 인격보다는 성격이어야 한다고 강조한다. 성격은 희랍어로 각인(impression)을 의미한다. 인간은 그와 관계하고 있는 모든 사물과 인간들을 통하여 자신의 가슴속에 영혼의 소리를 체득한다. 그러므로 성격은 가지각색의 다양한 것들이 상호 대립하고 침투하는 작용 가운데 형성된다. 이러한 성격에 대해 부버는 勞作敎育으로 잘 알려진 케르센슈타이너(G. Kerschensteiner)와 프래그머티즘(Pragmatism)을 완성시킨 듀이(J. Dewey)의 견해를 인용하여 비판적으로 검토한다.

> 케르셴슈타이너에 의하면 성격은 '근본적으로는 경험, 교훈 및 자기 관찰을 통해서 개인의 내부에 형성된 格率에 대한 자발적 복종이다. 그리고 자발적 복종은 克己(self-control)의 한 형식에 지나지 않는다.' 처음에 타인을 사랑하는 것과 타인을 두려워하는 것이 인간의 내면에서 '자기 자신을 이기는 습관을 만들어내야만 하였다.' 그 다음에 점차로 '이 외적 복종은 내적 복종으로 변화되어야만 하였다.'
> 듀이에 의하면 성격은 '여러 습관들의 相互透入이다.' '각 행동에 있어서 모든 습관의 계속적인 작용' 없이는 어떤 통일적인 성격도 존재할 수 없고, '분리된 여러 상황에의 연관성이 없는 모든 반응의 병존'만이 존재하게 될 것이다(Buber, 1979: 189).

케르셴슈타이너와 듀이의 성격론은 격률과 습관으로 요약할 수 있다. 그러나 부버는 성격교육이 이 둘에 의해 규정될 수 없다고 본다. 즉 참다운 성격교육의 건설을 위해서 격률과 습관은 합당한 기초를 제공할 수 없다는 것이다. 왜냐하면 본래적인 것은 인간의 전존재에서 나온 행위이기 때문이다(김태원, 1994: 96). 부버에게서 성격은 인간의 도야에 가장 큰 영향력을 행사하는 것이다. 그러므로 성격은 교사에게서 최대의 과제이다. 이러한 성격교육을 담당하는 교육자의 관심을 부버는 다음과 같이 묘사한다.

> 참다운 교사는 어떤 일정한 지식이나 기술을 학생에게 가르치는 것을 염두에 두는 자로서 그의 학생이 가진 개인적인 기능을 생각한다. 뿐만 아니라 학생이 지금 우리 앞에서 움직이고 있는 그 현실성(actuality)에 있어서, 그리고 장래에 그 학생이 이루게 될 그 가능성에 있어서, 교사의 관심은 언제나 全人(person as a whole)에 있다(Buber, 1979: 178).

교육자는 지식이나 기술을 학생에게 전수해야 한다. 그러기 위해서 학생이 어떤지 구체적으로 파악하는 일은 매우 중요하다. 부버는 이를 부인하지 않는다. 매우 중요하게 여긴다. 그러므로 인격의 성장이 본질적으로 교육자의 영향권 밖에 있다할지라도, 인격의 형성을 도와주는 것은 교육자의 주요한 임무라고 보았다(Buber, 1979: 178). 그러나 교육에서 좀더 근본적인 일은 현실적 존재로서의 학생을 어떻게 인식하고 이해하여 장래 어떤 인간의 모습으로 일구어내느냐이다. 부버는 그것을 全人에 두었다. 그리고 교사의 관심이 그것에 있어야 한다고 주장했다. 왜냐하면 인격은 하나의 완성이고 성격은 하나의 과제이기 때문이다. 사람의 인격을 완성시킬 수는 있다. 그러나 그것이 인간에게서 궁극적 과제는 아니다. 인간의 교육에서 궁극적 과제는 성격에 있다. 성격은 바로 인간관계 가운데 과정적으로 형성되는 것이기 때문이다. 이것을 구체적으로 담당하는 것이 교사이다. 그러므로 교사는 자신의 인격과 성격을 먼저 全人으로 만들어야 한다.

> 교사는 자기와 같은 인간에게 흉금을 터놓고 의견을 소통하는 살아있는 全人이 되어야 한다. 이 살아서 움직이는 교사의 생동력은 교사가 학생들에게 영향을 미치려고 생각하지 않을 때에도 아주 강력하고 순수하게 학생들에게 스며들어 영향을 미치게 된다(Buber, 1979: 180).

살아있는 全人이 된다는 것은 全人을 목적으로 하는 교육에서 '교사가 모범이 되어야 한다'는 의미이다. 그럴 때만이 교사의 생동력 있는 행위가 학생들에게 의도하든 하지 않든 진정한 대화적 관계에서 저절로 스며들게 된다. 부버는 이러한 느낌을 지도자인 짜딕(zaddik)과의 만남에서 직접 체험했다. 짜딕은 의로운 자이며 완전한 자이다. 이들은 하시디즘에서 진정한 지도자요 교사이다. 부버는 인간 도리의 핵심으로서 참 공동체(genuine community)와 참 지도력(genuine leadership)을 그들을 통해 인식하였다.

즉 스스로 하찮은 문제를 묻고 대답하는 가운데서도 진정한 짜딕을 체험하였고, 그의 혼이 세계에 대하여 취하는 근본적인 관계를 통하여, 다시 말하면 세계에 대한 그의 책임을 통하여 인식하게 되었다(Buber, 1980: 111-117). 그러므로 부버는 짜딕이 교사의 모델이 되어야 한다고 보았다. 예컨대, 도제제도에서의 학생은 기술뿐만 아니라 스승의 지혜와 가치, 그리고 삶의 방식도 똑같이 배운다. 즉 제자는 스승의 가족의 일원이 되며, 스승 곁에서 온종일 함께 일한다. 이처럼 스승은 인격적 모델 내지는 안내자이다. 이러한 일들은 짜딕이 행하는 것과 동일하다(강선보, 1996: 138).

이런 교사에게는 교사로서의 근본적 召命이 있다. 즉 참다운 교육자로서의 지녀야 할 자질이 있는 것이다. 이는 두 가지로 설명할 수 있다. 하나는 겸손(humility)이며, 다른 하나는 자각(self-awareness)이다(Buber, 1979: 181). 겸손은 생활과 접하는 많은 요소들 중에서 하나의 요소에 불과하다. 즉 교사가 학생들에게 미치는 그 수많은 영향들 중 겨우 하나의 실존에 불과하다. 그리고 자각은 모든 인간에게 영향을 가지고자 하는 유일의 실존이라고 하는 감정이다. 이 감정은 교사가 학생들을 향한 존재의 선택에 대하여 책임을 진다는 것을 말한다. 이러한 겸손과 자각은 포용(inclusion)으로 실천된다. 부버는 포용하는 힘만이 지도력을 지닐 수 있다고 보았다(Buber, 1979: 165).

포용은 자기 자신의 구체성의 확대이고, 생의 구체적 상황의 충족이며, 인간이 참여하고 있는 현실을 완전히 나타나도록 한다. 이러한 포용은 다음과 같은 구성요소를 가진다.

첫째, 어떤 성질을 가졌든지 그것은 문제가 될 수 없으며, 두 인격간의 관계이다.

둘째, 양자에 의하여 공통적으로 체험되며, 적어도 양자 중 하나가 능동적으로 참여하고 있는 한 사건이다.

셋째, 한 사람이 이 공통의 사실을 자기 자신이 행위하고 있다는 실감을 하나도 잃지 않은 채, 동시에 타자 측에서 체험한다는 사실이다.

포용, 즉 '상대방의 처지를 체험한다'라는 말은 사람이 자기편만이 아니라 자기가 만난 사람의 편의 입장에서 사건을 감지한다는 의미이다(강선보, 1996: 140). 그러므로 참된 교사는 학생의 입장을 체험하는 훈련이 요구된다. 이런 포용에 의해 규정되는 인격간의 관계를 대화적 관계라고 한다. 교육 관계는 순수한 대화적 관계 중의 하나이어야 한다.

그런데 교사가 겸손과 자각, 포용을 실천했다고 교사로서의 사명이 완수되는가? 이는 교사와 직접적으로 관계하는 학생 사이에 대화의 문제이다. 부버는 교사가 학생에게 접근할 수 있는 통로를 학생의 신뢰(confidence)로 보았다(Buber, 1979: 181). 신뢰는 의지할 수 없는 세계에 놀라고 실망한 청소년들에게 인간 존재의 진리, 인간 실존의 진리가 존재한다는 포착하기 어려운 통찰이다. 교사가 학생의 신뢰를 받을 때, 학생은 교사를 하나의 인격으로서 수용한다. 이 때 학생은 교사를 믿을 수 있다고 느낀다. 왜냐하면 교사가 단순히 학생인 자신을 상대로 가르침이라는 사업을 행하는 것이 아니라, 학생의 생활에 함께 참여하고 있다고 느끼고 있으며, 자기를 인격으로서 확인하고 있다고 느끼기 때문이다. 이런 신뢰의 형성에서 교육자는 그들 모두를 수용하게 된다. 그리하여 학생들에게 인격적 책임을 일깨워 준다. 이것이 교육의 과업을 완성하는 데 기여하는 교사의 일이다. 이때 교육자는 참 신의 대리인이자 짜딕이다(Buber, 1979: 162). 그러므로 신뢰, 이 세계에 대한 신뢰, 학생의 신뢰, 이것은 교육관계의 가장 내면적인 성과로 볼 수 있다.

이제 교사가 실천해야하는 본질적인 문제는 어떻게 학생들과 관계하느냐이다. 교사의 겸손과 자각은 교사 자신이 인식해야하는 중대한 문제이다. 그리고 신뢰는 교사-학생 사이의 관계에서 발생하는 문제이다. 여기에서 교사의 역할은 신뢰의 분위기 속에서 학생들로 하여금 구체적인 포용의 체험을 갖도록 촉진하는 일이다(강선보, 1996: 141). 그렇다면 교사는 어떻게 행위해야 하는가? 부버는 교사의 입장을 학생의 생활에 참여하여 응답하는 일이라고 했다(Buber, 1979: 183). 앞에서 언급한 도제제도에서의 스승과 제자 사이처럼 생활에 공동으로 참여하여 의심을 풀어나가는 일치된 삶의 지속이다. 함께 참여하고 서로에게 응답하며 교사는 학생들에게 스며든다. 그 응답의 과정에서 모든 사람들에게서 배우는 자는 현명한 삶을 사는 자이다. 교사란 직업을 가진 자 뿐만 아니라 모든 사람들에게 우리가 배울 수 있는 것을 명시할 수 있다. 무지한 자에게서조차도, 또는 사악한 자에게서도 우리는 삶을 어떻게 이끌어갈 것인가 하는 지식을 얻을 수 있다(Buber, 1985: 62). 그런데 교사는 단순히 선이 무엇이고 악이 무엇인지를 지시하는 데 그쳐서는 안 된다. 어떤 구체적인 문제에 대해 답하고, 구체적으로 주어진 상황 속에서 무엇이 옳고 그른지 답해야 한다(Buber, 1979: 182).

이러한 가르침과 배움은 언어로 전달될 수도 있지만, 말이 없는 상태에서도 거침없이 바로 마음이 열릴 때, 즉 대화의 말이 신비하고 기적적으로 일어남으로써 가능하다(Buber, 1979: 11). 그리고 앞에서 설명한 구체적인 인간으로서 교사만이 아니라, 우리는 모든 존재에 대해서 배울 수 있다. 부버는 세계는 때로는 자연으로서, 때로는 사회로서 학생들에게 영향을 미친다. 학생은 여러 요소들에 의해서, 공기와 동식물의 생태 등에 의해서도 교육을 받는다. 학생은 우주적 제 관계에 의해서 교육을 받는 것이다(Buber, 1979: 156). 그런 의미에서 우주는 위대한 교사이다. 그리고 이때 교육자는 학생에 대해서 여러 요소 중의 하나가 된다. 그렇다 하더라도 교사는 학생을 체험하는 존재로서 부름에 응답할 수 있는 성격을 지니고서 대화적 관계를 유지할 수 있다.

Ⅲ. 儒學의 敎師觀

유학은 修己治人의 학문이다. 그러므로 자신의 수양을 매우 중시하고, 이를 바탕으로 타인을 배려하고, 그에 충실함을 도모한다. 그것이 이른바 孔子의 一以貫之한 忠恕의 정신으로 나타난다. 그 수양의 중심에 교육이 있다. 유학에서 교육은 다름 아닌 자기 수양과 타자에 대한 배려 정신을 기르는 일이다. 이때 교육자의 역할은 대단히 중요하다.

「禮記」에서는 교사[2]의 자질과 역할에 대해 다음과 같이 제시했다.

> 교사는 가르침을 계기로 일어나는 것을 알고 또 가르침을 계기로 그만두게 되는 것을 안 뒤에야 다른 사람을 가르칠 수 있다. 그러므로 교사의 가르침은 '깨우침'이다……교사는 배움에 이르는 길의 어렵고 쉬움을 알고, 자질의 좋고 나쁨을 안 뒤에야 널리 깨우칠 수 있다. 널리 깨우친 뒤에 교사 노릇을 할 수 있고, 교사 노릇을 한 뒤에야 어른 노릇을 할 수 있다(禮記: 學記).[3]

"學記"편의 언급은 교사의 가장 중요한 자질이 '깨우침'에 있음을 보여준다. 교사는 가르침을 계기로 인간 삶의 興亡을 인식하면서 깨우침에 이른다. 이때 '깨우침'은 자기 깨달음과 학생의 資質을 헤아려 깨우쳐 주는 두 측면을 동시에 지닌다. 그러므로 교사는 가르침을 통해 善惡是非의 판단과 행위의 준칙을 일깨워 주는 역할을 담당했다.

---

2) 원문에는 스승(師)으로 되어 있으나, 여기에서는 '교사'라는 말로 바꾸어 쓴다(이하 동일). 엄밀한 의미에서 '스승'과 '교사'는 차이가 있는 개념이지만, 본 논문의 주제상 교육자라는 의미로 통용한다.

3) 君子旣知敎之所由興, 又知敎之所由廢, 然後可以爲人師也, 故君子之敎, 喩也.……君子, 知至學之難易, 而知其美惡然後能博喩, 能博喩然後能爲師, 能爲師然後能爲長.

이는 孔子와 孟子에게서 道를 傳하거나 德을 깨우쳐주는 계발의 촉진자로서의 모습을 보여 준다.[4)]

그런데 荀子는 교사의 자격을 좀 더 구체적으로 분석해 놓았다.

> 교사의 자격에는 네 가지가 있다. 많은 지식 내용을 가르치는 것은 거기에 들지 않는다. 첫째, 존엄하여 공경을 받을 수 있어야 하고, 둘째, 5, 60대 어른으로서 믿음이 있어야 하며, 셋째, 경전을 암송하여 강의하되 그 뜻을 능멸하거나 제멋대로 본 뜻을 해치지 아니하고, 넷째, (경전에 함축된) 숨겨진 의미를 알아서 그 핵심을 논의할 수 있다면 교사가 될 수 있다(荀子: 致仕).[5)]

교사는 '타인에게서 공경 받는 사람, 믿음이 있는 사람, 경전을 충실히 이해하고 본지를 강의할 줄 아는 사람, 숨겨진 의미 맥락을 명확히 밝혀주는 사람'으로 요약된다. 중요한 것은 지식 전달자로서의 전문가의 역할, 즉 '많은 지식 내용을 일러주는 사람'으로서 교사의 자질을 그다지 높이지 않았다는 점이다. 물론 교사는 경전을 이해하고 본 뜻을 전수하는 지식전달의 역할을 한다. 그러나 단순히 내용전달에 그치는 지식전달자는 아니다. 교사는 인간 삶의 기본적인 禮義를 우선적으로 傳授하며 세상을 밝게 하는 선각자이다. 그러므로 '온 세상이 한 집안 같고, 올 수 있는 무리들은 모두 복종해 온다. 이를 교사라 한다'(荀子: 儒效)라고 했다.[6)]

또한 韓愈도 교사의 지위와 역할을 논하고 있다.

> 옛날부터 배우는 사람(學生)들에게는 반드시 교사가 있었다. 교사란 인간의 삶의 도리를 전하고, 학업과 생업에 종사하는 법을 가르쳐주며, 생활에서 의심나는 문제를 풀어주는 사람이다. 태어나면서부터 모든 것을 아는 사람이 있겠는가? 인간은 그렇지 못하다. 누구나 의혹이 있게 마련이다. 의혹이 있는 데도 교사에게 배우지 않는다면, 그 의혹은 끝내 풀리지 않을 것이다. 나보다 나이가 많고 나보다 먼저 道를 듣고 체득했다면, 나는 그를 교사로 본받을 것이다. 또한

---

4) 「論語」와 「孟子」에는 스승에 대한 구체적 정의는 없다. 하지만 대화와 문답을 통해 볼 때, 스승과 제자는 문답을 통해 삶의 문제해결을 모색하고 서로를 일깨워주는 관계에 있다. 따라서 계발과 깨우침이 스승의 주요한 역할이었던 것으로 판단된다.

5) 師術有四, 而博習不與焉. 尊嚴而憚, 可以爲師. 耆艾而信, 可以爲師. 誦說而不陵不犯, 可以爲師. 知微而論, 可以爲師.

6) 四海之內, 若一家, 通達之屬, 莫不服從, 夫是之謂師.

> 나보다 나이가 적더라도 나보다 먼저 道를 듣고 체득했다면, 나는 그를 교사로 본받을 것이다. 오직 道를 체득한 것을 기준으로 교사로 본받을 뿐, 나이가 많고 적음이 중요한 것이 아니다. 그러므로 교사의 자격은 신분의 귀천과 관계없고, 나이의 많고 적음과도 상관없다. 道가 있는 곳이 교사가 있는 곳이다(韓愈: 師說).[7]

韓愈에 의하면, 교사의 중요한 역할은 다음과 같이 분석할 수 있다.

첫째, 교사는 일상의 인간 道理를 전하는 주는 사람이다. 즉 인간이 어떻게 살아야 하는 지에 대한 삶의 내용을 일깨워주는, 윤리적·도덕적 각성을 준다.

둘째, 교사는 인간이 해야 할 일, 즉 생업과 학업 등 과업에 대한 올바른 관점을 주는 사람이다. 다시 말하면, '인간은 무엇을 하고, 어떻게 살아야 하는가'의 문제를 구체적으로 일러주는 일을 맡고 있다. 이는 삶의 방법에 관한 상담자의 역할과 마찬가지이다.

셋째, 교사는 일상생활에서 의심나는 문제들을 풀어 가는 데 도움을 주는 사람이다. 예컨대, 합리적 삶을 살아가기 위한 문제해결의 방식을 제공해 주는 것이다.

또한 韓愈는 교사의 필요성에 대해 역설하고 있다. 인간은 누구나 부족하다. 미완성의 존재이다. 늘 天地宇宙와 인간 자신에 대한 疑惑과 물음으로 가득 차 있다. 이 의혹들을 어떻게 풀어갈 것인가? 교육은 의혹과 물음을 풀어가기 위해 필요하다. 그러한 교육의 중심에 교사가 있다.

그런데 눈여겨볼 대목은 단순히 나이가 많다고 교사가 되는 것은 아니라는 점이다. 교사가 될 수 있는 자격의 핵심은 '道의 體現'이다. 즉 삶 자체의 日用人倫과 日常之道를 어떻게 구현하느냐에 교사의 자격과 교육의 무게 중심이 실려 있다. 나이와 신분에 관계없이 교사가 될 수 있는 자격의 중심은 道이다. 그러기에 道가 있는 곳이 바로 스승이 있는 곳이라고 보았던 것이다.

유학에서 교사는 지식 전수를 주목적으로 하는 전문가가 아니었다. 지식 전수의 역할도 하지만 그것은 반드시 윤리적 실천을 담보로 한 지식 내용의 체득을 목표로 했다. 그러므로 유학에서 교사는 道를 체현하고 인간 전체 삶의 문제를 고민한 카운슬러이

---

7) 古之學者, 必有師. 師者, 所以傳道授業解惑也. 人非生而知之者. 孰能無惑. 惑而不從師, 其爲惑也. 終不解矣. 生乎吾前, 其聞道也, 固先乎吾, 吾從而師之. 生乎吾後, 其聞道也, 亦先乎吾, 吾從而師之. 吾師道也. 夫庸知其年之先後生於吾乎. 是故無貴無賤無長無少. 道之所存, 師之所存也.

자, 全人的 人間이었다. 이러한 성격을 지닌 교사는 늘 인간 삶의 거시적 관점과 유기체적 연관, 조화 의식 가운데 교육을 실천하였다.

그러므로 건전한 인격자(君子)로서의 교사는 다음과 같은 자질을 갖추어야 한다.

> 총명하고 슬기로움을 갖추어 학생들과 마주할 수 있고, 너그럽고 온화함을 갖추어 학생들을 포용할 수 있으며, 힘차고 굳센 성품을 지니어 지조 있게 행동하고, 근엄하고 올바른 태도로 공경함이 있으며, 사물을 조리 있고 세밀히 살피어서 분별할 수 있어야 한다(中庸: 31章).[8]

유학 이론을 체계적으로 담고 있는 「중용」의 이러한 언급은 다음과 같은 몇 가지 측면에서 교사의 자질을 보여주고 있다.

첫째, 교사는 '총명과 슬기'를 지녀야 한다. 총명과 슬기는 원래 태어나면서 인간의 본성인 진실한 天道(誠)와 그것을 실천하는 구체적 방법을 아는 자질, 즉 生而知之를 의미했다(中庸: 31章 註).[9] 하지만 인간이 태어나면서 모든 것을 안다는 것은 神의 경지가 아닌 이상 불가능하다. 그러므로 총명과 슬기를 체득하는 문제는 삶의 과정에서 어떻게 적절하게 상황에 대처하느냐는 中庸의 문제로 이해해야 한다. 마치 동양 제일의 스승인 孔子가 聖之時者였던 것처럼 때와 장소, 상황과 여건에 따라 총명과 예지를 발휘하는 능력을 말하는 것이다.

둘째, 교사는 仁義禮智의 德을 골고루 갖춘 '人格者'여야 한다. 너그럽고 온화함은 仁의 덕이요, 힘차고 굳셈은 義의 덕이며, 근엄하고 올바름은 禮의 덕이고, 조리 있고 세밀하게 살핌은 智의 덕이다. 교사는 바로 이러한 포용력과 의지력, 예의와 지혜를 동시에 지니고 있어야 한다. 특히 인간의 문화와 문명에 대한 자세한 통찰력과 명확하게 분별하는 지적 능력을 구비해야 한다(中庸」 31章 註).[10] 이렇게 볼 때, 모범적인 교사상은 총명과 슬기를 지닌, 德의 體現者로서 德性과 知性을 겸비한 全人的 人格의 소유자여야 한다. 즉 인간의 일상적 길인 道를 깨닫고 德을 체득한 聖人이어야 하는 것이다.

위에서 본 것처럼 전인적 인격자로서 교사는 일상의 도덕을 체득한 인간이었다. 이런 교사의 삶의 방식은 거의 聖職者의 자세를 견지하고 있다. 그러한 측면을 바탕으로

---

8) 唯天下至聖, 爲能聰明叡智, 足以有臨也, 寬裕溫柔, 足以有容也, 發强剛毅, 足以有執也, 齋莊中正, 足以有敬也, 文理密察, 足以有別也.

9) 聰明叡智, 生知之質.

10) 其下四者, 乃仁義禮智之德. 文, 文章也, 理, 條理也, 密, 詳細也, 察, 明辯也.

유학에서의 교사는 교육에 임하는 자세와 태도에서 공통적인 특징을 보이고 있다.

첫째, 古今을 연속선상에서 바라보는 관점을 지녔다.

즉 옛것을 계승하고 새 것을 창조하는, 두 측면을 적절한 조화시켜 가르침의 기준으로 삼았다. 이른바 溫故而知新의 태도이다. 그러므로 「논어」에서는 옛 것을 잊지 않고 새 것을 알면, 스승이 될 수 있다(論語: 爲政)[11]고 했다.

인간의 교육은 因襲과 創造의 과정을 거친다. 즉 전통과 현대가 아우러져 우리에게 인식된다는 말이다. 인간의 인식은 늘 현재의 순간에서 과거를 다시 당기고 미래를 미리 당기는 작업이다. 교육도 과거에서 현재에로 이어진 문화유산을 재확인하고 새롭게 다가오는 인류의 문명을 예견하며, 그 유용한 쓰임을 저울질하여 인류의 삶에 활력을 주려는 기초적인 행위이다.

> 예전에 들은 것을 늘 익히고 항상 새롭게 인식하고 터득해 나간다면, 내가 배운 것을 끊임없이 응용할 수 있다. 단순히 암기나 하고 묻기나 하는 학문이라면, 마음에 터득함이 없어서 아는 것에 한계가 있는 것이다(論語: 爲政).[12]

溫故知新은 달리 말하면 전통의 지속을 의미한다. 전통은 인습과 창조의 辨證法的 調和이다. 인습과 창조는 현재적 순간에서 공존한다. 그것은 일상생활에서 실천된다. 따라서 교사는 溫故知新의 진정한 의미를 日常之道의 실천을 통해 깨우쳐 준다.

둘째, 끊임없이 배우며 가르침에 최선을 다하는 태도이다.

즉 學而不厭, 誨人不倦의 자세를 지닌다는 의미이다. 「논어」에서는 교사는 묵묵히 기억하고, 배우기를 싫어하지 아니하며, 가르치기를 게을리 하지 않는다(논어: 술이).[13] 라고 했다. 묵묵히 기억함, 배우기를 싫어하지 아니함, 가르치기를 게을리 하지 않음, 이 세 가지는 자기로부터 배움을 시작하여, 타인을 건전한 인격자로 끌어올리는 수양의 길을 동시에 보여준다. 즉 스스로 마음에 체득하는 일에서, 배움과 가르침을 지속하는 자세이다. 이는 교사가 혼자서 교육을 만들어 가는 행위가 아니라 교사와 학생이 함께 동행하는 求道的 同伴者의 길을 가는 것과 같다(강선보, 1996: 183).

---

11) 溫故而知新, 可以爲師矣.

12) 學能時習舊聞而每有新得, 則所學在我而其應不窮. 故可以爲人師. 若夫記問之學, 則無得於心而所知有限.

13) 黙而識之, 學而不厭, 誨人不倦.

> '묵묵히 기억함'은 마음에서 얻는 것이고, '배우기 싫어하지 아니함'은 더욱 강구하여 꿰뚫는 일이요, '가르치기를 게을리 하지 않음'은 다른 사람에게 베푸는 행위이다. …… 배움을 귀하게 여겨 스스로 얻어야 하기 때문에 묵묵히 기억해야 하고, 스스로 얻을 수 없기 때문에 배우기를 싫어하지 않으며, 반드시 다른 사람과 함께 얻으려고 하기 때문에 가르치기를 게을리 하지 않는다(論語: 述而 朱子 註).[14]

이처럼 교사는 지식을 확장하고 고상한 품격을 지니기 위해 자기 수양에 힘을 다해야 한다(孫培青, 2000: 46). 왜냐하면 지식과 인품은 사람을 가르치는 기본 전제이기 때문이다. 그러기에 孔子도 '학문에 진전이 없는 것(論語: 述而)'[15]을 최대의 걱정거리로 꼽았다. 동시에 제자에게 가르침을 게을리 하지 않는 태도로 교사로서의 사명과 책임을 다하려는 적극적인 정신 경지를 보여주었다. 이는 교사로서 자기를 이루는 동시에 제자의 '인간됨'을 향해 나아가는 끊임없는 과정이다.

셋째, 몸으로서 모범을 보여준다.

교육에는 말로 하는 言教 뿐만 아니라 몸으로 직접 보여주는 身教도 있다. 어떤 측면에서는 身教가 훨씬 교훈적이고 감동적이다. 교사가 실제로 모범을 보일 때, 제자들에게 미치는 感化는 이루 헤아릴 수가 없다. 이른 바, 몸으로 모범을 보이는 '以身作則'의 교육법이다. 이는 '몸을 바르게 하는 일'에서 시작된다.

> 사람의 몸가짐과 행위가 바르면 다른 사람에게 시키지 않아도 행해지고, 몸가짐과 행위가 바르지 못하면 일을 시킨다 할지라도 따르지 않는다(論語: 子路).[16]

사실, 교육은 이론이라기보다 '실천'에 무게중심이 있다. 그러므로 행위의 문제, 모범으로서의 가르침은 교육방법의 핵심이다.[17] 때문에 교사는 고상한 품격과 덕성을 몸에 체득하여 우러나게 하는 고귀한 인품을 갖추어야 한다. 이와 더불어 교사는 학생에 대한 사랑과 이해, 배려 등 다방면의 교육방법을 터득하고 실천해야 한다.

---

14) 黙而識之, 便是得之於心. 學不厭, 便是更加講貫. 誨不倦, 便是施於人也(朱子)…… 學貴自得, 故在黙識. 自得而不自以爲得, 故學而不厭. 自得而必欲人之同得, 故教而不倦(雲峯胡氏).

15) 學之不講.

16) 其身正, 不令而行, 其身不正, 雖令不從.

17) 老子의 경우도 行不言之教를 중시했는데, 이는 최치원의 '鸞郎碑序'에도 드러나 있다. '國有玄妙之道, 曰風流……處無爲之事, 行不言之教, 周柱史之宗也…….' 「三國史記」 卷第4. 眞興王37年.

儒學에서 교사는 과거 봉건제나 군주제의 계급 사회에서는 군자나 제왕과 동일한 차원으로 이해된다. 왜냐하면 군자와 제왕은 궁극적인 정치와 교육의 담당자였기 때문이다. 따라서 이상적인 教師像은 聖人君子로서의 제왕과도 같다. 즉 治者, 勞心者, 教化의 담당자로 볼 수 있는 것이다. 이러한 제왕, 군자로서 교사의 기본적인 자세는 인간을 대하는 中庸的 態度에서 찾아볼 수 있다. 즉 윗자리에 있을 때에는 교만하지 않고, 아랫사람이 되어서는 배반하지 않는 자세이다.[18](中庸: 27章) 남의 윗자리에 있어서 남을 부려도 제 분수를 지켜 교만한 빛이 없고, 남의 아래 자리에 서면 맡은 역할을 다하여 윗사람에게 덤벼들지 않는다. 이는 착한 성품을 성숙하게 하고, 묻고 배우는 공부를 지속하여, 원만히 처세할 수 있는 교양인으로서의 모습을 보여준다. 즉 교사로서 학생 위에 군림해서도, 학생으로서 교사를 배반해서도 안 된다. 왜냐하면 모든 인간관계는 中庸的 雙務 關係이기 때문이다.

이상에서 살펴 본 것처럼, 유학에서 교사는 크게 두 가지 측면에서 정리할 수 있다.

첫 번째, 자질 면에서 보면, 먼저, 교사는 학생을 깨우쳐 줄 수 있어야 한다. 둘째, 타인의 공경을 받을 수 있어야 하고 신뢰를 줄 수 있어야 한다. 셋째, 교육 내용의 본지를 파악하고 의미맥락을 정확히 전수해주는 전문가여야 한다. 넷째, 인간의 기본 도리와 이상생활에서의 의심을 해소해줄 수 있어야 한다.

두 번째, 교사의 자체와 태도 면에서 보면, 먼저 과거와 현재를 꿰뚫어 볼 수 있는 혜안을 지녀야 한다. 둘째, 스스로 배움과 가르침을 지속적으로 실천하는 연구자여야 한다. 셋째, 학생의 모범이 되어야 한다.

이렇게 볼 때, 유학에서의 교사는 지성과 덕성으로 고루 겸비한 전인적 인격자로서의 자질을 지니고, 인류의 과거와 현재의 진리를 발견하여 미래의 비전을 제시하려고 노력해야 하며, 일상에서 배움과 가르침을 동시에 수행하는 연구자로서 솔선수범하는 인간이어야 할 것이다.

---

18) 居上不驕, 爲下不倍.

Ⅳ. 두 교사관의 비교 분석

부버의 만남의 철학과 유학은 서로 다른 사상적 기반을 지니고 있다. 부버는 유대교의 하시디즘에 뿌리하고 있고, 유학은 중국 고대의 사상이 공자에 의해 초기적 형태로 정리된 것이다. 앞에서도 논의하였듯이 부버는 관계 중심의 삶을 철학을 강조하였다. 그런데 유학도 공자의 忠恕之道에서 나와 타자와의 관계를 중심으로 그려지는 仁의 사상을 근본으로 한다. 이 지점에서 부버의 만남의 철학과 유학의 사고는 공통점을 발견할 수 있다. 그것은 교육을 이해하는 방식에 연결되고 교사관에도 이어진다. 따라서 앞에서 논의한 교사관을 토대로, 두 교사관의 유사점과 상이점을 교사의 자질면과 교사의 태도면의 두 가지 측면에서 비교 분석하고자 한다.

먼저, 교사의 자질면에서 생각해 보면, 부버에게서 교사는 겸손과 자각을 소명으로 삼아, 학생의 신뢰를 받을 수 있어야 하며, 학생들을 포용하고 인격적 책임을 일깨워주며, 전인으로서 인격적 모범이 되어야 한다. 다시 말하면, 교사는 하시디즘에서 완전한 자로 상징되는 짜딕처럼 모범적인 인격자로서 높은 도덕성과 포용력을 지녀야 한다. 유학도 이와 유사한 측면이 많다. 유학에서 교사는 학생을 깨우쳐 줄 수 있어야 하고, 공경을 받고 신뢰를 줄 수 있어야 하며, 교육 내용을 명확히 전달해 줄 수 있는 전문가여야 한다. 뿐만 아니라 인간의 기본적인 도리를 일깨워 줄 수 있어야 하고, 일상생활에서 부딪치는 의심을 해소해 줄 수 있어야 한다. 여기에서 부버와 유학이 기본적으로 중시하는 교사로서의 자질을 종합해서 말하면 '교사는 모범이 되어야 한다'는 것이다. 그 외에도 몇 가지 공통점과 차이점이 있다.

첫째, 교사는 全人, 모범이 되어야 한다는 측면이다.

'사람됨,' 즉 인간완성을 목적으로 하는 교육에서 인간완성에 기여하는 교사가 먼저 인간이 되어야 하는 것은 논리적 측면에서 매우 타당하다. 부버는 교사가 먼저 살아있는 전인이 되어야 그것이 학생들에게 영향을 미칠 수 있음을 강조했다. 그렇다고 모범인 교사를 학생이 그대로 모방하고 따르라는 것은 아니다. 교사나 학생은 모두 독특한 개성적 주체이므로 작자의 독특한 삶의 방식을 택해야 하기 때문이다(강선보, 1996: 142). 모범적 교사로서의 전형적인 본보기가 바로 하시디즘의 짜딕이었다. 이와 유사하게 유학에서도 지적이나 도덕적으로 학생을 깨우쳐 줄 수 있는 수양된 인간을 교사로 요구한다. 유학에서 스승은 이미 자기 수양을 거친 자기에게 매우 충실한 사람이다.

교사는 자기 수양을 거친 후에 타인을 다스린다. 이런 사고가 이른바 修己安人이다. 수기의 표본이 건전한 인격자로서의 君子나 완성된 인간의 상징인 聖人, 즉 교사이다. 짜딕은 바로 성인군자와 유사한 교육에서의 모범, 위대한 인간상이다. 이러한 인간은 이미 겸손과 자각을 체득하고 있다. 뿐만 아니라 타인으로부터의 신뢰를 받고 있다. 그러므로 유대교 하시디즘에서는 짜딕을 최고의 교육적 인간상으로 보고 유학에서는 성인군자를 교육의 궁극목적으로 삼는다. 이처럼 교사가 최고의 모범이 되어야 한다는 사실을 비롯하여 세속과 성스러움의 분리를 회피하는 하시디즘의 성속관은 유학의 현실주의와 거의 일치한다. 유학에서도 성스러움은 인간이 현실적 윤리 질서를 실천하는 가운데 저절로 꽃피는 것이다. 그런데 유학은 독특한 개인의 삶보다는 건강한 삶의 기준으로서 성인군자라는 이상적 인간을 지향한다.

둘째, 교사는 인간의 신뢰를 받아야 한다는 측면이다.

부버는 교사와 학생의 대화적 관계의 기본조건이 교사의 겸손과, 자각, 그리고 학생의 신뢰가 동반되어야 한다고 보았다. 교사와 학생은 신뢰의 분위기 속에서 서로의 삶 앞에 자기 자신을 드러내어야 한다(강선보: 1996: 185). 특히 교사는 늘 대면하는 학생의 신뢰를 받아야 만이 자신의 열린 마음이 학생들에게 스며들 수 있게 된다. 유학도 기본적으로 공경과 믿음이 없는 자는 스승이 될 수 없다고 했다. 즉 교사의 자격 요건 자체가 타인으로부터 신뢰가 전제된 인간이다. 이런 점에서 교사는 학생을 비롯하여 그 사회에 믿음을 줄 수 있는 사람이어야 한다.

셋째, 교사는 전문가로서 지식과 기술의 전수자이다라는 견해이다.

부버는 지식 기술 전수자로서의 교사를 소홀히 하지 않았다. 그러면서 교육의 목적을 성격 교육에 두고 전인의 양성을 목적으로 삼았다. 부버에게서 교육자는 교사는 학생들의 구체적인 요구가 무엇인지를 파악하여 다가가야 한다. 하지만 그들을 가르치려고만 해서는 안되며 그들의 바깥에 있어야 한다. 그리고 좀 더 나은 이해를 위해 지속적으로 대화해야 한다(Rosenblatt, 1971: 216). 이처럼 부버는 지식 기술을 전달하는 방법에서 매우 조심스럽다. 그런데 유학에서는 지식 내용을 가르치는 자체를 교사의 주요한 자질로 인정하지 않는다. 그보다는 지식에 담겨 있는 본질을 삶의 예의 기준에 합당하게 일깨워 줄 수 있는 자질을 요구한다. 이것은 부버에게서 지식전수보다는 성격교육이라는 교육의 목적 추구에 더 가깝다.

넷째, 교사는 학생을 포용하고 책임진다라는 시각이다.

부버는 상대방의 처지를 이해하는 포용을 대단히 중시한다. 그리고 학생의 인격적 책임을 일깨워주는 교사의 역할을 지적했다. 학생의 전존재에 영향을 줄 수 있는 것은 바로 교사의 전존재와 자발성이다(이희권, 1998: 75). 에대 교사의 가장 중요한 과제는 학생의 신뢰를 깨우쳐 주는 일이다(Howe, 1981: 112). 유학도 忠恕의 논리 가운데 포용 정신이 스며있다. 忠은 자기 충실이지만, 恕는 타자에 대한 충실이자 배려이다. 특히 자기가 하기 싫은 일을 타인에게 시키지 말라[19](中庸: 13章; 論語: 雍也; 顔淵)라는 표현은 자기를 바탕으로 타자의 삶을 이해하려는 포용이자 타인에 대해 책임지는 행위이다. 그런데 부버의 포용은 상호 강렬성을 띠는 것이지만, 유학의 포용은 성인군자가 소인을 품어주는 일방적 성격에 가까워, 상호성이 전제되지 않는 측면이 있다. 즉 학생은 교사의 배려를 받는 존재로서 포용의 대상일 뿐이다. 여기에서 상호 침투되는 성격을 지닌 부버의 사유와는 다른 측면이 있다.

두 번째, 교사의 태도면에서 보면, 부버는 교사가 학생의 생활에 직접 참여하여 체험해야 하고, 학생이 겪는 구체적인 사안에 대해 구체적으로 응답해야 하며, 성격교육을 목적으로 하는 전인 양성에 힘써야 한다고 강조했다. 교사는 학생과 늘 함께 호흡하며 삶의 과정 속에서 인격적 대화를 지속하려는 자세를 보여야 한다. 한편, 유학에서 교사는 과거와 현재를 인습과 창조의 측면에서 꿰뚫어 볼 수 있는 혜안을 지녀야 하고, 배움과 가르침을 지속적으로 실천해야 한다. 다시 말하면, 교사는 진리를 발견하여 비전을 제시해야 하고, 늘 부지런히 배우는 동시에 가르침에 임해야 하며, 솔선수범하는 모범적 자세를 보여야 한다. 이처럼 태도와 자세 면에서도 부버와 유학의 교사관은 교사와 학생이 함께 호흡하고 솔선수범하는 자세를 견지할 것을 제시하였다. 그 공통성과 이질성을 간단히 비교해 본다.

첫째, 교사는 학생의 삶에 참여해야 한다는 견해이다.

교육이 가장 잘 이뤄지기 위해서는 서로의 삶을 열린 마음으로 이해하여 삶의 상호적 체험을 일궈내야 한다. 부버는 도제제도의 모습과 짜딕의 삶을 통해 이를 보여 주었다. 유학에서의 교육도 이와 유사하다. 예컨대, 서당이나 향교 성균관으로 대표되는 유학의 교육기관은 기숙사 제도가 갖추어져있고, 그곳은 단순히 지식 습득만이 아닌 삶의 공간으로서 기능을 한다. 즉 스승과 제자가 함께 참여하여 진리를 공동 생산한다(강선보, 1996: 184). 그러므로 교사는 스스로 세계를 활기 있게 선택하며, 개인적으로

19) 施諸己而不願, 勿亦施於人. 己欲立而立人, 己欲達而達人. 己所不欲, 勿施於人.

학생을 만나고 이끌고 만든다(Nash 외, 1997: 207).

둘째, 구체적인 사안에 대한 응답이다.

부버는 학생의 부름에 대한 교사의 구체적인 응답이 있어야 한다고 했다. 유학에서도 교육은 학생이 의혹을 가지고 있을 때 그것을 풀어주는 행위이다. 물음과 응답이라는 상호 작용의 행위는 교육에서 기본이다. 그런데 부버에게서 부르심과 응답은 늘 동시에 일어나는 특별히 구분되지 않는 상호침투의 결과이다. 하지만 유학에서의 응답은 특정한 사안의 물음에 대한 교사의 일러주기이다. 이때 일방적인 전달 행위가 주축을 이룬다. 이럴 경우, 부르심과 응답이라는 타자의 체험 과정이 아니라 나의 체험과정의 전달에 그칠 우려가 있다. 이것은 유학이 부버의 교사관과 다른 점이다.

셋째, 全人 양성의 태도이다.

부버에게서 교사로서의 짜딕은 완전한 자이다. 그러므로 과거와 현재의 삶을 완전히 체득하고 있다. 그것은 일상에서 늘 학생들에게 진정한 대화를 통해 전달된다. 유학의 성인군자도 온고지신의 삶의 체험을 직접적으로 겪고 있는 사람이다. 그러므로 늘 가르치고 배우는 과정에서 학생들과 접촉한다. 그리고 그 가르침의 태도에서 많이 알고 적게 아는 것이 중요한 것이 아니라, 어떤 관계로 어떻게 받아들이느냐의 문제가 중요하다. 즉, 부버의 얘기처럼 무지한 사람이나 사악한 사람들에게서조차 배울 수 있다. 그것은 유학에서 나이나 지위를 막론하고 도를 체득하는 사람에게서 배운다는 것과 동일한 맥락이다. 중요한 것은 전인을 양성하기 위해 교사는 늘 배우고 있다는 점이다. 즉 스스로 학생의 처지를 체험하고 있다는 사실이다. 이는 부버에서나 유학에서 동일하게 체험되는 자기 수련이자 학생들에 대한 자기 개방의 길이다.

V. 맺음말

지금까지, 부버의 만남의 철학과 유학이 추구하는 교사관에 대해 살펴보았다.

위에서 고찰한 바와 같이, 부버의 교사관은 다음과 같이 정리할 수 있다. 먼저 자질면에서 보면, 첫째, 교사는 겸손과 자각을 소명으로 삼아야 한다. 둘째, 교사는 학생의 신뢰를 받을 수 있어야 한다. 셋째, 교사는 학생들을 포용하고 인격적 책임을 일깨워주어야 한다. 넷째, 교사는 전인으로서 인격적 모범이 되어야 한다. 즉 교사는 모범적인 인격자로서 높은 도덕성과 포용력을 지녀야 하는 것이다. 두 번째, 자세와 태도 면에서는 첫째, 교사는 학생의 생활에 직접 참여하고 체험해야 한다. 둘째, 교사는 학생이 겪는 구체적인 사안에 대해 구체적으로 응답해야 한다. 셋째, 교사는 성격교육을 목적으로 하는 전인 양성에 힘써야 한다. 다시 말하면, 교사는 학생과 늘 함께 호흡하며 삶의 흐름을 지속해 가는 인격적 대화의 관계를 유지해야 한다.

그리고 유학의 경우, 먼저, 자질 면에서 보면, 첫째, 교사는 학생을 깨우쳐 줄 수 있어야 한다. 둘째, 교사는 타인의 공경을 받을 수 있어야 하고 믿음을 주어야 한다. 셋째, 교사는 교육 내용을 충실히 이해하여 본지를 파악하고 의미맥락을 명확히 전달해 줄 수 있는 전문가여야 한다. 넷째, 교사는 인간의 기본적인 도리를 일깨워 줄 수 있어야 하고, 일상생활에서 부딪치는 의심을 해소해 줄 수 있어야 한다. 즉 교사는 덕성과 지성을 골고루 겸비한 전인적 인격자로서의 자질을 지녀야 하는 것이다. 두 번째, 교사의 자세와 태도면에서 보면, 첫째, 교사는 과거와 현재를 인습과 창조의 측면에서 꿰뚫어 볼 수 있는 혜안을 지녀야 한다. 둘째, 교사는 배움과 가르침을 지속적으로 실천해야 한다. 셋째, 교사는 학생의 모범이 되어야 한다. 다시 말하면, 교사는 과거와 현재의 진리를 발견하여 비전을 제시하려고 노력해야 하고, 늘 자기 수양을 통해 부지런히 배우는 동시에 가르침에 임해야 하며, 솔선수범하는 자세를 보여야 한다.

이렇게 볼 때, 부버와 유학이 추구하는 교사는 자질 면에서 '全人으로서 모범이 되어야 하고, 인간의 신뢰를 받아야 하며, 학생을 포용하고 책임지는 존재'로서 유사한 측면이 있다. 그런데 지식을 전달하는 교사의 측면에서는 강도의 차이가 있다. 부버는 그것을 상당히 인정하는 반면, 유학에서는 지식 전수 자체를 교사의 자질로 인정하지 않는다. 교사의 자세와 태도 측면에서는 학생의 삶에 참여하는 일과 이를 통해 전인을 양성하려는 태도는 부버와 유학이 둘 다 현실적 삶의 과정과 흐름을 중시하고 있다는 점에서 일치한다. 그러나 특별한 사안에 대해 구체적으로 응답해 주는 모습에서는 응답의 방식에서 차이가 있다. 부버에게서 교사는 부르심과 응답의 상호 물음과 대답이 가능하다. 그러나 유학은 修己에서 治人의 모습이므로 修己를 완성한 자라야만이 治人을 할 수 있는 논리구조이다. 그러므로 부버에서처럼 상호 침투적이지 않다.

이러한 부버와 유학의 교사관 비교 고찰에서 전통적으로 소중하다고 인식되어온 교사의 기본적 자질을 도출할 수 있다. 그것은 현대 한국 교육에서 상당수의 교사가 지식기반정보화 사회에서의 지식과 기술의 전수에 치우친 측면을 경계할 수 있으며, 바람직한 교육자상의 기본적 자질과 태도를 모색하는 데 좋은 시사점을 준다. 총괄하여 정리하면 다음과 같다.

첫째, 교사는 학생에게 모범이 되어야 한다. 교육은 단순히 인간이라는 상품을 생산해내는 작용이 아니다. 즉 지식만을 전수하는 일이 아니다. 교육은 삶의 공동체를 이룰 인격체들과의 대화이다. 그러므로 교사는 늘 전인적 인격을 갖추려는 노력으로 학생들에게 솔선수범하는 자세를 가져야 한다. 그리고 그것이 학생들에게 자연스럽게 영향을 미칠 때 삶의 공동체적 장을 마련할 수 있다.

둘째, 교사는 다양한 교육 주체들로부터 신뢰를 받을 수 있어야 한다. 신뢰는 교육이 이루어질 수 있는 가장 중요한 조건이다. 교육은 일방적인 작용이 아니라 상호작용이다. 신뢰가 없는 상호작용은 겉치레로 끝나기 쉽다. 그러므로 상대방에게 믿음을 주는 실천적 행위가 중요하다.

셋째, 교사는 학생과 함께 호흡하며 포용력을 지녀야 한다. 교사와 학생은 늘 진리의 공동생산자로서 동반자여야 한다. 나-그것의 관계처럼 사물관계를 지속해서는 진정한 인격이나 성격을 일궈낼 수 없다.

이러한 교사로서의 자질과 자세는 시대 상황의 변화에 따라 약간의 변형이 있을 수 있다. 그러나 교사가 지녀야 할 기본적이고 근본적인 교육자상이다. 왜냐하면 교육은 인간됨을 근본으로 하고 교사는 그것에 기여하는 조건을 구비해야 하기 때문이다. 그러므로 하시디즘의 짜딕이나 유학의 성인군자는 그 완전성을 지향하는 이상적 교육자상으로 남아 있는 것이다.

참고문헌

Buber Martin(1954). *Between Man & Man.* Trans, R. G. Smith. London: Routledge & Kegan Paul.

_____(1994). *Ich und Du.* 표재명 역. **나와 너**. 서울: 문예출판사.

_____(1979). *Between Man & Man.* 남정길 역. **사람과 사람 사이**. 서울: 전망사.

_____(1980). *Images of Good and Evil.* 남정길 역. **善과 惡의 이미지**. 서울: 전망사.

「論語」

「孟子」

「中庸」

「荀子」

「禮記」

韓 愈. 「師說」

Bollnow, O. F(1967). *Existenzphilosohie und Pädagogik*(「實存哲學과 教育學」). 서울: 배영사.

Howe, Reuel(1981). *The Miracle of Dialogue.* 김관석 역. **대화의 기적**. 서울: 대한기독교교육협회.

Kiner, E. D(1969). "Some Problems in a Buber Model for Teaching." *Educational Theories*, 19(4).

Nash, P·Kazamias. A. N·Perkinson. H. J(1997). *The Educated Man.* 성기산 옮김. **교육받은 사람 Ⅱ**. 서울: 집문당.

Rosenblatt, H. S(1971). "Martin Buber's Concepts Applied to Education." *Educational Forum*, 35(2), Jan.

강선보(1996). **마르틴 부버의 '만남'의 교육**. 서울: 양서원.

강환국(1995). **교사교육론**. 서울: 교학연구사.

김정환(1988). **全人教育論**. 서울: 세영사.

김태원(1994). "마틴 부버의 인간론과 교육." 기독교사상연구회. **기독교사상** 423.

남정길(1977). **마르틴 부버**. 서울: 대한기독교출판사.

孫培青(2000). **中國教育史**. 上海: 華東師範大出版社.

이회권(1998). "만남의 教育的 意味에 관한 고찰." 한국교육사상연구회. **교육사상연구** 제7집.

정우현(1988). **教師論**. 서울: 배영사.

노자의 무위자연과 부버의 만남, 그 교육철학적 의미1)

신 창 호(고려대학교)

Ⅰ. 머리말: 교육적 대화의 상실

현재, 우리를 둘러싸고 벌어지는 교육적 담론은 너무나 다양하다. 특히 교육적 대화로 볼 수 없는 형식적·가식적인 말이 많다. 우리는 말의 홍수 시대에 노출되고 매몰되어 있다. 수많은 말은 다양한 의견의 표출로 볼 수도 있지만, 중복되고 무의미한 말의 폭주는 말의 오염 현상을 증가시킨다. 다시 말하면, 진정한 말·대화·담론이 이루어지기보다는 소음의 형식으로 우리에게 다가온다.

이런 상황에서 간절히 요구되는 것이 건전한 대화이다. 대화는 삶을 가능하게 하고 또한 인간의 자아를 발견하게 한다. 인간은 참다운 대화를 통해서 '너'에 대한 '나'를 발견한다. 그리고 참다운 대화를 통해서 나를 풍부하게 하고 깊게 하고 빛나게 한다. 대화로 말미암아 나는 존재한다(이규호, 1991; 44).

참다운 대화가 아닌 말의 오염도 심화는, 인간의 판단에 혼동을 가져오고 삶의 방향성을 상실하게 한다. 포스트모던(post-modern)이라는 탈근대의 시대 성격이 그런 것을 보여주고 있다. 포스트모던은 자아의 해체, 탈정전화(脫正典化)의 추구, 대중들의 유희적인 행복감 향유 등, 기존의 패러다임을 전환시키는 문화 논리를 갖고 있다(목영해, 1994; 67-77). 현재 우리 삶의 상당 부분은 포스트모던의 기제 아래 움직인다.

포스트모던이라는 현실은 무수한 담론을 양산하고 있다. 그렇다면, 그 속에서도 '교육'은 어떤 대화의 형식을 취하고 있는가? 김정환(1996: 239-246)은 '한국 교육의 다섯 가지 병'으로 '조기 영어 교육', '과잉학력', '산학협동', '민족 교육 혼돈', '매스컴의 저속화'를 들고 있다. 이는 앞에서 말한 현대 교육에서 벌어지는 무수한 언동 중에서도

---

1) 이 글은 「교육발전연구」 20집(2004.6)에 게재된 논문을 일부 수정 보완한 것이다.

주요한 담론을 이루는 요소들이다. 특히, 우리 사회를 건전하게 만들기보다는 병들게 만드는 기능을 한다. 이런 담론들 속에서 우리가 놓치고 있는 주요한 것 중의 하나는 참다운 대화나 토론 기능을 상실했다는 점이다. 대화를 통해 근본을 돌이켜보고 잘못된 것이 있다면 대담하게 시정해야 하는데, 그것을 위한 대화는 적고 비생산적인 말들, 소음과 같은 오염된 교육 담론들이 교육을 왜곡시키고 있다. 여기에서 교육적 판단과 방향은 흐려진다. 문제는 명백하다. 소음을 주조음으로 하는 말들, 대화를 오염시키는 말들을 걸러내는 작업이다. 그것은 어쩌면 아주 간단할 수 있다. 즉 말보다 실천을 앞세우는 교육에 대한 원칙에 합의할 때, 가능하다.

이 글은 교육 담론, 참된 대화를 위한 한 방법으로, 노자(老子, 기원전 500년경)와 부버(Martin Buber, 1878-1965)의 사유를 생각해보려고 한다. 특히, 노자의 '무위(無爲)'와 부버의 '만남'·'대화'를 통해, 그 교육철학적 의미를 이해하려는 것이다. 인간의 말과 대화의 방법에는 여러 가지가 있다. 적극적으로 말하는 행위, 눈짓만 보아도 아는 행위, 침묵 속에서 발견할 수 있는 행위 등 다양하다. 노자와 부버는 많은 말을 하기보다는 말을 아낀다. 그러나 아끼는 말 속에 더 큰 목소리가 내포되어 있다. 말하는 것보다 더 큰 말의 의미가 함장 되어 있고, 큰 대화가 이루어진다. 그것은 말의 오염, 소음이 아니라 진정한 의미의 대화로 연결된다.

여기에서는 이 두 철학자의 언어와 사유 논리를 통해 교육적 담론의 의미를 고민해 본다. 그들의 목소리는 방향 없는 우리 시대 교육의 길을 암시해줄 수 있다. 완전한 대안이 아니라, 하나의 방법론으로서 교육의 의미를 새롭게 구명하는데 생산적인 작업이 될 수 있을 것이다.

Ⅱ. 노자의 '무위'와 '자연' 교육

우리는 사실 '노자'라는 이름을 무척이나 많이 들어오고 있다. 그러나 아직 그에 대해서는 낯설기만 하다. 교육학 분야에서는 더욱 그러하다. 그것은 노자가 교육에 대해 많이 언급하지도 않았고, 기존 교육철학자들도 거의 연구하지 않았기 때문이다.
먼저, 노자를 이해하기 위해 사마천의 『사기(史記)』에 의존할 필요가 있다.

노자는 초(楚)나라 고현(苦縣) 여향(厲鄕) 곡인리(曲仁里) 출신이다. 성은 이(李)씨이고, 이름은 이(耳)이며, 자는 담(聃)이다. 주(周)나라 황실 도서관의 책임자를 지냈다. 공자가 주나라에 갔을 때, 노자에게 예를 물은 적이 있었다. 그때 노자는 이렇게 말했다. "그대가 말하는 옛날의 성인도 그 육신과 뼈다귀가 이미 썩어 없어지고 지금은 단지 그들이 말한 것이 남아있을 뿐이다. 군자는 올바른 때를 얻으면 자리에 나아가 귀한 몸이 되지만, 그렇지 못할 때는 떠돌이 신세가 되고 마는 것이다. 훌륭한 장사 아치는 값진 물건을 깊이 감추고 밖에서 보기는 아무것도 없는 것처럼 보이지만 속이 충실하고, 군자는 풍성한 덕을 몸에 깊이 갖추어 겉모습은 어리석은 것같이 보이지만 사람됨이 충실하다고 들었다. 그대는 몸에 지니고 있는 그 교만한 것과 욕심 많은 것과 젠 체하는 것과 산만한 생각 따위를 다 버려라. 그런 것은 그대에게 아무 이익이 없다. 내가 그대에게 말해줄 수 있는 것은 다만 이것뿐이다."

공자가 돌아가서 제자들에게 말하였다. "새는 날고, 물고기는 헤엄치고, 짐승은 달리는 족속이라는 것은 나도 잘 알고 있다. 달리는 것은 그물을 쳐서 잡고, 헤엄치는 것은 낚시를 드리워서 낚고, 나는 것은 주살을 가지고 쏘아서 떨어뜨릴 수 있다. 그러나 용은 바람과 구름을 타고 하늘에 오른다고 하니 나로서는 어찌해야 할지 알지 못한다. 나는 오늘 노자를 만났는데, 바로 용과 같은 사람이었다."

노자는 도와 덕을 닦는다. 그 학문은 스스로 재능을 숨겨 이름이 드러나지 않기를 힘썼다. 주나라에서 오랫동안 살다가 주나라가 쇠약해지자 마침내 주나라를 떠나기로 작정하고 함곡관(函谷關)에 이르렀다. 관문 수비대장인 윤희(尹喜)가 "선생님께서는 은둔하시기로 마음을 정하신 것 같군요. 이 사람을 위해 가르침을 남겨주십시오" 하고 청하였다. 노자는 상하 2편의 글을 저술하여 도덕의 의미를 말한 5천여 글자를 남기고 떠났는데, 그 후로 노자가 어디로 갔는지 아무도 모른다 …… 노자가 귀하게 여긴 도라는 것은 허무하여 실체가 없고, 자연에 의하여 변화를 따르며 무위한 중에 천변만화함을 중심 사상으로 한다. 때문에 그의 저서의 문장은 미묘하여 이해하기 어려운 것이라고 한다(史記: 卷63 老莊申韓列傳).

사마천의 논의를 받아들이더라도 노자가 누구인지, 실존 인물인지 가상 인물인지,

『노자도덕경(老子道德經)』이라는 책이 진짜인지 가짜인지, 어떻게 성립되었는지 그 실체를 알기는 무척 어렵다. 따라서 여기서는 『노자도덕경』이라는 저서에 담긴 의미 체계에 국한하여, 본 주제와 관련된 교육철학적 의미와 교육적 시사를 얻는데 논의의 방향을 한정한다.

사마천의 『사기』에 나타난 노자는 '용'과 같이 알 수없는 사람, 은둔자, 자기를 드러내지 않는 사람, '무위'를 중시하는 사람 등 다양하게 묘사되고 있다. 그러나 중요한 것은 역시 그의 주저인 『노자도덕경』을 통해 이해하는 것이 좋다. 노자는 첫 구절은 이렇게 기록하고 있다.

> 길을 길이라고 말하면 늘 그러한 길이 아니다. 이름을 이름이라고 말하면 늘 그러한 이름이 아니다(老子道德經: 1章).[2)]

매우 비논리적인 듯한 첫 구절이 의미하는 것은 무엇인가? 우리는 앞에서 말의 홍수에 대해 언급한 바 있다. 말 많음은 노자가 길[道]과 이름[名]을 설명하는 것에 비추어 볼 때, 참된 것을 추구하는 방식은 아니다. 노자는 많은 말을 통해 자신을 설명하는 방식이, 항상 어떤 사물의 자기 동일성을 보증한다고 생각하지는 않는다. 오히려 말 많음의 유의미함보다 무의미함이 강조된다. 이는 말이 필요 없다는 것이 아니라 말이 많으면 많을수록 진짜에 다가가지 못한다는 언표이다. 그래서 "말이 많으면 자주 궁해진다[3)]"(老子道德經: 5章)고 했다.

교육은 대개 말, 언어를 통해 전달되고 수신된다. 여기에서 교육은 인간 일상생활의 전 과정을 의미한다. 교육은 사람이 그가 속하는 사회에서 능력과 태도를 도야하고, 바람직한 가치를 지닌 행동 등을 익혀가는 모든 과정의 총화이다(김정환·강선보, 1997: 29). 교육은 언어활동을 통해 어떤 개념이 대상에게 전달되는 심적이며 물리적인 과정 속에서 진행된다(Saussure, 1993; 21-32). 언어는 인간만이 유일하게 사용하는 인간의 것이다. 그러나 언어는 인간을 이중적 성격을 갖게 만들었다. 인간은 대개 언어를 통해 변명할 수 있는 계기를 갖는다. 이는 인간의 지식과 지혜, 언어의 발달 과정에서 볼 때, 진실의 적극적 해명이라고 볼 수도 있지만, 그것의 적극적 은폐 역할도 했다. 따라서 어떤 언어 속에 담긴 뜻, 혹은 대화의 과정에서, 말은 항상 참된 것은 아니다. 우리

---

2) 道可道非常道, 名可名非常名

3) 多言數窮

는 그것을 일상에서 흔히 경험한다. 교육 상황 속에서도 마찬가지다. 어떤 개념을 설명하거나 행위를 해명할 때, 의문이 풀리지 않는다면 그것을 풀기 위한 말은 더욱 많아지고 말이 많아질수록 또다시 무수한 억측들이 나돌고, 결국 진정한 의미는 말 속에 매몰된다.

노자는 이를 경계한다. '길[道]'을 '바로 그 길'이라고 말하고, '이름'을 '바로 그 이름'이라고 말할 때, 정말 그 길이고 그 이름인가? 이에 대한 의심이 그의 출발점이었다. 이는 마치 데카르트(René Descartes, 1596~1650)의 '회의(懷疑)'를 떠올리게 한다. 우리가 '한국 교육은 어떠어떠하다'고 말할 때, 그것이 정말 '한국 교육'이라고 말할 수 있는가? 한국 교육의 현주소를 수많은 담론으로 펼쳐나갈 때, 그 속에서 우리의 교육 문제를 풀어 나갈 수도 있겠지만, 때로는 말의 홍수 속에 참된 교육 가치는 놓쳐버리고, 교육 외적인 말단을 근본으로 오해할 수도 있다.

따라서 노자는 다음과 같은 지침을 준다. "길을 바로 아는 성인은 '행함이 없음'을 일삼고 '말없는 가르침'을 편다"[4](老子道德經: 2章). 말은 말하고자 애쓰는 자에게서 나온다. 말하고자 억지로 애쓰지 않는 자에게는 자연스런 실천적 행위가 있을 뿐이다. 묵묵히 자기에게 주어진 일을 실천하는 사람들에게서 그런 점을 발견할 수 있다. 이에 앞서 노자는 현실의 아름다움과 추함, 선함과 악함이 인간 문화의 인위적인 개념, 서로 싸우고 절대시하는 어떤 억지 주장들의 소산으로 보았다. 그러나 이런 가치 개입 이전에 '있음과 없음', '어려움과 쉬움', '높고 낮음'은 서로 끊임없이 낳고 이루는 과정을 통하여 개념적으로 고정되지 않으므로 아무런 폐단도 생기지 않고 무리나 억지도 없다(김충렬, 1995: 131). 이런 행위를 본받아 나오는 것이 교육받은 사람의 최고 경지인 성인(聖人)의 행위이다.

이처럼 교육적 무위의 최고 위치에 '말없는 가르침'이 있다. 말없는 가르침은 인간이 만들어 사용하는 언어 문자의 한계와 병폐를 일깨워 준다. '불언지교(不言之敎)'는 언어의 부정적인 폐단을 줄이거나 없애기 위해, 그것을 제압하려는 새로운 언어를 구사하게 되면 그러한 말이 다시 상승 작용을 일으켜 더욱 큰 혼란을 불러일으키는 점을 경계한다. 그렇다고 불언지교가 아무 말도 하지 않으면서 실천하는 침묵 형태의 가르침을 말하는 것은 아니다. 그것은 언어라는 형태로 본질적으로 확정된 가치나 기준에 인간을 집중시키는 교육을 경계한다. 즉 인간과 사회를 본질적인 가치와 기준에 가까

4) 聖人處無爲之事, 行不言之敎

이 접근했는지의 여부에 따라 차등화하고 이런 차등화가 결국은 사회를 경쟁으로 내몰아 비인간화로 이끄는 것을 비판한다. 따라서 노자는 어떤 본질적 가치에 충실하여 남성적으로 경쟁에서 승리하며 굳건해지는 모습이 아니라 존재와 가치를 관계 속에서 파악하는 부드럽고 여성적이며 한계 지워지지 않는 순수한 모습을 갈구한다(최진석, 2001: 44-47).

이런 노자의 불언지교는 자연의 원리를 자신의 행위 원칙으로 삼기 때문에, 인위적 교육이 아닌 우주 자연의 섭리를 따르는 교육이다. 그러기에 자연 교육의 추세에 따라 사람에게 스스로 교화하고 저절로 바르게 하며 저절로 부유하게 하고 저절로 순박하게 할 수 있다(任時先, 1989: 93). 따라서 '불언지교'의 방법은 하나의 형이상학적 교육의 길을 제시한다. 즉 가르침의 기술 가운데 가장 높은 경지를 보여준다. 이는 불교의 '염화미소(拈華微笑)', 내민 꽃 한 송이에 모든 의미를 한 번에 깨달을 수 있는, 말없이 주고받는 미소 속에서 교육 행위의 위대함을 느낄 수 있는 선승(禪僧)들의 수행과도 통한다.

그런데 어떻게 인간이 '무위', 행함이 없음을 일삼을 수 있는가? 교육은, 특히 우리가 좁은 의미에서 교육이라고 지칭하는 학교교육이나 의도적 교육은 적극적인 말과 행위를 통해 이루어진다. 노자의 '행함이 없이 실천하라'는 언표는 단순하게 문자적으로만 보면, 이런 교육의 특성과 어긋난다. 그러나 노자의 무위는 '아무것도 행하지 않음'이 아니다(김충렬, 1995: 171). 만약 노자의 무위를 글자 그대로 받아들여 오해하면, 자신의 인생관을 허망하게 만들고 인간의 삶을 퇴폐의 나락으로 이끌고 갈 수도 있다.

어떻게 인간이 아무것도 하지 않을 수 있겠는가? 인간은 태어나기 이전부터 활동적 존재인데, 무생물처럼 가만히 존속할 수는 없다. 그렇다면 노자의 무위는 어떤 의미인가? 무위(無爲)는 일종의 위(爲)를 가리킨다. 중요한 것은 인위(人爲)가 아닌 위(爲)를 가리킨다는 점이다. 인위는 자연스러운 행위와 대립됨으로써 그 의미를 갖는 문화의 세계이다(박이문, 1996: 89-105). 따라서 무위는 '인위적' 또는 '의도적' 행위를 하지 않는다는 자연성을 담고 있다. 그런데 인간의 역사는 작위(作爲)의 역사, 무언가를 짓고 만들어온 역사이다. 인간(人間)이라는 사람 사이에서 이루어진 작위, 인간의 행위가 역사이다(김용옥, 1989a: 299). 그런데 노자는 작위에 대립되는 무위를 말한다. 왜 이런 태도를 취했던가?

노자가 얘기하는 무(無)는 단순히 텅 빈 공백이 아니다. 따라서 무위는 절대적으로 일체의 행동을 하지 않는 '함이 없음'이 아니다. 아무 것도 하지 않는 불위(不爲)를 의미하는 것이 아니라 사물이 활동하고 작용하는 자연스러운 흐름에 준거한다는 의미이다. 이를 위해서는 먼저 행위 주체자의 의식을 순화하여 무위의 경지를 체득해야 한다. 무위의 경지를 체득한 사람은 의도적으로 사물의 활동과 작용에 순응하려는 태도를 취하는 것이 아니라 자신의 본성이 내키는 대로 행위 할지라도 모든 일이 저절로 조화를 이룰 수 있는 것이다(이강수, 1984: 194-195). 이렇게 볼 때, 무위는 오히려 모든 행위를 가능하게 한다는 점에서 교육적으로 참으로 유효한 태도이다(Kaltenmark, 1993: 95).

> 세상에서 말하는 배움을 행하면 행할수록 배울 것은 날마다 늘어난다. 그런데 도를 실천하면 할수록 날마다 할 일이 줄어든다. 줄고 또 줄어들어 행함이 없는 경지에까지 이르게 된다. 행함이 없는 데까지 이르고 나면 모든 것이 이루어진다(老子道德經: 48章).[5]

노자는 배움에 대한 적극적인 반성을 촉구했다. 배움이 과연 인간을 올바르게, 인간답게 살아가는데 유용한가? 오히려 배우면 배울수록 지식과 욕망, 허위의식 등이 싹트고 인간 세계를 어지럽히는 것은 아닌가? 노자는 이 점을 경계했다. 배움 자체의 부정이 아니라 배움으로 인해 드러나는 폐해를 경계했다. 이런 점에서 현재 우리의 교육은 어떤가? 지식을 많이 습득하면 습득할수록 힘을 가진다. 지식은 하나의 힘이요 권력이다. 지식을 통한 욕망의 확대, 교육 자체가 하나의 권력을 재생산하여 끊임없이 인간 스스로가 인간을 죽여 가는 방향으로 간다. 참다못한 노자는 "학문을 끊어라 근심이 없을 것이다"(老子道德經: 20章)라는 극언으로 자신의 심정을 대신하였다.[6]

이처럼 아주 오래 전에 배움에 대한 경종을 울려준 것이 바로 노자의 무위 사상이다. 노자의 이런 사유는 인위로 하지 않음, 혹은 자연(自然: self-so), 스스로 그러함의 적극적인 표현이다. 따라서 노자의 무위자연의 철학은 적극적인 교육 철학으로 재음미할 필요가 있다. '무위'는 흔히 소극적인 대응 방식으로 이해하기 쉽다. 그러나 역설적으로 인위를 넘어서는 적극성이 포함되어 있다.

인간의 역사에서 고대 사회는 정치와 종교, 교육을 따로 분리되어 논하기 어렵다. 호적(胡適, 1891-1962)은 다음과 같은 견해를 보여 주었다. "종교에 해당하는 중국말은

5) 爲學日益, 爲道日損. 損之又損, 以至於無爲. 無爲而無不爲
6) 絶學無憂

교육이나 교육제도를 의미하는 쟈오(教: jiao)이다. 사람들에게 특별한 신(神: God)을 믿으라고 가르치는 것은 하나의 쟈오(教)이다. 그러나 남들에게 행동하는 방법을 사람들에게 가르치는 것도 쟈오(教)이다"(Bodde, 1991: 551-552, 재인용). 모든 인류의 심적 기능 속에 숭배와 경애의 마음이 있고, 여기에서 파생되는 의식은 정치적이며 윤리적이고 교육적인 의미를 동시에 내포하고 있다(王治心, 1988: 9-12). 다스리는 자[治者]는 정치 지도자이자 동시에 제사장이며 교육 지도자였다. 노자는 바로 이 다스리는 자의 철학, 교육의 관점을 '무위(無爲)·자연(自然)'으로 내세운다.

> 어진 이를 숭상하지 말라. 그래야 백성들이 자기가 잘나 보이기 위하여 다툼을 벌이지 않을 것이다. 얻기 어려운 재화를 귀하게 여기지 말라. 그래야 백성들이 그것을 가지려고 도적질하지 않을 것이다. 욕심을 불러일으킬 만한 것을 보이지 말라. 그래야 백성들이 마음의 혼란을 일으키지 않을 것이다. 그러므로 성인의 다스림[교육]은 백성의 마음을 비워 백성의 배를 채워 주며, 백성의 뜻을 부드럽게 하여 백성의 육체를 강건하게 한다. 늘 백성으로 하여금 앎이 없게 하고 바라는 것이 없게 한다. 지혜롭다고 하는 위정자이 감히 무엇을 하지 못하게 한다. 백성들이 행함이 없이 자연스럽게 살아가도록 맡겨두어도 잘 다스려질 것이다(老子道德經: 3章).[7]

백성들을 편하게 살게 하기 위한 구체적인 방법은 공명(功名)과 보화, 현혹하는 일을 없애는 데 있다. 이러한 것은 세상 사람들이 구체적으로 지향하는 가치들이다. 이런 가치 속에서 우리 인간은 이런 것을 추구하고 달성하기 위해 고민한다. 인간관계나 인간다운 심성이 망가져도 이 가치를 획득하면 그것은 위대한 인생으로 칭송된다. 이런 구조 속에서 통치자는 힘을 갖고 인간세의 모든 것을 지배하지만, 피치자는 그들의 권력 의지를 충당하거나 실현시켜주는 도구로 전락한다. 그러므로 사람들은 자연히 현명하거나 능력 있는 자가 되어 권력을 잡으려고 욕심낼 수밖에 없다. 그러나 모든 사람이 최고의 위치에 자리할 수는 없다. 정점의 자리에는 극소수만이 앉을 수 있다(김충렬, 1995: 154-155). 이 치열한 경쟁은 많은 사람을 도태하게 한다. 대학 입시나, 학력주의 등 현재 우리 교육의 문제는 이와 흡사하다.

---

7) 不尙賢, 使民不爭; 不貴難得之貨, 使民不爲盜; 不見可欲, 使民心不亂. 是以聖人之治, 虛其心, 實其腹; 弱其志, 强其骨. 常使民無知無欲, 使夫智者不敢爲也. 爲無爲, 則無不治

노자의 무위는 바로 현실적인 인간의 정치, 교육 상황에 대한 질타이자 대안이다. 인간인 이상, 인간에 대한 최소한의 간섭이나 관계는 반드시 있게 마련이다. 따라서 가장 최소한으로 간섭하는 교육, 방임의 교육이 필요하다. 왜냐하면 지나친 간섭과 꽉 짜여진 지식 교육보다 좀 느슨하고 자유로운 자율과 자치의 교육이 더 효과적일 수 있기 때문이다. 무위의 교육적 사고는 다음과 같은 언급 속에서 우리에게 주요한 고민을 던져준다.

> 현대 과학 문명이 발달할수록 늘어나는 것은 분별 지식의 분량이다. 분별 지식은 양적으로 아무리 늘어나도 사람 대뇌 속의 신피질의 정보량만 늘려주지 생명력을 늘려주지 않는다. 분별 지식도 세상을 살아나가는 데 필요한 정보로서 가치는 가지고 있다. 하지만 생명력을 단련시켜주는 것은 아니다. 훌륭한 인물, 건전한 인격의 소유자란 잘 단련된 '소박한 마음의 소유자(고피질, 시상하부, 복뇌 즉 자율신경절이 단련되어 있는 사람)'를 말한다. 현대의 지식 중심과 주입식 입시 위주 교육, 편차치 교육은 대뇌의 전두엽과 좌뇌만을 이상적으로 발달시켰다. 이는 사람에게 가장 소중한 생명을 관장하는 간뇌, 시상하부, 구·고피질, 자율신경절의 퇴화를 가져와서 생명력과 생명에 대한 외경심이 모자라는 이상 인간을 양산하고 있다(박희준, 1991: 53).

이처럼 노자가 제시한 무위의 교육철학은 현대 사회의 비인간화 교육에 대한 반성의 계기를 제공한다. 무위를 통해 좀 더 근본적으로 돌아가려는 태도, 자연스러운 교육을 중시하는 태도는 현대 교육의 병폐에 대한 수많은 대안들과도 통한다. 사실 전인 교육이라고 얘기되는 '노작 교육', '생활 교육', '인간화 교육', '대화 교육', '각성 교육' 등은 지식 교육과 말 많음의 교육에 대하여 무위, 무언의 교육으로 이해할 수도 있다. 교육에서의 무위, 너무나 많은 언설들 속에서 그것을 벗어나는 교육의 가치, 무언(無言)과 불언지교(不言之敎)의 가치가 우리 교육에 요구된다고 하겠다.

Ⅲ. 부버의 '만남'과 '대화' 교육

부버는 모든 참된 삶은 '만남'이고 만남을 가능하게 하는 것이 '대화'라고 한다. 그러기에 부버를 '만남의 철학자', '대화의 철학자'라고도 부른다. 부버의 이런 사고는 현대 사회의 '비인간화 현상'과 현대인의 극단적 개인주의와 극단적 집단주의 사이에서 우왕좌왕하며 인간으로서의 가치와 존엄성을 상실하는 무방향의 딜레마에 빠져 있는 것을 비판하면서 시작되었다. 부버는 현대의 비극적 상황 속에서 인간은 자기를 결코 객체화할 수 없는 주체요 인격으로서 함께하는 '나'와 '너'의 '만남'과 대화를 통해 인간을 회복하려 하였다(강선보, 1996: 105).

부버가 주장하는 만남은 우리가 일상 속에서 친구를 만나거나 애인을 만나거나 특별한 목적으로 어떤 사람을 만나는 행위와는 거리가 있다. 먼저 부버는 '나-너(Ich-Du)' '나-그것(Ich-Es)'이라는 근원어, 짝 말을 설정한다. 그리고 '나', 그 자체란 없으며 오직 근원어 '나-너'의 '나'와 근원어 '나-그것'의 '나'가 있을 뿐이다(Buber, 1994a: 6). 즉 '나'란 혼자 존재할 수 없다. 언제나 관계 속에서, 짝 말로 존재한다. 인간은 어떤 형식으로건 이미 사물과 관계하고 있다. 고립된 인간은 사실 사회적 인간으로서는 존재 불가능하다. 부버의 근원어는 이런 관계에 대한 근본적인 인식이다.

그런데 '나-너'에서 '나'와 '나-그것'에서의 '나'는 다르다. '나-너'의 세계는 대화적이고 인격적이며 상호적인 만남의 관계이다. 그러나 '나-그것'의 관계는 비대화적이고 비인간적이며 일방적인 주관과 객관의 관계이다(안인희, 1987: 82). 우리가 사람을 만날 때, 직접적인 만남도 있고 간접적인 만남도 있다. 직접적인 만남을 통해 우리는 서로를 느낀다. 그러나 한 발짝 떨어져 대상을 바라보는 만남은 온몸을 던져 상대에게 다가갈 수 없다. 이런 만남에서는 인격의 교환이나 서로에 대한 몰입은 없다. 따라서 '나-그것'의 관계는 인식론적 관계로 이해되고, '나-너'의 관계는 실존적 관계로 파악된다(강선보, 1996: 106).

그러므로 부버는 말한다.

> 근원어 '나-너'는 오직 온 존재를 기울여서만 말해질 수 있다. 온 존재에로 모아지고 녹아지는 것은 결코 나의 힘으로 되는 것이 아니다. 그러나 나 없이는 결코 이루어질 수 없다. '나'는 너로 인하여 '나'가 된다. '나'가 되면서 '너'라고 말한다. 모든 참된 삶은 만남이다. '너'에 대한 관계는 직접적이다. '너'와 '나' 사이에는 어떠한 개념 형태도, 어떠한 예비지식도, 어떠한 환상도 없다. 그리고 기억조차도 개별적인 것에서 전체적인 것으로 넘어갈 때에는 변하고 만다. '나'

> 와 '너' 사이에는 어떠한 목적도, 갈망도, 어떠한 예상도 없다. 그리고 그리움조차도 꿈에서 현실로 넘어갈 때에는 변하고 만다. 모든 매개물은 장애물이다. 모든 매개물이 무너져 버린 곳에서만 만남은 일어난다. 관계의 직접성 앞에서 모든 간접적인 것은 하찮은 것이 되고 만다(Buber, 1994a: 17).

너와 나의 만남은 '은혜'로 이루어진다. 찾아서 발견되는 것이 아니다. 즉 의도적으로 만나고 싶다고 해서 진정한 만남이 이루어지는 것은 아니다. 만남은 나도 모르게 시나브로 내 몸 안에서 이루어진다. 내가 뜻하지 않았던 곳에서 이미 너를 만나고 있는 것이다. 우연히, 그리고 갑자기 어느 순간. 이런 만남은 인격적 만남으로 향해있다. 부버는 다음과 같이 말한다.

> 우리는 세계가 객체라는 것을 내부에서 배운다. 그러나 세계가 주체로서 나를 말하고 또한 너를 말하는 사실을 경험하도록 하는 것은 창시자 본능이 아니라 교통의 본능(instinct for communion)이다. 이 본능은 리비도의 신봉자들이 인식하고 있는 그 이상의 것이다. 그것은 세계가 하나의 인격으로서 우리에게 나타나 주기를 요구하는 갈망이다. 즉 이 인격이란 우리가 세계에로 향하는 것과 같이 우리에게로 향하는, 또한 우리가 그 세계를 선택하고 인정하는 것과 같이 우리를 선택하고 인정하는, 또한 우리가 세계 속에서 자기 자신을 확증하는 것 같이 우리에게 있어서 자기를 확증하는 그러한 인격으로서 세계가 우리에게 나타나 주기를 요구하는 갈망이다(Buber, 1979: 152).

인격은 인간에 대한 사랑과 믿음을 전제로 한다. 온몸으로 그를 영접하고 나를 맡길 때 싹튼다. 사사로운 감정이나 이해관계가 개입되어서는 인격적 관계가 성립할 수 없다. 여기에서 우리 현실을 돌아보자. 대부분의 관계는 '주고-받는(Give & Take)' 만남이다. 아니면 의미 없이 스쳐 지나가는 것이다. 이는 진정한 만남 자체가 없는 상태다. 그런 삭막한 세상에 대해 부버는 '나와 너'의 만남을 갈망했다.

'나-너'의 관계는 세 개의 영역에서 성립된다. 첫째, 자연과 더불어 사는 삶, 둘째, 사람들과 더불어 사는 삶, 셋째, 정신적 존재들과 더불어 사는 삶이다. 첫째의 경우는 아직 어둠 속에 흔들리며 언어가 통하지 않는다. 두 번째는 관계가 명백해지고 언어의 형태를 취한다. 그리고 세 번째는 관계가 구름에 덮여 있으나 스스로 나타나고 말이 없으나 말을 낳고 있다(Buber, 1979: 9-10). 즉 언어불통(言語不通)의 '자연' - 언어소통(言語疏通)의 '사람' - 무언생어(無言生語)의 '정신적 존재'의 관계가 드러난다. 만남은 이 세 관계의 전 영역을 통해 이루어진다.

이런 관계의 특성은 어떠한가? 인간이란 홀로 그리고 독자적으로 실존하는 것이 아니라 항상 다른 인격과의 공존적 관계 속에서 실존한다. 그러기에 너로 말미암아 내가 존재하며, 나로 말미암아 네가 존재한다. 이른 바 '상호성'이 전제된다. 또 만남은 '너'에 대한 직접적인 관계를 이룬다. 그러므로 자기 자신을 개방하고 자기 자신의 모든 것을 주는 위험성을 내포하기도 한다. 그리고 참된 삶이 실현되고 있는 '지금 그리고 여기'라는 시간적 현재성을 지닌다. 또 외부에서의 어떤 개입이나 관여를 완전히 배제하는 절대적 관계의 힘인 강렬성도 갖고 있다. 뿐만 아니라 만남은 표현하거나 기술할 수 없는 계시를 받은 사람이 그것을 설명할 수 없는 것과 같은 표현 불가능성을 지닌다(강선보, 1996: 109-111). '표현 불가능성'은 노자의 '도가도비상도(道可道非常道)'나 불교의 '단박 깨달음'과 거의 일치하는 것이다. 사실, 우리가 진정하게 어떤 것을 느끼고 깨닫는 일은 생활 가운데 흔히 일어난다. 진정 말로 표현하지 못하고 발을 동동 구를 때와 같은 상황이 그것에 해당한다.

그렇다면 이런 만남의 상황은 완전한가? 만남은 개별화에 근거를 두고 있다. 개별화는 관계의 환희가 된다. 왜냐하면 우리는 개별화를 통해 서로 다른 타자를 인식할 수 있기 때문이다. 그러나 개별화 자체가 관계의 한계가 되기도 한다. 왜냐하면 우리는 개별화로 인해 타자를 완전히 인식하는 일도 불가능하고 또한 인식되는 일도 불가능하기 때문이다. 그러면서도 '나-너'의 관계는 우리가 맺는 타자와의 관계 중에서 가장 긴밀한 인격적인 것으로서 나의 전 존재를 건 본질적인 행위이다(강선보, 1996: 111-112). 이런 만남의 이해 속에서 '대화'적 관계가 요구된다.

다시 부버의 말을 음미해보자.

> 개적 존재는 다른 여러 개적 존재에 대하여 자기를 분리시킴으로써 나타난다. 인격은 다른 인격과의 관계에 들어섬으로써 나타난다. 한쪽은 자연적인 분립의 정신적 형태이고, 다른 쪽은 자연적인 결합의 정신적 형태이다. 자기 분리의 목적은 경험과 이용이며, 경험과 이용의 목적은 '삶', 곧 인생의 전 기간에 걸친 죽음인 것이다. 관계의 목적은 관계 자체, 곧 '너'와의 접촉이다. 왜냐하면 모든

> '너'와의 접촉에 의하여 '너'의 숨결, 곧 영원한 삶의 입김이 우리를 스치기 때문이다. 관계 속에 서 있는 사람은 하나의 현실, 곧 단지 그에게 닿아있는 것도 아니며 또 단지 그의 밖에 있는 것도 아닌 하나의 존재에 관여하고 있다. 모든 현실은 하나의 작용이며, 나는 그것을 내 소유로 삼을 수는 없지만 그 작용에 관여하고 있다. 관여가 없는 곳에는 현실이 없다. 자기 독점이 이루어지는 곳에는 현실이 없다. 관여는 '너'와의 접촉이 직접적이면 그럴수록 그만큼 더 완전하다(Buber, 1979: 83-84).

접촉과 관여는 대화적 상황이다. '나-너'사이의 대화는 개별성을 전제로 한다. 그러므로 '나'는 '나'이고 '너'는 '너'이다. 여기에서 대화는 타자와의 동일시에서 일어나는 것이 아니라, 타자를 직면하고, 타자를 타자로서 관계할 때 일어난다(강선보, 1998: 117). 우리는 일상생활 속에서 타자와 관계하며 끊임없이 대화한다. 언어, 말을 주고받는다. 그런데 말을 한다고 모두 대화인가?

> 대화란 우리가 사람들과 더불어 무엇을 많이 하는 것이 아니라 우리가 꼭 같이 하여야만 할 사람들과 함께 참으로 관계하는 것이다. 독백의 생활을 하는 사람이 고독한 사람이 아니라, 그의 운명과의 연관성을 통하여 그 속에서 그가 움직이는 공동체를 존재와 연관시켜 실현시킬 능력을 가지지 못한 사람이 고독한 사람이다(Buber, 1979: 38).

이런 인식을 가지고 부버는 세 종류의 대화를 얘기한다. '순수한 대화(genuine dialogue)'와 '실무적 대화(technical dialogue)', '대화로서 위장된 독백(monologue disguised as dialogue)'이 그것이다(Buber, 1979: 36). '대화로서 위장된 독백'은 타자가 있음에도 불구하고 각자는 실제로 타자에게 말하고 있지 않다. 이는 상대방을 결코 하나의 현전하고 있는 인격으로서 보지 않는 상태를 의미한다(안인희, 1987: 85). 즉 거짓 대화를 하고 있는 것이며, 귀머거리들의 대화와 같다. '실무적 대화'는 현대 인간 생활에서 없어서는 안 될 핵심적인 것이다. 출국 수속을 밟기 위해 외무부 직원과 이야기를 주고받은 경우가 한 예이다(강선보, 1996: 117).

부버는 '순수한 대화'를 진정한 대화로 본다. 이 대화는 아주 드물게 일어난다. 그러나 그것이 아무리 비정신적인 형태를 통하여 일어난다 해도 이와는 상관없이 이 대화가 발생하는 곳에는 인간 정신의 유기적 실체의 존속이 증명된다. 각자는 타자에게 진실로 책임을 지며, 자기 정체성을 지닌 채 대화에 참여하고, 책임 있는 신념으로 '응답'한다.

순수하고 진정한 대화는 말로도 이루어질 수 있지만, 무언(無言)의 대화, 침묵(沈黙)으로도 가능하다. 이를 위해서는 완전한 불식, 진실성을 추구해야 한다. 또 진정하게 직면해야 한다. 그리고 모든 프로퍼겐더를 거부해야 한다. 그리하여 인간은 삶 전체로서 신(神)에게 응답할 수 있다(강선보, 1996: 118-119).

신에 대한 인식은 동·서양이 상당히 다르다. 『주역(周易)』에는 "음양을 헤아리지 못하는 것을 신이라 한다[8](周易: 繫辭傳 上 5章)"라고 적혀 있다. 우주의 모든 사물은 음(陰)과 양(陽)으로 이루어져 있다. 그런데 그것이 어떤 상태인지 제대로 파악하지 못하는 그 자체가 신이다. 신은 이 우주 자연의 영역을 벗어나지 않는다. 그 움직임 자체가 신이다. 이는 서양에서의 '신[God]'이라는 객관적인 하나님이나 초월적인 존재를 설정하는 것과 맥락을 달리한다. 그러나 그것이 무엇인지 확실히 알 수 없다는 점에서는 통한다. 부버의 경우, 하시디즘의 전통을 이어 받으면서 동양과 서양의 중간적인 입장에 있는 듯 하다. 그것은 다음과 같은 그의 관점에서 파악된다. "모든 장소, 모든 곳, 개개의 행동, 모든 말에서 거룩함이 무성(茂盛)할 수 있다. … 인간은 인간을 넘어서 신에게 접근할 수 없다. 인간이 됨으로써만 신에게 접근할 수 있다. 인간이 된다고 하는 것은 바로 그가, 즉 이 개인이 그렇게 되도록 창조되었다는 것을 의미한다. … 신은 개개의 사물 속에서 보여 질 수 있으며, 온갖 순수한 행위를 통해 포착될 수 있다. … 인간의 구원은 세속적인 것에서 자신을 멀리 하는데 있는 것이 아니라 그것을 거룩히 그리고 신적인 의미로 성별하는 데 있다"(Buber, 1994b).

말의 해체는 인간이 신에게 응답할 수 있을 때 일어난다.

> 말은 계시 가운데 본질적으로 존재하며, 형태의 삶 속에서 작용하지만, 죽어버린 형태가 지배하게 되면 위급하게 된다. 이것이 바로 영원한, 그리고 역사 안에서 영원히 현전하는 말의 오가는 길인 것이다. 본질적인 말이 나타나는 시대에는 '나'와 세계와의 결합이 갱신된다. 작용하는 말이 다스리는 시대에는 '나'와 세계와의 사이에 일치가 유지된다. 말이 위급하게 되는 시대에는 '나'와

---

8) 陰陽不測之謂神

> 세계와의 사이에는 비현실화와 소외가 일어나며 숙명의 지배가 성취된다. - 마침내 큰 전율이 오고 어둠 속에서 숨을 죽이고 준비된 침묵이 찾아들 때까지. 그러나 이 길은 원(圓)이 아니다. 그것은 길이다. 모든 새 시대에 있어서 숙명은 더욱 억압적인 것이 되며, 전환은 더욱 돌파력을 가진 것이 되어야 한다. 그리고 신의 현현은 '더욱 가까워진다.' 그것은 '존재와 존재 사이'의 영역에 가까워지며, 우리의 중심, 우리의 사이에 숨어있는 나라에 가까워진다(Buber, 1994a: 157-158).

사이에의 일치를 통한 말의 해체는 침묵으로 가서 통한다. 이제 언어는 일체의 감각적 매체 없이도 언어일 수가 있다. 아무런 소리도 제스처도 필요하지 않다. 이제 사람과 사람 사이에는 말이 없는 상태에서도 거침없이 마음이 바로 열린다. 대화의 말(the word of dialogue)은 아주 비밀스럽게 일어났다(Buber, 1979: 9-11).

이제 진정한 대화를 통해 '응답'이 일어난다. 우리가 만나고, 보고, 듣고, 느끼는 것에 대한 응답 말이다.

> 우리 응답의 언어는 우리의 말 걸음이 그렇듯이 행위(行爲)와 무위(無爲)의 번역할 수 없는 언어에 의해서 말을 형성한다. - 그때에 행위는 무위와 같이, 또한 무위는 행위와 같이 태도를 취한다. 우리들이 이와 같이 우리의 존재 자체를 가지고 말하는 것, 그것이 바로 그때 우리를 향해서 다가오는 상황과 관계를 갖는 일이요, 거기에서 그 상황 속으로 들어가는 일이다. … 일단 우리가 느껴서 알게 된 상황은 결코 단절되어서는 안 되며 우리는 그 상황을 우리의 현실적인 삶의 실질 속으로 유입시켜야 한다. 이때에만 우리는 순간의 총화 이상의 어떤 것으로서 매 순간 성실히 삶을 경험하게 된다(Buber, 1979: 33-34).

부버의 만남과 대화는 현실 속에서 인간 행위의 방향 전환을 요구한다. 우리가 얼마만큼 진정한 만남을 하고 있는지 반성하게 만든다. 사실, 생활 속에서 우리의 만남은 지속적으로 '실무적 만남'만이 이루어지고 있는 것은 아닌가? 서로가 무언가를 얻기 위한 바람 속에서 만남과 대화라는 가면을 쓰고 있는 건 아닌가? 더욱이 우리의 교육 현실은 진정한 만남과 대화를 외면하고 있다. 교육은 이미 부버식의 만남을 회피한지 오래이다. 대부분의 교육은 거짓 만남이거나 실무적 만남에 머물고 있다.

Ⅳ. '무위·자연'과 '만남·대화'의 교육적 의의

인간은 끊임없이 만나고 대화하는 동물이다. 대화 속에서 자기를 주며 남을 받아들인다. 그리고 자기를 찾는다. 말을 많이 한다고 진정한 대화는 아니다. 그럼 진정한 대화에 어떤 형식이 있는가? 무위·자연과 만남·대화! 앞에서 본 것처럼 이것은 언어를 뛰어넘어 자기 실천을 한다. 형이상학의 자리에서 형이하학의 미학으로 현실에 대응한다. 그들의 힘은 무언과 침묵, 그리고 그것을 통한 황홀경이다.

무언과 침묵은 인위적으로 형식적으로 억지로 실천하려는 행위를 거들떠보지 않는다. 자연스럽게 자기의 마음을 열고 간다. 무언(無言)으로써, 무위(無爲)하며 자연스럽게 가는 길은 이렇게 묘사된다.

> 사물이 흔들리지 않을 때 유지하기 쉽고, 드러나지 않았을 때 도모하기 쉽다. 그 연약할 때는 바스러지기 쉽고, 눈에 띄지 않을 때는 흩어지기 쉽다. 그것이 드러나기 전에 하고, 그것이 어지러워지기 전에 다스려라. 아름드리나무도 털끝 같은 싹에서 생겨나고, 구층의 높은 누각도 한줌의 쌓인 흙에서 일어나고 천리의 걸음도 발아래서 시작한다. 하려고 하는 자는 반드시 패할 것이요, 잡으려 하는 자는 반드시 놓칠 것이다. 그러므로 성인은 힘이 없기에 패함이 없고, 잡음이 없기에 놓침이 없다. 사람들이 일하는 것을 보면 늘 다 이루어질 듯하다가 꼭 패한다. 끝을 삼가기를 늘 처음과 같이 하라. 그리하면 패하는 일이 없을 것이다. 그러므로 성인은 바라지 않음을 바라고 얻기 어려운 재화를 귀하게 여기지 않는다. 배우지 아니함을 배우고 뭇사람이 지나치는 본 바탕으로 돌아간다. 이리하여 만 가지 것의 스스로 그러함을 돕고 감히 무엇을 한다고 하지 않는다(老子道德經: 64章).[9]

'천리 길도 한 걸음부터'라는 말도 있듯이, 인간의 일은 욕심을 부린다고 이루어지는 것이 아니다. 우리 주위의 곳곳을 보라. 얼마나 많은 욕심들이 녹아 있는지. 무언가

---

9) 其安易持, 其未兆易謀; 其脆易泮, 其微易散. 爲之於未有, 治之於未亂. 合抱之木, 生於毫末; 九層之臺, 起於累土; 千里之行, 始於足下. 爲者敗之, 執者失之. 是以聖人無爲故無敗, 無執故無失. 民之從事, 常於幾成而敗之. 愼終如始, 則無敗事. 是以聖人欲不欲, 不貴難得之貨; 學不學, 復衆人之所過. 以輔萬物之自然而不敢爲

억지로 하고자 하는 자는 패할 것이라고 노자는 경고한다. 하지 말라는 것이 아니라 묵묵히 자연스럽게 하라는 말이다. 그러므로 말이 많은 행위는 그다지 유용하지 않다. '사공이 많으면 배가 산으로 간다'는 속담처럼. 자연이 언제 이러쿵 저러쿵 말을 많이 하던가? 나무가 언제 자기를 빨리 자라게 해달라고 조르던가? 봄이 오면 꽃을 피우고 싹을 틔우며, 여름이 되면 잎이 무성해지고, 가을이면 열매 맺으며, 겨울이 되면 다음 해를 준비할 뿐이다. 우리는 너무나 '하고자 하는 주의'에 매달려 있다. 무엇을 시행하기 위한 언표도 너무나 많다. 말 많음 속에서 얻은 것보다 잃은 것은 많지 않은가? 오히려 말 적음, 말 없음 속에서 훨씬 자연스럽게 삶이 영위되지는 않았는가? 이젠 노자의 목소리에 귀 기울여 봄직도 하다.

그러면 침묵은 어떻게 우리를 만나게 하며 대화로 다가오는가? 침묵은 이미 진정한 만남을 위해 우리에게 다가와 있다. 부처가 가섭에게 빙그레 웃으며 의미 있는 몸짓을 하듯. 이는 말로써 표현할 수 없는 의미의 확증과 관계된다.

> 의미는 보증되어 있다. 아무 것도, 그 어느 것도 이제는 더 이상 무의미하지 않다. 거기에는 이미 삶에 대한 의문이 없다. 그러나 그러한 의문이 있다 하더라도 그에 대답할 수는 없다. 우리는 삶의 의미를 제시할 줄도 모르며 또 규정할 줄도 모른다. 우리는 삶의 의미를 밝힐 수 있는 어떤 공식이나 도식도 가지고 있지 않다. 그럼에도 불구하고 삶의 의미는 우리의 감각적 인식보다도 더 확실한 것이다(Buber, 1994a: 145).

그렇다. 우리는 말하지 않아도 의미 있는 많은 것들을 알고 있다. 또 행하고 있다. 침묵 속에서도 말보다 더 위대한 생의 의미를 실현한다. 그것은 하나의 창조에 속한다. 창조란 본래 비유(非有, non-being) 속에 감추어져 있는 생을 향한 신의 부름을 의미하는 것이다(Buber, 1979: 146). 그러나 그 행위는 세계에 대한 의무로서 부과되는 행위가 아니라, 세계와의 접촉에서 마치 무위인 양 생겨난다.

엄청난 말의 홍수 속에 형식적으로 존재하는 우리의 교육은 침묵을 필요로 한다. 침묵 속에서 의미를 실현하는 과정, 무위의 실천 속에서 더 큰 의미가 살아나는 교육이 필요하다. 이런 교육의 극치는 황홀한 경지 속에 들어가 있을 때 이루어진다.

> 하늘과 땅의 창조는 무에서 나온 것을 드러내는 것이다. 높은 것이 낮은 것으

> 로 내려감이다. 그러나 존재에서 자신을 멀리하고 신에게 집착한 성자들은 마치 창조 전에 무(無)의 경우와 같이 진리를 통해 신을 알고 깨닫게 된다. 그들은 어떤 것을 무(無) 속으로 돌린다(Buber, 1994b: 74).

있는 듯 없는 듯한 황홀(老子道德經: 14章)10), 무한한 작용 속에 나를 잊어버릴 때 완전한 교육의 모습이 그려진다. 그것은 하나의 전율이요, 교육적 공감이다. 교육은 황홀경 속에서 기쁨으로 일어나야 한다. 창조 전의 무와 같은 거룩한 삶을 찾아서 자기를 던질 때 황홀경 속에서 노닌다. 가장 성스럽게. 무위의 공용은 황홀경 속에서 만날 수 있다. 불가사의한 침묵과 사이 세계에서 느껴진다. 교육의 의미 규정 이전에 교육적 대화 속에 나를 집어넣어 보자. 황홀경이 왔는가?

세계는 개인 속에다 인격을 형성시킨다. 세계, 즉 자연과 사회라고 하는 환경 전체가 인간을 '교육'한다. 그런데 교육자에게 집결되고 현시(顯示)된 세계를 선택하는 일에 결정적인 효력을 주는 것이 교육이다. 교육 관계는 모든 것에 의해서 무목적(無目的)적으로 흘러나온 교육에서 목적으로서 이를 취해 내어 구별하는 것이다. 이렇게 하여 교육자를 통해서 세계는 비로소 교육 활동의 참 주체가 되는 것이다(Buber, 1994b: 154).

교육에서 강제라는 것은 분열이요, 굴종과 반항을 의미한다. 교육에서 교통(communion)은 바로 결합이요 흉금을 열고 타자와 상호 소통하는 것을 의미한다. 교육에서 자유란 교통의 가능성이다. 그리고 포옹하는 힘(inclusive power)만이 지도력을 가질 수 있다. 포옹은 '인격' 간의 관계이며, 공통으로 체험하며 능동적으로 참여하는 것이고, 나의 행위를 잃지 않은 채 동시에 타자 측에서 체험하는 사실이다. 이는 교육에서 관계를 구성하는 요소와 같다. 신뢰, 이 세계에의 신뢰. 이것은 교육 관계의 가장 내면적인 성과이다(Buber, 1994b: 157-167).

그리하여 교육의 영역은 그의 참되고 본래적인 힘을 이 포옹 행위의 반복과 그 행위와의 새로운 결합에서 얻게 된다. 본래 하나인 '교육하고(educating)', '교육 받는(being educated) 공통의 상황 속에서, 구체적이고 상호적인 포옹의 체험을 근거로 인간과 인간의 혼이 참으로 서로 포옹해야 한다(Buber, 1979: 170-171).

포옹은 신뢰와 겸허한 태도에서 가능하다. 하시딤의 삶은 황홀경(Hitlahavut), 섬김(Avoda), 의도(Kavana), 겸손(Shiflut)으로 요약된다. 인간이 순수해지고 완전해질수록 그

---

10) 無狀之狀, 無物之象. 是謂惚恍

만큼 더 충심으로 자기 자신이 부분임을 알게 되며 실존적 공동체를 보다 더 적극적으로 분산시킨다. 이것이 겸손의 신비이다(Buber, 1994b: 67-105). 또한 포용은 다투지 않는 곳에서 가능하다. 교육자는 겸손하게 사람들을 대할 때에만 비로소 호응을 얻을 수 있고, 오직 예로써 아랫사람을 대우해야만 비로소 사람을 얻어 쓸 수 있다. 이런 태도가 무위와 포용의 기초이다.

> 강이나 바다가 모든 골짜기의 왕이 될 수 있는 것은 낮은 곳에 잘 처하기 때문이다. 그러므로 백성 위에 서려면 말을 겸허하게 낮추고, 백성 앞에 서려면 반드시 자신을 백성보다 뒤처지게 해야 한다(老子道德經: 66章).[11]

겸손한 태도로 남의 뒤에 설 수 있는 자세는 현실적인 용기를 필요로 한다. 인간의 속성상 누가 남에게 뒤지고 싶어 하겠는가? 감히 뭔가 하지 않는데 용감할 수 있겠는가? 인간은 무언가 욕망한다. 욕망은 언어로 표출된다. 그러나 언어로 말하는 많은 것들은 거짓 대화일 수 있다. 거짓 대화는 교육을 망친다. 거짓 대화는 바로 유위와 작위의 산물이다. 겸손한 태도는 그렇게 하기 위해서가 아니라 자연스레 그렇게 된 무위의 겸손을 말한다. 골짜기와 강·바다의 비유처럼 저절로 낮은 곳에 있다. 그러면서도 모든 것을 다 받아들이고도 그 모든 것들 위에 있다.

이런 경지는, 말이나 논리적으로 따져서 해결되는 것이 아니다. 침묵과 무위의 실천 속에서 황홀경의 세계에 들어서지 않고서는 진정, 일어날 수 없는 사태이다. 교육이 바로 황홀경, 신나는 춤판이면 어떨까? 황홀경은 결코 어떤 단계를 밟아 일어나는 것은 아니다. 아주 '작은 행위' 속에 있다. 그러나 황홀경을 통해 가장 큰 기쁨을 맛볼 수 있다. '행함이 없지만 오히려 다 이루어질 수 있다'는 믿음은 나와 너가 서로에게 녹아 있을 때 가능하다. 물아일체(物我一體)의 경지라고나 할까? 이런 점으로 미루어 볼 때, 무위와 만남은 인간으로서 인격을 단련할 수 있는 적절한 교육적 사고요 방법의 하나로 생각된다.

---

11) 江海所以能爲百谷王者, 以其善下之. 故能爲百谷王. 是以欲上民, 必以身後之

V. 맺음말

노자를 이해하기 위해서는 중국 고대의 역사와 『노자도덕경』에 담긴 심오한 철학적 의미를 간파해야 하고, 마르틴 부버를 알기 위해서는 유대교의 경건주의 전통인 하시디즘을 알아야 한다. 그러나 논자는 교육철학이나 방법을 염두에 두고서, 부버의 만남과 대화의 의미가 노자의 무위· 자연과 상통하는 점이 있음을 생각해 보는 데 그쳤다. 아직도 논자는 언어 문자로 표기된 사상의 상호 비교나 대비가 어느 정도 일치할 수 있을지에 대해 회의가 있다. 특히 나라나 민족마다 제각기 다른 문화적 환경을 생각할 때 그러하다. 이는 어떤 사상을 받아들일 때, 두고두고 심사숙고(深思熟考)해야 할 문제이다. 이런 생각이 본 연구와 같은 주제들이 지니는 비교 철학의 한계이기도 하다.

노자는 억지로 행함이 없는 자연스러움의 실천을 통해 인간의 삶에 반성적 계기를 제공했다. 그리고 말하지 않는 가르침으로 교육의 전형을 보여 주었다. 부버는 진정한 만남과 대화를 통해 비인간화의 길을 가고 있는 인간의 삶에 경종을 울렸다. 그리고 참된 가르침은 인격적 관계 속에 싹트는 인격 교육에 있다고 진단했다. 노자와 부버의 말하지 않는 가르침인 불언지교(不言之教)와 만남·대화의 인격 교육은 인위적으로 포장된 비교육적 언동을 경계한다. 그것은 말보다는 침묵 속에서, 실무적이고 가식적인 대화나 프로퍼겐더를 거부하는 순수한 대화와 포옹과 겸손의 황홀경 속에서 진정한 교육으로 거듭날 수 있다.

따라서 노자와 부버의 무위·자연과 만남·대화의 사고는 현재 우리 교육이 당면하고 있는 수많은 말과 인위적이고 형식적인 교육 상황을 좀더 참된 교육의 세계로 이끄는 데 주요한 시사점을 준다.

참고문헌

『老子道德經』
『周易』
『史記』
강선보(1996). **마르틴 부버의 만남의 교육철학**. 서울: 양서원
김용옥(1989a). **老子哲學 이것이다**. 서울: 통나무
_____(1989b). **老子-길과 얻음**. 서울: 통나무
김정환(1995). **인간화 교육 어떻게 할 것인가**. 서울: 내일을 여는 책
김정환·강선보(1997). **교육학 개론**. 서울: 박영사
김충렬(1995). **노장철학강의**. 서울: 예문서원
김학주(1988). **老子와 道家思想**. 서울: 명문당
김형효(1994). **데리다와 老莊의 독법**. 성남: 한국정신문화연구원
더크 보드(1991). **중국인은 무엇을 생각하고 살아 왔는가**. 이명수 옮김. 서울: 여강
마르틴 부버(1979). **사람과 사람 사이**. 남정길 옮김. 서울: 전망사
_____(1980). **善과 惡**, 남정길 역. 서울: 전망사
_____(1984). **神의 日蝕**. 이병섭 역. 서울: 이대 출판부
_____(1985). **열개의 디딤돌**. 이준직 역. 서울: 한국기독교문화원
_____(1994a). **나와 너**. 표재명 옮김. 서울: 문예출판사
_____(1994b). **하시디즘과 현대인**. 남정길 옮김. 서울: 현대사상사
_____(1994c). **預言者의 信仰**. 남정길 역. 서울: 대한기독교출판사
막스 베버(1990). **儒教와 道教**. 이상률 옮김. 서울: 문예출판사
막스 칼텐마르크(1993). **노자와 도교**. 장원철 옮김. 서울: 까치
목영해(1994). **후 현대주의 교육학**. 서울: 교육과학사
박이문(1996). **老莊思想-철학적 해석**. 서울: 문학과 지성사
박종호(1990). **老子哲學**. 서울: 일지사
박희준(1991). **백서 도덕경-老子를 읽는다**. 서울: 까치
쉬캉성(2002). **노자평전**. 신창호·유희재 역. 서울: 미다스북스
신창호(2003). **인간 왜 가르치고 배우는가**. 고양: 서현사
안인희(1987). **현대 교육 고전의 이해**. 서울: 이대출판부
楊潤根(1994). **老子新解**. 北京: 中國文學出版社
伍振鷟(1989). **中國教育思想史**, 台北: 師大書苑
王治心(1988). **중국종교사상사**. 전명용 옮김. 서울: 이론과 실천
李康洙(1984). **道家思想의 研究**. 서울: 고대 민족문화연구소
이규호(1991). **말의 힘**. 서울: 제일출판사

任時先(1989). **中國敎育思想史**. 차석기 역. 서울: 교학연구사
陳鼓應(1993). **老子註釋及評介**. 香港: 中華書局
처음처럼 편집부(1997). **처음처럼**. 서울: 내일을 여는책. 9-10월호(통권 3호)
최진석(2001). **노자의 목소리로 듣는 道德經**. 서울: 소나무
페르디낭·드·소쉬르(1993). **一般言語學講義**. 오원교 역. 서울: 형설출판사
한기언(1978). **東洋思想과 敎育**. 서울: 법문사

중국 고대의 六藝 교육[1)]

이 경 자(경상대학교)

1. 머리말

많은 학자들은 교육이 언제 시작되어 어떤 내용으로 진행되었고, 교육의 범주를 어디까지 포함시켜야 되는지 등을 오래전부터 고민해왔다. 교육이라는 행위는 길게는 인류가 생기면서부터, 짧게는 '학교'라는 교육기관이 정식으로 설립되면서 부터 체계적으로 이루어졌다고 볼 수 있다. 중국의 고대교육에 있어『孟子』,『說文解字』,『漢書』,『禮記』등의 문헌을 보면 하(夏)나라와 상(商)나라에 교육이 있다고 하지만 교육기관으로서 체계적인 틀이 마련된 것은 주대(周代)라고 볼 수 있다.『周禮』에 의하면 주대의 교육기관으로 성균(成均), 벽옹(辟雍), 상상(上庠), 동서(東序), 고종(瞽宗) 등이 있었고, 교육을 담당하는 관직으로 사씨(師氏), 보씨(保氏), 악사(樂師), 대사악(大司樂), 대악정(大樂正), 소악정(小樂正), 대사(大師), 소사(少師), 대서(大胥), 소서(小胥), 제자(諸子) 등이 있었다. 그 가운데 대표적인 교육 담당자가 바로 사씨와 보씨인데, 이들은 인격과 학식을 겸비한 사람이었다. 사씨는 사람들의 인격교육에 힘써 도덕교육의 모범, 교육의 최고 책임자로서 삼덕(三德: 至德, 敏德, 孝德), 삼행(三行: 孝行, 友行, 順行)으로 국자(國子)를 가르쳤고, 보씨는 왕을 보좌하고 나쁜 점을 간하며 도로써 사람을 다스리는 직책으로 육예(六藝), 육의(六儀)를[2)] 가르쳤다.

일반적으로 육예란 예(禮), 악(樂), 사(射), 어(御), 서(書), 수(數)를 일컫는다. 육예의 구체적인 내용은 5례, 6악, 5사, 5어, 6서, 9수이다. 원제희(袁濟喜)는 과거 전적과 발굴문헌

1) 이 글은「윤리교육연구」22집(2010.8)에 게재된 논문을 일부 수정, 보완한 것이다.

2) 육의(六儀)란 여섯 가지 의용(儀容)으로『周禮·地官司徒』에 의하면 제사를 지낼 때의 용모(祭祀之容), 빈객을 접할 때의 용모(賓客之容), 조정에서의 용모(朝廷之容), 상을 당했을 때의 용모(喪紀之容), 부대에서의 용모(軍旅之容), 수레나 말을 탈 때의 용모(車馬之容)를 일컫는다.

을 근거로 이것이 정식으로 확정된 것은 서주의 성강(成康)시기라로 보고 있다(袁濟喜, 1999: 84).[3] 육예는 서주시기의 중요한 교육내용으로 고대 문헌 자료를 통해 역사적 근거를 쉽게 찾아볼 수 있다. 그러나 공자 이후 이러한 교과목으로서의 '육예'의 명칭은 여섯 권의 책을 통칭하는 '육경'과 함께 사용되었다. 따라서 본래의 예, 악, 사, 어, 서, 수를 일컫던 육예는『詩』,『書』,『禮』,『樂』,『易』,『春秋』를 일컫는 용어로 쓰이기도 했는데, 일반적으로 후자를 '육경'이라고 칭한다. 육예와 육경을 구별해보면 육경은 여섯 권의 책을 일컫지만 육예는 여섯 권의 책뿐만 아니라 예, 악, 사, 어, 서, 수를 일컫는 명칭이기도 하다.

본 연구에서는 육경과 혼용되는 육예의 명칭 및 여섯 가지 교과목을 지칭하는 육예교육이 어떻게 이루어졌는지 살펴보고, 그 의의를 모색해보고자 하였다. 따라서 본 연구에서 사용하는 육예는 예, 악, 사, 어, 서, 수를 지칭하는 용어로써만 사용하되 '육예'가 여섯 권의 책을 지칭할 때는 별도의 설명을 하고자 한다. 본 연구는 교육학적 입장에서 육예에 대한 교육적 의의를 선행연구 및 원전을 통해 모색해본 것으로 육예 즉 예, 악, 사, 어, 서, 수 각각에 대해서는 깊이 천착할 수 없었음을 밝힌다. 육예 각각에 대한 심도 있는 논의는 후속작업으로 남겨둔다.

Ⅱ. '육예'의 명칭

'육예'라는 명칭에는 두 가지 의미가 내포되어 있다. 하나는 공자 이전에 주로 귀족 자제들이 배웠던 예, 악, 사, 어, 서, 수 등 여섯 개의 교과목이고, 다른 하나는 공자 이후 공자의 사학에서 가르친『詩』,『書』,『禮』,『樂』,『易』,『春秋』이다.[4] 그렇다면 '육예'라는 명칭은 도대체 언제 나타났는가? 일반적인 견해는 육예는 주공(周公)이 정했다는 것이다. 이에 대한 근거는『周禮·地官司徒』에[5] 육예가 무엇인지 구체적으로 기재

3) 여기서 성강(成康)시대란 종법, 봉건, 천자 제도, 예악을 제정한 성왕(成王: 재위 기원전 1042년-기원전 1021년)과 법치로 제(齊)나라의 질서를 바로 잡은 강왕(康王: 재위 기원전 1021년-기원전 996년)의 시대로 주나라가 전성기를 맞이한 시기이다.

4) 학술계는 끊임없이 공자가 창시한 유학 이후 유가에서 '육예'라고 부르는 것은『시』,『서』,『예』,『악』,『역』,『춘추』중 여섯 권의 책, 즉 육경을 지칭하는 것이지만 예, 악, 사, 어, 서, 수 여섯 개의 교과목을 일컫는 용어로 사용되었음을 인정하고 있다.

5) 蔣國保는『周禮』의 저작 년대에 대해 세 가지 견해가 있다고 하였다. 첫째, 서주의 주공이 지었다는 것

되어 있는 내용으로 알 수 있다. 즉 "향에서는 세 가지 일로써 백성을 가르쳐 인재를 추천한다. 첫째는 육덕(六德)이라 하는데, 지(知)와 인(仁)과 성(聖)과 의(義)와 충(忠)과 화(和)이다. 둘째는 육행(六行)이라 하는데, 효(孝)와 우(友)와 화목(睦)과 혼인(婣)과 신임(任)과 구휼(恤)이다. 셋째는 육예라 하는데 예, 악, 사, 어, 서, 수이다"고 했다(周禮: 地官司徒).[6] 이에 따르면 육예의 명칭이 적어도 주대에 사용되었음을 알 수 있다. 하지만 육예의 기원은 이보다 이르다고 볼 수 있다. 특히 예, 악, 사, 어, 서, 수가 '육예'라는 명칭으로 교육이 이루어진 것은 아니지만 일찍이 원시사회에서 탄생하고 발전하여 끊임없이 개선되었다. 이후 주대에 이르러 교육에 대한 체계가 어느 정도 이루어지자 이러한 육예를 전문적으로 가르치는 사람인 보씨(保氏)를 두었다.

『周禮』「地官司徒」에 "보씨(保氏)는 왕의 나쁜 점을 간하고 국자(國子)를 도로써 양성하여 육예를 가르치는 일을 관장한다. 첫째는 오례(五禮)이고, 둘째는 육악(六樂)이며, 셋째는 오사(五射)이고, 넷째는 오어(五馭)이며, 다섯째는 육서(六書)이고, 여섯째는 구수(九數)이다"고 했다(周禮: 地官司徒).[7] 육예의 내용을 배우는 대상은 국자뿐만 아니라 향에 거주하는 일반 백성을 모두 포함한다. 다만 이들이 교육을 받을 수 있는 장소가 각각 국학(國學)과 향학(鄕學)으로 달랐을 뿐이다. 당시 향에는 향대부(鄕大夫)가 있어 향의 정무와 교육을 관장하였다(周禮: 地官司徒).[8] 보씨 외에 육예를 가르친 사람으로 예의에 참여하여 길흉을 점치고 역사적 사실을 기록하는 사람을 '유(儒)' 또는 '유사(儒師)'라고 했다. 당시 '유'는 은나라의 사(士)에 속했던 유민 중의 한 계층으로 예의 절차를 관장하면서 제후를 도와서 예, 악, 사, 어, 서, 수의 여섯 가지 기예로 백성을 가르쳤다. 동한(東漢)의 허신(許愼)이 쓴 『說文解字』를 보면 "유는 부드러움이요, 술사를 지칭한다"고[9] 했듯이 '유'는 음양, 점술, 복서 등에 능한 술사의 칭호였다. 또한 『周禮·天官冢宰』를 보면 "유(儒)는 도(道)로써 백성을 얻는다"고[10] 했는데, 이는 유를 두어서 백성을 교화시킨다는 것으로 여기에서 도는 예의범절이나 행사의 진행 절차로서, 유는 이러한 예의나

둘째, 전국시대의 예학가(六國陰謀之徒)가 서주와 전국사료를 모아서 편찬했다는 것, 셋째는 양한 사이에 劉歆이 지었다는 것(혹은 왕망이 자료를 모아 만들고 후에 유흠이 정리해서 완성했다는 것)이다(蔣國保, 2006: 36). 이중 서주의 주공이 지었다는 견해가 강하며, 이후 후세 사람들이 증보했다고 보고 있다.

6) 以鄕三物教萬民而賓興之一曰六德, 知仁聖義忠和; 二曰六行, 孝友睦婣任恤; 三曰六藝, 禮樂射御書數.

7) 保氏, 掌諫王惡. 而養國子以道乃教之六藝, 一曰五禮, 二曰六樂, 三曰五射, 四曰五馭, 五曰六書, 六曰九數.

8) 鄕大夫之職, 各掌其鄕之政教禁令.

9) 儒, 柔也, 術士之稱.

10) 儒以道得民.

행사의 진행 절차를 알아서 그에 알맞도록 사람을 이끄는 예의 전문가에 속한다.

『周禮』에서 육예의 명칭이 처음 발견되듯이, 육예는 서주시대에 주요한 교육내용이었다. 그러나 사회 변화에 따라 무사보다는 문사가 요구되자 자연히 기예위주의 무사를 양성하던 교육은 『詩』, 『書』, 『禮』, 『樂』, 『易』, 『春秋』를 익힌 문사를 양성하는 교육으로 변하였다. 특히 공자의 명성이 높아지고 유가사상과 그들의 교육방법이 보급되자 전국시기 말기에 이르러 여섯 권의 책을 '육경'으로 지칭하기도 했다. 학자간에 다소 이견이 존재하기도 하지만 이러한 내용은 『莊子』를 통해서도 알 수 있다. 「天運」편에 "공자가 老聃에게 말했다. '저는 『詩』, 『書』, 『禮』, 『樂』, 『易』, 『春秋』의 여섯 권의 경전을 배워 스스로도 오랜 세월이 걸렸다고 생각합니다만 그 내용은 잘 알고 있습니다(莊子: 天運)'"고[11] 했는데, 전국시대에 이미 '육경'이라는 용어가 사용되고 이를 중시했음을 알 수 있다.[12] 그러나 경전의 지위로서의 '육경'은 한대의 독존유술(獨尊儒術) 이후에 쓰인 용어로 보아야 할 것이다.

원래 '경전(經典)'의 '경(經)'이라고 하는 것은 방직기의 상하방향을 가리키는 것으로 날실과 씨실을 가리킨다. 이 날실과 씨실이 교차하여 올이 풀리지 않는 옷감이 만들어진다. 이러한 본래의 '경'의 의미가 확대되어 '경'이라고 지칭했을 때는 '늘', '항상', '강상' 등의 의미를 내포하는 것으로, 책에 '경'이라는 용어가 쓰일 때는 전적으로서 일반적인 책이 아니라 중요한 지위와 의의를 담고 있는 것이며, 그 내용은 강령의 성격을 띠고 있는 것이다. 따라서 '육경'이라는 용어가 한대 이전에 쓰였다 할지라도 이것이 한대에 지칭했던 '육경'의 지위와는 다른 의미로 파악해야 할 것이다. '육경'이라는 용어는 공자의 사학 이후 여섯 권의 책을 지칭하는 것으로 사용되긴 했지만 경전으로서의 '육경'이 그 지위를 얻게 된 것은 서한의 독존유술(獨尊儒術) 이후라고 볼 수 있다.

서한 후기 한무제가 '백가를 퇴출하고 유술만을 숭상할 것(罷黜百家, 獨尊儒術)'을 말하

---

11) 孔子謂老聃曰: '丘治詩書禮樂易春秋六經, 自以爲久矣. 熟知其故矣'.

12) 일부 학자는 육경의 명칭이 한대부터 시작되었다고 보기도 한다. 이러한 견해는 주로 『莊子』 「天運」에서 지칭하는 '육경'이라는 용어는 장주(莊周)에게서 직접 나온 것이 아니라고 보는 입장이나 본 연구에서는 일반적인 설을 따르는 것으로 '육경'이라는 명칭이 『莊子』 「天運」에 의한 것으로 본다. 『莊子』라는 책은 內篇과 外篇으로 나뉜다. 이중 '육경'이라는 명칭을 사용하고 있는 「天運」편은 외편에 속해 있는 것이고 장자가 지은 것이 아니라고 보는 설도 있지만, 『莊子』라는 책은 전국시대 말에 나온 것이라고 보고 있는 것이 학자들의 일반적인 견해이다. 그러나 책이 간행된 이후에도 장자 후학과 지식인들의 첨삭에 따라 책의 내용이 변하였음도 부인할 수 없다. 그러므로 지금으로서는 상기 인용문과 '육경'이라는 용어가 전국 말에 사용되었다고 단언할 수는 없지만, 이를 반박할 결정적 근거도 없기에 현재 통용되는 의견을 따라 '육경'이라는 단어가 『莊子』 「天運」에서 처음 쓰여진 것으로 간주한다.

기 전에 유가의 여섯 권의 책은 『莊子』 「天運」에서 '육경'이라는 용어를 사용하고 있지만 대체로 한대에도 '육예'로 지칭되었다. 따라서 이미 주대부터 있었던 육예라는 명칭, 그리고 여섯 권의 경전으로서의 '육경'의 명칭과 혼용된 것이다. 『論語』에서 공자가 직접적으로 예, 악, 사, 어, 서, 수를 나열한 부분은 찾아볼 수 없지만 『史記』 「孔子世家」에 "공자는 『시』, 『서』, 예, 악을 가르쳤는데, 제자가 무려 삼천명이나 되었고 그중 육예에 능통한 자가 72명이었다".[13] 『史記』 「伯夷列傳」에 "학문을 하는 데에는 참고할 서적이 매우 많지만 육예를 중심으로 하는 것이 옳을 것이다",[14] 『史記』 「滑稽列傳」에 "공자는 일찍이 육예는 그 문사(文辭)가 각기 다르지만 사람을 다스려 공헌한다는 점에서는 같은 것이다. 『禮』는 사람에게 절도를 가르쳐주고, 『樂』은 사람의 마음을 화하는 즐거움을 발하게 하고, 『書』는 사실을 말해주고, 『詩』는 사람의 감정과 의사를 통하게 해주며, 『易』은 천지 변화의 신비함을 알려주고, 『春秋』는 의(義)에 대하여 말해주고 있다"고[15] 한 것으로 보아 육예는 한대에 일반적으로 사용되었던 칭호이며, 이것이 지칭하는 것은 여섯 권의 책으로서 공자가 이것을 제자들에게 전수했음을 알 수 있다. 한나라 초기의 사회상을 설명하고 있는 가의(賈誼)의 『新書』 「六術」에서도 "『詩』, 『書』, 『易』, 『春秋』, 『禮』, 『樂』 여섯 가지 학술을 일으켜 대의를 삼아 이를 육예라 한다"고[16] 했듯이, 여기서 '육예'란 모두 여섯 권의 경전을 의미한다. 유흠(劉歆)의 『七略』에서도 육경이 수록되어 있는데, 이를 육예략(六藝略)이라고 부르고 있다. 한대 초기까지 여섯 권의 책을 육예라고 한 것은 『周禮』 「地官司徒」에서 말하는 육예와 이름은 같지만 뜻은 다르게 사용하고 있음을 알 수 있다.

장국보(蔣國保)는 여섯 권의 책의 의미에서 '육경'의 명칭은 최소 전국시대 중·후기에 유행한 것이고, 여섯 권의 책으로서의 '육예'라는 명칭은 『呂氏春秋』 중 우연히 사용된 것으로, 한대 초기 이후에 유행한 것으로 보고 있다. '육예'라고 부르는 것의 유행에 따라 한나라 초기 유자들은 여섯 권의 책을 '육예'라고 불렀다는 것이다(蔣國保,, 2006: 34).[17] 육예라는 명칭이 언제까지 지속되었는지 정확한 연대는 모르나 최소한 한대

---

13) 孔子以詩書禮樂教, 弟子盖三千焉, 身通六藝者七十有二人.

14) 夫學者載籍極博, 猶考信於六藝.

15) 孔子曰: 六藝于治一也, 『禮』以節人, 『樂』以發和, 『書』以通事, 『詩』以達意, 『易』以神化, 『春秋』以義.

16) 『新書·六術』: 以與詩書易春秋禮樂, 六者之術爲大義, 謂之六藝.

17) 반면에 徐復觀은 『新語·道基』에서 "오경을 제정하고 육예를 밝혀서 하늘을 계승하고 사물을 다스리며 일의 미세한 부분을 궁구히 하며 정을 근원으로 하고 근본을 세워서 인륜의 실마리를 열고 …쇠란(衰亂)을 바로잡는다(定五經, 明六藝, 承天統地, 窮事察微, 原情立本, 以緒人倫… 以匡衰亂)"를 예를 들어 여기서

초기까지 유행했다고 보아야 할 것이다.

그렇다면 왜 전국시대에 여섯 권의 책을 '육경'이라는 용어로 사용했음에도 불구하고 한대까지 이것을 '육예'라고 불렀는가? 오용휘(吳龍輝)는 유가는 본래 예, 악, 사, 어, 서, 수 등 육예교육에 종사한 사람들로 육예교육이 역사에서 도태된 후 유가는 교육과정의 개혁을 통해 교육 대권을 장악하고 사람들을 만족시키기 위해 '육예'라는 명칭이 그들의 심리에 남아있었다는 것이다(吳龍輝, 2005: 44). 이러한 명칭을 이용하여 유가가 『詩』, 『書』, 『禮』, 『樂』, 『易』, 『春秋』를 여섯 교육과정으로 삼고 더불어 '육예'라는 명칭을 연용한 것이라고 보고 있다. 따라서 여섯 권의 책을 '육예'라고 칭한 것이다. 현재 우리가 사용하고 있는 육경은 유가학파의 경전으로서 『詩』, 『書』, 『禮』, 『易』, 『春秋』 중 『樂』이 소실된 '오경'을 말한다.[18] 그러므로 오늘날 볼 수 있는 오경은 전국 말에서 진한시대의 유생들에 의해 전해지는 책이다.

이상에서 '육예'라는 명칭은 적어도 주대에 출현했으며, 이 둘의 명칭이 한대 초기까지 함께 사용되었음을 알 수 있다. 이러한 이유는 당시 사회적 영향도 컸지만 사람들의 심리적 요소도 배제할 수 없는 부분이다. 하, 상, 주의 교육이 무사 양성을 위한 육예중심의 교육이었다면 춘추이후에는 여섯 권의 책을 통한 교육에 주력했음을 알 수 있다. 당시 교과목으로서의 육예교육이 도태된 이유에는 예악의 붕괴와 진보적인 전쟁방식의 출현으로 원래 예, 악, 사, 어, 서, 수를 통해 무사를 배양하던 교육에서 『詩』, 『書』, 『禮』, 『樂』, 『易』, 『春秋』를 통한 문사양성 교육이 필요했던 것이다. 따라서 전국시대에 이르러 육예교육의 사회적 토대는 점점 동요되고 육예교육의 필요성이 약화되었다. 한대(漢代) 이후 유가 학파가 사회에서 중요한 자리를 차지하게 됨으로써 춘추 이전의 육예교육은 공자이후에 '육경'을 중심으로 하는 교육으로 변화되었다. 이는 사회적 상

말하는 '오경'과 '육예'의 명칭은 진나라 시대에 이미 있었던 명칭을 계승한 것으로 '육경'이라 부르지 않고 '오경'이라고 한 것은 문헌의 입장에서 『악기』에는 본래 경이 없으므로[여기서는 경전의 지위를 일컫는다고 보아야 할 것임] 오경이 있을 뿐이기 때문이라고 보고 있다. 오경이라는 단어는 양한 시대에 통용되는 명칭이 되었다고 본다. 따라서 『악기』를 포함시킬 때는 육예라고 불렀다는 것이다(徐復觀, 2007: 96). 그러나 실제로 『악기』가 경전으로서의 지위를 획득하지 못해 여섯 권의 책을 '육경'이라고 부르지 않고 '육예'라고 지칭했다는 이러한 견해는 이론의 여지가 크다. 특히 공자가 직접 경이라고 지칭하지는 않았지만 『禮記』「經解」편의 내용과 『莊子』「天運」편의 내용이 사실에 근거한다면 더욱 반론의 여지가 크다고 볼 수 있다. 徐復觀의 경우 경학의 '경'이라는 글자가 유가 이외의 제자에서 응용되었다고 보는 반면 皮錫瑞(1959)는 그가 쓴 『經學歷史』에서 '경'이라는 글자는 공자에서 비롯하였고 경학은 공자의 문하에 전수되었다고 보고 있다.

18) 『악』이 소실된 것인지 아니면 원래 없었던 책인지 다소 논란은 있지만 일반적으로 현존 문헌자료에 의하면 진시황의 분서갱유 이후 소실된 책으로 보고 있다. 따라서 진 이후 한대에 유가들이 전한 책은 『시』, 『서』, 『예』, 『악』, 『역』, 『춘추』 다섯 권으로 『악』은 없었다.

황의 변화에 따라 실제로 고대학교 교육의 내용 및 인재양성 모델도 크게 변화되었음을 의미한다.

Ⅲ. 정서도야로서의 예, 악

육예 중 '예(禮)'는 '예의', '예법'을 가리키는 것으로 원시 사회에 이미 있었다. '예'라는 글자의 어원을 살펴보면 『설문해자』에 "예는 행하는 것이다. 신을 섬김으로 복을 누린다"는[19] 의미가 있다. 예의 글자 자체는 '시(示)'와 '풍(豊)' 두 글자가 결합된 것으로 여기서 '시(示)'는 제신의 의미를, '풍'은 제물을 의미하는 것으로 천지귀신에게 제사를 지내기 전에 오곡 등의 제물을 봉헌하는 의식을 '예'라고 했다. '예'라는 글자는 원래 종교에서 사용하는 가장 장엄한 명사이기도 하다(陳青之, 2008: 3). 이러한 예에 대한 가르침은 요순시대까지 거슬러 올라갈 수 있는데, 당시 예교라는 것은 일종의 종교의례였다. 그러나 사회구조가 복잡해지고 과학지식이 늘어나면서 종교적 태도가 약화되고 철학적 의미가 더해지면서 '예'의 종교적인 의미보다 예를 통한 사회통합의 기능이 강조되었다.

하대(夏代)에 이르러 예악교육은 원시 씨족사회의 '예'를 비판적으로 계승하면서 노예사회교육의 주요 교육내용으로 발전시켰다. 『禮記』「文王世子」에 "무릇 삼왕(三王)이 세자를 가르치는 데는 반드시 예악으로 했다. 악은 안을 닦기 위한 것이요, 예는 밖을 닦기 위한 것이다"고[20] 하였다. 여기서 삼왕은 하, 상, 주 삼대를 말하는 것으로 이미 이 시기에 예악교육이 시작되었음을 의미한다. 예라는 의식은 악과 함께 주로 제사활동과 각종 경축행사에서 행해졌다. 상대에는 예, 악, 사, 어, 서, 수 등 교육의 내용이 다양했는데, 예악을 배우는 장소로 '고종(瞽宗)'이 있었으며 전문교사로 악관(樂官)이 있었다. 『禮記』「王制」에 "50세 이상은 향교에서 양로의 예를 행하고, 60세 이상은 국도의 소학에서 양로의 예를 행하며, 70세 이상은 대학에서 양로의 예를 행한다. 이와 같은 예법은 천자로부터 제후에 이르기까지 공통된 것이다"고[21] 했다. 일반적으로 종

19) 禮, 履也. 所以事神致福也.
20) 凡三王教世子, 必以禮樂. 樂所以修內也. 禮所以修外也.
21) 五十養於鄉, 六十養於國, 七十養於學, 達於諸侯.

교제례 중 양노(養老)의 교육은 예를 행사는 것에서 시작하였다. 『禮記』「王制」에 "유우씨(有虞氏)는 국로(國老)를 기르는 예를 상상(上庠)에서 행하고, 서로(庶老)를 기르는 예를 하상(下庠)에서 행했다. 하후씨(夏后氏)는 국로를 기르는 예를 동서(東序)에서 행하고, 서로를 기르는 예를 서서(西序)에서 행했다. 은나라 사람은 국로를 기르는 예를 우학(右學)에서 행하고, 서로를 기르는 일을 좌학(左學)에서 행했다. 주나라 사람은 국로를 기르는 예를 동교(東膠)에서 행하고, 서로를 기르는 예를 우상(虞庠)에서 행했다. 우상은 국도의 서교(西郊)에 있다"고[22] 했다. 예를 행하기 위한 제단을 지어 제사를 지내는 것은 신농씨(神農氏)부터 시작되었는데, 이를 '명당(明堂)'이라고 칭하였다. 당시 이러한 제사의 행위는 교육과 일치되었다. 따라서 명당은 제사를 지내는 장소이면서 교육의 장소이기도 했다. 이러한 예의 행위는 당시의 사회규범과 도덕규범으로 노예사회의 등급제도와 종법관계를 공공히 하는 매개체 역할을 했다.

서주에 이르러 예교는 정치제도, 사회경제, 군사 및 일상생활 등에서 법령과 도덕규범이 되었고 사회는 자연스레 예를 중시하였다. 교육체계면에서 서주는 상대보다 완비되었다. 교육의 내용에 있어 주공은 상나라 멸망의 교훈을 삼아 '육예교육' 중 예악교화의 작용을 말하고 이것을 기타 교과목보다 중시하여 문을 중심으로 무를 겸비하도록 했다. 『禮記』「表記」에 "은나라 사람은 신을 존경하여 백성들 모두가 신을 섬겼다"고[23] 했듯이 주대의 교육은 하상교육이 무를 숭상하고 신을 섬긴 의식과 구별된다.

예는 크게 다섯 가지로 구분할 수 있다. 이것을 오례(五禮)라고 하며, 『周禮』에 보씨가 가르친 기록이 있다. 『周禮』「地官司徒」에서 "다섯 가지 예로 모든 백성의 허위의식을 막고 중용의 도를 교육한다"고[24] 했다. 여기서 다섯 가지 예란 길례(吉禮), 흉례(凶禮), 빈례(賓禮), 군례(軍禮), 가례(嘉禮)를 말한다. 이른바 오례는 사람들의 사회생활 각 방면의 예의에 적용되는 것으로 전문적인 교육과 훈련이 없으면 이해할 수 없었다. 따라서 당시 이러한 '예'라는 글자의 교육적 의미가 더해지면서 '예교(禮教)'라고 지칭했으며, 예교는 종교적 색채를 벗어날 수 없었다. 이러한 예교는 서주 이후 종교적 의미에 윤리적 의미가 더해졌다.

악은 노래, 춤, 악기를 결합한 종합예술 과목에 속한다. 악이 언제부터 시작되었는지

---

22) 有虞氏, 養國老於上庠 養庶老於下庠 夏后氏 養國老於東序 養庶老於西序 殷人 養國老於右學 養庶老於左學 周人 養國老於東膠 養庶老於虞庠 虞庠在國之西郊.

23) 殷人尊神, 率民以事神.

24) 以五禮防萬民之僞而敎之中.

구체적인 연대를 파악하기 어렵지만 예와 함께 일찍부터 중국의 전통교육에서 중요하게 여겨졌다. 일찍이 원시시대 사람들은 가무를 즐기고 모계씨족공동체사회에서는 악기를 제작하고 연주하였다. 악은 요순시대에 이르러 '전악(典樂)'이라는 전문직원이 있었을 정도로 발전하였다. 당시 사람들은 악에 신체를 건전하게 하는 작용이 있다고 생각하였다. 『呂氏春秋』「古樂」에 "무악(舞樂)을 만들어 춤추게 함으로써 침체되고 위축된 것들을 통하게 하였다"고 했듯이 사람들은 가무를 통해 사악한 것을 물리치고 신체를 단련시켰다(牛夢琪, 2006: 43). 『禮記』「樂記」에 "악은 안에서부터 나오고 예는 밖에서부터 일어난다. 악은 안에서부터 나오기 때문에 고요하고 예는 밖에서부터 일어나기 때문에 문식이 있다. 대악(大樂)은 쉽고 대례(大禮)는 간략하다. 악이 지극하면 원망이 없고 예가 지극하면 다투지 않는다. 읍양(揖讓)하며 천하를 다스린다 함은 예악을 두고 하는 말이다"고[25] 했듯이 악이 인간에게 어떻게 작용하는지 설명하고 있다. 당시 악은 제사와 각종 경축활동 및 전쟁에서도 사용되었다.

상대에 이르러 관학에서 가르친 악교의 내용은 주로 무(舞)였다. 이러한 악무를 가르친 학교를 '고종'이라고 불렀다(禮記: 明堂位).[26] 고종은 악인의 종묘로 원래 악의 조상에게 제사를 지내는 장소였는데, 제사를 지낼 때 악의 연주도 필요했으므로 '고종'은 악을 배우는 장소이기도 했다.

서주는 상대의 학교를 계승하고, 상대와 같이 고종에서 악을 가르치고 악조(樂祖)에게 제사를 지냈다. 당시 '대사악'이라는 관직을 두었는데, 대사악은 성균의 법을 관장하여 건국(建國)의 교육행정을 잘 정돈해서 국가의 자제들을 하나로 일치시키는 일을 하였다(周禮: 春官宗伯).[27] 당시 악의 주요 교육내용으로 악덕, 악어, 악무가 있었다. 이중 '악덕'은 귀족자제에게 도덕 행위 습관을 기르도록 하는 것으로 중(中), 화(和), 기(祇), 용(庸), 효(孝), 우(友)가 있다(周禮: 春官宗伯).[28] '악어'는 음악에 관한 언어문화지식을 익히게 하는 것으로 흥(興), 도(道), 풍(諷), 송(誦), 언(言), 어(語)가 있다(周禮: 春官宗伯).[29] '악무'는 음악과 함께 춤으로 표현하는 기능을 익히는 것으로 황제(黃帝)의 악으로 운문(雲門), 요

25) 樂由中出, 禮自外作, 樂由中出故靜, 禮自外作故文, 大樂必易, 大禮必簡, 樂至則無怨, 禮至則不爭, 揖讓而治天下者, 禮樂之謂也.

26) 瞽宗, 殷學也.

27) 大司樂, 掌成均之法, 以治建國之學政, 而合國之子弟焉.

28) 以樂德, 教國子, 中和祇庸孝友.

29) 以樂語, 教國子, 興道諷誦言語.

(堯)의 악으로 대함(大咸), 순(舜)의 악으로 대소(大韶), 우(禹)의 악으로 대하(大夏), 탕(湯)의 악으로 대호(大濩), 주무왕(周武王)의 악으로 대무(大武) 등 육대악무가 있었는데, 이를 간단히 '육악(六樂)'이라고 불렀다(周禮: 春官宗伯).[30] 이러한 육악은 문무(文舞)와 무무(武舞)로 나뉘는데, 문무는 손에 피리(籥)와 새의 깃을 들고 춤을 추고, 무무는 손에 방패(干)와 도끼(戚)를 들고 춤을 추는 것을 말한다.

『周禮』「春官宗伯」에 악사의 직제에는 총 4명이 있는데 "악사는 국학의 행정을 관장하여 국자들에게 소무를 가르친다. 무에는 불무(帗舞), 우무(羽舞), 황무(皇舞), 모무(旄舞), 간무(干舞), 인무(人舞)가 있다. 악의(樂儀)를 가르쳐서 사하(肆夏)로써 행동하게 하고 채제(采薺)로써 따르게 하는데, 수레에서도 이와 같이 하여 돌면서 절을 하고 종고(鐘鼓)로써 절도를 삼게 했다. 활을 쏠 때에 왕은 추우(騶虞)로써 절도를 삼고, 제후는 이수(貍首)로써 절도를 삼고, 대부(大夫)는 채빈(采蘋)으로써 절도를 삼고, 사(士)는 채번(采蘩)으로써 절도를 삼았다. 음악이 진행되는 순서를 관장하여 그 음악의 행정을 다스린다"고 했다(周禮: 春官宗伯).[31] 『周禮』「地官司徒」에서 "여섯 가지 음악으로 모든 백성의 사사로운 정을 막고 화합하는 도를 가르친다"고[32] 했는데, 이러한 육대악무는 주대에 성행했으며 천지신명(天地神明)에게 제사를 지내거나 조상에게 제사를 지낼 때 행해졌다.

서주의 학교는 천자와 제후가 있는 도읍에 설립한 국학(國學)과 향에 설립한 향학(鄕學)으로 나뉘는데, 대사악은 국학에서 악덕, 악무, 악어로 '국자'를 가르쳤다. 『荀子』「樂論」에 "무릇 악이란 즐거워함이다. 사람의 감정이 반드시 벗어날 수 없는 것이다. 즐거우면 반드시 소리를 지르고 동작으로 나타낸다. 따라서 사람의 음성과 동작으로 심정의 변화가 다 발휘되는 것이다"고 했다(荀子: 樂論).[33] 또 『漢書·董仲舒傳』에 "도(道)는 잘 다스려진 상태로 인도하는 길로서, 인의예악은 모두 그 도구가 됩니다. 따라서 성왕(聖王)이 이미 돌아갔음에도 불구하고 자손들이 수백년 동안 장구하게 안녕을 누리고 있는 것은 모두 예악으로 백성을 교화시킨 업적 때문입니다. 왕이 음악을 제정하지 않을 때에는 이 세상에 적합한 선왕(先王)의 음악을 사용해서 백성들에게 깊이 침투하여

30) 以樂舞, 教國子, 雲門大咸大韶大夏大濩大武.

31) 樂師, 掌國學之政, 以教國子小舞. 凡舞, 有帗舞, 有羽舞, 有皇舞, 有旄舞, 有干舞, 有人舞. 教樂儀, 行以肆夏, 趨以采薺, 車亦如之環拜, 以鍾鼓爲節. 凡射王以騶虞爲節, 諸侯以貍首爲節. 大夫以采蘋爲節. 士以采蘩爲節. 凡樂, 掌其序事, 治其樂政.

32) 以六樂防萬民之情而教之和.

33) 夫樂者, 樂也, 人情之所必不免也, 故人不能無樂. 樂則必發於聲音, 形於動靜, 而人之道, 聲音動靜性術之變盡是矣.

교화시켜야 합니다. 실제로 교화가 성취되지 않았다면 아송(雅頌)과 같은 음악은 제정될 수 가 없습니다. 그렇게 때문에 왕이 업적을 쌓으면 음악을 제정하게 되는데, 그것은 그가 가진 덕을 음악으로 만드는 의미가 있기 때문입니다. 악이라고 하는 것은 백성들의 기풍을 변화시키고 풍속을 교화하는 방법인데 이를 사용하면 백성을 변화시키기가 쉽고 백성을 교화하는 데 큰 효과가 있습니다" 라고(漢書: 董仲舒傳)[34] 했다. 악이란 근본적으로 인간 성정(性情)에 근거해서 나오는 것으로 인간의 성정을 변화시켜 감화작용을 할 수 있다. 따라서 고대의 제왕은 악을 통해 후손을 정서적으로 안정시키고 마음을 감화시켰으며, 악교를 통해 백성을 순화시키고자 했다. 통치자들은 예악을 통해 노예주 계급의 질서를 바로잡고 통치를 공고히 하고자 한 정치적인 의도도 있지만, 이를 통해서 정서를 순화시키고 품성을 바르게 하고자 했던 모습도 엿볼 수 있다.

Ⅳ. 군사훈련으로서의 사, 어

'사(射)'는 활쏘는 방법을 배우는 것이고 '어(御)'는 말을 타고 전차를 모는 기술훈련으로서 오늘날 군사훈련 및 체육훈련에 해당한다. 이것은 중국 고대에 생존을 위한 수렵기술이기도 하면서 영토 확장을 위해 필요한 기술이었다. 따라서 고대 통치자들에게 있어 생존방식 및 군사훈련으로서 활은 중요한 역할을 하였다. 우리나라의 삼국시대에 경당(扃堂)에서도 유교경전과 활쏘기를 익혔다는 문헌적 기록이 있는데,[35] 한국과 중국의 고대 학교교육에서 사의 교육을 중시했음을 알 수 있다.

그렇다면 이러한 사와 어의 교육은 언제부터 시작되었는가? 중국의 원시씨족사회에서 사와 어는 당시 사람들의 생존방식 중 하나였다. 따라서 활쏘기 기술을 익히는 것은 교육의 기본내용이었다. 『孟子』「滕文公上」에 활쏘기에 대한 교육이 있는데 "상, 서 학교를 설치하여 백성을 가르쳤다. '상(庠)'이란 노인을 봉양한다는 뜻이고, '교(校)'란 백성을 교화한다는 뜻이요, '서(序)'란 활쏘기를 익힌다는 뜻이다. 하나라에서는 '교(校)'

---

34) 道者, 所繇适于治之路也 , 仁义礼乐皆其具也. 故圣王已没 , 而子孙长久安宁数百岁 , 此皆礼乐教化之功也. 王者未作乐之时 , 乃用先王之乐宜於世者 , 而以深入教化于民. 教化之情不得 , 雅颂之乐不成 , 故王者功成作乐, 乐其德也. 乐者, 所以变民风, 化民俗也. 其变民也易, 其化人也著.

35) 이와 관련 『舊唐書』와 『新唐書』의 내용을 살펴보면 다음과 같다. 『舊唐書』 東夷傳 高麗條: 俗愛書籍 , 至於衡門廝養之家 , 各於街衢造大屋 , 謂之局堂 , 子弟未婚之前 , 晝夜於此讀書習射. 『新唐書』: 人喜學, 至窮里廝家, 亦相矜勉, 衢側悉構嚴屋, 號局堂, 子弟未婚者曹處, 誦經習射.

라 하고 은나라에서는 '서'라 하였다. 또 '학(學)'이라는 것은 삼대의 공통된 제도였다. 이것은 모두 인륜을 밝히기 위한 것이다"고[36] 했다(孟子: 滕文公上). 문헌에서 알 수 있듯이 '서'는 활쏘는 기술을 익혔던 학교로 이미 하나라와 상나라에 있었다. '상'이 본래 노인을 봉양하는 곳이었지만 발굴된 갑골문에 상에서도 활쏘기를 했던 장소임이 밝혀졌다. 사와 어는 무력으로 정권을 장악하고 무를 숭상한 하나라 교육의 기본내용이었다. 상나라도 무력으로 세워진 국가로 그 정권을 유지하고 외부침략을 방어하기 위해 군사훈련으로서 사, 어교육을 중시하였다.

주대는 노예제가 발전했던 시기로 교육에 있어서 하, 상의 제도를 계승하여 발전시켰다. 주대의 교육기관은 국학과 향학으로 구분되는데, '사(射)'는 국학, 향학에서 중요한 과목으로 모두 정해진 훈련장소가 있었다. 당시 국학으로 천자가 설립한 '벽옹(辟雍)'은 본래 활쏘기를 익히는 곳이어서 이곳을 '사궁(射宮)'이라고도 불렀다(禮記: 射義).[37] 이곳에서 활쏘는 것으로 무사를 선발하여 제례를 거행하도록 하였다. 향학에는 '서(序)'가 있었는데, 『孟子』「滕文公」에 의하면 당시 이곳은 활쏘기를 익히는 장소였음을 알 수 있다(孟子: 滕文公上).[38] 서주시기에는 사교육과 함께 예도 중시하여, 활을 쏠 때 반드시 그 예를 지키도록 하였다. 이것을 '사례(射禮)'라고 한다. 이러한 사례는 향사(鄕射), 대사(大射), 연사(燕射), 빈사(賓射)로 구분된다. 향사는 향대부와 사가 향학에서 향음주례 후 거행하는 것이고, 대사는 천자 또는 제후가 신하들을 모아 놓고 대학에서 거행하는 것이다. 연사는 대부이상 귀족들이 연회 후 거행하는 것이며, 빈사는 특별히 귀빈을 초대하여 거행하는 것이다. 이러한 것은 『禮記』「射義」를 통해 알 수 있다.

> 제후가 매년 사(士)를 추천하여 천자에게 보고하면, 천자는 제후들의 활쏘는 능력을 시험하였다. 만일 제후가 활을 쏠 때 그 풍채가 예규에 맞고, 그 동작의 리듬이 음악에 맞으며, 활을 쏠 때의 목표물을 맞추는 수가 많으면 천자의 제례에 참여할 수 있다. 만일 그 풍채가 예규에 맞지 않고 그 동작과 리듬이 음악에 맞지 않으며 활쏘는 목표물을 맞추는 수가 적으면 천자의 제례에 참여할 수 없다. … 옛날 제후의 사례(射禮)에는 반드시 먼저 연례(燕禮)를 했다. 경대부의

36) 設爲庠序學校以敎之. 庠者, 養也, 校者, 敎也, 序者, 射也. 夏曰校, 殷曰序, 周曰庠, 學則三代共之, 皆所以明人倫也.

37) 天子將祭, 必先習射于澤. …已射于澤, 而後射于射宮.

38) 序者射也.

> 사례에는 반드시 먼저 향음주례를 행했다. 그러므로 연례라는 것은 군신의 의를 밝히는 것이다. 향음주례라는 것은 장유의 차례를 밝히는 것이다. 그러므로 활 쏘는 것은 진퇴와 주선(周旋)이 모두 예에 맞고 내지(內志)가 바르고 외체(外體)가 곧은 연후에야 궁시를 잡는 것이 심고하다. 궁시를 잡음이 심고한 연후에야 맞히는 것을 말할 수 있다. 이것으로써 덕행(德行)을 볼 수 있다(禮記: 射義).[39]

천자는 제사를 지냄에 반드시 먼저 활쏘기를 통해 사를 뽑았는데, 주대에 통치자들은 단순히 과녁을 맞추는 것을 중시한 것이 아니라 활을 쏠 때의 모습, 동작 등이 예와 악에 적합한 지를 살폈다. 사례를 예악과 함께 하여 귀족들이 품성과 심성을 수양하는 것으로 삼았다. 매년 대제(大祭)가 있기 전에 이러한 활쏘기를 거행했는데, 활을 쏘는 모습과 동작이 예악에 맞지 않으면 천자의 제례에 참여하지 못하도록 하였다.

사의 훈련에는 다섯 가지 기준이 있는데, 이를 '오사(五射)'라고 한다. 정현(鄭玄)의 해석에 의하면 첫째 '백시(白矢)'라 하여 과녁을 통과하여 화살촉이 드러나야 한다. 활쏘기 훈련에서 중요한 것은 활을 당길 수 있는 활 힘이다. 둘째 '참련(參連)'이다. 첫 번째 활을 쏜 후, 세 번을 연속해서 쏘고, 두 번은 적중해야 한다. 활쏘기훈련의 중요한 것은 속도이다. 셋째 '섬주(剡注)'이다. 화살이 과녁에 들어가면 깃의 목이 높고 화살 끝은 낮아야 한다. 힘의 날쌤을 훈련하는 것을 중요시했다. 이로써 화살이 사물을 관통할 수 있어야 한다. 넷째, '양척(襄尺)'으로 '양(襄)'은 즉 겸손함이라는 뜻이다. 임금과 신하가 동시에 활을 쏠 때, 신하는 임금과 나란히 서지 말고 한 척 물러서야 한다. 훈련에 있어 중요한 것은 겸손이다. 다섯째 '정의(井儀)'이다. 연속해서 네 번의 활을 쏘면 과녁은 '정(井)'자 형태이어야 한다. 훈련에 있어 중요한 것은 활쏘는 법의 정확성이다(郭齊家, 2004: 44-45; 兪啓定·施克燦, 2000: 81-83).

> 활쏘는 것은 인(仁)의 길이다. 활쏘는 것은 바르게 하는 일을 몸에 구한다. 몸을 바르게 한 뒤에야 발(發)하며, 발하여 맞추지 못했으면 나를 이긴 자를 원망하지 않고 돌이켜서 자신에게 구할 따름이다. 공자는 '군자는 남과 다툴 일이 없으나 (만약 남과 다툰다면) 반드시 활쏘기를 할 때와 같이 해야 한다. 읍양(揖讓)해

---

39) 諸侯歲獻, 貢士於天子, 天子試之於射宮. 其容體比於禮, 其節比於樂, 而中多者, 得與於祭. 其容體不比於禮, 其節不比於樂而中少者, 不得與於祭. …古者諸侯之射也, 必先行燕禮. 卿大夫士之射也, 必先行鄉飮酒之禮. 故燕禮者, 所以明君臣之義也. 鄉飮酒之禮者, 所以明長幼之序也. 故射者, 進退周還必中禮, 內志正, 外體直, 然後持弓矢審固. 持弓矢審固, 然後可以言中. 此可以觀德行矣.

> 서 당에 오르고, 당을 내려서 마신다. 그 다툼은 군자이다'고 했다. 공자는 '활쏘는 자는 무엇을 가지고 쏘며 무엇을 가지고 듣는가? 소리를 따라서 발하고, 발해서 정곡을 잃지 않는 자는 오직 현자인가. 만약 불초한 사람이라면 그가 어찌 능히 이것을 가지고 맞추겠는가?' 했다. 『시』에 이르기를 '과녁을 쏘아서 그대의 작을 구한다'고 했다. 기(祈)는 구한다는 뜻이다. 과녁을 맞춰 작을 사양하기를 구하는 것이다. 술은 양로하는 것이며 양병(養病)하는 것이다. 과녁을 맞춰 사양하기를 구하는 것은 기름(養)을 사양하는 것이다(禮記: 射義).[40]

위의 『禮記』 「射儀」를 통해 '활쏘는 것은 인(仁)의 길이다'고 한 것에서 보듯이, 활쏘기는 단순히 과녁을 맞추는 행위에 초점을 둔 것이 아니라 마음을 수양하는 방법이었다. 과녁을 맞추기 보다는 활을 쏘기 위해 마음을 모으고, 몸가짐을 바르게 하는 것을 중요하게 여겼다. 따라서 활쏘기를 통해 그 기예를 익힐 뿐만 아니라 인격을 수양한 것이다. 이는 『白虎通義』를 통해서도 그 교육적 의의를 살펴볼 수 있다.

> 활쏘기에서 정곡에 맞추려면 어떻게 하는가? 활쏘기의 의의는 한 가지가 아니다. 활을 쏘려면 손으로 활을 단단하고 굳세게 잡고 "마음은 편안하게 하고 몸이 단정해야"[41] 과녁에 적중시킬 수 있다. 두 사람이 승부를 겨루면서 덕(德)을 배양하는 일로 즐거워한다. 이간 자와 진 자는 모두 내려오면서 예양을 으뜸으로 하므로 이런 과정에서 사(士)를 선발할 수 있다. 쏘아서 〈맞추는〉 자는 가까이에서 보내서 먼 곳을 통제할 수 있다. 무기로서 활은 짧지만 먼 범위에 있어도 상해를 끼칠 수 있으므로 어려운 상황에 경계할 수 있다. 활쏘기로 인해 양(陽)을 돕고 사를 선발함으로써 미약한 양을 부지하고 도와서 강한 것, 즉 음을 눌러 음양을 조화롭게 하고 뜻하지 않는 일을 경계할 수 있다. 〈활쏘기로〉 위험에 경계할 수 있는 것을 우리가 어떻게 알 수 있는가? 『시』에 보면 "네 발의 화살이 같은 곳에 꽂히니 세상의 어려움을 막을 수 있겠네"라고 한다. 활쏘기로 인하여 우리는 예악을 익힐 수 있다. 활쏘기에서 왜 당(堂)에 올라가는가? 위에서부터

---

40) 射者, 仁之道也. 射求正諸己, 己正而後發, 發而不中則不怨勝己者, 反求諸己而已矣. 孔子曰, "君子無所爭, 必也射乎! 揖讓而升, 下而飮, 其爭也君子." 孔子曰, "射者何以射? 何以聽? 循聲而發, 發而不失正鵠者, 其唯賢者乎! 若夫不肖之人, 則彼將安能以中?" 詩云, "發彼有的, 以祈爾爵." 祈, 求也, 求中以辭爵也. 酒者, 所以養老也, 所以養病也, 求中以辭爵者, 辭養也.

41) 이 부분은 『禮記·射義』에서도 언급되고 있다.

> 아래를 굽어볼 수 있기 때문이다. 『예』에 보면 "빈객과 주인이 활을 잡고서 서로 올라가기를 청한다. 둘은 각각 두 기둥을 사이에 두고 활을 쏜다"고 한다. 천자는 120보, 제후는 90보, 대부는 70보, 사는 50보 거리에서 각각 쏜다. 이 차이는 〈상대적으로〉 존귀한 이는 복종시켜야 할 범위가 넓고, 비천한 이는 그 범위가 좁기 때문이다(반고저, 2005: 200-201).[42]

어는 본래 당시 말을 타고 전쟁하는 기술로서 사와 마찬가지로 군사훈련 과목에 속한다. 어의 탄생은 사의 출현보다 다소 늦다. 사서에는 비록 어와 관련된 많은 기록이 있지만 이를 증명할만한 문물이 아직까지 없다. '어'의 교련에도 다섯 가지 기준이 있는데, 이것을 '오어(五御)'라고 부른다. 정현의 주석의 따르면 오어는 다음과 같다. 첫째, '명화난(鳴和鸞)'에서 '화(和)'는 수레의 앞부분에, '난(鸞)'은 수레채 횡목에 설치하는 것으로 '화'와 '난'은 모두 수레에 장식하는 방울이다. 수레가 지날 때 울리는 방울소리에도 리듬이 있었다. 둘째, '축수곡(逐水曲)'으로 굽이굽이 개울을 따라 수레를 끌 때는 수레가 물에 빠지지 않도록 해야 한다. 셋째, '과군표(討君表)'로 '군표(君表)'는 기를 꽂는 군영의 문을 말한다. 군영의 문이 위험한 곳에 있을 때, 군영의 문 중간에 돌을 놓아 장애물을 만들었다. 수레가 군영의 문에 진입할 때, 수레의 양쪽과 돌덩이 사이의 틈은 단지 5촌으로 수레는 반드시 어느 쪽으로도 기울지 말아야 하며, 부딪치는 일이 발생해서도 안 된다. 넷째, '무교구(無交衢)'는 수레가 교차로를 지날 때 선회하는 각도가 알맞아야 하며, 무도회의 리듬과 맞아야 한다. 다섯째, '축금좌(逐禽左)'는 수레가 야수를 쫓을 때에는 왼쪽에서 짐승을 막아 임금이 사냥하는데 편리하도록 해야 한다. 왜냐하면 예는 군주가 들에서 사냥하는데 왼쪽에서 화살을 쏘도록 정해져 있기 때문이다(郭齊家, 2004: 44-45; 兪啓定·施克燦, 2000: 81-83). 이러한 사, 어교육은 전국시기에 병마를 중심으로 한 전쟁에 반드시 필요한 교육이었다. 따라서 엄격한 훈련을 통해 사를 선발하였다. 당시 전쟁에 주요 무기로써 말을 몰고 활을 쏘는 것은 기본적인 군사훈련이었다.

사와 어의 교육은 주로 예악교육과 함께 이루어졌다. 예를 들어 사를 배우면서 사례

---

42) 射正何爲乎? 曰: 射義非一也. 夫射者, 執弓堅固, 心平體正, 然後中也. 二人爭勝, 樂以德養也. 勝負俱降, 以宗禮讓, 故可以選士. 夫射者, 發近而制遠也. 其兵短而害長也, 故可以戒難也. 所以必因射助陽選士者, 所以扶助微陽而仰其强, 和調陰陽, 戒不虞也.何以知爲戒難也? 詩曰: '四矢反兮, 以禦亂兮. 因射習禮樂, 射於堂上何? 示從上制下也. 禮曰: 賓主執弓請升, 射於兩楹之聞. 射百二十步, 諸侯九十步, 大夫七十步, 士五十步. 明尊者所服遠, 卑者所服近也.

를 배웠고 예악을 익혔다. 따라서 사는 예악에 적합하게 이루어져야 했고, 사에서의 동작은 리듬과 음률에 맞춰 진행되어야 했다. 그러나 사, 어교육은 춘추 중엽 이후 기마병 전쟁방식에서 수레를 사용하는 전쟁방식으로 바뀜에 따라 점차 그 중요성이 약해졌다.

V. 지식증진으로서의 서, 수

기본지식 교육에 속하는 '서'와 '수'에서 '서'는 글쓰기 및 글자 익히기 교육을 말하고 '수'는 셈하기를 말한다. 글씨는 그 사람의 마음 자세를 나타낸다. '서' 교육은 글씨를 잘 쓰고 못쓰는 것을 중시한 것이 아니라 글씨를 써가는 과정에서 인격 수양을 하도록 하였다. 하, 상시대에 서, 수교육이 어떻게 이루어졌는지 정확한 문헌 자료는 찾기 어렵지만 발굴된 갑골문의 예를 들면 '율(聿, 필筆자의 본래 글자, 진秦 이전에 책을 쓴 공구명을 율聿이라고 함)'자가 있는데, 이것은 손에 조각칼을 쥐고 있는 모습을 상형화한 것으로 당시 책읽기, 글쓰기 교육의 조건이 구비되어 있었음을 추측할 수 있다(郭齊家, 2004: 25).

이러한 서교육은 주대에 이르러 상당히 구체화되었음을 알 수 있다. 『周禮』「地官司徒」에 보씨(保氏)는 "국자를 배양함에 육서 즉, 상형(象形), 상사(象事), 상의(象意), 상성(象聲), 전주(轉注), 가차(假借)를 가르쳤다. 이것은 글자체를 만드는 근본이다"고 했다. 이것은 문자의 구성에는 위에서 말한 여섯 가지가 있음을 나타내는 것이며, 동시에 서주시기에 글자를 인식하고 배우는 것은 글자의 구성방법에 의해 분류했음을 나타낸다. 정현(鄭玄)은 『周禮』「保氏注」에서 육서의 내용은 "상형(象形), 회의(會意), 전주(轉注), 처사(處事), 가차(假借), 해성(諧聲)이다"고[43] 했다. 한대 육서의 집대성자인 허신(許愼)은 『說文解字』에서 이에 대한 구체적은 내용을 다음과 같이 제시하였다.

> 『주례』에서는 8세가 되면 소학에 입학하고, 보씨가 먼저 육서로 국자를 가르쳤다. 육서란 첫째, 지사(指事)이다. 지사란 사물을 가리키는 것으로, 보면 알 수 있고 관찰하면 볼 수 있는 것으로 그 예로 상하(上下)가 있다. 둘째 상형(象形)이

43) 象形, 會意, 轉注, 處事, 假借, 諧聲也.

다. 상형은 형상을 나타내는 것으로 그림이 그 사물을 나타내며, 글자체가 구부러진 것에 따라 쓰는데 그 예로 일월(日月)이 있다. 셋째, 형성(形聲)이다. 형성은 소리와 형태로 사물로써 이름을 나타내고 소리를 취해 이루어진 것이다. 그 예로 강하(江河)가 있다. 넷째, 회의(會意)이다. 회의는 뜻이 모인 것으로 비슷한 종류가 합쳐져 뜻을 이루는 것으로 가리키는 것을 보면 알 수 있으며, 그 예로 무신(武信)이 있다. 다섯째, 전주(轉注)이다. 전주는 비슷한 종류의 부수를 가지고 하나의 글자를 만들어 서로 동일한 의미로 받아들인 것이다. 그 예로 고노(考老)가 있다. 여섯째, 가차(假借)이다. 가차는 음을 빌리는 것으로 본래 글자가 없었는데 음과 의미를 따서 만든 것으로 그 예로 명장(令長)이 있다.[44)]

서주학교의 문자교육은 한자 구성방법에 따라 '육서'로 분류하여 가르쳤으며, 학생으로 하여금 한자의 자음, 자형, 자의를 이해하도록 했다.

수(數)는 오늘날 셈하기에 해당하는 것으로 수교육은 주로 일상생활에서 이루어졌다. 고대의 '수'와 '술(術)'은 서로 관련되어 '수술(數術)'이라고도 불렀다. 수술의 내용은 천문, 역수, 오행, 점복, 지리, 측량, 기하, 수법 등 자연과학지식 및 기술까지 보급되고 종교지식 및 기술까지 다양하다. 상고시대 사람들은 일월성신의 자연숭배에 대해 최초의 천문지식을 갖고 있었다. 족외혼의 탄생과 농업, 축산생산의 발전에 따라 역법, 수학 등의 지식도 탄생하였다(牛夢琪, 2006: 44). 수의 내용은 서주시기에 풍부해졌는데, 관학에서 비교적 체계적인 교육이 이루어졌다. 『禮記』「內則」에 귀족자제의 교육으로 "여섯 살이 되면 수와 방위의 이름을 가르친다. … 아홉 살이 되면 날짜 세는 것을 가르친다. 열 살이 되면 집을 나가서 교사에 취하여 밖에 거숙하면서 서계(書計)를 배웠다. 옷은 비단을 쓰지 않으며 예절은 처음에 가르친 대로 하는데, 아침·저녁으로 유자의 예의를 배우고 또 스승에 청하여 서편의 수와 언어의 신실을 배웠다. 그리고 열세살이 되면 음악을 배우고 시가를 읊고 작무(勺舞)를 배우며 열다섯살 이상이 되면 상무(象舞) 및 사, 어를 배웠다. 스무살에 예를 배우기 시작하고 대하를 춤추었다"고 했다『禮記』「內則」.[45)] 『禮記』「內則」에서 볼 수 있는 육예교육에는 배우는 순서가 있었

44) 周禮, 八歲入小學, 保氏教國子先以六書, 一日指事. 指事者, 視而可識, 祭而可見, 上下是也. 二日象形. 象形者, 畵成其物, 隨體詰詘, 日月是也. 三日形聲. 形聲者, 以事爲名, 取譬相成, 江河是也. 四日會意. 會意者, 比類合誼, 以見指撝, 武信是也. 五日轉注. 轉注者, 建類一首, 同意相授, 考老是也. 六日假借. 假借者, 本無其字, 依聲托事, 命長是也. 郭齊家(2004: 45-47)와 兪启定·施克燦(2001: 83-85)등의 책에서도 인용문을 볼 수 있는데 사실 육예로서 사, 어교육이 이루어진 문헌 근거가 상당히 제한적임을 밝힌다.

다. 서와 수는 기초지식교육으로 서주시기에 소학과정에서 익혔던 내용이고 사, 어는 열다섯살, 예는 스무 살 이상이 되어 익혔다. 이 시기 6세 아동들은 숫자 세기를 배우고 9세의 아동들은 '날짜를 헤아리는 것(數日)'을 배워 9세 이전에 수를 세는 것과 날짜를 세는 기초지식을 익혔다.

『周禮·地官司徒』에 서주 육예의 수는 '구수(九數)'라고 하였다. 동한에 이르러 정현(鄭玄)은 '구수'란 방전(方田), 속미(粟米), 차분(差分), 소광(少广), 상공(商功), 균수(均輸), 방정(方程), 영부족(贏不足), 방요(旁要)를 가리킨다고 했다. '방전'이라는 것은 논, 밭 면적의 계산에 관한 것이다. '속미'란 비례에 의한 교환이다. '차분'은 '쇠분(衰分)'이라고도 부르며, 등급, 비례에 관한 것이다. '소광(少广)'의 '소(少)'는 '다소(多少)'를 말하고, '광(广)'은 '관광(寬广)'을 말하는 것으로 체적계산에서 평방과 입방을 응용하는 방법이다. '상공(商功)'에서 '상(商)'은 '상고(商賈)'이고, '공(功)'은 '공정(工程)'을 말하는 것으로, 공사의 계산, 특히 체적계산이다. '균수(均輸)'란 사람수, 노정 등 조건에 따라 곡식과 노역을 합리적으로 분배하는 것이다. '방정(方程)'이란 연립일차방정 및 정수에 관한 것이다. '영부족(贏不足)' 또는 '영부족(盈不足)'은 가설의 방법을 응용하여 의난(疑難)문제를 푸는 것이다. '방요(旁要)'란 '삼각정리'이다(郭齊家, 2004: 48-50; 兪啓定·施克燦, 2001: 85; 毛禮鋭·沈灌群, 2005; 高時良, 1993 참고). 서와 수의 교육은 예악 교육만큼 중시 받지 못했지만 주대에 이미 상당히 발전하여 서주의 구수의 명칭 및 내용은 후에 『九章算術』, 『周髀算經』의 토대가 되었다.

서주시대는 노예제 사회로 노예제의 등급이 엄격했으며 귀족들은 자신의 통치를 공고히 하고자 교육은 대체로 귀족자제를 중심으로 이루어졌지만 일반 서민자제들은 이러한 서, 수교육을 배울 수 있었다.

---

45) 六年教之數與方名, …九年, 教之數日. 十年, 出就外傅, 居宿於外, 學書計. 衣不帛襦袴, 禮帥初. 朝夕學幼儀, 請肄簡諒. 十有三年學樂, 誦詩, 舞勺, 成童舞象, 學射御. 二十而冠, 始學禮, 可以衣裘帛, 舞大夏.

Ⅵ. 맺음말

지금까지 육예의 구체적인 내용 및 교육에 대해 살펴보았다. 중세 서양의 7자유학과(문법, 수사학, 논리학, 기하, 산술, 천문학, 음악)에서 오늘날 학과 기원의 면모를 볼 수 있다면 동양에서는 중국 고대의 육예에서 그 기원을 찾아볼 수 있다. 중국 고대의 전통교육 중 육예 즉 예, 악, 사, 어, 서, 수는 기본적으로 배우고 가르쳐야 할 내용이었다. 예와 악은 정서를 도야하고 사회를 안정시키기 위한 것이었고, 사와 어는 생존을 위한 수렵 기술로 익혀야 할 기예임과 동시에 전쟁과 방위를 위해 갖추어야 할 군사 훈련이었다. 서, 수는 일반 서민들도 기본적으로 배워야 하는 일상생활에 필요한 지식이었다. 『大戴禮記』 「保傅」에 "옛날 사람들은 8세가 되면 외사(外舍)에 가서 소예(小藝)를 배우고 소절(小節)을 행하였다. 이것이 끝나면 바로 대학에 가서 대예(大藝)를 배우고 대절(大節)을 행하였다"고[46] 하였다. 이것은 육예에 대예와 소예의 구분이 있음을 말한다. 입학연령은 문헌마다 다소 차이를 보이기는 하나 그 학습하는 순서에 있어 서, 수는 소예로 주로 소학에서 배우고 예, 악, 사, 어는 대예로 주로 대학에서 배웠다. 그리고 교육에서 이 여섯 개의 내용은 분리되어 배운 것이 아니라 상호관계에서 이루어졌다. 주대에 이르러 육예교육은 실용적인 측면에서 점차 벗어나 귀족이 문화교양을 수양하는 수단과 방법이 되기도 했다.

육예 중 예와 악은 노예주계급의 의식형태로 악의 작용은 주로 예와 결합하여 도덕교육으로 이어졌다. 예는 외적인 행위에 중점을 두고 악은 인간에게 내재되어 있는 정서를 중시하였다. 따라서 예와 악은 각각 분리되기보다 상호보완적 관계에서 그 효과를 발휘하였다. 반면에 사와 어는 시대적 상황과 밀접하게 관련되어 있었다. 당시, 군사력이 중요했던 시기였으므로 전쟁에 필요한 군사기술 특히 그중에서도 전쟁에 필요했던 전차의 기술을 익히기 위해 사와 어라는 두 가지 기예를 익혀야 했다. 예와 악, 사와 어가 서로 밀접하게 관련되어 사와 어를 훈련할 때는 예와 악의 활동도 함께 행해졌다. 그러나 춘추시기 노예주귀족이 몰락하고 봉건사회가 형성되자 그동안 노예주귀족의 전유물이었던 토지가 봉건지주계급의 사유제로 전환되었다. 또한 제후국들의 세력이 강대해져 각 제후국들의 세력은 신흥지주계급을 낳고, 이는 관학을 쇠퇴하고 사학을 흥성시키는 계기가 되었다. 따라서 육예의 교육을 받았던 노예주귀족이 서

46) 古者八歲而出就外舍, 學小藝焉, 履小節焉; 束髮而就大學, 學大藝焉, 履大節焉.

서히 몰락하고 봉건사회가 형성되자 이러한 육예의 교육을 받았던 노예주 귀족 일부는 사계층으로 들어가고, 육예교육은 점점 쇠퇴하면서 공자 이후에는 '육경'교육이 강조되었다.

육예교육은 원시사회에서 기원하여 하대에 기본적인 틀이 구비되고 서주시대에 이르러 크게 발전하였다. 이것은 도덕적인 측면을 강조하는 실제 사회생활에서 정치 생활에 작용하기도 했다. 그러나 단순한 지식의 습득이 아닌 인격 교육이 이루어지도록 한 것이다. 이에 그 교육적 의의를 살펴보면 다음과 같다.

첫째, 예악교육을 통해 사회를 교화시키고 사회에서 조화의 중요성을 몸소 체험하게 하였다. 예는 행동준칙으로 외적으로 표현되는 것으로 인간의 질서를 바로잡고 악은 내적으로 사람의 정서를 순화시키는 작용을 하였다. 예와 악은 종교활동, 정치활동과 밀접한 관련이 있다. 이러한 활동을 통해 사회를 안정시키고 백성을 교화시키고자 하였다. 『禮記』「樂記」에 "악은 윤리와 통한다"고 했듯이 악은 사람의 성정과 풍속을 바로잡고 교화하는 작용이 있다. 『論語』「述而」에 공자는 악을 매우 중시했는데, 악에 도취되어 석 달 동안 고기 맛을 잊었다고 한다(論語: 述而).47) 공자는 노나라의 흩어진 악을 정리하였고 아(雅)와 송(頌)에 대해서도 넓은 견문과 해박한 지식이 있었다. 그는 사회를 순화시키는 데 악보다 좋은 것은 없다고 했다. 악에 의한 감정의 순화는 나아가서 통치자들에게 직결된다. 즉 통치자들은 외면을 다스리는 예와 내면을 다스리는 악의 조화를 통해 백성들에게 겸손과 예의 품성을 배양하고 좋은 풍속을 기르고 종법예의 통치를 유지하게 하였다.

둘째, 육예교육은 단순한 기예 및 지식습득교육을 넘어 인격수양을 중시하였다. 앞서 언급한 『禮記』, 『白虎通義』 및 『論語』「八佾」에 공자가 "활쏘기란 과녁을 맞추는 것에 주력하지 않는데 힘쓰는 정도가 같지 않음만을 드러내기 때문이다. 이것이 옛날의 도이다(論語: 八佾)"고48) 말한 것에서 알 수 있듯이 사의 목적은 과녁을 맞추는 것보다도 예를 통한 심신의 수양에 있다고 생각한 것이다. 당시 육예교육은 육예를 통해 단순한 기예를 습득하기보다 인격 수양의 기회를 제공하였다. 과거 전통사회에서 육예 교육은 사회적 상황에 맞춰 이루어진 것으로 시대가 무엇을 요구하느냐에 따라 육경으로

47) 子在齊聞韶, 三月不知肉味, 曰: 不圖爲樂之至於斯也.

48) 子曰, 射不主皮, 爲力不同科, 故之道也.

이후 유가 외의 다양한 학파의 사상이 교육의 내용으로 자리 잡았다. 그러나 그중 핵심적인 사상은 지식과 인성교육을 함께 강조했다는 것이다.

셋째, 문무교육이 함께 이루어졌다. 예, 악, 서, 수는 문교육에 사와 어는 무교육에 해당하는 것으로 예악을 익히는 동시에 사, 어를 익혀 예, 악, 사, 어 교육을 결합시켰다. 대학에서는 예악을 중심으로 소학에서는 서와 수를 중심으로 가르쳤는데, 사와 어는 예와 악과 함께 다루어졌다.

가르치는 내용은 시대의 변화를 담고 있어야 하고, 가르치는 사람은 시대의 변화를 잘 이끌어야 한다. 가르치는 교과의 내용이 나오게 된 시초를 본다면 필요에 의해 그 교육내용이 제시되었다. 하지만 오늘날 그 구성된 교육내용이 실생활과 괴리되어 있음을 알 수 있다. 이는 그 내용이 시대의 변화를 따라가지 못한다든가 혹은 그 내용을 실제로 실생활에 필요한 것임에도 불구하고 제대로 응용하지 못하고 있기 때문일 것이다. 중국 고대의 육예교육은 교과목으로서 당시 귀족자제들이 주로 익혔던 문무교육이 겸비된 교육이었다. 사회상황, 통치자의 방침에 따라 가르치는 내용에 있어 강조되는 것에는 차이가 있겠지만 육예교육은 먼저 인간이 지켜야할 기본 도리가 무엇인지를 깨닫게 했다.

참고문헌

金忠烈(1985). 西周의 人文思想 一諸子學의 黎明期. **中國哲學**. 서울: 온누리. 9-51.
민중서림편집국(2009). **엣센스 국어사전**. 파주: 민중서림.
박재문(2003). **한국교육사**. 서울: 학지사.
박재주(2000). **동양의 교육사상**. 성남: 청계출판사.
_____(2000). **十三經注疏(標点本)**. 北京: 北京大學出版社.
〔漢〕班固(1962). **漢書**. 北京: 中華書局.
〔漢〕許愼(1963). **說文解字**. 北京: 中國書局.
〔漢〕贾谊 撰, 阎振益 等校注(2007). **新書校注**. 北京: 中國書局.
〔漢〕陸賈, 王利器 校注(1986). **新語校注**. 北京: 中國書局.
〔元〕馬端臨(1999). **文獻通考**. 北京: 中華書局.
〔淸〕陳立·吳則虞点校(1994). **白虎通疏**証. 北京: 中華書局.
〔淸〕王先謙(1988). **荀子集解**. 北京: 中華書局.
〔淸〕王聘珍(1983). **大戴禮記解**詁. 北京 : 中華書局.
〔淸〕皮錫瑞(1959). **經學歷史**. 北京: 中華書局.
葛志毅(1996). 「經與經書義之闡釋」. **學習與探索** 第5期. 135-142.
高時良, **中國教育史綱(古代之部)**. 北京: 人民教育出版社.
曲士培(1993). **中國大學教育發展史**. 太原: 山西教育出版社.
郭齊家·李庚子譯(2004). **중국의 고대학교**. 서울: 원미사.
毛禮銳·瞿菊農·邵鶴亭(2001). **中國古代教育史**. 北京: 人民教育出版社.
毛禮銳·沈灌群(2005). **中國教育通史(第一卷)**. 濟南: 山東教育出版社.
반고, 신정근역주(2005). **백호통의**. 서울: 소명출판.
서복관, 고재욱·김철운·유성선옮김(2007). **중국경학사의 기초**. 춘천:강원대학교 출판부.
孫培青(2000). **中國教育管理史**. 北京: 人民教育出版社.
牛夢琪(2006). 「六藝教育的起源與發展」. **當代教育論壇** 第2期. 42-45.
兪啓定·施克燦(2000). **中國教育制度通史**. 濟南: 山東教育出版社.
袁濟喜(1999). 「從'六藝之教'看周代的審美教育」. **中國人民大學學報** 第2期. 84-89.
吳龍輝(2005). 「六藝的變遷及其與六經之關係」. **中國哲學史**. 第2期 42-47.
兪啓定·施克燦(2000). **中國教育制度通史(第一卷)**. 濟南: 山東教育出版社.
蔣國保(2006). 「漢儒稱'六經'爲'六藝'考」. **中國哲學史** 第4期 34-40.
陳靑之(2008). **中國教育史**. 北京: 東方出版社.
陳學恂主編(1991). **中國教育史研究(先秦分卷)**. 上海: 華東師範大學.

『중용』 수장(首章)의 교육학적 해석[1)]

-성(性)·도(道)·교(敎)의 인간학적 관점-

신 창 호(고려대학교)

Ⅰ. 머리말

동양 사상에서 유교는 전통 교육을 대변한다고 해도 과언이 아니다. 조선조 지식인 사회의 경우, 유교는 교육의 이념과 목표, 내용과 방법에 이르기까지, 유기적 체계를 갖추고 실천되었던 삶의 학문이었다. 특히 '사서(四書)'인 『대학(大學)』 『논어(論語)』 『맹자(孟子)』 『중용(中庸)』은 유교의 요지를 담고 있는 기본 경전으로, 유교의 교육적 특성을 심층적으로 보여준다. 『대학』을 통해 규모(規模)를 정하고, 『논어』에서는 근본(根本)을 세우며, 『맹자』에서는 발월(發越)을 볼 수 있고, 『중용』에서는 옛 사람의 미묘(微妙)를 구한다(『大學章句大全』 首章).[2)] 이런 점에서 『중용』은 인간의 삶을 은미하고도 오묘하게 간직하고 있다.

다시 말하면 『중용』은 유교의 인생철학 혹은 심성(心性) 철학이다. 그러기에 인간의 총체적 삶을 내면의 은미한 곳으로부터 외면의 원대한 곳에 이르기까지, 그 과정을 구체적으로 표현한다. 인성(人性)을 밝히는 문제에서 시작하여 인간과 자연(天), 인간과 사회, 인간과 역사와의 관계를 논하고, '지선(至善)'이 실현되는 원리를 근본적으로 담고 있다. 즉 『중용』은 인간의 심성(心性)을 확인하고 이해하는 데서 시작하여, 인간과 자연, 사회와의 관계 속에서 최고의 선(善)을 지향한다(이상은, 1974: 341). 그런 점에서 『중용』은 인간의 삶을 근본적으로 논의한 인간학[3)]이다.

---

1) 이 글은 「교육철학」 34집(2008.4)에 게재된 논문을 일부 수정, 보완한 것이다.

2) 其要人先讀大學以定其規模, 次讀論語以立其根本, 次讀孟子以觀其發越, 次讀中庸以求古人之微妙.

3) 여기에서 인간학을 구명하기에는 난점이 있다. 본고에서는 인간성과 그에 터한 인간의 길, 인간의 길을 한층 심화해 나가면서 문화를 향유하는 보편적인 삶으로 보고, 그와 연관된 삶의 철학을 인간학으로 이해한다. 이런 의미에서 신학적 관점에서 본 인간학을 논의하긴 했지만, 볼파르트 파넨베르그(1996: 411)의

장기전의 경우(1984: 85), 『중용』은 인생과 우주계의 합일(合一), 인문과 자연의 합일이라는 천인합일(天人合一)의 관념에서 논의하고 있는데, 자연과 인간의 관계를 중시하는 학문으로 이해했다. 서구에서 중국 고대 사상 연구로 유명한 벤자민 슈왈츠(Schwartz, 1985: 405)는 『중용』을 내면적 자기실현의 성취 가능성에 대한 강력한 존재론적 기초를 제공하는 것으로 보았다. 이처럼 『중용』에 대한 이해는 동서를 막론하고 인간의 삶과 자기실현에 대한 학문으로 유교의 근본정신과 기본 사고를 담고 있는 작품으로 이해한다.

한편, 이와는 아주 상반된 해석을 하는 경우도 있다. 노사광(1988)은 『중용』을 한대(漢代)의 유학자들이 지은 유교의 한 이론으로 본다. 특히 심성론의 측면에서 구명한 유교의 곁가지로 인식하고 학문의 주류로 간주하지 않는다. 또한 『중용』을 정주(程朱) 성리학의 보수적이고 계급 질서를 정당화 하는 경전으로 보는 경우도 있다. 마르크스주의(Marxism)나 마오쩌뚱의 사상에 입각한 중국 대륙학계의 연구는 『중용』을 포함하여 사서집주(四書集註)로 완성되는 주자학을 보수 반동적 사상으로 보기도 했다. 권인호(1995: 224)도 주자학 계통의 성리학자들이 『중용』에서 천도(天道; 命)를 상하 계급질서인 보편적·객관적인 개념, 즉 천리(天理)를 정당화하였다고 보았다. 아울러 『중용』의 중화(中和) 이론을 통해 양반과 민중의 신분 계급을 고착하고 새롭게 사회와 정치를 만들려는 투쟁 의지를 마비시키는 타협적 사상이며 사회 정치 현실의 모순을 은폐시키는 사상으로 이해했다. 이런 입장은 역사와 사회를 바라보는 관점과 학문 방법의 차이에 따라 다르게 이해한 것으로 판단된다.4)

지금까지 한국의 교육철학계에서 『중용』은 체계적으로 연구되지는 않은 듯하다. 정순목(1976), 목영해(1992), 임재윤(1998), 이홍우(2000), 신창호(2001; 2002) 등에 의해 부분적으로 언급되어 오긴 했으나, 『중용』의 의미 맥락을 본격적으로 다루지는 않았다. 이홍우의 경우 중용을 언급하면서 삶과 교육을 모두 마음 안의 문제로 다루었고, 임재윤은 다산 정약용의 『중용자잠(中庸自箴)』과 『중용강의보(中庸講義補)』 등을 통해 중용론을 논의하고 교육적 의의를 언급하고 있으며, 목영해는 중용인상(中庸人像)을 중심으로

다음과 같은 언급은 참조할 만하다. "인간이 함께하는 세상은 인간에 의해 의미가 붙여지거나 전개되고, 인간의 목적에 맞게 만들어지는가 하면, 그러한 인간의 뜻을 펴는 데 제한을 두거나 때로는 인간 의지의 실현을 파괴하기도 한다. 그러한 세상은 무엇보다도 인간들 사이에 맺는 관계 그 자체의 세계이다. …… 인간에게만 고유한 함께 사는 생활의 형태는, 우리가 흔히 문화라고 일컫는, 함께 사는 세상이라는 개념을 통하여 이루어진다."

4) 본고에서는 중용을 인생철학이나 심성철학의 입장에서 삶-문화를 논의한 인간학으로 이해한다.

자사(子思)와 아리스토텔레스를 비교 검토하고 있으며, 정순목은 중용의 가치를 교육사상적으로 다룬다고 하고 있으나 실제 내용은 유교 철학의 일반적 설명에 그치고 있다. 신창호는 『중용』 전체를 하나의 교육사상으로 보고, 인식의 지평을 넓히고는 있으나 깊이 있게 다루지는 못하고 있다(신창호, 2001: 3-5; 2002: 128-129).

본 연구는 『중용』의 전모를 교육학적으로 구명하기 이전, 『중용』의 수장(首章; 머리장, 1장) 세 구절에 대한 교육학적 해석이다. 『중용』 1장은 유교의 핵심을 매우 함축적으로 드러내고 있는 부분이다. 과장하면, 유교의 알맹이가 모두 들어 있다고 할 정도의 주요한 구절이다. 다시 말해 『중용』 1장은 인간의 본성과 인간의 길, 교육을 통한 문화세계가 어떻게 구축되는지 유기적으로 담고 있는 유교 교육학의 강령이다. 이에 본고는 『중용』 1장을 통해 그 교육학적 의미를 구체적으로 검토하고, 추후에 『중용』 교육학의 기초를 마련하는 데 기본 목적을 둔다.

Ⅱ. '중용'의 의미와 특징

일상에서 우리는 '중용을 지키자!'라는 말을 흔히 쓴다. 이때 '중용'은 대략적으로 '중립을 유지한다'거나 '중간 입장을 취한다'는 의미로 이해된다. 이런 인식은 중용의 의미에 어긋나는 것은 아니지만, 중용의 본질을 흐릴 소지가 있다. 중용의 의미를 근원적으로 파악하기 위해서는 '중(中)'과 '용(庸)' 문자 형성 과정과 그 의미를 짚어볼 필요가 있다(신창호, 2000: 92-95; 2001: 9-12; 2002: 129-130; 王孺松, 1990; 蕭 兵, 1997).

갑골문에는 '중(中)'자는 나타나지만 '용(庸)'자는 보이지 않는다. 갑골문에 보이는 '중(中)'자는 깃발이 펄럭이는 모양으로 드러난다. 깃발은 바람이 부는 방향에 따라 상하전후좌우로 나부낀다. 그러나 그 실체는 깃대에 달린 하나의 깃발일 뿐이다. 깃발은 바람이라는 상황과 여건에 따라 펄럭이고, 깃대는 하나의 축인 기준으로 자리하고 있다. 깃발과 이를 둘러싼 상황 조건, 깃대의 관계에서 중(中)은 중심(中心) 혹은 중점(中點)이라는 의미소를 낳는다. 이때 중(中)은 안팎을 의미하는 내외(內外)에서 '안(內)'를 의미한다(段玉裁, 1983).[5]

---

5) 中, 內也.

〔그림 1〕 다양한 중(中)자의 모습들

요컨대 중(中)은 안(內)은 밖(外)과의 관계, 즉 주위 환경이라는 바탕 설정을 전제로 한다. 그러므로 중(中)은 늘 자기와 타자, 안팎의 연관성에서 판단되거나 설정되는 개념어다(김충렬, 1990: 215). 다시 말하면, 중(中)은 나와 너, 혹은 내면과 외면, 중심과 주변, 상하 사이의 긴장(緊張)이다. 관계 사이의 무게 중심이나 기준을 일러주는 잣대에 해당한다. 그것은 시간적·공간적·다중적 양단(兩端)을 보여 준다(이원목, 2006: 173-181).

갑골문에는 보이지 않는 '용(庸)'자는 『설문해자(說文解字)』에서 '쓰임(用)'이라는 뜻으로 나타난다. "일을 새롭게 하면서 끝이 없다" 또는 "쓰여 베풀어지고 실천할 수 있다"는 의미이다.6) 이렇게 볼 경우, 용(庸)은 '움직임 가운데 있는 인간 행위의 지속,' 그 자체로 이해할 수 있다. 즉 인간 생활에서 쓰임(用), 직무(功), 일상(常) 등과 연관된다. 그것은 형이하학(形而下學)으로 실제로 유용함을 느끼고 삶의 운용에 통하는 사태이다(김병호, 1996: 36).

'중(中)'자와 '용(庸)'자를 하나의 개념으로 합쳐 이해하면, '중용(中庸)'은 깃발이 깃대에 매달려 펄럭이듯이, '어떤 기준에 근거하여 끊임없이 자기를 갱신(更新)해 가는 상황'으로 이해된다. 그러기에 중용은 상황의 진행 과정에서 조절되는 '형평(衡平)과 조화(調和)'이다. 그것은 지속적인 균형(均衡)을 추구한다. 大賓浩(1977: 248-250)는 "중(中)은 '시간-공간,' '정신-육체,' '내-외,' '주관-객관,' '개체-일반,' '유-무' 등 모든 착종된 복잡한 관계의 균형을 지탱하는 점, 조화를 지탱하는 점이다. 즉 중(中)이란 밸런스(balance)의 극치이다"라고 하였다. 이는 상대적이거나 상반되는 것의 뒤섞임 속에서 '균형,' '조화,' '밸런스'를 중(中)의 핵심 내용으로 보는 관점이다. 이때, 중(中)은 반드시 사물과의 관계를 전제로 한다. 이상은도 중용을 '관계'의 측면에서 다음과 같이 언급했다.

> 중(中)은 물리적·기계적 중(中)을 말하는 것이 아니다. 사람과 사람 사이, 혹은 자기 마음에 생기는 문제(事物)의 처리 과정에서 어떻게 하면 가장 '알맞춤'한

---

6) 庸, 用也. 從用庚. 庚, 更事也.; 用, 可施行也.

처리를 할 수 있느냐? 즉 '소당연지리(所當然之理)'를 어떻게 찾느냐의 문제를 논의하는 것이다. 이때 '중(中)'이라 함은 매우 복잡한 요소를 내포하고 있다. 하나의 사물(事物)은 우선 '시간·공간' 내의 존재이니, '시(時),' '소(所)'의 요소가 들어있고, 다음으로 사물이란 '사람 대 사람'이나 '사람 대 물건'을 막론하고 언제나 '나와 남,' '주관 대 객관' 혹은 '주체 대 객체'의 관계를 전제로 한다(이상은, 1974: 344-345).

이런 차원에서 중(中)은 인간과 인간, 인간과 자연, 사물과 사물 사이의 관계에서 드러난다. 이때 '관계 가운데 어떻게 자리하느냐'의 문제가 '중(中)'을 확인할 수 있는 열쇠이다. 중(中)은 "중용(中庸)의 덕(德)은 지극하다! 그런데 사람들이 오래 지속하는 경우가 드물다!"7)라는 언표를 통해 '중용(中庸)'의 모습으로 통합되어 나타난다. 그것은 좌우로 기울지 않는 중도(中道)의 의미를 지니고 있는데(한기언, 1978: 142), 인간관계에서 최고의 덕목처럼 느껴진다. 그러나 『논어』에서 공자는 그 구체적인 의미가 무엇인지 설명하지 않았다. 하지만 『논어』의 여러 개념으로 미루어볼 때, '중용'은 인(仁)과 맞닿아 있다(이상은, 1974: 349). 왜냐하면 『논어』는 삶의 구체적인 장면을 실감 있게 보여주는 기록으로, 인(仁)은 삶의 상황과 관계에서 우러나오는 것이기 때문이다(신창호, 2005: 154-199; 이명기, 1987).

중용(中庸)의 개념이 구체성을 띠고 드러나는 것은 주자의 『중용장구(中庸章句)』에서다. "중(中)은 한쪽으로 치우치거나 의지하지 않으며 지나침과 모자람이 없는 것이고, 용(庸)은 변하지 않는 일상생활"이다.8) 여기에서 중(中)은 크게 두 가지 의미로 설명된다(윤천근, 1987: 44-50). 첫째, '치우치지도 의지하지도 않는다'는 본체론적 중립성(中立性)과 둘째, '지나치지도 모자라지도 않는다'는 현실 운용에서의 실제론적 적합성(適合性)이 그것이다. 하지만 이 두 가지는 시공(時空) 속에서 동시적(同時的)으로 드러난다. 즉 중(中)은 '중립성'과 '적합성'을 시공간 속에서 운용하여 '최상의 가장 적절한' 구체적이고 순간적인 현실태(現實態)를 구성한다. 용(庸)은 인간의 지속적 쓰임과 행위를 드러낸다. 그 쓰임은 일상 삶에서의 용도이다. 따라서 시공 속에서 변화의 흐름에 의지하고 있다. 변화의 상황 가운데 가장 적절한 것을 취한다. 요컨대 중용(中庸)은 시공간에서

---

7) 『論語』「雍也」에서는 '中庸之爲德, 其至矣乎, 民鮮久'라 했고, 『中庸』 3장에서는 '中庸之爲德, 其至矣乎, 民鮮能久'라 하였다. 『論語』에서는 民鮮能久에서 '能'이 없다.

8) 朱子, 中者, 不偏不倚無過不及之名, 庸, 平常也. ; 程子, 不倚之謂中, 不易之謂庸.

'최상의 가장 적합한 것'이라는 중(中)의 원리적 법칙성이라는 형식 개념과 용(庸)의 구체적 실현력을 담고 있다.

이는 자연(天) 자체를 형용한 표현인(『中庸』 2章, 註)[9] 동시에 그것의 인간 일상생활에서의 적용이다. 다시 말하면, 중용은 자연의 법칙인 동시에 인간의 법칙으로서 우주의 기본 질서를 묘사한 개념이다(楊祖漢, 1997: 10). 일상생활에서 그것은 인간과 늘 함께 하는 덕행(德行)으로 드러난다. 그러므로 자연과 인간의 관계 가운데, 변화하는 시간과 공간 속에서, 때와 상황에 맞게 대처하는 삶의 방법이 된다. 이는 『중용』 자체의 편제에서도 발견할 수 있다.[10] 책 전체를 보면 중(中)은 성(性)이고 용(庸)은 도(道)이다. 그러기에 마음에 보존하는 것을 중(中)이라 하고 사물에 펼치는 것을 용(庸)이라고 한다(한기언, 1978: 142).

〈표 1〉 中과 庸의 관계 및 특성

中	庸
마음/본성	삶/일상
있음/보존/存	펼침/적용/發
性/天道/形而上學	工夫/人道/形而下學
率性修道/至誠盡性	

이러한 맥락에서 『중용』은 인간이 담당해야 할 문제를 두 차원에서 제기한다. 하나는 도덕 실천의 '초월적 근거'로 성(性)과 천도(天道)의 관계를 깨닫게 하는 일이고, 다른 하나는 도덕을 실천하는 '공부론(工夫論)', '수양(修養)'을 중시하는 삶이다(高柏園, 1991: 113). 이는 '지극한 정성으로 인간의 성품을 다하는 일(至誠盡性)'과 '그 성품을 좇아 길을 닦는 일(率性修道)'인 의리로 표명된다. 그것은 윤리 도덕을 확인하는 인간학, 공부를 통해 삶을 이행하는 교육적 작업이다.

9) 天命, 所當然精微之極致也.

10) 『중용』은 크게 6부분으로 나누어져 있는데, 1장, 2-11장, 12-19장, 20-26장, 27-32장, 33장이 그것이다. 이는 다시 形而上學을 논의하는 中과 形而下學을 논의하는 庸으로 분류할 수 있다.

Ⅲ. '성-도-교'의 의미 맥락

1. 천명(天命)과 성(性); 자연과 인간의 합일(合一)

"천명지위성(天命之謂性)"이라는 『중용』의 첫마디는 쉽게 표현하면 "하늘이 명한 것은 본성"이라는 언명이다. 이는 '천명=본성'이라는 의미와도 상통하지만, 그 사이 세계에 미묘한 철학적 뉘앙스가 있다. 얼핏 보기에, 형식적으로는 하늘이 인간을 비롯한 만물에게 명령을 내려 본성을 부여한 듯하다. 그러나 상호 주체의 측면에서 대대(待對)적이다. "명(命)은 하늘이 준 것이고 성(性)은 만물이 받은 것이다. 즉 명(命)과 성(性)은 주고받은 차원에서 하나의 이치다. 하늘이 만물에게 주는 측면에서는 명령이고 사람과 물건이 받는 측면에서는 본성이다"(『中庸章句大全』 1章 註)11). 이처럼 주체의 전이를 통해 명(命)과 성(性)은 준 자와 받은 자 사이의 관계망을 형성한다.

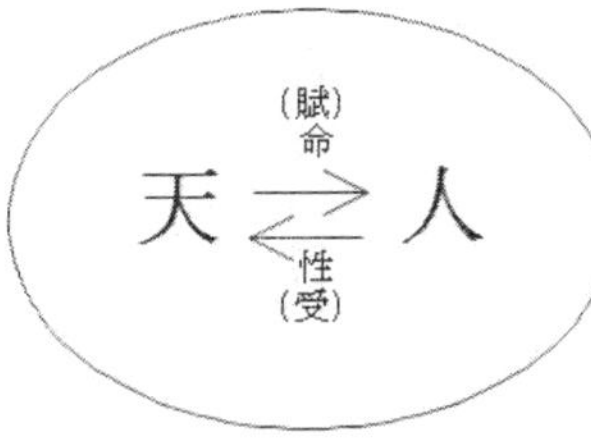

〔그림 2〕 자연(天)과 인간(人)의 합일 관계

이는 하늘의 의리와 도덕 질서를 인간이 스스로 부여하고 적용하는 양상이다. 즉 인간은 하늘에서 부여한 명령에 따라 본성을 받고 그것을 세상에 드러난다. 그러기에 "사람 알기를 생각한다면 반드시 하늘을 알아야만 한다"(『中庸』 20章)12)고 했다. 왜냐하면 인간은 자연의 질서를 인생의 준거로 이해하고 삶을 실현하기 때문이다(葛晨虹, 1998: 33-91).

그렇다면 인간의 존재 근거가 되는 하늘(天)은 무엇인가? 『천자문』의 첫머리에서 드러나듯 '하늘은 가물가물 거리는(玄)' 그윽한 양상을 보인다. 그것은 파악하기 힘든 미스테리다. 그러기에 전지전능한 그 무엇으로 늘 인간의 관심 대상으로 남아 있다. 유학

---

11) 天所賦爲命, 物所受爲性, 理一也, 自天所賦予萬物言之謂之命, 以人物所稟受於天言之謂之性.; 『大學章句大全』 首章에는 다음과 같이 보다 분명하게 性과 命의 관계가 규명되어 있다. "天之賦於人物者謂之命, 人與物受之者謂之性."

12) 思知人, 不可以不知天.

에서 하늘은 존재하는 모든 사물의 기초이자 창조의 근거다. 지고자(至高者)이고 거룩하고 선하고 참된 것이다. 이런 측면에서 하늘은 '밝음'(明), '존엄'(嚴), '신령스러움'(靈), '지속성'(秩), '권위'(威), '떳떳함'(常), '근본'(大原) 등의 덕성을 지닌다(김충렬, 1990: 69). 덕성은 하늘에 대한 인간의 자기 인식이다. 인간은 경험을 통해 의인화(擬人化)한 하늘을 파악한다. 그러므로 하늘은 인간 삶에 어떤 지남(指南)을 줄 만한 객관적 기준이 된다. 그것이 성리학에서는 태극(太極)이나 리(理)로 표현되고 인간에게는 본성의 선(性善)으로 이해되었다. 『중용』에서 인간은 바로 이런 하늘을 모방하고 하늘과 일치하려는 형식으로 나타난다. 그것이 이른 바 천인합일(天人合一), 즉 자연과 인간의 조화이다.

하늘에 대한 인식은 '도덕적 의미로서의 의리천(義理天)'을 강구한 데서 그 연원을 찾을 수 있다. 풍우란(Fung, Yu Lan)은 『중용』의 첫마디인 천명지위성(天命之謂性)에서 하늘에 도덕적 의미를 부여했다. '지고한 우주의 근원적 원리(highest primordial principle of the universe)' 혹은 '도덕적 원리(Moral Principle)'로 이해한 것이다(1952: 31). 이때의 하늘은 단순히 객관적 자연이나 종교적 숭배 대상을 넘어 도덕 정신의 기준으로 자리매김 된다. 즉 인간에게서 객관적이고 외재적 대상이던 것이 내면으로 반성된다. 거기에서 인간의 다양한 권리와 책임, 의무를 포함하는 삶의 바탕, 이른 바 윤리 의식이 형성된다. 그런 차원에서 인간 삶의 바탕은 자연적 질서로부터 선천적으로 부여되었다(Theodore De Bary & Tu Weiming, 1998: 12).

객관 대상인 하늘은 인간에게 삶의 지침과 권리를 주었다. 이는 물리적 실제가 아니다. 기독교나 이슬람교에서 말하는 전지전능한 유일신 하나님(혹은 알라)이 모든 것을 주재하여 인간에게 부여한 것과는 근원적으로 다르다. 그것은 인식론적으로 인간이 자연의 질서를 삶의 관점에서 파악하고 도출했다는 의미다. 다시 말하면, '천명(天命)=성(性)'이라는 개념을 상정하여 자연과 인간을 연속선상에서 바라보려는 유교적 세계관의 표출이다. 교육학적으로 볼 때, 그것은 자연과 인간의 조화라는 측면에서 유기체주의와 생태주의적인 관점으로 이해할 수 있다.

중요하게 고민해야 할 부분은 인간의 성(性)이다. 유교 전통에서 그것은 맹자의 '선단(善端)'을 의미한다. 선단은 완전히 선한 성이 아니다. 그러기에 성선(性善)은 선단이라는 조그마한 싹을 근거로 점차 확충하여 선을 길렀을 때 달성되는 특성을 지닌다.

2. 솔성(率性)과 도(道); 자질의 확충과 삶의 길

다시 강조하면, '천명(天命)은 성(性)'이라는 인식을 통해, 인간은 자연의 명령에 의해 자기 성품을 부여받았다. 그러기에 인간의 성품은 자연의 법칙과 질서를 모델로 하고 있다. 그런데 자연의 법칙과 질서는 인간의 자발적 수용에 의해 스스로 파악한 의리이자 도덕성이 된다. 이런 점에서 인간은 자신의 본성을 저절로 타고났다. 그 본성은 앞에서 언급한 것처럼 선단(善端)을 의미한다.

선단은 측은(惻隱)·수오(羞惡)·사양(辭讓)·시비(是非)의 마음을 통해 인의예지(仁義禮智)의 단서로 드러난다. 모든 인간은 가슴 쓰라리게 불쌍히 여기는 마음, 옳지 않은 일을 부끄러워할 줄 아는 마음, 양보할 줄 아는 마음, 그리고 옳고 그름을 분별할 줄 아는 마음을 지녔다.

> 가슴 쓰라리게 불쌍한 마음이 없다거나, 착하지 않음을 부끄러워하는 마음이 없다거나, 자기를 떠나서 남에게 양보하는 마음이 없다거나, 선함을 옳게 여기고 악함을 그르게 여기는 마음이 없다면 사람이 아니다. 측은지심은 인(仁)의 실마리요, 수오지심은 의(義)의 실마리요, 사양지심은 예(禮)의 실마리요, 시비지심은 지(智)의 실마리이다. 사람이 이 사단(四端)을 지니고 있음은 팔다리를 지니고 있음과 같다. 이 사단을 지니고 있으면서도 스스로 인의(仁義)를 행할 수 없다고 말하는 자는 자신을 해치는 자요, 자기 군주가 인의를 행할 수 없다고 말하는 자는 군주를 해치는 자이다. 사단이 나에게 있는 것을 모두 넓혀서 채울 줄 알면, 마치 불이 처음 타오르며 샘물이 처음 솟아 나오는 상황과 같을 것이다. 그것을 진실로 채울 수 있다면, 온 세상을 보호할 수 있고, 진실로 채우지 못한다면, 부모조차도 섬길 수 없을 것이다(『孟子』「公孫丑」上).[13]

중요한 사실은 이 네 가지 덕이 '단서(端緖)'로 제시되었다는 점이다. 즉 가슴 쓰라리게 불쌍히 여기는 마음은 인의 단서이고, 옳지 않은 일을 부끄러워할 줄 아는 마음은

13) 無惻隱之心, 非人也. 無羞惡之心, 非人也. 無辭讓之心, 非人也. 無是非之心, 非人也. 惻隱之心, 仁之端也. 羞惡之心, 義之端也. 辭讓之心, 禮之端也. 是非之心, 知之端也. 人之有是四端也, 猶其有四體也. 有是四端, 而自謂不能者, 自賊者也: 謂其君不能者, 賊其君者也. 凡有四端於我者, 知皆擴而充之矣. 若火之始然, 泉之始達. 苟能充之, 足以保四海. 苟不充之, 不足以事父母.; 이런 점에서 맹자의 성선설(性善說)은 선단론(善端論)으로 보아야 한다. 다시 강조하지만, 선단은 인간의 마음 자체가 완전한 선의 덩어리로 온전한 것이라기보다는 착할 수 있는 가능성, 선의 실마리를 지니고 있기 때문이다.

의의 단서이며, 양보할 줄 아는 마음은 예의 단서이고, 옳고 그름을 분별할 줄 아는 마음은 지의 단서이다. 단서는 하나의 '실마리'로서 발단(發端)이나 시작에 불과하다. 이미 만들어져 형태를 갖춘 온전한 사물을 의미하는 것이 아니다. 그러기에 인의예지라는 온전한 덕목은 외부에서 주어지는 것이 아니라, 인간 자신이 본래 지니고 있는 단서를 통해 이루어진다. 단서는 인간의 기초적 자질로, '잠재 능력'이나 '가능성'과 유사하다. 즉 사람마다 타고난 재능이고, 재능의 발현을 성장할 인간을 암시하기도 한다(丁冠之, 1997: 17). 그러기에 맹자는 선천적으로 갖춘 선의 가능성, 즉 선단을 후천적 수양에 의해 확충해야 한다고 주장했다. 선단(善端)은 모든 인간이 지닌 착할 수 있는 잠재능력으로 인간으로서 가치의식이 자각심 속에 내재한 것이다(勞思光, 1986: 124). 여기에서 인간은 왜 성을 따라야 하는지, 성을 따르는 것이 왜 인간의 길이어야 하는지, 근거를 찾을 수 있다. 그것은 다름 아닌 인간됨이 단초가 있고, 교육의 가능성을 내포하고 있기 때문이다.

'솔성지위도(率性之謂道)'의 성은 바로 인의예지(仁義禮智)의 단서이다. 그것은 하늘이 주고 인간이 받은 본성이다. 그 본성을 따르는 일(率性)을 인간의 길(道)로 규정한 것이 『중용』이다. 그러기에 주자는 다음과 같이 주석했다. "각기 본성의 스스로 그러함을 따르면, 그 본성에 따라 모든 사람이 일상생활에서 마땅히 제각기 가야할 길이 있다. 그것이 바로 도다"(『中庸』 1章 註).[14] 착한 본성에 대한 오해가 생길까봐 주자는 '따름(率)'에 대해 자세하게 언급한다. 솔성의 뜻은 사람이 본성을 '거느린다는 것'이 아니다. 솔은 단지 '따른다'는 뜻으로만 풀이해야 한다. 본성이 착하기에 자연스럽게 따르면 되지 억지로 힘쓸 필요가 없기 때문이다(김수길, 2001: 105).

여기에서 솔성(率性)의 교육적 의미는 분명해진다. '본성을 따른다'는 의미에서 볼 때, 솔(率)은 자신의 본성을 계발하고 조절하고 절제하는 작업이다. 그것은 유교의 입장에서 성인이 정해 놓은 교육과정에 따라 학습하고 수양하는 공부 그 자체이다(김충렬, 2007: 130). 우리는 이 지점에서 인간의 본성과 그것을 따르는 것(率性)이 인간의 길(道)이어야 한다는 유교적 자연성과 교육의 양식을 성찰할 수 있다. 인간의 본성은 두 가지로 나누어 설명할 수 있다. 하나는 인간의 보편적 본성이고, 다른 하나는 개인의 특수한 본성이다. 보편적 본성은 오륜(五倫)과 같은 윤리 문제로 표출되고, 특수한 본성은 기질의 차이에서 우러나오는 개인의 행위로 드러난다.

14) 人物, 各循其性之自然, 則其日用事物之間, 莫不各有當行之路, 是則所謂道也.

교육은 이 두 가지 문제를 동시에 고민해야 한다. 인간의 보편적 본성을 인식한다면 모든 인간에게는 공통적으로 가야할 길이 있다. 『중용』에서는 그것을 오륜(五倫)이라는 다섯 가지 길과 그 실천 방법으로 지인용(智仁勇)이라는 세 가지 보편적인 덕성을 제시한다(『中庸章句』 20章).[15] 그것은 모든 인간에게 삶의 과정에서 익혀야 할 과제를 부여한다.

한편으로 개인의 본성이 다양하다는 측면에서 보면, 인간은 공동체 속에서 제각기 가야할 길이 있다. 개성의 다양함이나 차이는 그 다양성만큼이나 많은 삶의 패턴이나 도리를 낳고 삶의 길(道)을 복잡하게 만든다. 그 길은 개인이 일상을 살아가는 이치이다. 때문에 세상을 살아가는 수천만 사람들은 제각기 자신의 자리에서 자신의 길을 간다. 그러기에 특수한 본성 측면에서 개인은 자신의 고유한 삶을 지속해야 한다. 그것은 개인 교육이라는 교육의 기초를 제기한다.

이러한 본성을 따르는 두 측면은 삶과 교육의 유기적 양식을 제공한다. 이른 바 개인의 삶과 교육, 공동체의 삶과 교육 문제가 그것이다. 이런 차원에서 솔성(率性)은 특수한 개성과 보편적 인성이 유기적으로 연관된 인간 본성을 따르는 작업이다. 그리고 그것은 모든 인간이 가야할 길(道; way), 교육의 길로 확정된다. 그 길은 나의 본성, 인간의 본성을 따라가는 행동으로 문명의 질서를 만든다. 김용옥에 의하면, 그것은 자연(性)과 문명(敎)의 가교이다(1995: 69). 그러므로 문명의 질서를 끊임없이 강구하는 인간의 삶에서 잠시도 떠날 수 없고, 쉽게 보이거나 드러나지는 않지만 홀로 있을 때를 삼가는 신독(愼獨)으로 표출된다(『中庸』 1章 註).[16]

3. 수도(修道)와 교(敎); 삶의 질 향상과 문화의 창출

그렇다면 본성을 따르는 작업, 그 길을 자연스럽게 갈 수 있는 방법은 무엇인가? 그것은 길을 닦는 일, 수도(修道)의 작업을 통해 승화된다.

유기적 연관을 놓치지 않기 위해, 다시 설명해 보자. 인간 존재는 하늘의 명령인 하늘의 질서와 법칙(天道)을 부여받았다(天命, 性). 그러기에 천도(天道)를 본받아 자신의 길을 가야 한다. 그것이 인간의 삶이다(率性, 道). 성리학의 체계와 구조로 인해, 인간은 선천적으로 부여된 천도(天道)와 그 천도를 절대적으로 따라야 한다. 인간의 삶은 선택

---

15) 天下之達道五, 所以行之者三, 曰君臣也父子也夫婦也昆弟也朋友之交也五者, 天下之達道也, 智仁勇三者, 天下之達德也, 所以行之者, 一也.

16) 道也者, 不可須臾離也……莫顯乎隱, 莫顯乎微, 故君子愼其獨也.

의 여지없이 천도에의 순응을 지향해야 한다. 이것은 성리학(주자학)의 구조에서 이탈하기 어려운 사고다.

위에서 언급했듯이, 길은 모든 인간이 가야할 '삶의 길'이다. 삶 자체를 수양의 과정으로 본다면 '교육의 길'이자 '학습'의 지속성이다. 그것은 보편적이든 특수한 것이든, 본성을 따르는 일이었다. 그렇다면 흔히 '고행(苦行)을 하는 수도자(修道者)'와 같은 말에서 보이듯이, 수도(修道)란 의미는 무엇인가?

주자에 의하면, 수(修; 닦음)는 "차등을 두어 절차를 매긴다"(『中庸章句』 1章』 註)[17]는 말이다. 그러므로 수도(修道), '길을 닦는다'는 말은 '삶의 길에 차등을 두어 절차를 매긴다'는 뜻이다. 다시 말하면, 제재하고 교정하는 일로 지나친 것과 부족한 것을 마름질하고 바로 잡아서 중도에 맞게 하는 일이다(박완식, 2005: 71). 예를 들면, 친척 간에도 종가의 위치와 역할, 집안 어른과 아이들의 위상에 따라 예절에 차등이 있고, 사람 사이에도 친분 관계에 따라 예의가 다르다. 일상생활의 모든 측면에서 인간은 때와 상황에 따라, 능력과 자질에 따라 주어진 절차와 제도를 운용한다. 이때 닮의 기준을 고려한 것, 그것을 교(敎)라고 한다. 즉 인간의 삶을 보다 질서 있고, 합리적이게 만드는 제도적 장치가 교(敎)이다. 그러므로 교(敎)는 예악(禮樂)이나 형정(刑政)의 형태로 현실 사회의 제도적 장치로 드러난다(『中庸章句』 1章』 註).[18]

모든 인간은 일상에서 길을 가되, 그것이 공동체를 위한 것이든 개인을 위한 것이든, 마름질하듯 삶을 위한 제도적 장치를 만들어 상황에 따라 대처해야 한다. 그것이 삶의 질을 향상하는 작업(修道)이고 문화와 제도를 창출하는 일(敎)이다. 현대적 의미로 본다면, 끊임없는 문화 전수와 삶의 질을 승화하는 교육적 행위와 효과에 해당한다.

이 지점에서 매우 주의해야 할 부분이 있다. 다름 아닌 교(敎)에 대한 관점이다. 교(敎)는 일반적으로 '교육자가 학습자를 가르치는' 행위로 이해된다. 그것은 교사가 학생을 지시하고 감독하며 가르치는 수직적 교수 모형으로 이해될 수 있다. 그러나 '수도지위교(修道之謂敎)'에서 교(敎)는 수도(修道)의 내용이자 그 과정을 통해 드러나는 교육의 공효(功效)를 의미한다. 공효로 드러난 교(敎)는 다시 수도(修道)의 과정이 된다.

예컨대 사람이 살 수 있는 땅을 만들기 위해서는 호랑이나 표범 같은 맹수 떼를 몰아내야 하고, 풀이 시들고 나무가 마른 뒤에 산림에 들어가며, 해충이 없다면 밭에

17) 修, 品節之也.
18) 敎, 禮樂刑政之屬, 是也.

불을 놓지 않는 것처럼, 모든 일은 그 성격에 따라 처리하는 방식에 차이가 있고 순서와 절차가 있다. 인간의 경우, 상황에 따라 사람마다 제각기 자신의 역할과 기능에 따라 정해진 자리를 얻게 하는 일, 그것이 교(敎)이다(김수길, 2001: 114). 인간사에서 중요한 효도를 예로 들어 다시 설명하면, 어떤 사람은 기운이 부드러워 부모를 모실 때 지나치게 온화하고, 어떤 사람은 기운이 강하여 지나치게 엄숙할 될 수 있다. 서로 다른 성격을 지닌 사람에게서 효도의 방식도 차이가 있음은 당연하다. 이때 효도의 방식을 하나로만 정해 놓을 경우, 절도에 맞지 않게 될 수 있다. 그러므로 효도하는 방식에서 인간이 처한 상황에 따라, 그 사람에게 적절한 차등과 절차를 만드는 작업, 그것이 교(敎)이다.

이런 인식은 통상적으로 교사가 일정하게 정해진 교육과정에 따라 학생에게 전수하는 가르침의 행위와는 차원을 달리한다. '수도지위교(修道之謂敎)'에서 교(敎)는 인간의 길을 마름질하는 작업이라는 점에서 삶의 질을 승화하려는 노력과 삶에 가장 적합한 문화를 만드는 행위와 상통한다. 문화는 다시 교육의 내용을 담보한다. 이런 점에서 교(敎)는 본성의 발현에서 시작하여 예악형정(禮樂刑政)으로 대변되는 문화와 제도를 창출하고 그것을 지속하거나 혁신하는 삶의 바탕이 된다. 인간이 교육을 중시하는 까닭도 바로 이러한 삶의 존재 근거를 확보하려는 노력에 다름 아니다.

지금까지 논의한 성-도-교-의 유기적 연관을 표로 제시하면 〈표 2〉와 같다.

〈표 2〉 性-道-敎의 관계와 특성

개념	性	道	敎
인간적 성격	선천적 구비 자연의 질서 자연 인격적 잠재능력	선천의 후천화 인식 자연의 문명화 계기 인간 인격 함양의 각성	후천적 노력 문명의 강구 사회 인격 함양과 성찰
교육적 특징	교육의 근거 교육의 원인 삶의 이유 생태 교육	교육의 과정 교육의 작용 삶의 터전 마련 인성 교육	교육의 승화 교육의 공효 삶의 지속 문화 교육

Ⅳ. 맺음말

『중용』의 첫머리는 하늘과 인간의 본성, 그리고 인간의 길, 인간이 만들어 놓은 문화세계의 질서가 어떻게 구축되는지 유기적으로 보여준다.

"하늘이 명한 것을 본성이라 하고, 본성을 따르는 것을 길이라고 하고, 길을 닦는 것을 가르침이라고 한다!" 그것은 하늘이 인간을 비롯한 모든 생명체를 낳았다. 그리고 그 생명들에게 각기 나름대로 살아갈 수 있는 능력을 부여하였다. 그것은 선천적 본성인 성(性)이다. 인간의 경우, 그 본성을 잘 가꾸고 길러 인간다운 문화를 만들 수 있는 방법과 과정을 거쳐야 한다. 그것이 길(道)이다. 인간은 그런 길을 끊임없이 오고 가며 문명과 질서를 배우고 익히며, 삶의 틀인 제도를 정비해야 한다. 그것이 교(敎)다. 자연(天命)에서 본성(性)→ 길(道)→ 가르침(敎)으로 이어지는 인간성(性)은 그 자체가 천명(天命)이라는 점에서 거역할 수 없는 규범을 나타내고, 도는 규범으로서 성을 따르는 방법 또는 과정을 말하며, 교는 그 성을 따르도록 가르치는 실제적 활동을 가리킨다. 이는 성(性)의 의미를 확충하고 실현하는 과정으로 교(敎)에 무게중심이 있다. 따라서『중용』1장 첫 구절은 교(敎)의 차원에서 완결성을 갖는다.

첫 번째 구절, 천명지위성(天命之謂性)에서 성(性)은 하늘에서 받은 것이긴 하지만, 완전한 인간의 본성은 아니다. 그것은 맹자가 말한 것처럼 선단(善端)으로 존재한다. 그래야 뒤이어 나오는 솔성(率性)과 수도(修道)의 근거가 될 수 있다. 즉 온전하지 않고 가능성과 잠재능력으로 존재하기에 절제와 교화를 통해 계발할 수 있다. 이는 교육의 가능성, 교육의 근거로서 인간성의 해명이다.

두 번째 구절, '솔성지위도(率性之謂道)'에서 도(道)는 본성을 따라 그에 적합한 길을 가는 작업이다. 선단(善端)으로 존재하는 성(性)을 스스로 노력하여 성취하는 일이다. 그것은 삶의 길이자, 자기 노력이며 유교적 차원의 인격 완성을 지향한다. 이는 교육의 과정이자 작용이다.

세 번째 구절, '수도지위교(修道之謂敎)'에서 교(敎)는 도를 마름질하여 문화를 창출하는 사업이다. 수도(修道)는 인간 스스로 길을 더욱 개척하고 확대하는 일로 문명의 건설과 통한다. 문화의 창출은 다름 아닌 교육의 과정 끝에 만들어지는 제도적 성과다. 끊임없이 교육의 과정을 질적으로 끌어 올리며, 사람마다 제각기 적절한 중용의 길을 제시한다. 그러기에 교(敎)는 일반적 의미의 교수-학습이라는 전수 행위가 아니라, 자기 깨달음의 과정이다. 그 절정에 인간의 역할과 기능, 책임과 의무가 교(敎)의 양식으로 자리매김 되었다. 이는 교육의 승화요 효과에 해당한다.

참고문헌

『中庸章句大全』
『論語』
『孟子』

段玉裁(1983). **說文解字注**. 臺北: 漢京文化事業有限公司.
葛晨虹(1998). **德化的視野-儒家德性思想研究**. 北京: 同心出版社.
高柏園(1991). **中庸形上思想**. 臺北: 東大圖書公司.
김병호 강의(1996). **亞山의 中庸講義**. 부산: 소강.
김수길 역(2001). **中庸**. 서울: 대유학당.
권인호(1995). **조선중기 사림파의 사회정치사상**. 서울: 한길사.
김용옥(1995). **중용강의**. 서울: 통나무.
김충렬(2007). **중용대학 강의**. 서울: 예문서원.
김충렬(1990). **中國哲學散稿Ⅱ**. 청주: 온누리.
勞思光(1988). **中國哲學史**. 정인재 역. 서울: 탐구당.
大賓浩(1977). "中の思想." **中國古代思想論**. 東京: 勁草書房.
목영해(1992). "子思의 中庸人觀과 아리스토텔레스 中庸人觀의 비교". **東西哲學의 比較**. 서울: 교육과학사.
박완식 편저(2005). **중용**. 서울: 여강.
볼파르트 파넨베르그(1996). **인간학**. 칠곡: 분도출판사.
簫　兵(1997). **中庸的文化省察**. 武漢: 湖北人民出版社.
신오현(1988). **철학의 철학**. 서울: 문학과 지성사.
신창호(2000). "中庸의 槪念과 思想的 特質." 한중철학회. 한중철학 6집.
신창호(2001). "『中庸』 敎育思想의 現代的 照明." 고려대 박사논문.
신창호(2002). "『中庸』의 교육사상 고찰". 교육철학회. 교육철학 28집.
신창호(2005). 수기, 유가 교육철학의 핵심. 서울: 원미사.
楊祖漢(1997). **中庸義理疏解**. 臺北: 鵝湖出版社.
王儒松(1990). **中庸章句補釋**. 臺北: 國立編譯館.
윤천근(1987). **原始儒學의 새로운 解釋**. 청주: 온누리.

이명기(1987). **仁의 研究-教育學的 接近**. 서울: 양서원.
이상은(1974). "「大學」과 「中庸」의 現代的 意義". 大學·中庸. 서울: 현암사.
이원목(2006). "中庸思想의 形而下者的 論理構造". 한국유교학회. 유교사상연구 제25집.
이홍우(2000). **性理學의 教育理**. 서울: 성경재.
임재윤(1998). "茶山 中庸論의 教育思想". 한국교육사학회. 한국교육사학 제20집.
張其昀(1984) **中國思想의 根源**. 숙명여대 중문연구소 역. 서울: 文潮社.
丁冠之 主編(1997). 『孟子研究論文集』. 山東: 山東大學出版部.
정순목(1976). "黃金의 排中律-「中庸」". 李基奭 譯·丁淳睦 評說. 교육세대를 위한 中庸. 서울: 배영사.
한기언(1978). **東洋思想과 教育**. 서울: 법문사.

Fung Yu-Lan(1952). *A History of Chinese Philosophy* Vol. I. Princeton: Princeton Univ. Press.
Theodore De Bary & Tu Weiming, ed(1998)., *Confucianism and Human Rights*. N.Y: Columbia Univ. Press.

편저자 소개

강선보 고려대학교 교육학과 졸업
고려대학교 대학원 교육학과 석사 및 박사
한국교육개발원 연구원
강릉대학교 교직과정 교수
이스라엘 벤구리온 대학교 및 미국 위스콘신 대학교 연구교수
고려대학교 사범대학장 겸 교육대학원장
고려대학교 교무부총장
현) 고려대학교 교육학과 교수

집필진 소개

강성훈 고려대학교 교육학과 졸업
고려대학교 대학원 교육학과 석사 및 박사
고려대학교 교육문제연구소 연구교수
현) 고려대학교 강사

고미숙 충북대학교 교육학과 졸업
한양대학교 대학원 교육학과 석사
고려대학교 대학원 교육학과 박사
미국 University of Illinois at Urbana-Champaign Post-Doc. 연구원
현) 한남대학교 교육대학원 교수

문영선 이화여자대학교 특수교육과 졸업
고려대학교 대학원 교육학과 석사 및 박사
직업안정연구원 연구원, 인하대학병원 치료사
현) 고려대학교 강사

신창호 고려대학교 교육학과 졸업
한국학중앙연구원 한국학대학원 한국학과 석사
고려대학교 대학원 교육학과 박사
현) 고려대학교 교육학과 교수

심민수 총신대학교 신학대학원 박사
고려대학교 대학원 교육학과 박사
이스라엘 히브리대 멜톤센터 박사후 연수과정
현) 미국 미드웨스턴 침례신학대학원 교수

심승환 고려대학교 교육학과 졸업
고려대학교 대학원 교육학과 석사
미국 Loyola University of Chicago 철학박사
현) 안양대학교 교양학부 교수

우정길 고려대학교 대학원 교육학과 석사
독일 Justus-Liebig Giessen 대학 교육학 박사
현) 경희대학교 교육대학원 교수

이경자 고려대학교 언어학과 졸업
고려대학교 대학원 교육학과 석사
중국 북경사범대학교 교육학과 박사
현) 경상대학교 사범대학 교육학과 교수

이화식 한국교원대학교 미술교육과 졸업
한국교원대학교 대학원 미술교육학 석사
고려대학교 대학원 교육학과 박사
현) 단국대학교 교육대학원 강의전담 조교수

장지원 고려대학교 교육학과 졸업
고려대학교 대학원 교육학과 석사 및 박사
현) 경민대학교 유아교육과 교수

정 훈 한양대학교 교육공학과 졸업
고려대학교 대학원 교육학과 석사 및 박사
현) 대구대학교 교육대학원 교육학과 교수

정윤경 고려대학교 교육학과 졸업
고려대학교 대학원 교육학과 석사 및 박사
현) 전주교육대학교 초등교육과 교수

조우진 고려대학교 영어교육과 졸업
고려대학교 대학원 교육학과 석사 및 박사
현) 유네스코 한국위원회 교육팀장

최서윤 한신대학교 기독교교육학 학사 및 석사
고려대학교 대학원 교육학과 박사
푸른꿈고등학교 개방형 이사, 녹색대학 녹색교육과 교수
현) 고려대학교 강사

저자와의
협의하에
인지 생략

대화와 만남 그리고 비판의 교육철학

2014년 2월 5일 인쇄
2014년 2월 10일 발행

편저자 강선보
발행자 박준식

발행처 도서출판 원미사
서울 성북구 화랑로21길 58(1층)
전화 : 02) 919-9630, 942-1276
등록 : 1994년 1월 18일(제6-192호)
E-mail : wonmisa9630@daum.net

잘못된 책은 교환해 드립니다.
정가 16,000원

ISBN : 978-89-5544-197-0